言説の国際政治学
―理論、歴史と「心の地政学」―

山本 吉宣

三浦聡 編集協力

東信堂

刊行にあたって

　本書の著者である山本吉宣先生は、2023年7月7日に急逝された。本書再校ゲラの校正をほぼ終えようかというときであった。先生はご研究の草稿を折にふれてお送り下さり、小職はそれらに雑感をお伝えしてきた。本書のもとになった論文（山本吉宣「言説の対抗と米中関係──歴史、理論、現状」PHP総研特別レポート、2021年3月）や本書も同様であった。そのような流れもあり、上記の校正に際しても学びの機会を賜った。先生の突然の訃報に接し様々な思いと感情が去来するなか、はなはだ僭越ながら本書を何とかせねばと考えた。その後、ご令室の山本成実様が寛大にも編集を託して下さった。その際に伺った、安置された先生が「本をよろしく頼む」と訴えかけてきたとの言葉が強く印象に残った。また、先生は本書の刊行を2023年新年の抱負とされていたそうだ。

　本書の第三校ゲラと共に送られてきた再校ゲラには、先生の手で無数の朱が全編にわたって入れられており、本書に懸ける思いがひしひしと伝わってきた。小職の大学院生時代から、先生は研究者のあるべき姿を言葉ではなく背中で示し続けてこられた。そして、先生はその姿勢を貫かれた。

　第三校以降の編集作業は予想以上に難航し、己の力不足を痛感した。これによる刊行の遅れについて、先生に伏してお詫びしたい（もっとも、先生ならば、いつものように「いやー、僕はよくわからないけれども」とほほ笑んで、ご海容くださるだろうが）。

　作業中には、とくに山本成実様、中桐ふみ様、山本さや様、土山實男先生、古城佳子先生、石田淳先生、栗栖薫子先生、下田勝司様、下田勝一郎様から温かいお言葉を頂いた。ここに記して感謝申し上げます。もちろん、本書の編集上の責任は、すべて小職が負う。

　本書の副題は、「理論、歴史と『心の地政学』」である。だが、再校段階では、「理論、歴史と米中対抗」であり、校正済の再校で"米中対抗"に取り消し線が引

かれ、代わりに"『心の地政学』"と書き込まれていた。この変更については先生のご生前に伺っておらず、その意図については本書から推測するほかない。だが、「心の地政学（noopolitik）」の概念に直接ふれているのは第1章第1節のみである。この点をはじめ、本書から何を引き出し何をいかに発展させるかは、先生が読者に遺してくださった課題であろう。

　末筆ながら、先生のご冥福を衷心よりお祈り申し上げます。

三浦　聡
（名古屋大学）

目次／言説の国際政治学——理論、歴史と「心の地政学」——

刊行にあたって ……………………………………………………… i
  図表一覧　xiii
  謝　辞　xiv
  略語表　xv

序章　本書の問題意識と構成 …………………………………… 3

第1節　国際政治の第三の次元 ………………………………… 3
  第1項　「三次元空間」と言説　3
  第2項　現実世界における展開と理論的展開——素描　4
第2節　本書の目的 ……………………………………………… 8
第3節　本書の内容 ……………………………………………… 9
    注　19

第1章　イディエーショナルな力 ……………………………… 21

第1節　言説の対抗の顕在化 …………………………………… 21
第2節　「イディエーショナルな力」——一般的な視角 ……… 22
  第1項　カルステンセンとシュミットの理論　22
  第2項　イディエーショナルな力の諸形態と動態への含意　23
第3節　イディエーショナルな力の位置づけ——内包と外延 …… 26
  第1項　バーネットとデュバル　27
  第2項　顕在的な力と顕在化しない暗黙の力——S. ルークス　33
  第3項　力の行使に対する対抗作用のパターン　36
  第4項　様々な事象についての言説　38
    注　39

第2章　言説、言説力の素描と本書での分析枠組み ………… 43

第1節　言説とは ………………………………………………… 43
第2節　言説力 …………………………………………………… 45
第3節　本書での分析枠組み …………………………………… 48
    注　51

第3章 一方的投射、規範の対抗、双方向の投射、「対等」の言説 … 53

第1節 言説の一方的投射の諸問題 … 53
第2節 規範対抗、妥協（折衷規範）、双方向の社会化 … 56
- 第1項 規範の対抗理論　56
- 第2項 妥協の様式——折衷的規範の形成　58
- 第3項 規範の重層性と規範の対抗　59
- 第4項 相互的な社会化　61

第3節 中国：平和台頭論と北京コンセンサス——投射の準備からライバル規範企業家へ … 63
- 第1項 選択的適応から対等言説へ　63
- 第2項 中国の価値の投射——カウンター規範の企業家へ　65
- 注　66

第4章 戦略的ナラティブ … 69

第1節 戦略的ナラティブと二つの淵源——フリードマンとミスキモン　69
第2節 フリードマン（2006）からイギリス国防省の文書へ … 72
- 第1項 L. フリードマンの戦略的ナラティブ論　72
- 第2項 イギリス国防省の 2012 年統合ドクトリン覚書（JDN 1/12）　72
- 第3項 イギリス国防省の 2019 年統合ドクトリン覚書（JDN 2/19）　75

第3節 ミスキモンたちの戦略的ナラティブ論——ソフト・パワーから戦略的ナラティブへ … 79
- 第1項 ソフト・パワーとその変形　79
- 第2項 戦略的ナラティブとその投射　88
- 第3項 戦略的ナラティブの内容　90

第4節 特定の政策と出来事についての戦略的ナラティブとその投射 … 93
- 第1項 介入のナラティブ（ザフランの理論）——整合性と合致性　93
- 第2項 新型コロナについてのナラティブ　94
- 注　99

目次　v

第5章　言説（ナラティブ、話語）とその投射 ……………… 105
　　　── 一般モデルをもとめて

第1節　戦略的ナラティブと話語権 ……………………… 105
　第1項　言説と言説の投射の一般モデルの可能性　105
　第2項　話語権素描　106

第2節　手段の類型──ソフトでオープンな手段からハードで
　　　　　非オープンな手段まで ……………………………… 111
　第1項　ソフト・パワー　111
　第2項　公共外交　116
　第3項　ソフトでもなく暴力的でもなくオープンでもない領域
　　　　　──「政治的戦争（闘争）political warfare」？　121
　第4項　全体像──ソフト・パワーと強制の間で　124
　第5項　分析枠組みのメリットと限界　126
　　注　128

第6章　中国の話語権 …………………………………………… 131

第1節　対外的話語権への道程 …………………………… 131
第2節　胡錦濤から習近平へ──話語の内容 …………… 134
　第1項　中国語法（W. キャラハン）の出現
　　　　　──外国の研究者、政府外からのアイディア　134
　第2項　習近平の話語──内容と変化の原因　137

第3節　中国の対外的な話語権の機能──積極的な機能を中心として　140
　第1項　支持の調達　140
　第2項　対外的拡張の正当化　141
　第3項　地位のナラティブ──地位の向上を求めて　142
　第4項　制度的話語──秩序の形成へ　146

第4節　調和的ナラティブと対抗的ナラティブ──その淵源と機能　151
　第1項　矛盾？──調和的ナラティブと対抗的ナラティブの併存　151
　第2項　なぜ併存するのか？　国内の政治過程と言説の体系（言説の構造）　154
　第3項　二つの異なるナラティブが存在することの対外政策上の機能　158
　第4項　インサイド・アウトとアウトサイド・イン──内政と対外政策　160
　　注　161

第7章 中国の逆投射、アメリカの反応、相互反応のエスカレーション……169

第1節 中国の言説の逆投射と中国による社会化……170
第2節 アメリカの反応——多様な対中対抗策……174
第3節 相互作用のサイクル——エスカレーション……179
　第1項 反撃—再反撃のサイクルとエスカレーション 179
　第2項 相手についてのナラティブ——修正主義か現状維持か 180
　第3項 ナラティブの実証分析からの接近 182
第4節 長期的な戦略についてのナラティブ……185
　第1項 中国の基本戦略：アメリカの排除 (displacement)——ドシの議論 186
　第2項 専制体制のプロモーション (autocracy promotion) というナラティブ 189
　第3項 アメリカ自身のナラティブ——リベラルな国際秩序の再興？ 192
　注 197

第8章 規範の対抗から秩序の対抗へ……201
　——規範の対抗理論の現在

第1節 規範の破壊、規範の強靱性、国際秩序——本章の目的と構成 201
第2節 「規範の破壊 norm sabotage」と「真実の破壊 truth subversion」 202
　第1項 「リベラル・パフォーマンス」と「擬態」 203
　第2項 「規範の妨害／破壊」と「真実の破壊」 206
第3節 既存の規範に対する行動のスペクトラム……209
第4節 規範の堅牢性 (robustness) あるいは強靱性 (resilience)…212
第5節 規範の対抗から秩序間の対抗へ
　——規範対抗の論理と秩序原理：素描……214
　第1項 「リベラル規範対国益」と「多様性のもとでの対抗」 214
　第2項 反ヘゲモニーと「文明的国家」 216
　第3項 「非リベラルな規範の投射」と非リベラルな国際秩序 218
第6節 リベラル国際法秩序と権威主義的な国際法秩序
　——二つの「ウェストファリアを超えて」……219
　第1項 規範破壊者の背後にある規範——二つの国際秩序の可能性 219
　第2項 三つの秩序——リベラル国際秩序、ネオ・ウェストファリア秩序、

　　　　　　権威主義的国際秩序　221
　　第3項　権威主義的な国際秩序は可能か？
　　　　　　──第二の「ウェストファリア体制を超えて」？　223
　第7節　競合する投射者（企業家）と反企業家──規範の対抗の現在地　228
　　注　233

第9章　戦略的コミュニケーション …………………… 235
　序節　戦略的コミュニケーションの意義と多様性 ……………… 235
　　第1項　戦略的コミュニケーションとは？──本章の構成　235
　　第2項　紛争の形態と戦略的コミュニケーションの位置づけ　238
　第1節　「戦略的コミュニケーション」の概要と展開 ……………… 243
　　第1項　コミュニケーション研究としての戦略的コミュニケーション　243
　　第2項　安全保障（国際関係）分野における戦略的コミュニケーション　244
　　第3項　安全保障分野の戦略的コミュニケーションの定義と位置づけ　247
　第2節　戦略的コミュニケーションの要素 ……………………… 249
　　第1項　国益の達成と手段　249
　　第2項　戦略的コミュニケーションの成功条件　250
　　第3項　戦略的コミュニケーションの主体と客体（聴衆）　251
　　第4項　言説（ナラティブ）　252
　　第5項　対抗する相手──手段と相互作用　253
　第3節　戦略的コミュニケーション（SC）からコミュニケーション
　　　　同期化（CS）へ──アメリカ軍部での転換 …………………… 255
　　第1項　戦略的コミュニケーションをめぐる葛藤　255
　　第2項　リトル国防次官補のメモランダム──戦略的コミュニケーションは
　　　　　　使うべからず、コミュニケーション同期化をつかうべし　257
　　第3項　戦略的コミュニケーションとコミュニケーション同期化の違い　261
　　第4項　戦略的コミュニケーションとコミュニケーション同期化
　　　　　　──国務省と国防省の分業　262
　第4節　イギリスにおける戦略的コミュニケーション ………… 263
　　第1項　タサム『戦略的コミュニケーション入門』（2008）　263
　　第2項　政府の政策への圧力
　　　　　　──コーニッシュたちのIISSの報告書（2011年）　270
　　第3項　『戦略的コミュニケーション──国防の貢献』（2012）

──「政策に駆動されたアプローチ」　272
　　第 4 項　『国防戦略コミュニケーション──戦略の形成と遂行についての
　　　　　　アプローチ』(2019)──「聴衆中心のアプローチ」　284
　第 5 節　ヨーロッパ（NATO と EU）の戦略的コミュニケーション　295
　　第 1 項　NATO──対テロ、対イスラムから対ロシアへ　295
　　第 2 項　EU──対ロシアのディスインフォメーションに対する多様な対応　299
　　第 3 項　対中国──「NATO 加盟国に対するナラティブの挑戦者としての
　　　　　　中国」（StratCom COE の一出版物）を例として　301
　　第 4 項　戦略的コミュニケーション概念の深化と拡大
　　　　　　──NATO のイン・ハウスの研究　303
　第 6 節　アメリカの「戦略的コミュニケーション」の実践　305
　　第 1 項　戦略的コミュニケーションを冠しない戦略的コミュニケーションの
　　　　　　実践──「グローバル関与センター（GEC）」　305
　　第 2 項　GEC への道　306
　第 7 節　協力的戦略的コミュニケーションとアクティブ・メジャー
　　　　　　──ロシアの反応　308
　　第 1 項　協力的戦略的コミュニケーション（パシェンチェフ）　308
　　第 2 項　アクティブ・メジャー　309
　　第 3 項　協力的戦略的コミュニケーションとアクティブ・メジャーの動態　310
　第 8 節　ディスインフォメーションと戦略的コミュニケーション　311
　　第 1 項　ディスインフォメーションの内容と対応　311
　　第 2 項　ディスインフォメーション戦略を採用するかどうか？　314
　第 9 節　戦略的コミュニケーションの整理とまとめ
　　　　　　──概念の分解と再連結の観点から　319
　　第 1 項　戦略的コミュニケーションの定義　319
　　第 2 項　要素の分解　321
　　第 3 項　連結　324
　　第 4 項　防御的戦略的コミュニケーション
　　　　　　──相手の戦略的コミュニケーションに対する防御と反撃　326
終節　組織象徴と認識（分析的）象徴──結論に代えて　332
　　第 1 項　組織象徴として　332
　　第 2 項　認識（分析）象徴として　333

注　333

第10章　理論統合への試論 …… 341
　　　——言説の投射と規範の対抗

第1節　ナラティブの投射についての様々なアプローチの整理・分類
　　　——試論 …… 342
　　第1項　仮説としての類型　342
　　第2項　類型間の関係　344
　　第3項　アプローチ間の階層性——階数と弁別　345
　　第4項　多様な手段——目的達成の効率性と国家間関係の安定性　350

第2節　相手の反応、相互作用、国際秩序 …… 352
　　第1項　相手の反応の明示的な取り込み　353
　　第2項　相互作用のパターン——言説の投射の理論と規範の対抗理論　353
　　第3項　システムと秩序——リベラル国際秩序、（ネオ）ウェストファリア、
　　　　　　そして権威主義的国際秩序（再論）　355
　　注　357

第11章　イデオロギーの対立 …… 359
　　　——「民主主義と専制」と中国の民主主義：バイデン政権

第1節　バイデン政権——「民主主義と専制」という戦略的ナラティブ　359
　　第1項　三次元の競争と優先次元の変化——トランプからバイデンへ　360
　　第2項　民主と専制——バイデンの戦略的ナラティブ　361
　　第3項　イデオロギーが支配的な競争的共存　363
　　第4項　「民主と専制」のメリットとデメリット——内外の聴衆の視点から　366
　　第5項　ウクライナ戦争とロシア　373
　　第6項　「民主と専制」の継続とNATOへの拡大　375

第2節　中国の反応——中国の民主主義 …… 380
　　第1項　激しい反発と反応の諸相　380
　　第2項　中国はアメリカより優れた民主主義の国である　384
　　第3項　中国もロシアも民主主義国である
　　　　　　——中ロ共同声明（2022年2月4日）　389
　　注　392

第12章　物質的世界との往復 ……………………………… 395
──イデオロギーの正当性の淵源、イデオロギーの距離と大国間の戦略的関係

第1節　非物質的な世界と物質的な世界──相互フィードバック　395
第2節　イデオロギーの出力正当性 ……………………………… 397
第3節　政治体制の経済的パフォーマンス（出力正当性）
　　　　──データに基づく検証の可能性 …………………… 398
　第1項　政治的体制と経済的パフォーマンスに関する模式　398
　第2項　二つの資本主義　401
　第3項　成長率の差（「民主主義の呪い」か「近代化の罠」か）　404
第4節　イデオロギーの距離と戦略関係──M.ハースのモデル… 408
　第1項　M.ハースのモデル　408
　第2項　米中のイデオロギー的な距離　410
　第3項　関与政策の位置づけ
　　　　──イデオロギーの距離から見た米中関係の長期の変化　412
　第4項　文明の衝突と「文明的国家」　414
　第5項　関与政策の放棄　417
　　注　417

第13章　中国の人権言説の展開（国連人権理事会を中心として）、
1989〜2022 ……………………………………………… 421
──言説の国際政治学の一つのケース・スタディ

序節　目的と趣旨 ………………………………………………… 421
　第1項　中国の人権をめぐる諸課題──本章の問題意識と目的　421
　第2項　本章の展開の概要──中国の人権言説の変容素描　424
第1節　中国の人権言説の動態 ………………………………… 427
　第1項　変化と継続　428
　第2項　中国の人権言説体系（対外的表出）　431
　第3項　世界人権宣言と1991年の中国の『人権白書』の比較
　　　　──言説と対抗言説　441
　第4項　国連総会決議「発展の権利に関する宣言」（1986年）　446
第2節　国連人権理事会における中国の活動──外圧への反応／対抗　448
　第1項　対中決議案──ノーアクション動議と中国支持の同志国　448

第 2 項　9.11 事件と静かな外交　451

第 3 節　人類の未来を共有する共同体（人類運命共同体）、
　　　　ウィン・ウィン、人民中心のアプローチ：人権の
　　　　「再定義」へ——内政投射型へ ……………………………… 453

第 1 項　「発展の人権に対する貢献」決議（2017 年 6 月）——習近平の
　　　　言説の組み込み（「人類の未来を共有する共同体［人類運命共同体］」、
　　　　「人民中心の発展」、「ウィン・ウィン」）と発展重視の言説　454

第 2 項　「ウィン・ウィン」決議（2018 年 3 月）　459

第 3 項　「人民中心のアプローチ」決議（2020 年 10 月——取り下げ）　462

第 4 節　新疆ウイグル自治区をめぐって ……………………………… 468

第 1 項　「決闘書簡」　469

第 2 項　共同声明から見た言説の対抗——外圧対抗・内政投射のミックス　471

第 3 項　「三悪」、特にテロリズムと新疆ウイグル問題　475

第 4 項　バチェレ（Michelle Bachelet）国連人権高等弁務官の訪中（2022 年 5 月）
　　　　と『OHCHR 評価』（2022 年 8 月 31 日）　477

第 5 節　Whataboutism（「お前はどうだ、言う資格はあるのか」）
　　　　——一つのレトリカル・ストラテジー ……………………… 487

第 1 項　Whataboutism　487

第 2 項　カナダのカムループス（先住民寄宿舎の墓標なき遺体）と中国の
　　　　新疆ウイグル自治区——新しい情報環境のなかでの whataboutism　488

第 3 項　Whataboutism 論法への「切り返し」論法　492

第 4 項　『アメリカの人権記録』——マクロの whataboutism　494

第 6 節　強硬化する中国の人権言説——シェーパー（形成者、shaper）へ　498

第 1 項　大ナラティブ（中国の夢）への統合
　　　　——『中国共産党と人権——百年の探求』文書（2021 年）　499

第 2 項　変化と継続——1991 年の『人権白書』と 2021 年の『中国共産党と
　　　　人権の保護』の比較から　502

第 7 節　理論的な検討 …………………………………………………… 505

第 1 項　規範の妨害と規範の強靱性　506

第 2 項　長期の変動についての理論仮説
　　　　——国内と国際の権力の循環（動態）と象徴の選択　511

　　　注　518

終章　いまなぜ言説（ナラティブ）か？ ……………………… 531
第1節　言説（ナラティブ）の顕在化 ……………………………… 532
第1項　不確実性、流動性（構造の変化と秩序トランジション（order transition）） 532
第2項　異なるナラティブの対抗 533
第3項　不確実性の亢進とナラティブの対立の激化 536
第2節　情報環境の変化 ………………………………………… 541
第1項　サイバー（デジタル）空間とナラティブ空間 541
第2項　ダークサイドのデジタル外交
　　　　──ディスインフォメーションへの対抗政策 542
第3項　ディスインフォメーション・ナラティブ 546
第3節　残された課題 …………………………………………… 549
第1項　言説／ナラティブの顕在性は将来も続くのか 549
第2項　イディエーショナルな次元とノン・イディエーショナルな次元の複雑な関係 550
第3項　人間の行動、方法論、国際政治──結論に替えて 552
　　　　注　558

文　献 ……………………………………………………………… 560
英語文献　560
日本語文献　606

あとがき …………………………………………………………… 615
事項索引 …………………………………………………………… 617
人名索引 …………………………………………………………… 622

図表一覧

図1　言説、ナラティブ（話語）、規範 …………………………………… 44
図2　言説の投射と抵抗 …………………………………………………… 48
図3　言説の内容と投射の手段 …………………………………………… 110
図4　国際制度の類型と中国 ……………………………………………… 149
図5　現秩序への対抗スペクトラム ……………………………………… 212
図6　規範企業家でもあり同時に反規範企業家、規範防衛者であり
　　　同時に規範破壊者でもある二者の相互作用 ……………………… 229
図7　紛争タイプの分類——領域／非領域、物質／非物質 …………… 239
図8　様々なアプローチの分類（仮説）…………………………………… 343
図9　政治体制（政治的自由度）と経済パフォーマンス——模式図 …… 399
図10　中国の政治的自由度の変化 ………………………………………… 411
図11　ナラティブの顕在化 ………………………………………………… 537

表1　世界人権宣言と1991年の中国の『人権白書』（そして2021年
　　『中国共産党と人権の保護』）の比較 ………………………………… 442

謝　辞

　本書を作成するにあたって、金子将史（政策シンクタンクPHP総研）、三浦聡（名古屋大学）、佐橋亮（東京大学）、青井千由紀（東京大学）、江藤名保子（学習院大学）、渡部恒雄（笹川平和財団）、高原明生（東京大学）、栗原響子（国際問題研究所）、川島真（東京大学）、松田康博（東京大学）、高木誠一郎（国際問題研究所）、土山實男（青山学院大学名誉教授）各氏から貴重なコメントを頂いた。記して謝意を表する。ただ、誤り等はすべて筆者の責任である。

　また、本書のもとになった論文（「言説の対抗と米中関係――歴史、理論、現状」（PHP総研特別レポート）、2021年3月）を刊行するにあたっては、PHP総研の金子将史、大久拡両氏に一方ならぬお世話になった。本書は、この論文を大幅に修正・加筆し原形をとどめないところも多いものとなっているが、このような形で論文を使うことを快諾されたPHP総研に対して深くお礼を申し上げる。

略語表

AFP:	Agence France-Presse（AFP通信）
APEC:	Asia-Pacific Economic Cooperation（アジア太平洋経済協力）
ARF:	ASEAN Regional Forum（アセアン地域フォーラム）
ASEAN:	Association of South East Asian Nations（アセアン）
AU:	African Union（アフリカ連合）
AUKUS:	Australia-United Kingdom-United States Partnership（オーカス、豪英米三国間安全保障パートナーシップ）
BRI:	Belt and Road Initiative（一帯一路）
BRICs:	Brazil, Russia, India, China（ブラジル、ロシア、インド、中国、新興4カ国）
BRICS:	Brazil, Russia, India, China, South Africa（ブラジル、ロシア、インド、中国、南アフリカ、新興5カ国）
CAI:	Comprehensive Agreement on Investment（CAI）（EU-中国包括的投資協定）
CCP:	Chinese Communist Party（中国共産党）
CGTN:	China Global Television Network（中国国際電視台）
CICA:	Conference on Interaction and Confidence Building Measures in Asia（アジア信頼醸成措置会議）
COIN:	counter-insurgency（対反乱作戦）
CPPCC:	Chinese People's Political Consultative Conference（中国人民政治協商会議）
CPTPP:	Comprehensive and Progressive Agreement for Trans-Pacific Partnership（環太平洋パートナーシップに関する包括的及び先進的な協定）
CS:	communication synchronization（コミュニケーション同期化）
CSCC:	Center for Strategic Counterterrorism Communication（戦略的カウンターテロリズム・コミュニケーション・センター）
CTCC:	Counterterrorism Communication Center（カウンターテロリズム・コミュニケーション・センター）
ESCTF:	East StratCom Task Force（東部戦略コミュニケーション・タスクフォース）
EU:	European Union（欧州連合）
FOIP:	Free and Open Indo-Pacific（自由で開かれたインド太平洋）
GAO:	Government Accountability Office（アメリカ会計検査院）
GDI:	Global Development Initiative（グローバル開発構想、中国）
GEC:	Global Engagement Center（グローバル関与センター、アメリカ国務省）
GSEC:	Global Strategic Engagement Center（グローバル戦略関与センター、アメリカ国務省）
GSI:	Global Security Initiative（グローバル安全保障構想、中国）
IE:	information environment（情報環境）
IEA:	information environment analysis（情報環境分析）

IISS:	International Institute for Strategic Studies（国際戦略研究所（ロンドン））
INGE:	Special Committee for Foreign Interference in All Democratic Processes in the European Union, including Disinformation（ディスインフォメーションを含む、EUのすべての民主的なプロセスに対する外国からの干渉に関する特別委員会）
IPEF:	Indo-Pacific Economic Framework (for Prosperity)（インド太平洋経済枠組み）
IO:	information operations（情報オペレーション）
IPS team:	International Policy and Strategy team（国際政策戦略チーム、イギリス）
IS:	Islamic State（イスラム国）
ISAF:	International Security Assistance Force（国際治安支援部隊）
ISHR:	International Service for Human Rights（国際人権サービス）
ISIL:	Islamic State in Iraq and the Levant（イスラム国）
ISIS:	Islamic State of Iraq and Syria（イスラム国）
JDN:	Joint Doctrine Note（統合ドクトリン覚書、イギリス）
LGBTQ:	Lesbian, Gay, Bisexual, Transgender, Questioning or Queer（エルジービーティーキュー）
LIO:	Liberal International Order（リベラル国際秩序）
LMC:	like-minded countries（同志国グループ）
MOU:	Memorandum of Understanding（覚書）
NATO:	North Atlantic Treaty Organization（北大西洋条約機構）
NSC:	National Security Council（国家安全保障会議）
NSCR:	National Security Capability Review（国家安全保障能力レヴュー、イギリス）
NSS:	National Security Strategy of the United States of America（アメリカ国家安全保障戦略）
NSSIG:	National Security Secretariat Implementation Group（国家安全保障事務局実行グループ、イギリス）
OASIS:	objective, audience insight, strategy formulation, implementation, scoring（目的設定、聴衆分析、戦略形成、実行、評価）
ODNI:	Office of Director of National Intelligence（国家情報長官室、アメリカ）
OHCHR:	Office of the High Commissioner for Human Rights（国連人権高等弁務官事務所）
OSI:	Office of Strategic Influence（戦略影響局、アメリカ）
PDI:	Pacific Deterrence Initiative（太平洋抑止イニシアティブ）
RC:	reflexive control（反省的コントロール、反射統制）
RCEP:	Regional Comprehensive Economic Partnership（地域的な包括的経済連携）
RMS:	Resolute Support Mission（確固たる支援任務）
R2P:	Responsibility to Protect（保護する責任）
RP:	Responsible Protection（責任ある保護）
RWP:	Responsibility while Protecting（保護に際しての責任）
SC:	Strategic Communication（戦略的コミュニケーション）

SCO:	Shanghai Cooperation Organization（上海協力機構）
SHAPE:	Supreme Headquarters Allied Powers Europe（NATO 欧州連合軍最高司令部）
Stratcom:	Strategic Communication（戦略的コミュニケーション）
StratCom:	Strategic Communication（戦略的コミュニケーション）
STRATCOM:	Strategic Communication（戦略的コミュニケーション）
StratCom COE:	NATO Strategic Communications Centre of Excellence（NATO 戦略コミュニケーション研究拠点）
TAA:	target audience analysis（ターゲット聴衆分析）
TPP:	Trans-Pacific Partnership（環太平洋パートナーシップ）
USIA:	United States Information Agency（アメリカ合衆国文化情報局）
VETC:	Vocational Education and Training Centre（職業教育・訓練センター）
WTO:	World Trade Organization（世界貿易機関）

言説の国際政治学
―― 理論、歴史と「心の地政学」――

序章　本書の問題意識と構成

第1節　国際政治の第三の次元

第1項　「三次元空間」と言説

　現在、米中の競争においてもロシアによるウクライナ侵攻においても、安全保障や経済という要因とともに、イディエーショナル ideational な要因（イデオロギー、価値、規範等）が大きな役割を果たしている。イディエーショナルな要因の重要性は、国際政治学において夙に指摘されるものではあった。しかし、H. ブランズと Z. クーパーが指摘するように、いまや国際政治を理解する上では、安全保障と経済という二つの次元とともにイディエーショナルな次元を含めて「三つの次元 three dimensional」から成る空間を考えることが必要となっている (Brands and Cooper, 2020)。

　本書は、このような認識に基づいて、言説（ナラティブ）という観点からこの第3の次元にアプローチすることを試みる。より具体的には「言説の力」あるいは「イディエーショナル・パワー」とよばれる概念を取り上げて、その理論的展開と内容を明らかにし、主として冷戦終焉後から現在に至るまでの米中関係の展開を念頭に置いて考えようとするものである。

　言説とは、イディエーショナルな諸要因の体系である。その構成要素として、価値とか規範、イデオロギー（国内、国際社会はどのような原理で組織されるべきであるか）、ナラティブ（実際の社会はどのようなメカニズムで動いているか、出来事がどのような順番で起き、将来はどのようになるか、どのような政策がとられるべきであるか、などの物語り）が含まれる。当然のことながら、このような言説には、国際システム全体に広くかかわるもの、特定の国に関するもの、

あるいは個別の問題や出来事に関するものなどがある。また、誰の言説であるか、どのように形成されるかも重要な論点であろう。さらに、言説がどのように投射され拡散し（あるいは、抵抗され）、また言説に基づいた政策や制度がいかに形成されるかも分析の対象となろう。

第 2 項　現実世界における展開と理論的展開――素描

　国際システムにかかわる言説を考えると、冷戦終焉後の 1990 年代には、アメリカ（西側）のリベラルな言説（民主主義、人権、自由経済、多国間主義等）が圧倒的に強かった[1]。アメリカは、圧倒的な軍事力と経済力をベースに、自己のリベラルな言説を世界的に広めようとした。その典型が、中国に対してとった関与政策であった。すなわち、アメリカが影響力を持つ国際制度に中国を組み入れ、経済的な関係を強めることによって、中国の内外の行動をリベラルな方向に変化させようとした。これは、「一方的な社会化」と言われる。ただ、アメリカの中にも、中国は相互依存が進んでも経済発展しても民主主義や人権の尊重というリベラルな体制にはならないというカウンター言説も存在し続けていた (J. Mann, 1998, 2007)。しかし関与言説は支配的なものであった。

　中国は、一方で、アメリカの関与政策にのり、アメリカと事を起こさず、経済発展のためにアメリカとの経済関係を深め（これが爪を隠して、自らの力を蓄えるという韜光養晦の一つの現れであった）、他方では、中国の体制が脅かされる「和平演変」を防ごうとした（韜光養晦の主導者鄧小平は、西側諸国の民主は採り入れないと公言していたという）。後者に関しては、軍事的にはアメリカの影響力を鈍らせるような政策（ドシがいう blunting）を取り、また政治的には自己の価値・規範（およびそれを体現した制度）を守ることで、アメリカの言説の投射に対抗しようとした (Doshi, 2021)。このような行動は、今日では、「規範の対抗理論」によって説明される。

　中国が台頭するにしたがって、（国家主権、内政不干渉、権威主義を柱とする）中国の言説が強くなった。また、中国を含む新興大国は、BRICS（ブラジル、ロシア、インド、中国、南アフリカ）などを通じて連携を強め、国家主権をベー

スとする国際制度を形成し、それらがリベラルな国際秩序と並行するようになる。これに対してアメリカ（西側）は、いくつかの分野で中国と妥協して国際的な秩序を作らざるを得なくなった。2000年代に西側が掲げた、軍事介入をもって人道を守ろうとする「保護する責任」は中国などの抵抗にあい、介入は大幅に制限されざるを得なくなった。「保護する責任」が「折衷的な規範」と呼ばれるように、西側と新興大国間の「双方向の社会化」といわれる現象が見られるようになったのである。

また、中国が台頭するにつれて、中国に対する警戒感が強まる。これに対して中国は、2000年代前半に平和発展論、すなわち中国の台頭は平和的であり、他国への利益となるという言説を唱えた。胡錦濤政権は、「和諧社会」（2004年）、「和諧世界」（2005年）を掲げ（それは、中国の伝統的な儒教文化に基づく要素もあり、中国のアイデンティティを形作るものでもあった）、安定した国際社会を維持し、中国の経済発展のために安定した国際環境を作ろうとした。中国は同時に、自己の（平和的な）イメージを向上させるべくソフト・パワーを中心とする公共外交を展開した。

2008年のリーマン・ショックは、大きな転換点であった。リーマン・ショックは中国の目から見て、アメリカの体制の脆弱性を示すものと映った。中国の経済は積極的な財政出動によりいち早く回復して急速な成長を続け、2010年には国内総生産（GDP）で日本を抜き世界第2位に躍り出る。自身の政治・経済体制に自信をつけた中国は、「自己主張的」な言説（「核心的利益」や「大国関係の新しいモデル」など）を展開するようになった。特に、国家体制と領土主権を保持しつつ、経済力や軍事力をベースにして自己の地位を向上させるという言説は、時にアメリカの言説と対抗するものであった。今から振り返ると、リーマン・ショックは、中国がアメリカを戦略的な競争相手とみるようになって「（米中）競争的共存」を求める転換点となり（M. Zhao, 2019）、あるいは中国が平和発展路線を踏み外す契機となった（Shirk, 2022）と論ぜられるようになる。

中国は、とくに習近平政権（2012年～）になると、言説力にあたる「話語権」という用語を使うようになる。話語権は、話語（言説、ナラティブ）を構想し、

それを国内の統治に用いるだけでなく、対外的にも投射し、相手がそれに耳を傾け受容するように働きかける影響力である。後者を国際的(対外的)話語権という。習近平は、国際社会の中での中国の力と地位を高める内容を持つ言説を構想し、グローバルに投射しようとする。また、この2010年代には、アメリカの研究者を中心として「戦略的ナラティブ」(言説の一つのヴァリエーション)という概念が提起され、ナラティブを形成し、それを対外的に投射する様々な方法が考察されるようになる。中国の言う国際的話語権は、この戦略的ナラティブとほぼ同義であった。

中国の言説には、平和発展をはじめとして、和諧社会、さらには人類運命共同体などの調和的でソフトなものと(ただし、人類運命共同体には平等的な側面と階層的な側面があり、後者は必ずしもソフトではない(Nathan and Zhang, 2022))、核心的利益、富国強兵などの対抗的なものとが併存している。中国の現実の政策は、このような言説を反映して、時に協調的になり、時に強硬になる(あるいは、それらを同時に使う)。国際政治学で折に触れいわれる半獣半人のケンタウルス的特徴を持つ存在とでもいうべきものである(Phillips, 2011, pp. 19-29)。もちろんこれは、中国に限ったことではないが。また、ウィリアム・キャラハンは、2009年以後の中国に対する見方として、中国が平和的に台頭し、国際秩序に対する積極的役割をはたすという楽観主義(optimists)と中国が攻撃的で国際秩序に挑戦するという悲観主義(pessimists)の両方を同時に備えた「悲観・楽観主義の国 pessoptimist nation」という用語を提示している(Callahan, 2010)。

アメリカの基本的な言説は、リベラルな国際秩序を中心とするものであったが、2010年代の半ばを過ぎると、対中関与政策を続けても中国は変化しなかったという懐疑論が強まる。2017年からのトランプ政権は、関与政策(そしてリベラルな国際政策)を放棄し、中国を戦略的な競争者、修正主義国とみなして、経済と安全保障にわたる強硬な対中政策を展開した。その後、中国への不信感はアメリカで広く共有されるナラティブとなった。それは、経済や安全保障だけではなく、新疆ウイグル自治区、香港問題など人権と政治体制にも及ぶものとなった。

トランプ政権の政策は、台湾問題や国家資本主義体制にも及んだため、中国の主権をしばしば脅かした。これに対する中国の抵抗は激しく、アメリカの圧力に耐えうる経済を作ろうとし（例えば、国内と国際の「双循環」や自力更生）、また将来の経済発展を確たるものにしようとするのである（例えば、科学技術の発展）。

　2020年から始まった新型コロナ・パンデミックは、2008年のリーマン・ショックの再来、あるいはそれに匹敵する結果をもたらすかもしれない。2020年、アメリカ（と西側）の経済成長は軒並みマイナスであったのに対して、中国の経済成長は主要国唯一のプラスであった。このことは、米中のパワー・トランジション（力の移行）を加速させるであろうし、また中国の自信をさらに高め、言説力を含む影響力を大いに増大させよう（ただし、これらの事象は、短期的なものであるかもしれないが）。また、2021年1月6日のアメリカにおける議会議事堂襲撃事件は、アメリカのリベラルな言説の投射力を大いに弱めるであろう。

　バイデン政権は、リベラルな言説や国際秩序が守勢にあることを認め、さまざまな分野で反転させようとしている。とくに、就任して間もない2月19日、ヨーロッパとのミュンヘン安全保障会議（リモート）での発言で、「民主主義対専制」という極めてイデオロギー的な枠組みを提示した（Biden, 2021c）。これは、21世紀が民主主義と専制のどちらが成果をあげるかという競争の時代であり、いまや変曲点にあるとする。このようにバイデン政権は、リベラルな言説と政策の再興を強力に図っているが、どこまで成功するかはわからない。これに対し、中国は意気軒高である（「時は我にあり」（習近平、2021年1月）（J. Wang, 2021））。中国はアメリカと対抗する中で、協調的な言説と対抗的な言説をいかに組み合わせてくるか。これは、きわめて重要なポイントであると考えられる。

　2022年2月24日、ロシアはウクライナに対する軍事侵攻を開始する。ロシアによるウクライナ侵攻は、様々な視点から見ることができるが（Walt, 2022）、権威主義（専制）と民主主義との違いと対抗をきわめて如実に示したものであろう。プーチン大統領は、ウクライナの武装解除と非ナチ化を目標に

掲げ、その要求をウクライナが受け入れるようほとんど無差別と言ってよい武力行使をしている。プーチン大統領は、アメリカに対して、北大西洋条約機構（NATO）を冷戦後の拡大の前まで引くように要求している。これに対して、ウクライナは国家の独立と民主主義を守るためにロシアの武力に対抗し、NATOはロシアの侵略を非難してウクライナとの協力を強めている。アメリカを中心とする民主主義諸国が一致してウクライナを支援する現象を見て、「パックス・アメリカーナの復活」（Beckley and Brands, 2022）やアメリカの力とリベラル国際秩序の強靱性・復活（Ikenberry, 2022）を指摘する論者も出てくる。軍事や経済の次元とともに、イデオロギーやアイディアの次元でも、権威主義と民主主義は鋭く対立している。

　以上のような展開を踏まえると、国際政治では軍事力を中心とする安全保障や経済関係をめぐる政治も重要であるが、それと同時にイディエーショナルな次元（価値、規範、イデオロギーなど）も重要であり、それを体系的に取り出してそこに見られる動態を明らかにすることが必要であると考えられる。イディエーショナルな分野にアプローチするにはいくつかの方法があろうが、本書では、これを言説という観点から考察することにする。「言説の国際政治学」と銘打つ理由である。

第2節　本書の目的

　本書の目的は、以下の五つである。

　1）本書は、イディエーショナルな分野を分析するにあたって、国際政治学で使用されるさまざまな概念を明らかにし、それらの間の関係を考察する。そのなかでも、とくに言説やナラティブと言われるものに着目する。言説／ナラティブとは、象徴の体系であり、規範、価値が含まれ、物事の流れ（物語）、現実に見られる因果関係、将来像などを含むものである。それはまた、政策課題を提示する機能を持つとともに、現実の分析を行う枠組みを提供し、政策の評価などを行うベースも提供する[2]。

　2）言説／ナラティブは、アクター（国家）によって異なる。国家間の言説

を比べると近いものもあり、遠いものもある。アクターは言説を他のアクターに投射し、他のアクターの言説を変えようとしたり、自己の言説に近づけようしたりする。本書は、このような言説の投射がいかなるもので、また相手はどのように対応するかを明らかにする。

　3) 自己の言説を投射し、相手も自己の言説で対抗するとき、言説は規範とか価値を含むことから、「規範の対抗」と言われる現象が起きる。そのような現象は、2) の言説の投射と対応と重なりつつ、熾烈な対抗から妥協にもとづくハイブリッドな (折衷的な) 規範の生成に至るまで、さまざまな結果を生む。本書は、この過程と結果がいかなるものかを明らかにする。

　4) 言説の投射は、投射する側の国力 (軍事力、経済力) によるところが大きい。言説の内容にもよろうが、ある国が圧倒的に強いときには、その国が奉ずる言説が支配的になることがある。しかしながら、その国に対抗する国が力を増大させると、言説の分布にも変化が起きる。二つのかなり異なる言説をもつ大国が存在すれば、単に力だけではなく、言説においても二つの世界が形成されよう。本書は、このような観点から、近年の米中関係の動態を描き出す。

　5) 言説の投射力は、単にそれを奉ずる国の力だけではなく、言説に含まれる因果関係などが現実の場においてどこまで実現するかという言説のパフォーマンス、すなわち言説の信憑性にも依存する。よって、言説の投射力が物質の世界とどのように関連するのかを示すことも必要になる。また逆に、物質の世界は言説 (イディエーショナルな世界) に影響を与える。このような言説の世界と物質の世界の往復を明らかにすることも本書の一つの目的である。

第3節　本書の内容

　以上のような問題意識 (問題点) に基づく本書は、基本的には国際政治の理論を中心に据えて、理論の展開を追うのと並行して事例なりケースとして歴史的な事実を追おうとするものである。したがって、本書は、理論と現実、またその組み合わせが時系列的に展開するよう構成されている。本書の内容は以下の通りである。

第1章は、イディエーショナルな力に関する理論的な先行研究を整理する。まず、近年の代表的な理論であると考えられるカルステンセン／シュミット（Carstensen and Schmidt, 2016）の三つの形態が考察される（「アイディアを通しての力」、「アイディアに対する力」そして「アイディアそのものの力」）。この理論を核心として、国際政治学におけるパワー論のなかでイディエーショナルな力の位置づけをおこなう。そこでは、制度的な力とか構造的な力という概念とイディエーショナルな力の交差が検討される。とくにバーネット／デュバルの理論（Barnett and Duval, 2005）を取り上げ、そのなかでも言説に着目した「生産的な力」と呼ばれるものを考察する。また、力の作用には、アクターの行動から観察できる場合もそうでない場合もある。この点をルークスの理論（Lukes, 2005）を用いて明らかにする。この章で取り上げられるさまざまなパワーへの視点は、本書での分析のパースペクティブを与えるものである。

　第2章では、本書でとられる基本的な分析枠組みが示される。まず、言説の定義と機能が提示される。言説は、シンボルやアイディアの体系であり、それは、価値・規範、（国際、国内）社会の組織の在り方、社会の動きについての仮説、また、物事の展開過程（物語）、登場人物のアイデンティティや役割、過去—現在—未来の構造、適切な政策等からなる。このように定義された言説は、その要素のどれかに焦点を合わせることによって、ナラティブ、規範、さらにはイデオロギーというものになる。象徴体系としての言説は、組織象徴としての機能と分析機能の二つの機能を持つ。本書では、主として政治指導者が課題を提示しそれに対する支持と実行を図っていくという組織機能に焦点を合わせる。言説に関しては、その内容・形成と対外的な投射を考えることができる。対外的な投射は、言説力、ナラティブ力、あるいは対外的な話語権などといわれる。言説の投射を考えると、一方的な投射、それに対する抵抗、双方向の投射／抵抗などいくつかのパターンが考えられる。冷戦後の米中関係は、アメリカの中国に対する一方的な投射から、双方向の投射となり、いまやアメリカの投射、中国の投射、中国の投射に対するアメリカの抵抗という複雑な状況を呈している。

　第3章は、以上のプロセスを分析する理論の展開を、規範に注目して明ら

かにしていく。1990年代、アメリカ（と西側）がリベラルな言説（規範）に基づいて人権などのさまざまな国際制度を構築していった。この過程では、リベラルな行為体（NGO や国家）が国境を越えて規範を投射し、国家間の合意を作り出し、国際制度を作っていった。このような NGO や国家を規範企業家という。企業家は entrepreneur の訳である。起業家でもよいが、本書では企業家に統一する。また、規範企業家というとき活動家とか NGO を指すことが多いが、国家（政府）も規範を投射することがあるので規範企業家と考えられる（この辺、Bob, 2019, Introduction）。たとえば、アメリカはリベラルな価値・規範を一方的に中国に投射しようとした。具体的な政策としては関与政策であり、それは中国をアメリカの主導する国際制度に入れ、また経済関係を密にし、中国の対外的、対内的な行動を変化させようとするものであった。これは一方的な社会化の試みとも言え、社会化される側は「タブララサ」（白紙状態）であり、社会化しようとする国の価値は絶対的に正しいと考えられていた。しかし実際には、中国は「タブララサ」ではなく、自己の価値体系を持っており、アメリカの圧力に対抗した。

　2000年代、中国（やブラジルなどの開発途上国）が台頭するにつれて、一方的な社会化は限界を呈し、中国などが西側の投射する規範を拒否し規範の投射や社会化が双方向化する現象が見られるようになる。このような現象は、2000年代の米中関係とか R2P（保護する責任）や環境と発展に関する規範形成にみられた。また理論的には、「規範の対抗理論」が提起された。それは、既存のリベラルな規範に国家主権や内政不干渉の規範で対抗したり、結果として折衷的な規範が形成されたりする現象や、環境と発展という相対立する規範をいかに調整していくかという問題を取り扱うものであった。国家からなる国際社会における規範の形成過程を見ると、規範の投射・拡大を図る国は規範企業国家であり、それに対抗する国は反規範企業国家といわれる。しかし、反規範企業国家のなかには、投射されてくる規範を部分的に受け入れる規範修正国家も存在する。中国は、グローバルな規範をダウンロードし、それと国内制度との調整を図ってきた。その一方で、2000年代を通して、自己の規範を外に対して投射する準備をしてきた。自分自身が単に反規範企

業国家や規範修正国家ではなく、規範企業国家となる準備である。具体的な言説としては、平和台頭論とか北京コンセンサスと呼ばれるものがある。

　第4章は、2000年代から2010年代に展開し体系化していった戦略的ナラティブに関する考察に充てられる。ナラティブは、狭義では言説の一要素たる物語、すなわち出来事の経過・筋書きである。その一方で、ナラティブは価値・規範を背景に持つので、広義では言説と同義として取り扱って差し支えのない場合もある。戦略的ナラティブは、相手の行動を変化させるためにナラティブを作り、それを投射していくことを指す。戦略的ナラティブは、ナラティブの内容と投射の仕方（相手の共鳴をいかに得るか）の二重構造になっている。戦略的ナラティブ、あるいはそれと類似の概念は、三つの淵源を持つ。一つは、9.11後のイスラム過激派に対抗するためにとくにイギリスで展開された、政策志向、国益志向の強い議論である。二つには、2010年代前半からミスキモンたちによって展開された、分析志向の強い戦略的ナラティブ論である。そして三つには、2010年代中国によって展開される話語権である。中国の話語権についての詳細は第6章に譲り、第4章では、イギリスの戦略ナラティブの展開とミスキモンたちの分析を志向する戦略的ナラティブ論の内容と現実への適用を考察することにする。

　第5章は、戦略的ナラティブがナラティブ（言説、話語）とその投射という二重構造になっていることに着目し、ナラティブ（言説）の内容と投射の在り方という二次元の一般的な分析枠組み（モデル）を考える。これはきわめて単純な分析であり、言説（ナラティブ）の内容を統合的（調和的）なものと対抗的なものとに分け、投射の方式を説得、交換、そして強制の三つに分ける。そうすると2×3の六つのタイプの組み合わせができる。そこから、統合的（調和的）な言説を説得により投射するケースから、対抗的な言説を強制する（相手の意志に反して相手に受け入れさせる）ケースまでさまざまなパターンが得られる。これを基にして、ソフト・パワー、公共外交、「政治的戦争political warfare」、プロパガンダ、情報オペレーションなどの概念との関連づけと位置づけが行われる。第5章で示される一般的な分析枠組みは、第2章で示された言説の投射の緻密化である。これはまた、前章で論じた戦略的ナラティ

ブと次章で論じる中国の話語権とをつなぐものである。

　第 6 章は中国の話語権を取り扱う。中国のいう（対外的）話語権は、中国の地位の向上などの目的を達成するために話語（ナラティブ）を作り出し、それを対外的に投射し影響力を増大させようとするものである。本章では、このような話語権という概念がどのようにして出現したかを中国の公共外交との関連で、また胡錦涛から習近平への変化のなかで捉える。中国の話語の内容で特徴的なのは、統合的（調和的）内容を持つ話語（言説）と対抗的（競争的）内容を持つ言説が同時並行的に現れ、それに伴って穏健な政策と強硬な政策が並行して現れることである。なぜ調和的な言説と対抗的な言説が並行的に現れるかについて、国内政治的な要因、中国のもつ歴史観等いくつかの仮説が検討される。また、調和的な言説と対抗的な言説が併存することまたそれに伴って硬軟両様の政策が展開することの意味とその対外的な機能も考察される。調和的な言説と対抗的な言説がきわめて明確に並行的にあらわれることは中国の特徴であると考えられるが、国際政治の理論上は、かなり一般的な事象であることも指摘される。

　第 7 章は、2010 年代半ばから末にかけての米中の相互作用に関しての考察を行う。この時期は、中国は習近平、アメリカはトランプ政権の時期であった。中国は、アメリカや西側の言説に対抗するだけではなく、自己の言説を対外的に投射することに積極的になり、またアメリカや西側諸国に自己の言説を基にした浸透を図るようになる。アメリカ（や西側）の一方的な投射や米中の双方向的な投射の段階を超えて、自己の言説を逆投射する段階に入ったのである。とくに開発途上国（グローバル・サウス）に対する一方的な投射を強めたことが、中国による社会化という現象を引き起こし、中国は経済発展の成功や経済援助等を通して、開発途上国の政府や人々を引き付ける力（ソフト・パワー）を増大させる。この時期に中国は経済力、軍事力をも増大させたが、アメリカは、第三の次元として、イディエーショナルな次元の競争も重視するようになる。中国の伸長に対してアメリカは多様な対抗手段を講じ、イディエーショナルな次元に関しても、中国の言説に対抗したり、アメリカ国内に浸透する中国の影響力を排除したり、さらには中国の体制を批判した

り、またレジーム・チェンジ(体制転換)に近い議論をも展開する。このようなアメリカの対抗手段に対して、中国も再対抗の手段を講ずる。第7章はこの米中対立のエスカレーションのプロセスを明らかにし、エスカレーションを防ぐ方策を検討する。ナラティブは、米中間の作用―反作用のなかで重要な役割を果たすだけでなく、きわめて長期的に自己の進路を示す。このような観点から、中国の「(米中の)競争的共存」やドシが指摘した「アメリカ排除 displacement」のナラティブ、またアメリカの「リベラル国際秩序(とその再興)」というナラティブが検討される。中国、アメリカのそれぞれの長期的な展望についてのナラティブは、今や極めて対立的なものである。

第4章から第7章までは、戦略的ナラティブとか話語権を中心として、ナラティブの投射とか逆投射、さらには相互投射という現象を考察してきた。そのなかで、中国やロシアなどからリベラルな規範が攻撃され、(リベラル)な価値とか規範がもろくなってくることが論じられる。このような事象を分析しようとするのが規範の破壊とか規範の強靭性についての理論であり、またそのことを踏まえた国際秩序論である。第8章の目的は、このような2010年代からの動向を概念的、理論的に掘り下げて考察することである。まず、「規範の破壊」とか「真実の破壊」といわれる現象と概念を検討する。この現象は、既存のリベラル規範・ルールに対する直接の挑戦であり、国際的にも国内的にもみられる。次いでこの章においては、台頭する非リベラルな国が、彼ら自身の規範や価値を国際場裏に積極的に投射し、リベラルな国際秩序とは異なる国際秩序を作る点(可能性)に着目する。この議論にもとづくと、現在は、リベラル国際秩序、(ネオ)ウェストファリア秩序、そして権威主義的秩序の三つの国際秩序が交差し、対抗していると考えられる。

戦略的コミュニケーションは、きわめて一般的に言えば、自己の目的を達成するために、ことば、メッセージ、映像、行為などのコミュニケーションを通して相手の認知に影響を与え、もって相手の行動を(自己の目的に合うように)変化させようとする試みである。第9章は、戦略的コミュニケーションの内容、またその時間的な変容を、他のアプローチとの関連をも念頭に置きながら体系的に考察する。まず戦略的コミュニケーションの発生や定義、

展開が考察され、戦略的コミュニケーションに含まれる諸要素の理論的検討が行われる。さらに、アメリカ、イギリス、NATO という戦略的コミュニケーションを促進した国（や国家の集団）が取り上げられる。戦略的コミュニケーションは、これらの国々や同盟が対テロ戦争に参加したという共通経験を基に作られた。さらに 2014 年のロシアのクリミア併合、ウクライナ東部への進出、また 2016 年のアメリカ大統領選挙への介入を契機として、ロシアのディスインフォメーションを対象とした戦略的コミュニケーションが展開する。ディスインフォメーションは、事実とは異なり、かつ相手に対して悪意ある意図を持った情報である（Wardle and Derakhshan, 2017; Bouwmeester, 2021; 長迫、2021）。そして、いまや中国のディスインフォメーションにも関心が向けられるようになっている。戦略的コミュニケーションの関心がディスインフォメーションなどの対立的な次元（そしてそれに対する防御）に移行すると同時に、他方では、協調的な関係の維持とか構築を含めて非軍事的な分野で戦略的コミュニケーションを広く使おうとする傾向も存在する。最後に戦略的コミュニケーションを理解しようとする場合、国家戦略の系、コミュニケーションの系、そして行政組織の系、という三つの系を考えなければならないと論ぜられる。

　第 9 章までは、言説とその投射という二本柱を分析対象としてきた。そして、具体的な理論群として規範の対抗とナラティブの投射の二つを紹介し検討してきた。規範もナラティブも言説の部分的な要素である。規範の対抗に関しては、第 7 章で体系的な整理を行っている。ナラティブの投射に関しては、ソフト・パワー、公共外交、戦略的ナラティブ、戦略的コミュニケーションなどさまざまな概念が紹介されてきた。第 10 章の目的の一つは、これらのナラティブの投射についての諸モデルを整理し、相互関係を明らかにすることである。同章の今一つの目的は、ナラティブの投射と規範の対抗という二つの理論を体系的に関係づけることである。本書は、言説がナラティブと規範を包摂し、ナラティブは規範を包摂するという立場をとる（本書 44 頁の図 1 を参照）。したがって、規範の投射と対抗についての理論はナラティブの投射と対抗に適用できよう。この理論は、単に二国間の言説や規範の相互投

射だけではなく、国際秩序レベルの対抗を明らかにすることを可能にする。

イデオロギーは、国内・国際の組織原理を表わす言説の一要素である。バイデン政権は、成立後まもなく「民主と専制」という枠組みを示した。これはまさにイデオロギーの違いを基にした言説の対抗である。第11章の第一の目的は、バイデンの「民主と専制」ナラティブの意味と機能を明らかにすることである。「民主と専制」は、国際次元では中国を第一の標的としており、バイデン政権の対中「戦略的競争」の基盤となっている。しかし、ウクライナ戦争が勃発すると、この「民主と専制」の対抗の枠組みは、ウクライナ戦争の構図を特徴づけるものとされる。NATOは、2022年6月に示した新「戦略的概念」において「民主と専制」の枠組みを実質的に採用してロシアを直接の脅威と特定し、中国にも言及する。しかし、アメリカは中国を第一の標的とする「民主と専制」を変えることはなかった。

第11章の第二の目的は、このようなアメリカの「民主と専制」に対して中国がいかに対応・対抗したかを考察することである。中国は、アメリカが民主主義を唱えて中国に圧力をかけたり内政に介入したりすることを口を極めて非難した。そして、2021年に自己の政治体制に関する一連の文書を発出する。そこでは、中国の政党システムはユニークであり、中国共産党の下での諸政党の協力と協議によって成り立っていること、さらに中国の政治体制は「全過程の民主主義」であり民主主義の必要な要素をすべからく取り込んだ優れたものであることが論ぜられる。そして、中国の民主主義はアメリカの民主主義よりうまく作動し、結果も好ましいと主張される。2022年に入り、ロシアのウクライナ侵攻前に出された中ロ共同声明においては、中国もロシアも長い歴史文化によって形成された民主主義国であると論ぜられる。また、2022年4月のボアオ・フォーラムにおいて習近平主席は、GSI（グローバル安全保障イニシアティブ）を発して、イデオロギーによる分断を非難し、またウクライナ戦争後の秩序イメージを示し、グローバル・サウスへの浸透と国際秩序構築を図る活動を強めるのである（第2節）。

第11章において、アメリカと中国は、政治体制（イデオロギー）をめぐって①パフォーマンスで競争し、また②イデオロギーそのものに関して反発しあ

うという現象を示していることをのべた。第12章では、これら二つのことをイデオロギー（それを体現した政治体制）と物質の世界（経済と軍事）との間の関係という観点から考察する。①に関しては、「民主と専制」というイデオロギー的対抗の勝敗（帰趨）は、物質世界（とくに経済的分野）でのパフォーマンスによるとされることが多い。このことに着目して、民主主義と権威主義（専制）の経済成長と経済水準の長期的な変化を分析する枠組みと、データ解析をした先行研究を紹介する。そこでは、政治体制と経済成長／経済水準の関係は、時代によって大きく変わってきたことが示される。②に関しては、逆にイディエーショナルな世界が物質的な世界に影響を与えるケースを考える。国際政治学においては、イデオロギー上の距離が大国間の友好─対抗関係に影響し、距離が大きいほど（また距離が開いていけばいくほど）対抗関係が強くなるという仮説がある。ここでは、このような仮説に基づいて、米中関係を考察する。

　第13章の目的は、天安門事件以後現在に至るまでの主として国連人権理事会（2006年まで人権委員会）における中国の人権言説の変化を、本書で展開してきた言説に関するさまざまな理論と仮説をもとにして明らかにしようとすることである。国際社会に投射される中国の人権言説は、天安門事件を契機とする西側の批判に対する応答として提起された。西側の提起する人権言説は世界人権宣言であり、中国の言説は、それに対する対抗言説であった。中国は、内政不干渉をもってそれに対抗し、言説の内容として生存権／発展権を中心に据えた。中国は、一方で西側の提起する規範に抵抗し、国連人権委員会における西側の中国批判決議に対しては、ノーアクション・ルールによって対抗した。それは成功し、西側の批判を阻止した。中国は、非政府の見解が入りやすい制度を潰し、また特定の国をターゲットとする決議や審議を排除するような制度改革を図った。またこの過程の中で、中国は、中国を支持する開発途上国や移行経済諸国のグループを形成し、それは中国批判の決議をブロックするに十分な数であった。中国は多数派を形成し、いまでもそれは継続する。他方で中国は2010年代、とくに習近平政権成立以後、積極的に自己の言説を国連人権理事会の場に投射するようになる。それは

2010年代の後半に中国が提出する一連の決議案に現れ、また中国のシンボルを組み込んでいく。この時期の中国の人権言説は、(経済)発展があってこそ様々な人権が実現できるとする、発展中心の人権論というべきものであった。それは、人権とは剥奪することができない個人の権利であるという既存の規範とは大いに異なる観点であった。そして、中国の経済発展の成功により、発展中心の人権言説は強い引き付け力を持つようになった。中国はさらに、2017年からの新疆ウイグル自治区の人権問題をめぐる国連での議論の中で、安定こそが人権を保障するという言説を唱えるようになる。このような30年に及ぶ過程を分析する中で、本書で展開されたさまざまな理論(規範対抗の理論、内政と外交の連結、制度的力、制度的話語権、規範の破壊等々)が説明のために応用される。そして、この30年の全体の傾向をみると、中国の人権言説は世界人権宣言のいう人権からは時を追うごとに乖離してきている。さらに現在では、中国の人権言説は、中国の大ナラティブである「中国の夢」の下位の言説となっている。この全体的な傾向を説明するために、いくつかの仮説が検討される。一つは、相手が何かを説得しようとすると、それと反対の方向に行くという「逆行の政治」という仮説である。しかし、言説の内容の変化と投射方法の変化をともに考えると、国内・国際的な構造の変化、そのなかで見られる(権)力の分布の変化、そしてその中で政策決定者(政治指導者)がどのような象徴(言説、ナラティブ)を選択するかというマクロの動態的なモデルが必要であることが示唆される。

　終章は、いまなぜ言説かを再度問う。本書では、国際政治における言説をめぐる様々な現象と理論を考察してきた。言説とその投射、さらには公共外交や戦略的コミュニケーションなどの諸理論は必ずしも全く新しいものではなく、昔から考えられている要素も多々ある。したがって、今なぜ言説を取り扱うかを改めて問う必要がある。この問いに対して、言説が顕在化した理由として、国際政治構造が流動化して不確実性が増大したこと、および言説／ナラティブの対抗が激化したことの二つの要因を挙げる。そして、それら二つが相互作用して、現在の言説／ナラティブの顕在化をもたらしたことを示す。加えて、言説／ナラティブを伝え投射するコミュニケーション手段が

高度化し、情報環境が大きく変化し、ディスインフォメーション・ナラティブが広く行きあうようになったこともまた、言説／ナラティブが顕在化する要因であったことを指摘する。

注

1 もちろん、1990年代アメリカの中には、このようなリベラルな言説だけではなく、孤立主義、選択的関与、力とリベラルな価値を合わせたネオコン、アメリカの力の優越性を説く卓越論などいくつかの言説があった（山本吉宣、2006、第1章 ; Posen and Ross, 1996/1997）。リベラルな言説は、そのような様々な言説との競争の中から出てきた支配的な言説であった。また、対中政策に関しても関与と封じ込めという言説が対立していた（Shambaugh, 1996）。対中政策に関しては、この二つの対抗する言説の中から、ヘッジを伴った関与政策が支配的な言説となっていった（山本吉宣、出版予定）。

2 言説とナラティブは互換的に使われることが多い（本書第2章第1節参照）。ただ、言説は世界観や規範などを体系的に示すのに対して、ナラティブはそれを背景としつつ、出来事の順番や将来の予測を含む物語と話の筋を中心とするものとして使われることが多い。

第1章　イディエーショナルな力

第1節　言説の対抗の顕在化

　現在、米中間では、経済、安全保障の分野において、厳しい競争が展開されている。それと同時に、イデオロギー、言説、あるいはナラティブ（物語、story）などいわゆるイディエーショナル（ideational）な分野での激しい対立／対抗がみられる（Friedberg, 2017, 2018; Mahnken, Babbage, and Yoshihara, 2018; Erickson, 2019; deLisle and Goldstein, 2021, chapter 1）。「価値の戦争」とか「規範の戦争」、「ナラティブの戦争」、「話語戦」という言葉が、さらには「政治的言説の'武器化''weaponization' of political discourse」という言葉も聞かれる（Langendonk, 2020, p. 256）。このような現象は、広く言えば、「心の地政学 noopolitik」と呼ばれるものである（Arquilla and Ronfeldt, 1999; Ronfeldt and Arquilla, 2020）。ここで、noo は古典ギリシア語の noos からきており、noos は心を意味し、パーセプション、センス、意志、思考、価値、規範等を広く含む。

　米中の対抗を考えるためには、安全保障、経済に加えて、この第3の分野でのダイナミズムを理解することが必須となる（三次元のチェス、Brands and Cooper, 2020）。以上のことをさらに敷衍すれば次のようになる。まずアメリカ政府のレベルでは、2021年1月5日に秘密解除され、同月12日に公表された「インド太平洋のためのアメリカの戦略的枠組み」（National Security Council, 2021、もともとは2018年2月15日に作成・承認されている）が、軍事、経済に関する対中戦略と同時に、ナラティブとか情報戦に大きな部分を割いている。例えば、同盟国とパートナーとの関連で、アメリカの地域へのコミットメントを強めるアクションの一つとして、「中国の情報キャンペーンと対抗でき、

また、中国の地域的な支配は必然的であるというナラティブを打ち破ることができる強力な公共外交の能力を発展させること」と書かれている (op. cit., p. 4)。

また、理論的に言えば、アメリカの対中包括戦略を DIME (Diplomacy, Ideology (Information), Military, Economic) という用語を用いて議論するものも出てくる (例えば、Bishop, 2018; Laity, 2018; Pernin et al., 2008)。DIME は、外交、情報、軍事、経済を包括的に取り扱おうとするアメリカ軍部 (特に陸軍) の用語である[1]。情報のなかには、ナラティブとイデオロギーも含まれる。とくに 2000 年代の対テロ戦争から、ナラティブやアイディアを一つの要因として取り上げるようになり、これらはまた現在の中国に対する戦略に示唆を与えると考えられるようになる (Hatherell et al., 2020)。

第 2 節　「イディエーショナルな力」── 一般的な視角

第 1 項　カルステンセンとシュミットの理論

理論的な先行研究でいえば、以上のような視点にもっとも関係がある一般的な枠組みは、アイディアと力の関係を分析する「イディエーショナルな力 ideational power」と呼ばれるものであろう (Carstensen and Schmidt, 2016, 2018)。この枠組みを示したカルステンセンとシュミットは、強制的な力、制度的な力とともに、「イディエーショナルな力」を重視する。「イディエーショナルな力」とは、「イディエーショナルな要素 [言説、ナラティブ、アイデンティティ、物語等] の使用を通して、他のアクターの規範的、認知的な信条体系に影響を与える能力」である (Cartensen and Schmidt, 2016)[2]。彼らは、「イディエーショナルな力」には、三つの形態があるとする (op. cit., p. 323)。

①一つ目の形態は、「アイディアを通しての力 power through ideas」であり、それは、「あるアクターがイディエーショナルな要素の使用を通して他のアクターが何を考え、何をするかについて自己の見解を受け入れるよう説得する能力」である。この説得は、イディエーショナルな要素の認識的な側面 (事実に関するもの) と規範的な側面の二つに対して行われる。

②二つ目の形態は、「アイディアに対する力 power over ideas」であり、「他のアクターのアイディア（の意味）をコントロールし支配する能力」である。それには、三つの様式がある。一つは、アイディアを押し付ける力である。すなわち、他のアイディアを押しのけて、自己のアイディアを促進することである。二つには、相手に「恥辱 shame」を与えることによってアイディアを受け入れさせることである。例えば、人権とか人道にもとるアイディアや行動をとるアクターに対して、「恥辱」を与え受け入れさせようとすることである。あるいは、あるアイディアや規範から脱出しようとする（例えば、Brexit）アクターに「恥辱」（R. アドラー＝ニッセンのいう stigma 汚名）（Adler-Nissen, 2014, chapters 3 and 4）を与え、既存のアイディアや規範にとどめようとするものである。三つには、相手のイディエーショナルな力（異なるアイディアや異議）を拒否する能力である。

③三つ目の形態は、あるアイディアが他のアイディアを押しのけて（犠牲にして）、人が思考を構成するときの権威を持つことである。これを「アイディアそのものの力 power in ideas」という。いわば、支配的なアイディアである。例えば、国内で（あるいは国際的に）あるアイディア（例えば、ワシントン・コンセンサス[3]）が主流になると、そのアイディアが政策議論の範囲や内容を支配する力を持つことになるといった場合である。もちろん、そのときにそのアイディアを掲げる者は、他のアイディアを掲げる者に対して、優位に立つ、あるいは支配的なポジションを占めることになる[4]。よりマクロのレベルで言えば、フーコーの「真理の体系」とかグラムシのヘゲモニーなどがこの類型にあたるのかもしれない（この点、あとでも触れる）。

第一と第二の形態は、アクターが持つアイディアと相手のアイディアに対する影響力を問題にしたが、第三の形態では、アイディアそのものの影響力が問題とされる。いわば、主役がアクターではなくアイディアそのものになるということである。

第 2 項　イディエーショナルな力の諸形態と動態への含意

カルステンセンたちは、これらのイディエーショナルな力の諸形態をまず

は別個のパターンとして取り上げているが、これら三つの形態(パターン)は、時間的に他のパターンに変化する可能性がある。事実カルステンセンたちは、これら三つのパターンが強制的な力、制度的な力と併存し、その分布(そして組み合わせ)が時間的に変化すると述べている(Carstensen and Schmidt, 2018)。例えば、第一の形態(アイディアを通しての力)は、あるアクターのアイディアが十分に強い(ただし、完全には支配的ではなく、他のアイディアも十分に強い)ときに現れ、第三の形態(アイディアそのものの力)はあるアイディアが支配的な(そのアイディアを支持する連合の力が圧倒的に強い)ときに現れる。そして、第二の形態(アイディアに対する力)は、アクター間の関係あるいはいくつかの併存するアイディア(言説──以下ではアイディアの典型的な例として言説を考える)が対抗的なときに現れる。

　これらの三つの形態(パターン)は、動態的には連続的にサイクル的に連なっていることがある。すなわち、ある問題に関してある言説(アイディア)が形成されると、その言説を奉ずるグループは様々な方法でそれを売り込み、対抗する言説を打破していく(負けて消えていく場合もある)。これは、第二の形態であろう。その際に、バンドワゴン的な現象が起きて、当該の言説は強くなり、他の言説を説得したり(第一の形態)打ち負かせたりして勢力を拡大していくケースも考えられる。そして最終的には支配的な言説が形成され、制度化されていく。その過程で、対抗する言説は周辺化されていく。支配的な言説の形成・出現である(第三の形態)。支配的な言説のなかには、「不問の前提から導出された、自明で公理的な選択の束と思われるようになった、集団的アイディア」があり、それに沿って行動するのが自然である「習慣 habits」となっていることがある(Porter, 2018, p. 11)。その集団的アイディアは、一定の集団によって担われ拡散され、集団全体での「現状 status quo」となり、変化させるのがきわめて難しいものとなっていることがある。たとえば、イギリスの研究者であるパトリック・ポーターは、現在のアメリカの大戦略を「卓越戦略」と考え、その戦略がアメリカの軍事的、経済的卓越性を前提とし、アメリカの積極的な対外関与、軍事的介入などを公理的な選択の束とし、それが習慣となり、変化させるのが難しい「現状」となっているとしている

(Porter, 2018, pp. 13-17, 28-29)。

　この逆のダイナミックスも当然現れよう。すなわち、そのときどきに支配的な、制度化された言説が存在したとしても（第三の形態）、現実が変化した場合に言説が現実とは合わなくなることがある。そうすると、支配的な言説とは異なる代替的な言説が形成され、支配的な言説を含めて、言説の対抗状態が起きる。すなわち、第二の形態に移行する（このようなダイナミズムについては、Michaels, 2013）。

　カルステンセンとシュミットの念頭にある経験的な事象（応用分野）は、ヨーロッパ国内あるいは EU である。しかし、本書は、「イディエーショナルな力」という一般的な枠組みを米中関係の事例に適用することを試みる。このような観点から、ここでは、彼らの「イディエーショナルな力」の三つの形態（パターン）とその動態を米中関係に当てはめてみよう。冷戦後の米中関係をイディエーショナルな力という観点から見ると、次のようになろうか。まずはアメリカの奉ずるリベラルな価値・体系がきわめて力強く（第三の形態に近いもの）、そのもとでアメリカのアイディアを説得によって中国に広げようとしたり（第一の形態「アイディアを通しての力」）、また強引に押し付けようとしたりした（第二の形態「アイディアに対する力」）。さらに中国が強くなっていくと（アメリカのアイディアの支配的な地位の低下）、中国の方が自己のアイディアを外に投射しようとするようになり、相互的な第二の形態が見られるようになるのである。

　冷戦後の米中関係は、イディエーショナルな力という観点からは、このような変化が見て取れるが、本書ではそのような変化がなぜ起きるかをも考察する。本書の考察を先取りして言えば、基本的には、米中の力関係が変化し、きわめて非対称なものから対等なものになり、さらに、パワー・トランジションという現象を呈してきたことに由来すると考えられる。ただ、そこで現れ、変化するイディエーショナルな内容（言説、ナラティブ、規範の内容）とその形成や対外投射などのダイナミックスは、単なる力の変化の関数（派生物）[5]ではなく、それ自身のダイナミックスを持っていると考えられる。そして、言説などのイディエーショナルな分野と経済とか軍事力という物質的な世界の

間にはフィードバック関係があり、単にナラティブが経済行動や軍事行動に影響を与えるだけではなく、物質的な世界に起きたことがナラティブの示した仮説に合うかどうかが言説（ナラティブ）に証しや反証を与え、言説の受容性（言説の継続性、他の言説に対する優越性）を左右することが示される（たとえば、Legro, 2000; Freedman, 2006, p. 23）。

　カルステンセン／シュミット的なイディエーショナルな力は、あるアクターの持つアイディアが他のアクターのアイディアに影響するという形態を考えていた。本書は、基本的にこのような形のイディエーショナルな力を考えつつも、イディエーショナルな要素が物質的な要素と交差しつつ、イディエーショナルな次元を超えて国益達成の手段として使われる点にも注目する。たとえば、人権などのアイディア（権利）は、敵に対する動員の要因となり、あるいはイディエーションとは別の次元の物質的利益の達成のカモフラージュとして使われたりする。このような現象は、「武器としての権利 rights as weapons」(Bob, 2019, Introduction) と言われる。より一般的に言えば、権利とか規範（あるいは言説）は、ある行為者（個人、集団）の権利を増大し、より公正的な社会を作っていくという機能と、相手を攻撃し相手を犠牲にして自己利益を増大させるという攻撃的な機能をも持っている (ibid.)。本書は、このような現象にも折に触れ直面することになる。

第3節　イディエーショナルな力の位置づけ──内包と外延

　以上、カルステンセン／シュミットを中心にイディエーショナルな力を紹介、説明した。彼らの理論は、力の行使における力の基盤としても力の作用する対象としてもイディエーショナルな要素を中心としている点でユニークなものである。しかしながら、ここで、さらなる考察が必要な二つの問題が存在する。第一に、彼らはイディエーショナルな力と別個に強制的な力と制度的な力を考えている。そうすると、強制的な力と制度的な力とはどのようなものであり、またそれらはイディエーショナルな力とどのような関係にあるのかを明らかにする必要がある。二つには、カルステンセン／シュミット

のイディエーショナルな力は（アクターAとBとの）二者間のイディエーショナルな力関係に焦点が置かれており、その点アクターの行動から力の行使が観察できる可能性のあるものであった（第一の形態と第二の形態）。しかしながら、第三の形態の「アイディアそのものの力 power in ideas」は、アクターの行動からは観察できず、アクターの行動の背後に隠れているものである。したがって、この第三の形態を掘り下げ、そこでの力の意味や研究のアプローチを考えなければならない。これら二つの設問に答えるために、バーネットとデュバルのパワー論（Barnett and Duval, 2005）とルークスのパワー論（Lukes, 2005）を取り上げ検討してみたい。バーネット／デュバルの議論は二つの設問の両方にかかわり、ルークスの議論はとくに第二の設問にかかわる。

第1項　バーネットとデュバル

　カルステンセンとシュミットは、イディエーショナルな力が強制的な力や制度的な力と併存していると言っている。それでは、強制的な力や制度的な力はどのようなものであり、それらとイディエーショナルな力とはどのような関係にあるのであろうか。まず、国際政治学において一般に力（パワー）はどのようにとらえられているかを考えてみよう。国際政治における力とか影響力には、じつにさまざまな議論や考え方が存在する。ここでは、そのなかでも本章とも関係があると考えられるマイケル・バーネットとレイモンド・デュバルの分類模式を取り上げてみよう（Barnett and Duval, 2005）。

　バーネットとデュバルは、力を①特定のアクター間の相互作用を通してみるのか、社会を構成するカテゴリー間の関係からみるのか、②直接の関係をみるのか、間接的な関係をみるのか、という二つの次元から分類する。この枠組みに基づく四つのタイプの力について、(a)特定のアクター間の直接の関係を扱うものを「強制的力」、(b)特定のアクター間の間接的な関係を取り扱うものを「制度的力」、(c)社会を構成するカテゴリー間の直接の関係を取り扱うものを「構造的力」、そして、(d)社会を構成するカテゴリー間の間接的な関係を取り扱うものを「生産的力」という。バーネットとデュバルの議論は、難解なところもあるので（とくに(c)と(d)）、若干翻案して述べること

にする。

1. 強制的力

　まず特定のアクターの直接の相互作用をとおしてみる力（影響力）は、きわめて通常にみられるパワー論である。すなわち、アクター A がアクター B に対して影響力を発揮する（アクター B の変化を目指す）という現象に着目する。バーネット／デュバルは、このパワーの類型を「強制的力 compulsory power」と呼んでいる。ただ、すぐに明らかにするように、必ずしも「強制的」手段（相手の意志に反して相手の行動を変化させる）だけが使われているとは考えられず、「二者間の影響力」といったほうが適当であると考えられる。この類型では、アクター A が影響力を発揮する基盤は何か、またどのようにして何についてアクター B の変化をもたらそうとするのかということが問題になる。たとえば、A が軍事力を使って、B の意志に反して B の行動を変えるというのが典型的な「強制的な力」の例である。あるいは、A が経済力を使って、B に経済的利益を与えつつ B の合意を得て B の行動を変えるというのもよく見られるパターンである（このパターンは、「強制的」ではない）。

　この類型から言えば、カルステンセン／シュミットのイディエーショナルな力（①「アイディアを通しての力」と②「アイディアに対する力」）は、A がイディエーショナルな要素を使って B のイディエーショナルな要素に変化をもたらそうとすることと考えられる（もちろん、それを通して B の行動を変化させることも含まれよう）。このなかで、①の手段は説得であり、ソフトな手段である（いわば、ソフト・パワーである）。②は、相手のアイディアをコントロールしようとするものである。繰り返して言えば、②には三つのヴァリエーションが考えられている。一つは、他のアクターのアイディアを押しのけて、自己のアイディアを促進することである。二つには、相手に「恥辱 shame」を与えることによってアイディアを受け入れさせることである。この二つは、自己のアイディアを相手の意志に反して押し付けたり、受け入れさせたりしようとするものである。イディエーショナルな次元における「強制的力」といってよいであろう。三つには、相手のイディエーショナルな力（異なるアイディ

アや異議)を拒否する能力である。これは、相手Bもイディエーショナルな力を持ち、それをAに投射する状態をも考えていることをあらわす。前の二つと違い、自己のアイディアを守るという次元の話であり、相手の力の行使に対する耐性(自己のアイディアの強さ)といってよい。後述するように、この点をバーネットとデュバルは、抵抗(resistance)として体系的に議論している。

このように、カルステンセンとシュミットのイディエーショナルな力(①と②)は、バーネットとデュバルの「強制的力(二者間の直接の影響力関係)」と重なるところが大きい。前者の議論は、影響力の基盤も影響力の対象となるものもイディエーショナルな要素に焦点をあてたところに特徴がある。

2. 制度的力

次に、カルステンセンとシュミットは、イディエーショナルな力とは別個に制度的な力を考えている。制度は規範とルールのセットであり、公式のものも非公式のものもある。制度に属するアクターは、その制度の規範やルールに沿って行動することが期待される。すなわち、制度は、規範やルールを通してメンバーの行動をコントロールする力を持っている。これが、カルステンセンとシュミットがいう制度的力であると考えられるが、バーネット／デュバルもほぼ同じ内容の制度的力を取り上げている。それは、AがBに影響力を発揮しようとするとき、直接的な「強制的力」(「二国間の影響力」)ではなく、制度を通して間接的に影響力を与えることがあるとの認識に基づく。たとえば、AはBにAの選好に沿った行動をとって欲しいとき、もし制度にそのような行動をとるべしというルールがあれば、AはBの行動を、制度を通して間接的にコントロールすることになる。バーネットとデュバルはそれを「制度的力」と呼んだ。

制度に含まれる規範やルールがイディエーショナルなもの(要素)であるとすれば(それは制度化されたものであるが)、制度的力は、Aが自己のイディエーショナルな要素を、制度を通して間接的に用いて、Bのイディエーショナルな要素に影響を与えることになる。制度的力は、間接的なイディエーショナルな力と考えることができるのである。また、制度が規範やアイディアに基

づいて作られるとすれば、形成過程においてイディエーショナルな力の投射も見られるのである（これは、カルステンセン／シュミットの「アイディアを通しての力」、「アイディアに対する力」である）。

3. 構造的力

　さて、カルステンセンとシュミットのイディエーショナルな力の分類の第三番目の「アイディアそのものの力」は、バーネットとデュバルのモデルでは、アクター間の関係ではなく、「構成の社会関係 social relations of constitution」に基づいた力としてとらえられる。ここで社会関係は、二種類の構成的なカテゴリーによって成り立っているとされる。

　その一つは、資本と労働や主人と奴隷のように相互に構成的なものである。すなわち、片方は他方があってはじめて存立する、そしてそれらが合わさって社会全体の構造を規定する（それが、社会の本質 essence であるとされる）。そしてその構造は、カテゴリー間の力や特権の配分を行う。そして、それぞれのカテゴリーに属するアクターの選好や利益はそのことによって規定される。また、資本と労働という構造を例にとれば、その構造の中で利益を得ている資本の利益を代表し、構造そのものを維持し機能するようなアイディアが形成される。これがイデオロギーであり、バーネットとデュバルによれば、イデオロギーとは、それを通してアクターが彼らの利益や願望を了解するシステムである（後述するように本書は、イデオロギーとは社会の組織原理に関する言説とかナラティブであると、若干異なって定義する）。そのアイディア（イデオロギー）は資本のカテゴリーに属する有利な地位にあるアクターによってのみ提出されるだけでなく、社会全体に浸透して構造を支えることになる。そこでは、その構造に本来は反対すべき労働者もそのアイディアを受け入れる。労働者は事実に基づいた真実の利益とは異なる主観的利益（虚偽意識）を持つことになる（Lukes, 2005, chapter 1, particularly p. 29）。このアイディアは社会全体を覆うヘゲモニックなものとなり（グラムシ）、構造の永続化が結果する。このような内容を持つ構造によって規定される力（構造的力）は、「アクター A が B をコントロールしようとすることが見られなくても作用しているのであ

る」(Barnett and Duval, 2005, p. 19)。国際関係への応用としては、たとえば、中心―周辺論、世界システム論 (Wallerstein, 1984)、スティーブン・ギルのアメリカヘゲモニー論 (Gill, 1990) などが挙げられよう。このような力をバーネットとデュバルは「構造的力 structural power」といった。「構造的」といわれるゆえんは、(物質的)構造がアイディアを作り出し、そのアイディア (イデオロギー) がパワーを規定するところにあると考えられる。

4. 生産的力 (言説の創生と機能)

構造的力においては、二つの構成カテゴリーが直接に接し (資本対労働、中心対周辺)、社会全体を二分法で捉え、またその二つのカテゴリーの間の階層性が想定されている。それに対して、社会関係をさまざまなカテゴリーが交差するものとしてとらえる見方がある。社会を構成するカテゴリーとして、国際関係を例にとると、「文明化された」、「無法者国家」、「ヨーロッパ人」、「不安定」、「西側」、「民主主義 (国)」、「戦闘員と非戦闘員」というようなカテゴリーが考えられる (Barnett and Duval, 2005, p. 21)。これらのカテゴリーは、部分的に相互に構成するカテゴリーも存在するが (たとえば、「戦闘員と非戦闘員」)、暗示的に他者を想定するものもある (たとえば、「民主主義国」に対する他者として「非民主主義国」とか「専制国家」)。しかし、それらは、世界全体を二分するものではないし、よしやそのような側面があるとしても、他のカテゴリーの存在を否定せず併存するのがふつうである。したがって、これらのカテゴリーは交差し、直接的にではなく間接的に接することになる。

これらのカテゴリーは、物質的な構造ではなく言説空間で作られていく (いわば、アイディア主体であり、その意味でポスト構造主義である)。言説は、何が重要か (問題か) をしめすシステムであり (system of signification)、そのためのカテゴリーを生み出す。そして、そのカテゴリーに属する、あるいは当該の言説に帰依するアクターに「主体性 (利益、選好)」を与え、彼らに「想像可能で実行可能」な社会的な行為の空間 (fields) を示すのである (フーコー、Barnett and Duval, 2005, p. 21)。したがって、言説は、すべての主体を社会的に生産して、彼らにアイデンティティ、実践、責任、社会的な能力を与える。

バーネットとデュバルは、このような力を「生産的力（拡散した社会関係を通しての主体の生産）」と名付けた。繰り返して言えば、ここで生産するのは（物質的な）社会の構造ではなく、社会関係についてのさまざまな言説である。そして、生産されるのは主体であり、主体は言説で与えられたアイデンティティ、責任意識、社会的な能力をもって社会的な行為の空間で活動することになる。

　生産的力（言説といってよい）の基盤や作動は、社会的に存在し、歴史的に規定されつつも変化する理解、意味、規範、慣行そしてアイデンティティである。そのような基盤は、ある行為を可能にしたり行為の限界を明らかにしたりして、全体として相合わさって行為を引き起こしていく。意味を設定したり確定したりすることは、生産的力の表れである。また、それぞれの言説は、どの問題の優先順位が高いか、その問題設定のためにどの知識が正当と認められるか、またどの主体が有利な地位を与えられるかを指定するので、言説をめぐっての争いが起き、どの言説が支配的になるかは政治（統治）における大きな問題となる。そして言説は、社会的に有利な地位にある方からも、不利な方からも作られ提出されていく。

　バーネットとデュバルの言う言説は、本書でいう言説と重複するところが多い。彼らのいう生産的力における言説空間では、多数の言説が周流し、各言説が、何が問題かを明確にしようとし、社会的なカテゴリーを作って提示し、各々のカテゴリーに属する人々にアイデンティティと社会的能力を与えて、彼らを行動の空間に流し込む。本書でいう言説は（後で詳述するが）、ある問題に関しての象徴の体系であり（その中に社会的なカテゴリーが含まれよう）、現実の因果関係とそこでの問題を指摘し、その解決のための政策やそれへ向けての動員を行うものであると定義される。バーネットとデュバルの言説の内容と機能はこれに近い。ただし、彼らは、生産力の源泉を主体のアイデンティティや社会的能力を産み出す言説に限定するきらいがあるが、そのような言説を作り出す人間や集団も生産的力を持っていると言ってよいであろう。このような点を拡張して言えば、アメリカでも中国でも為政者が様々な言説を提示するときに生産的力を発揮しているということができよ

う。

第2項　顕在的な力と顕在化しない暗黙の力——S. ルークス

　イディエーショナルな力を含む力や影響力の作動には、それを観察できる場合とできない場合が存在する。本書では、主として観察できる空間におけるイディエーショナルなパワーの作動を分析対象とする。しかしながら、本書では、観察できる空間でのパワーの作動の中に、見えないところで作動する力を垣間見ることもあるので、直接観察できない力をここで考察しておく。

　力の作用を観察できる場合とできない場合があること、そして直接観察できない場合も二通りあることを明示的に論じたのは、スティーブン・ルークスである (Lukes, 2005)。ルークスは、三次元の力 (three dimensional power) を唱えた。

　三次元の一つは、「決定にみられる力 power in decision-making」であり、そこでは力の作用が表立ってみられる。たとえば、アクター A (アメリカ) が明示的にアクター B (中国) に人権問題での是正を求め、アクター B (中国) がそれを拒否する (あるいは受け入れる) という場合である。アクター A の行動とアクター B の行動は観察可能であり、また、どちらの力が強いかも観察可能である (観察するのが容易なわけでは必ずしもないが)。あるいは、国際制度の集団決定の場で A の支持する決議案が提出された場合 (A 自身が提出する必要はない)、B がそれに反対であるとして、その決議が採択されれば、A は B に対して、制度を通して B への影響力を持っていたということができよう。これも観察可能である。二国間でも国際制度においても、このような公然の (overt)、観察可能な力の作用をルークスは、決定にみられる力といった (Lukes, 2005)。

　しかしながら、そのような観察可能な事象なくして力が作動していることがある。このことは、バーネット／デュバルの二国間、制度、構造、生産の四つのタイプの力のいずれにもそれぞれ違った形でみられる。それぞれについて考えてみよう。

　二国間の力に関しては、有名なカール・フリードリッヒの言う「予想された反応の法則 law of anticipated reaction」がこれにあたろう (Friedrich, 1937)。す

なわち、アクター A と B があった場合、B は、A が B に対してどのようなことを望んでいるかを予想して (忖度して)、A が明示的に B にそれを求めなくとも、A の希望 (選好) に沿う行動をする。A は、そのような B の行動を予想して、B に対して明示的に行動を起こさない。そうすると、A は B に力を持っているが、それを公然とは使用しないので、観察できる影響力の行使はみられない。あるいは逆に、A がある行動をとろうとする場合に、B の強い反発を予想すれば、行動を控えることもある。たとえば、アメリカ (西側) が中国の人権状況に関して問題を提起しようとした場合、中国が猛烈に反対することが予想されるとすると、その問題を提起することをやめることがある。このように問題が公然とは取り上げられない場合には、中国の力は強いことが推測されるが、明示的にそのような評価をすることは容易ではない。いずれにせよ、二国間関係において、ある問題がアジェンダとして取り上げられないことがある。

　制度的力に関しては、次のことがいえよう。国際制度で、明示的にある問題が取り上げられ、それに関する議論や評決が行われれば、それは公然とした行動として取り扱うことができる。しかし、制度において、ある一定の問題が提起できないルールとなっている場合がある (通常は、当該の制度の権限の範囲を決めるルールにおいて)。あるいはその問題を提起する可能性のあるアクターが排除され、結果的にあるアジェンダが排除されるルールが存在する場合がある。たとえば、中国は、国連人権委員会 (人権理事会) において、NGO を排除しようとしたり、特定の国をターゲットとした決議案の提出を禁止したりするようなルールを導入しようとしてきた (部分的には成功した、本書第 13 章参照)。これは、当該の制度において、一定のアジェンダをルールによって排除し、決定をしないことを意味する。同様のことは、国内政治 (たとえば、地方議会) に関してもいえる。たとえば、明示的なルールではなくとも、ある地域の人々やエリートの問題に関する考え方や選好の分布によっては、特定の問題がアジェンダ化されない場合もある。たとえば、ある地域においては環境問題が取り上げられ、似たような状態にある他の地域では取り上げられないことがある (Crenson, 1972)。これは、その地方の「権力構造」によっ

て、ある問題が組織的に排除される (organized out) ことを意味する。すなわち、その問題は当該の政治コミュニティにおいては、決定の場に呈せられないのである。このようなことをバックラックとバラツは、「非決定 non-decision の力」と呼んだ (Bachrach and Baratz, 1962)。

　構造的力は、繰り返して言えば、ある構造 (資本と労働、中心と周辺等) のもとで有利な地位にあるアクターの利益、選好を維持・正当化するアイディア (イデオロギー) が存在し、それが不利な地位にあるカテゴリーに属する人々を含めて社会全体に広がり受容され、構造を永続化させるというものである。そのイデオロギーは、不利な立場にある人々の真の利益に反するものである。不利な立場にある人々がイデオロギーを受け入れるのは、真の利益ではない主観的な利益 (虚偽の意識) に基づくためである (Lukes, 2005)。バーネットとデュバルがいうように「構造的力は、アクター A が B をコントロールしようとすることが見られなくても作用しているのである」(Barnett and Duval, 2005, p. 19)。不利な立場にあるアクターの利益 (それに基づく問題) は、アジェンダ化されることはない。構造的力は、一定の問題がアジェンダ化されるのを排除しているのである。もちろんこのような構造的力の大きな問題は、「真の利益」とは何か、真の利益に反した (虚偽の) 利益を持つ (持たされる) にいたる理由は何か、誰が、何がそうさせるかなどであり、研究課題として考えると、きわめて実証が難しい。構造的力の作用には利益誘導や社会化 (インドクトリネーション) などもあろうし、あるいはプロパガンダや偽情報も真の利益に反する主観的な利益を形成する一つのアプローチであるのかもしれない。

　生産的力は、言説を通して多様な主体が作り出され、このことを通して主体と行動が結び付けられていく力である。多様な言説のうちから支配的な言説が形成された場合、他の言説に基づく議論は通らず排除されたり、議論の対象として取り上げられなかったりすることもあろう。しかし、もし言説が自由に作られ周流するようなシステム (自由なアイディアの市場 marketplace of ideas (Ingber, 1984)) であるならば、基本的には少数派が問題と考えるイシューがアジェンダ化することが阻害されることはないであろう。もし人々の中に支配的言説に関して何か問題があると感じた者があるとすれば、彼らはそれ

を問題化(アジェンダ化)していこう。言説とは、何が問題かを示すものであるからである。ただし、この議論は、アイディアの自由市場が保障されている場合である。しかしながら、政府(権力)自身が一定の言説を作り、他の言説を排除するシステムを作ることもある。その場合、政府の支持する言説に対抗する言説は排除され、顕在化しない可能性がある。バーネットとデュバルの構造的力が社会の本質である(物質的)構造(資本と労働等)によって決定されるものであるとしたら、これは政治権力構造によって決定される構造的力といってよいであろう。ただし、政治的権力構造によって決定される構造的力の内容は、物質的構造によって決定される言説(イデオロギー)とは異なり、固定されたものではない。

第3項　力の行使に対する対抗作用のパターン

　力が行使された場合、それに対する対抗作用が存在する。そして対抗作用のパターンは、どのような形の力の行使が試みられるかに依存する(Barnett and Duval, 2005, pp. 22-23)。

　二国間の関係で「強制的な力」が行使される場合、相手国は力を行使しようとする国に対抗する資源を涵養し、もって力を行使しようとする国の行動を制御しようとするであろう。たとえば、自分自身で、あるいは同盟や連合を組んで、軍事力を増強し、力を行使しようとする国に対して均衡を保ち、相手の力の行使を排除したり防ごうとしたりするであろう。

　制度的力に関しては、自国の利益になると考えられる規範やルールを維持し、自国の利益にならないような国際制度の規範やルールを変えたりして抵抗しようとするであろう。既存の国際制度が自国の利益にならない場合にはそれに参加しないとか脱退するという選択肢をとり、その制度に対する抵抗を示そう。核不拡散条約に対するインドやパキスタンあるいは北朝鮮などの行動がそれを表す。また、既存の国際制度のなかで、自国の利益を反映させるために新しいアジェンダを取り込むようなアクションを起こしたりしよう。たとえば、中国は国連人権委員会(理事会)に継続的に発展をアジェンダとして取り上げるような活動をし、人権と発展を結び付ける自己の言説(利益)を

増進しようとしている。またすでにふれたように、中国は国連人権委員会（理事会）において、NGO を排除したり、特定国の問題に関する審議や決議の提出を禁止するようなルール変更を目指すことによって、制度的力を排除し自己の利益を図ってきた。

　構造的力、とくに物質的な構造に基づく構造的力に対する抵抗は、当該の構造における不平等を是正したり構造そのものを変容したりする試みに現れる。「しかしながら、構造は特定のアクターによってコントロールされているわけではないので、抵抗はほとんどの場合不利な構造的なポジションにある者たちの連帯的なアクションという形をとる」(op. cit., p. 23)。そして、バーネットとデュバルは、その例として、国境を越えた労働運動とか反グローバリゼーション運動を挙げている。しかしながら、構造的力の論理（先進国－開発途上国）は一つの言説となって、中国のような国家の言説体系の基本部分の一つにもなっている。

　「生産的力は抵抗を助長する。その抵抗とは、アクターが自らの主体性を不安定化させ、再構築すらして、もってそれらの主体性が生産、規格化、自然化される広範な社会過程と実践を変容させるか少なくとも中断させる試みである」(ibid.)。言説は主体性を作り出すから、言説への抵抗者は、その言説が示す主体性を不安定化し再構築するために、その言説が引き起こす社会過程や実践を変容させるということである。このような抵抗は、自己の持つ言説とは異なる言説が投射されてきた場合と、すでに自己が取り込まれている言説に抵抗する場合の二つが考えられるであろう。前者の例として、時に暴力的な組織を発生させる脱国境的な宗教的原理主義は、啓蒙主義近代という言説あるいはグローバルな資本主義に対する抵抗であると解釈される。これは、自己の言説が与える主体性を守りつつ、他者の言説を拒否してその不安定化やその周流の中断を図るものであろう。後者の例としては、知識を持ったアクターが言説における対立・緊張や亀裂に気づき、その知識を（相手とする言説に対抗するために）戦略的に使うことが含まれる。たとえば、植民地への抵抗において、抵抗勢力は、平等、自治、自由、民族自決というリベラルな言説からの要素を取り入れ、植民地主義の言説を不安定化させ独立に向

けての議論を作り出したのである(ibid.)。

第4項　様々な事象についての言説

　この段階で指摘しておいたほうがよいと思われることは、言説はさまざまな事象、問題、レベル(世界、地域、国家等)について形成されるということである。ここでは、本書の対象である政治とか戦略についての言説／ナラティブを念頭に若干の例を考えてみよう。

　言説は、特定の事象について形成される。また、同じ事象についての異なる言説は、異なる政策を招来する。たとえば、新疆ウイグル自治区の少数民族の動きを「社会的騒乱」と呼ぶか「テロ」(さらに、宗教過激主義、分離主義)と呼ぶかによって(どちらの言説をとるかによって)、同じ事象であっても意味やそれが含意する政策が異なってくる(Li, 2019)。また、2000年代のアフガニスタンやイラクのイスラム原理主義の行動に対する政策を「対テロ」というか「COIN, counter-insurgency 対反乱作戦」と呼ぶかによっても意味や政策が異なってくる(Michaels, 2013)。

　特定の国家に対する対外政策についての言説も存在する。最近の例でいえば、2017年末のトランプ政権のNSS(White House, 2017, 2017年アメリカ国家安全保障戦略)で示された「中国は修正主義国である」という言説は、対中関与という言説を大転換したものである[6]。この言説は、アメリカの中でいまや支配的な言説となり、それとは相容れない言説ははじき出され(クラウド・アウトされ)、例えば、対中関与政策は正確でないとか、あるいは中国の肩を持つ政策などとみなされるのである(Breuer and Johnston, 2019, pp. 448-449)。

　もちろん自国についての言説も存在する。自国(アメリカ)を民主主義の国であるとし、アメリカが自国を世界に対する民主主義のかがり火(beacon)と呼んだり、範例の力(power of the example)をもってアメリカの政治的価値を世界に広げたりするという言説(たとえば、Biden, 2020)も展開される。これは、自国のアイデンティティについての言説である。また、中国は、多様なアイデンティティ (multiple-identity)を持っているように見える。中国は大国であり、開発途上国であり、社会主義国であり、中華民族の国である等である。大国

であるというアイデンティティから、アメリカとの対等な関係を求める。開発途上国としては、新しい発展モデルと発展哲学を確立したと称し、グローバル・サウスへの影響力を広めようとする。さらに、社会主義国としては社会主義強国を目指し、中華民族の国としては中華民族の復興を目指すという言説を掲げることになる。

　このような国家（のアイデンティティ）についての言説は、それと表裏の関係で、国際社会についての言説を伴う。たとえば、アメリカはリベラル国家という自己アイデンティティを持つが、国際社会をリベラルな規範（民主主義や人権、市場経済）に基づいたリベラルな国際秩序とみる言説もあり、民主主義と専制があらそう国際社会とみる言説もある。

　また、主として国内で展開する言説体系を考えることもある。たとえば、ある国において、動態的に、社会関係の変化に合わせて将来の方向をしめし、統治の正当性を確保していくように言説の展開を図っていくこともある。たとえば、中国の共産党政権が、急速な経済発展による社会関係の変化の中で、それを調整し安定を保ち、政権の正当性を維持していくための言説体系を展開していくことを明らかにする研究も存在する。そして、このような研究は、主として、（国家の役割を重視した）国内の言説のダイナミックスに焦点を当てる (Cao, Tian, and Chilton, eds., 2014)。もちろん、このような国内統治を中心とする言説は、国際的な含意を持つことが多いのである。

注

1　ただし、国力の四つの要素として外交、情報、軍事、経済を考えることは、かなり前から政府のレベルを含めて、一般的に行われている。その場合、四つの要素の中で情報が軽んじられており、それを重視しなければならないと論ぜられることが通常であった（たとえば、イギリスの国防省、Ministry of Defence (UK), 2012, pp. 1-2; また、このような考え方は、Ministry of Defence (UK), 2019, p. 29 にも受け継がれている）。また、2013 年にロシアの参謀総長 V. ゲラシモフによって出された「ゲラシモフ・ドクトリン」も国際的な紛争において、武力だけではなく、政治、経済、情報、人道そして他の非軍事的手段の重要性を指摘している (Gerasimov, 2016, p. 24; Laity, 2018)。またゲラシモフは、国家間の紛争の解決にお

いて軍事的手段よりは非軍事的手段の方が重要だと言っており、その比率は、4（非軍事）対1（軍事）であるとしている。すなわち、（情報を含む）非軍事的手段4、軍事的手段1の割合である（Gerasimov, 2016, p. 28）。

2 国際政治（学）において、アイディアを中心とする視角は珍しくはない。ジャック・スナイダーは、アイディアを中心とする視角を、リアリズム（現実主義）とリベラリズムと並べてアイディアリズム（アイディア中心主義）と呼んだ（本書終章第3節第3項）。すなわち、アイディアリズムの内容は「国際政治は、説得的なアイディア、集団的な価値、文化、社会的アイデンティティによって形成される」、「主たる手段はアイディアと価値である」ということである（Snyder, 2004, p. 59）。スナイダーはこのような視角を「構成主義 constructivism」と呼んでいる。これに対して、本書でとられるアプローチは、必ずしも構成主義だというわけではない。本書では、国家を中心としてアイディア（や価値）の内容や投射に焦点を当てる。そして、アイディアや言説の持つ相手に対する影響力に注視し（これは時に優れて権力的である）、かつ経済力や軍事力という物質的要素も考える。したがって、本書のアプローチは、構成主義と現実主義のミックスであるといえよう。これらの諸点は終章において再度議論する。

　また、アイディアの（持つ）力についてもいくつかの先行研究が存在する。たとえば、スーザン・セルは、南北問題に焦点をあてつつ、アイディアがいかに利益を決め、交渉に関係し、交渉の結果に影響を与えるか、さまざまな「力とアイディア」に関する既存の理論を検討している（Sell, 1998, particularly chapter 1）。カルステンセン／シュミットの理論はこのような先行研究に基づいており、また「アイディアと力」に関する最近の最も簡素な理論であると考えられる。

3 ワシントン・コンセンサスとは、政府の経済への介入を排することを原理とする考え方であり、1989年にジョン・ウィリアムソンによって提起され、ネオリベラリズムのスローガンとなった。しかし、バイデン政権は、2023年4月末、ワシントン・コンセンサスを廃し、政府の介入を重視する「新ワシントン・コンセンサス」をとることを正式に宣する（Sullivan, 2023; Gawthorpe, 2023）。

4 あるアイディアやナラティブが、「強いナラティブ」になる条件としては、目標の明確さ、成功の見通し、他の強いナラティブが存在しないことが挙げられる（Freedman, 2015, p. 33；De Graaf et al., 2015, pp. 8-10）。

5 中国の中には、「言説力は、物質的な力を前提とし、また物質的な力から引き出されるもの」という考え方があるという（Rolland, 2020, p. 11）。またアイディアと物質的な様々な要因の関係についての理論的な考察として Parsons (2016) がある。

6 ただこのような「通説」に対して、二つの反論があるようである。一つは、ア

メリカの歴代の政権は対中関与政策と同時に、中国に対して軍事力や経済政策でカウンターバランスをとることを図っていたという説である。もしそうであるとすると、トランプ政権の政策転換は、必ずしも大転換とは言えない（Green and Haenle, 2023）。二つには、アメリカは歴代の政権が「卓越戦略」をとっており、トランプの「アメリカを再び偉大にし（MAGA）」、中国と対抗するという戦略もアメリカの卓越性の維持・回復を図り、リベラルではないが覇権（イリベラル覇権）を求めるものなので（Posen, 2018）、「卓越戦略」の継続だという議論である。この場合もまた、トランプ政権の政策転換は大転換とは言えない（Porter, 2018; Ashford and Shifrinson, 2018; Shifrinson, 2020）。

第 2 章　言説、言説力の素描と本書での分析枠組み

第 1 節　言説とは

　言説は、シンボルやアイディアの体系である。それは、価値・規範、社会（国際、国内）の組織の在り方、社会の動きについての仮説、また、物事（出来事）の展開過程（物語）、過去─現在─未来の構造、登場人物のアイデンティティや役割（新型コロナ対策の「失敗者」、「成功者」、「貢献者」など）、適切な政策等からなる。また、国際システム（秩序）に関するもの、地域に関するもの（たとえば、インド太平洋、一帯一路）、国家（自国、他国）に関するもの、出来事・政策に関するものなど異なるレベルの言説があり、またそれらは組み合わされ多層になっていることもある（Miskimmon et al., 2013）。

　本書では、以下の論述で、言説、ナラティブ、話語、価値・規範のそれぞれに焦点を合わせた理論や現実を考察する。これらの概念を必要な限りで説明するが、必ずしも明確に区別できない概念もある。たとえば、言説と話語は重複するところが多く、時に互換的に使うことがある（Chang, 2020）。また言説とナラティブの異同についても、ナラティブは出来事の系であり、言説は（比較的）静態的なものである、あるいはナラティブは言説から導かれることが多い、などが指摘されるが、その違いは必ずしも明確ではないように思われる（例えば、Chang, 2020; Hagström and Gustafsson, 2019）。

　ただ、本書での全体の展開を考えると、言説、ナラティブ、規範の異同と相互の関係に関して一応のイメージを示しておいた方がよいであろう。それが図 1 である。図 1 には、一つの仮説として三つの円が同心円として描かれている。一番大きな円は言説であり、上記の言説の定義に含まれるすべての

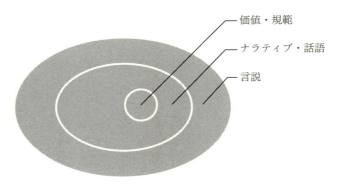

図1　言説、ナラティブ（話語）、規範

出典）筆者作成

要素を含む。ナラティブ（物語）は、そのなかでも、「物事（出来事）の展開過程（物語）、過去―現在―未来の構造」に焦点を合わせたものであり、それに加えて他の要素も付加する。価値・規範論は、言説のなかの価値・規範に重点を置き、その形成、維持、投射などを考える。また、図1は、ナラティブと言説には、明示的あるいは背景には価値・規範があるとの考えが示されている。いずれにせよ、本書では、ナラティブと価値・規範は言説の中に含まれていると考える。また、ついでに言えば、言説には国内・国際社会の在り方も含まれており、もしそこに国内・国際社会の組織原理も含まれるとすれば、それはまさにイデオロギーである。このように、言説はイディエーショナルな分野での様々な概念を含む一般的なものであり、本書の題を『言説の国際政治学』としたゆえんでもある。

　本書では、国際関係（政治）に焦点を当てて、言説、ナラティブ、価値・規範を考察する。しかし、言説／ナラティブは、他の分野でも使われ、また様々な角度から考察される。たとえば、社会学では昔から言説という概念が用いられており、言説の多様な定義や機能、分析方法（言説分析）、言説と現実などが様々な角度から検討されている（佐藤、友枝、2006）。また、R. シラーは、経済分野において、一般的に持たれるポピュラーなナラティブ（たとえば、恐慌あるいは技術と雇用）を分析し、ナラティブがいかに伝播し（伝染病的な面

がある)、またライフ・サイクルを示すかを明らかにしている(「ナラティブ(物語)経済学」)。そのなかで、ナラティブは、現実の世界(人間の行動)に影響を与え、また現実の世界を反映することが示される(Shiller, 2017, 2019)。「ナラティブ経済学」のなかにも、国際政治経済学にかかわるナラティブも存在する。たとえば、A. ナーリカーは、国際次元で「貧困のナラティブ」を取り上げ、国際貿易交渉において、そのナラティブがどのような役割、機能を果たしたのかを明らかにしている(Narlikar, 2020)。

　また、言説に関する実際の分析方法には、様々なものが見られる。通常は、政策文書や他の文書資料を基にして、言説の内容、構造を質的に明らかにする方法がとられる。たとえば、米中関係に関しても、アメリカ、中国それぞれについて、ナラティブをグランド・ナラティブ、マスター・ナラティブ、サブ・ナラティブ、そして最少単位のフレーズ(ミーム)に分解し、ナラティブの構成や(時間的な)変化を分析することが行われている。たとえば、「中国はアメリカの戦略的ライバルである」(グランド・ナラティブ)、「中国は修正主義者である」(マスター・ナラティブ)、「中国は、ルール・ベースの秩序に挑戦している」(サブ・ナラティブ)、「ルール・ベースの秩序」(ミーム、短い個別の事項)である(Breuer and Johnston, 2019; Johnston, 2021)。また、質的な分析とともに、言説を構成する象徴(言葉)の頻度と時系列的な変化を分析する内容分析という数量的な分析方法も取られる(ibid.; Shiller, 2019)。

第2節　言説力

　このような言説／ナラティブ／物語は、その(対外的)影響力という観点からみれば、言説力(discursive power)、ナラティブ力(narrative power)、あるいは話語権などと言われるものとなる。また、曾敬涵の言うスローガン[1]も広く言えばナラティブの対内・対外的な影響力を重視するので、この系列に属そう(Zeng, 2020)。これらの点をさらに具体的に議論するのが「戦略的ナラティブ strategic narrative」である(Miskimmon et al., 2013; Miskimmon et al., eds., 2017)。そして、中国で言われる対外的な「話語権」(髙木、2011；Mattis, 2012; 江藤、2017a;

Sum, 2021)は、話語（言葉、物語）の対外的影響力を指すものである。

　言説力（ナラティブ力）には、まず言説（もちろん、その内容が重要であるが）を展開するアクターが存在する[2]。そのアクターは、自己の言説をその受け手に何らかの形で受け入れさせることを試みる。アクターは多種多様だが（例えば、政治指導者個人やNGO）、ここでは国家を考える。そうすると言説は、国内、国際の両方の聴衆に受け入れられる必要がある。

　言説はシンボル（象徴）の体系である。象徴は、現実を認識し理解するという認識機能（認識象徴）と、課題を提示し、政策を実行し、またそのための組織化を行う組織機能（組織象徴）の二つを持つ。この二つの機能を同時に持つことが普通である（石田、1961）。石田は、象徴なり言説の認識と組織の二つの機能をあげているが、似た考えとして、R. ブルーベーカーとF. クーパーのもの（Brubaker and Cooper, 2000）がある。彼らによれば、ある概念は、一般に人口に膾炙し、政治的なコミュニケーションに使われる。この中には、当然特定の政治目的に使われることも含まれる。彼らは、これを実践のカテゴリーと呼んでいる。このような実践のカテゴリーとともに、概念は分析概念として使われる場合があるとする（分析のカテゴリー）。そしてこれら二つが同時に、相互作用しつつ存在するとしている。

　本書もこれらと似たような立場に立ち、認識象徴と組織象徴という象徴（概念）の二重性を前提として、有効な組織象徴は、認識象徴としての現実の分析と合致するときに生ずると考える。ただ、ブルーベーカーとクーパー（Brubaker and Cooper, 2000）は、実践のカテゴリーにある概念は、必ずしも分析概念として有効ではない場合があるとする。彼らは、客観的な因果関係の析出には役に立たない実践のカテゴリーとして、アイデンティティを取り上げている。アイデンティティという概念は実践ではよく使われるが、分析概念としては、とくに因果関係の析出は必ずしも容易ではない。これをソフト・パワーに応用したのが、T. ホール（Hall, 2010）である。すなわち、ソフト・パワーという概念は実践ではよく使われるが、検証可能な因果関係についての仮説はなかなかとり出せないのである。実践的概念は感情（emotion）に訴えるところが大きく、客観的分析にはなじまないところも存在するのかもしれな

い。このことは、人間の心理行動様式として、感情とか直観に訴えるシステムと論理や検証に訴えるシステムの二つが存在することと大いに関連しよう（このことは、本書終章第 3 節第 3 項で詳細に考察される）。

　また、この点と関連して、言説とかナラティブあるいはアイディアというとき、その内容の基本的な要素や次元は何か、ということについて異なる見解がある。例えば、J. ゴールドスタインと R. コヘイン（Goldstein and Keohane, 1993）は、アイディアを世界観、因果的信条（causal beliefs）、そして原理的な信条（principled beliefs、規範）の三つの要素に分類している。この分類と重なりつつも、P. コリアー（Collier, 2016）は、信条体系にはアイデンティティ、ナラティブ、規範という三つの要素があるとしている。アイデンティティは世界観（その中での自己の位置）、ナラティブは因果関係（時系列的展開を含む）、規範は自己に課した制約としている。面白いのは、アイデンティティと規範は心理的なものであるが、ナラティブは客観的な世界とかかわるということである（Collier, 2016, p. 14）[3]。また、カルステンセンとシュミット（Carstensen and Schmidt, 2016）は、言説は規範的（normative な）要素と認識的（cognitive なあるいは科学的な scientific な）要素からなっているとしている。本書でいう組織象徴は、規範的要素を含むものである。さらに、J. リグロは、とくに因果関係に焦点を当てて、集団的に持たれる因果関係についてのアイディアや信条体系を「集団的なアイディア」と呼び、政策の次元でのそれを「政策パラダイム（あるいは政策アイディア）」と呼んでいる（Legro, 2000; また、Michaels, 2013 参照）。

　本書では、とくに組織象徴としての言説（ナラティブ）を取り扱う。言説を象徴の体系とすれば、リアリズム（現実主義）、リベラリズム等の国際政治の理論は、すべて言説である。しかし、本書では、それらの理論（言説）が、あるアクターに取り上げられ、その言説に沿って政策課題の提示、組織化、力の発揮、さらには実際に取った行動の正当化（justification）等に使われるという現象に焦点を当てる。

第3節　本書での分析枠組み

　以上の議論の大筋を、二国間関係を念頭に図式化すれば、**図2**のようになろう。図2には、A国（アメリカ）とB国（中国）が示されている。A、B双方は、それぞれ言説（ナラティブ）を持っている[4]。そして、そのナラティブは、様々な要因によって、様々な事象について形成される。その形成や内容がいかなるものであるかが一つの分析対象である（Aについてはα、Bについてはα'であらわされる）[5]。すなわち、A国（B国）がもつ言説は、A国（B国）の国内で政治指導者のイニシアティブや国内政治過程を通して形成され、国内の聴衆を説得して支持を調達し、その言説に含まれる課題の達成がはかられる。

　次に、これらの言説をもとにAとBの間に相互作用が展開する（β）。本書はその相互作用として、①Aがその言説をBに投射する（a）、②それに対してBが抵抗する（b）（あるいは受け入れる）。③Bが逆にAに対して自己の言説を投射しようとする（a'）。④Aがそれに抵抗する（b'）、という四類型を考える。Aの投射（a）、Bの抵抗（b）、Bの（逆）投射（a'）、Aの（逆）抵抗（b'）は、様々な形と強度を取り、またその組み合わせも多様である。すなわち、AからBへの投射だけを考えるという単純なものもあろう。投射をコミュニケーションと考えれば、AからBへの単純な一方的なコミュニケーションは、クロー

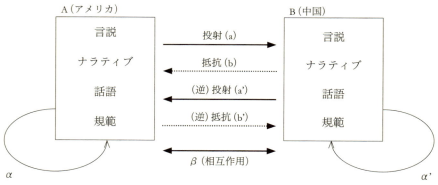

図2　言説の投射と抵抗

出典）山本吉宣（2021b、p. 8）

ド・シャノン的なものである（イメージとしてはAがBに電話をかける）。しかし、Aの投射に対するBの反応、BからAへの投射に対するAの反応を同時に考える複雑性を持つニクラス・ルーマン的なコミュニケーションも考えられる（以上のような考え方については、たとえば、Corman et al., 2007; Tatham, 2008, p. 8; Mackay and Tatham, 2011）。

　実際問題としては、Aの投射が他（B）を圧している時もあり、Aの投射に対してBの抵抗が目立つ時もあろう。さらに、Bの逆投射が顕著となり、それに対してAが対抗するという図式もみられるであろう。また、Aの投射に対するBの抵抗、Bの（逆）投射とそれに対するAの（逆）抵抗、というすべてが並行的にみられる状態も考えられよう（これは、現状に近い）。ここで投射と抵抗について付言すれば、投射力とは相手の言説を変える程度であり、また抵抗力は、相手のナラティブの投射に対する（自己の）言説の堅牢性（あるいは耐久性）とでもいえよう。さらに抵抗には、相手の言説を偽情報などによって破壊するという「規範の破壊」も含まれよう。たとえば、ロシアが偽情報を使ってアメリカの大統領選挙に介入し、「民主主義」を動揺させるなどの「攻撃的抵抗」である。規範の堅牢性や「規範の破壊」については、第8章で述べる。

　以上の枠組みを冷戦後の米中関係に適用すると、本書の流れは次のようにまとめられる。まず、1990年代には、アメリカの一方的な投射が支配的であり、政策としてはリベラルな言説に基づいた関与政策、理論的な概念としては（一方的な）「社会化」が主たるものであった。しかし、2000年代に中国の力が伸長し、一方的な社会化に対する抵抗（さらには拒否）の動きが出てくる。それは、「規範の対抗理論」と呼ばれる概念で説明できるものであった。そこでは、アメリカが規範の投射者（規範企業家）であり、中国は、中国の規範を守ろうとする「反規範企業家」と捉えられる。これに加え、米中双方が対話し、妥協し、折衷的な国際的規範を形成していく「双方向の社会化」という現象が指摘されるようになる。さらに、2010年代に入ると、ナラティブの投射を体系的にとらえようとして、「戦略的ナラティブ」という概念が提示される[6]。また中国は、自己の経済的実力と国際的な評価のギャップを埋めようとして、

「話語権」(中国版「戦略的ナラティブ」)を強める動きを始める。習近平政権が成立すると、中国は巨大な中国の再生(再興)を目指し、中国(華人)の夢を語り、社会主義強国を語り、人類運命共同体(人类命运共同体、英語では、Community of Shared Future for Mankind (CSFM)[7]、2013年〜)を目指すようになる。そして、一帯一路(Belt and Road Initiative, BRI)などを通して、他の国々(主として開発途上国)の社会化を図るようになる。すなわち中国は、アメリカのリベラル言説への対抗言説(カウンター・ナラティブ)を形成し、その投射力(話語権)を強め、「逆社会化」を図ったのである。中国の体制を専制(autocracy)とすれば、これは、(アメリカのdemocracy promotionに対して)「専制の促進 autocracy promotion」(Dukalskis, 2021)とでも呼べるものであろう。これに対してアメリカは、一帯一路に対抗して様々な政策を展開するようになり、また中国のナラティブ(権威主義的体制等)を明示的に否定することを試みる。これは、カウンター・カウンター・ナラティブ(カウンター逆社会化)とでも呼ぶべきものである。そのもとにあるアメリカの言説は、基本的には、引き続きリベラルな言説であり、それを投射しようとしていると考えられる(このことは、第7章と第11章で検討する)。アメリカも中国も、自国の価値・規範を投射しようとしており、いわば双方とも「ライバル規範企業家」である。あるいは、中国がアメリカ(西側)に対して「規範戦争 normfare」を仕掛け、西側もそれに対抗した規範戦争を遂行しているとも考えられる(Larkin, 2022)。

　以上の枠組みは、言説(ナラティブ)がいかなるものであり、それがいかに形成され変化し、対外的にいかに投射され抵抗されるか、という一連の流れをとらえようとするものである。「社会化」、「規範対抗の理論」、「双方向の社会化」、「戦略的ナラティブ」、「話語権」というような概念は、そのような試みの理論面からの表出であった。以下の諸章は、このような流れの各論である。

　なお、以上の概念のほかにも、実務の世界で頻繁に用いられる類似の概念も存在する。例えば、「戦略的コミュニケーション」や「公共外交 public diplomacy」である。とくに「戦略的コミュニケーション」は、国益をもとにした政策を他のアクターに周知し、影響力を発揮し、説得するもの(C. Paul, 2011a)と

定義され、それは、既に示した「戦略的ナラティブ」などの概念と重なるところが大きい。「戦略的コミュニケーション」は、第9章で体系的に取り上げる。

注

1　曾敬涵（Zeng Jinghan）の言うスローガンとは、政治指導者が提示する外交の概念であり（例えば、人類運命共同体、大国関係の新しいモデル）、耳目を引き付ける簡潔な政治的フレーズである。それは、聞く者の関心の焦点を合わせ、行動を促すものである（Zeng, 2020, p. 2）。

2　ここで言う言説力、ナラティブ力は、アクターに関するものである。よって、社会的な力（真理の体制 regime of truth）として社会全体に受け入れられ、それを通して人々のアイデンティティが作られ行為がコントロールされる「イディエーショナルな力」の第三の形態（Carstensen and Schmidt, 2016）とは若干異なる（Barnett and Duval, 2005）。言説力は行為者間の伝統的な力（相手に、自己の目的に沿った行動をさせる）に近く、ただ、その手段や目的がナラティブ（より一般的に言えばイディエーショナルな要素）であるということである。

3　ゴールドスタイン／コヘインの分類とコリアーの分類の重なりについては、A. ナーリカー（Narlikar, 2020, p. 9）。

4　もちろん、アメリカ、中国以外の国々もそれぞれのナラティブを持っている。例えば、東アジアの国々は、それぞれ異なる地域の秩序観を持っているであろうし（佐橋、2020）、またいわゆる台頭しつつある国も、中国、インド、ロシア、イラン、日本なども異なる世界観を持っていよう（Nau and Ollapally, eds., 2012）。しかし、本書では、主として米中を念頭に置いており、ナラティブの対外投射を考えているので、現在対外投射が顕著である（投射力を持っている）アメリカと中国を中心的に考えることにする。もちろん投射をうける国の視点に立てば異なる対象国の選択がなされよう。

5　言説とかナラティブというとき、対外投射や他の国との相互作用を明示的には考えず、言説（ナラティブ）そのものを考察することもある。しかし、その場合でも、言説の一つの要素として、どのアクターにどのような権限があるかを指すことがある。もしそうだとすれば、そして、そのような言説が「世界全体」（すべての関連するアクター）を覆いつくしたものであれば、対外的な投射力を考える必要はない（たとえば、バーネットとデュバルの「アイディアそのものの力」が世界全体を覆う場合、Barnett and Duval, 2005）。ただ、ある言説が支配的になったといっても完全ではありえず、その言説とは異なる言説を持つアクターが存在することが通常である。図2は、そのような前提に立つものである。

6 ただし、L. フリードマンは、対テロ戦争の文脈において「戦略的ナラティブ」の重要性を指摘し、その概念を広範に使っている (Freedman, 2006)。彼はナラティブを「人の心をつかむような語りのラインであり、それは出来事を説得的に説明し、そこから将来を推測できるものである」と定義している。また、戦略的ナラティブは、ナラティブを意図的に形成し、それをもって相手の反応をシェープしようとするものである (Freedman, 2006, pp. 22-23)。Freedman (2006) は、「戦略的コミュニケーション」の先駆的な研究とも言うことができ、のちのイギリスの戦略的コミュニケーション文書 (Ministry of Defence (UK), 2012) において、フリードマン流のナラティブは、戦略的コミュニケーションの基本的な要素の一つとなっている (本書第 9 章第 4 節)。

7 ただ、英語でも、'global community of shared future' と表現されることも多い。例えば、China and the World in the New Era (State Council Information Office of the People's Republic of China, 2019a) においては、global community of shared future が 15 回も使われ、同文書の基本的な概念となっている (この文書は、中華人民共和国の建設 70 周年記念の論文である)。

第3章　一方的投射、規範の対抗、双方向の投射、「対等」の言説

第1節　言説の一方的投射の諸問題

　図2 (p. 48参照) に明らかなように、言説力、ナラティブ力の投射には、様々な方向が考えられる。その一つは、一方向的なものである。例えば、アメリカ (A国) が圧倒的に強く、支配的なナラティブ ((西方)話語覇権 (Langendonk, 2020, p. 243)、あるいはイディエーショナルな中心性 ideational centrality (Carpenter, 2021)) を持っていて、その言説を相手国 (中国) に投射する場合である (相手国からの投射は無視できるものである)。その場合、送り手がどのような方法をとり、それに相手国 (受け手) がいかに対応するかが問題となる。アメリカ (と西欧諸国) のリベラルな言説が圧倒的に強く、それを世界に広げようとした冷戦後の1990年代がこれにあたる。そこでは、言説の送り手たるアメリカは、関与政策をとり、相手国を (アメリカ・西側が作り主導している) 国際制度に入れ、経済関係、脱国家関係 (NGOの交流) などの関係を促進することによって、相手国の対外行動と国内政治制度を変化させ、リベラルな言説に沿った行動に導き、リベラルな国際秩序の拡大・強化をはかり、もってアメリカの利益を増進しようとした。この関与政策は、いわばアイディアのセットに基づくものであり、J. リグロのいう「政策パラダイム」である。

　若干先取りした議論をすると、「政策パラダイム」は、それに沿った行動がとられ、結果としてそこに含まれる因果関係が実現していけば (望ましい結果が得られていけば)、維持・継続していこう。しかし、パラダイムに従った行動をしても望ましい結果が得られず、逆に大きな損害を受けると、そのパラダイムは崩壊して新たな「政策パラダイム」が模索される。新たな「政策パ

ラダイム」は、すでに周流している代替的なパラダイムあるいは既存のパラダイムの中の一定のアイディアのうち、十分な政治的な支持を得るものから出現する。そしてそれが所期の成果を収めれば、支配的な政策アイディアとなっていく（Legro, 2000; 同様の議論として Michaels, 2013; Krebs, 2015c）。もしそのとき、支配的な言説の粘着性や既得権益の体系によって、支配的な言説（とそれに基づいた「政策パラダイム」）とは異なる代替的な言説を取り入れるのが不可能であるか大きな困難を伴えば、必要とされるパラダイム・シフトは困難になる。官僚組織は自己の発展させた言説に束縛され、「言説の罠 discourse trap」に陥るのである（Michaels, 2013, particularly Introduction）。このような過程は、2010年代半ば過ぎアメリカの対中政策に起きたことである。

　さて元に戻って、アメリカが一方的な投射をした場合、相手国は様々な反応をしよう。リベラルな言説の規範を真似したり見習ったりして、それを受容するかもしれない。また、経済的な利益を得たり、国際的なステータスを向上させたりするという受容への見返り（交換）によって、投射された言説を受容するかもしれない。その場合、アメリカ（A国）は見返りを与える力を持ち、またそれが維持する国際制度は十分な権威を持っていることが必要である。さらに、アメリカ（A国）は、相手国が受容しない場合には、時に軍事的な脅迫をもって言説を受け入れさせようとしよう（これらの様々な手法については、例えば Johnston, 2008）。このようなパターンは、のち中国が開発途上国に対してとる行動と相似的なものである（Callahan, 2016b, 2016c; Rolland, 2020, pp. 41-42）。もちろん、ジョンストンが指摘するように、相手（中国）がどこまでアメリカの言説を受け入れるかは、問題領域によって異なろう（Johnston, 2008, 2019）。安全保障や国家主権や基本的な体制に関して、中国がアメリカの言説を受け入れるのは難しいし、実際に拒否していたことは明らかである。例えば、基本的な政治体制に関して、中国は、アメリカの展開する関与政策が中国の体制を平和的に（非軍事的手段で）変えようとしているとして、強い拒否反応を示してきた。「和平演変」である（英語では、peaceful evolution という（例えば、Ong, 2007））。この用語は、もともとは1950年代にアメリカの国務長官ジョン・フォスター・ダレス（John Foster Dulles）が作り出したものであり、ア

メリカが平和的な手段でソ連の体制を変えようとしたことを指す。和平演変は、平和裏に中国の政体を変えようとする外部からの試みという意であり、中国にとっては拒否すべきネガティブなナラティブである。このような認識から、中国は、和平演変（民主化）しないように、今に至るまで、様々な手段をとってきている。たとえば、民主主義などの用語の使用を禁止するとか、民間 NGO の活動を制約するとかである。いわば、権威主義国の民主化予防（democracy prevention、preemption）である（Silitski, 2005, 2006; von Soest, 2015; 本書第 6 章、第 8 章第 6 節参照）。ただ、アメリカが対中戦略でイデオロギーを重視して短期さらには長期に中国の体制を変えようとすることが中国にとっての「実存的な脅威」となるという認識をアメリカ（の研究者）が示すのは、ずっとのちになってからのことであったと思われる（たとえば、Colby and Kaplan, 2020）。

このような現象に関して先取り的なことを言えば、アメリカの関与政策、また社会化政策がのちに失敗したとみなされることになった大きな理由として、中国の強権政治体制が確固としたものであったことが指摘される（例えば、X. Yang, 2017; Cai, 2021, pp. 22-23. あるいは、民主化予防策が成功したということかもしれない）。また、アメリカの関与政策は、究極的には相手のアイデンティティの変容 identity transformation（Risse and Sikkink, 1999, pp. 8-10）をめざしており、相手に大きな負荷をかけるものであった。あるいは、相手にとっての実存的脅威あるいは存在論的安全保障（Mitzen, 2006）[1] に関わるものであったともいわれる。

また、（一方的）投射を考える場合、相手は実はタブララサ（白紙状態）ではなく、自己の規範や言説を持っていることが普通である。その場合には、投射が相手の持っている規範を「破壊」する可能性もある。最近の理論的な概念から言うと「規範の破壊 norm subversion」（Schneiker, 2021）と言われる行為である（これは、第 8 章で詳しく述べる）。また、相手は、送られたメッセージを自己の言説や規範の文脈で解釈しようとし、送り手の意図したものとは異なる解釈がなされるかもしれない。たとえば、アメリカが民主主義という言説を投射しようとし、相手（中国）[2] は、アメリカの行動を圧力によって中国を変化させようとする「帝国主義」という言説の中で解釈するとしたなら

ば、アメリカの投射は拒否されるだけではなく、アメリカがさらにメッセージを明確にしようとすると、中国がさらに硬化するという言説の対抗のエスカレーションというべきものがあらわれるかもしれない (Corman et al., 2007, p. 8)。このことは、AとBの言説の投射の相互作用の中から、相互関係のシステムそのものの性格が形成され、それがA(B)の投射の結果に影響を及ぼすことを意味する。その場合、システムは、誰かの（AあるいはBの）コントロールのもとにあるのではないことになる (op. cit., p. 10)。

さて、元に戻って、1990年代には、このような一方的な影響力や受容過程は（一方的な）「社会化」と呼ばれ、アメリカ（A国）は「社会化を試みる国 socializer」、受け手は「社会化される国 socializee」と呼ばれる。また、この一方的な社会化の文脈では、「社会化を試みる国」は、自己の価値・規範を絶対的なものと考え、受け手がその価値を受容することは受け手の利益となり、また極端に言えば受け手は「白紙タブララサ」（自己の言説を持たないもの）であると考えていた。また、アメリカの主導する国際制度は、そこに入ってくる国（生徒）を教育する学校であり、アメリカは「先生／教師」ということになる (Ikenberry and Kupchan, 1990)。このような考えに対しては、のちに「我々にどのように行動するか指示するのをやめろ」というような批判が出てくる (Epstein, 2012)。さらに、2019年9月、EUとの首脳会議における習近平国家主席の「人権についての教師はいらない」という発言につながっていく。このような習近平の発言は、いたるところで見られる。

第2節　規範対抗、妥協（折衷規範）、双方向の社会化

第1項　規範の対抗理論

一方的な言説力の行使に対して、その対象国がそれらの価値・規範に抵抗、拒否、あるいは対抗する現象がみられることがある[3]。このような現象を理解する上で役に立つのが、「(規範の)対抗理論 theory of contestation」である (Wiener, 2014, 2017; Terhalle, 2015)。この理論は、もともとはリベラルな規範に対する対抗規範を措定し、リベラルな規範が直線的に拡大することを困難に

する可能性を考えようとするものであった。対抗言説としては、例えば、国家主権（内政不干渉）をベースとするウェストファリア言説（Barma, Ratner, and Weber, 2007, 2014）や国内体制に関する権威主義的規範（Bettiza and Lewis, 2020）などが考えられた[4]。

「（規範の）対抗理論」においては、ある規範（ここでは、リベラルな規範・価値を考える）を「外から」提起された国がそれを受け入れるか拒否するか、あるいは当該規範を改変するかという様々なパターンを想定した分析が行われる[5]。1990年代には、リベラルな規範が投射・拡大され、それに基づいて様々な分野での国際制度が形成された。その過程においては、規範がまずNGOによって提起され、それが主として説得によって拡散し、社会や国家の支持を得て国際制度になっていく。これを国際的な規範のダイナミックスとか規範のライフ・サイクルという（Finnemore and Sikkink, 1998; 類似の議論を主として国際法の観点から展開したものに Koh, 1997, particularly p. 2646）。

このようなダイナミックスの中で、規範を最初に提起し、それを広げようとするアクターを規範企業家（(norm) entrepreneurs）という。それは通常NGOであるが、本書の文脈では当該の規範を投射、拡大しようとする国家である。ここでは、そのような国家を規範企業（国）家と呼ぼう。その国は、現在の規範の現状を変えようとし（その意味では、修正主義国）、相手を説得したり、経済的な（あるいはその他の）利益を与えたり、ときに強制的な手段で、相手が規範を受け入れるような活動をする（この点、本書第8章第6節）。

これに対して、投射を受けた国は、相手の規範に魅了されたり、真似をしたり、経済的な、あるいは地位的なベネフィットを受け規範を受容する。ときには、強制力に屈して受容する（Johnston, 2007）。逆に、提示された規範を拒否する受け手（行為者）を「反規範企業家（国家）anti-preneurs」という（Bloomfield, 2016）。ただ、受け入れない場合でも、完全に拒否する場合もあり（rejectionist）、条件付きで修正して受け入れる場合もあり（revisionist――これは、後で述べる中間領域にあたる）、また受け入れているように装う場合もあろう（自分が受け入れていないことを否定する denialist）[6]。

さらに、この「反規範企業国家」は、彼ら自身の規範を持っていることが

多い（たとえば、国家主権、内政不干渉）。この点に着目すれば、彼らは彼ら自身の持つ既存の規範の防衛者（protector）でもある（Adachi, 2021）。さらに、彼らが相手の規範に対抗するカウンター規範を投射しようとすれば、その国を「カウンター規範の企業家 counter-norm entrepreneurs」（Bettiza and Lewis, 2020）と呼ぶことができよう。

第2項　妥協の様式——折衷的規範の形成

　受容と対抗の中間領域では、例えば、受け手の都合に合わせて規範をローカル化する（国内の制度に合うように修正する——移植 transplant する）こともあろうし（Acharya, 2004, 2009）、折衷的な国際規範を作ることもあろう。これには、両者の妥協（reconciliation）が必要である（交渉を通して）（Madokoro and Akahoshi, 2021; 栗栖、2005; Kurusu, 2018）。この折衷的規範は、複数の異なる規範があるとき、それらの規範を包み込む「規範」として形成されることがある（ただ、そこでは、ある国がある規範を一方的に投射するのではなく、他の国が異なる規範を投射するという状況がふつうである）。たとえば、「持続的な発展 sustainable development」（環境保護と経済発展の折衷）とか「保護する責任」（国家主権と人道規範の折衷）などが挙げられる。そして、国際的にみれば、折衷的規範を作り出して対外的に投射しようとする活動が見られ、そのような活動をする国（アクター）は、これまた規範企業家の役割を果たす（Kurusu, 2018）。

　この中間にある国々は、抵抗者、反規範企業家の要素を持つが、提示された規範に部分的に沿うような行動をする「創造的な抵抗者 creative resistors」と言えるアクターも存在しよう（Campbell-Verduyn, 2016）。この中間領域に関する受け手の行動は、当該規範の受容としてとらえることもできるし、また当該規範に対する対抗（contestation）とみることもできる。そして、受容にはさまざまな在り方があるのと同じように、対抗にも「様々な対抗 varieties of contestation」が見られるのである（Weinhardta and Brink, 2020）。そして、より細かく言えば、この受容と対抗の組み合わせや様式は、問題領域によって異なるし（たとえば、安全保障領域と貿易領域）（Johnston, 2008, 2019）、さらに同じ領域においても事項ごとに異なる可能性がある（たとえば、世界貿易機関（WTO）の中の

様々な事項（Weinhardta and Brink, 2020））。そして、ある言説なり規範の投射を受けた国の対抗と受け入れの分布は、国内の諸集団によって異なるのが通常である（Langendonk, 2020）。

またこの過程において、規範の適用の手続きをめぐって議論が行われるのか、あるいは規範の本質（validity）を巡って行われるのかによって、受容するか拒否するかの結果に違いがでてくると言われる。例えば、人権に関して、法の支配とか民主主義という次元（本質）で考えれば、それはマクロの広い問題であり、対抗は大きいものであろう（例えば、中国の抵抗・拒否は強い）。これに対して、民主化過程における選挙制度のあり方などは、ミクロの手続きの問題であり、大きな対抗はないと考えられる（もちろん、仮説である）。以上の点はまたすぐ後で論ずる。

第３項　規範の重層性と規範の対抗

規範の対抗をメタ、メソ、ミクロの三つのレベルに分けて理論的に議論を展開するのはヴィーナーである（Wiener, 2014, 2017）。マクロのレベルの規範の対抗は、原理的規範と言ってよい規範の間の対抗である。たとえば、気候変動であれば、持続可能性（サステナビリティ）という原理的な規範（メタのレベル）と同時に発展という今一つの原理的な規範を考えなくてはならない。この二つの原理的規範の対抗がメタレベルの対抗である。この二つを折衷したのが持続的な発展である。これは原理的規範よりも操作的なものであり、メソ（中間）レベルの規範と呼ぶこともできる。さらに、この中間のメソのレベルよりもさらに具体的な「共通だが差異ある責任」という規範が存在する。そして、そのもとに存在する排出規制などの具体的な手続きについての規範（ルール）は、ミクロのレベルの規範と呼ばれる。このように規範は、重層的になっている。

もちろん、層をどのように分けるか、いくつに分けるかは定まっていないであろうが、これらの各層において対抗・対立があり、異なる層の間にも相互作用がある。また、このような規範の対抗は、それぞれのレベルにおいて、異なる規範を奉ずるアクター（ステークホルダー）の間の対抗として現れる。

今一つの例として「保護する責任 R2P」を考えてみよう。「保護する責任」は、著しい人道侵害を防ぐという原理的規範と国家主権／内政不干渉という、時に対立する原理（マクロ・レベルの対抗）をいかに調整していくかということから出てきた、メソ・レベルの規範である。そして、「保護する責任」を実行するにあたって、国連安全保障理事会を含む場で決められる様々な具体的なルールは、ミクロ・レベルの規範である（ただし、R2P の軍事介入に関する事項が方法・手続きの問題か本質を巡る問題かに関しては、議論がある（Sandholtz, 2019））。このような重層的規範をめぐる論点の一つは、どのレベルがより対立的であるかという点である。マクロ・レベルにおける原理的な規範の対立は、きわめて深刻になる可能性がある。もし、その対立から折衷的な規範（「保護する責任」）が形成され、コンセンサスが成り立てば（規範として決着 (settle) すれば）、対立は低くなろう。このマクロ・レベルの対立を本質を巡る問題とすれば、そのような問題に関しては、対立・対抗が大きいと推測される。しかし、メソ・レベルの規範が広く共有されれば、対立は小さくなる。このメソ・レベルの規範をも本質的なものとすれば、本質に関する対立はそれほどないことになる。しかし、メソ・レベルの規範を実行する手続きとしてのミクロ・レベルのルールをめぐって大きな対立が引き起こされることがあり、後者が前者の対立を引き起こす可能性が存在する。たとえば 2011 年、リビアにおける人道侵害をとり除くために、国連安保理は R2P に基づきながら軍事力の行使を許可する決議を通した。軍事力の行使を担った NATO の行動は、単に人道侵害を防ぐだけではなくカダフィをも取り除くこと（「レジーム・チェンジ」）にまで及んだ。これに対して、BRICS などの新興諸国は、軍事介入をつよく制限し、人道被害を抑制するとともに、介入される国家の主権をなるべく守ろうとするために、様々なアイディアを提出した。たとえば、当時安保理の非常任理事国であったブラジルは、「RWP (Responsibility while protecting) [保護に際しての責任]」を提案した。RWP は、保護という規範を認めるものの、それを遂行するにあたっては、軍事行動を発動するときの要件、また発動した後のモニターを強化する等の内容を含むものであった。

このようにみると、規範の対抗がどのレベルで激しくなるかは、状況によっ

て異なるであろう。一方で、本質的な規範（とくにマクロ・レベル）をめぐる対立は激しく、ミクロの手続き的な問題での対立はそれほどではない、という仮説もあり（Wiener, 2017, p. 118, Table 2; Deitelhoff and Zimmermann, 2020）、他方で、手続的なミクロ・レベルのルールに関する対立の方が激しい可能性があるという仮説もある。後者は、規範の本質に関しては大方の合意が得られるが、適用においては大いに対立しうるということである（Bloomfield, 2016, p. 315）。

第 4 項　相互的な社会化

　さて、RWP を提案したブラジルは、安保理の非常任理事国でなくなったこと等もあり、以後、RWP を推し進めることをしなかった。ここで中国は、R2P を否定しないまでも、その適用条件などを強化する「RP（Responsible Protection）［責任ある保護］」を（主として非政府レベルで）提起し、ブラジルの RWP の概念の議論を国連で進めることを支持するのである（Garwood-Gowers, 2015）。

　「RWP」とか「RP」をめぐる政治過程は、「保護する責任 R2P」という国際規範の適用を巡って、西側とそれに抵抗する側が相互に作用した事象である。このような双方向の社会化と呼ばれる現象は、環境など他の分野でも見られるようになった（reciprocal socialization, two-way socialization, Terhalle, 2011; Pu, 2012）。

　ちなみに、このブラジルの RWP 概念の提案は、それまでグローバルな規範は西側（のみ）が形成するという考えに挑戦するものであった。そのことに関して、ブラジルの RWP の研究をした T. ベナーは次のように述べる。

　　　「ベルリンの壁の崩壊以後、（西側の政治的な思考においては）グローバルな規範を巡る政治は、西側が唯一の支配的で影響力のあるプレーヤーであると見ることに余りに馴れていた。したがって、非西欧の国家が重要な役割を果たす規範の対抗と規範の発展という非直線的でオープン・エンドな展開には、心の準備ができていなかった。」（Benner, 2013, p. 6）

　「規範の対抗理論」そのものは、リベラル規範への対抗を分析しつつも、「リベラル」の範囲内に収まっていた。たとえば、国内の政治体制で民主主義が

いかに受容されるか（されないか）という問題や、内戦後の平和構築という問題においても自由民主主義や社会民主主義など様々な形の民主主義的な体制を考えたりするが、その際にレーニン・スターリン主義的な人民民主主義的体制が考慮されることはなかった（Wiener, 2014; Bettiza and Lewis, 2020）。すなわち、ヴィーナー的な規範対抗の理論は、強いて言えば、共通の規範（リベラルな規範）の範囲にある「規範共同体」の中での議論であった。この点を、議論を先取りして言えば次のようになろう。すなわち、「規範の対抗理論」は「リベラルな規範共同体」内での話であったが、現実世界では時を経るにつれて、リベラルな規範と非リベラルな規範との対抗が進展していった。この現象の顕在化には二つの流れがあったと考えられる。一つは、本章で述べる、2000年代以降の中国をはじめとする権威主義国家の台頭である。とくに2010年代（それも後半）になると、規範の対立が顕在化し、双方向の社会化や妥協によるハイブリッドの規範の形成というよりは、むしろリベラルと非リベラルという異なる規範の対抗となり、リベラルな国際秩序と権威主義的な国際秩序の競争／対抗という図式となって行く。いわば、国家間、それも大国間の規範の対抗である。今一つの流れは、2001年の9.11事件を境として、民主主義や人権を投射しようとするアメリカをはじめとする西側の国々と、タリバン、アルカイダ、ISISなどのイスラム原理主義の言説を掲げる集団が対抗して、核心的価値において異なる対立が顕在化し物理的な暴力を伴った紛争を展開したことである。この流れは、第9章で詳しく述べるように、戦略的コミュニケーション（の蘇生）をもたらし、言説とかナラティブの重要性と単なる物理的な要因ではないイディエーショナルな次元の分析と政策の必要性を明確にしたのである（Tatham, 2008）。いまや、これらの二つの流れは、理論や政策のレベルでは交差が明確にみられるものとなっている。

第3節　中国：平和台頭論と北京コンセンサス
――投射の準備からライバル規範企業家へ

第1項　選択的適応から対等言説へ

　ローカリゼーションや折衷的国際規範の形成は、部分的に西側の規範を受け入れるものであった。中国も、自己の政治体制は断固守ろうとし、その意味では「反規範企業国家」であったが、問題分野によっては、部分的にでも西側の規範を受け入れた。たとえば、2001年にWTOに加盟したときには、WTOのルールに合うように国内制度を調整した。中国は、「選択的な適応の戦略 selective adaptation paradigm」（H. Wang, 2020）を取ったのである。すなわち、中国はグローバルな制度をダウンロードし、国内制度との調整を図ったのである (ibid.)。また、若干繰り返しになるが、安全保障や政体にかかわることについては、ウェストファリア的な、国家主権と内政不干渉の原理を楯にしてリベラル規範に抵抗したのであった。

　しかし、中国は、2000年代に、自己のアイデンティティの再編成とでもいうべき活動に取り組み始める。たとえば、2000年代の半ばには、平和台頭論を掲げるようになる。それは中国の台頭に対する外部の懸念を消し去ろうとして、歴史的に中国の対外活動は平和的であり戦争は起こしてこなかったという議論（神話）をベースとした。また、中国の実績をもとにして、（アメリカ・西側のワシントン・コンセンサスに対して）北京コンセンサスという言説が提示される (Ramo, 2004、その国際的展開については、例えば、Halper, 2010)。この北京コンセンサスは、国家の主導による経済（中国経済）は、それなりに（たとえば、市民の経済の向上によって）正当化でき、成長が可能であると論じた（この点、Spence, 2011, chapter 17 をも参照[7]）。

　2010年代には、（中国の側から）中国の体制は西側（アメリカ）と「対等」であるとの言説が周流することになる。それは、単にリベラルな規範を否定するのではなく、自己の規範をもって相手に対抗しようとする言説であった。例えば、国家統治に関して、西欧の民主主義やガバナンスに対して、中国の政治体制は歴史的に科挙などの制度から続く効率的なもの（メリトクラシー）[8]

であるという考え方も出てくる (D.A. Bell, 2015、脱工業化社会論で有名なアメリカの社会学者とは同名異人)。ダニエル・A・ベルは、カナダ出身で、山東大学、清華大学で教鞭をとる。はやくから、アジア的価値の論者であり、西側の経験に基づいたリベラルな民主主義や人権をアジアの国に押し付けるべきではないと論じていた (D.A. Bell, 2000)。また、より一般的に言えば、中国人ではなく中国を論ずる外国人が中国の言説に多大な影響を与えることはまれではない。たとえば、後述するように、イギリスの研究者であるマーティン・ジャックの『中国が世界を支配するとき』(Jacques, 2009) は、中国大国化論に大きな影響を与えた。

また、経済発展との関係で言えば、すでにふれた国家の強い介入を伴う「中国モデル」のもとでの経済発展は可能であり、アメリカや西側の発展モデルと並存するという考えを基に、いわゆる「二つの異なるアプローチ」というナラティブ (話語) が形成されていく。この考え方は「中国モデル」を主張しつつも、まずもってはアメリカや西側のモデルをも認めるものであり、キッシンジャーが言う「共進化 coevolution」に近い発想を含む (Kissinger, 2011, p. 526)。これは、アメリカと中国が互いの異なるモデルを認め合って国内の発展に注力し、両国間の紛争を最小限なものにしていくという考え、ひいては中国の提示する「大国関係の新しいモデル」という言説にもつながる。

「大国関係の新しいモデル」(「新型大国関係」) という言説は、胡錦涛政権の末期に提示された。この言説は、中国が単に台頭する国家ではなく、大国と自認すること (あるいは、大国への意思) を明確に示したものであろう。M.C. ミラーは、経済や軍事力という物質的な面で台頭する国が大国になるつもりであるならば、それなりのナラティブを作り示していかなければならず、さもなければ単なる台頭する寡黙な (reticent) 国として終わると論じた。ミラーによれば、その「大国ナラティブ」は、(経済や軍事における台頭を前提として) まずは現行の秩序とルールに従って大国としての責任を受け入れ、ついで自己の利益や価値を反映するような要素を付け加えていき、ついにはそのナラティブを国際的、また国内的に承認させるという軌跡をたどる (Miller, 2021)。

第２項　中国の価値の投射――カウンター規範の企業家へ

　このようにみると、すでにこの段階で、中国はリベラルな国際秩序に抵抗する単なる「反規範企業家」ではなくなる。中国は、自国についての物語を作り出し（図2のα'）、それをもとに相手（アメリカ）と対抗しようとするようになる。もちろん、この物語は国内統治のもとともなり、国内の言説そのものであることもある。それは、単に国家主権とか内政不干渉という相手の投射を拒否する'守勢'的なものだけではなく（通常の「反規範企業家」）、平和台頭とか北京コンセンサスというような積極的（時に攻撃的）なものも含む（Bob, 2017）[9]。そしてそこには、北京コンセンサスとかメリトクラシーというようなリベラルな規範とは異なるものが含まれる。中国は、（リベラル規範に対する）「カウンター規範の企業家 counter-norm entrepreneur」（Bettiza and Lewis, 2020, pp. 570-571）となるのである。したがって、少なくとも部分的には、リベラルな価値と中国から提示される規範が対抗することになる。リベラルの側から見れば、リベラル規範と対抗する中国の規範の投射は、「逆行（retrogressive）の政治 backlash politics」となる（Alter and Zürn, 2020）[10]。

　二つの規範が対抗するときには、一方が他方を打ち破り支配的になる（あるいは、大きな規範的な競争になる）、併存（共存）があらわれる、あるいは何らかの妥協でハイブリッドな規範が形成されるなど、さまざまなパターンが見られるであろう（Björkdahl, 2002, pp. 52-54）。実際の国際政治での展開を見ると、たとえばR2Pの過程は、何らかの妥協が図られたケースである（もちろん、その結果をどう評価するかは別問題であるが）。すなわち、妥協によってR2Pの本質が失われてしまったという評価も可能であろうし、異なる規範の共存や併存を論じることもできる（Barma et al., 2007, 2014; Kissinger, 2011）。そして将来、二つの異なる国家が、それぞれ自己の規範を守りつつ、それを相手に投射するという「ライバル規範企業家」（Bloomfield 2016; Bob, 2012, 2017）間の相互作用という形態が見られることを予想させるのである（すなわち、両者とも「規範企業家」と「反規範企業家」の両方の特徴を持つ）。

注

1 J. ミッツェンによれば、存在論的安全保障とは、（若干抽象的な定義であるが）「自らの主体性（agency）を実感するために、自己を全体として、すなわち常に変化しているというよりも時間的に継続している存在として、経験する必要性」である」(Mitzen, 2006, p. 342)。

2 ここでは中国を例としているが、相手がイスラムである場合も似たようなことがいえる（Mackay and Tatham, 2011)。

3 ここでは、規範（norms）をアイディアの一つと捉えている。すなわち、規範は、"集団的に持たれているアイディア"であり (Finnemore, 1996, p. 23)、一定のアイデンティティをもった行為者の適切な行動についての集合的な期待をあらわす (Katzenstein, 1996, p. 5)。ただし、アイディア（「思い付き」を含む）と規範とを明確に区別し、アイディアが規範となっていく過程を明確にしようとする研究も存在する（Björkdahl, 2002)。

4 この辺の議論は、ある'新しい'規範（emerging norms, たとえば90年代のリベラル規範）がその規範をいまだ持っていない国に投射されるときの話である。既に存在する規範（established norm）にしても、それに従ったり（遵守 compliance という）、反したりする行動（non-compliance）が考えられる。'新しい規範'と'確立した規範'への対応の仕方には同じようなものも考えられるが、現実的にも理論的にも分けて考えたほうが良いときがある（この辺、Bloomfield, 2016, p. 319)。

5 これは、すでに述べたように、ある規範が相手（いまだ当該の規範を持っていない国）に投射されるときの話である。既存の規範に関しても、それを受け入れる（実践でも信条でも）、それに反した行動をとる（non-compliance）、さらにそれをひっくり返す（サボタージュという）(Scheiker, 2021) 行動も見られる。

6 拒否（rejectionist）、修正（revisionist）、自己の（実際には）規範を逸した行動を否定する denialist の区分は、Clark, Kaempf, Reus-Smit, and Tannock (2018)。ただ、彼らの議論は、すでにある規範に関してのものである。

7 ワシントン・コンセンサスも北京コンセンサスも主として国内経済の運営に関して、政府の介入の是非を問題としている。前者は政府の介入を否とし、後者は是とする。しかしながら、開発途上国との関係において、前者は経済援助を与えるにあたって民主化や人権の促進を求めるもの、後者は経済援助の見返りに民主主義などではなく資源の提供などをもとめつつ相手の経済発展を促進するウィン・ウィンの関係を作ろうとするもの、というような概念の使い方があるという（天児、2010、pp. 48-49)

8 ただし、たとえば、1991年に発出された中国の『人権白書』は早くも、中国の政治体制の一つの特徴として、代表は選挙の票数ではなく、社会的な貢献の実

績によるものとしている。ある意味でのメリトクラシーであろう（本書第13章参照）。
9 　これは、中国の体制を対外的に促進するにあたって（autocracy promotion）、プラスの利益を与える促進的（promotional）な戦術と相手に損害を与える妨害的（obstructive）な戦術という区分に対応しよう（Dukalskis, 2021）。
10 　もちろん、中国の秩序に対して、アメリカがリベラル規範で押し戻そうとすれば、中国の方から見てそれは中国の規範から逆行するものであり「逆行の政治」である。

第 4 章　戦略的ナラティブ

第 1 節　戦略的ナラティブと二つの淵源──フリードマンとミスキモン

　規範の対抗理論は、リベラルな支配的言説や価値・規範に対する対抗に関する理論であり、リベラルな言説の優勢を前提としていた。しかし、リベラルな言説への対抗を通り越して、リベラルな言説とは異なる言説を投射しようとする動きも出てくる。たとえば、すでに述べたように中国は、経済における西側モデルと中国モデルの「二つのモデル」を提示するだけではなく、自国のモデルが優勢であること（あるいは優越していること）を示し（例えば、中国は開発途上国の発展モデルを作り上げたとする言説（Weiss, 2019））、リベラルな言説に代わる言説を浸透させようとする。このことは、理論的にみれば、リベラルではない（権威主義的な）言説を対外的に投射するという現象をあらわす。そして、権威主義的な言説を投射しようとする国は、現状の規範（リベラルな国際秩序）を変え自己の言説に沿った秩序を作ろうとする「規範企業家」（あるいは、リベラルな規範に対するカウンター規範の企業家）の機能を持つようになる。

　2010 年代には、このように異なる言説の相互の投射という状況を反映して、戦略的ナラティブ（strategic narratives）という概念が使われるようになる。また中国も、戦略的ナラティブとほぼ同義の対外的話語権という概念を使いだす。中国の言う対外的話語権とは、江藤名保子によれば、「自国の議論や言説に含まれる概念、論理、イデオロギーによって生み出される（対外的な）影響力」である（江藤、2017a）。またロラン（Rolland, 2020, p. 7）は、中国の（国際的な）話語権は、「国際場裏において発言する権利だけではなく、聞いてもらえる権利を持ち、中国についての他国の認識に影響を与え、そして最終的には、国際

秩序の根底にある言説や規範を形作るという中国の希求を反映するものである」としている（中国の言う話語権の詳しい分析は、本書第 6 章）。

　本章は、この戦略的ナラティブを取り扱う。ここでまずは（戦略的）ナラティブと言説とはどのような関係にあるのかを示しておくことが必要であろう[1]。本書ではすでに、言説を次のように定義した。すなわち「言説（ナラティブ、物語／話語）は、シンボルやアイディアの体系であり、価値・規範、社会（国際、国内）の組織の在り方、社会の動きについての仮説、物事の展開過程（物語）、過去―現在―未来の構造、登場人物のアイデンティティや役割、適切な政策等からなる。言説は、組織象徴としての機能と分析機能の二つの機能を持つ。」このように言説は内容としては複合的であるが、そのなかでも物事の展開過程（物語、物語の筋書き）に焦点を置くのがナラティブである。もちろん、そのような物語は、広く言説に含まれる価値や規範を背景にして提示されるので、時にナラティブと言説は区別できないことがある。ナラティブは、物語の展開を語るものを主とするが、その内容は柔軟であり、さまざまなことについてのナラティブが作られる。リベラルなナラティブもあり、権威主義的なナラティブも存在する。また、国際社会（秩序）、地域についてのナラティブ、自己についてのナラティブ、相手についてのナラティブ、出来事についてのナラティブと多様である。

　戦略的ナラティブは、相手に対する投射をその機能とする。すなわち、戦略的ナラティブは、ナラティブ（の内容そのもの）とその投射の二つの側面を持つ（戦略的ナラティブの二重性といえようか）。したがって、相手を包摂、統合しようとするナラティブもあり、相手を排除し対抗しようとするナラティブも存在する。戦略的ナラティブというとき、それは単なる物語ではなく、ナラティブを用いて対外的な影響力や国内の統合を強めるという機能を重視する。戦略的ナラティブの戦略的という意味の一つである。

　このような意味での戦略的ナラティブは、二つの淵源を持っている。

　一つの淵源は、2000 年代の半ばに、テロとの戦争、アフガニスタン戦争、イラク戦争に参加したイギリスにおいて広がった、これらの戦争では武力（物理的 kinetic な要素）だけではなく、むしろイディエーショナルな（非物理

non-kinetic な) 要素が大きな役割を果たすという認識である。そこで取り上げられた要素の一つが、ローレンス・フリードマンの提起した (戦略的) ナラティブであった (Freedman, 2006)。これは、現実の政策と比較的密接に関係する、対抗的なナラティブに焦点を当てた概念であった。また、イギリス流の戦略的ナラティブ論は、常に戦略的コミュニケーションの一環として考えられており、戦略的ナラティブの二重性を示すものであった。すなわち、戦略的コミュニケーションは自己 (国家あるいは組織一般) の目的を達成するために、言葉、メッセージ、映像、行為などを通して相手のイディエーショナルな要素に働きかけ、もって相手の行動を変化させようとする。自己の戦略的ナラティブは自己の目的を示し、また相手のイディエーショナルな要素とは相手の戦略的ナラティブである (戦略的コミュニケーションの詳述は、本書第 9 章)。

　今一つの淵源は、一般的な分析概念 (学問的と言ってもよい) を主とする戦略的ナラティブ論であり、様々な事象に適用されうるものである。この系統の戦略的ナラティブ論は、2013 年のミスキモンたちの著作 (Miskimmon et al., 2013) に発するといえよう[2]。イギリス的な戦略的ナラティブ論もミスキモンたちの戦略的ナラティブ論も相手に対するナラティブの投射を考えているが、前者が対抗的な文脈で考えられているのに対して、後者は、それだけでなく、ナラティブを通しての (あるいはナラティブをめぐっての) 相手との調和や統合 (また調整) などをも考える。また、戦略的ナラティブそのものを比較することによって、各国の特徴、差異、そして対立 (と協調) の可能性が検討される (たとえば、Miskimmon and O'Loughlin, 2017a; Levinger and Roselle, eds., 2017)。

　もちろん、これら二つの戦略的ナラティブが交差して、今日の戦略的ナラティブ論になっていると考えられる。本章では、まずイギリスを淵源とする戦略的ナラティブの内容とその展開についての考察を行いたい。

第2節　フリードマン (2006) からイギリス国防省の文書へ

第1項　L.フリードマンの戦略的ナラティブ論

　9.11事件以後のイスラムとの戦争は、新しい戦略環境の中で展開しており、従来の戦争とは異なる次元を持つことが認識されていた。それがイディエーショナルな次元であり、そのような認識から出てきた概念の一つが戦略的ナラティブであった。9.11事件後のイスラム原理主義（これも一つのナラティブである）との戦争を見たフリードマンは、戦略的ナラティブの重要性を指摘し、それを次のように定義する。すなわち、「出来事を説得的に説明し、そこから推論を導き出すことができるような、人の心をつかむストーリー・ラインである」。また、戦略的ナラティブは、「事態の進展に対する相手の反応をシェープする意図で考案あるいは展開される」(Freedman, 2006, p. 22)。このような内容を持つ戦略的ナラティブという概念は、イギリスの中で引き続きもたれ (Tatham, 2008; Mackay and Tatham, 2011; Freedman, 2013, 2015)、戦争を遂行するにあたり「整合的な戦略的ナラティブ」の必要性が論ぜられるのである (Cornish et al., 2011; Utting, 2014)。

第2項　イギリス国防省の2012年統合ドクトリン覚書 (JDN 1/12)

　イギリス国防省は、このような「民間」の動きに押されて2011年3月、「戦略的コミュニケーション —— 軍事的貢献 Joint Doctrine Note 1/11, Strategic Communication: The Military Contribution」(Ministry of Defence (UK), 2011) を発出する。これは、政府レベルにおける戦略的コミュニケーションについての初めての文書であった (Kandrík, 2015)。そして、翌年1月、それを若干加筆して「戦略的コミュニケーション —— 国防の貢献 Joint Doctrine Note 1/12, Strategic Communication: The Defence Contribution」(Ministry of Defence (UK), 2012) を発出する。概念の面では、この二つの文書はほぼ同じなので、ここでは2012年版を使用する（この二つの文書の詳細な比較はUtting, 2014)[3]。また、戦略的コミュニケーションそのものについては、第9章で詳しく述べる。

　2012年の「戦略的コミュニケーション」文書は、ナラティブに関してかな

り詳しく論じている。同文書は、上記フリードマンの定義を援用し、「ナラティブは、出来事を説得的に説明し、そこから推論を導き出すことができるような、人の心をつかむストーリー・ラインである」と定義する (Ministry of Defence (UK), 2012, p. 2-10[4])。また、定義に関連して、次のように述べられている。「共通の理解を促進し、新しい理解を触発する助けとして、メタファーと物語を使うことが重視されてきた」(ibid.)、「［ナラティブは、］政府、人々そして軍隊（そして多分いくつかの同盟国）が一体となることができるようなアイデンティティ、因果関係、そして意図のステートメント」である。「そのステートメントは、説得的で、透明で、適応的で、なかんずく魅力的なものでなくてはならない」(op. cit., p. 2-10[5])。さらに、「ナラティブは、我々（国防省）の軍事行動等に対する全体的なレーゾンデートルを与えなければならない。最良のナラティブは、短く簡潔でなくてはならない。ナラティブからカギとなるテーマやメッセージが展開される」(ibid.)。「軍事と民間の両方の領域における我々の言葉、行動、行為のすべては、戦略的なナラティブの範囲内で行われるべきである」(op. cit., p. 2-11)。

同文書は、（戦略的）ナラティブが重要な（になった）理由について、2000年代から2010年代にかけてのテロとの戦争、イラク、アフガニスタンでの戦争、さらには2011年のリビアへの介入の問題（カダフィの問題）等を挙げる。そして、そのような紛争においては、軍事力（やその使用）だけではなく、むしろ「ナラティブの戦い battle of narratives」と呼ばれるものに対処しなければならないとの認識を示す。そこでは、「世界では、様々なグループが自らの影響力を増大させるために、相競合するナラティブを展開している」(ibid.)という認識が示される。「我々は、したがって、我々のナラティブとはきわめて異なった見解を持つグループや個人からのナラティブと競争状態にある。このコンテストは、文化的な理解や認識により高い重要性を与える」(ibid.)。

ナラティブは様々な形態をとる (op. cit., p. 3-9)。イギリスに関して言えば、中心的なものはイギリスの国家ナラティブ (UK national narrative) である。「イギリスは、議会制民主主義であり、世界の十指に入る経済を持ち、英連邦の指導者である。法の支配、民主主義、言論の自由、寛容そして人権という価

値は、2010年の国家安全保障戦略[6]に反映されている」、「このナラティブは長期にわたり変化しない。」(ibid.)。国家ナラティブの下に、各省のナラティブが存在する。さらに、国家ナラティブという長期的に継続するナラティブに加えて、国家安全保障会議（NSC）は、イギリスが当面する危機に関して、当該の危機や地域に関する特定の政策や戦略を伝えるためのナラティブを構築・発展させる。それに基づいて、国防省を含む諸部局が各々の役割を果たす。「戦略レベルの危機のナラティブは、国防省、外務省（FCO: Foreign and Commonwealth Office）、あるいは他の省庁によってつくられる省庁レベルのナラティブの基礎となる」(ibid.)。

　以上が、イギリス国防省の2012年の「戦略的コミュニケーション」文書に示された（戦略的）ナラティブの内容である。この文書で示されている（戦略的）ナラティブは、内容、機能等において包括的であり、かつイギリスの政治機構において階層的に捉えられており、実践のレベルにまで及ぶものである。2012年（あるいは、2011年）の段階で、すなわち、後で述べるミスキモンたちの戦略的ナラティブ論（Miskimmon et al., 2013）が出る以前に、これだけまとまった戦略的ナラティブ論が出版されたことは評価すべきである。ただ、概念的に優れているとしても、それは主としてイギリスに限定されており、また対テロ戦争等のその時代の「紛争」に集中しているので、より広い適用を考えた場合、ミスキモンたちの「戦略的ナラティブ論」との相互補完を考える必要があろう。

　また、本書の文脈から言えば、次の二点は指摘されてしかるべきだと考えられる。一つは、（すでにふれたところであるが）イギリスにおいては、「戦略的ナラティブ」は、もともと「戦略的コミュニケーション」の一要素と考えられており、「戦略的ナラティブ」と「戦略的コミュニケーション」は‘一体的なもの’という視点を示していることである。このことは、第9章において、戦略的ナラティブ論と戦略的コミュニケーション論の関係を検討するときに再度考察される。

　二つには、イギリスでは、当初から様々なグループ（国や集団）がそれぞれのナラティブを持っており、なかでも‘リベラルなナラティブ’に対抗する

ナラティブが存在し、「ナラティブの戦い」とか「永続的なナラティブの競争」という言葉が用いられてきた。ナラティブには価値や規範が包摂されていることから、対抗的なナラティブは、「規範の対抗（コンテステーション）」を含意する。そして、この「規範の対抗」は、（民主主義的）価値の共同体をはるかに超えたものとなる。

第3項　イギリス国防省の2019年統合ドクトリン覚書（JDN 2/19）

　イギリス国防省は、7年後の2019年4月に、「統合ドクトリン覚書2/19、国防戦略コミュニケーション──戦略を形成し実行するためのアプローチ」（Joint Doctrine Note 2/19 Defence Strategic Communication: an Approach to Formulating and Executing Strategy）（Ministry of Defence（UK）, 2019）を発出する。この文書は、上記、2012年のJoint Doctrine Note（JDN）1/12を代置するものとされる（op. cit., p. XV）。ここでは、JDN 2/19で戦略的ナラティブがどのように取り扱われているかを明らかにしたい。

　まず、JDN 2/19はJDN 1/12と比べるとかなりの変化があるように見えるので、そのことを指摘しておきたい。その違いの中で最も特徴的なことは、JDN 2/19が戦略的コミュニケーションを「聴衆中心 audience-centric」なものとしたことである。そこでは、聴衆にどのようなメッセージを発信すれば政策やナラティブが受け入れられやすくなるのかという問題が設定され、たとえば、聴衆をよく理解し研究しなければならないことが強調される。政策やナラティブを聴衆に売り込むにはどのようにしたらよいかという、いわば「宣伝」や「広告」の技法が強調される（戦略的コミュニケーションが商品の売り込みに擬せられるものがあることを指摘したものとして、たとえば、Brooks, 2012）[7]。戦略的コミュニケーションには戦略・政策を重視する場合と、コミュニケーションを重視する場合があり、2019年のJDN 2/19は後者に大きくシフトしたと言える[8]。これは、戦略的コミュニケーションの問題であり、詳しくはのちに考察する（本書第9章第4節）。

　以上のことを念頭に置いて、JDN 2/19で、ナラティブや戦略的ナラティブがどのように定義され位置づけられているかを検討しよう。論点を明らか

にするために、かなり長い引用をふくめて内容の特徴を検討したい。
　まず、ナラティブとはオックスフォード辞書にある通り、「関連する出来事の語られたあるいは書かれた説明：物語」とされる。しかし、「軍事的に使われるときには、ナラティブは、歴史的文脈においてただされるべき不正や維持すべき現状に結び付けて考えられる。対象となる聴衆の'真実'は、事実であるかどうかにかかわりなく、その聴衆が真実であると認識するものであり、その真実に対する当該の聴衆の信条は、事実の証拠を突き付けられたときでさえ、動揺させることが難しい」(JDN 2/19, p. 6)。
　このようにナラティブの特徴を述べた後、JDN 2/19 はつづいて、政策目標を正当化する物語が戦略的ナラティブだと位置づける。すなわち、

　　「戦略的ナラティブは、政策目標に対する感情的な正当化を供する物語であり、多くの場合、その目標をどのようにして実現するかの道筋を示し、またそれを実行していくための道徳的な権威を［政策決定者や行政機構に］与える。政策は、将来の状態(state)へ向かっていく願望か、あるいは現状を維持する願望である（これが目標である）。戦略は、（それらの目標を達成するための方法と手段［資源を含む］を用いて）その状態に到達するプランである。ナラティブは、'なぜか'を供する。ナラティブは、行動に対する正当化を与え、そして正当化は極めて主観的なこともあり得る。」(ibid.)

それでは、ナラティブには何が必要だろうか。JDN 2/19 は四つの要素を挙げる。
　「戦略的ナラティブは、次の要素から成り立っていなければならない。
- 現状：たださなければならない悪しきことの記述、あるいは維持しなければならない望ましい［現在の］条件。
- 将来の状態：目標［最終的な状態］の記述、それは、現状の維持あるいは現状からの移行である。
- 道程：そこにいかにして到達するかの道筋。
- 正当化：なぜ提案された変化が、あるいは現状の維持が他の選択肢より

も望ましいのか。これによって、道程の正当性が立証される。正当化は、通常は他の三つの要素［現状、将来の状態、道程］の中に組みこまれている。」(op. cit., pp. 6-7)

以上の要素を巧みに編み込むことで、ナラティブは幅広い聴衆に対して継続的に政策を売り込むことができるという。

「戦略のレベル［すなわち、政策決定の最高レベル――イギリスでいえば、国家安全保障会議 National Security Council］――で書かれた戦略的ナラティブは、きわめて多様な聴衆に語りかけなければならない。言語や文化の違いにもかかわらず、聴衆が戦略的なナラティブを理解し、積極的に影響される（受け入れる）ようにしなければならない。したがって、国防活動が有効であるためには、しっかりした戦略とそれを支えるナラティブを持たなければならない。ナラティブは聴衆によって認識される場合、計画を先導し、行動に意味を与える。情報が広く行き渡る性格を持つ現在、行動が如何に認識されるかは行動そのものと同じくらい重要である。ナラティブ（複数）は、聴衆といかに結びつき、継続的なものになっていくかについて競争しなければならない。」(op. cit., p. 7)

この文書の（戦略的）ナラティブについての記述の特徴をあげれば、次のようになるであろうか。筆者のコメントを［　］で示してある。
1) 聴衆中心のアプローチは、ナラティブの内容そのものというよりも、ナラティブの機能を重視する。すなわち、聴衆がいかにナラティブを認識するか、また聴衆にナラティブを受け入れさせるにはいかにしたらよいかを考えることが中心となる。
2) ナラティブの「独立性」を認める。すなわち、ナラティブは主観的なものであり、真実はそれを信ずる者によって真実とされるものであり、現実世界からのフィードバックが効かないときもある。［ある意味でニヒリスティックであり、「ポスト真実 post-truth」の時代風潮を反映してい

るのかもしれない]。

3) ナラティブは、現状維持か現状変更かのどちらかを擁護し、政策に直接につながる。[国際政治学では、対外政策をすべて現状維持か現状変更かに帰するようなモデルがあるが、少数派である (Palmer and Morgan, 2006)]

4) JDN 2/19 が論じる戦略的ナラティブは、政策目標を設定し (現状か現状変更か)、それに至る道程を明らかにするなど、通常いわれる戦略的ナラティブの基本的な要素を踏襲している。だが、その一方で「戦略的ナラティブは、政策目標に対する感情的な正当化を供する物語である」と強調しており、他の戦略的なナラティブの定義とは少なくともニュアンスにおいては異なる。

5) 国や集団は各々異なるナラティブを持つので、(戦略的) ナラティブは複数存在する。そしてそれらは、聴衆に受け入れられ影響力を発揮しようとして競争している。そこでは、対抗ナラティブが想定されている。

6) 戦略的コミュニケーションというとき、戦略や政策に主眼を置くものと、コミュニケーションに主眼を置くものが存在すると考えられる。この文書 JDN 2/19 は、後者の傾向が極めて強く出たものと考えられる。したがって、国際関係や安全保障分野での (戦略的) ナラティブではなく (もちろんそれを無視しているというわけではないが)、むしろコミュニケーションそのものに重点が置かれ、コミュニケーションの様々な理論の応用が主となっているように見える。たとえば、宣伝／広告の理論と実践が紹介されたり (JDN 2/19, p. 7)、聴衆との往復を考える反省的コントロール (reflexive control, RC) の理論[9] なども検討されたりしている (op. cit., p. 9)。これらの理論は安全保障 (あるいは国際関係) とは独立に発展しており、JDN 2/19 はそれらを安全保障領域へ応用しようとしたと考えられる。したがって、安全保障の専門家には恐らく違和感があろう。この問題を解くカギは、戦略的コミュニケーションを取り扱う場合、戦略 (目標―手段) の系とコミュニケーションの系の二つを分けて議論する点にあろう。このことに関しては、第 9 章第 9 節で議論することにする。

第3節　ミスキモンたちの戦略的ナラティブ論
　　──ソフト・パワーから戦略的ナラティブへ

　この節では、戦略的ナラティブの今一つの系統であるミスキモンたちの理論の軌跡を追い、その内容を明らかにしたい。

第1項　ソフト・パワーとその変形
　言説力とナラティブ力に近い言葉として、ソフト・パワーが存在する (Nye, 1990)。ソフト・パワーは、通常は、一国の属性を考え (例えば、民主主義、文化)、それが他国を魅了し、他の国はそれを真似したり見習ったりして自然と受け入れるという側面と、たとえ相手に働きかけるとしても、説得 (やせいぜい経済的な利益の供与) というようなソフトな手段を使うというようにとらえられる (たとえば、ナイはソフト・パワーの中に国際制度を利用する能力を含めている)。
　ナイの言うソフト・パワーは他国が「自発的に」受け入れることを主としているため、投射主体は受け身であり、自己の言説を積極的に対外投射する要素 (手段を含む) を欠いていた。このような意味で、ソフト・パワーは、戦略的側面が弱いとされる (Rosselle et al., 2014)。手段に関して言えば、ソフト・パワーは、主体が公共外交 (広報や文化外交) などを通して相手の選好に働きかけ、自己の言説体系 (あるいは国家利益やイメージ) を示し (自己説明 self-explanation)、相手に受け入れてもらうものだとも考えられよう (このような機能を公共外交に含めるかどうか論争があった──後述)。しかし、さらに進んで、経済力 (とりわけ経済制裁) や軍事力を意図的に使って、相手の言説を変えようとするところまで考えてはいなかったと言えよう[10]。経済制裁や軍事力を使うとすれば、それはもはやソフト・パワーではなくなる。
　ソフト・パワーと公共外交については、のちに言説の投射の手段として詳しく述べる (本書第5章第2節)。ただ、ソフト・パワーと公共外交の戦略性に関しては、若干の解説が必要であろう。なぜなら、前項で述べた戦略的ナラティブ (戦略的コミュニケーション) も本節で述べる戦略的ナラティブも、ある意味ではソフト・パワーや (従来の) 公共外交を越えようとするものであっ

たからである。

　戦略とは様々な定義が可能であろうが、国家の最優先の目標を明らかにし、それを達成する手段・政策を体系的に示すものであるとしよう。そうすると、たとえば、平和発展を国家の最優先の（あるいは唯一の）目標に据えて、それを相手に説得し、影響を与えようとする公共外交は、極めて戦略的な行動であると言えよう。公共外交を（ア）相手に対して自己説明を主とするもの（inform）と、（イ）相手を説得し（persuade）、影響を与えようとするもの（influence）とに分けることができるとすれば、前者は従来型の〈広い〉意味での公共外交、後者は目的を絞った〈狭い〉意味での公共外交ということができよう。後者は「新しい公共外交」（「新しい公共外交」は、発信者と受信者との相互作用を含んだり、またSNSなどの新しい情報環境を取り込んだものともされる）や「戦略的公共外交」ともいわれる（Löffelholz, Auer, and Srugies, 2014; Lord, 2009a）。また、はっきり目標を決めてそれを達成しようとする「キャンペーン型の公共外交」と呼ばれるものも存在する。

　公共外交をより厳格な目標達成を追求するものへと転換していこうとする動きが明確になる背景には、従来のソフト・パワーを背景にした自己説明型の公共外交に限界が生じた場合（効果が望めない場合）や相手が対抗的なナラティブを展開する場合が考えられよう（もちろん、両方が合わさった場合もある）。この点に関して、以下ではアメリカと日本を例として考察してみたい。その際、公共外交の戦略化がどのような言葉（概念）で語られるかをも含めて考える。その概略を言えば、公共外交が戦略的公共外交として語られるようになり、さらに戦略的ナラティブ、そして戦略的コミュニケーションとして語られるようになる。この過程は重複して連続的に起きたため、以下では公共外交、戦略的公共外交、戦略的ナラティブ、戦略的コミュニケーションという概念を順に紹介・検討する。本章の主眼は戦略的ナラティブだが、第9章で取り扱う戦略的コミュニケーションも必要な範囲で取り扱う（詳しくは、第9章を見よ）。

　アメリカの場合は、2001年の9.11事件、そして2003年のイラク侵攻が分水嶺となったように思われる。9.11事件の後当初は、アメリカは広い支持を

受けたが、時間を経ずしてイスラム諸国の対米世論は大きく悪化した。このような状況に対処する方策として、2002年（イラク侵攻以前）A. ブリンケンは、公共外交をより積極的に進め、かつ有効な手段をとることを唱え、それをスマート・パワーと呼んだ（Blinken, 2002, ブリンケンは、のち、バイデン政権の国務長官）。たとえば、アメリカの自由や忍耐また寛恕という価値を、様々な異なるアイディアが周流する「アイディアの市場」（Ingber, 1984）である国際社会で広め、説得していくことが必要であり、そのためにアメリカは他国のニーズに応えて多国間主義を実行し、また経済的にも技術的にも高い能力を維持し、リーダーシップを発揮しなければいけないと論じている。このスマート・パワーという概念は、ソフト・パワー／公共外交を自己説明という領域を超えつつも、ハード・パワーには至らない領域を目指しているものと解釈できる。そして、ブリンケンの言うスマート・パワーの淵源となるのは、多国間主義の順守・促進、アメリカの能力をもとにしたリーダーシップというようなパフォーマンスなのである（Blinken, 2002, particularly, pp. 112-114）。ブリンケンの言うスマート・パワーは、ソフト・パワーとハード・パワーを合わせて用いることをスマート・パワーというナイ的なスマート・パワー論とは異なる（Nye, 2009）。

　2003年のイラク攻撃は、国際社会におけるアメリカへの評価を歴史的に最低のものにしたといわれる（C. Paul, 2009, 2012）。たとえば、Z. ブレジンスキーは、「我が国の歴史全体を通して、世界の世論が今日ほどアメリカに対して敵対的であったことはかつてなかった」と述べた（Brzezinski, 2004）。このような状況に対して、アメリカは公共外交を展開し、アメリカの価値や目的を相手（イスラム教徒、過激派）に伝達し、アメリカのイメージの改善を図ったが、うまく行かなかった。たとえば、イラク攻撃以前、9.11事件が起きるとすぐに、アメリカ国務省（コリン・パウエル国務長官）は広告業務の専門家シャーロット・ビアーズ（Charlotte Beers）を公共外交並びに広報担当の国務次官に任命し、彼女のイニシアティブで、「共通の価値イニシアティブ Shared Values Initiative（SVI）」というプログラムを開始する（公共外交に広告の手法を使った初めてのものであったという）。このプログラムは、たとえば、ビデオを作り、イスラム

諸国（エジプトやインドネシア）での放送時間を買い取り、放映したり、新聞広告を出したりして、アメリカのイメージの向上をはかろうとした (Fullerton and Kendrick, 2006, chapters 1 and 3)。このプログラムは、2002年10月（ラマダン月）に開始されたが、同年12月には中断された。理由は定かではないが、「失敗」したからだと言われた。ビアーズは、イラク戦争前には退職した。

　しかし、いずれにせよ、公共外交を強化することの必要性は続いた（ここに、公共外交の戦略的、具体的目標を達成するという側面が強調された）。ザハルナは、この辺の事情をアメリカ政府が文化やイデオロギーの異なる外国の公衆といかに架橋していくかに関して、伝統的な公共外交をより戦略的にして戦略的コミュニケーションを構築しなければならないと論じた。ただザハルナは、戦略的コミュニケーションを公共外交の範囲内で捉えていた (Zaharna, 2010; また、広報、公共外交、戦略的コミュニケーションの融合を考えた概念枠組みを提示したものとして、Van Dyke and Verčič, 2009)。他方、それと同時に、アメリカは、テロリストや超過激派に対して、軍事的な作戦や情報オペレーション等を行っていた。この二つを合わせてとらえようとしたのが、（公共外交を超えた）戦略的コミュニケーションであったと考えられる。

　たとえば、G. W. ブッシュ政権は、2007年「公共外交と戦略コミュニケーションに関する米国国家戦略」を発出した (Strategic Communication and Public Diplomacy Policy Coordinating Committee (PCC), 2007)。その文書では、公共外交と戦略的コミュニケーションが併記されており、一方でアメリカの価値をもとにした国際関係を作っていく（「戦略的ナラティブ」）とともに、他方ではテロリストや過激派にいかにアプローチし打破していくか、という二つの項目が並列的に示されている。前者はいわゆる proactive（積極的、将来志向的、構築的）な面であり、後者は防御（そして攻撃）の面である。この「国家戦略」は、この二つを包摂し、印象としては、戦略的コミュニケーションが公共外交をも包摂しているようにみえるが、区分ははっきりしていない。この区分に関して、戦略的コミュニケーションが、公共外交、広報、情報オペレーションを含む上位の概念であると明示的に示されるのは、オバマ政権のもとで2010年に発出された「戦略的コミュニケーションのための国家枠組み National Framework for

Strategic Communication」(White House, 2010b) によってである。この文書は、アメリカにおける最高決定レベルで戦略的コミュニケーションを進めることを表しており、続いて発せられた2010年のNSS (White House, 2010a) と相合わさって他の国々（イギリス、中国、ロシア等）にも大きな影響を与えた。ちなみに、2010年のNSSにおいては、全政府的な戦略的な能力の強化の一環として戦略的コミュニケーションが取り上げられ、次のように述べられている。

> 「戦略的コミュニケーション（複数形）：我々のすべての努力にわたって有効な戦略的コミュニケーションは、グローバルな正当性を維持し我々の目的を支援するのに必須である。我々の行動を言葉と結び付けることは、全政府を通してのコミュニケーションの文化によって培われなければならない共通の責任である。我々は、思慮あるコミュニケーションと関与をより有効に遂行せねばならず、単にエリートだけでなく世界全体の人々の態度、意見、不満そして関心を今より良く理解するようにしなければならない。これにより我々は、信頼できる、整合的なメッセージを伝え、自らの行為がいかに認識されるかをよりよく理解することができる。我々は、そのために広範な方法を使わなければならない。」(White House, 2010a, p. 16)

このように、アメリカにおいては、9.11事件とイラク侵攻を契機として、ソフト・パワー／公共外交を超えて、あるいは公共外交と並行して、まずはスマート・パワー（ブリンケン）、次いで戦略的コミュニケーションという概念が使われるようになった。

ここで、我々の身近な日本について考えてみよう。日本が従来の公共外交（パブリック・ディプロマシー）を超え、より戦略的な公共外交を展開しようとした契機（の一つ）は、中国であった。

第6章でも触れるように、W. キャラハンは、ソフト・パワーには、相手を魅了することを目指してソフトな手段を使う「プラス（正）のソフト・パワー positive soft power」と、特定の相手を非難・排除しつつ、自己のナラティブ

を達成しようとする「負のソフト・パワー negative soft power」という二つがあることを指摘した (Callahan, 2015)。キャラハンが例として挙げているのは、中国が自国のイメージを高めるために自国のことを他国に理解してもらったり、自国の魅力を発信したりするのではなく (あるいはそのことと同時に)、日本の歴史問題などを持ち出して相手を貶め、そのことを以って自己のナラティブを正当化しようとするようなことである (名誉毀損作戦という)。そして、このように相手に悪いイメージを与えようとすることで、国際的に相手に対する (悪い) イメージを作り出そうとしているのである。いわば、イメージづくりについての競争である。このような動きに対して、日本は、単に自己のよりよいイメージを作り出して、存在感を高める目的を持った「伝統的な公共外交」から (あるいはそれだけではなく)、中国が作り出そうとする悪いイメージを打ち消す公共外交を展開しなければならないことになる。このことを金子 (2014) は、(日本の) 公共外交の新しい段階と特徴づけている。このような理解は、すぐ後で述べる「戦略的ナラティブ」(さらには、「戦略的コミュニケーション」) と関連している。若干先取りして言えば、自己のナラティブを対外的に投射しようとするとき、相手が対抗するナラティブを持っている場合には、そこで展開される相互作用の過程は対抗的であり、ときに闘争的になる[11]。また、ナラティブそのものに関しては、自己についてのナラティブ (それは通常、自己の良いイメージを表す) だけではなく相手についてのナラティブも存在し、後者は相手の良くないイメージを促進する作用をもつ。相手にとっては対抗的なナラティブである。

このような状況に対して、金子 (2012) は、緊張する日中関係に対処するにあたって、「総合的な取り組みが必要であり」、「対外広報や人物交流、文化交流を含むパブリック・ディプロマシーの幅広く適切な実践はその重要な要素であ」るとしている。この議論は、公共外交そのものを戦略的にする (たとえば、戦略的ナラティブの方向へ向かう) とともに、公共外交を (対中の) 全体的な戦略の一要素とすることによって (他の方法と組み合わせることによって) 戦略性を持たせるという今一つの側面を示唆している。

金子 (2012, 2014) のいわば「公共外交の戦略化」ともいうべき方向は、日本

の外交青書（英語版は、Diplomatic Bluebook）の変化の中にもみられる。日本の公共外交は、外務省の中の機能分担の中では、広報文化外交に属する。外交青書の中で、当該事項の記述は、おおよそ次のように変化している。2012年版の外交青書の広報文化外交の項では、「戦略的かつ効果的な対外発信」が掲げられ、その内容は、「日本の立場についてのきめの細かな対外発信」となっている。いわば、丁寧な自己説明 self-explanation である。2013年度版では、「統一的な司令塔の下での戦略的、有機的な戦略的な広報文化外交」が掲げられ、日本ブランドの投射が唱われている。2014年版ではパブリック・ディプロマシーの強化が掲げられ、引き続き戦略的な発信、効果的な対外発信が目指される。

　ところが、2015年版の外交青書で大きな変化が起きた。そこでは、引き続き戦略的対外発信の強化が謳われるが、その総論の中で「〈戦略的対外発信の強化〉外務省の2015年度予算案には、戦略的な対外発信に充てる予算を大幅に増額して計上した。こうした予算を効果的に活用し、日本の『正しい姿』を強く発信していくのみならず、日本の多様な魅力を活かして、親日派・知日派を拡大し、戦後70年、そしてそれ以降の日本の対外発信を強化していく」と書かれている。日本の「正しい姿」（ナラティブ）を発信し、「親日派・知日派を拡大」するというきわめて明確な目的を持ちそれを投射しようとする姿勢は、単なる自己説明を越えて、日本のナラティブ（「積極的平和主義」など）を投射していこうとする姿勢を示す。ここに日本の公共外交は、「知らせ、影響力を発揮し、説得する」という戦略性を持つに至ったといえよう。さらに注目すべきことは、2015年版（日本語版）で「戦略的対外発信」となっているところが、英語版では戦略的コミュニケーション strategic communication となっていることである。日本の公式文書で英語とはいえ戦略的コミュニケーションという用語が使われたのは、これが初めてであったと思われる。たとえば、「戦略的対外発信の強化」というところは、「enhancing stratetic communication」（Ministry of Foreign Affairs (Japan), 2015, p. 301）となっており、「諸外国における日本についての論調と海外メディアへの発信」と対応するところは、「strategic communications with other countries」（op. cit., p. 302）となっている。

また、日本語版での「戦略的対外発信」も英語版での「strategic communication」も内容（目的や活動内容）は同じである。すなわち、2022年版外交青書の言葉を借りていえば（2015年以降の他の年次の外交青書も同じである）、その内容は、「(1) 日本の政策や取組、立場の発信に一層力を入れるとともに、(2) 日本の多様な魅力の発信及び (3) 親日派・知日派の育成を推進するという3本の柱に基づいて戦略的に対外発信を実施している」（外交青書、2022、p. 256）ということである。ただ、英語版において、戦略的コミュニケーションは必ずしも明確に定義されているわけではない。このようにみると、外交青書／Diplomatic Bluebook 2015年では、「strategic communication」は「戦略的対外発信」の単なる英訳と言えるかもしれない。しかしながら、すでに見たようにその目的とするところは、まさに戦略的コミュニケーションであった。ただ、「戦略的対外発信」も「strategic communication」も広報文化外交の枠内で語られているにとどまる。このような枠組みは2015年以降も変わらない。

　日本語で戦略的コミュニケーションという用語は、外交青書ではなく、2018年の防衛計画の大綱に現れる（「平成31年度以降に係る防衛計画の大綱について」平成30年（2018年）12月18日国家安全保障会議決定、閣議決定）。しかしそこでは、どちらかと言えば、日本の持つ様々な手段や外交政策を体系的に組み合わせることを重視しているように見える。すなわち、「我が国が有するあらゆる政策手段を体系的に組み合わせること等を通じ、平素からの戦略的コミュニケーションを含む取り組みを強化する」（前掲、p. 8）。「積極的な共同訓練・演習や海外における寄港等を通じて平素からプレゼンスを高め、わが国の意思と能力を示すとともに、こうした自衛隊の部隊による活動を含む戦略的なコミュニケーションを外交と一体となって推進する」（前掲、p. 10）。ただし、戦略的コミュニケーションは、ここでも明示的に定義されていないようである（ただ、より詳細な大綱における戦略的コミュニケーションの理解については、青井、2021、pp. 58-60；青井、2022、第6章；味﨑、2019；石原、2019を参照）。

　さらに、令和4年（2022年）版『防衛白書』において、「戦略的コミュニケーションの取組みの推進」が挙げられている。その解説には、次のように記されている。

「安全保障上の課題に対応していくにあたっては、外交的な取り組みとあわせて、平素から共同訓練・演習、防衛協力・交流、防衛装備・技術協力、能力構築支援など様々な活動を通じて、わが国にとって望ましい安全保障環境を創出していくとともに、事態の推移に応じて柔軟に抑止措置を実施し、さらに重大な事態へと発展していくことを防ぐ必要があります。

このために、防衛省・自衛隊が実施する様々な活動やその目的について、効果的な発信が可能となるような手法やメッセージを選択して、同盟国や友好国と連携しつつ国際社会に対して発信を行う必要があります。こうした戦略的コミュニケーションにかかる取組みを積極的に推進してまいります。」(防衛省、2022、p. 236)

その内容は、もっぱらプロアクティブな機能を考えているようである。すなわち、協力的な機能が主たるものであり(同盟国や友好国の連携が謳われる)、ディスインフォメーションなどに対抗する要素はあまり現れていないし、いわんや武力の行使などは入っていない(戦略的コミュニケーションでは、武力の行使もコミュニケーションの一手段として考えることが多い)。これは、青井千由紀が「戦略的コミュニケーションは、政府が透明性のある情報やメッセージを検証可能な形で、公共性の観点から発するコミュニケーションである」(青井、2022、pp. 251-259; 青井、2021、p. 54)と言ったり、戦略的コミュニケーションの概念整備の必要性を説き、「とくに早急に整備が望まれるのは、非強制的分野における戦略概念である。とくに、保証、関与、理解、誘導、信頼(醸成)といった概念である」(青井、2021、p. 61)と述べたりするように、戦略的コミュニケーションのプロアクティブな機能が強調されることを反映していると考えられる[12]。

また、2022年版『防衛白書』において、戦略的コミュニケーションに言及するとき、「外交的な取り組みと合わせて」(p. 236)とか「外交と一体となって」(p. 199)と書かれている。これは、防衛省の言う戦略的コミュニケーションが、

外務省など他の関連省庁とのシンクロナイゼーション（同期化）を見せており、また国家の最高決定機関（首相、国家安全保障会議）の決定する対外政策の枠内で行われることを示唆していよう[13]。

第2項　戦略的ナラティブとその投射

このようなことを背景にして、「戦略的ナラティブ strategic narrative」という概念が提示される（Miskimmon et al., 2013）。これは、言説がリベラル的か権威主義的かにかかわりなく、（強い自己主張の言説を含む）一国の言説やナラティブを対外的に投射することを一般的に捉える概念である。中国で主として2010年代になってから登場した話語権もまた、戦略的ナラティブの一種と言える。

戦略的ナラティブは、ナラティブの形成や政策化等様々な側面をもつが、自己のナラティブをいかに他者に認めさせるかにも焦点を置いている[14]。これはある意味で、ソフト・パワーの展開であり（Roselle et al., 2014）、ソフト・パワーの投射面でのあり様（また限界）を明らかにしようとするものでもあった。戦略的ナラティブは、あるアクターがナラティブそのものをまずは相手（聴衆）に示すものである。それは、少なくとも時間の経緯を含み、その展開を因果関係で示したり、過去―現在―未来の構造を示したり、課題を提示したり（アジェンダ・セッティングである）、問題解決の道を示したりする（これは、前節で述べたイギリスの戦略的ナラティブとほぼ同じである）。そこには、目的や規範が含まれる。また、戦略的ナラティブは、国際システムに関するもの、地域に関するもの、ある問題領域に関するもの、自己（のアイデンティティ）に関するもの、相手に関するもの、出来事や政策に関するものなど異なるレベルと異なる事象にわたって展開される[15]。

まず、戦略的ナラティブの投射の形態を考えよう。戦略的ナラティブ論は、その投射を「形成―投射―受容」という一連のプロセスとして考える（Miskimmon, O'Loughlin and Roselle, eds., 2017, Introduction）。また、そこでは受容のメカニズムにはいくつかのパターンがあることが指摘される（O'Loughlin, with Miskimmon and Roselle, 2017, pp. 42-43）。投射、受容のパターンには、例えば次の

ようなものがあるとされる。

①ナラティブはアクターの利益・選好をあらわし（利益・選好に沿ってナラティブが作られる）、相手に対する自己の利益・選好についての情報供与の機能を持つ。受け取る方は、自己の利益・選好に沿って受容したり、拒否したりする（公共外交の機能の一つは、これに近い）。戦略的ナラティブのなかでは、「最も薄い説得 very thin persuasion」とされるものである（Miskimmon, O'Loughlin, and Roselle, 2013, chapter 4）。

②ナラティブには、アクターのアイデンティティに沿って形成され、相手と相互に共通の理解を深めコンセンサスを作っていくという形態もある（コミュニケーション的行為 communicative action と呼ばれる）。例えば、1980年代の米中戦略対話において、コミュニケーションを密にし、相互理解とコンセンサスに基づく協力が模索されたことがこれに当たろう。

③規範、価値などについての言説から直接的にナラティブが形成され、それを例証するような行動（働きかけ）をとり、相手も自己の言説（アイデンティティ）をもって対応する。言説は、なにが正しくなにが正常な（ノーマルな）行為であるかを指定するので、双方の行動は予想可能である。このような相互作用は対立的・闘争的になる可能性もあるが（とくに、規範等の根源的な要素が相容れない場合）、言説は可変であるので、相互作用もまた変容しうる。また、このヴァリエーションとして、自己の言説やアイデンティティを保持しながら、相手のアイデンティティの矛盾を突き、相手の行動を変えようとしたり、あるいは自己のポジションを優位にしようとしたりする行動もとられる。たとえば、現在使われている用語でいえば、whataboutism（ホワットアバウティズム）がその例であろう。「ホワットアバウティズム」とは、「お前もやっている、それがどうした」というような意味であり（うまい日本語がない）、相手が自分を非難してきたとき、自分はさておき、相手の弱点を衝き、問題をすり替える論法である。たとえば、中国がウイグル問題など人権について外国から非難されるとき、相手も同じようなことをやっており、自分を非難することは偽善的である、という論理を使うことである（この点、本書第13章第5節参照）。このような過程において、当然相手も自己のナラティブを持ち、「ナラ

ティブ間のコンテスト（競争、抗争）」が前提とされる（Miskimmon, O'Loughlin, and Roselle, 2013, chapter 4）。これはすでに述べた「規範の対抗理論」を包含し、それより広いもの（そして、より焦点を合わせたもの）と考えられる。なぜなら、戦略的ナラティブは規範とかナラティブだけではなく他の要素（例えば、手法や行動パターン）も含み、言説の投射に焦点を絞っているものだからである。

第3項　戦略的ナラティブの内容

　以上のような内容を持つ戦略的ナラティブは、研究者が分析概念として使うし、また為政者がその目的を達成するために応用する。これは、ナラティブが象徴から構成され、象徴は認識象徴と組織象徴の二つの機能を持っていることに由来する。また、（戦略的な）ナラティブは様々なケースに応用される。

　上述したように戦略的ナラティブには、国際システム（国際秩序）に関する戦略的ナラティブ、地域についてのナラティブ、一国のアイデンティティに関するナラティブ（アイデンティティ・ナラティブ）、国家についてのナラティブ（state narratives; V. Walker, 2015）、特定の問題領域にかかわるナラティブ、そして特定の出来事についてのナラティブなどが見られる（Miskimmon, O'Loughlin, and Roselle, 2013, chapter 3）。それぞれについて簡単に述べておこう。

　まず、リベラルな国際秩序論は国際システムに関する戦略的ナラティブの一つと捉えられる[16]。それは、リベラルな規範、国際システムの在り方（覇権の存在）、ルールのセット（多国間主義等）を措定し、過去—現在—未来の構造を示し、具体的な政策に関しての（サブ・）ナラティブを提示する。そのようなナラティブは、それを奉ずる国家（アメリカ）の利益を満たそうとする。アメリカは、リベラルな国際秩序と整合的な自己についてのナラティブを展開する。すなわち、アメリカは民主主義であり、自由な国であるということである。もちろん、リベラルな秩序のナラティブにもいくつかの異なる（サブ・）ナラティブが存在する。例えば、貿易に関して、経済社会の安定をはかるために国家の関与をある程度認める「埋め込まれたリベラリズム」も存在するし、政府の関与を認めないネオリベラリズム／ワシントン・コンセンサスも存在する。グランド・ナラティブのもとでの、（サブ・）ナラティブ間のコン

テストも存在するのである。

　もちろん、アメリカのもつ国際システム（秩序）に関するナラティブは、リベラルなナラティブだけではない。たとえば、トランプ政権が周流させた国際システムを大国間の競争としてとらえるナラティブ、また「アメリカ・ファースト」というナラティブは、リベラルなナラティブではない。また、バイデン政権の「民主と専制」というナラティブは、リベラルなナラティブと大国間の競争のナラティブを合わせたものであろうか。アメリカに関しても、統合志向が強いナラティブと対抗的なナラティブが存在するのである。

　中国のナラティブを考えた場合、習近平の人類運命共同体は中国が示す国際秩序についての戦略的ナラティブの一つであろう。この調和的で、平等で、包括的なナラティブの中で、中国は、自国についてのナラティブ、あるいは自国のアイデンティティに関するナラティブを周流させている。例えば、2000年代以降、自分は西側大国のように支配を求める大国ではなく、善意の平和主義をとり、各国の差異を認めつつ包括的な関係を求めるような中国的特徴を持つ大国であるというナラティブを周流させた。もちろん、それと同時に、富国強兵とか核心的利益というような他国との対抗的要素を含むナラティブも周流させる（中国の展開するナラティブは第6章で詳述）。中国の場合、ナラティブは、中国（為政者）が、それを通して、単に自国の聴衆の支持を調達するだけではなく、他国に影響力を与えることを主とすることが多い。もちろん、国際秩序に関するナラティブは、他国が受け入れることが必要であり、それは簡単にできるわけではない。例えば、人類運命共同体とか和諧社会などのナラティブは、中国に関して言えば、「言うことと実際の行動のギャップ―― say-do gap」（日本語で言えば、言行不一致）[17]がある限り、他の国々は、中国のナラティブを受け入れることはないであろう（Miskimmon and O'Loughlin, 2017b）[18]。

　また、国際秩序全体にかかわるものではなく、特定の地域や問題領域にかかわる戦略的なナラティブも存在する。たとえば、アジア太平洋に関して言えば、「アジア太平洋」という概念自体が一つの戦略的ナラティブだと考えてよいであろう。それは、アジア太平洋全体の協力を課題とするナラティブ

であり、冷戦後、アメリカをはじめ中国、さらには北朝鮮をも含む、包括的な地域制度を作る礎となった（菊池、1995）。さらに現在では、インド太平洋は一つのナラティブであり、そのナラティブを通して、地域の協力を図ったり、一帯一路などの他のナラティブとナラティブ間のコンテストをしようとしたりするのである（Eto, 2021; Aoi, 2021; 山本吉宣、2015a, 2016）[19]。地域についてのナラティブは、ある国によって持たれ、その国際的な投射が試みられることもある。日本に関して言えば、李（2022）は、海上自衛隊の「令和4年度インド太平洋方面派遣」を、自由で開かれたインド太平洋という目的（（戦略的）ナラティブ）を相手に伝え達成するための一つの手段として考察する。すなわち、インド太平洋方面派遣は、日本による地域の平和と安定への寄与を示すとともに、パートナーによる（日本の）FOIP (Free and Open Indo-Pacific、自由で開かれたインド太平洋) への理解を増進し、連携を強化することが目的であったとする。戦略的目的（ナラティブ）を達成するために外交など様々な手段（言葉、メッセージ、行為）を活用することを戦略的コミュニケーションとすれば、海上自衛隊の派遣（共同訓練、交流など）は、まさに日本のインド太平洋（FOIP）ナラティブを対外的に投射しようとする戦略的コミュニケーション（の一手段）であった。そしてこのことは、先に述べた2022年の『防衛白書』にある戦略的コミュニケーションの内容として「安全保障上の課題に対応していくにあたっては、外交的な取り組みとあわせて、平素から共同訓練・演習、防衛協力・交流、防衛装備・技術協力、能力構築支援など様々な活動を通じて、わが国にとって望ましい安全保障環境を創出していく」ことと一致しているのである。

　さらに、問題領域についての戦略的ナラティブも存在する。例えば、気候変動分野における中国の戦略的なナラティブを考えてみよう。当初それは、責任は先進国にあり、中国は西側の犠牲者であるというナラティブであった。しかし、次いで、気候変動は先進国と開発途上国がともに対処しなければならない問題であり、中国はより大きな役割を果たさなければならないというナラティブに変化する。さらに、パリ協定（2015年）以後は、中国はパリ協定の擁護者であり、気候変動レジームの中で制度的な話語（制度の中で、中国がルールや規範作りを行う）を追求し、気候のグローバル・ガバナンスの「先導者

torchbearer」となるというナラティブがみられるようになる（Zhang and Orbie, 2019, p. 11）[20]。

第4節　特定の政策と出来事についての戦略的ナラティブとその投射

　さらに、戦略的ナラティブには、特定の政策や出来事を巡るものもある。ここでは、特定の政策に関する例として「介入のナラティブ」、出来事については新型コロナ COVID-19 に関するナラティブに焦点を当て、米中の相互作用を考察する。

第1項　介入のナラティブ（ザフランの理論）──整合性と合致性

　「介入のナラティブ」とは、アメリカなどが他国に武力介入するときに、そして撤退するときに使うナラティブである。R. ザフランは、アメリカの介入ナラティブの類型として、人道、国家建設、平和強制（国連憲章 VII 章）、そして国益／国家安全保障の四つがあるとする（Zaffran, 2019）。これらのナラティブは、国内での介入への支持の調達を図る装置であるが、国内集団間に強弱様々に分布し、その分布は時間的にも変化する。ザフランは、アメリカの国内でのこれら四つのナラティブの間の「整合性 consistency」を問題にする。すなわち、ある介入に関して（たとえば、イラク、ボスニア等々）、人道介入、国家建設、平和強制、国益／国家安全保障というナラティブが同一方向を示し、介入を支持する場合（これをナラティブ間の整合性という）やいずれかのナラティブが支配的な場合もある。これに対して、ナラティブ間に整合性がなく、政府の政策の方向性が揺れる場合もある。また、ある時点まであるナラティブ（たとえば人道介入）で介入を行い、ある時点から他のナラティブ（たとえば国家建設）に移行する場合もある。このようなナラティブの変化は、軍のオペレーションや関与している NGO 等に大きな影響を与え、またときに混乱を引き起こす。

　さらに、多国間介入の場合には、各国ともにそれぞれ介入についてのナラ

ティブを作り、国内の支持を調達しようとする。この各国のナラティブは、それぞれの国で文化、政治状況などによって異なる内容、要素を持つ可能性がある。この点、デグラーフたちは、アフガニスタンでの多国籍軍（ISAF）の参加国がそれぞれどのような戦略的ナラティブを形成し、国内の支持を調達しようとしていたかを考察している（De Graaf et al., eds., 2015）。図2（p. 48参照）でいえば、国内に焦点を当てたα（α'）であり、これに基づき、ナラティブが外に投射される。そして、この投射は、ISAFのメンバーに向けられるもの（すなわち、イン・グループ）と、アフガニスタンにおけるアルカイダなどの対抗勢力に向けられるもの（アウト・グループ）がある。

ISAF内で国家間にナラティブが共有されている場合には（ザフランはこれをナラティブの合致 congruence と呼んでいる（Zaffran, 2019））、協力はスムーズにいこう。しかしながら、仮にアメリカが介入のナラティブを平和強制から国家建設へ変化させれば、それまで平和強制ナラティブで協力関係を作っていたパートナーに大きな混乱を招く。ザフランは、このような場合、ナラティブと変化について、如何に相手に自己の意図を伝えるかがきわめて重要だと指摘し、このような意図の伝達を戦略的コミュニケーションと呼んでいる（Zaffran, 2019）。

このように、国内におけるナラティブの整合性と多角的な場におけるナラティブの合致性という枠組みは、介入のプロセスとその成否を分析する上で大きな役割を果たすのである。

第2項　新型コロナについてのナラティブ

次に、新型コロナをめぐる米中のナラティブの対立を考えてみよう。新型コロナ禍が始まったとき、中国は初動を誤ったと言われる。したがって、国内でも国際的にも、中国政府は非難の対象となった。しかし、そのような非難を受け入れることは習近平（政権）の権威を失墜させることであり、断固拒否しなければならなかった。そのために中国はむしろ犠牲者であるというナラティブを作り、流布させる。さらに進むと、習近平指導部の果敢なる決断と行動で、コロナは中国では抑えられたという「習指導部の勝利」というナ

ラティブが形成される（もちろん、ナラティブは、都合のいいように事実を端折る）。さらに進んで、中国は、イタリアなどのヨーロッパ諸国に、マスクや医療品、さらには医療団を派遣する（さらに、ワクチンを供与する「ワクチン外交」を展開する）。そして、中国はコロナ制圧のための国際的な貢献者であるというナラティブが作られる。このような「失敗者」→「犠牲者」→「ファイター」／「成功者」→「貢献者」というナラティブの変化は、まさに中国共産党の都合の悪い面を消し、貢献者であるという良い面を喧伝するという経過をたどっている（例えば、Chang, 2020; Campbell and Doshi, 2020）。

また、コロナを巡る米中関係に着目すれば、アメリカと中国の間には厳しい非難合戦が展開された。この相互非難の増幅過程の根底には、言説とかナラティブがあるとされる（例えば、Jaworsky and Qiaoan, 2021）。以下の記述は、Jaworsky and Qiaoan（2021）に依存するところが大きいが、資料の解釈や全体の結論に関しては筆者と異なるところがあるので、若干詳しく論ずることにしたい。

トランプ大統領は、2020年1月以来、コロナについて中国に対してきわめて穏健で協力的な発言をしていた。例えば、「中国はコロナウイルスを封じ込めるために一生懸命やっている。アメリカは、その努力と透明性を高く評価する（1月24日）」、「習氏は、中国で懸命に働いている。習氏は、状況をコントロールしつつある（3月4日）」（以上、Blake, 2020）。また、トランプ大統領は、「この問題［コロナ］においては、我々［米中］は一緒である。この問題は、誰もが予期しないものであった。コロナは中国から出たが、それはよく起きることの一つであり誰のせいでもない。我々すべてがこの問題を解決しようとするであろうし、それをうまくやるであろう」（3月14日——このころのアメリカにおけるコロナの死者は約50人、White House, 2020b）。また、その数日前、トランプ大統領は、「歴史が何度も証明したように、アメリカは常に［コロナのような］挑戦に立ち向かい、それを克服してきた」（White House, 2020c）と述べる。

しかし、この間、2020年2月3日、ウォール・ストリート・ジャーナルは、W. R. ミードの「中国はアジアの本当の病人 China is the real sick man of Asia」（Mead,

2020)という小論を掲載した。この小論は、中国の「百年の恥辱」[21]を思いださせ、いまや大国となった（と認識する）中国を大いに刺激した。中国外交部は時を失せず「傲慢で、偏見に満ちたもの」であると著者を攻撃した。中国は、著者とウォール・ストリート・ジャーナルに陳謝を求めたがそれが得られず、3人のウォール・ストリート・ジャーナルの記者を国外退去にする。これに対して、アメリカは、中国の記者にビザの制限を加える。

　3月17日、トランプ大統領は、「コロナウイルス」ではなく、「中国ウイルス」という言葉を使った演説をする。これは、習近平のコロナ対策が内外で問題視され、習の（共産党の）権威が毀損され、それを克服しようとしていた中国の強い反発を惹き起こした。中国は、コロナウイルスの発生源が、必ずしも中国ではなく他の場所である可能性を指摘し、さらにはアメリカ軍が中国に持ち込んだものとの主張を展開する（陰謀説――事実として証明されていないという意味で）。それに対してアメリカは、コロナは武漢の研究所から流れ出た可能性があるという、これまた「陰謀説」を流す。

　しかし、3月下旬になると、崔天凱駐米大使が、アメリカがウイルスを中国に持ち込んだと論ずるのは"狂気の沙汰 crazy"であると発言したり（Swan and Allen-Erbrahimian, 2020）、趙立堅報道官が、コロナに対して人命を救うために国際的な協力を進める必要性を強調したりする。すなわち、趙は、「コロナウイルスは、人類が共通の将来を持つ共同体である［人類運命共同体］ことを再度証明した。コロナに直面して、このウイルスがいかにひどいものか、いかに人間の生命がもろいものか。我々は、この疫病に協力して対処しなければならず、より多くの人命を救うために国際的な協力を遂行しなければならない」と発言する（L. Zhao, 趙立堅 2020年3月23日（アメリカ時間）, ツイッター）[22]。3月27日、トランプ大統領は習近平主席に電話をする。その結果、トランプ大統領は、それほど中国が嫌うなら、「中国ウイルス」という言葉を使う必要はないと述べる。そしてホワイト・ハウスは、電話会談の結果について「両政治指導者は、生命と暮らしを守るための協力にコミットすることを繰り返し述べた。2人の政治指導者は、コロナウイルスのパンデミックを撃退し、グローバルな公衆衛生と繁栄を再建すべく共に協力することに合

意した」(Blake, 2020) と述べた。

　ここに、米中のデスカレーションがみられたのであるが、4月には、中国におけるコロナの感染者数、死者数、発生源を巡って、米中の非難合戦が再度激化する。中国の激しい発言は、「戦狼外交」と呼ばれるほどであった (山口、2020; Martin, 2021)。また、アメリカは、中国の情報開示の問題、とくに情報開示の遅れを非難する。そして、5月には、前年のアメリカの肺炎による大量の死者がコロナではなかったのか、等の非難が中国からなされる。さらに、貿易問題やアメリカの対中ビザ規制の強化の問題などいくつかのテーマを巡って、米中の非難合戦はエスカレートする。そして、5月には、対中強硬策をまとめた「対中戦略的アプローチ」が発出される (White House, 2020a)。このような米中の応酬をみて、(ロンドン) エコノミストは、「新しい'ののしり合い戦争' new scold war」(もちろん、新冷戦 (new cold war) を捩ったものである) という新語を作り出す (*Economist*, 2020)。

　ただ、米中両国とも、単にののしり合うばかりではなかった。アメリカ政府は世界全体に対してのコロナ支援として、9億ドルの支出を行う。官民を合わせれば、650億ドルの支援となり、ポンペイオ国務長官は、「アメリカの人々は、世界最大の人道主義者である」とアピールした (Pompeo, 2020c)。また、習近平主席も、5月18日、WHOの年次総会の開会式の場で、人類衛生健康共同体の共同建設を唱えるのである (Xi, 2020b)。しかし、米中の対抗はエスカレートするばかりであった。

　このようなプロセスをみると、中国もアメリカも、コロナについてのナラティブを持ち (作り)、そのナラティブから実際の発言や行動がなされ、それに反応する形で相互応酬が展開した側面が存在していたと言える。より広くいえば中国は、「百年の恥辱」をそそぎ、大国としての地位を獲得するという対抗的なナラティブと「人類運命共同体」という協力的なナラティブの二つを持っている。アメリカには、自国が歴史的に挑戦や困難を克服してきたという自負と人道主義等のリベラルな価値を奉ずる者という協力的なナラティブと、中国の台頭とそれに対する不信という競争的なナラティブとが併存する。このように、どちらも時に矛盾するナラティブを併せ持っている。

米中の非難合戦は、基本的には対抗的なナラティブの衝突とみることができる。3月末にみられたデスカレーションは、米中ともに協調的なナラティブの組み合わせになったからかもしれない。ただ、それは極めて短期的なものであった。

　新型コロナについての言説の争いは、その後も続いた。中国は新型コロナに関して広範なロック・ダウンを伴う「ゼロ・コロナ」（零容認）を掲げ、2020年代に（西側と比べれば）比較的高い経済成長を続けることに成功した中国の体制の優位性を誇示した。当時は、ゼロ・コロナが西側を含めて世界全体の目標であった。しかしながら、2021年半ばから伝染性の高いデルタ株が出現し、さらにオミクロン株の系統の一つであるBA.5に至るまで伝染性の高い変異株が世界を覆うようになる。ワクチンの普及もあり、致死率は低下していき、多くの国は新型コロナに対する防衛と経済活動とのバランスをはかる政策に転換していった（典型的には「ウィズ・コロナ」言説である）。それでもなお中国は「ゼロ・コロナ」政策を継続し、2022年に至っても上海などでコロナ感染をみるごとにロック・ダウンを行った。しかし、そのためもあって経済成長は滞り、中国政府の目標には至らなかった。「ゼロ・コロナ」言説が現実の変化についていけず、一時の成功ゆえの「言説の罠」（Michaels, 2013）に陥っている可能性もあった。しかし2022年11月末から、厳しいゼロ・コロナ政策への抗議がひろがった。これに対して、習近平政権は、経済の活性化をも狙って厳格なゼロ・コロナ政策の修正を試み、その結果新型コロナは短期的には蔓延した。しかし、1月には強制隔離は廃止され、ゼロ・コロナ政策は終焉した。習主席によれば、新型コロナとの戦いには事実上「勝利」した。また、ゼロ・コロナ政策の転換は、新華社通信によれば「コスト増大」がその理由であったという（『日本経済新聞』2023年1月10日）。2月16日、中国共産党中央政治局常務委員会メンバーの会議で、習近平主席はゼロ・コロナ政策を終焉させた判断について「死亡率が世界最低水準を維持するなど決定的な勝利を収めた」と総括したという（『朝日新聞』2023年2月17日夕刊）。もし中国がゼロ・コロナ政策という「言説の罠」に陥っていたとしたら、それを打ち破ったのは、政治的な反旗とコスト計算の両方があったのかもしれない。

注

1 ナラティブという概念（用語）は、政治学や国際関係だけではなく、さまざまな学問分野で広く使われる。ロバート・シラーは、様々な学問分野の学術誌にナラティブが含まれる論文の頻度分布を分析した。これによると、ナラティブは、人類学、歴史学、社会学、政治学などで広く使われており、2010年以降、その頻度は格段に増加している（Shiller, 2019, chapter 2, particularly Figure 2.1）。もちろんナラティブは、学問分野によって（また論文によって）その内容や応用方法が異なる。シラーは、ナラティブとは「伝染性を持ったポピュラーな物語であり、それは会話、ニュース・メディア、ソーシャル・メディアを介して広がる。そして、ポピュラーな思考は往々にしてどのようにどこに投資するかなどの決定を駆動する」（ibid., chapter 1）。シラーのナラティブは、ポピュラーな次元に焦点を当てているが、本章でのナラティブは、国家なり国家の指導者がナラティブを作り出し、国内の聴衆から支持を得つつ他国に投射していく点に注目している。

2 ただし、ミスキモンたちの戦略的ナラティブ論もフリードマンの戦略的ナラティブ論を出発点の一つとしており（Miskimmon et al., 2013, p. 2）、これら二つは異なる淵源であるとするよりはむしろ「同根」とした方がよいのかもしれない。

3 Joint Doctrine Note は、一般的に短期的な緊急の必要性をもつガイダンス（指針）であり、完全に合意されたスタッフの立場を表すものではなく、後の議論の中心となる目印的なものであるという（Utting, 2014, p. 212）。また、2011年のJoint Doctrine Note（JDN）1/11には、「出版の意図は、国防省が戦略的コミュニケーションの目的と価値について理解する試みの出発点とすることである」（Ministry of Defence（UK）, 2011, p. iii）とある。

4 この文書の頁表示、たとえば 2-11 は、第 2 部の 11 頁であることを示す。

5 この表現は、もともとは、Cornish（2009, p. 76）。

6 他所でも述べるように、イギリスのナラティブ（さらには、戦略的コミュニケーション）は階層的になっている。その最高レベルは国家安全保障会議（National Security Council（NSC）, 2010年創設）であり、国防省のナラティブはその下にある。

7 ただ、戦略的コミュニケーションは商品の広告と相関性があることを認めながらも、それらの違いを強調する論者もいる。たとえば、タサムは、広告は消費者（聴衆）への一方向なのに対して、戦略的コミュニケーションは、聴衆に関してより洗練されたものであり、また聴衆の理解やメッセージに関して双方向的である。また、ステークも大いに異なり、広告の失敗による損害は比較的に限定的であるのに対して、戦略的コミュニケーションの失敗は戦争になったり、

8 JDN 2/19 においては、宣伝の技法として、アリストテレスの三角形が述べられている。すなわち、商品は、信頼性を与えるような形で宣伝されなければならない――たとえば、有名人による宣伝 (ethos)、感情への訴えかけ (pathos)、そして事実とか論理による説得 (logos) である。このようなコミュニケーションの技法が政治の分野や政治的ナラティブの投射 (コミュニケーション) に適用できる (するべき) との議論は、イギリスにおける戦略的コミュニケーション論の古典の一つである Mackay and Tatham (2011) に明確に見て取れる。

9 反省的コントロール (あるいは反射統制 reflexive control, RC) の理論は、イギリスの戦略的コミュニケーションの (とくに情報オペレーション (IO) の要素に着目する) 専門家には、以前から注目されていた (たとえば、Tatham, 2013, pp. 52-53)。「反省的コントロールとは、(敵対する) A と B があった時、A があらかじめ決めた決定を推測できるような理由を B に伝え、それを相互に行うプロセスと理解される。……反省的コントロールは、対立する両者が彼らの考えの中に相手との議論を反映させることと理解すべきである」というものである (Tatham, 2013, p. 52)。これはいささか難解であるが、バッジは「RC の主たる目的は、相手に詐欺師的な (欺瞞的な手段で) 影響を与え自己に有利な決定をさせることである」(Bagge, 2019, 31/158)、「もしあなたが、相手の情報のチャネルに影響を与え、あなたに利益となるように情報の流れを変え内容を送ることができれば、相手は無意識のうちにあなたに利益となる行動をとることになろう」(ibid.) としている。RC は、1950 年代のソ連においてサイバネティックスの考えを基にして発生し、ロシアにおいてはいまでも研究されているという (Bagge, 2019; Bjola, 2019; Vasara, 2020)。このことを踏まえて、RC については中国の智能化戦争との関連で再度触れることにする (本書第 10 章第 1 節第 3 項)。

10 J. ナイは、これを克服するためであろうか、ソフト・パワーとハード・パワー (軍事力等) を併用したスマート・パワーという概念を示す (Nye, 2009)。ただ、ナイのもともとの枠組みから言えば (Nye, 1990)、ソフト・パワーは、軍事力、経済力と '並行的' に考えられており、ソフト・パワーは、アメリカの持つ唯一の力とはされておらず、ソ連や日本と比べれば、相対的に優位性を持つ次元と考えられていた。

11 オバマ政権のホワイト・ハウスは、先に述べたように 2010 年、「戦略的コミュニケーションのための国家枠組み」という文書を発出した。そのなかで、アメリカは、外国の聴衆にアメリカの積極的なイメージやヴィジョンを作り出すことを目指すが、アメリカが戦っているアルカイダなどの暴力的な過激集団に関しては、彼らの過激なイデオロギーの信頼性を無くしたり、非正当化したりすることに焦

点を置かなければならないと述べている(White House, 2010b, p. 6)。これは、かなり異なる(あるいは対立する)二つのことを述べており、実践においては言行不一致(say-do gap)を引き起こすものである。アルスイス(Althuis, 2021, p. 99)がオバマ政権の戦略的コミュニケーションの特徴は言行不一致をうめようとする点にあるというとき、このようなことを指そう。これは、言葉と行動のシンクロナイゼーション(同期化)であり、戦略的コミュニケーションが組織の能力というよりもシンクロナイゼーションへのシフトを表しているのかもしれない(op. cit., p. 98)。ただ、すでに触れたように、戦略的コミュニケーションにはプロアクティブな面と防衛的な面が同時に存在するとすれば、2010年の「戦略的コミュニケーションのための国家枠組み」はそのことを率直に述べただけなのかもしれない。

12 青井の最近の著書(青井、2022)は、「戦略的コミュニケーション」の機能を構築、防衛、レジリエンスの三つに整理している。

すなわち、

①自らの外交・安保政策と、その根底にある価値観を説明し、政策実施に適した国際環境を形作る「構築」、

②敵対者による偽情報や、情報操作による扇動や社会の分断の試みに対する「防衛」、

③偽情報などの情報操作からの社会の脆弱性を軽減し、過激化や暴力化を促す思想の伝播に対する「レジリエンス(強靭性)」の強化。

以上の整理は、本書第9章で詳しく紹介する近年の戦略的コミュニケーションの内容に近いものとなっている。

13 以上は、『防衛白書』のなかで政策概念としての戦略的コミュニケーションを見てきたが、戦略的コミュニケーションを『防衛白書』を見るときの分析概念として使うことも可能であり、『防衛白書』では実際に分析概念としても使われている(例として、河上、2022)。

14 戦略的ナラティブ論は、主としてナラティブの対外的な投射を念頭に置くものである。しかしながら、それは、自国内政において、国民を説得し、目標を明示し、(単に当該の政策だけではなく、為政者に対する)支持を調達するものでなくてはならない。

15 ミスキモンたちの戦略的ナラティブの邦語での紹介と分析については、長沼(2021c)に詳しい。

16 リベラルなナラティブは、分析概念としても、政策概念としても使われる。アイケンベリーにとって、リベラル国際秩序論は一つのナラティブであり、アイケンベリー自身、リベラルな国際政治理論のナラティブ的な分析を行っている。アイケンベリーにとって、リベラル国際秩序は政策概念的な要素を含むが、基本

的には分析概念である (Ikenberry, 2020)。また、リベラルなナラティブはアメリカの政策概念であり、歴代政権は多くの場合、対外政策の基本として、民主主義、自由、人権などのリベラル言説の象徴を使う（もちろん、トランプ大統領のような例外はある）。また、中国においては、中国の夢、人類運命共同体、平和的発展などの目立ったナラティブは、分析概念という要素は含まれているものの、多くの場合、為政者の実践にかかわるものである。

17　言行一致は、広く理論的に言えば、「聴衆コスト audience cost」に関連しているであろう。「聴衆コスト」は、為政者が何か言い、それを実際に行わなかった場合に聴衆（例えば国内では選挙民、対外的には他国の政府）からの支持を失うという（為政者にとっての）コストである (Schultz, 2012)。これは、為政者があるナラティブを提示した場合、それを実際に行わなかった場合の内政上のまた対外的な聴衆コスト（また、内政上のコストと対外的なコストの比較考量）を考えなければならないということである。ただ、言行が一致していても、その行為が成功するかどうかはわからない。

18　この辺は、「戦略的コミュニケーション」（本書第 9 章参照）と言われるものと重複する。すなわち、「戦略的コミュニケーション」は、自己の利益（ナラティブ）をいかに相手に伝え、影響を与え、説得するかということに焦点を合わせ、また、そのような活動が成果をあげるための条件（整合性、信頼性、say-do gap の最小化等）を探るものだからである (C. Paul, 2011a; C. Paul et al., 2010; Cornish et al., 2011)。

19　ただし、江藤 (Eto, 2021) も青井 (Aoi, 2021) も戦略的ナラティブ（論）ではなく、戦略的コミュニケーションという用語を使っている。イギリス的な戦略的ナラティブは戦略的コミュニケーションの一部なので（下位概念なので）、戦略的ナラティブを戦略的コミュニケーションと言っても問題はない（この点、本書第 9 章第 1 節）。

20　ただ、米中の貿易戦争が厳しくなり、経済成長に制約がかかり出すと、中国は産業汚染に対する規制を弱め、北京の汚染は 2018 年冬には大いに高くなる (Weiss and Wallace, 2021, p. 651 and fn. 95)。これは、経済成長と環境という矛盾を内包する目的の間で、どちらに優先順位を置くかという問題である。この経済成長と環境との矛盾はいまでも続いていると考えられる。しかし、習近平主席は、2020 年 9 月、国連総会演説（オンライン）で、気候変動問題に関するパリ協定を高く評価し、「中国は CO_2 の排出のピークを 2030 年以前にすることを目指し、カーボンニュートラルを 2060 年以前に成し遂げることを目指す」（いわゆる 3060 目標）と述べる (Xi, 2020a)。「3060 目標」は、中国の発展目標・戦略に組み込まれており、全体としてブレなく、達成される可能性はあるという（関山、2023）。

21　「百年の恥辱 hundred years of humiliation」は、とくに 1990 年、アヘン戦争の 150

周年記念の時に「国家恥辱の憤り」という公式のテキストブックが出版されたことによって大きく取り上げられることになったという (Callahan, 2006, 2010, chapter 3; Reid, 2010, pp. 10-11)。

22 ただし、この時期、趙立堅は、コロナの源泉に関して、アメリカの方が先に中国起源という陰謀論を持ち出しつつ起源論についての応酬を始めたというツイートを盛んに行った。したがって、彼が人類共同体に言及して協力を呼び掛けた相手は、アメリカではない可能性がある。もちろん、米中が対立を乗り越えて協力しようと呼びかけたという解釈も可能であるが。

第5章　言説（ナラティブ、話語）とその投射
―― 一般モデルをもとめて

第1節　戦略的ナラティブと話語権

第1項　言説と言説の投射の一般モデルの可能性

　前章でみたように、戦略的ナラティブは、ナラティブ（物語）とその投射の重要性をしめす概念である。それは2000年代半ばから提示され始め、2010年代に体系化された。ナラティブは、ある集団が国際社会、地域、自国、相手について、また問題領域や政策、さらには個別の出来事に関して形成するものである。戦略的ナラティブは、ナラティブを他者（相手）に投射し、それに沿って相手の認知や行動を変化させようとするものである。その手段として、説得とか時に強制的な手段が使われる。ナラティブには、調和的な内容を持つものも対抗的な内容を持つものもある。

　この戦略的ナラティブという概念は、主として西側諸国の政策決定者や研究者が使ってきた。しかし、すでにふれたように同時期（2000年代半ばから2010年代）に、戦略的ナラティブに類似する概念（しいて言えば同じ内容を持つ概念）が中国によって提示された。「話語権」である。「話語」は物語であり、「権」は、他（相手）に対して話し、相手がそれを聞き、さらに受け入れることを目指すというものである。

　中国の「話語権」と戦略的ナラティブとがほぼ同義だとすれば、これらの議論をベースに、ナラティブ（言説、話語）の内容とその投射の方法に関して、一般的な分析枠組み（一般モデル）を構築できる。本章の目的は、このような一般的な分析枠組みを構築することである。この分析枠組みは、本書の文脈でいえば、図2 (p. 48) に示した言説の投射（α）を緻密化するものである。また、

先取りして言えば、この分析枠組みは、アメリカの言説の投射の軌跡を明らかにするだけではなく、次章で詳説する中国の話語権の内容と展開を考察するベースとなる。さらに、この分析枠組みは、現在から将来に関する言説とその投射の在り方についてのパースペクティブを与えよう。

第2項　話語権素描

中国の話語権については次章で詳説するものの、それが戦略的ナラティブと極めて近い（同じ）と考えられる理由を、この段階で一言述べておくべきであろう。

1. 形成発展の時期

まず、話語権が提示された時期である。ロラン (Rolland, 2020) によれば、話語権という用語は1990年代の初めに見られたが、中国の学者の話語権に対する関心が増大したのは、2008年あたりであるという。それは、2008年のチベットの蜂起や北京オリンピックに関する外国の「ゆがめられた報道」の文脈で語られたという (Rolland, 2020, p. 53)。また、江藤名保子は、国際的話語権を公式の用語として用いたのは政治局常務委員の李長春であり、それは2006年であったと指摘する。当時、国際的な話語権は、世界に対する文化的なソフト・パワーの促進を意味していた (Eto, 2021, p. 537)。「話語権」が公式の文書のなかに取り入れられるのは、2011年であった (加茂、2020)。習近平は「話語権」という概念を使うとともにさらに2015年「制度的話語権」という概念を作り出し、対外政策の一部に組み入れた (Eto, 2021 も参照)。

2000年代中ごろには、中国においては、自己のイメージの向上を図るソフト・パワーや公共外交が盛んにいわれ政策的に実行されていた。話語権は、ソフト・パワーや公共外交を超え、中国の自己主張をはっきりと打ち出そうとする試みであった。ある意味で、ソフト・パワー、公共外交、対外的な話語権は密にかかわりあいつつ展開してきたといえる。

2. 話語権の内容（「話語」と「権」）

　話語は、物語（ナラティブ）であり言説である。しかし、話語権は、単に話語（discourse、narrative）ではなく、権（力、影響力）を指すものであり（自分の物語を発言し、相手に聞いてもらう、さらには自分の物語に反対するものを黙らせる）、時に優れて「権力政治」的な要素を含むものである。ロラン（Rolland, 2020, p. 7）は、中国の（国際的な）話語権は、「国際場裏において発言する権利だけではなく、聞いてもらえる権利、さらには中国についての他国の認識に影響を与え、最終的には国際秩序の根底にある言説や規範を形作る力を持つという中国の希求を反映する」としている。したがって、話語権は、英語で discursive power（言説力）とか narrative power（ナラティブ力）と訳される。あるいは international right to speak（話す権利、聞かれる権利）と直訳されることもある（Mattis, 2012）──若干紛らわしいが、中国語では、権（権利）は力という意味を含む[1]。もちろん、正当な権利という「道徳的な」含意もあろう。このようなことから、言説、ナラティブ、話語には共通する点が多く、互換的に使って差し支えないと考えられる。そうすると、前章で詳述した（戦略的）ナラティブと同じように話語権を語ることができよう。

　話語権は様々な内容を持ち、様々な人（集団）が様々な理由で使う。もともとは国内政治の文脈で使われていたようである（莫（モー・バンフ）、2007、pp. 84-87）。しかし、本章で取り上げるのは主として対外的、国際的な話語権である。もちろん、対外的な言説は、国内の聴衆をも同時に対象とする（支持の調達、国内の聴衆からのインパクト等）ので、対外と国内の両方を考えなければならない（そこでは、対内的なナラティブと対外的なナラティブの相互促進また矛盾などが問題とされよう）。また、すでに述べたように、話語権とか戦略的ナラティブと言うとき、研究者が分析的概念として使う場合と、為政者が話語権（戦略的ナラティブ）という考えに沿って自己の目的を達成しようとする組織象徴として使う場合がある。以下ではまず、話語権を分析概念とみる視点を整理する。

3. 話語の内容――穏健と対抗

　まずは、「話語」(の内容)と「権」を分析的に別のものとして考えてみる。より一般的に言えば、言説／ナラティブの内容とその対外的な投射の区分である。すなわち、話語の内容は、韜光養晦、平和的発展、和諧世界など穏健なもの(相手と鋭い対立をもたらさないもの)もあり、核心的利益(領土主権)、社会主義強国(軍事強国)、中華民族の再興などのように他国と対立的な関係をもたらしかねないものもある。この点、若干詳しくみれば次のようになる。

　中国は、人類運命共同体[2]をはじめ、協力的な多くのシンボルを持っており、中国自身、それを自覚しているようである。たとえば、中華人民共和国建設70周年を記念した白書『新時代の中国と世界』(State Council Information Office of the People's Republic of China, 2019a) には、(相互尊重などを中心とする)「国際関係の新しいモデル」、一帯一路、「共通の、包括的な、協調的な、継続可能な安全保障」等の調和的シンボルが多く挙げられている(op. cit., p. 10)。軍事については、中国は過去70年間、一つの戦争をも行っていない点が強調され(ibid.、これは、とても事実とは思えないが、中国共産党の教義となっているようである)、中国は覇権を求めず、その国際的な地位に見合った軍事力は防衛的なものであり、世界の平和と発展の守護者である(op. cit., p. 41)と述べている。ここには、他の文書でみられる富国強兵の文言はみられない。また核心的利益に関しては、中国の主権、安全保障、発展の利益を害するような妥協はしないと言っているが、軍事との結びつきはそれほど明示的ではない(op. cit., p. 28)。これは、翌2020年10月の 中国共産党第19期中央委員会第五回全体会議(五中全会)のコミュニケにみられる、軍事強化を国家主権、安全保障、発展の利益を守るためとする「総合安保的」な位置づけとは異なる(また、五中全会のコミュニケでは、「建軍百年奮闘目標」が提起される)。ただ、安全保障を広く位置づけるのは、2015年の国家安全法にもみられる(「国家の安全とは、国家の政権、主権、統一と領土保全、人民の福祉、持続的な経済・社会の発展、他の重大な国家利益が比較的危険にさらされず内外の脅威を受けない状態であり、持続的な安全を確保する能力である」)。

　もちろん、一般的に言えば、どちらの言説の方が穏健であり対抗的かを判

断するのが容易でないときもあり、また、一つの言説でも相手の認識や投射する方の意図（そして、投射の仕方）によって意味合いが変わる。例えば、アメリカのリベラルな言説は、穏健にも、きわめて対抗的（たとえば、レジーム・チェンジ）にもなり得る。また、アメリカの中にも「大国間の競争」とか「アメリカ・ファースト」などの対抗的な言説も存在する。

4. 「権」——言説の投射パターン

「権」は、以上述べた話語の対外投射（対外的影響）とその強さ（投射力）を考えるものである。言説（以後、話語と言説を互換的に使う）を投射する場合には様々な方法があろう。たとえば、国際制度に言説を組み込み、それを通して他の国々に影響を与えることや（制度的話語権である）、言説をコミュニケートするメディアをコントロールすることが考えられよう。ただし以下では、二国間での直接の投射における様々な手段を考える。たとえば、外交的手段、広報（相手に知らしめ魅了する——狭い意味でのソフト・パワー）、あるいは経済やステータスなどの便益の供与によって言説を受け入れさせる（交換）、さらには、経済的あるいは軍事的な手段で相手を従わせる（強制——相手の意思に反して影響力を発揮する）などである。このように投射の手段としては、温和でソフトな手段から強制的な手段まで様々なものが分布すると考えられる。

5. 一般的な枠組み

以上述べた話語（言説、ナラティブ）の内容と投射の方法を組み合わせたのが、**図3**である（若干単純化しすぎているところもあるが）。まず図3では、言説の内容として穏健なものと対抗的なものの二つを考えている。もちろん、すでに述べたように、異なる言説があった場合、どちらが穏健か対抗的かを判定するのが容易でない場合もあろう。また、同じ言説でも、穏健なときもあり、相手の認識によっては対抗的なものとなることもあろう。さらに、権利とか規範という言説は、自己の当然の権利を増大させより公正な社会を作っていく面と敵対的な相手を攻撃し自己に有利な状況を作っていく面という二つの面（機能）をもっている（Bob, 2019）。ここでは、便宜のために、穏健な言

		手段の強さ		
		穏健（ソフト・パワー）	交換	強制（ハード・パワー）
言説の内容	穏健	A	B	C
言説の内容	対抗的	D	E	F

図3　言説の内容と投射の手段

出典）山本吉宣（2021b、p. 19、図2）の再録

説と対抗的な言説に分けておく。

　次に手段については、①穏健（ソフト・パワー）、②交換、③強制（ハード・パワー）、という三つを考えてみる。この三つのパワーの手段の分類は、ケネス・ボールディングの「統合的な力」（正当性やアイデンティティを通して相手を自分の望みどおりに動かす）、「経済的な力」（交換）そして「強制的な力」の三つに対応する（Boulding, 1989; また Lampton, 2008 参照）。ここで、話語の投射において強制するとは、相手の意に反し、あるいは相手に損害を与えうる手段をとって、自己の話語（言説）を認めさせようとすることである。例えば、外国での記者会見で人権について質問した記者を叱り飛ばす、あるいはダライ・ラマと会見した国家（例えば、モンゴル）に経済制裁をかけるなどである。

　このように言説の内容と手段の強さを組み合わせると、言説が穏健である場合には（図3の上段）、手段も穏健な場合（A）、交換という手段が取られる場合（B）、ハード・パワーの要素を含んだ手段をとる場合（C）の三つが考えられる。対抗的な言説を投射する場合も（図3の下段）、ソフト・パワーをとる場合（D）、交換方式をとる場合（E）、そしてハード・パワーをとる場合（F）、の三つが考えられる。

　ここで、話語の内容によって、投射の方法は異なろうし、また投射の必要性の程度も異なろう。韜光養晦、平和的発展、和諧世界などの穏健な内容を持つ言説を投射する場合は、対外的に平和的な手段で、その内容を他国に知

らしめることが主となろう。これはソフト・パワーとか公共外交と整合的である。これに対して、奮発有為、核心的利益(領土主権)、社会主義強国(軍事強国)などの話語のように単に知らしめるだけでは相手の納得を得ることができないとき、より積極的な、時に強制力をともなう手段をとる必要があろう。

このようにみると、投射方式に関する一般的な傾向として、穏健な内容を持つ言説はソフト・パワー（A）と交換に基づく合意（B）を主とするのに対して、対抗的内容を持つ言説の投射は交換をもととした合意（E）と強制による投射（F）を主とすると考えられる。すなわち、言説の内容と投射の方式の間には、相関がみられるのである。ただ、すでに述べたように、ある言説が、ある相手にとっては穏健で調和的に映るが、他の相手にとっては対抗的で競争的に映ることがありうる。たとえば、民主主義というナラティブは、ある聴衆にとっては調和的・統合的だが、他の聴衆(国家)にとっては対抗的、競争的である(そこでは、ときに強制的な手段が取られる)。前者はイン・グループ内の関係であり、同盟国間や「同志国」間にみられる。後者は相手が異質の、確固たる価値を持っている場合(アウト・グループ)にみられる(Freedman, 2015)。

第2節　手段の類型——ソフトでオープンな手段からハードで非オープンな手段まで

第1項　ソフト・パワー

図3は、言説の内容と投射の方法を組み合わせて、言説の投射の在り方を類型的、包摂的に示している。本節では、図3に示された枠組みを考えるにあたって、言説の内容も手段もソフトなAから、内容も手段もハードなFまでを既存の概念と関連づけながら概観してみたい。まず第1項と第2項では、ソフト・パワーと公共外交(公論外交、パブリック・ディプロマシー)という二つの概念を取り上げて、その概念の内容を明らかにした上で、それらが取り扱う(ことができる)範囲と限界を示す。あらかじめ結論をいえば、それらの概念の範囲の外にあるのは、ソフト・パワーではなくハード・パワー、公共(オープン、透明)ではなく秘密や虚偽等を含む透明性の欠ける世界だという点である。まずソフト・パワーから見てみよう。

1. ソフト・パワー：属性と手段

　上述のようにソフト・パワーとは、一国 (A) の持つ文化とか政治体制などの属性 (ソフト・パワーの資源) が相手 (B) を引き付ける力 (attraction) をもち、B が A の望む方向に態度・政策を自発的に変化させるというものである。ナイは、ソフト・パワーに関して、「あなたが、他の国をしてあなたの理念を尊敬し、あなたを欲するようにすれば、あなたの欲する方向に彼らを動かすことができようし、そのときには、アメやムチに頼る必要はないであろう」と述べている (Nye, 2004, p. x)。

　ソフト・パワーの手段としては、自己の文化や考え方を相手に知らせ、説得することが考えられる。そうすると、ソフト・パワーとは自己の文化や政治体制などが相手 (B) に自発的に受け入れられる魅力であり (そのようなものとして自己を作り表現する――ソフト・パワー資源の増大)、手段も穏健である。まさに、図 3 の A である。ソフト・パワーは国家全体にかかわるが、その担い手は国家だけでなく民間であることもある (脱国家的関係)。民間に担われたソフト・パワーは、国家が主体である場合よりも耐性・継続性が高いかもしれない。

　ソフト・パワーは、軍事力や経済力とは別のものとされる。前者は非物質的であり、後者は物質的だからである。このような意味で、後者はハード・パワーと呼ばれる (Nye, 1990)。これは力の基盤の属性による区別である。

2. ソフト・パワーのダイナミックス

　しかしながら、このソフト・パワーとハード・パワーとの区分は複雑である。まず、経済援助などの物質的な利益供与を通して (すなわち、positive sanctions――正の制裁) 自国のプラスのイメージを勝ち取るとか、自国の在り方を認めさせることが、時にソフト・パワーの一環とされることがある。強制ではないという理由からである。この場合、ソフト・パワーとハード・パワーは、力の用い方 (合意か強制か) によって区別される。いわば、利益供与によって自国に対するよいイメージを「買う」ということもソフト・パワーとされる。

これは、図 3 でいえば、B に対応する。もちろん、自国の文化、制度、そして考え方が相手をとくに魅了しないとき（すなわち、対抗的な言説をソフトな手段で相手に受け入れさせること（D）は極めて難しいか不可能に近い）、それを軍事的な手段は言うに及ばず、経済的な手段（とくに、経済的な制裁などの negative sanctions——負の制裁）で相手に受け入れさせようとするとき、それはソフト・パワーではない（図 3 の B の一部、さらに C、そして E や F）。

　また、属性と方法の両方を考えた場合、ソフト・パワーとハード・パワーとは、相互促進的なところと相互背反的なところがある。ある国（A）が経済的な成果をあげ、また軍事的に強くなると、そのことは、A の政治体制や経済体制（また、文化）の評価を上昇させ、ソフト・パワーの資源を増大させるかもしれない。これとは逆に、経済力とか軍事力が強くなると、それらを使用して自国の利益を達成しようとするインセンティブが強まり、説得や経済利益供与が失敗すると容易に強制的な力に頼るようになる（Zweig, 2019）。また、その段階になると、ソフト・パワーが強制的な手段をカモフラージュしたり、さらに正当化すること（justification）につながることも出てくる（Hagström and Nordin, 2020）。経済力や軍事力の増大は、結局（長期的には）ソフト・パワーの重要性を低下させたり損なったりすることになりかねないのである。たとえば、中国においては、2000 年代の半ばから後半にかけて、ソフト・パワーに対する注視度は極めて高く（胡錦涛主席は、2007 年にソフト・パワーを強調する演説を行う）、中国の社会科学系のジャーナルでは、ソフト・パワーについての多くの論文が執筆された。2012 年には年間 1133 の論文が出版されたという。しかし、2018 年にはその半分以下の 500 になる（Edney, Rosen, and Zhu, 2019, Introduction、また Cao, 2014）。胡錦涛政権に比べて、習近平政権ではソフト・パワーの比重が下がったことが暗示されていよう。

　内容と手段の両方を考え、ソフト・パワーを厳格にとらえると、その範囲はきわめて狭くなる。そして、国家の外交の手段として経済力や軍事力が頻繁に使われるようになると、（ソフト・パワーがそれらの手段と合わせてとられるとしても）、ソフト・パワーはソフトではないことになる（人によっては、語義矛盾ではあるが「強制的なソフト・パワー」とよぶことがある（Bayles, 2020））。

3. ソフト・パワー批判

ここで、ナイのソフト・パワーを批判する二つの議論を紹介しておこう。一つは、軍事力や経済力という物質的な手段ではなく言葉という非物質的な手段を使う場合でも強制的な要素を持つという議論である。今一つは、方法論的な批判である。

ⅰ）言葉による強制

通常、強制と言うときには、経済力とか軍事力でもって相手の言説を自己に合わせることを意味する。しかし、言語、ナラティブのレベルで、相手の言説を強制的に自己に合わせさせることもあり、これを「表象的強制 representational force」という (Bially Mattern, 2001, 2005, 2007――この用語は、フランスの社会哲学者リオタールからのものであるという)。すなわち、相手に恐れを与えるような発言をして、相手を無理やり自国の言説や自国の現実の認識に従わせようとすることである。たとえば、対テロ戦争において、G. W. ブッシュ政権が発した「我々とともにあるか、あるいは我々と敵対するのか」という物言いは、相手に選択の余地を与えず、相手を屈服させるか、あるいは自己主張を放棄させるかして、自己の目的を達しようとしたと考えられる (Bially Mattern, 2001, 2005, p. 606, 2007)。あるいは、楊潔篪外相が、南シナ海問題を提起したシンガポールの外相をにらみつけて「中国は大きな国であり、あなた方は小国である。これが厳然たる事実である」と述べたのは、2010 年 7 月のハノイで開かれた ARF (ASEAN Regional Forum、アセアン地域フォーラム) 関連の会議であった (Storey, 2010)。これは、表象的強制に類似のものであろう。このような表象的強制は、軍事的あるいは経済的な手段を使わなくても強制はあり得ることを示しているので、ナイのソフト・パワー（非物質的な影響力）は、ソフトでないこともありえるとするのである (Bially Mattern, 2005)。

ⅱ）認識象徴（分析装置）としての不完全性

ソフト・パワーについての方法的批判として、T. ホールの議論が挙げられ

る。ホールによれば、ナイの言うソフト・パワーは、文化、政治的な価値などへの魅了（attraction）を通じて、相手が自分の望むことを行うと定式化している。しかし、attraction という概念は、その分析的、実証的な議論ができるようになっていない。すなわち、attraction を引き起こす因果論的メカニズムやその測定などの困難が付きまとっており、認識象徴としては成り立っていないということである。S. ルークス的に言えば（Lukes, 2005）、ソフト・パワーは観察が困難なので、attraction という概念は放棄すべきであり、それに代わる概念が必要である。そこでホールは表象的力（representational power）という概念（表象的強制ではない）を用いて、これを問題のフレームを作る能力、自身の解釈を国際的に促進する能力、意図的に他の信条体系をシェープする能力と定義し、具体的な手段として、公共外交、プロパガンダ、情報コントロールなどをあげている。ホールは、この表象的力とともに、制度的な力と評判の力を非軍事的で非物質的な力として挙げている（手段また資源としてのソフト・パワー）（Hall, 2010）。ホールの議論は、非物質的な、またイディエーショナルな力を否定するわけではなく、むしろそれを重視している。ただ、ナイのソフト・パワーの中心的概念である attraction の認識論的な有効性に疑問符をつけ、それを否定しているのである。

　しかし、ホールのような再定式をしても、それはソフト・パワーの認識論的な問題点や政策的な有効性の測定を完全に解決しているとは思われない。たとえば、2001 年、9.11 のアルカイダの攻撃に対して、ブッシュ政権は、アルカイダをかくまったとしてアフガニスタンのタリバン政権を攻撃する。このテロとの戦いは、反イスラムと捉えられ、インドネシアなどのイスラム諸国の対米イメージを大いに悪化させた。ブッシュ政権は、これを反転すべく、大規模で積極的な公共外交（公共外交については次項で詳しく述べる）を展開したが、その効果はなかった。このように、評判の悪い政策を正当化するために公共政策を事後的に使う場合には、効果が期待できないことが多い（Lord, 2009a, p. 54）。また一般に、「広報戦略と言いますが、広報は、よいものをよりよく見せる効果はあるけれど、悪いものをよく見せる効果はない」（久米晃（日本の自民党の広報担当）、『朝日新聞』2021 年 9 月 7 日）ということもあ

る。9.11事件のあと、インドネシアでアメリカに対するイメージが好転したのは、2004年12月のインド洋大津波にあたって、アメリカ（と日本などの他の国々）が艦隊を派遣して、人道的な救援を大規模に行ってからである (Lord, 2009b, p. 72)。良いイメージを作り出すためには、言葉（だけ）ではなく、実際の行動が大きな役割を果たすことがある。また、戦略的コミュニケーション（広報や公共外交を含む——本書第9章）に関して、*Defence Strategic Communications* 誌の編集長のS. タサムは、同誌創刊号において「私は、良き戦略的コミュニケーションが貧弱な政策をよく見せたり、良き政策が自動的に良い戦略的コミュニケーションを作り出したりするとは思っていない。ただ、貧弱な戦略的コミュニケーションは良い政策にとって致命的となると信じている」(Tatham, 2015, p. 4) と述べていることとも軌を一にしよう。ホールは、ソフト・パワーの中心概念である attraction に代わって「表象的力」を用いるべきであり、表象的力の一つとして公共外交を挙げていた。しかしこの例で示されるように、公共外交が効果をあげるメカニズムは単純なものではなく、もともとの政策や戦略がよいものであったか、また他の要因（たとえば、相手につよい良い印象を与える行為）があったかどうかも考えなければならない。ソフト・パワーや表象的力を実証分析につなげる分析装置とするには、多大な研究が必要と考えられる。

　ホールの指摘をより一般的に言えば、イディエーショナルな分野の概念は、認識象徴として不完全なものが多い（因果関係、検証の手続き等の欠如——社会化という概念もそうであろう）。イディエーショナルな分野での議論を進めるとき、念頭においておかなければならないことであろう。

第2項　公共外交

　公共外交はソフト・パワーと重なるところが大きく、したがって、その範囲や限界は上記のソフト・パワーと近いものになる（ソフト・パワーと公共外交についての体系的な分析については、たとえば、Hayden, 2017）。公共外交は、きわめて狭く定義すれば、自国の良好なイメージ（たとえば、平和的な志向性を持つ国家）を対外的に広めようとするものである。その対象は、政府という

場合もあるが、主には相手国の一般市民である。公共外交の主な手段は、国際交流、文化交流、広報活動などであり、より具体的には、放送とかインターネットメディア、また外国の図書館とか他のアウトリーチを通して自国の情報を外国の市民に提供すること、展示会や音楽の演奏会などの文化外交を行うこと、国際教育や専門家の交換プログラムを行うことを含む（Nakamura and Weed, 2009）。それらは、オープンで、公共の空間で行われるのが通常である。ただし、自国の良好なイメージを相手が認めるかどうかは、相手次第である。これは、狭い意味でのソフト・パワーそのものである（この領域では、ソフト・パワーと公共外交は完全に重なる――図3のA）。ただ、ソフト・パワーを、相手を引き付ける属性と考えれば、ソフト・パワーが大きいほど公共外交もやりやすくなりまた効果も大きいであろう。そして、公共外交を当該政府が選択する外交のやり方の一つであるとすれば（たとえば、強制外交に対して）、公共外交を選択することはソフト・パワーを高めることになる。なぜなら、ナイの定義の中には一国の外交（多国間主義とか国際制度）もソフト・パワーの属性の一つとされているからである（Nye, 2008）。

1.「知らせる」と「影響を与える」

ただ、アメリカ国務省の公共外交の'公式の'定義は、以下の通りである。

> 「公共外交は、政府が実施あるいは支援するプログラムであり、それは他の国の世論に情報を与えたり（inform）あるいは影響を与えたり（influence）しようとするものである。その主たる手段は、出版物、映画、文化交流、ラジオ、テレビなどである」（傍点筆者、U.S. Department of State, 1987, p. 85）。

ロードは、この「情報を与える、知らせる（inform）あるいは影響を与える（influence）」の区別が重要であり、もしinformだけであれば、それは広報（public affairs）となり、もしinfluenceであれば、それは国家の戦略的手段となると述べている（Lord, 2009a, pp. 43, 53）。公共外交が影響力を与えることを目的として

いるならば、戦略的であるということである (op. cit., p. 53)。

　この「知らせる」と「影響を与える」との区分には、手段の違いが含意されるとともに、倫理的な問題が提起されることもある。たとえば、影響を与えることは、相手（一般市民を含む）の考え方に影響を与えることであり、それは相手が（人間は）自分自身で考え方を形成しなければならないという民主主義や人権の基本を脅かす可能性がある。もし、影響を与えようとする手段に誇大なことを伝えたり、いわんやディスインフォメーションを与えたりすることが含まれていれば、それは「操作 manipulation」である。そしてそれは、ナチスのプロパガンダに通じるものがある。このように考えれば、影響を与えることは慎むべきであり、知らせることに限定すべきであるということになる (Scanlon, 2017)。影響を与えることは、公共外交、さらに他所で触れる戦略的ナラティブ、戦略的コミュニケーションにも含まれる。そして、基本的に知らせることに限るのか（広報）、影響を与えることまで考えるのか、影響を与えるにしても、真実のみをベースとし、非強制的手段のみを考えるのか（公共外交）、あるいはディスインフォメーション、さらに軍事的な行動までをも考えるのか（戦略的コミュニケーション）、目的においても、手段においても、また倫理的な次元からも選択が難しいところである。

　ただ、クレイグ・ハイデンによれば、ナイのソフト・パワーは単なる概念でありまた資源（国家の属性）に重点を置いているのに対して、公共外交はソフト・パワーに基づきながら、それをアクター（政府）が実際のプラクティスとして、国家の目的を達成するために（戦略的に）相手に影響力を与えようとするものである。そこに違いがあり、また、ソフト・パワーから公共外交への発展があるとする (Hayden, 2017)。ただ、ソフト・パワーと同じように、公共外交においても実際の手段として非強制的な、非攻撃的なものを考えるということである。たとえば、対外援助や人道支援である (Lord, 2009a, p. 55)。それらの手段はアメリカのソフト・パワーを高めるという意味で、ソフト・パワーは公共外交より広いかもしれないのである (Lord, 2009b, p. 72)。

　しかしながら、公共外交の目的と手段の範囲と組み合わせについては、様々な考え方があろう（この点、例えば、C. Paul, 2011a, chapter 3）。ハイデンは、2010

年代初頭までのアメリカと中国の公共外交を比べて、中国の公共外交は、西側のマスメディアが覇権的であり、それを乗り越えることが必要であるとの認識のもとに展開されたと主張する。たとえば、中国はメディアを通して聴衆に働きかけることを重視して、内外のメディアのコントロールをはかった。また、対外的な公共外交と内政（国内の聴衆への働きかけ）は密接に結びついていたとしている（Hayden, 2017、中国の公共外交についてのより詳しい分析は、張、2019）。

2. 戦略的公共外交

　公共外交を、自国の良好なイメージを国際交流などによって広めることを含む、自国の利益を相手により広く知らせ受け入れさせようとする外交と広く定義すれば、そこにはさまざまな国家利益（ナラティブ）と手段が考えられる。中国であれば、相手が受け入れやすい和諧社会などのナラティブを国際交流などによって広めようとすることも当然存在する。ただ、（核心的利益、中国の夢など）相手との利益の相克があり、相手が中国の利益をなかなか受け入れない場合もあろう。もちろん、その場合でも、内容を広く知らしめたり、相手を説得したりすることもあろうが（これは、手段としては、ソフト・パワーと同じ）、それでもなお相手は受け入れないことが多いであろう。そうすると、相手に経済的な利益を与えて受け入れさせるとか、さらには経済的な利益をはく奪する（脅し、実行）などの negative sanctions（負の制裁）をかけることもある。この段階では、すでに述べたようにソフト・パワーとは言えないが、公共外交と言えなくもない（「戦略的公共外交」の一部）。一つは、強硬な手段を取りつつも相手を説得する活動を行うならば、外交の範囲にも属すると言えるかもしれない。二つには、強硬な手段をとる可能性を示したとしても、実際には脅しを実行しないこともある。このような行動は外交の範囲にあり、公共外交と言えるかもしれない。ただ、公共外交の一つの特徴を相手の市民・国民が対象であることだとすると、国家と国家（政府と政府）とのこのようなやり取りは、公共外交というよりも単に外交さらには「強制外交」（coercive diplomacy）と言ってよいかもしれない。また、相手の市民（国民、あるいは社会）

を対象としていても、自国の利益や言説に合わせるように偽情報を流したり、強引に（ルールを無視して）相手の認識を変えようとしたりするときには、それを公共外交とみなすよりも、むしろ政府のプロパガンダとか、シャープ・パワーと呼ぶべきであろう。

3. 中国の公共外交

　このようにみると、公共外交は、きわめて守勢的なもの、積極的なもの、そして攻撃的なものに分けることができるであろう（青山、2014）。そのなかには、公共外交の出発点である自国の良いイメージを、説得や国際交流で、相手の市民を含めて広げていくことを大きく超えるものもあり、「公共外交」という名称を使うのが適当であるかどうかが問われるものもある（守勢的な公共外交と攻撃的な公共外交は、似て非なるものかもしれない）。そのような外交は、中国のイメージ・アップ（ソフト・パワー）よりは、中国の内外の統治モデルを押し出す政治的なものとなっている（d'Hooghe, 2021）。この点について、江藤名保子は、中国の言う公共外交は、（西側の）「政治学でいう公共外交」とは基本的に異なり、ある面で「プロパガンダ外交」と特徴づけられるという。中国の「公共外交」は、宣伝部、海外連絡部、統一戦線部によって、概して三つの方法で実践される。①外国メディアとの資本提携や買収を通じて、中国の公式見解に近い情報を拡散するプロパガンダ、②外国との人脈や組織的なネットワークを作ることによって影響を増大しようとする統一戦線部の活動、③ソーシャル・ネットワーキング・サイト（SNS）を利用して外国の世論を誘導するような活動、の三つである（Eto, 2021, p. 539）。

　中国の対外的な発信やメディア戦略等を分析する場合、本書でいう広報、公共外交、プロパガンダなどを区別せずひとまとめにして「外宣」（プロパガンダ）として取り扱う場合がある。ただ、たとえば、何（2019）に取り上げられた具体的な事例を見ると、広報とか公共外交に近いものもあり、事実を隠したり誇張したりして相手を操作するプロパガンダも存在する。中国においては、事実や政策を知らしめる（inform）、相手に影響を与える、さらに誇張や嘘を含むプロパガンダを行うという区別が概念の上でも、意識の上で

も、また政府組織の上でも、存在しないのかもしれない。江藤の言う中国の公共外交の特徴は、習近平政権における公共外交の特徴であるかもしれないが、一般化には注意が必要である (張、2019、第6章)。たとえば趙啓正 (2011)『中国の公共外交――「総・外交官」時代』を見ると、趙の言う公共外交は、(西側の)「政治学でいう公共外交」とあまり変わりがない (趙は、中国人民政治協商会議常務委員会委員兼外事委員会主任などをつとめた)。

また、楊潔篪は、2011年の『求是』の論文で「公共外交は外国の大衆に自国の国情と政策理念を紹介し、自国の大衆に自国の外交方針と外交政策を紹介する。その目的は国内外の大衆による理解、賛同を獲得し、良い国家イメージを確立し、望ましい世論環境を作り出し、国家の利益を擁護、促進すること」(張、2019、pp. 4-5 からの再引用) と述べているという。

趙と楊の議論は、2000年代の中国の公共外交の内容と手法が後に (とくに習近平の時代になって) 大きく変わったことを示唆しているようである。

第3項　ソフトでもなく暴力的でもなくオープンでもない領域
――「政治的戦争 (闘争) political warfare」?

自己の言説の投射をはかる際には、相手の国内への浸透をめざすこともある。その場合の主体は政府でも NGO でもあろうし、対象も政府でも一般市民でもあろう。昨今のメディア環境からすれば、SNS を通して、言説の投射を図ることもある。その場合も、ソフト・パワー的なものから、相手の意思を無視して相手の変化を引き起こそうとするものまで多岐にわたろう (極端には、「ディープフェイクの武器化」(Smith and Mansted, 2020))。

1. 国境を越えた政治活動

さらに、近年では、「中国の国境を越えた場所での政治的活動」と言われるものがあり、それは「中国の国境の外での政治的な議論の内容や政治過程に影響を与える、あるいは与えようとする試み」と定義される (Chubb, 2021, p. 13、同論文は主にオーストラリアのケースを扱う)。それは、相手国の市民、政治家、企業、さらには海外の中国人 (中国人のディアスポラ) などを対象として、親中

国の意見を促進し、中国に都合の悪いことを消そうとする活動を指す。手段には様々なものがあり、選挙干渉をしたり、金銭の提供を通して政治家に影響を与えたり、財政的な支援を通じて中国に依存せしめて意見の表出の自己規制をさせたり、あるいは出版妨害をしたりするなどが含まれる。また、統一戦線部のもとに、中国人ディアスポラの組織をシステムとして構築する (op. cit., Part II, Figure 6)。それが対象とする分野は、安全保障、市民的自由、アカデミック・フリーダムなど民主主義の根幹に触れるものが多い。このような活動は、相手の国内で行われ、相手の市民等に働きかけようとする点では公共外交と共通する特徴を持っているが、相手の意見表出を自己規制させたり捻じ曲げようとしたりすることも含む。また、その手段は透明ではなく、ときに非合法的ですらある。このような中国の国境を越えた活動にいかに対処するか (中国の活動に対する防衛をどうするか) は、大きな問題になろう。そして、A. チャブは、オーストラリアの経験に照らして、問題領域と中国の具体的な活動に対して、きめの細かい対応が必要であると論じている。適切な法律を作ったり、政治献金の上限を決めたり、モニタリングのシステムを作ったりすることも必要である。たとえば、大学の授業での教員や学生の中国に関する発言が外に漏れて発言者が圧力をかけられるという問題に関しては、大学の授業に「チャタム・ハウス・ルール」を採用したらどうかという提案もしている。「チャタム・ハウス・ルール」は、会議の内容は外で話してもよいが、誰がそれを話したかを言っていけない (non-attribution) というものである。また、このような対抗策を考える場合、人権、自由等の民主主義の原理がリスクにさらされるのを極力避けるべきであるとする。

　ただ、本書の図 3 (p. 10) を一般的な言説の投射についての分析枠組みから考えれば、このような国境を越えて相手の国内での影響力を強めようとする活動は、単に中国がオーストラリアやアメリカに対して行っているだけではなく、アメリカの方も中国の国内で行う可能性がある。いわば、対称的な活動であるかもしれない (op. cit., pp. 95-96)。

2. 政治的戦争

このような、物理的な暴力でも説得などのソフト・パワーでもない手段を平和時に用いて国家の目標を達成しようとする活動は、古典的には「政治的戦争 political warfare」といわれる (deLisle, 2020, p. 167; Waller, 2009)。このような政治的戦争には、経済制裁、軍事的な脅迫、シャープ・パワーなど広いものが含まれよう。さらには、相手政府の政策決定に影響を与えようとする影響力行使（influence attempts/operations）、また政策決定の環境（世論など）に影響を与えようとする「介入 interference operations」なども含まれよう。「政治的な戦争は、一方でハード・パワーと強制、他方でソフト・パワーと通常の外交の間の、それらを除いたほとんどすべてを含む。その手段には、他の国に強圧をかける外交から、相手の政治的・経済的エリートの政治的な選択（肢）に影響を与えたり、広く世論や民主的な過程に影響を与えたりする秘密裏の［目に見えない、また時に非合法な］ものを含む」(deLisle, 2020, p. 172)。

このような「政治的戦争」は、図3のCとFに属するものであろう。ここで、「政治的戦争」の例として、中国の言う「三戦」(2003年〜)を考えてみよう。「三戦」論は、ある意味でイディエーショナルな空間での影響力の行使であり、ソフトでも、透明性のあるものでも、暴力の行使そのものでもない。図3のFにあたると考えられるものである。またそれは、後述する話語権（の一部）と重なろう（話語権と三戦論との関連については、例えば、Kania, 2018）。あるいは、戦略的コミュニケーションといってもよいかもしれない。

三戦とは、相手と戦う時、武力 (kinetic methods) ではなく、イディエーショナルな次元に着目した武力以外の他の方法で相手を弱め、自己を有利にする方法であり、心理戦、法律戦、世論（メディア）戦から成る (Halper (prepared by), 2013；飯田、2021)。

心理戦は、相手を脅したり、うその情報を広めたり (disinformation)、相手の同盟国を離反させたりして、相手が自分は弱いとの認識を強めさせること等を通して、相手の戦意を低下せしめようとするものである。

法律戦は、既存の法律（国際法）の都合の良いところを利用したり、自己の独自の法解釈や概念を持ち出したりすることである（例えば、主権、「管轄海

域」)。さらには、国際的なインパクトを持つ国内法(例えば、1992年の領海法、2021年の海警法など)をつくり押し通そうとしたり、領土問題で「偽の地図」を周流させたりして、自己に有利な立場を確保しようとするものである。

世論(メディア)戦は、心理戦、法律戦を展開する時のインフラのようなものであり、CCTV(中国中央テレビ)などのメディアやSNSを使い、自己に有利な情報(disinformationを含めて)を流そうとするものである。

三戦は、特定の言説(例えば、南シナ海の領有権)を貫徹しようとするときに使われる方策でありながら、三戦を遂行するための手段として、逆に言説が使われる。例えば、協調的安全保障を強調する「新安全保障」概念(髙木、2003)やウィン・ウィンは、一つのヴィジョンを示すとともに、アメリカの同盟を崩し、自己に有利な状況を作り出す機能を果たす[3]。中国のいう三戦は、いま智能化戦争と言われるものにまで展開している(智能化戦争については本書第10章第1節第3項)。

また、アメリカ側にも「情報オペレーション information operations, IO」という三戦と似たような軍事概念が存在する。情報オペレーションは、「電子戦争、コンピュータネットワーク・オペレーション、心理作戦、軍事的な欺瞞、作戦の保全などの核となる能力およびその補助的関連能力の統合的な活用であり、それによって、敵軍の人為的なあるいは自動化された意思決定に影響を与え、混乱させ、劣化させ、侵害しつつ自軍のそれを防護する」(Joint Chiefs of Staff, 2007, p. 261)[4]。このようなIOは、軍事情報分野での秘密の活動である。C. ポールは、非軍事的でオープンな(civilian/open)公共外交とこの軍事的で秘密裏の(military/covert)情報オペレーションを戦略的コミュニケーション(本書第9章で詳説)の二つの柱としている(C. Paul, 2011a, p. 41)。その上で、「相手に知らせ、影響を与え、説得するという誠実な努力」と「相手を操作したりだましたりすること」を区別しなければならないとしている(C. Paul, 2012)。

第4項　全体像——ソフト・パワーと強制の間で

図3の類型AとFとを対極的なものと考えてみよう。Aは、言説の内容も手段も穏健である。ある一国は、自己のナラティブを相手が自発的に受け

入れるように国際交流などを行うが、自己を好ましいと受け取るかどうかは相手次第である。よってAは、'純粋なソフト・パワー'、'純粋な公共外交'（この限りでは、二つはほぼ同じである）と呼べるであろう。

これに対して、Fは、相手が受け入れがたい言説や利益を、脅しや制裁を使ってでも認めさせようとするものである。これは、J.ビアリィ＝マタンがいう「表象的強制」を含み、「政治的戦争」さらには第9章で論じる戦略的コミュニケーション（に含まれるもの）と重なるところが大きい。すなわち、戦略的コミュニケーションは、自国の目的（ナラティブ）を達成するために相手（たとえば、イスラムのテロリストやソ連）に対して、自己の目的が何であるかを明確に伝え、それを達成するために、ケースごとに、軍事的・経済的手段とナラティブの投射（ことば、メッセージなど）を組み合わせ、統合的に体系だって政策を遂行しようとするものである。そこでは、自己と相手のナラティブ（利益）の違いが前提とされており、強制的な政策をとることもあるが、同時に自己のナラティブの良さを相手に伝えたり相手に利益を与えたりして自己のナラティブを受け入れさせるよう試みることもある。よってFはソフト・パワーや公共外交を完全に排していない。

このように、図3は、純粋なソフト・パワー／公共外交としてのAと純粋な強制としてのFとを両極として、国家のイディエーショナルな次元での投射の諸活動のグラデーションを示している。そこにはソフト・パワーと強制の中間に属する多様な政策が位置づけられ、また一国の政策にはソフト・パワー的な政策と強制的な政策が併存していることが往々みられるのである。

図3は、暴力の行使（戦争）そのものは含まないが、実際には武力行使と同時に図3に示した様々な手段（たとえば、F）が使われることがある。これは、ロシアのウクライナに対する行動（2014年のクリミア併合、2022年のウクライナ侵略を含む）に顕著にみられ、ハイブリッド戦争と呼ばれる[5]。この領域では、軍事的行動と図3に示したナラティブや利益の投射のさまざまな手段とが混在（並存）する。このような現実に合致する概念が、軍事的行動を含んで国家の（戦略的）目標の追求を考える戦略的コミュニケーションであろう。

第5項　分析枠組みのメリットと限界

　本章で示した分析枠組みは、言説、ナラティブ、話語を対外的に投射するときの一般的なモデルであり、アメリカや中国だけではなく、他の国（例えば、ロシアなど）にも適用可能である。本章を締めくくるにあたって、この分析枠組みの利点と限界について五点を指摘しておく。

1. 共時的分析と通時的分析への適用

　一つには、図3は、ある特定の国の言説の投射に関して、共時的な分析と通時的な変化の分析の両方に使うことができる。例えば、ある時点での中国の言説とその投射活動は、図3のA〜Fがどのように分布しているかによって特徴づけられよう。また、通時的にみれば、例えば胡錦涛の時代はAやBが主体であったが、現在ではEやFが主体であり、対立的な言説を強い手段で投射しようとしていることに特徴があると考えることができるかもしれない（たとえば、Edney, Rosen, and Zhu, eds., 2019）。このように、図3は、ある国の異なる時点でのA〜Fの分布を通時的に比較して、その国の言説の投射のパターンの変化をみて取ることにも役立つ。それは、その変化の理由を探索する手がかりとなる。

2. 複合的な投射

　二つには、中国は現在でもいくつかの投射パターンを同時に示す。例えば、EやFと同時に、平和発展論などをベースとするAやBの投射パターンも示す。後述するように、これは中国の（たとえば、現在の習近平政権の下での）言説体系の中には穏健な言説と対抗的な言説の二つが同時にみられることによるものである。このような観点に立てば、中国は、硬軟両方を含む行動や戦略（いわゆる 'layering strategy'（Wallace, 2021）──協力の層と対抗の層を重ね合わせた戦略）をとる可能性があるということになる。また、複数の異なる志向性（目的）をもつ投射は、一方で曖昧であるがゆえに相手との妥協の余地を残し、ある一方向（悪い方向、緊張のエスカレーション）への移行を防ぐ可能性がある。だが、他方では、その意図がはっきりしなければ、相手は真剣に

焦点を絞った対応をしないので、投射する側は自己の目的を達成できないこともあろう。後者のケースを重視し、コミュニケーションの効率性と有効性を高めるために、目的を一つにしたり十分に調整したりするべきであると言われることもある（この立場は、戦略的コミュニケーション論においてよくみられる）。

3. 双方向の投射への拡張の必要性

　三つには、図3は、ある国の言説なり利益を相手に投射し、相手を変えようとする行動の様々な形を示す。しかしながら、図2（p. 48）に示したように、ある国が相手に自己の言説を投射すれば、相手はそれに対応する。この対応には様々なものがあろうし、対応の様式は自己と相手の言説なり利益の距離（差）や相手のとる手段によって決まってくるであろう。相手との言説の距離がそれほど大きくなく、相手の取る手段がそれほど強くないときには、無視したり、様々な妥協や部分的な受容が試みられたりするであろう。相手との距離が大きく、また相手の手段が強制的であるときには、自己の規範やナラティブを守る（defensive な）行動をとるであろうし、相手の強制的な手段に対する強靭な備え（resilience）を構築しようとするであろう（この辺、Aoi and Heng, 2021; 青井, 2022）。

4. 相手の言説に対する攻撃

　四つには、図3は、ある国が他の国に自己の言説（話語）を投射しようとすることに焦点を合わせたものであった。しかし、相手に自己の言説を投射しようとするとき、それと同時に（あるいは別個に）、相手の言説（規範、価値等）を攻撃する行動をもとることがある。たとえば、中国（やロシア）はリベラルな規範に対して、あからさまにルールを破ったり、ルールに合致しているかどうかをごまかしたり、あるいはルールに合った行動かどうかを判定することが難しい「規範サボタージュ」とか「真実破壊」と言われる行動をとる（Schneiker, 2021; Adler and Drieschova, 2021）。このようにして、相手の規範の弱化をもたらし、自己の言説の影響力の相対的な強化を図るのである。これらの

点は、第 8 章第 2 節で詳しく述べる。

5. 二国間関係を超える枠組みの必要性

　五つには、図 3 は、ある国の言説を他国に直接投射する、という観点から描かれたものである。しかし、ある国の言説を他国に間接的に投射し、また環境を整えることもあろう。たとえば、国際制度に自己の規範や言説を盛り込み、そのことを通して相手に自己の規範を投射することである。

注

1　「話語権」は、このように英語では、discursive power 等と訳されることが普通である。日本語では、発言力、発言権と訳すことも可能であるが、話語権とのギャップも若干あるように感じられるので、本書では、「話語権」ということばをそのまま使うことにする。また、中日のグーグル翻訳を使うと「国際的言説力」と訳される場合がある。

2　すでに述べたように、人類運命共同体は、平等で包括的という面に着目すれば調和的、協力的な言説である。しかし、それは中国を頂点とする階層性を持つものでもあり (Nathan and Zhang, 2022)、この面が強く出てくれば (他の国にとって) 対抗的な言説となる。

3　S. ハーパー (Halper (prepared by), 2013) は、中国の三戦に対して、とくに南シナ海、西太平洋に焦点を合わせ、アメリカはいかに対抗すべきかを分析している。すなわち、中国の三戦に対する対抗策 (counter measures) である (op. cit., Part 7)。例えば、アメリカの同盟国を引き離そうとする中国の政策に対してはアメリカのコミットメントと経済関係を強める、法律戦に関しては現在認められている国際法の明確化を推進する、メディア戦に関しては国際的なメディアとの関係を強めて透明性のある情報の周流を図る、等である。三戦については、Mattis (2018) も参照。また、三戦の最近までの動向を中国の党や軍の組織にまで及んで検討したものとして山口、八塚、門間 (2022, pp. 36-41)。

4　アメリカ国防省の定義する IO は、年によって若干変化するが、基本は同じである。すなわち、明確に「軍事オペレーションの間で (軍事オペレーションを展開する中で)」という限定がつくのが通常であるようである。

5　ロシアのウクライナに対するハイブリッド戦争およびウクライナ側の対応を体系的、理論的に考察したものとして、たとえば、Wetoszka (2016)。筆者はポーランド空軍アカデミー所属。また、この論文が掲載されているジャーナルの当

該の巻には、ロシアの情報戦争に関する様々な角度からの分析論文が掲載されている。

第6章　中国の話語権

第1節　対外的話語権への道程

　本章は、言説の投射パターンを示した図3 (p. 110) を基に、中国の言説の投射パターンが通時的にどのように変化したかを明らかにする。そのために、まず第1節で胡錦涛から習近平に至る時代の言説の内容を概観したのち、第2節でその変化をより詳細に検討する。つづいて第3節で中国の話語権の対外的な機能を検討したのち、第4節では話語権の対内・対外的機能分析を通じて「中国の言説にはなぜ調和的ナラティブと対抗的ナラティブが併存するか」を探る。

　さて、趙可金 (K. Zhao, 2016) は、話語権に焦点を当てつつ、中国の言説の投射パターンの変化を次のようにとらえている。彼によれば、話語権という概念自体は新しいものの、中国共産党には、言説やナラティブを重視する思考方式が共産党の設立時から存在した。それは、中国共産党のナラティブを党内、党外 (国内、外国) に浸透させ、中国共産党の影響力の拡大に貢献しようとするものであった。例えば、1950年代、中国は共産主義を対外的に投射しようとした (共産主義の拡大という言説の下、ゲリラ戦支援を含めて共産主義の拡大を試みた) (図3のFにあたろうか)。そして、この活動において、党の統一戦線部は重要な役割を果たした (統一戦線部は、2015年以来その活動を再強化させているという —— Rolland, 2020, p. 43; Chubb, 2021, Part II)。

　1970年代末の改革開放路線以来、このような路線は、なくなりはしなかったが抑制され、中国の対外的な言説は韜光養晦など温和なものとなった (図3のAか)。しかしながら、中国の (物質的な) 力が大きくなり、それと政治的

な力や中国への評価（尊敬 deference）とのギャップが認識され、それを埋めるために言説やナラティブを作って利用し、影響力を増大させようとする動きが明確になってくる（趙可金は、2009 年からであるという（K. Zhao, 2016, 2015））。これが、中国の言説の投射の歴史的流れであり、今日の話語権（論）に至る経緯であったと言えよう。このような変化の背景には、中国（共産党）の戦略の変化があり、また中国の相対的な力の変化（その中でも、中国の力の台頭）があったであろう。そして、現在のナラティブは、（経済的な）実力にあった評価を得るために作られているという理解が示されている（本章第 3 節第 3 項で述べる、ステータスの承認要求──status claims）。

　趙可金（K. Zhao, 2015）はさらに、胡錦涛時代と習近平時代の違いを公共外交という視点からみている（ここで、話語権と公共外交の密なる重なり合いが見られる）。すなわち、胡錦涛政権が推進し始めた中国の公共外交は、三つの段階を経て変化してきたとする。まず、①中国に対する世界世論（イメージ）の改良の段階（2003 年〜 2008 年）である。胡錦涛政権下で展開されはじめた公共外交は、中国のイメージを対外的に投射しようとしたが、戦略的なモティベーションを欠いていた（ここでの戦略的モティベーションとは、投射の手段だけではなく、言説の内容にも関わると考えられる）。つぎに、②リーマン・ショック後のいち早い経済回復に自信をつけ、経済発展をさらに促進し、経済力と比肩する中国の地位を高めるために言説力（discursive power）を向上させようとした段階（2009 年〜 2013 年）である。さらに習近平の時代になると、第三段階（③）になる。習近平は、国内の政治的な正当性と凝集性を高める一環として、経済だけではない全体的な国家再生のグランド・ストラテジーをもって、国家のアジェンダを設定し、「中国の夢」をはじめとするアイディアを提示した。また公共外交の動機も、他の国々を喜ばせるためではなく、中国の物語を語り、中国の声を対外的にコミュニケートする戦略的な側面に置かれるようになる[1]（2013 年〜 2015 年、趙可金（K. Zhao, 2015）の論文の刊行は 2015 年であり、2015 年以後は触れられていない）。また、胡錦涛時代と習近平時代の公共外交を比較した青山（2014）は、（中国の）公共外交はきわめて守勢的なもの、積極的なもの、そして攻撃的なものというように推移していると

述べている。

　このような経過に関して、アメリカのジェームズ・マディソン大学のエドワード・ヤン教授（Y.E. Yang, 2021）は次のように述べる。胡錦涛時代の中国は、他の国々が中国をどうみるかを形作ろうとしたが（他の国々が中国に対する良いイメージを持つようにすることをはかったが）、習近平は話語権を使い、中国が国際システムや国際秩序を形作ることに焦点をシフトさせて、そこでのリーダーシップを取ろうとするようになった（ただし、Yang は、問題領域によってその活動は異なると指摘し、彼自身の論文では気候変動、人権、インターネット・ガバナンスなどの世界的な共通の問題に焦点を合わせて論じている）。

　また、N. ロランも同様に、話語権は 1990 年代初頭から中国の文献に登場し、それ以後 2008 年前後と 2013 年（習近平政権）以降の 2 回、大きな変化があったとする（Rolland, 2020）。2008 年前後には、話語権はチベットの蜂起や北京オリンピックに関する外国の報道にみられる「ゆがめられた内容」に関して提起され、話語は外国の中国に対する浸透や転覆活動や能力を意味していた。話語権は外国、特にアメリカをはじめとする西側が持つものであり、西側は和平演変を掲げ、「言説攻勢」をとってきた。このような状況において、中国は守勢に立っていた。しかし徐々に「中国脅威論」に対抗し、それを押し返すため、中国についての外国の認識に影響を与えるために自己の話語を使うようになった。他国からのモデル、価値、イデオロギーの流入に対処するのではなく、中国の対外的な利益を守り、国内のイデオロギーのコンセンサスを促進するために、グローバルなレベルでの対話形態を変えようとした（op. cit., p. 9）。2013 年はターニング・ポイントであり、中国の政治指導者は、話語権を「国家戦略と総合的な対外政策」へ格上げする意図を示す。そして、中国の物質的な力と自信が増大する中で、中国の指導者は、イディエーショナルな領域でのバランス・オブ・パワーをひっくり返すことに関心を持つに至る[2]。経済力と軍事力に見合ったイディエーショナルな領域での評価・影響力を得ようとするのである。

　これは、2017 年の第 19 回中国共産党全国大会での習近平の演説において明らかであるので、その内容を習自身の演説に即して若干紹介しよう。習近

平は次のように述べる。中国は「生態文明の重要な参加者、貢献者、指導者となる」(Xi, 2017, p. 4)。「人類運命共同体の構築を提唱し、グローバル・ガバナンス・システムの改革を推進する。我が国の国際的な影響力、感化力、形成力をさらに強化し、世界の平和と発展に新たな重要な貢献を果たす」(op. cit., p. 6)。2050年の「社会主義現代化強国」実現に向けた第一段階である2035年までに、「中国はイノベーションにおけるグローバルなリーダーとなっている。……中国の文化的ソフト・パワーは大幅に強化され、中国文化の影響はより広範で深大になっている」(op. cit., p. 24)

このような変化の過程をみて、N. ロランは、次のように言う。

「話語権に関しては、最初は、中国の利益を損なう外国の話語権をやわらげ、中和化するための努力がなされたが[これが、すでに述べた中国のイメージ向上に繋がる]、中国もまたこの強力な手段を使い、自身の言説を作り、自身のコンセプトを形成し、それを国際場裏に投射することができるという認識に達した。このプロセスの中で、中国は、究極的には、自己の体制の観点によりよく合致し、また、中国がまぎれもなく力の頂点に達したことを主張することができる代替的な[国際]システムとなるものの構成要素を導入することができたのである」(Rolland, 2020, p. 9)。

第2節　胡錦涛から習近平へ——話語の内容

次に胡錦涛時代、習近平時代の言説(話語)の内容(と変化)をより詳しくみてみよう。

第1項　中国語法(W. キャラハン)の出現
——外国の研究者、政府外からのアイディア

国際社会(システム)に関して、胡錦涛の時代(2000年代半ば)に中国は、「和諧世界」という国連などを中心とする調和的な世界を構想し、もって中国の平和的経済発展に必要な安定した世界を作り維持する姿勢を強調した。しかし、2000年代の後半には、内外で、主として「民間」で、W. キャラハンが

「中国語法 Sino-speak」といった (当時の西側の)「常識／通説」をひっくり返すような議論がみられるようになった (Callahan, 2012)。キャラハンは、次のように論ずる。すなわち、いままでの中国についての言説は、中国はいずれ国際社会の規範に社会化していくであろうというものであった。しかし、いまでは中国の文化や歴史、文明から言ってそのようなことはなく、中国は己の道を行くであろう、それもとくに「中国の帝国の歴史」に引照して中国は世界とは言わないまでもアジアを支配するであろうという言説が出てきている。それは、中国の文明の'本質化'とも中国'例外主義'とも言える。例えば、M. ジャック (イギリスのジャーナリスト、学者、イギリス共産党員であるという)の『中国が世界を支配する時』である (Jacques, 2009)。彼は言う。中国の台頭は、世界を経済的にも、政治的にも、文化的にも再編成するであろう。ジャックの中国経済台頭論は、2050年には中国の経済規模がアメリカを優に追い抜いている (倍近くになっている) というゴールドマン・サックスの予測 (Wilson and Stupnystka, 2007) に基づいている (Jacques, 2009, p. 3)。中国は西欧のまねをしているのではなく、したがって、中国が西側の価値に収斂することはありえない。国内政治でみれば、中国は国民国家ではなく、文明的国家である。そして、中国が作り上げるグローバルな政治は、ウェストファリア体制ではなく、中国の朝貢システムである。すなわち、内にも外にも、中国中心の階層的秩序である。これはアジアから始まり、最終的には世界全体にも及ぶ。そして、ジャックは、この過程で西側が中国の方式に社会化していかなければならないとする。キャラハンは、ジャックのこのような議論は当時の中国共産党の背後にある考えと矛盾しないとする。

今一つは、劉明福 (人民解放軍の上級大佐、国防大学教授) の「中国の夢」[3] である (中国語版、2010、英語版 Liu, 2015)。北京政府の平和発展論とは対照的に、劉は、経済的な台頭を守るためには、中国はアメリカに対抗すべく軍事的にも台頭しなければならないと論ずる。中国の再興 (rejuvenalization) には、軍事力が必須の要素である——日本は、戦後台頭するにあたって、この点で失敗したと言っている。ただ、劉によれば、中国の軍事力は抑止的で、力を通して平和を求めるものなので、中国の軍事的な台頭は中国的な特徴を持ってい

る。この戦略の目標は、中国がアメリカを凌駕し、世界ナンバー・ワンの大国になることである。そして、もしアメリカが中国に挑戦するのではなくアコモデート（妥協）することを選択するならば、中国の夢はアメリカの悪夢ではなくなるであろうという。

　キャラハンは、「中国語法」のなかに、ジャックや劉明福以外の論者の著作も取り込んでいる。例えば、中国の台頭とそこで形成される階層的な秩序が平和的なものであり、東アジアの国々がそれに参加・順応していくのは、中国の長い歴史をみれば明らかであるとするD. カン（Kang, 2007）の議論である。ジャック、劉明福、そしてカンの議論は、その当時の西側の通説とは大いに異なるものであろう。しかしながら、このようなアイディアは、習近平の政策・戦略の道を作り出すのに大いなる役割を果たしたと考えられる（K. Zhao, 2015, p. 26）。すでに述べたように、M.C. ミラーは、経済や軍事力という物質的な面で台頭する国が大国になるつもりであるならば、それなりのナラティブを作り示していかなければならないと論じた（Miller, 2021）。ジャック、劉明福、カンの議論は、中国が大国になるために必要なナラティブの基礎を与えたといえよう。キャラハンは、「中国語法」を「方言」であると言っていたが、いまやそれは「方言」ではなくなりつつあるようにみえる。

　ただ、2000年代全体を通して、中国ではこのような「中国語法」的な国際政治論だけではなく、国際政治に対する様々な見方が提示されていた。閻学通（Yan Xuetong、清華大学当代国際関係研究院長）による春秋戦国時代の古典をベースとする理論、国家関係を関係性（例えば、親子、兄弟）の観点から考えるもの、天下（tianxia）という観点からみるもの、等々である。これらの諸議論をまとめてN. ロランは「中国派の国際政治の諸理論」と呼んだ（Rolland, 2020, pp. 31-32; また、川島、2014 参照）。このような諸理論の台頭を象徴するのが、2006年に創刊され、閻学通が編集長を務める *Chinese Journal of International Politics* であろう。ただ、高名な地理学者で、イギリスとアメリカで活動するジョン・アグニュー（Agnew, 2012）は、「中国的特徴を持つ国際政治論」を、たとえば、劉明福の「中国の夢」にあらわされたようなナショナリスティック

な地政学ではなく、「和」なり調和を入れ込んだより温和な国際政治理論としている (Agnew, 2012)。さらに、歴史的なナラティブから中国の位置づけや将来を考えるとき、一般にナショナリズムの系譜と中国的な秩序から考える系譜の二つがあるという (Chong, 2014; Grant, 2018)。このような観点から言えば、劉明福の考えはナショナリスティックな系統に、ジャックやカンの考えは世界秩序の系統に属しよう[4]。

この時期、中国にさまざまな国際政治理論が示されたことの大きな理由は、国際的に台頭した中国が過去を振り返り、自己の位置づけを図り、将来を考えようとしたことであろう (Agnew, 2012)。もちろんそれは、中国の複数の場所や機関で行われ、また様々な研究者が参加して行われた (これは、外国の研究者にも言えることかもしれない)。したがって、複数のナラティブが生まれたのである。

ちなみに、中国語法 (Sino-speak) は、ジョージ・オーウェルの「新語法 Newspeak」の応用 (捩り) であると思われる。すなわち、「新語法」は、同じ言葉でも、意味が逆の言葉となる言葉の体系を意味する。ただ、「共産党話法」と言われるものもあるようで、たとえば、「団結」という言葉は、内部が割れていることを示唆することがあるという (熊倉、2022、p. 39)。

第2項 習近平の話語──内容と変化の原因

2012年以降習近平のもとで、中国の内外政は (胡錦涛時代と比べて) 大きく変わった。胡錦涛の下で、基本的には対外的に韜光養晦が維持された。ただ、胡錦涛政権の末期には、より積極的に行動する原理──堅持韜光養晦、積極有所作為──も現れたし、「話語権」という概念を共産党の公式文書に書き込んだのは胡錦涛政権である (2011年であるという (加茂、2020))。ただ、胡錦涛政権下での話語権の主な対象は文化であり、文化的ソフト・パワーであったようである (もちろんそれだけではないが──例えば、平和的発展論)。

しかし、習近平は韜光養晦を使わず、「奮発有為」(2013年10月～) を掲げた。「韜光養晦から奮発有為への変化」である。閻学通の言葉 (英語) でいえば、'from keeping a low profile to striving for achievement' である (Yan, 2014)。習

はさらに「核心的利益」、「社会主義強国」、「中国の夢」、「大国関係の新しいモデル」、一帯一路等を掲げ、対外的に積極的であり、話語の対外的な投射が(前と比べて)際立ったものとなる。話語権は、ここに至って、それらの話語を投射する時の基本的なベースとなった。図3で言えば、投射パターンは、EとFを含むものに軸が動いて行ったと言えよう。それまでも存在した対外的な(国際的な)「話語権」という概念が(高木、2011; Mattis, 2012)、おおいに注目されるに至る (Rolland, 2020, particularly pp. 7-13; Callahan, 2016b)。

ただ、習近平の下でも平和的発展やウィン・ウィン(双贏)は引き続き使われる[5]。ウィン・ウィンが初めて公式に使われたのは、2005年だといわれ(Rolland, 2020, p. 54)、その延長上に人類運命共同体(2013年〜)などの言説も周流される。人類運命共同体については、胡錦涛の和諧世界との連続性が指摘される(Rolland, 2020, p. 38-39)。和諧社会や人類運命共同体は、中国に対する反感や反抗をさける機能を持つが、ロランは、その内容を指導者自身が心底信じているかどうかはわからないとしている (op. cit., p. 38)。ただ具体的な政策と実践として、中国を中心とするプラットフォームの建設にかかわる一帯一路という言説が提起される。

しかしそのような動きと同時に、(秘密文書とされた)七つの「禁止項目」を挙げて拒否した「9号文件」(Document 9, 2013年4月)[6]にもみられるように、中国(習近平政権)は、西側の憲政民主主義、人権などの普遍的な価値、市民社会、新自由主義、言論の自由等を断固拒否し、歴史のニヒリズム(中国共産党の正当性を傷つける歴史)も拒否する。加えて、改革開放に疑義を唱えてはいけないという「防御的な」ナラティブ(これは、和平演変ナラティブの継続)をも展開する(9号文件およびその中国の言説とのかかわりに関しては、例えば、Rolland, 2020, p. 29)。これは、民主主義の価値の浸透をあらかじめ(先制的に)阻止するという「民主主義の阻止 prevention」とか「先制的権威主義 preemptive authoritarianism」(Silitski, 2005, 2006; von Soest, 2015; Beckley and Brands, 2023)とも呼ばれる。このように、習近平の話語体系は複雑なものである。

習近平のもとでの対外的話語権に注目した江藤名保子によれば、「話語権は、自国の議論や言説に含まれる概念、論理、イデオロギーによって生み

出される影響力」である（江藤、2017a）。また、「外交話語とは国家の文化伝承、イデオロギー、重大な利益を体現するための戦略的方向と政策的措置などの政府筋の基本的立場の表現（楊潔勉）」（江藤、2017a）ということになる。また、話語権は、中国が西側の話語（規範）［普遍的な価値］に対抗する一面があるという（江藤、2016, 2017a, 2017b）[7]。したがって、中国の言う話語権はすでに述べた「規範の対抗理論」と重なるところがある（中国の話語権のさまざまな機能については、次節でまとめて考察する）。また、言説が「何を言うことができるか、誰が発言できるか、誰が何を真であるかを決定するルールを持っているか」を指定するとすれば（O'Loughlin, with Miskimmon and Roselle, 2017, p. 37）、話語権は、このような意味での言説に極めて近い。さらに、「ナラティブは、言説の一つのフォームである」(op. cit., p. 36) とすれば、言説、ナラティブ、話語権の間の重なりは大きなものであると考えられる[8]。よって、中国の言う話語権は、内容的に戦略的ナラティブに近いものであろう。前出のヤン教授は、話語権と戦略的ナラティブを同義に使っている（Y.E. Yang, 2021）。また、フィンランドのJ.カリオは、博士論文のなかで、戦略的ナラティブという観点から、中国の話語、話語権を分析している（Kallio, 2016）。

　このような胡錦涛から習近平への変化の背景には、繰り返すならば、中国の力が伸長し、中国が対外的な影響力を発揮する能力を持ち、経済的な理由等で対外的に拡大する必要が生じたことがあろう。中国の中には、言説力（話語権）は物質的な力を前提としつつ、物質的力から引き出されるものだとの考え方があるという（Rolland, 2020, p. 9）。また、力が伸長して実力が付いたことによって、政治指導者は、将来自国がどのような世界の中でどのような地位を占めるのかについてヴィジョンを持ち、方針を示す必要があったのであろう。中国の中には、言説とは自ら作り出すものであり、言説力とは自然と他国に認められるものではなく自分で獲得しなければならない（self-struggle）という考え方があるという（Rolland, 2020, p. 12）。

第3節　中国の対外的な話語権の機能──積極的な機能を中心として

　中国の話語権は、いくつかの次元からみなければならない。中国の対外的な話語権が担う機能の一つは、中国の政治体制（共産党体制）をアメリカ／西欧から守ることである。例えば、国際的な規範として国家主権概念を持ち出して、西側の（中国の体制が人権や民主主義にもとるという）攻撃や介入に対抗したり、中国固有の文化や統治方法という議論を持ち出して、中国の共産党体制を正当化し、守ろうとしたりすることが含まれる。中国の歴史や文化を持ち出すことは、歴史的な国家の本質化（essentialization）と呼ばれる。また、外国からの思想、資金、ヒト（NGO）などの浸透によって、体制が変容させられるという「和平演変」（あるいは、カラー革命）のナラティブは、むしろ強まっており、西側流の民主主義概念などの（大学での）使用の禁止やNGOへの規制の強化などの具体的な政策・行動に結びついている（たとえば、小嶋、2022、pp. 32-36）。いわば、政治次元での、中国側からのデカップリングである。

　対外的話語権には、以上のような「防御的な」機能とともに、①自国への他国の支持を調達する、②中国の台頭に対する他国の恐れ（それに基づく反中連合の形成）を回避する、③（台頭にかかわる）自国の地位を積極的に周流する、④中国の望むような国際秩序を形成するのに資する、という四つの積極的機能があると考えられる[9]。もちろん、これらの機能は相互に関係があり、また特定の言説がさまざまな機能（防御的な機能を含めて）を同時に果たし、それらの機能が時に矛盾することもある。本節ではこれら四つの機能を順に検討しよう。

第1項　支持の調達

　第一に、特定の言説は、中国自身が、アメリカに抵抗（対抗）し、自己の政治・経済体制を守る機能とともに、他の国々（特に開発途上国）から中国への支持を調達する機能を持つ。たとえば、国家主権（内政不干渉）とか「（経済発展についての）二つの異なるアプローチ」、さらには、中国の人権についての「再定

義」(「人権と国家主権や政治的安定とバランスをとる」(本書第 13 章；Y.E. Yang, 2021, pp. 11-12; Rolland, p. 47)) が挙げられる。国家主権という言説を掲げて、国内で人権とか民主主義に制限を加えていくという方法や中国式の発展中心の言説は、内政干渉を避けつつ経済発展を遂げようとする新興諸国を含む発展途上国に広く支持されよう。また「二つの異なるアプローチ」は、アメリカや西欧諸国が受け入れることはない[10]であろうが、非西欧諸国にはそれを受け入れる基盤があろうし、アメリカと中国のどちらかを選択しなければならなくなるのを避けようとする国には、都合の良いものであろう (Rolland, 2022)。

「二つの異なるアプローチ」や「国家主権の堅持と人権の制約」といった言説が国際的に浸透してきたのは (すなわち話語権が強まったのは)、それらの言説自身に魅力を感じる面もあろうが、中国が経済的に成功し (「発展中心の言説の証し」)、また一帯一路などを通して広く経済的な利益を配分していることが理由と考えられる。中国に対する支持の増大は、国連人権理事会での西側が提起する中国の新疆ウイグル自治区や香港の人権問題に関しての非難声明に対する支持の分布にも見て取れる。中国非難の声明への支持は西側の 30 カ国近くであるのに対して、開発途上国を中心とする中国支持 (中国のウイグルや香港に対する政策は、国家安全・安定のためであるとする) は 60 カ国に近い (Rolland, 2020 p. 42; 本書第 13 章第 4 節)。この傾向は、アメリカが同理事会を脱退した (2018 年) あと加速したと言われる[11]。さらに、国連人権理事会において、2021 年 6 月、カナダが提案したウイグル問題についての中国非難声明にはカナダ、アメリカ、日本など 44 カ国の支持があったものの、ベラルーシが主導した中国支持声明は、最初は 65 カ国であったが最後には 100 カ国近くの支持を得たという[12]。

第 2 項　対外的拡張の正当化

第二に、中国の話語権は、中国の対外的な拡張を正当化し、(多くの場合) あわせて中国の拡張が他の国々の利益を損なわないこと (さらには、ウィン・ウィンの関係であること) を主張するものである (対中包囲網などを作らせないようにするためでもある)。中国の力が増大していく 2000 年代になると、アメリ

カにおいては、追走国が既存の覇権国に追いついていくときに国際政治は不安定になるという（中国を念頭においた）パワー・トランジションというナラティブが、学界が中心ではあるがかなり議論されるようになる（Tammen et al., 2000）。また、中国の経済に強く影響を受けるようになった国は、対中依存に危惧の念を抱くようになる。このような世界的にみられる傾向に対して、中国は、中国の台頭が他国を脅かさない平和的なものであるという「平和台頭論 peaceful rise」（のち「平和発展論 peaceful development」[13]）を展開する（Zheng, 2005）。

上述のように「平和発展論」は、一方で中国の伸長を当然のものとし、他方では他国がそれを危険視し反中連合を組まないように、中国の伸長は害がない（さらには他国にも益をもたらす）と論ずる。「平和発展論」という言説ないしは物語は、今現在までも一つの言説として生き続けており、「ウィン・ウィン」や「人類運命共同体」という言説などと相まって、一つの体系を成している。例えば、W. キャラハンは、一帯一路は、習近平の「運命共同体」の建設に向けて、中国の夢、アジアの夢というアイディア、新しい政策（新しい安全保障——協調に基づいた安全保障）、新しい国際制度（アジアインフラ投資銀行（AIIB）等）を組み合わせようとするものであると指摘する（Callahan, 2016a、この点さらに、Zeng, 2020, p. 17; Nathan and Zhang, 2022）[14]。中国は、他の国々がこれらの言説を受け入れることを目指し、さらに「制度的話語権」（国際制度の中に話語を組み込み、自国の話語で他を説得し、ルールや規範を作っていく）（Zhang and Orbie, 2019, p. 19）を行使して、「運命共同体」の概念などを国連などの文書の中にくみ入れようとする（本節第4項で詳しく述べる）。

第3項　地位のナラティブ——地位の向上を求めて

第三に、中国は、急速な台頭に由来する実力と外からの評価のギャップを埋めるべく、「大国関係の新しいモデル」などの言説を通じて、「地位の請求 status claim」（あるいは、地位の承認要求）をするようになる。だが、アメリカはこの請求に必ずしも応じなかった（アメリカが中国を大国として「公式」に認めたトランプ政権は、中国を大国として認めることはアメリカが自国の利益を正面に押し

出して中国に対応することを意味すると述べる (White House, 2020a))。

　例えばアメリカは、「大国関係の新しいモデル」の主要要素の一つであった核心的利益を相互に認めることを拒否し、核心的利益の一つである南シナ海での中国の権益を否定した。また逆に「リバランス」政策やインド太平洋戦略を展開し、アメリカ自身の覇権的な地位の主張（アメリカ自身の地位の主張）をするのである (Ward, 2020; W. Z. Wang, 2019)。もちろん、パワー・トランジションにおいては、台頭する国は他国（とくに覇権国）に対して地位向上を請求し、覇権国はそれを承認したり (accommodate)、拒否したりする。このような枠組みでパワー・トランジションの分析が行われたり (Ward, 2017)、また米中関係が分析されたりする (Larson and Shevchenko, 2010; Ward, 2020)。「地位」という概念は、軍事力とか経済力には帰することのできない（社会関係的な）要因とされる点で新しい魅力をもつ。しかし、実際には、「地位」は軍事力とか経済力と密接に絡まっており、「地位」そのものを他の要因と分離して取り出すことは極めて難しい (Ward, 2020)。例えば、「地位」の向上と言った場合、かなりの程度、より多くの安全保障上の権益などを同時に求めるので、「地位」という概念を持ち出さなくても説明できることが多い。ただ、「地位」の向上の請求やそれに対する対応に関して周流するナラティブは、当該の国々の国際的な階層とその中での地位についての認識を明らかにして行動（政策）の方向性を示すため、重要な機能を果たす。

　近年、国際政治一般を分析するなかで、「地位 status」という概念がよく用いられる (T.V. Paul et al., eds., 2014)。ここで、そのような研究と関連させて、中国また米中関係を考察してみよう。地位は、社会的に（国の内外で）合意された一定の国際的（階層）秩序を前提として、その中での自己の地位を考え、確定し（定位し――中国語 dingwei、英語 positioning）、その地位確認を求めたり、その向上を図ったりするという現象を引き起こす。そこでは、自己の地位の定位とその発信のために、自己の再ブランディングを行ったりする (Pu, 2017, 2019)。そうすると、「地位」を議論するときには、国際的にどのような階層構造が存在するのか、そのなかで自己の地位がどのようなものであるのか、地位を確認するためにはどのような行動をしなければならないのかという

様々な問題が出てくる。さらに、国際構造そのもの、また、その中での自己の地位は時間的に変化するものであり、問題は複雑である。

国際的な階層は多次元的である。もしそれを力の次元で考えるとすれば、覇権国、大国（超大国）、非大国などからなる階層を考えることになるであろう。また、国際的な階層構造が先進国と開発途上国からなるとすれば、自国が先進国に属するのか、開発途上国に属するのか、ということが問題となろう。さらに、国際構造（秩序）は、（西欧的な）民主主義と社会主義から構成されていると認識されることもあろう。

このようなことを念頭に置いて中国をみると、どのような階層構造が存在するか（そして、中国はその中でのどのカテゴリーに属するか）については、様々な議論が存在する（Pu, 2017; Shambaugh, 2011）。パワー・トランジション的な観点からみれば、中国は大国を自認し、アメリカなどの国々に対して大国としての地位確認を求めているのが現段階である（あるいは、すでにそのような段階は過ぎたといえるかもしれない）。そして、中国は繰り返し、中国は覇権を求めない、覇権国ではない、という言説を周流させている。

また、中国は、いまだ「開発途上国」という自己定位に基づいて「中国は最大の開発途上国である」という言説を流布させている。たとえば、中国は、持続可能な開発目標（SDGs）の国別報告で、「中国は最大の開発途上国」であると強調する。この位置づけは、国内的には、「小康社会」を作り（それは、すでに成し遂げられたという）、「中所得国の罠」を脱し、さらに先進国の下位の段階に達することを目標とすることになる。他方、この定位は、国際的にみれば、他の開発途上国との連帯を進めるときの鍵であり、習近平は「中国は永遠に開発途上国の家族に属する」（2018年）と述べている（この点を明確に述べたものとして、Yan, 2021）。中国が開発途上国の一員と自己規定してそれを他の開発途上国に提示することは、中国の「南への戦略 southern strategy, 南向政策」のベースとなる。すなわち、開発途上国全体を「グローバル・サウス Global South」とすれば、中国が「グローバル・サウス」を中国の経済発展のベースとして、軍事的な影響力の拠点として、さらには中国の言説（たとえば人権言説）の受容者・支持者としてまとめ上げ、戦略的にアメリカへの対

抗力として考え、その政策を実行していく。このような中国の「南への戦略」は、毛沢東の時代の「農村から都市を包囲する」という戦略を彷彿とさせる（Rolland, 2022; 中居、2020）。

　中国が自身を開発途上国と定位することは、中国の国益を増進する基盤となる。例えば、一帯一路の推進、中国の開発モデルや政治・経済体制の正当化などは、開発途上国を中心に行われる。さらには、WTOで開発途上国に与えられた特権——相互主義を否定できる——を使うことができるという実利もあろう[15]。また、さらに社会主義対資本主義（市場資本主義）という国際構造は限られたものとなってきているとはいえ、中国は独自の特色を持つ社会主義国だという定位は、国内的に必須のアイデンティティをあたえて、その成功と強靭化（社会主義の現代化）を中国の国益の核心的なものとする。

　このような多様な国際構造（秩序）の認識とそのなかでの定位は、必ずしも整合的ではない。したがって、全体としてみれば、大国—開発途上国—社会主義国という組み合わせには矛盾がみられるのである。そして、パワー・トランジション的な見方からの中国の大国としての地位の承認要求は、地位を巡る政治の一部でしかないのである。

　また、きわめて長期的な視点から言えば、中国の「地位」は、「半植民地」、「社会主義国」、「開発途上国」、「非大国」、「大国」というように（異なる次元ではあるが）変化してきたと言えよう。それぞれにおいて、中国は主権国家システムから排除され、先進国クラブから排除され、大国システムから排除されていたが、時を追うごとにその排除を乗り越えてきたと言えよう。しかし一般的には、ザラコールがいうように、排除された側がその地位から抜け出して正当なメンバーとして新しいシステムに統合された後でも、排除によって蒙った心理的「屈辱感 stigma」は残り、その「屈辱感」が地位に対する強い固執をもたらすのである（Zarakol, 2010）。中国に関して言えば、「百年の恥辱」という言説が失地回復主義（revanchism）的な意味合いを帯びて（Schell, 2022）、「中国の夢」などの言説のもととなっている。

第4項　制度的話語——秩序の形成へ

　第四に、対外的話語権には、自己の言説を国際制度に組み込んだり自己の言説に基づく国際制度を作ったりして、自己の言説の投射を広めていく機能がある。これが制度的話語である（制度的力であり、それについての概説は、本書第1章第3節参照）。ここでは、まず制度的話語について簡単な導入を行い、ついで具体的に中国はどのように自己の言説を国際制度に組み込んでいこうとしているかを検討する。言説は価値や規範を含む一方で、国際制度もまた価値や規範のベースの上に具体的な行動を規制するルールなどを設定する。

1. 制度的話語

　制度的話語は制度性話語ともいわれ、英語では institutional discourse power と訳される。制度的話語は習近平の発案であるという（2015年18期五中全会の関連文書（Zhang and Oribie, 2019、加茂、2020; Eto, 2021））。2016年に採択された第13次五カ年計画には、「グローバル・［経済］ガバナンスと国際公共財の供給に積極的に関与し、グローバル経済ガバナンスでの制度的ディスコースパワー（制度性話語権）を高め、幅広い利益共同体を構築する」（江藤、2022 からの再引用）と述べられているという。それは、制度性権力（zhinduxing quanli, institutional power, Rolland, 2020, p. 45）とも呼ばれ、内容的には、ルール、手続、規範からなる国際制度を通して、相手の行動に影響を与え、シェープし、また自己の利益を守ることであり、このような制度的力を作り出す言説的基盤が制度的話語であると考えられる。

　制度的話語は、（西側の）政治学理論でいえば、制度的力（institutional power——あるアクターが公式、非公式の制度を通して他のアクターをコントロールすること（Barnett and Duval, 2005））と「イディエーショナルな力 ideational power ——他のアクターの規範的、認知的信条体系に影響を与える能力」の二つを合わせたものと考えられる（Carstensen and Schmidt, 2018, particularly Table 1、本書第1章第3節）。ただ、バーネット／デュバルの類型では、制度的な力は、影響力を発揮するアクター（A）とその対象であるアクター（B）とが直接接触するのではなく、制度を通してAが間接的にBをコントロールするという意味である。

AがBに直接に影響力を与えるのは、「強制的な力 compulsory」とされている（Barnett and Duval, 2005, pp. 13-14）。ただ、直接的コントロールが強制的なものとは限らず、説得とか交換という方法によるものもあろう。したがって、AがBに直接影響力を与えるときには「直接のコントロール」といった方がよいであろう。

そうすると、イディエーショナルな力（話語権）は、「直接のコントロール」でも見られることになる。これに対して制度的な力は、制度を通して間接的にBの行動に影響を与えるものである（op. cit., pp. 15-17）。国際制度を規範とルールのセットであるとすれば、もしBがその制度のメンバーであれば、制度の規範とルールに従うことが期待される。Aの規範（利益）が国際制度のものと合致していれば、Bが国際制度の規範やルールに従うということは、A（そして他の国際制度のメンバー）がBの行動を間接的にコントロールしていることになる。また、Bが規範やルールに従わないときには、国際制度を通してBの行動を規範やルールに従わせようとするであろう（これは、国際制度がBの行動を直接コントロールするということとも理解できよう（op. cit., p. 14））。また、国際制度を形成するときには規範やそれを含む言説が重要な役割を果たし、言説の影響力は国際制度形成に必須の要因となる。そして、ある国の規範や言説が国際制度の形成に大きな影響を与えるとすれば、その国の言説力は、国際制度の内容を左右し、ひいては国際制度を通しての同国の間接的な影響力を増大させるのである。また、国際制度の形成過程や既存の国際制度の修正過程で、意図的に（あるいは意図せずに）一定の問題を排除して（あるいは、その問題を提起しそうなアクターの参加を排除して）当該の問題を国際制度の決定過程に上ってこないようにする（organized out）こともあり得よう。P. バックラックとM. バラツの言う「表に現れない裏の第二の力」と呼ばれるものである（Bachrach and Baratz, 1962, 1963）。制度的話語権の今一つの側面であろう。

また、制度的な力は、既存の制度の中での政治と影響力にも関わる。以下で論じるように、これにもいくつかの次元が存在する。

2. 既存の国際制度における話語権

　一つには、言説を投射しようとする国は、国際制度の規範やルールのセットに従って特定の問題に関して自己の言説を展開し、それに賛同する国をつのり、自己の言説と異なる国と対抗する（対抗には、いろいろなレベルがあろう）。たとえば、国際連合というフォーマルでグローバルな「場」において、直面する問題（たとえば、2022年のロシアのウクライナ侵攻）に関して自己の言説に基づく議論を展開し、ときに決議のような形で合意を得ようとする（あるいは決議に反対する）。これは、我々が通常考える議論の場としての国際制度である。ただ、このようなフォーマルな国際制度に関しても、国際通貨基金（IMF）や世界銀行の投票権（出資額）を増大し、自己の力を拡大しようとする行動もある（Kaya, 2015; Lipscy, 2017）。それは、（経済）力と国際制度における影響力や「平等性」の確保という言説を用いて国際制度のルールを変え、もって自己の言説力の向上につなげようとするものである。

　このことと関連しつつ、二つには、国連関連の場で自己の言説を組み込んだ決議を採択することによって、自己の言説についての国際的合意をとりつけ、そのもとで様々な国際プロジェクトを進めようとする。中国は、人類運命共同体を国連の様々な機関の声明等に入れることに成功している（S. Zhao, 2020, p. 3）。国連は、2016年11月に一帯一路などの経済協力のイニシアティブを歓迎する決議を採択し、翌年3月には国連安保理がグローバルな運命共同体を推進することを盛り込んだ決議を採択する（State Council Information Office of the People's Republic of China, 2019a）[16]。また、中国が事務局長をとったITU（国際電気通信連合）は、デジタル・シルクロードを掲げる。さらに、グテーレス国連事務総長は、SDGsとの関係などで、一帯一路を強く支持する（Guterres, 2019）。また、国連人権理事会の場では、2017年に人類運命共同体などの言説と発展中心の人権言説を組み入れた決議案を採択することに成功し、西側の市民権と政治的権利重視の言説に対抗する（本書第13章）。中国はこのようにして、国連での影響力を大いに強めていくのである（Feltman, 2021）。

　三つには、国際制度にはさまざまな地域的な制度も存在する。たとえば、

安全保障を取り扱うSCO（上海協力機構）やCICA（アジア信頼醸成措置会議）などには中国の言説が強く反映されている。中国は、単に当該の地域制度内に支配的な言説を確立していこうとするだけではなく、域外（当該の制度のメンバー以外）の異なる言説を持つ国々に対抗しようとする。たとえば、2014年、習近平主席はCICAの首脳会議で、「アジアの安全保障はアジアで」という言説を開陳している。これはアメリカの地域への関与に対抗する言説であった。

　四つには、既存の制度だけではなく、言説に基づいて新しい制度を作って言説の投射をはかることもある。サイバー空間での規範やルール、また新興技術の国際的スタンダードをめぐっては、グローバルな国際制度が作られる可能性があり、中国はこれらの新たな問題についても自己の言説（規範や価値）を反映した制度を作ろうとしている。また地域的な制度に関して言えば、中国は一帯一路という言説に人類運命共同体やウィン・ウィンなどの言説を取り込みつつ、一帯一路を組織化し、プロジェクトを推進している。また一帯一路の国際協力フォーラムを2017年、2019年と開催している。一帯一路や一帯一路国際協力フォーラムは、フォーマルな制度とは（いまだ）言えないが、インフォーマルな制度と言って差し支えなかろう。

3．中国の国際制度戦略——トリプル・トラック・アプローチ

　このように中国と国際制度とのかかわり方をみると、普遍的な制度―地域

レベル		既存か新設か	
		既存	新設、創設中
	普遍的（グローバル）	A. 国連、国連の専門機関、ブレトン・ウッズ	C. サイバー空間のルール Emerging technologyの国際スタンダード
	地域的	B. SCO、CICA APEC、ARF RCEP	D. 一帯一路（C.の可能性あり） CPTPP（新規参加）

図4　国際制度の類型と中国

出典）筆者作成

的な制度、既存の制度―新しい (emerging) 制度という二つの次元で、国際制度を見ていかなければならないであろう (図4)。これまでの議論を図4にもとづいて整理すれば、中国は、普遍的でグローバルな既存の国際制度 (A) と地域的な既存の国際制度 (B) へ自己の言説を組み入れること、新しいグローバルな国際制度 (C) と新しい地域的な国際制度 (D) に自己の言説を反映させること、という行動をとることになる。これらいずれの類型も重要であるが、いまのところ、既存のグローバルな制度への中国の言説の組み込み (A) と中国の言説に基づく新しい地域制度作り (D) が目立ったものであるかもしれない。このことに関して、N. ロランは、「中国は、既存の国際制度の中で、そして、中国主導のプラットフォームを創生するという活動を通して、中国の国際的な制度力 [制度的話語権] を増大しようとしている」(Rolland, 2020, p. 40) と言っている。また、加茂は、中国が既存の制度 (国連とか IMF) のなかでの話語権の増大と、主として開発途上国相手の制度 (一帯一路、BRICS 等) における話語権 (ここでは、リーダーシップ) の二つを同時に追求し、それら二つの間に相互連携を深めていくことを追求していると指摘している (加茂、2020、p. 2)。

　図4の普遍的な国際制度と地域的な制度に対する言説の組み込み (政策) を同時並行的に、また相互連関させながら展開するというのは、国際制度に関する中国のダブル・トラック・アプローチ (二軌道アプローチ) とよばれるものと密接な関係がある。このアプローチに関して注目すべきことに、すでに2010年代の前半には、中国が一方で現在のグローバルなシステムに参加し、そこでの影響力を増大させるとともに、他方で中国が支配することができる第二レベルのシステムを作るべきであるという「二つの手を用意すべきである」という議論が中国の言論界に存在したという (Zeng, 2019b, p. 8)。これは、のちにアメリカの E. ファイゲンバウムが、国連や IMF 等のグローバルな制度における影響力の強化と地域的な国際制度における影響力 (リーダーシップ) の強化というダブル・トラック・アプローチ (Feigenbaum, 2017, 2018) と名付けた中国の戦略の言説的な基盤であると考えられる[17]。このアプローチは、中国の対米戦略として極めて特徴的かつ有効であると認

識されることもあり、中国がグローバルな覇権国（超大国）になろうとしたときの有力なアプローチの一つとなる可能性が指摘される（Brands and Sullivan, 2020）。

さらにいえば、既存の（普遍的な）国際制度の修正や中国主導の新たな（地域的）国際制度の構築に加えて、中国は、自国内で国際会議を開催し（例えば、人権についての南南フォーラム——第1回は2017年）、自己の言説を広めようとしている。中国外交学院副院長を務める孫吉勝（Sun Jisheng）は「ホーム・ベースの外交」と言っているという（Rolland, 2020, p. 47）[18]。中国が（非公式に提案していた）RP（Responsible Protection）に関するBRICSを中心とする会議を2013年に北京で開いたのもこれにあたろう（Garwood-Gowers, 2015, p. 27）。さらには、2017年から隔年で北京において開催される一帯一路国際協力フォーラム（一帯一路国際協力サミット）もホーム・ベース外交の一環かもしれない。いわば、普遍的制度—地域制度—ホーム・ベース外交の三つのレベルにわたるトリプル・トラック・アプローチ（三軌道アプローチ）である。この三つのレベルのアプローチは、相互に関連付けられながら行われていると言えよう。このような中国の国際制度戦略は、一方では大国が主要な役割を果たし、地政学的な要因に焦点を合わせて安全保障と経済的な挑戦に対応し、他の国際制度と競争し、共存し、相互作用するという特徴を持つ「多国間主義の第二バージョン multilateralism 2.0」[19]（He, ed., 2020, particularly p. 4）の波を引き起こす一つの大きな要因であった。他方で中国の国際制度戦略は、国際制度のネットワークの中で新たな国際制度をつくり「既存のシステム内での国際協力の代替的な結節点をつくる」ことによって影響力を増大させようとするS. ゴッダード（Goddard, 2018）のいうブローカー的な役割を増大させることを超え、国際秩序の形成を目指すものと言えよう。

第4節　調和的ナラティブと対抗的ナラティブ——その淵源と機能

第1項　矛盾？——調和的ナラティブと対抗的ナラティブの併存

いままで繰り返し述べてきたように、中国の言説には、「人類運命共同

体」や「平和発展論」というような調和的（統合的）ナラティブと、核心的利益、中華民族の再興・夢、さらには社会主義強国、中国の特色のある社会主義、富国強兵という自己についての、時に対抗的になるナラティブとが並行的に存在する[20]（前節で述べた国際制度に関しては、統合的なナラティブが表に出る）。このことは、ソフトな政策と強硬な政策を併せ持つ「二頭（両面）戦略 two-pronged policies」（あるいは、重層的戦略 layering strategy）として現れる。中国は調和的ナラティブに基づいて、ますますソフトな政策を展開すると同時に、対抗的ナラティブに基づいて、ますます強硬な政策を展開していくのである（Boon, 2017）。

そして、調和的な言説と対抗的な言説の間の矛盾というべきものも指摘される。たとえば、核心的な利益を守ろうとする中で、中国がどこまで平和的な発展（台頭）を維持できるか、大きな疑問符が付くのである（Zeng, 2017）。中国が展開する硬軟両様のナラティブの間の矛盾は、夙に指摘されてきた。たとえば、W. キャラハンは、中国の深層を形成する「百年の恥辱」は、「恥辱の地図作成 cartography of humiliation」を生み、そこに示される中国が失った地域を回復することが中国の使命であり（失地回復主義であろう）、指導部にとっては支持の基盤であるとする。そうすると、この「恥辱の地図」と平和的発展は矛盾することになると指摘する（Callahan, 2009, 2010, chapter 4）。

中国の中からも、調和的な言説と対抗的な言説の間の矛盾が指摘されることがある。閻学通は、平和的発展を唱え強調することは、台湾が独立することを許すようなメッセージを発するので、反対であると述べたという（Agnew, 2012, p. 308 からの再引用）。閻学通は、中国があまりに平和発展を唱えると、その言説に反して台湾に強い行動をとれなくなる（核心的利益を損なう）という懼れを持ったのであろう[21]。また、2022 年、ロシアがウクライナに侵攻して民間施設を攻撃し民間人を殺害した際に、中国がこれを正面から非難することはなかった。このことは、もし中国がロシアの侵攻や民間人の殺害を（国際法に則って）非難すれば、将来中国が台湾への武力介入を行い「同胞」を殺害することを妨げることになる可能性があると考えたためかもしれない（French, 2022）。これは、一般に「（道徳的）レトリックの罠 rhetorical trap」と言

われる（Dufournet, 2015, あるいは、rhetorical entrapment（Schimmelfenning, 2001, pp. 72-76））。たとえば、ある国が人権保護の言説を強く、また繰り返し述べていると、他の国に人権侵害が起きたとき、相手の国との政治・戦略的な関係、経済的な関係から強い態度をとることがはばかられる状態にあっても、人権侵害に対して強い態度をとらざるを得ないことになる[22]。

　また、平和や和諧という言説を相手は否定することが難しい。それを否定することは、平和や調和でない状態を支持することになりかねないので、そのような側もまた異なる意味でのレトリックの罠に陥ることになりかねない。逆に中国政府の側からすれば、相手に対して、「平和の側に立つか、それに対立する立場に立つか」という相手が抗しきれない、また選択の余地を与えない言葉による強制である「表象的強制 representational force」を行うことになる（Nordin and Weissmann, 2018, p. 241; Bially Mattern, 2005）。

　このように、平和発展とか和諧という言説には、それを提示する側（中国）も、また対象となる相手（聴衆）も「レトリックの罠」に陥る可能性が存在する。とはいえ、中国は、「百年の恥辱を雪ぐ」というようなナラティブを同時に持つことによって、閻学通が心配した平和発展の「レトリックの罠」を回避することができるかもしれない。より一般的に言えば、二つの相対立する言説が存在することは、中国が「言説の罠」（Michaels, 2013）に陥ることを避けるよすがとなり、またそのために必要な柔軟性を与えることになる。また受け手にとっても、「百年の恥辱」などの対立的な言説がもたらす中国の攻撃的な行動の可能性は、中国の調和的ナラティブを素直に受け入れなければならないという「表象的強制」に陥るのを防ぐ理由を与えるであろう。

　では、なぜこのような二つの異なるナラティブ（調和的ナラティブと対抗的ナラティブ）が存在するのであろうか（この辺、Pu, 2017）。また、それに基づいた対照的な対外政策の国際政治的な機能はどのようなものであろうか。さらに、対立するナラティブが混在する対外政策について、他国（アメリカ）はどのように対応するのであろうか。このような問題についての考察を以下で行う。

第2項 なぜ併存するのか？ 国内の政治過程と言説の体系（言説の構造）

　調和的ナラティブと対抗的ナラティブが併存する理由については、二つのレベルからの説明が可能である。一つは国内の政治過程に、今一つは中国の言説体系そのものに、それぞれ由来するという仮説である。

　まず、国内政治過程により二つの異なるナラティブが存在するという仮説には、二つのものがある。一つは、中国の国内に、調和的ナラティブをかかげる「リベラル」な考え方を持つグループと対抗的ナラティブを奉ずる「リアリスト」的な考えを持つグループが存在し、それらの意見、またバランスが政府の政策に反映しているという仮説である。あるいは、政府の組織の中に、平和的な発展を支持するグループ（たとえば、国家発展委員会）と、強硬な政策を支持するグループ（たとえば軍部）が存在するということかもしれない。

　二つには、中国が政策を変化させようとするとき、前の政策を否定するのではなく、それを含みつつ、新しい要素を取り入れて政策を展開するという仮説である。例えば、韜光養晦（調和的ナラティブ）から「奮発有為」（対抗的ナラティブになり得るもの）への変化を考えると、韜光養晦的な調和的政策と「奮発有為」的な対抗的政策が同時に存在することになる。もちろん、習近平の下では韜光養晦というシンボルは使われないことから、政策が変わったということができよう。しかし、習近平の下でも軍事的な強国をめざすというナラティブとともに、人類運命共同体などの調和的ナラティブが存在する。中国外交学院前院長の秦亜青 (Qin, 2014) は、「変化を通しての継続」として継続性を強調する。そうすると、調和的な政策と対抗的な政策の共存は、中国の対外政策についての言説の展開の歴史的なダイナミックスをあらわしていると説明できる。

　次に、調和的ナラティブと対抗的ナラティブは、中国の言説の体系に構造的に組み込まれているという仮説である。これにもいくつかのものがある。

1. 表裏一体説

　一つは、調和的（統合的）ナラティブと対抗的ナラティブは、表裏一体であるという説である。図3 (p. 110) に基づいて手段の観点からいえば、統合的

ナラティブはソフト・パワー、対抗的ナラティブはハード・パワー（ただし、軍事力では必ずしもなく、相手の意図に反して、という意味である）に属するものであろう。W. キャラハンは、中国のソフト・パワーの行使に関して、相手を魅了することを目指してソフトな手段を使う「プラス（正）のソフト・パワー positive soft power」と、特定の相手（例えば、台湾あるいは日本）を排除しつつ、自己のナラティブ（例えば、中国の夢）を達成しようとする「負のソフト・パワー negative soft power」という二つがあることを指摘した (Callahan, 2015)。図3の統合的ナラティブ（平和発展）と対抗的ナラティブ（百年の恥辱を雪ぐ──失地回復主義）は、手段としては、キャラハンの言う「正のソフト・パワー」と「負のソフト・パワー」（＝強制）にそれぞれ対応するところがあろう。そして、キャラハンはこれら二つの要素が言説の体系として分かちがたく結びつきながら、中国の基本的政策を構成していると論じている。したがって、キャラハンは、中国の統合的ナラティブに着目すれば（他国は）中国の行動に関して楽観的になり、対抗的ナラティブに着目すれば悲観的にならざるを得ないと主張し、これらが同時に現れる中国のことを「悲観と楽観が同時に存在する国 pessoptimist nation」という合成語 (oximoron 的なもの) によって表現している (Callahan, 2010)。

2. 二つの世界観──「文明的国家」と「地政学的身体」

　二つには、異なるナラティブの併存は、より深く中国の自己の位置づけや歴史的な秩序観の構造的な矛盾（二重性）を反映しているという解釈も可能であろう。たとえば、本章第2節第1項で述べたように、中国を位置づける歴史のナラティブにはナショナリスティックな観点と世界秩序的観点がある (Chong, 2014)。対抗的ナラティブはナショナリスティックな系譜に、調和的ナラティブは秩序論の系譜に属するものであろう。また、似たような議論として、地理学者のアンドリュー・グラントは、中国の自己の位置の作図法には二通りあるがゆえに、中国は「二重の身体 double body」を持っているとする (Grant, 2018)。一つは「地政学的身体 geopolitical body」であり、それは、中国の領土を明確にし、その内部に重点を置いて、領土の喪失や回復等を重視

する。もう一つは中国の古い歴史に依拠する「文明的国家 civilizational state」であり、それは中国の外との関係を重視する（あるいは、内と外との区別をしない）コスモポリタンなものである。中国が自己を描くとき（グラントは、地図——たとえば鉄道網——を分析している）には、この二つの「身体」が並立し、時代を追って変化していく。現在の一帯一路は「文明的国家」の側面を持つが、それと同時に、主権国家中国という「地政学的身体」が並列しているのである[23]。

　中国の世界観として、とくに中国の力が強くなった 2010 年代によく言われるようになった「天下 tianxia」という概念がある。これは「文明的国家」観に対応し、さまざまな共同体、国民国家、人種や民族の間の違いを超越する世界を求める規範的な理念である。たとえば、人類運命共同体やウィン・ウィンなどの調和的ナラティブは、この系統に属そう。これは、政治的な統治でいえば、民心を得て、正当な権威を持つという「王道」であろう。しかしながら、それと同時に、中国の領土区画を中心とした「地政学的身体」がある。繰り返しになるが、「百年の恥辱」や「強国」などの言説がこれを表そう。そこでは、主権（内政不干渉）、体制の維持、国家の経済発展などが主要な目標になろう。

　この二つの世界観（ナラティブ）には、適用される空間的範囲として二つのものが考えられる。一つは、いわば中国の「国内」であり、今一つは中国を超えた国際関係である（ただ、このような区分ができるかどうか問題ではある）。そうすると、「国内」に関しても、この二つのナラティブが応用され、競合する。「文明的国家」観を国内に当てはめた場合、和とか和諧が中心となり、それは「王道」であるといってよい。しかし、「国内」を考えるときには、軍事・政治的な統合（地政学的身体）が前提となる（たとえば、Ban Wang, 2017）。そうだとすれば、国内の領土的な世界の次元でも、和というよりは軍事力や強制が大きな役割を果たすことがある（「覇道」）。したがって、国内では、「天下」は、一方での規範的な価値／文化と他方での支配という強制的なメカニズムとの間を揺らいできたのである（ibid.）。

　さらに、中国を超えた空間にも二つのメカニズム（ナラティブ）が重なって現れる。一つは「文明的国家」観であり、そこでは中国を超えて文明的関係

が描かれ、調和的ナラティブが展開する。今一つは主権国家が並立するウェストファリア体制であり、中国はその主権国家のひとつである。現実の世界がウェストファリア体制であるとすると、中国は、「文明的国家」としてふるまうか（「王道」）、「地政学的身体」としてふるまうか（「覇道」）、あるいは、それらをないまぜにしてふるまうかということになる[24]。中国が文明的国家観をとった場合、自己を含めて調和的ナラティブ（様々な主体間の調和、違いの相克）を展開することになる。このこと自体は、必ずしも反発を招かないであろう。しかしながら、「地政学的身体」にもとづいて軍事・政治的な統合（利益）を同時に追求しようとすれば、文明的国家観にもとづく調和的ナラティブは、他国から疑いの目をもって見られよう。先にふれたように、それは軍事・政治的な野心をカモフラージュするものと考えられるかもしれない。「天下」概念は、世界的な平和や領土紛争などを解決することに繋がるかもしれない。しかし、「天下」で想定される善意ある階層構造は、当然他の国々がそれを受容することが前提とされる。だが、D. ベルのように親中的な論者さえ、中国が自己の主権に固執し、また他の（近隣の）国々が中国に忠誠を誓うことに気が進まない状況では、このような階層が可能かどうか疑わしいとする (D. Bell, 2017)。いずれにせよ、調和的ナラティブと対抗的ナラティブは、中国の世界観（調和的世界観、対抗的世界観）を反映して時に矛盾を含む、構造的なものである。

　ところで、このような調和的ナラティブと対抗的ナラティブの併存は、アイデンティティの両義性（統合と排除）に由来するにしても、異なる政治的世界観に由来するにしても、必ずしも中国独特のものではないであろう。むしろ、アイデンティティの両義性はよく指摘されていることである。また、国際秩序（国際システム）に関しても、A. ビオラは、相反する二つのメカニズムが常に存在すると論じている。一つは「包摂と平等」を旨とするメカニズムであり、今一つは「排除と階層（不平等）」を主とするメカニズムである (Viola, 2020)。これら二つのメカニズムはお互いを必要としており、あわせて国際秩序を作っている。国際秩序は、包摂と平等を原理として様々な国を取り込み拡大し、正当性を向上させ、安定をはかっていく。しかし、包摂性を高め

ていくと、異質の国が入ってくることになるので、排除が必要となり亢進する。さらに、多くの国が参加してくると、秩序の管理と決定に際して権力の集中化を必要とするので、平等の原理に反する要素も出てくる。他方、排除が進むと、国際秩序は拡大せず閉鎖的になり、不平等（階層性）の亢進はメンバーの不満を引き起こし、国際秩序の安定性を崩すことになる。そうすると再び、国際秩序を開放的なものにし、またメンバー間の平等性をもとめる動きが出てくる。このように、国際秩序は往復を繰り返しうるので、「包摂と平等」を原理として拡大・維持された国際秩序が、ある時点で「閉鎖されるclosure」可能性も存在するのである。このようなメカニズムは、国際秩序（システム）全体に関わるものの、個別の国（とくに大国とか覇権国）の言説（そしてそれに基づく政策）にもみられよう。中国の言う人類運命共同体は包摂と平等をかかげ、中華の夢や核心的利益は排除と階層（不平等）の要素を持つものなのである。

第3項　二つの異なるナラティブが存在することの対外政策上の機能

　では、二つの異なる種類のナラティブが存在し、それに由来して対外的に調和的な政策と対抗的な政策が混ざり合って出現するという現象は、対外的にどのような機能を持つのであろうか。これにもいくつかのものが考えられる（この点、本節第1項と重なるところがある）。

　一つには、調和的な政策と対抗的な政策の併用は、中国を一つの合理的なアクターであると考えると、「（再）保障 reassurance」と「固い決意 resolve」の二つを並行的に使うという国際政治でよくみられるケースの一つであるのかもしれない。すなわち、中国の発展が他を脅かすわけではないという再保障を常に行い（相手が、反中になったり、反中連合を形成したりするのを防ぎ）、他方では、自己の利益は断固守るという固い決意をみせることである。そして、このようなことを通して自己の戦略的なポジションを優位にしようとするのである（強面（こわおもて）の要素を持つことは、時に自己の戦略的なポジションを優位にする）。

　また、調和的ナラティブ（それに基づく行動）と対抗的ナラティブ（それに基づく行動）が併存していることは、中国自身の行動に柔軟性（政策決定の幅の広

さ）を与える可能性がある。逆に、ある一つのナラティブ（たとえば、調和的ナラティブ）だけしか持っていなければ、いわゆるレトリックの罠（言説の罠）にはまるかもしれない。他所でも述べたように、もし中国が平和的な発展だけを述べているとすれば、たとえば台湾問題に関して、台湾が強硬な手段をとった場合に、それに対して強硬な手段をとれない。また逆に対抗的ナラティブだけでやろうとすると、対抗的ナラティブの罠にはまって身動きがとれなくなるかもしれない。しかしながら、調和的ナラティブを持っていれば、そちらにスイッチすることで、その罠を脱することができよう。また、すでに述べた再保障と強硬策の並立は、それを（同時に、また時期をたがえて）混ぜ合わせたりして、自己の最適な政策を探し出すよすがとなるかもしれない。

　二つには、調和的ナラティブは、対抗的ナラティブ（政策）を正当化（justify）したり、カモフラージュしたりするという考え方である（Hagström and Nordin, 2020）。すなわち、調和的ナラティブ（和諧社会、人類運命共同体等）は、実際には対抗的ナラティブにもとづいて強制的手段をとっているにかかわらず、中国は平和的であるという強弁をする手段である。また、調和的ナラティブは、構造的に強制的な手段に転化する契機を持っていると考えるものも存在する。すなわち、調和的ナラティブは調和する（している）自己とそうでない他者とを分け、他者を自己に同調させようとするので、それ自体（否定することが難しい）「強制的な」ものとなり得る（この点、同様な議論として、Nordin and Weissmann, 2018; Bially Mattern, 2001, 2005; Viola, 2020）。さらに、すでに述べたことと関連するが、調和的ナラティブはそのような他者に対して、（物理的な）強硬な手段をとることを正当化する（調和的な社会をつくるために）。たとえば、国内において「調和しない部分」に対して、調和するように強制的な手段をとる。また、中国主導の階層的な人類運命共同体であれば、それに馴染まない「調和しない国」に対して、強制力を使用することが考えられる。さらに、このような「調和的ナラティブ」は、よしや対外的に受け入れられることはないとしても、国内の聴衆には受け入れられ、中国政府の強硬な行動を正当化する手段となることが考えられる。

第4項　インサイド・アウトとアウトサイド・イン——内政と対外政策

　以上、調和的ナラティブと対抗的ナラティブがなぜ併存するのかを考察し、併存の果たす機能を検討した。ここで注意しなければならないのは、中国の内政のダイナミズムと、中国とアメリカ（あるいは、外国）との相互作用の関係であろう。内政上の理由によって、対抗的ナラティブがとられやすいことがある。中国の内政が引き締めを必要とするときはとくにそうである。内政に駆動された対抗的ナラティブ（そして、それに基づいた行動）は、対外的な調和的ナラティブと衝突なり矛盾することになる（内政と外交のジレンマ）。それは、外から見れば、言行不一致となる。そして、対抗的ナラティブが中国の主たるナラティブと解釈され、アメリカはそれに対応する（強硬な）政策をとろう。対抗的ナラティブが中国の内政上の理由によって表出されたものであったとしてもである。

　このことに関して、他国（アメリカ）の立場には二つあると考えられる[25]。大まかに言えば、一つはインサイド・アウトのアプローチというべきものであり、中国の対外行動を中国の内部の政治的なダイナミクスからの出力として見ていくものである。たとえば、中国が対抗的ナラティブを展開し攻撃的な行動をとるとき、それをもたらしたのは国内の政治的なダイナミックスのなかで強硬派が強くなり、それに反対する柔軟派を凌ぐようになったことによるものと考える。あるいは、政権の内政的な正当性を高めるために強硬な政策をとったものと考える。そうすると、アメリカの政策としては、（アメリカの国益を損なわない限りで）強硬派が強くならず、また柔軟派の力が大きくなりやすい政策を考える、あるいは、強硬政策を額面通りには受け取らない、というようなアプローチをとるということになる。以上の考え方は、中国の動態は基本的には中国の内部で決まってくるとの仮定に基づく。

　今一つはアウトサイド・インのアプローチであり、（中国の内政はあまり考えず）中国の対外行動（政策）そのものをアメリカの国益から考え、それに対応する政策を展開し、中国にインプットしていくというものである。そして、中国の動態はわからないことがあるので、またそれをコントロールすることができないので、中国の対外政策に対処する際には主としてアメリカの国益か

ら判断して政策を決め、また不都合なことが起きた場合に必要かつ十分な力を備えておく（ヘッジをしておく）政策をとる。このアウトサイド・インのアプローチから言うと、内政的なダイナミックスから対抗的ナラティブ（そしてそれに伴う行動）が出力されたとしても、アメリカはそれを（中国の内政面をそれほど考えず）アメリカ自身の国益から判断して対抗的な措置をとることになる。中国が対抗的ナラティブとそれに伴う行動をとっているという認識が広く受け入れられてしまうと、中国が調和的ナラティブを提示しても（あるいは、中国の中に調和的ナラティブを持つものが存在しても）なかなか受け入れられない。その場合、中国の調和的ナラティブは強硬な政策のカモフラージュとか正当化として見られることもある。

　このように中国の内政的なメカニズムは、アメリカのとるアプローチにより、異なる位置づけを与えられる。アメリカがインサイド・アウトのアプローチをとると、中国がとった対抗的ナラティブも内政が主たる理由であり、中国政府の本心ではないとして、それなりに柔軟な政策がとられることがあろう。この場合には、内政と外交の矛盾は低く抑えられる可能性がある。しかし逆に、アメリカがアウトサイド・インのアプローチをとると、（内政は無視され）対外行動の対称的な相互作用（強硬政策に対しては強硬政策をとる）を引き起こそう。中国の内部の政治的な理由による強硬化が対外的な調和的ナラティブと鋭く矛盾する可能性が存在するのである。

　もちろん、インサイド・アウト・アプローチとアウトサイド・イン・アプローチは理念型であり、実際には両者の中間や混交がよく見られるパターンであろう。また、これら二つのアプローチは、アメリカの中国に対する政策だけではなく、中国のアメリカに対する政策を見るときにも適用できるだろう。

注

1　同様の趣旨の論文として Lee (2016)。本章では基本的には、習近平政権が成立してからは、公共外交から話語権（戦略的ナラティブ）にシフトしたという仮説をとる。すなわち、習近平は、中国の夢、富強、中国の発展モデルなどの話語

（ナラティブ）を正面に立て、相手にそれを認めさせることを基本とした。それは、基本的には西側の民主主義や人権を否定する言説であり、西側を魅了するソフト・パワーを求める政策（公共外交）はとらなくなる（メインではなくなる）。そうすると、中国のナラティブは、他の権威主義的な国や開発途上国に受け入れられるものとなっていく（op. cit., p. 116）。もちろん、中国の常として、公共外交やソフト・パワーという概念（それに基づいた政策）は放棄されず、話語権と並存することになる。また、このような変化（ソフト・パワー／公共外交から戦略的ナラティブへの変化）は、中国における公共外交そのものの変化としてとらえられることもある（青山、2014; 張、2019）。

2 以後、中国における国際的な話語権の増大の目的は、西側の話語覇権（言説の支配）を打ち破ろうとするものであり、それは現在でも続いているようである（van de Ven, 2020）。

3 中国の夢（中国梦）を英語で China dream（中国の夢）にするか、Chinese dream（中華民族の夢）にするかについての論争に関しては、Callahan (2015)。いまでは、「中華民族の偉大な復興という中国の夢」という言い方をしている（たとえば、中国共産党第 19 期中央委員会第 6 回全体会議のコミュニケ）。

4 この時期の中国の国際政治についての理論と考え方に関しては、Callahan (2008, 2013)、Grachikov (2019) も参照。また、中国の研究者の国際政治理論において、西側の国際政治理論とは別個の中国独自の国際政治理論の存在（構築）を唱えるものと、西側の国際政治理論を否定せず中国の経験はそれを豊かにするものであると論ずる者がいた（たとえば、閻学通は後者である、Yan, 2011, Appendix 3）。

5 韜光養晦から「奮発有為」への変化を中国の対外政策の大きな転換（180 度の転換）ではなく、並行的な変化（韜光養晦と「奮発有為」が同時に使われる）ととらえたものとして、秦亜青（Qin, 2014）がある。彼は、「変化を通しての継続」として継続性を強調して、「核心的利益」（国家／体制の安全、主権、経済発展）に関しては「奮発有為」（武力行使を含む）、それ以外に関しては韜光養晦をとると言っている。ただ、核心的利益とその他の区分は曖昧であり、また核心的利益そのものも伸縮自在なところがある。また、より一般的なことを言えば、中国が政策を変えようとするとき、今まで取ってきた政策と新しい政策の両方を示すパラレリズム（parallelism）が見られる。たとえば、習近平の 2022 年 10 月 16 日の第 20 回中国共産党全国大会での報告には、市場の重視と経済における国家の役割の重視や「改革開放」と「双循環」の並列がみられる（cf. Rudd, 2022）。このようなパラレリズムは、当該の政策についていまだコンセンサスに至っていないことの反映であることが多いようである。そして、新しい政策へのコンセンサスが形成されれば、両論併記ではなく、新しい政策概念に統一される。

6 ニューヨーク・タイムズからリークした (Buckley, 2013)。2013 年 4 月 22 日、地方党機関、政府に配布された秘密文書・中国共産党中央弁公庁 9 号文件、「現在のイデオロギー領域の状況に関する通報」。9 号文件の「全文」は、香港誌『明鏡月刊』43 号に掲載された (『明鏡月刊』獨家全文刊發中共 9 號文件 09/08/2013 at https://chinadigitaltimes.net/chinese/345627.html (2022 年 9 月 20 日にアクセス)。

7 さらに言えば、国際的話語権の向上というとき、中国の行動や外交実践を西側の概念や理論で語らせることなく、自己の (中国人の) 言葉で語るようにすべきであり、それによって西側の話語覇権を崩すことができる、という議論も存在するという (van de Ven, 2020)。本書は、中国の行動や外交実践を (西側の) 国際政治学の概念や理論で説明しようとするものであり、このような立場とは対照的である。

8 さらに言えば、すでに述べたように曾敬涵 (Zeng, 2020) の言うスローガンは、話語権と重なるところがある (Zeng, 2020, p. 3)。また、曾はスローガンを論ずる場合、「戦略的ナラティブ」という言葉を使っている (op. cit., p. 11)。

9 以上の話語の諸機能は、ワイス的に言えば、全体的にみて内外ともに中国の権威主義体制を安全にし、その安全空間を広げようとする「権威主義体制にとって安全な世界 a world safe for autocracy」の構築である (Weiss, 2019)。

10 G. J. アイケンベリーは、2014 年の段階で、中国 (そしてロシア) は、現国際秩序 (リベラル国際秩序) に替わる代替的な国際秩序に関するグランド・ヴィジョン (grand visions of an alternative order) は持っていないと論じている (Ikenberry, 2014)。

11 ただ、バイデン政権は 2021 年 2 月国連人権理事会にまずはオブザーバーとして参加し、2021 年 10 月の国連総会の選挙によって、アメリカは 2022 年から理事国となることが決まった。

12 6 月 22 日の段階で、69 カ国。さらに、中国は、90 カ国からの支持を得たとし (Feng, 2021)、最終的には 100 カ国近くの支持を得たと豪語している (*Global Times*, 2021b)。

13 「和平崛起 peaceful rise」は、他国の力の低下を示唆し、刺激的であるということで、また中国が潜在的な脅威と見られかねないということで、「平和的発展 peaceful development」になったという (Glaser and Medeiros, 2007; Cai, 2021, p. 13)。また、このことをより一般的に考えれば、言説やナラティブが政策決定者の政策遂行の手段に使われる場合、そこで使われる象徴は十分な柔軟性 (したがって、曖昧性) を持っていなければならない、ということであろう。なぜなら、言説やナラティブを代表する象徴は、他国や自国国内からの反応に対応し、広い合意を作り出さなければならないからである。同様の例として「大国関係の新しいモデル」を挙げることができよう。「大国関係の新しいモデル」は、もともとは米中関係を

考えていたが、ロシアとかヨーロッパはどう考えるのか、彼らは大国ではないのか、という国内の反応を得て、広くロシアとかヨーロッパを含むものとなったという (以上の点、Zeng, 2020)。

14　もちろん、一帯一路は、習近平（中国中央政府）が、当初（2013年）からそのアイディアを体系的に、具体的な政策まで含めて戦略的に展開するという「演繹的」なものではないかもしれない。そこでの実態は、既存のプログラムの寄せ集めであったり、中国内部の地域、政府内の部局、さらに外国政府などが持ち出す多様な、時に対抗する利益をバラバラに取り込んで表出していたりする観を示す。そして、中央政府はそれらに対応する過程で、ナラティブの内容を変化させていく。すなわち、具体的なプロセスをみると必ずしも「演繹的」なものではない（演繹の誤謬——演繹的にみると事実に合わない）。しかし、逆に個別の事象を積み上げて「帰納的に」みていこうとすると、大きなアイディアにたどり着くのは難しい。だが、大きなアイディアは存在し、それが全体のプロセスを統御していることもまた事実である（帰納の誤謬——帰納的にみると大きなアイディアは見つからない）。演繹の誤謬と帰納の誤謬の両方を避けることが、戦略的ナラティブを理解するために必要であると考えられる（この点の議論については、例えば、山本吉宣、2015a; Zeng, 2019a, 2020）。ただ、一帯一路でいわれているさまざまなアイディアや具体的に行われているプロジェクトを、ケース・スタディを含めて検討した末にいきつく結論は、中国（習近平）が追求しているのは習を「皇帝」（漢の武帝）とする朝貢システムという帝国の再興であるとする研究（仮説の導出）もある（Freymann, 2020, chapter 3）。ただ、このような仮説は日本では珍しくない（例えば、山本秀也、2017）。

　もちろん、実際の為政者の行動をみるときには、あるナラティブを現実の世界で実現しようとして、様々なアクターの反応を考え、それに対応し、適応し、また時に即興をもって対応していく、というプラグマティックな行動経路の軌跡を追うという分析方法も考えられよう（Zeng, 2019a; cf. Katzenstein and Sybert, eds., 2016）。これに関連して、グローバル・ガバナンスや「グローバルな政策形成」を、対立する価値や実践（プラクティス）を即興的に紡ぐ「パッチワーク」や「ブリコラージュ」の過程と捉える研究もある (Pouliot and Thérien, 2023)。

15　たとえば、2020年12月に合意した中国—EUの投資協定が難航したのは、中国が相互主義を否定していたことによるところが大きかったという。ただしこの合意は、EU議会によって批准が停止されている。

16　2016年3月15日に国連安保理が採択したUNAMA (United Nations Assistance Mission on Afghanistan 国連アフガニスタン支援ミッション) を1年間延長する

決議（国連安保理決議 2274）には、地域協力の一環として一帯一路（"Silk Road Economic Belt and 21st Century Maritime Silk Road"）が書き込まれている（第 22 項）。そして、その安保理決議を受けて、同年 11 月、国連総会はアフガニスタンの包括的協力を骨子としたコンセンサス決議を採択する（「アフガニスタンの状況 the situation in Afghanistan」A/Res/71/9）。そこでは、地域協力の一環として一帯一路が述べられている（para. 53）。翌 2017 年 3 月 17 日、安保理は UNAMA を延長する決議を再度採択する（国連安保理決議 2344）。その決議には、前文に人類運命共同体というフレーズが、本文（para. 34）に一帯一路のフレーズが、それぞれ挿入される。これらのケースでは、人類運命共同体にせよ一帯一路にせよ、UNAMA に関連する地域協力の一つとして取り上げられている。これは範囲が極めて限定された言及でありながら、中国は、たとえば 2016 年 11 月の国連総会のコンセンサス決議に関して、「国連において、193 の加盟国がすべて一帯一路を支持した」と喧伝するのである（Office of the Leading Group for Promoting the Belt and Road Initiative, 2019）。

17　孫吉勝も 2019 年の論文で、中国の話語権を向上させるためには、新しい国際制度を作ったり、既存の国際制度の中で影響力を強めたりするべきあるとして、二軌道戦略に近いことを言っている。ただ、彼女は、中国の話語権を高めるために多面的な政策展開をすべきであると論じており、中国の国際的話語権についての包括的な議論をしている。孫吉勝の論文は、孙吉胜「中国国际话语权的塑造与提升路径——以党的十八大以来的中国外交实践为例」『世界経済与政治』2019 年第 3 期, pp. 19-43.

　　ただ、アメリカの研究者の中には、中国の国際制度戦略としていくつかの選択肢が存在するという議論があり、そのなかで、既存の普遍的な国際制度のなかで競争したり対抗したりする、あるいは既存の国際制度の外に自国の意に沿った国際制度を形成するなどいくつかの選択肢が指摘されていた。しかし、それらの研究では、複数の選択肢が有機的に結びつけられて展開するということは必ずしも明確に指摘されてはいなかった（Larson and Shevchenko, 2010; Ikenberry and Lim, 2017）。

18　ただ、「ホーム・ベースの外交」は、2014 年、王毅外相が言い出したといわれる（van de Ven, 2020）。

19　He の言う「多国間主義の第一バージョン」は、1990 年代から 2000 年代にかけての ASEAN 中心の多国間主義であり、それは小国をベースとして大国を巻き込んでいくというものであった。しかし、2008 年のリーマン・ショック以後地政学的な状況が変化し、アメリカ、中国、日本などの大国が積極的な役割を果たす「多国間主義の第二バージョン」が出現したという（K. He, ed., 2020, chapter 1）。

20　加茂は、習近平政権の対外政策の特徴として、運命共同体意識を作り上げる「包摂」と自国の利益を他国に「強制」するという二つの相反する概念が内包されているとしている（加茂編、2017、pp. 2-4）。加茂の言う「包摂」は調和的ナラティブに、「強制」は対抗的ナラティブに対応しよう。

21　また、2009 年、王緝思（現在、北京大学国際関係学院教授・北京大学国際戦略研究院院長）は、「中国の台頭は他国にとっての脅威であるし、国家統一を阻む台湾独立などの動きには断固とした態度をとることになるのであって、完全な平和台頭はありえない」と述べているという（天児、2010, p. 45 からの再引用）。

22　「レトリックの罠」は、通常は、人権とか平和という国際的な規範をあまりに強調しすぎると、自分の利益に反して、その規範を守らざるを得ないという罠に陥る可能性があることを指す。人権とか平和というリベラルな価値への「レトリックの罠」は、リベラルな価値とそうではない価値の対抗があった場合、進歩的な方向へ向かわせる progressive なものであると解釈できる（Bettiza and Lewis, 2020）。ただ、逆のケースで、たとえば、つねに国益を守るために強い政策をとるというレトリックをとっていると、国益（特に核心的国益）にあまり関係のないことでも強い政策をとる羽目になる、という罠も考えられよう。このようにみると、レトリックの罠は、すでに述べた言説の罠（Michaels, 2013）の一つの形態であると考えられる。

23　葛兆光の「大きな中国」（天下）と「小さな中国」（領域国家）という考えもこれに対応しよう（葛、2022）。

24　「王道」と「覇道」は、通常は、中国の「国内」について語られることが多いが、国際場裏におけるリーダーシップの型としても語られる（Yan, 2011, 2019）。このように、国内と国際の区分が漠然となることがある。王（道）は、英語では通常は true kingship とか sage king であるが、閻学通（Yan, 2011）の著作の英訳においては、そうではなく humane authority と訳されている。それは、訳者によれば、閻学通が、道徳的に優れた賢者によって指導された王朝システムの（国際場裏での）再興を唱えているわけではないからである。ただ、カニンガム＝クロスとキャラハンは、閻学通のいう王道はまさに true kingship であるとして、humane authority という訳語は使わないとしている（Cunningham-Cross and Callahan, 2011, pp. 354-355）。

25　これは、かつて K. キャンベル（Kurt Campbell──バイデン政権のインド太平洋調整官）が指摘したとされるアメリカの対中政策に関するインサイド・アウトとアウトサイド・インという二つのアプローチの翻案である（Nye, 2018a）。このインサイド・アウトとアウトサイド・インという言い方は、ケネス・ウォルツ的な分析レベル（国際政治のイメージ）の理論に由来する。すなわち、国家の政策は国内の政治の投射である場合（インサイド・アウト）、あるいは逆に国際環境（あ

るいは他国)からの影響への反応である場合(アウトサイド・イン)の二つを考えるということである(山本吉宣、1989)。

第 7 章　中国の逆投射、アメリカの反応、相互反応のエスカレーション

　本章では、2010年代半ばから末にかけての米中の相互作用に関しての考察を行う。この時期は、中国は習近平、アメリカはトランプ政権の時期であった。中国が自己の言説の対外投射に積極的になった結果、アメリカの言説の一方的な投射や双方向的な投射という従来の状況に、中国の言説の、とくに開発途上国に対する一方的な投射という現象が加わる。すなわち、中国は経済発展の成功や経済援助等を通して、開発途上国の政府や人々を引き付ける力（ソフト・パワー）を増大させて、中国による社会化という現象を起こす（第1節）。この時期に経済力、軍事力を増大させた中国に対して、アメリカは、第三の次元すなわちイディエーショナルな次元の競争も重視するようになり、その次元でも多様な対抗手段を講ずる。たとえば、中国の言説に対抗したり、アメリカ国内に浸透する中国の影響力を排除したり、さらには中国の体制を批判しレジーム・チェンジに近い議論をも展開したりした（第2節）。このようなアメリカの対抗手段に対して、中国も再対抗の手段を講ずる。この「中国の伸長→アメリカの対抗→中国の再対抗」というプロセスは米中対抗のエスカレーション現象を示し、安全保障のジレンマに擬せられることになる。このような状況に呼応して、このエスカレーションのプロセスを明らかにし、エスカレーションを防ぐ方策を検討する研究が現れる。そのような研究の一つは、米中両国で相手を修正主義とみるナラティブがいかに形成され変化していったかを実証的に明らかにしようとするものである。たとえば、アメリカでは中国が現行秩序を変えようとする修正主義であるというナラティブが登場し、中国ではアメリカを覇権主義とみなして他の国々にアメリカの覇権

に対する協調を呼びかけるようなナラティブが見られる(第3節)。このようなナラティブは、米中間の作用―反作用のミクロの過程のなかで(原因としてまた結果として)重要な役割を果たす。その一方で、きわめて長期的に自己の進路を示すナラティブも存在する(マクロのナラティブ)。短中期的にみられる作用―反作用(そしてそこに現れるナラティブ)は、この長期のナラティブに沿っての(微)調整であるかもしれない。このような観点から、中国が2008年以来持つに至ったとされる「競争的共存」のナラティブやドシが指摘する「アメリカ排除 displacement」のナラティブ、さらにアメリカの「リベラル国際秩序(とその再興)」のナラティブが検討される。このような中国、アメリカのそれぞれの長期的な展望についてのナラティブは極めて対立的である(第4節)。

第1節　中国の言説の逆投射と中国による社会化

一方向の社会化を目指したアメリカの関与政策は、いまや蹉跌したと認識されることが多い(その認識が、現在のアメリカの対中強硬策のベースとなっている)。それとは対照的に、すでに述べたように、いまや中国はそのナラティブを対外的に投射し、中国の意向に沿うように国際(地域)秩序を変えようとしている。それは、中国が他国(まずは開発途上国)を社会化しようとすることにあらわれる(Callahan, 2016b, 2016c)。アメリカの一方的な社会化に対する中国からの逆社会化と言えるものであり[1]、そのロジックは西側の新機能主義の理論に近い。新機能主義とは、協力を経済などの容易な分野から行い、徐々に政治協力、安全保障協力を進めていくという考え方である(新機能主義についての最近の考察として、たとえば、Niemann, Lefkofridi, and Schmitter, 2019)。この点、中国の学者も認識しているようである。このことを、ロラン(Rolland, 2020, pp. 41-42)は次のように述べている。一帯一路は、人類運命共同体の鍵である。中国が経済援助やその他の方法でネットワークを作っていき、ネットワークの結びつきが深まると、それは究極的には地域の国々を中国の軌道に引き付けることになろう(op. cit., p. 41)。より詳しく言えば次のようになる。

「諸国は、最初は中国との関係から得られる経済的な利益を認識し、中国との結びつきを持つようになろう。そして時を経て、それらの国々は政治的、安全保障上の協力に範囲を広げ深めることに違和感をもたなくなるであろう。相互作用の増大は、萌芽的な共同体のメンバーの見方を形成することを促進しようし、メンバー間での一体性の感情を醸成して行こう。徐と郭によれば、一定の時間がたつと、人々は運命共同体の一部であることがプラグマティックな理由から必要だと感じるようになるだけではなく、『当然で正しいことだ』とみるようになるであろう。密になった相互作用は、信頼を醸成し友好を高めよう。そして最終的には、共同体のメンバーは、中国が地域的そしてグローバルなリーダーの役割を果たすことに馴化されていくであろう」(Rolland, 2020, p. 42、ロランは、中国社会科学院の徐进と郭楚の論文[2]に基づいて議論を進めている)。

　この記述は、中国の一帯一路や運命共同体の言説のなかに、その道筋についての因果関係の命題(仮説)が含まれていることを示す。言説(話語)体系は、一般に説得的でなくてはならず、そのために因果関係を示し、整合性を持ったものでなくてはならないとされる。そして中国の言説体系は、他の人々になぜ中国は正しい道を歩いているのか、またなぜよりよく発展しているのかを理解させるものでなくてはならないとされる(Rolland, 2020, p. 13)。以上の議論は、まさにこれをあらわしていよう。一帯一路には、多様な機能を通して中国の(習近平の)人類運命共同体、中国の夢、中国的社会主義モデルなどを参加国に理解させ、さらには社会化していくという目的があろう(たとえば、Zhou and Esteban, 2018)。この点を強調したのが上記のキャラハンの議論であろう。

　しかし、そのような秩序次元の話と同時に、現行のリベラル秩序における規範や実践に対抗する規範や実践を中国がいかにして伝播させていくか、という問題もある。このことに関して、L. ベンアブダラは、中国がグローバル・サウス(開発途上国)を社会化する際の中心的なメカニズムは、専門家の訓練プログラムにおけるプロフェッショナリゼーションであるという。これらの

プログラムにおいては、中国の専門的な知識や技術的なノウハウが多くの開発途上国のエリートや行政官と共有されたり、あるいは模倣されたりするのである (Benabdallah, 2019)[3]。また、T. ラーキンは、中国が訪問、交流、学術的会議、外交サミットなど様々な方法で、アフリカの人々を中国流の権威主義的な人権言説に社会化しようとし、学者の中にはそれを内面化している人々も存在するとしている (Larkin, 2022)。また、E. エコノミーは、中国がアフリカ諸国において、訓練や教育などを通して、中国のやり方と価値を広げていると述べている。その中には、第二次世界大戦での日本の虐殺という中国のナラティブを表すフィルムなどがケニアにおいて現地語で流されているという例もある (Economy, 2021)。

このように中国は、自己の言説を国連などのグローバルなレベル、地域のレベル、国家のレベル、さらにはサブ・ナショナルなレベルなど様々なレベルで展開し、社会化を図っている (Larkin, 2022)。

このような言説の投射力を支えるものは、中国の経済力であり、また中国の「成功しつつある」開発スタイルであろう。C. ウォーカーは、中国モデルの魅力と引き付け力の向上を見て、それを「ソフト・パワーが [中国に] ハイジャックされている」と述べる (C. Walker, 2016, pp. 50-51)。V. キーティングたちは、さらに進んで、もともとのソフト・パワーという概念にはリベラルなバイアス (偏り) があったが、権威主義的な体制や国家主導の経済モデルという非リベラルな体制も引き付け力を持つという意味で、「保守的なソフト・パワー conservative soft power」という概念を使うに至る (Keating and Kaczmarska, 2017)。キーティングたちの議論は主としてロシアについてであるが、中国にも適用できるであろう。たとえば、アルビン・カンバは、「中国にとってのソフトパワーとは自分たちに同化するよう外国の人々を取り込む能力である」と言っている (カンバ、2022)。カンバの挙げている例は、フィリピンのマルコス一族の勢力が強い (フェルディナンド・マルコスは、次期大統領の有力候補であったし、実際大統領となる)、北イロコス州への大規模な投資や援助、同州ラワグの中国領事館を中心とする様々なイベントの開催である。ここに見られる中国のソフトパワーには、民主主義、人権、市場経済というリベラルな

要素はない。また、マリア・レプニコヴァ（Repnikova, 2022）は、アメリカのソフト・パワーが価値とかイデオロギーに基づくのに対して、中国のソフト・パワーは経済的な実利を通して中国への魅力を増大させる「プラグマティックなソフト・パワー」と定義づけている。そして、アメリカのイデオロギー的ソフト・パワーと中国のプラグマティックなソフト・パワーとは相手国（たとえば、アフリカ諸国）からみて必ずしも競争的なものではなく、両方が受け入れられることで「ソフト・パワーの均衡（バランス）」が成立する可能性を指摘する（果たして可能かどうかははなはだ疑問であるが）。

　他方で、このような中国のナラティブとその証となる実態（経済成長、経済援助等）は、相手国（開発途上国）が中国のナラティブを受け入れる契機となると同時に、中国の投射に抵抗する契機をも与える。後者については、中国の経済援助のやり方、高い金利、中国の労働者・企業の大量流入、競争条件の不透明性／不平等性に対する批判が存在する。さらに債務の返済が滞った場合の債権の取り立て方式（「債務外交」）に対する批判と不満等が存在する（ただし、これらの点についての異なる評価については、Freymann, 2020）。それと同時に、国によって異なろうが、人権に関する中国的なナラティブに対する反感も存在する。また、アメリカ（そして、西欧）のように、このような中国の（ナラティブの）拡大に対して懸念をもっている国も存在する（例えば、EUは、中国を異なる統治モデルであるとして、「システミックなライバル systemic rival」と位置づける（EU Commission, 2019））[4]。

　中国は、単に国家間関係だけではなく、相手国の国内に浸透して反中的なナラティブに対抗し、それを変えようとする。例えば、オーストラリアにおいて議員に影響を与えて南シナ海についての中国の立場を擁護させたり、アメリカにおいて TikTok における反中的なアカウントを削除したりする（O'Brien, 2020）。あるいは、他国における反中的な出版を阻止しようとする。このような中国の活動は、シャープ・パワーと呼ばれる。シャープ・パワーとは、情報を操作することによって相手国の聴衆の認識に影響を与え、（民主主義）体制を危うくし、自国に有利なコンセンサスを作り出す能力である（C. Walker and Ludwig, 2017; C. Walker, 2018）。これは、「戦略的ナラティブ」で取り扱

う事象の一つであり（本書第4章参照）、またそのような手法はハード・パワーの一種であるとされる（相手の意志に反して、自国の意を通すという意味で）(Nye, 2018b)。また、中国の脱国家的な活動で今一つ注目すべきは、「脱国家的抑圧 transnational repression」と呼ばれるものであり、それは中国の国外へ出た他国にある中国人反政府活動家に嫌がらせをしたり、監視したりすることである (Neumeister and Tucker, 2023)。このような活動は、相手国の主権だけではなく民主主義体制を毀損することとなろう。

第2節　アメリカの反応——多様な対中対抗策

では、アメリカはこのような中国のナラティブの投射にどのように対応してきたのであろうか。アメリカの基本政策は、2010年代の半ば（あるいは、トランプ政権成立）までは、関与政策であった。中国のイデオロギーやイディエーショナルな面を対抗の重要次元として位置づけるようになったのは、2010年代の後半さらには末になってからであったろうか。A. フリードバーグ (Friedberg, 2017, 2018) は、米中関係では経済的・軍事的競争が顕著でありながらイデオロギーと価値の問題も同様に重要であり、経済的競争の基底にはイデオロギーの違いがあるので、アメリカはイデオロギーを含んだ包括的な対中政策を展開しなければならないと論じた。また、中国の展開する言説を注視すべきであると明確に述べた一人が、A. エリクソンであった (Erickson, 2019)。エリクソンは、中国の「大国関係の新しいモデル」と「トゥキディデスの罠」[5] に関して、前者は中国の定義する核心的利益をアメリカに認めさせようとし、後者はアメリカに（中国と比べて）多くの抑制を求めるので、アメリカはそのような言説にのることなく、自己の利益を正面に据えて対中関係を構築すべきであり[6]（彼の言う「競争的共存」）、また自前の言説を構築すべきであると述べる。

以下ではイディエーショナルな次元に焦点を当てるが、アメリカの対中政策には軍事面での対抗はもちろん欠かせない。たとえば、単独主義的な政策をとったといわれるトランプ政権も2017年以来インド太平洋戦略を掲

げ、同盟国とパートナー国を糾合して中国に対抗しようとしているし（「外生的バランシング」）、またアメリカ自身の国防予算を増大させ、さらに政権の末期にインド太平洋軍によって提起された太平洋抑止イニシアティブ（Pacific Deterrence Initiateive, PDI）（Rimland and Buchan, 2020）を予算化し、それはバイデン政権になっても続いている（「内生的バランシング」）（Office of the Under Secretary of Defense, 2022）。また、経済面でも、オバマ政権下で推進されたTPPは対中対抗策であった面が強く、トランプ政権になってアメリカはTPPから離脱したが、中国に対して高い制裁関税をかけ、またハイテクの分野で中国を排除しようとした。イディエーショナルな次元での対抗は、このような軍事面、安全保障面さらには経済面での対抗と並行して行われているといってよい。

トランプ政権下で、アメリカがいかに中国のナラティブ（またそれに関連する活動）に対抗したかを、図式的に考えると次のようになろう（この辺、Mahnken, Babbage, and Yoshihara, 2018. また理論的な考察としては、本書第8章第7節、第9章第9節第4項を見よ）。

1．排除

一つは、アメリカ国内における中国のイディエーショナルな活動の排除がある。たとえば、いままで同国内で活動してきた孔子学院などの規制・排除、中国系のマスコミに対する制限などがある。

2．封じ込め／反撃

次に、他の国々と連携して、中国のナラティブ（影響力）の浸透を防ごうとする「封じ込め」がある。例えば、中国国内の人権問題に対して国際機関等で他国と協力して対抗するとか、人類運命共同体や一帯一路などの象徴を中国が国連などの国際機関の文書に組み入れようとすることに対抗するなどである。このような封じ込めと対抗（反撃）を規範・価値の次元と情報・ナラティブの次元に分けて考えよう。

ⅰ) 規範、価値

まず、アメリカは自己の価値・規範を正面から掲げ、他国との協力・連帯を図ろうとする。日本、オーストラリア、インド等と進めるインド太平洋戦略 (日本では、構想) は、「自由、開かれた、ルール・ベース」を掲げ、中国のナラティブに対抗しようとする。この「自由、開かれた、ルール・ベース」は、まさにリベラルな国際秩序の基本的な価値・規範であり、組織象徴として広く吸引力を持つものであった (のち、EU も引き付けるようになる――後述)。インド太平洋戦略で言われる「自由」は、アメリカ側から言うと、国内の政治的自由 (民主主義、自由な社会) を含む (Department of Defense, 2019; White House, 2022b)。さらに、中国の一帯一路の周辺の開発途上国に対して、日本やオーストラリアと協力して経済援助を強め、対抗しようとしている。これは、経済的な競争であるとともに、ナラティブ間の競争であり、政治・イデオロギー的な対応である。

ⅱ) 情報戦、ナラティブ

また、第 1 章の冒頭でも述べたように、「インド太平洋のためのアメリカの戦略的枠組み」(National Security Council, 2021) においては、軍事と経済次元とともに、言説やイデオロギーに関して積極的に対抗することを示している (言説や情報戦について言及している)。すなわち、アメリカ自身、中国の地域的な支配は必然的であるというナラティブ[7]を打ち破り、中国の情報戦に対抗できる強固な公共外交を促進し国際協力を強化する必要性にふれている (op. cit., p. 4)。すなわち、目的として「アメリカの価値を地域全般に広めて影響力を維持しつつ、中国の統治の諸モデルに対抗すること」を掲げ、そのための行動として「官民ともにメッセージを発出し、すべての国々に民主主義と自由の利益――経済的・技術的・社会的利益を含む――を示すようなイニシアティブをとる」ことを挙げている (p. 7)。また、情報に関してはさらに、目的として、「中国のグローバルにみられる強圧的な行動や [他国に影響を与えようとする] 影響力オペレーション influence operations (誘導工作、影響作戦) に関して、諸国の政府、ビジネス、大学、中国の海外留学生、ニュース・メ

ディア、および一般市民を教育すること」も掲げ、そのための行動として「中国の活動やそれが各国の国益、自由、主権に及ぼす問題に関して、情報を公に供するメカニズムを作ること」を指摘する (pp. 7-8)。さらに、中国の秘密・不法な活動などに関する同盟国やパートナーとの協力を図ることや「中国人の間の検閲されないコミュニケーションを促進する能力に投資すること」(p. 8)などが述べられている。これは、中国(他国)からの情報・ナラティブ次元での攻撃に対していかに対処するかということであり、理論的には第9章第9節第4項で考察される。

3. 中国の体制批判と変化の試み

中国の攻勢に対して対抗したり封じ込めたりしようとするだけではなく、中国の権威主義的な政治体制を(強引に)変えようとする試みもある。米中間の競争を超えて、相手を認めず、相手(中国の言説とそれに基づいた体制)をつぶそうとする可能性も考えられている。例えば、2020年7月のポンペイオ国務長官(当時)の一連のステートメントにみられる (Pompeo, 2020a, 2020b)。彼は、アメリカの対中経済制裁を中国の強化阻止に結びつけ、また中国共産党の在り方を否定して(「共産主義は破綻した」)中国共産党と中国人民を分け、さらに習近平に対しては国家主席という言葉を使わず共産党総書記 secretary general を使う。民主的な手続きを経ないで President(国家主席、大統領)という言葉をつかうことは、僭称だからである。このようなポンペイオ国務長官の見方は、いわゆる中国の「レジーム・チェンジ(体制転換)」を目指すものと解釈された (Medeiros and Tellis, 2021)。彼はまた、南シナ海に対する中国の領有権の主張を全面的に否定する。さらに、新大統領就任の前日(2021年1月19日)には中国の新疆ウイグル族の扱いをジェノサイドと呼んだ(当時、国務長官に指名され、議会での指名聴聞会にあったブリンケン (Antony Blinken) は、この点ポンペイオ発言に同意したという)(『朝日新聞』2021年1月21日)[8]。中国の核心的利益が体制の維持、経済発展、領土保全(領土主権)であるとすれば(中国の言う核心的利益(の内容と変遷)については、例えば、Boon, 2017)、ポンペイオ国務長官の発言は、この全部を否定したものである。もちろん、このような考えに対

してはアメリカの中でも強い反発が存在したが (Campbell and Sullivan, 2019; Fravel et al., 2019)。

4. 経済競争における体制の違いの強調（間接的イデオロギー戦争）

ナラティブ（言説）には、規範とかイデオロギー（国内、国際社会がいかに組織されるべきものであるか）が含まれる。そして、それは国内の政治・経済体制に反映される。いうまでもなく、アメリカと中国では、イデオロギー次元で明確な違いがある。アメリカは民主主義と自由経済が核であり、中国は共産党独裁であり、国家が深く経済に介入する国家資本主義である。このような違いは、単に国家の特性であるだけではなく、国家間の関係に大きな影響を及ぼす。

経済を巡っては、米中の経済的な相互依存は極めて高いが、体制の違いは、米中の貿易、投資等に大きな影響を及ぼす。アメリカ側から言えば、中国の国家資本主義は政府の補助が貿易関係をゆがめ、公正な貿易を損ない、アメリカに不利であるので、その是正を強く求める。また、対中投資にしても中国国内の規制は強い。これらの問題を中国側からみれば、中国の主権や体制の根幹に触れることが多い。それとともに、米中の経済競争はハイテク分野に及び、知的財産権の「窃盗」などの問題も起きる。さらに、ハイテクは軍事にも及び、米中の安全保障関係に大きな影響を及ぼす。中国は、「国家情報法」をつくり、民間の技術を国家に集中することができるようにしている。ここに、イデオロギー（体制）、経済、安全保障にわたる米中間の包括的な競争・対抗という現象が現れる。

以上の1〜4は、中国のナラティブの投射にアメリカがいかに対応するかを考察したものである。中国のナラティブの投射を逆社会化と呼ぶとすれば、それに対するアメリカの対応はカウンター逆社会化と呼ぶこともできよう。図2 (p. 48) に示したように、アメリカによるナラティブの投射には、中国に対する投射 (a)（攻撃）と中国からの投射に対する抵抗 (b')（防御）という二つの方向性がある。防御で言えば、アメリカは中国のナラティブの投射に対

して国内的な防御政策をとり（1）、また、国際的な次元でも防御政策（封じ込め政策）をとる（2）。そして、それと同時に、中国の国内政治体制を批判して攻勢（アメリカの言説の投射）を行い（3）、また、中国の経済体制の変化を求めるという攻勢をかけることとなる（4）。アメリカの対応は、防御と攻勢が国内レベルと国際レベルで混ざり合った形で展開しているということであろう。

第3節　相互作用のサイクル——エスカレーション

第1項　反撃—再反撃のサイクルとエスカレーション

　以上、中国の逆投射に対して、アメリカが如何に対応しているかを検討した。ただ、話はこれで終わらない。上記のようなアメリカの対応に対して、中国はそれに対抗する行動をとる（アメリカの反撃に対する中国の再反撃）。いわば、アメリカと中国の相互作用の連鎖である。例えば、アメリカは、香港の国家安全法およびそれに基づく民主派の大量逮捕・拘束に対して、中国の要路の政治家に制裁を課し、また新疆ウイグル自治区製の製品の対米輸入を禁止する。このようなアメリカの制裁に対して、中国は、ポンペイオ氏など28人の入国を禁止するなどの措置をとる。また、EUは、ウイグル問題に関して2021年3月に対中制裁をかけた。EUが対中制裁をかけたのは、天安門事件以来30年ぶりであった。そして、アメリカ、カナダもこれに続く。これに対して、中国は、欧州議会の要人（議員）に逆制裁をかける。そして、欧州議会は、2020年末に妥結したEUと中国の投資協定（CAI）の批准をストップさせる。さらに、中国は、2021年6月、中国に対する制裁に対する逆制裁を法的に可能にする「反外国制裁法」を施行し、7月、アメリカのロス前商務長官などに制裁をかける。

　このようなプロセスは、いわゆる「目には目を」という行動パターンであり、これが続けば、相互対抗がとめどなくエスカレートしていく可能性がある（安全保障のジレンマに類似したメカニズムである）。しかしながら、制裁（強硬政策）のスパイラルは、当事国の利益から見てマイナスになることがあり、いずれかの時点で飽和状態になり（均衡点に至り）、さらにはデスカレートしていく

可能性もある。対抗状態において、相手が何をやろうと強硬政策をとる反応は長期的にみてあまりにコストが高いことがあろう。たとえば、軍事的に強硬な政策を続ければ偶発的な戦争になりかねず、競争を管理しようとする動きも出てこよう（管理された戦略的競争）。あるいは経済制裁（高関税）を続ければ、経済の効率も低下し、インフレも起きかねない。そうであれば、自分の強硬政策に対して相手が協力的な行動（たとえば、制裁を緩和する）をとることもありえる。そうした場合、自分は強硬策を続けることも考えられるが、相手の協調的な行動に呼応して協調的な行動をとる可能性も大きい。もし「相手の強硬策には強硬政策を、相手の協調的な政策に対しては、協調的政策を」という行動原理がとられれば、状況がデスカレートする可能性があり、また協調的関係が出現する可能性さえ出てくる（この点、Axelrod, 1986）。もちろん、最も重要で困難な問題は、どちらがどのような理由で、協調的な行動をとるかということである。この点、たとえば、中国の言説には強硬的な言説とともに調和的な言説もあることが重要な役割を果たすかもしれない。

第2項　相手についてのナラティブ——修正主義か現状維持か

　この安全保障のジレンマ（あるいは、より一般的には強硬策のジレンマ）という視角を認知やナラティブのレベルで検討するのは、A.I. ジョンストンである（Johnston, 2021）。彼は、次のように論ずる。まず、アメリカ（中国でもよい）が、自分（A）も相手（B）も攻撃的ではなく現状維持であると認識している状態（中国は現状維持であるというナラティブ）から出発してみよう。この状態では、両国関係は安定していよう。ここで、Bが攻撃的と見える行動をとったとしよう。たとえば、Bが自己の相対的な地位を守るため（現状維持のため）に軍事費を増大させたとしよう。そうすると、Aは、もしかしてBが攻撃的な性格を持っているかもしれないと思い（誤認し）、攻撃的な行動をとる可能性がある。この場合、Bが攻撃的な性格を持つかどうかは、いまだきわめて不確かである。しかし、Bが重ねて攻撃的で現状修正主義的と考えられる行動をとっていくと、Bが修正主義であるとの確実性は高くなっていく。

　このようなプロセスは、相手にも言える。すなわち、中国も、アメリカが

脅威となるかどうかをアメリカの行動などによって判断する。もしアメリカが攻撃的とみえる行動をとれば、中国も強い行動で応ずるかもしれないし、アメリカが脅威であるという認識（ナラティブ）を強めよう。このような相互作用のプロセスが続くと、アメリカも中国も相手が修正主義国であるとの確信を強めよう（不確実性はなくなっていく）。そうなると、抜き差しならないゼロサム的な状態となる。このようなゼロサム状態に至るプロセスは、安全保障のジレンマのライフ・サイクルと呼ばれる[9]。

また、このようなプロセスは、D. ラーソンによっても示されている。すなわち、ラーソンによれば、米ソ冷戦に至る過程で、当初アメリカは、（あるいは米ソとも）相手を「敵」（修正主義国）とみているわけではなかった。しかし、ソ連の一連の拡張主義的・攻撃的な行動に対して、アメリカはその都度強い態度をとり、ソ連のそのような行動が度重なるにつれて、ソ連は修正主義国でアメリカの脅威であるとの認識を強めていく。そして、ソ連が脅威であることが確実視されると、ソ連が宥和的な行動やメッセージを発出しても、そのような情報は受け入れられなくなり、米ソの対立は固定化、構造化していく（Larson, 1985）。

では、このような安全保障のジレンマの最終段階に至らないようにするには、あるいはそのプロセスを途中で反転させるには、どのようにすればよいのであろうか。それは、アメリカの方では、中国が拡張主義的なイデオロギー的な脅威であるとの認識（あるいは、誤認識）を改め（それを可能にする方策を考え）、また中国の方もアメリカの懸念を払拭するような努力をすることであろう。この点、ジョンストンも安全保障のジレンマが亢進していくのを反転させるためには、相手が善意であることを示すような出来事が起きることが必要であると述べている。もし、そのようなことが起きれば、相手に対する認識（相手が修正主義的で攻撃的であるとの認識）の確実性が崩れようし、安全保障のジレンマのプロセスが反転するかもしれない。かつてライル・ゴールドスタインは、米中の対立関係の亢進を反転させるために安全保障のジレンマとは逆の「協力の螺旋的向上 cooperation spiral」を唱えた。全体的な戦略関係や南シナ海などの特定問題領域に関して、まずどちらかが協力的な手段

を講じ、ついで他がそれに応えて協力的な手段を出す。それに対してまた相手が協力的な手段を出す。このようにして徐々に螺旋的に協力を向上させることで対立を脱却して安定的な協力関係を構築していく (L. J. Goldstein, 2015)。ただ、いずれにしてもこのようなデスカレーションの方策をとることは、対立が構造化してしまうと容易ではないであろう。

第3項　ナラティブの実証分析からの接近

　このような政策提言を考えるに際して、まずは、現実の米中関係がどのようになっているのかを明らかにすることが必要であろう。この問題にアメリカと中国のナラティブという観点からアプローチしたのが、A.I. ジョンストンと A. ブルアーである (Breuer and Johnston, 2019; Johnston, 2021)。彼らは、安全保障のジレンマは、自己が現状維持的（平和的）であり、相手（他者）が修正主義的（攻撃的）であるという認識をベースとすると考える。したがって、彼らの研究では、アメリカが中国をどう見ているか（中国がどのくらい修正主義的であるのか）、また中国がアメリカをどう見ているか、さらにそのような認識がどのように変化してきているか、ということがポイントとなる。彼らは、この点をナラティブの観点から分析する。

　彼らは、ナラティブを階層的な構造（ピラミッド的な構造）と考え、頂点にあるものをグランド・ナラティブと呼ぶ。それはいくつかのマスター・ナラティブから構成され、さらにその下にサブ・ナラティブがあり、そして底辺に最小単位のフレーズ（ミーム[10]）があるとする (Breuer and Johnston, 2019, p. 434)。たとえば、アメリカのナラティブの階層は、「中国はアメリカの戦略的ライバルである」（グランド・ナラティブ）、「中国は修正主義国である」（マスター・ナラティブ）、「中国はルール・ベースの秩序に挑戦している」（サブ・ナラティブ）、「ルール・ベースの秩序」（ミーム、短い個別の事項、フレーズ）、というよう要素から成っている。ブルアーとジョンストン (Breuer and Johnston, 2019) は、この体系を下（底辺──ナラティブの最小単位）から考え、まず「ルール・ベースの秩序」という言葉（ミーム）がいつからどのくらいの頻度で出てきたか（また広がって（伝染して）いったか）、「ルール・ベースの秩序」と中国がどのよう

に結びついていったのか、「中国がルール・ベースの秩序に挑戦している」というサブ・ナラティブがいつどのように形成され広がっていったか、そして、そのサブ・ナラティブにもとづいて「中国は修正主義である」(中国と修正主義が共時的に現れる頻度) というマスター・ナラティブがいつどのように出現し、伝播していったのかを分析している。そして、その頂点にあるのが、「中国は戦略的な挑戦者」というグランド・ナラティブである。このような分析は、ニュース等を網羅的に集めた (ダウジョーンズの) FACTIVA と呼ばれるデータベースを使って行われる。分析の方法は、(ある意味で単純な) 内容分析である。ただし、資料はいわゆるビッグ・データである。

　彼らの分析結果は、以下の通りである。まず「ルール・ベースの秩序」は以前から見られたが、「ルール・ベースの秩序」と中国を結び付けるナラティブは 2015 年あたりから増大する。そして、「中国が修正主義国」であるというナラティブは、2017 年／2018 年 (中国を修正主義国と規定した NSS や National Defense Strategy が発出された年) から、急激に増大する。彼らによれば、ナラティブ／ミームは、模倣によって伝染し (viral)[11]、スーパースプレッダーのようなものが存在し (2017 年の NSS、2018 年の National Defense Strategy)、それが当該のナラティブを広げる原動力になる。しかし時間がたつと、最初のスプレッダーに言及しない'自律的'な広く拡散したナラティブとなる。また、あるナラティブが支配的になると、他のナラティブを締め出す (crowding out) 効果を持つ。「中国は修正主義である」というナラティブが支配的になると、たとえば「中国は現状維持国である」というような他のナラティブは締め出される。

　このように、アメリカでは「中国は修正主義国である」というナラティブが 2017 年以来急激に増大し、支配的になった。しかし、中国ではアメリカは脅威であるというナラティブが増加はしているが、必ずしも顕著な増加を見せてはいないというのがジョンストン (Johnston, 2021) の分析結果である (分析の時期は、1980 年代の末から、2020 年 8 月までである)。ジョンストンは、中国が脅威と感じるものには、アメリカの物理的力による脅威、(経済発展などに対する) 危害と損失、価値に対する侵蝕などがあるとする。ミームとしては、

物理的な脅威に関わるのが多極化（多極化が進めば脅威は弱まる）や覇権主義（覇権主義が高まれば脅威は高まる）であり、危害と損失に関わるのが平和と発展（それが制約されているととらえるか否か）であり、価値の浸蝕に関わるのが西欧化や和平演変などであろう。彼は人民日報の数多くの記事（全部で 400 万ぐらい取り上げたという）を題材として、これらのミームやナラティブを使っている記事の頻度とその変化を明らかにしている。

　彼らの分析の結果を大まかに述べると次のようになる。まず中国では、アメリカを脅威とする認識はそれほど急激には変化（上昇）していない。さらに、自己像として、中国、中国人は平和的であるというナラティブには基本的には変化がない（現状維持の自己認識）。物理的な脅威や経済的な毀損や損失に比べて、価値に対する脅威は低いという。アメリカで急激に中国が修正主義であるというナラティブが増大し、行動も攻撃的になっているのに、なぜ中国の方はそれほど対米脅威感が増大していないのであろうか。これにはいくつかの理由があるという。一つは、中国がアメリカの対中政策の変化（悪化）をアメリカ人が思っているほど悪化しているとは思っていない。二つには、中国は、オバマ政権のピボット（アジア重視）に対して過剰反応したと考え、トランプ政権の変化には過剰に反応しないようにしている、等である (Johnston, 2021)。

　もちろん、ジョンストンの分析の範囲は 2020 年 8 月までであり、新型コロナを経て、中国の対米脅威論が急速に高まった可能性はある (王、2020)。ジョンストンの分析結果でも、中国の対米脅威論は急速ではないにしろ高まってはいるので、安全保障のジレンマの亢進の可能性には注意しなければならない。

　この点に関連して、益尾 (2022) は新華社の記事を題材として、習近平による覇権への言及の頻度と仕方を 2013 年から 2022 年上半期まで分析した。言及の仕方については、自国は覇権主義をとらないという言及から、他国の覇権主義への批判まで四つのタイプに分けて考えている。覇権への言及頻度を見ると、2019 年までは記事数は多くなかったが、2020 年から急速に増加し、それまでの 3 倍以上になっている。なかんずく、2021 年からは、他国の現

在の「覇権主義」への批判やそれに対する国際的連帯の呼びかけの文脈で覇権が使われる数が極端に増加している。益尾はこのような変化を引き起こしたと考えられる理由を二つ挙げている。一つは、トランプ政権が始めた半導体禁輸措置とバイデン政権によるクアッドの強化や米英豪 AUKUS の発足に深刻な脅威を感じていた可能性である。今一つは、習近平の他国（アメリカ）の覇権主義反対への転換点がロシアのプーチン大統領との会談中に生じていたことを挙げる。そして「習氏が米国の言動に悩んでいたことは間違いないが、それをくみ取って言語化したのは、中国より対米不満の強いプーチン氏だった可能性がある」（益尾、前掲）とのべている。この仮説は、2022 年 2 月 4 日の中ロ共同声明の内容が、一方で中国がロシアの反覇権主義（と失地回復主義）に引っ張られ、他方でロシアが民主主義に関して中国に引っ張られたという本書（第 11 章）の評価と一致している。いずれにせよ、習近平のナラティブの中でアメリカに対する反覇権の強まりが見られ、米中間には安全保障のジレンマの危険性が見られるのである（益尾、前掲）。

第 4 節　長期的な戦略についてのナラティブ

　前節において明らかにしたのは、中国の言説の投射（逆投射、逆社会化）に対してアメリカも様々な形で対抗し（カウンター逆投射）、それに対してさらに中国の対抗が見られること、このような作用―反作用の結果、米中対抗はエスカレートし、安全保障のジレンマ状況を示すこと、そのなかで、いかにしてエスカレーションを反転させるかの方策が模索されることであった。これは、国家間の相互作用の比較的短期の問題である。

　このようなその時々の作用―反作用というミクロの見方も大切であろうが、今一つの見方として、中国（習近平政権）は、すでにアメリカの行動を十分に織り込んで自己の目的（行き先）を決めており、それを変える必要はない（微調整は必要かもしれないが）と考えているのではなかろうかというものがある。いわば、マクロの長期的な問題から見たらどうなるかという観点である。たとえば、アメリカで 2010 年代末に議論されるようになった「競争的共存」（た

とえば、Erickson, 2019）は、中国ではすでに10年も前から言われている（同じ言葉が使われている）ようである（M. Zhao, 2019）。すなわち、趙明昊（Zhao Minghao、復旦大学国際問題研究院）は、中国側が（リーマン・ショック後の今に至るまでの）中国の戦略を競争的共存にあると認識し、その米中戦略的競争論においては、「いわゆる『トゥキディデスの罠』に陥ることなく、中国を世界の中心舞台に位置づける」という中国の戦略、戦術という中国の思考方式があるという（op. cit., p. 374）[12]。このようなナラティブは、とても現状維持とは言えず、修正主義的なものであろう。このように、中国の「本当の姿」をその行動（アメリカとの相互作用を含めて）から推測するというアプローチに対して、中国の長期的なパースペクティブに関するナラティブを基にして中国の「本当の姿」に接近する方法も存在しよう。以下では、まずR.ドシの「アメリカ排除論」を例として取り上げて、アメリカが中国の長期戦略のナラティブをいかにとらえ、そのなかでアメリカがとるべき戦略がどう論じられているかを明らかにする（第1項）。次いで、ミクロとマクロの中間にある（メソの）レベルで、アメリカがもつ中国の「専制のプロモーション」といわれるナラティブを考察する（第2項）。最後に、アメリカのリベラルなナラティブを検討する（第3項）。

第1項　中国の基本戦略：アメリカの排除（displacement）——ドシの議論

　中国のアメリカ認識および戦略を中国側の資料から明らかにし、アメリカの対中認識との比較を可能にする著書が、最近R.ドシ（Doshi, 2021）によって出版された[13]。ドシは、現バイデン政権における国家安全保障会議（NSC）の中国ディレクターの一人であり、この著作（また、彼の論考）は、同政権の対中政策に大きな影響を与えていると考えられている（*Economist*, 2021a）。彼は、中国側の資料に基づいて、中国共産党のグランド・ストラテジーの目的はアメリカを「排除 displace」することであり[14]、その内容や具体的な政策はフェーズによって変化してきたと主張する（ドシの焦点は基本的には、軍事・安全保障である）。フェーズには三つの段階があり、各段階で「アメリカの力の投射力を弱める blunting」、「中国自身の力の投射能力を建設する building」、そして双方を合わせた「影響力を拡大する expanding」という異なった行動パターン

が見られるという (Doshi, 2021; Huminski, 2021)。

　第一段階は、1990年代から2000年代であり (1989年～2008年)、中国はアメリカを脅威とみなして、アメリカの力の投射力を弱めようとする (blunting) 政策を展開し、アメリカを中国近辺に寄せ付けないような能力 (潜水艦とかミサイル) を向上させようとした。その時に中国が唱えた題目は、「能力を隠し時間を稼げ」であった[15]。

　第二段階 (2008年～2017年) において、2008年に起きたグローバルな金融危機 (リーマンショック) を契機として、中国は近隣諸国やアメリカと敵対することなく能力を建設すること (building) に目標をシフトした[16]。これは、アメリカの影響力が縮小し、世界が多極化に向かっているという認識に基づいていた。その時期、中国の戦略の中に (積極有所作為、さらには奮発有為という)「積極的成果 active achievement」という政策が含まれるようになる。それは、中国自身が地域における代替的な国際制度を形成したり、経済、金融の分野における自己の地位を高めたりすることによって、その力を地域的に投射することを目指していた。また軍事的には、第一段階のアメリカの力に抵抗することを旨としていた時には見られなかった空母を持つようになった。それは、地域を刺激して中国を敵視させることなく、以前には持っていなかった投射力を建設する方向へ移行していくものであった。

　第三段階 (2017年～)、すなわち現在の段階では、中国共産党が積極的に、そしてより明確な形で、その力と影響力を拡大しよう (expanding) とする。この段階で中国は、アメリカの力の根源的な衰退、イギリスのEUからの脱退 (Brexit)、トランプの大統領選出、新型コロナウイルスなどに見られるグローバルなリベラル国際秩序の腐食というような「百年間なかった大きな変化——百年未有之大変局」(2017年、習近平が初めて使ったという。Johnston (2021, p. 95 (Kindle版))) と中国が認識する事象への反応として、アメリカの衰退を積極的に促進しようとする。軍事的な分野では、「世界クラスの軍」への希求、中国の目的を果たすための軍の役割の増大、中国のグローバルな利益をより声高に唱えるようになる。

　ここで、ドシの議論で注意すべき点を挙げておこう。ドシが指摘する第一

段階と第二段階は、いわゆる広く「韜光養晦、有所作為」と呼ばれる戦略の時代である。第一段階では韜光養晦の方に重点があり、第二段階では有所作為（やるべきことをやる）に重点が置かれていたといえる。ドシも指摘するように第二段階においても、中国は近隣諸国やアメリカを敵に回すことなく（能）力を増大させようとしたからである。だが第三段階に至って中国は、軍事的な増大を図り（世界クラスの軍事力）、アメリカや近隣諸国の反応をあまり気にしなくなったと考えられるので、まさに韜光養晦の終焉である。よって中国の戦略は、冷戦終焉後から2008年のリーマン・ショックまでが第一段階、リーマン・ショックから習近平第一期（2012年〜2017年）までが第二段階、そして第三段階は、習近平第二期（2017年〜）からということになろう。このようなドシの分析は、先に述べた趙明昊の認識と重なるところがある。しかし、ドシが習近平の第二期以降、中国の政策はさらに強硬化しているととらえるのに対して（第三段階）、趙はこのような認識を示していない。

　このような第三段階の中国の戦略に対してアメリカがとるべき政策を、ドシは次のように論ずる。中国に妥協したり、中国を変えようとしたりするのは不成功に終わるであろうし、またすべての分野で逐一競争するのも不成功に終わるであろう。アメリカがなすべきことは、「中国のまねをして take a page from Chinese playbook」、中国の地域的またグローバルな野望を弱める（blunt）ことと、それと同時にリベラルな国際秩序のより強い基盤を建設すること（build）である[17]。このような戦略には、同盟国・パートナー国との協力、現行の経済・金融制度の強化などが考えられる。さらに軍事的次元での（Campbell and Doshi, 2021 も参照）アメリカの対中戦略は、卓越性（primacy）に唯一の焦点を定めてそれを維持するために高価で脆弱な航空母艦などを整備するのではなく、比較的安価な非対称的能力を整えることであり、中国の軍事作戦計画を混乱させる（complicate）ように弾道弾やミサイル発射潜水艦などを整え、以って中国の行動を抑止することである（「支配的な力なくしての抑止 deterrence without dominance」は可能であると考える──Campbell and Sullivan, 2019）。このような戦略は中国の「アメリカを排除する」という長期的な戦略への穏健な対処であり、これによって中国との対抗のスパイラルはミニマムに抑え

られるかもしれない。

　このようなドシたちの考え方（政策処方箋）に対して、果たしてアメリカにそれを遂行する政治的な意志や識見、そして脅威の共有が存在するのかどうかという疑問が呈される（Huminski, 2021）。と同時に、キャンベルやドシ（さらには、バイデン政権）の戦略は十分でないと論ずる者もいる。たとえば、アメリカが卓越（primacy）から遠ざかり、もはや優越性を求めなくなった時、あるいは少なくとも優越した連合を目指さなくなった時、ユーラシア大陸の国々がアメリカを以前と同じように強く正当なバランサーとみなして中国の圧力・圧政に対する信頼ある保険であると信ずるとは想像しがたい（Holslag, 2021）。このことに関連して、バイデン政権は外交主導の対外政策を標榜している（「外交は、アメリカの対外政策の中心に戻った」（Biden, 2021d））。そして、外交の中心性は、単に同盟関係の強化などだけではなく、国益に合う場合には、アメリカの競争者や対抗国にも適用されると述べる（ibid.）。バイデン政権は、時と場合によろうが、軍事よりも外交にウエイトを置いた政策を展開するかもしれない。

第2項　専制体制のプロモーション（autocracy promotion）というナラティブ

　中国の基本的な方向は確固としたものとみえる。米中の「反撃―再反撃」のサイクルは、中国から見れば、次のような基本的な政策の中で行われる。すなわち、習近平政権は、中国の夢をさらに追求し、世紀半ばにアメリカと対等の（あるいはアメリカを超える）力をもつ国になることを目指している。趙明昊的に言えば、舞台の中央に出てアメリカとの戦略的共存をはかる、ドシ的に言えば「アメリカ排除」の戦略である。より具体的なナラティブと行動でいえば、一方で人類運命共同体やウィン・ウィンなどのソフトなナラティブを周流させつつ、他方で核心的利益として主権、領土、体制、経済発展という広い分野での利益を追求し、しばしば強硬な手段をとる。主権と領土に関しては、南シナ海と東シナ海では軍事的活動を緩めず、内政不干渉をタテに香港や新疆ウイグル自治区などで弾圧を強める。さらに、権威主義（専制）体制を、意図的に、あるいは結果として国際秩序形成の柱としようとする継

続的ともいえる活動もみられる。この最後の点について、ジェシカ・ワイスは、次のように論ずる。

「中国は、限定的ではあるが、専制主義プロモーションの対外政策を徐々に強めている。それには、四つの主要な要素がある。一つは、異なった政治体制を持つ国々も中国モデルの成功に引き付けられることから、範をもって導くということである。二つには、国連や他の国際フォーラムにおいて専制体制を持つ仲間を支持することである。三つには、専制主義諸国に、開発援助やデジタル専制主義の道具を含む経済的・技術的援助を提供することである。四つには、人権などの政治的にセンシティブな問題についての中国のナラティブを受け入れさせるために、海外の世論を形成することである——そしてもしかしたら、民主主義を損なうという今見られるロシアの行動を他の国家に再現することになるかもしれない。」(Weiss, 2021; また、次を参照。deLisle and Goldstein, eds., 2021, Introduction, p. 28 (Kindle 版))

ワイスは、さらに次のように指摘する。

「もしアメリカがデカップリングや封じ込めという政策を進めることになれば、中国が拡張主義的なイデオロギー上の脅威であるというアメリカの認識(あるいは、誤認識)は、自己実現的なものとなって行こう[実際に中国はイデオロギー的な脅威となる]。このようなリスクは、もしアメリカが他の民主主義諸国とともに国内においてより良好なパフォーマンスを達成することができれば(それが成功すれば、アメリカはグローバルなイデオロギー紛争の幻影におびえる必要性がなくなり、引き続き国際的な関与をすることができよう)、そしてもし中国自身が自己の作り出している危機を緩和し、中国の意図に対する他国の懸念を軽減する努力をすれば、そのようなリスクは少なくなっていくであろう。」(ibid.)

第 7 章　中国の逆投射、アメリカの反応、相互反応のエスカレーション　191

　ここで、彼女は米中の長期的な対抗を緩和するために二つの提言をしている。一つは、アメリカや他の民主主義国がよりよいパフォーマンスを示していくことである。今一つは、中国が危機を緩和し、他国の懸念を軽減する努力をすべきであるということである。後者は、すでに述べたジョンストンがいう米中双方とも善意の証を示すことと同じであるが、短期的で一時的な行動ではなく長期的なパースペクティブのなかでなされることを意味する。ただ、この二つの提言（政策処方箋）を実現するのは容易ではないであろう。アメリカや他の民主主義国がよりよいパフォーマンスを示せるかどうかはいまだ不確実であり、またできたとしても時間がかかるであろう。

　その一方で、中国が危機を緩和し他国の懸念を軽減する努力をするのは、少なくとも短期的には極めて困難であろう。習近平主席は、2021 年 5 月 31 日、共産党幹部の前で、「我が国の総合的な国力と地位にふさわしい、国際的な発言権を作り上げることが必要だ」と述べ、その上で「謙虚で信頼され、愛らしく、尊敬される（可信、可愛、可敬）イメージを作り上げるよう努力すべきだ」と述べたという（Bloomberg News, 2021）。ただ、この発言が中国の実際の行動を変えることにつながるかどうかは極めて不確かである。また、同発言で、「共産党がなぜうまくやれるのか、中国の特色のある社会主義がなぜ素晴らしいのかを、国外の人々が理解する手助けが必要だ」と付け加えている。そして、朝日新聞の記事は、「国をひらいて『理解してもらう』のではなく、宣伝工作により『理解させる』意識がのぞく」とコメントしている（『朝日新聞』2021 年 7 月 3 日）。この習近平の発言は、本書の文脈から言えば次のように解釈されよう。すなわち、習近平は、政権成立の当初から、文化等を基盤としたソフト・パワーを使って中国の良いイメージを向上させようとする公共外交から、中国のナラティブ（中国の夢、社会主義強国、中国の発展モデル、核心的利益等）を正面に立て、それを相手に認めさせようとする戦略的ナラティブの競争に舵を切った（Lee, 2016）。しかし、ソフト・パワーの向上とか中国の良いイメージを培うという公共外交も併存していた。すなわち、中国の常道として、前に使っていた概念を捨てず新しい概念や考えと共存させる。そして、この二つは（構造的に）矛盾するものであった。上記の習近平の発言の「我

が国の総合的な国力と地位にふさわしい、国際的な発言権を作り上げることが必要だ」という部分は戦略的ナラティブの部分であり、「謙虚で信頼され、愛らしく、尊敬される（可信、可愛、可敬）イメージを作り上げるよう努力すべきだ」というくだりはソフト・パワー／公共外交の部分である（少なくとも目的／機能において）。習近平の発言は、このような矛盾をそのまま述べたと考えられる。あるいは、ローズマリー・フット的に言えば、（イデオロギー的な）信条と（良き中国という）イメージが衝突したということである（Foot, 2020）。

第3項　アメリカ自身のナラティブ——リベラルな国際秩序の再興？

　では、アメリカ自身の（グランド）ナラティブはどうなっているのであろうか。アメリカのグランド・ナラティブは、リベラルな国際秩序であった。これは、繰り返して（アイケンベリー的に）言えば、主権国家体系、アメリカの覇権（リーダーシップ）、多国間主義、安全保障共同体、自由貿易、人権、民主主義を内容とし、また経済発展は（長い目でみれば）民主化と（経済的）自由化をもたらす、というものであった（Ikenberry, 2009, 2020）。しかし、トランプ大統領の政策（戦略）は、このようなリベラルな国際秩序の根底を揺るがすようなものであった。トランプ大統領は、「アメリカ・ファースト」を掲げ、国際的リーダーシップを放棄し（国際的リーダーシップから退位し）、パリ協定、WHO、国連人権理事会などの多角的な国際制度から離脱し、自由貿易よりは保護主義（二国間の取引）に走り、また人権や民主主義を軽視した[18]。そして、協調による安全保障ではなく、中国、ロシアを敵対国（戦略的競争者）とみなし、競争的な国際政治を基本とした。このようなトランプ大統領の政策に対して、G. J. アイケンベリーは、トランプの対外政策が「アメリカのリベラルな外交政策に対する転覆陰謀」（Ikenberry, 2017）であると論ずる。また、B. ポーゼンはトランプ大統領のグランド・ストラテジーを「非リベラルなヘゲモニー」と呼んだ（Posen, 2018）。C. カプチャン（Kupchan, 2020）は、アメリカの孤立主義の長い歴史の中にトランプ政権の対外政策を位置づけた。

　このようにリベラルな外交を支持して、トランプ大統領の政策を批判する論調は強かった。個々の論調を別にして、2018年7月28日には、ニューヨー

ク・タイムズに、H. ミルナー、R. ジャービス、R. コヘイン、J. ナイなど42人の国際政治学者(彼らは、自身を「国際制度の研究者」と自己規定している)が反トランプ政策の広告を出す(Milner et al., 2018)。国連、NATO、WTOなど第二次大戦後の国際制度は、歴史的な繁栄と安定(平和)をもたらした。アメリカは、これらの制度を構築するにあたってリーダーシップを発揮し、決定的な役割を果たした。また、アメリカは多くのコストを負担したが、多くの利益を得てきた。国際制度は現在多くの修正を必要とするが、それはトランプ大統領のような乱暴なやり方を通してではない。効果的な国際制度なくしては、世界は混乱に陥り、誰も得をしないことになる。以上が広告の趣旨である。

しかしながら、リベラルな国際秩序あるいはそれを追求することに懐疑的な論調もいくつかみられた。例えば、リベラルな国際秩序はもともとイリュージョン(幻想)であり、アメリカは、国内の問題に集中するべきである(Allison, 2018)。アメリカのリベラルな外交政策は、現実とはかけ離れており、失敗が運命づけられており、よりリアリスト的な政策をとるべきであった(ある)(Mearsheimer, 2018)。それに似通ったものとして、アメリカの覇権を前提としつつ、民主主義とか人権を普遍的な価値として追求するのは、それらが実際には普遍的ではない(すべての国が受け入れるものではない)のであるから、うまく行くはずはない(Walt, 2018, 2020)。トランプ外交をめぐっては、これらをはじめとする様々な議論(言説)が周流する。

このようないくつかの異なる国際政治の言説のどれが(またどの組み合わせが)選択されていくかはわからない。例えば、中国を主たる脅威とみる認識は変わらないかもしれないし、多国間主義、人権、民主主義などのリベラルな価値の復活はあり得るかもしれない。第11章で考察するように、後者はバイデン政権下でとられることになる。

ここでは、リベラルなナラティブの変化と再生(再興)の可能性を考えてみよう。そのために、リベラルなナラティブの代表的な発言者であるG. J. アイケンベリーの議論の軌跡をたどってみたい(アイケンベリーは、リベラル国際秩序を一つのナラティブとして取り扱っている(Ikenberry, 2020))。アメリカのグランド・ナラティブであるリベラルな国際秩序は、歴史的に上昇と下降の大き

な波を伴ってきた (ibid.)。第二次大戦後をみると、アメリカは、冷戦の中で西側陣内の覇権国としてリベラルな国際秩序を作り、冷戦後はそれが世界に広く拡大した。しかし、いまやリベラル国際秩序は、内外の要因によってその投射力を減少させて、守勢に立っていると言える。外側からは、リベラルではない国際秩序を投射する中国の力が強くなっており、多国間主義や安全保障共同体等は崩れつつある。トランプ政権のもとで、それは一層進んだ。

アメリカは、リベラルな対外関係の原理の再興を図らなければならないと同時に、国内の「復活」も図らなければならない。かつてアイケンベリーは、「もしアメリカが、(経済、技術の)近代化の最先端からずり落ち、現在得ている利益を守るのみになったら、大国間の紛争が再現する可能性が強い」(Ikenberry, 2003) と述べていた。したがって、アメリカは、国内において(中国との競争を念頭に)科学技術の促進と経済の発展を目指すことになろう。さらに、「効率と社会的安定」(Ikenberry, 2020, p. 294) のバランスの回復を通して、政治的安定と民主主義の健全化を図り、リベラルな国際秩序への支持を調達しなければならない。彼はまた、対外政策に関して、アメリカには中国(そしてロシア)という非リベラルな国に対して三つの対応の仕方があるとする (op. cit., pp. 300-302)。

①非リベラルな国家に対して譲歩し、防御的なリベラリズムをとり、イデオロギー的な多元主義を認める。
②非リベラルな国家に攻撃的に対抗する(ただし、それはかつての冷戦を彷彿とさせるものかもしれない)。
③中国やロシアと協力(例えば、環境、軍備管理等)の機会を模索しつつも、他の民主主義国との協力を積極的に進めて中国に対抗する混交戦略をとる。

このように、国際秩序(米中関係)は、単に力関係だけではなく、言説とかイデオロギー(イディエーショナルな要因)という非物質的な要因にも左右されるところが大きい。恐らくアイケンベリーの選好は③であろう。ここで彼は、自由とか民主主義というリベラルな価値の対外的な投射を抑制的に行うことを政策の方向として挙げている (op. cit., pp. 307- 311)。これは、S. ウォルト

の言う「軽いリベラルな覇権 liberal hegemony lite」と言えるかもしれない。ウォルトは、アメリカが、短兵急に民主主義や人権というリベラルな価値を促進しようとするのではなく、時間をかけて慎重にそれを進めることを「軽いリベラルな覇権」と呼んだ (Walt, 2020)[19]。

バイデンは、2020年11月7日の大統領選の「勝利スピーチ」において、「私は、アメリカの魂を再興する。それは、中産階級という我が国の背骨を再興し、アメリカを世界で再び尊敬されるものとし、国内においては我々を団結・統合させるということである」、「私は、最善のアメリカは、世界に対する光（ビーコン beacon）であると信ずる。我々は力ではなく、我々の範 (example) の力によって世界をリードする」(Biden, 2020) と述べている[20]。

以上の議論を踏まえると、アメリカも中国も自己のアイデンティティを確固たるものとしているようにみえる（あるいは、アメリカの場合には、再構成しようとしている）。ある意味で、両方ともグローバルなビーコンを目指している（アメリカはその復興を、中国は新たに「松明を掲げるもの」として）。そして、双方の言説は、かなり異質で対立的である。双方が自己のアイデンティティを確立して相互作用する場合には、各自の選好を示すナラティブを展開して、それに沿って行動をとることになる。いわば、国際政治は、言説やナラティブを通しての説得ではなく、（固定した言説の下での）合理的行為者をベースとしたゲームの理論の世界となる (Miskimmon, O'Loughlin, and Roselle, 2013, p. 16)。

しかしながら、2022年2月24日に始まったロシアのウクライナ侵略とそれに対するアメリカを中心とする西側の結束した対応は、リベラル国際秩序に対する信頼性と必要性の認識また自信を大いに高めた面がある（本書第11章第1節参照）。そのことは、ある論者をして、「パックス・アメリカーナへの回帰」とも言わしめた (Beckley and Brands, 2022)[21]。またそれを如実に反映したのが、以下に紹介するアイケンベリーの議論である (Ikenberry, 2022)。アイケンベリーは、ロシア（そして中国）を他国の独立と領土主権を損なう強権的な行動をとる権威主義的で帝国主義的な国家であるとする。これに対して、アメリカを中心として基本的なルールを守ろうとする民主主義国は力を合わせて対抗している。現在のアメリカを中心とする国際秩序は、一つの世

界システムであり、それはアナキーとヒエラルキーの間をとるアメリカの「第三の道」に基づいている。すなわち、アメリカはリベラルな国際制度に自分自身を縛り付けて他の国々を安心させ、自分の地位を脅かされずに安定させ、他国と協力し様々な問題の解決を図る。それらの問題に含まれるのは、民主主義そのものまた人権であり、相互依存から発生する諸問題、環境問題などのグローバル・イシューなどの解決である。これに対して、ロシアや中国が作ろうとするのは、階層的で抑圧的なシステムであり、多くの国を引き付ける国際秩序ではありえない。アメリカの力は相対的に低下したが未だ力強く、その国際秩序は地政学的にも歴史的な経緯からしても民主主義と反帝国主義（帝国的に見えるところはあっても、それは「招かれた帝国」である）という特質を持っており、またウッドロー・ウィルソンの集団安全保障の原理（国の大小にかかわりなく、政治的独立と領土保全が認められること）やF. ルーズベルトの四つの自由（言論、信教、欠乏、恐怖）などのリベラルな規範に基づく。アメリカは、これらの原理にもとる行動をとったときに、失敗を認めそれを矯正していくという特質を持っている。これこそアメリカの力が継続する理由であり、問題があったとしてもアメリカとアメリカの作ったシステム（開かれた多国間主義的世界秩序）を誰も捨てることはできないのである。このようなアイケンベリーの議論は、2001年出版の彼の代表作『アフター・ヴィクトリー』(Ikenberry, 2001)の内容を彷彿とさせるものがある。

このようなウクライナ戦争を契機としての民主主義とリベラル国際秩序論の「復活」は、「2022年はリベラル民主主義がやり返した(fought back)年」(Ganesh, 2022)であるとの評価につながる。このような評価は、イランでの人権運動が高揚したこと、ブラジルでの大統領選挙で権威主義的候補が敗れたこと、アメリカでの中間選挙でトランプにブレーキがかかったこと、そして年末には、中国でゼロ・コロナ政策への不満を契機に反政府運動（「白紙運動」）が起きたことなど、「民主主義の退潮」に歯止めがかかり、混交した兆候を伴いつつも民主主義やリベラルな国際秩序に楽観的な要素を見いだすことができた年であったという（一部の）認識に基づいているのであろう(Lopez, 2023)。

ただ、リベラルな国際秩序への楽観論はウクライナ戦争の展開などで変

化するかもしれない。またリベラルな覇権（帝国）論の「復活」ともいえる現象を見て、A. ベースヴィッチは、アメリカは再び過ちを犯そうとしていると批判する（Bacevich, 2023）。アメリカの国際政治（とくに安全保障）学界の中には、「リベラル覇権論」と「抑制論 restraint」の二つが鋭く対抗しているところがある（Posen, 2014; Jackson, 2022）。「リベラル覇権論」の側からアメリカは積極的に国際的に関与すべきであるとの論が展開されると、「抑制論」の立場から、軍事力の使用や覇権はむしろ安定を崩しアメリカの利益にならないと論ぜられる（ベースヴィッチは、「抑制論」の代表的な論者）。逆に、「抑制論」の立場から、軍事的要素の削減、国際的関与の縮小がとなえられると、「リベラル覇権論」の側から、そのような政策は国際政治の安定を危うくし、アメリカの利益を損なうと論ぜられる（Deudney and Ikenberry, 2021a）。

注

1 もともとは、アメリカ（西側）が主導して、モノ、カネ等の物資的な面でのグローバリゼーションを進めた。これに対して、中国からの逆社会化は、いまや中国が貿易や投資で積極的に対外的に展開し、アメリカに匹敵する、あるいはそれを凌ぐようになるという、方向が逆の「逆（方向の）グローバリゼーション」と呼ばれるものを反映しているのであろうか。現在のところ、アメリカ／西側のグローバリゼーションとそれを促すリベラルな国際秩序に対して、中国の逆グローバリゼーションによる権威主義的な秩序が形成されており（Owen, 2021）、その二つの間に「脱グローバリゼーション deglobalization」という現象も強まっている（Kornprobst and Paul, 2021）。

2 原論文は、徐进、郭楚（2016）「"命运共同体" 概念辨析」《战略决策研究》2016 年第 6 期、pp. 3-22.

3 かつてアメリカが中国を社会化するといったとき、それをいかに証明するかが難問であった。これと同様に、中国が他の国々（主として開発途上国）を社会化するというとき、そのメカニズムを含めていかに検証していくかは容易ではないであろう。今後の研究課題である。

4 ただし、EU は、パートナー、競争者、そして戦略的なライバルという中国の異なる位置づけを「折り畳みの三面鏡」のように考え、事情（実績調査）によってパートナーとして考えたり、競争者と考えたり、戦略的なライバルと認識するという政策（"triptych" policy）をとっているという（Bermingham, 2022）。

5 「トゥキディデスの罠」は、もともとはアメリカの国際政治学者 G. アリソンが言い出したものであるが (Allison, 2012, 2017)、中国でも習近平主席をはじめ、多くの為政者や研究者が対米関係で使うようになった。「トゥキディデスの罠」のナラティブとしての重要性とその大国間（米中間）関係への影響については、Gries and Jing (2019)（また、山本吉宣、2021a、pp. 1110-1112 を見よ）。

6 既述のようにアメリカ政府は、中国の提示する「大国関係の新しいモデル」について、中国が主張するように中国を大国として認めることは、アメリカ（トランプ政権）が、自国の利益を正面に押し出して中国に対応することを意味すると述べるに至る (White House, 2020a)。

7 ただし、2021 年 1 月 20 日の指名公聴会において、国防長官に指名されていた L. オースティン (Lloyd Austin) は、中国は最大の脅威であり、すでに地域的な覇権国であり、世界的な、支配的な大国としての役割を狙っていると述べている (*Economic Times*, 2021)。

8 ウイグルでは、不妊手術が急増し、出生率が低下しているという (Zenz, 2020;『朝日新聞』2021 年 2 月 5 日)。ジェノサイド条約（集団殺害罪の防止及び処罰に関する条約、1947 年）の第 2 条 (d) には「集団内における出生を防止することを意図する措置を課すること」とあり、新疆ウイグル自治区においてジェノサイドが行われているという認識が広がる。ただし、国際法から見て、また実態から見てジェノサイドが適切な用語かどうか議論のあるところではある（この点、熊倉、2022 年、pp. 212-233）。しかしウイグルで行われていることをジェノサイドとすることは、バイデン政権の公式の見解となっており、西側諸国でもカナダ、イギリス、オランダ等はウイグル問題を政府あるいは議会レベルでジェノサイドとしている。

9 ジョンストンによる安全保障のジレンマの理解は、一般のそれと若干異なる。たとえば、一般的には、安全保障のジレンマはすべての国が現状維持でも起きるとされる（安全保障のジレンマの包括的な検討に関しては、たとえば、Tang, 2009）。ただ、ここではジョンストンの論旨に沿って議論を進める。

10 ミーム (meme、模倣子) の定義は一定ではないが、人間の脳内にある他の人間の脳に複製可能な習慣や物語などの情報である。またそれが複製され進化していく過程を分析することが行われる。実際の分析では、言葉やフレーズが社会的に複製されて「伝染していく」ことが重要な視点となっている。

11 これは、経済学における「物語経済学 narrative economics」でとられている考え方と同じである (Shiller, 2017, 2019)。したがって、ジョンストンたちの分析は、「物語国際政治学」とでもいえるものであろうか。

12 中国が自己制約的な対外政策（平和発展論、韜光養晦路線）をかなぐり捨てた

のはリーマン・ショックからであるとの認識は、アメリカの研究者にもみられる (Shirk, 2022)。

13　Doshi (2021) と似たような視点をとるものとして、J. Ward (2019)。
14　ただ、中国がアメリカを排除する (displace する) ことをつねに戦略目標としてきたという見方には、若干留保の余地があろう。アメリカ側から中国はアメリカを東アジアから追い出すのではないかという疑問が呈せられるとき、それを中国はよく否定した。たとえば、王棟 (Wang Dong、北京大学の若手国際政治学者) は、2015年に発表した論文、"Is China Trying to Push the U.S. out of East Asia?" のなかで、米中の安定を保つためには、アメリカの対中封じ込めという中国側のイメージをやわらげ、また中国がアメリカを追い出そうとしているのではないかというアメリカ側のイメージ (疑念) を払拭することが必要であると述べている (D. Wang, 2015)。アメリカを排除することがどこまで具体的な目標となるかは、彼我の力関係などによると考えられる。
15　これは中国の軍事政策から見た韜光養晦であり、通常の解釈とは若干異なる。
16　これが、通常の意味での韜光養晦であると考えられる。
17　このようなドシの考察と政策処方箋を見て、ワシントン・ポストのJ. ポンフレットは、「端的に言えば、中国との相互作用において、アメリカはより中国のようになれ」ということだと述べている (Pomfret, 2021)。
18　このようなトランプ政権の政策展開を見て (それを「敵失」と考え)、中国では、中国の国際的な話語権と国際的制度力を向上させる絶好の (戦略的な) チャンスと考える者も多かったという (van de Ven, 2020)。
19　ただ、ウォルト自身は、「軽いリベラルな覇権」には与していない (Walt, 2020)。
20　アメリカが「(民主主義の) ビーコン」であらんとすることは、広く言われることである。それは、共和、民主両党の共通言語であるとも言える (M. ポンペイオ国務長官は好んで民主主義のビーコンという用語を使う)。そして、「ビーコン」であることは巷間を離れ「丘の上の家」として孤立主義にもつながるし、また十字軍的な拡張主義にもつながる。その一方で、C. カプチャンも言うように、またバイデンも然りであるが、範を示すことによってそれを成し遂げようとすることもある。また、カプチャン自身は、選択的な関与 (アメリカの利益がかかったところに選択的に関与する戦略) を唱えつつ、多国間主義を通してビーコンの役割を果たすというナラティブを展開している (Kupchan, 2020)。
21　「パックス・アメリカーナへの回帰」の論者の一人、ハル・ブランズは、ロシアのウクライナ侵略の直前の2022年の1月まで、アメリカは、外交はグローバルに展開しているが、軍事的にはそれをバックアップするほど十分ではなく、過剰拡大していると批判している (Brands, 2022)。

第8章　規範の対抗から秩序の対抗へ
──規範の対抗理論の現在

第1節　規範の破壊、規範の強靭性、国際秩序──本章の目的と構成

　第4章から第7章までは、戦略的ナラティブと話語権を中心としてナラティブの投射、反対投射、さらには相互投射という現象を考察してきた。中国などの力が強くなるにつれて、リベラルな言説の中心にある規範が攻撃され(リベラルな)価値や規範がもろくなってくる。このような事象を分析しようとするのが規範の破壊や強靭性についての理論であり、またそれに基づく国際秩序論である。

　この現象を図式的に言えば、次のようになろう。2010年代に入ると、中国(またロシアなどの権威主義的な国々)の力が強くなり、権威主義的な規範や価値の逆投射が見られるようになる(「秩序の対立」)。そして、既存のリベラル規範やルールに対する直接の攻撃も行われるようになる(「既存の規範・ルールの妨害・破壊」)。この二つの現象は、2010年代後半から2020年代にかけてますます顕著になってくる。本章の目的は、この二つの動向をそれ以前との継続性を考慮に入れながら、概念的、理論的に掘り下げて考察することである。これら二つの動向を大別すれば、「既存の規範・ルールの妨害・破壊」は国家行動のレベルに属する問題であり、「秩序の対立」は国際システム・レベルの問題である。したがって、まず行動レベルの問題を取り上げ、次いで国際システムの問題を取り上げる。そして、最後にその二つの接続を試みる。

　本章は次のように構成される。まず、「規範の破壊」や「真実の破壊」といわれる概念と現象を検討する。それは国際的にも国内的にもみられる、既存のリベラル規範・ルールに対する直接の挑戦である(第2節)。ただ、そのよ

うな行動は必ずしも新しいわけではなく、中国などの台頭する国が既存の規範(秩序、制度)に対して取りうる戦略の一つとして認識されていた。この点に着目して、台頭する国がとる戦略のスペクトラムの一つとして「規範の破壊」を位置づけ、その意味を検討するのが第3節である。

これに対して、当該の規範がいかに持ちこたえ得るかを取り扱うのが「規範の堅牢性」とか「規範の強靭性」という概念である。この概念に基づいた研究は必ずしも十全に進んでいるとはいえず、またその研究成果は必ずしも明確な結論を導くわけではないことに留意しつつ、この概念の現況を考察するのが第4節である。以上の三つの節がリベラルな規範・ルールに対する破壊と妨害行為についての分析を取り扱うのに対して、第5節と第6節は、台頭する非リベラルな国が、積極的に自国の規範や価値を国際場裏に投射し、リベラルな国際秩序とは異なる国際秩序を作る可能性に着目する。まず、規範の対抗や規範の破壊といった現象は、その行動の背後にいくつかの異なる要因が存在する(対抗する理由・原因)。たとえば、規範に対する国益、規範・価値体系の多様性、欧米のヘゲモニーに対する抵抗(反ヘゲモニー)などである。そして、それぞれの視点から、異なる国際秩序が想定される(第5節)。しかし、いま現在は、リベラル国際秩序、(ネオ)ウェストファリア秩序、そして権威主義的な秩序という三つの国際秩序が交差し、対抗していると考えられる。ウェストファリア秩序が国内体制には中立であるのに対して、リベラルも権威主義も国内体制の在り方を重視しており、いわば、「ウェストファリア」を異なる方向から超えようとするものである(第6節)。以上のような行動レベルと国際システムの考察をもとにして、本書の基本的な枠組みである図2(p. 48)を現状に合わせて再考察するのが第7節である。

第2節　「規範の破壊 norm sabotage」と「真実の破壊 truth subversion」

リベラルな規範・ルールに関しては、それが一旦受け入れられ制度化されると、それに従って行動することが前提(当たり前)とされていた。そこで問

題となったのは、規範やルールへの遵守（compliance）の問題であった。しかしながら、いまやリベラル規範に対する妨害や破壊工作と呼ばれるものが意図的に行われるようになっている。このことを若干体系的に考察するのが本節である。

　あるアクター（たとえば、中国）は、すでにあるリベラル秩序を妨害したり破壊したりしようとする。このような行為をいまでは、「（規範に対する）妨害／破壊 sabotage」（Schneiker, 2021）とか「真実の破壊 truth subversion」（Adler and Drieschova, 2021）と呼ぶようになっている。もちろん、既存のリベラルな規範やルールを揺るがしたり、破壊しようとしたりする行動は以前から見られた。ここでは、まずそのような行動についての議論と概念を検討し、そのあとで、シュナイカーの「規範妨害」の理論を紹介しよう。

第1項　「リベラル・パフォーマンス」と「擬態」

　ベティーザとルイスは、リベラルな規範やルールを前提として（既存の規範として）、それを揺るがしたり破壊したりする行動には、二種類があるとする。それは、リベラル規範（ルール）を一応認め、それを適用するとき、①相手の欠点を衝き自己を守るとともに規範の信頼性に疑問符をつけて相手を揺さぶろうとする、②リベラルな規範（ルール）の意味を（自己の利益に合うように）変化させ、もってリベラルな規範の統合性の弱化をはかろうとする、という二つである。ベティーザとルイスは、前者を「リベラル・パフォーマンス」をめぐる対抗（以下では、whataboutism と似たものと考える——後で説明）、後者を「擬態 mimicry」と呼んでいる（Bettiza and Lewis, 2020）。それぞれを説明しよう。

1．「リベラル・パフォーマンス」（またの名、'whataboutism'）

　「リベラル・パフォーマンス」とは、あるリベラル規範の存在を認めた上で、相手がその規範をどこまで適用しているかを問うことである。ベティーザとルイスは、これを「リベラル・パフォーマンス」をめぐる対抗と言っている（ibid.）。たとえば、民主主義や人権を考えてみると、中国はアメリカが国内で民主主義や人権を十分に守っていないと論じ（たとえば、人種差別）、した

がってアメリカが他国（中国）に対して、民主主義や人権を守っていないと非難したり圧力をかけたりすることは不当であり、偽善的であり、二重基準（ダブル・スタンダード）を取っているという議論を展開する。このことを通して、相手が提示する規範そのものの信頼性や相手の自信を喪失させることを目的とするとしている（ただ、その効果はわからない）。これは、後で詳しく述べるように「whataboutism お前こそ」という論理である。すなわち、お前もやっているだろう、だから他人を非難することはできない、というものである。英語でいえば、what about it?（それがどうしたの）という意である（本書第13章第5節）。

2.「擬態」

近年、中国は、自国が十分な民主主義をとっており、アメリカより優れているという議論さえ展開するようになっている（詳しくは、本書第11章第2節）。その興味深い例は、北京冬季オリンピック・パラリンピックの際にプーチン大統領と習近平主席が発した2022年2月4日の中ロ共同声明である（President of Russia, 2022b、この共同声明に関しては、本書第11章第2節第3項で詳述）。その文書では、中国もロシアも自分たちを民主主義の国であると言っている。すなわち、「ロシアと中国は、豊かな文化的歴史的遺産を持つ世界大国として、民主主義の長い伝統をもつ。それは、千年にわたる発展の歴史、広範な民衆の支持、そして市民のニーズと利益への配慮に基づく」(ibid.)。この引用部分は（その真偽は問わないとして）、いくつかの含意をもとう。一つは、民主主義というリベラルな規範を認めつつ、その意味内容を変化させるという方法をとっていることである。すなわち、我々の常識では、民主主義は普遍的選挙に基づき、言論の自由や結社の自由によって支えられている。中ロ共同声明では、このような内容は無視され、歴史と伝統をもとにした市民のニーズと利益への配慮に置き換えている。これは、ベティーザとルイスが「擬態 mimicry」と呼んだものである（Bettiza and Lewis, 2020）。

擬態を一般的に言えば、リベラル規範に対抗するとき、リベラル規範を受け入れたように擬制し、実はその意味内容を（自分の利益に合うように）変える

ことである。そのことを通して、リベラル規範を揺るがそうとする。このような擬態の例はかなり多くみられる。たとえば、中国は、人権規範を受け入れつつ、その内容を自国の政策・戦略に合うように変化させてきた。すなわち、個人の奪うことのできない権利としての人権の本質を捨象し、経済発展を通して人権は実現するという論理を展開した。また9.11以後の国際的なテロ対策について、中国は国際規範に基づいて新疆ウイグル自治区でテロの根源的な原因を除去し安定を得ることに成功したと述べ、その間新疆ウイグル自治区において人権を大いに侵害する政策を進めたのである。中国が新疆ウイグル自治区の問題をテロリズムと呼びだしたのは、9.11事件以後である。他にもSCO（上海協力機構）においては、国際規範に則って選挙監視団が派遣されたと言われたが、実はきわめてずさんな調査や決定をする（そのことによって、現地の腐敗した政権を擁護する）ことが常であった。また、ロシアが2008年にジョージアに侵入したとき、その正当化として保護する責任（R2P）を使った。すなわち、南オセチアの地域住民に対するジョージアの行動は'ジェノサイド'であり、ロシアのそれに対する武力行使は「保護する責任」に基づくと主張したのである（Evans, 2008）。当然のことに、このR2Pの発動は国連安保理の決議も何もないものであった。ロシアは、ジョージアやウクライナにおける親ロシア分離主義者の自治要求を支持し、R2Pの言葉を使って、また偽情報や欺瞞を使いつつ、それらの紛争を歪めて特徴づける戦略的ナラティブを展開し、自己の侵略行動を他国に（そして国内を）説得しようとしたのである（Pupcenoks and Seltzer, 2021）[1]。

　このような規範の対抗の一手段としての「擬態」は、自己の利益に合うようにリベラルな規範の意味内容を変化させ、リベラルな規範を（意図的に、また意図せずに結果として）弱体化させる換骨奪胎である。また、擬態は、（欧米の）国際的な規範やルールを用いるため、自分のやっていることは欧米もやっていることであり文句を言われる筋合いはないというwhataboutismとつながっていくのである。

第2項 「規範の妨害／破壊」と「真実の破壊」

1. シュナイカーの「規範妨害／破壊」論

「リベラル・パフォーマンス」(whataboutism)も「擬態」も、リベラルな規範への間接的な揺さぶりに注目する概念である。これに対して、シュナイカーがいう「規範妨害／破壊」は、直接にリベラル規範・ルールを妨害／破壊しようとする行為を扱う概念である。

「規範破壊者」は、既存の規範（秩序）に反対し、あるいはそれを拒否し、従わないだけではなく、他の者（国々）がそれを維持するのを妨害して、秩序を破壊しようとする主体である。このような行為は、自己の規範を積極的に投射するのではなく、相手の規範を破壊／妨害しようとするので、規範のネガティブな投射といえよう。中国は、アメリカのリベラルな規範を破壊しようとする規範破壊者である。

A. シュナイカーによれば、「規範破壊者」はいくつかの戦略を持つ。その一つは、規範破壊を他の国に説得したり正当化したりする議論を展開することである。このような妨害行為は、多国間主義とか国際法というような「メタ規範」に対して行われるときもあり、より具体的な「通常規範 ordinary norm」に対して行われるときもある[2]。たとえば、前者（メタ規範）に関しては、トランプ大統領はあからさまに多国間主義を批判して、多国間主義的な国際制度から脱退し、また脱退の脅しをかけた。また、中国が南シナ海における行動に対する常設裁判所の判定を、「紙屑」と言ったことが挙げられる。後者（通常規範）に関しては、海洋における捜査救難という確立された人道規範に対して、難民の増大を嫌ったイタリア政府がイタリア港湾における行動規制という国内法をタテとしてNGOによる難民救難活動を妨害したことが挙げられよう。

二つ目の戦略はブロッキング(blocking, 妨害行動)であり、他国が多国間主義などの規範を守り維持しようとするのを妨害することである。たとえば、南シナ海問題をASEANが多国間主義で解決しようとするとき、中国が二国間主義を掲げ、カンボジアなどを使って妨害したことが挙げられる。また、トランプ大統領は多国間主義を否定し、いくつかの国際制度から脱退するだけ

ではなく、WTOの上級委員会の委員を任命せず、他の国々がWTOのルールに従って行動することを妨害した。

　三つ目の戦略は「曖昧化 obfuscation」であり、自己の行動が既存の確立したルールに明確に違反したかどうかの判断を難しくすることである。たとえば、中国の南シナ海への進出も、明確に軍事的な侵略とは言えないような形をとっており（いわゆるグレーゾーン）、それへの対抗を困難にせしめる。また、2014年のロシアのクリミア併合やウクライナ東部への進出も、明確に軍事的な侵略とは言えないような形で行われたり（あるいは、議論を曖昧にするような形で行われる）、「ロシア人（ロシア語を話す人）を守る」という議論を展開したりする（すなわち「保護する責任」を持ち出す――いわゆる擬態である（Bettiza and Lewis, 2020）。

　文脈は若干異なるが、曖昧化の一つとして、N. ボルトが言う「水を濁らす clouding waters」というやり方も考えられる。従来は、ある国（A）が他国（B）にクレームを付けた場合、Bはそれに対して異論を唱え反論する、あるいは、どちらの主張の証拠がより信頼性があるかをめぐって争うというスタイルをとる。すなわち、そこでは、Bが異なる見解（Bにとっての真実）をAに投射する（SNSなどを含む）。しかし、いまやBがAに対して、複数の見解（真実）（multiple truths）を投射する方法がとられるようになっている。たとえば、2018年イギリスのソールズベリーにおいて、ロシアの元ダブル・スパイ（セルゲイ・スクリパリ氏）とその娘の毒殺の試みがあった。イギリスは、さまざまな事実を明らかにし、西側諸国とともにロシアの外交官を追放したりした。そして、毒を盛った人物としてロシアの情報機関と関係を持つ2名を同定した。しかし、ロシアの反応は、単純にそれを否定するものではなかった。モスクワとサンクト・ペテルブルグから数十のアカウントで、スクリパリ親子がどのように毒を盛られたかのさまざまな推測を示した。そして、当該の2名の人物を国営テレビに出演させ、犯行があった日は休日であったと主張し、そのインタヴュアーは、「一つの真実ではなく多くの真実が存在する」と述べたという（Bolt, 2019）。いわゆるマルチチャネル化である（C. Paul and Mattews, 2016）。これは、すぐ後で述べる「真理の破壊」と重なる。

2. アドラーらの「真実（真理）の破壊」論

シュナイカーに近い議論として、E. アドラーたちが提起する「真実（真理）の破壊 truth subversion」という概念がある（Adler and Drieschova, 2021）。これらの議論は重なるところもあるが、アドラーたちの議論をそのまま紹介する。

アドラーたちは、まず次のように論ずる。リベラルな国内・国際秩序では、真実また真実を求める態度・手続きが重要であり、尊重されなければならない。国内のリベラルな価値・政治は、真実に基づいての信頼、共通の知識、了解がもとになっている。また、政策を立案し実行する場合にも、知識や科学がもとになっている。さらに、国際政治における協力も、真実に基づいた相手の信用と協力の必要性がもとになっている。経済も正確な情報に基づいて運営されるのが基盤である。このような真実や真実を求める手続きと制度に対する破壊行為は、リベラルな秩序への挑戦であり、その破壊に導くものである。

「真実の破壊」には、様々な行為・実践（practices）がある（ibid.）。一つは、虚偽とかディスインフォメーションと言われるものであり（false speak）、自己の目的を達するために事実でないことを意図的に発言し、流すことである。たとえば、2016年のイギリスのEU離脱のキャンペーンで、離脱派は、イギリスがEUに多大な費用を払っている、トルコが近々EUに加盟する、などのデマを流した。

二番目は二枚舌（double speak）であり、矛盾した発言をし、リベラルが必要とする合理的な、道理に基づいた議論を不可能にすることである。たとえば、トランプ大統領は、新型コロナに関して「WHO（世界保健機構）への資金をとめる」と言ったかと思うと「そうはしない。それを考慮しているということだ」と述べる（op. cit., p. 371）。三つめは、相手（一般人を含めて）を激高させるような扇動的な（通常は使われない）用語を使うことである（inflammatory speak「戦狼外交」のようなものか）。これは、合理的な議論よりも、感情に訴えるものとなり、真実から乖離する。四つ目は、「今一つの真実 alternative facts」という議論を促進することである。「一つの真実ではなく多くの真実が存在する」という

上述のインタヴュアーの発言のように、これはまさに真実に基づいた政治というリベラルの基本への挑戦である（「真実は民主主義の基盤である」（カクタニ、2019））。五つ目は、「洪水 flooding」であり、SNSなどを通して、ある問題に関して、事実また虚偽の情報を大量に流して、聴衆を混乱させ、真実は何かがわからないようにすることである。六つ目は、「間違った信念 misplaced faith」を流布することである。政治指導者が複雑な事象を取り扱う場合、十分に分析・考慮せず、科学的な事実に反する信念に基づいて発言し、聴衆を混乱させることである。七つ目は、「陰謀論」である。たとえば、ハンガリーのオルバン首相は、ジョージ・ソロスがハンガリーを奪取しようとしている、というような陰謀論を流した。

　このような「真実の破壊」行為は、ロシアなどではよく見られるであろうが、近年では民主主義国でも見られるようになり（ポピュリスト）、また国際的にも大きな影響を与えるようになっている。アドラーたちの示す多くの例は、民主主義国の内部の問題である（たとえば、トランプ大統領）。そして、彼らの基本的な視角は、リベラルな国内外の秩序に対する挑戦である（これは、シュナイカーも同じ）。ただ、彼らの枠組みを、中国（ロシア）のアメリカ（西側）に対する実践としてとらえれば、リベラル国際秩序への「外からの」挑戦の一つとも考えられるであろう。

　「規範破壊」や「真実破壊」が国家間でとられれば、それはシャープ・パワーと呼ばれるものを含むこととなる (C. Walker, 2018)。これは相手国内に入り込み、デマやプロパガンダを行い相手の政治を混乱させ、コントロールしようとするものである。

第3節　既存の規範に対する行動のスペクトラム

　シュナイカーの言う「規範／秩序破壊者」は、実際にも概念的にも必ずしも新しいものではない。たとえば、中国の行動について考えれば、それは明らかであろう。以下では、他のタイプの行為も含めて、「規範破壊者」の位置づけを考えることにしたい。

R. シュウェラーと X. プは、単極構造が揺らいでいくなかで、中国が国際秩序に対してとる戦略として三つが考えられるとしている (Schweller and Pu, 2011)。一つは、国際秩序に入り、その規範に従い、また応分の負担をするという支持者 (supporter)、二つには、現秩序を全く別のものにしようとして活動するスポイラー（spoiler、破壊者）、三つには、現秩序に入りながら、責任逃れをしたり「ただ乗り」したりする忌避者 (shirkers) である (op. cit., p. 42)。このうちスポイラーは、現秩序を全く別のものにしようとして、現行秩序に対抗すると考えられるので、シュナイカーのいう「規範破壊者」に近いものであろう（ただし、「ただ乗り」も「規範破壊行為」を含むかもしれない）。シュウェラーたちの言うスポイラーは、代替的な秩序を考えているので、シュナイカーのいう「規範破壊者」とはその点で異なるのかもしれない。ただし、後で述べるように、シュナイカーの「規範破壊者」は、国家利益、国家主権を主とするウェストファリア秩序を背景としていると考えれば、代替的な規範（秩序）を持っているとはいえよう。もしそうならば、「規範破壊者」も既存の国際制度の中で、自分に合わない規範に抵抗し、自己の規範を浸透させようとすることがある。この場合、「規範破壊者」はただ国際制度全体を破壊しようとしたりそこから脱退しようとしたりするのではなく、当該の国際制度の中の一定の規範を変えたり不安定 (unsettled) にしたりするという結果をもたらそう。このような行動は、国際制度の内部から国際制度を変化させ、シェープ（形成）するということであり、R. フットのいう「内部からの形成 shaping from within」である (Foot, 2020, chapter 8)。

　また、アイケンベリーとリムは、挑戦国が既存の国際制度に対する戦略として五つがあるとする (Ikenberry and Lim, 2017)。一つは「現状維持型ステークホルダー」であり、通常のメンバーとして国際制度に参加し、そのルールや規範を受け入れる。二つには、「ステータス追求型のステークホルダー」であり、既存の国際制度に参加し、制度内での権威（ステータス）や影響力の増大を目指す。三つめは、「制度的妨害」であり、制度の内部から、彼らにとって望ましくないルール／実践 (practice)、規範の具体化や適用を封じ込めたり、制限しようとしたりする。

四つ目は、「外部におけるイノベーション」であり、挑戦国は、既存の国際制度の外に新たな国際制度を創設する。新たな国際制度は「既存のシステム内での国際協力の代替的な結節点をつくる」(これは、S. ゴッダードのブローカーにあたろうか、Goddard, 2018) ため、「二国間、多国間での影響力を向上するための挑戦国の外交ツール」、「既存のルールや規範に挑戦し、それを代替する」といった目的(機能)を果たすことになる (Ikenberry and Lim, 2017, p. 10)。

　五つ目は、「異議申し立て／不参加」であり、挑戦国は、既存の国際的枠組みに対する公然たる批判や不参加を選択する。これは、別の制度の創設と併用される場合もあるが、単に既存のルール、実践、規範を無視して活動し、代替的な秩序形成に関心を示さないこともある。

　以上を見ると、アイケンベリー／リムのいう「制度的妨害」、「外部におけるイノベーション」、「異議申し立て／不参加」は、それぞれシュナイカーのいう「規範破壊者」に関連する行動の特徴を示すと考えられる。このように、シュナイカーの言う「規範破壊者」は、必ずしも新しい概念ではない。

　本項で述べた既存の秩序(規範／ルール)に対する様々な行動に関する概念は、一つのスペクトラムを形成しているといえる。それは、「既存の秩序の防衛者／指導者」と「既存の秩序の外部にあって当該の秩序を公然と批判する異議申し立て／不参加」を両極として、その中間に現秩序を支持する者から妨害するものまでを配置することで示される。アルバート・ハーシュマン的にいえば、「既存の秩序の防衛者／指導者」は組織に忠誠(loyalty)を誓うものであり、既存の秩序の外にあるのは組織からの退出(exit)であり、それらの中間には組織に対する強弱さまざまな「声」(voice)があるということである (Hirschman, 1970)。

　図5で、支持者からステークホルダー、ただ乗りまでは、現秩序のルールや規範に従う(遵守する)であろう。しかし、規範妨害者以下は、既存の規範を遵守しない者、さらに挑戦者、規範破壊者であろう。ここで注意しなければならないことは、図5で示した行動がある行為者(国家)の全体的な特徴を表すのでは必ずしもない点である。ある国がある問題に関して規範妨害者で

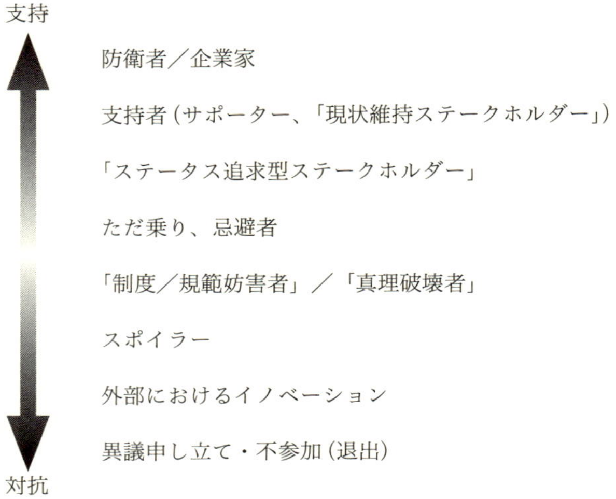

```
支持 ↑
        防衛者／企業家
        支持者（サポーター、「現状維持ステークホルダー」）
        「ステータス追求型ステークホルダー」
        ただ乗り、忌避者
        「制度／規範妨害者」／「真理破壊者」
        スポイラー
        外部におけるイノベーション
        異議申し立て・不参加（退出）
対抗 ↓
```

図5　現秩序への対抗スペクトラム
出典）筆者作成

あっても、他の問題に関してはサポーターであるかも知れない。たとえば、中国は南シナ海問題で規範破壊者であるかも知れないが、環境問題ではサポーターであるかも知れない (Johnston, 2019)。

第4節　規範の堅牢性 (robustness) あるいは強靭性 (resilience)

　ある規範に関して、ある国がそれに反する妨害行為をした場合でも、その規範そのものが弱体化するとは限らない。たとえば、イタリアがNGOの難民の捜索救難を妨害する行動をとっても、難民の捜索救難という規範が一般的に弱まったり、他の国がその規範を放棄したりすることにはならない。このことは、より一般的に規範の堅牢性 (robustness) や強靭性 (resilience) と呼ばれる。1990年代の国際政治学では、規範企業家（NGOだけではなく国家）によって提示されたリベラルな規範が広がり、それを各国が受容し、国家間の交渉によって規範が制度化される（国際レジーム）という過程が想定されていた (Finnemore and Sikkink, 1998)。そして、規範が一旦受容されて制度化されると、

それに従うことは「当たり前 take-for-granted」で適切なものと仮定された。しかしながら、2000年代に入り、このような過程は一方向に展開するものではないことが明らかになり、2010年代になると、既存の規範が衰えたり崩壊したりする現象が見られるようになる。このような現象は、中国やロシアの外交政策だけではなく、イギリスのEU脱退やアメリカのトランピズムなどリベラルな国際秩序の内部からもみられるようになった。

このような現象を前にして、図5に示したように、リベラル規範に対してどのような妨害行為が見られるのかだけではなく、そのような規範への対抗・破壊行為（挑戦）に対して規範がどのくらい堅牢で強靭であるかが分析の対象となった (Sandholtz, 2019; Deitelhoff and Zimmermann, 2019, 2020)。この問題に対する研究者の問題意識（の一つ）は、「グローバルなリベラル秩序の性格あるいは規範的な質をどのように見ようとも、研究者は、それに対する挑戦が規範や制度を弱めるかどうか、そしていつ、どのような条件で弱めるかをよりよく理解することが必要である」(Deitelhoff and Zimmermann, 2019, p. 4) ということである。

このような問題意識はきわめて重要だが、研究は始まったばかりといってよく、必ずしも体系的に行われているわけではない。しかし、今後の研究への問題提起として、この新たな研究プログラムの概要ととりあえずの成果を述べておこう。概して彼らは、規範の堅牢性と挑戦（対抗）との間の関係を調べようとする。規範の堅牢性とは、（ある）規範を支持する言説が幅広くみられるかどうか、実際に規範に沿った行動がどこまで見られるかによってはかられるものである。一般的な仮説は、挑戦や対抗が頻繁で強いほど規範の堅牢性は低くなり、極端には減衰・消滅する、というものである。しかし、多くのケース・スタディによれば、強国が挑戦しても、頻繁に挑戦があっても、そのような傾向は見られない。ただ、規範に対する対抗・挑戦が、本質的な (validity についての) 対抗であるのか、適用についてのものであるかは規範の堅牢性に影響があるという（前者に関する挑戦の方が堅牢性を脅かす）。

このように、リベラルな規範に対する挑戦が、規範の堅牢性や強靭性にどのような影響を与えるかはそれほど明らかになっていないようである。また、

この分野の研究者が実際のケースとして取り上げているのは、拷問の禁止、戦闘への女性の参加、R2P などであり、秩序の根幹である政治体制（民主主義）や人権などは取り上げられていない。ケースをこれらの問題に広げて研究が行われることが望まれる。

さらに、この研究プログラムは、基本的にはリベラルな規範を取り上げているので、リベラルな規範論の系統に属すると言えよう。本書の枠組みでいえば、図 2 (p. 48) の b' にあたるものである。すなわち、中国の規範破壊行為（それは中国の権威主義的な規範の投射 (a') とは異なるので、a" とした方がよいかもしれない）に対して、アメリカのリベラル規範がいかに堅牢性（耐性）をもっているかということが問題意識である。

しかし、中国の側から言えば、アメリカのリベラル規範の投射 (a) に対して、またアメリカによる中国の規範／価値への破壊行為に対して、いかに自国の規範を守るか (b) という古くて新しい問題がある。規範の堅牢性の枠組みは、少なくとも理論としては、中国の規範や価値の堅牢性にも適用できる。

以上の諸点は、第 7 節において再び検討される。

第 5 節　規範の対抗から秩序間の対抗へ——規範対抗の論理と秩序原理：素描

規範の対抗がなぜおきるかに関しては、いくつかの異なる理由（視点、パースペクティブ）が考えられる。そのようなパースペクティブを国際政治の組織原理に引き伸ばして考えようとするのが本節の目的である（本節の議論、また使われる概念に関しては、Bettiza and Lewis (2020) に多くを負っている）。

第 1 項　「リベラル規範対国益」と「多様性のもとでの対抗」

まず、リベラル規範に対抗する基本的な視角として「リベラル規範対国益」と「多様性の対抗」という二つのパースペクティブを検討する (ibid.)。「リベラル規範対国益」というパースペクティブは、リベラルな規範を通じて、民主主義とか人権などの価値そのものの維持促進だけではなく、国益に基づく各国の恣意的な行動を抑制し、国際的な安定をもたらすことを目指

す。もしリベラルな規範が広がり安定するなら、国際的な平和と安定が維持される（リベラルな国際秩序）。しかしながら、リベラルな規範やルールが国益の名のもとに拒否されたり遵守されなかったりすると、国益中心の国際政治が見られるようになる。このような対抗の論理を国際政治の在り方に敷衍すると、国際政治は、国家間のルールのないアナキーとなるか、主権国家を主体とし、内政不干渉をベースとするウェストファリア体制となる。ここでウェストファリア体制とは、C. ベルがいうミニマムなものであり、内政不干渉と「合意は拘束する *pacta sunt servanda*」という二つの条件が満たされている国際秩序である（C. Bell, 2007）。

「多様性の（もとの）対抗」は、各国（各地域）の独自の規範や価値体系に基づいて、多様性を認めつつ、規範の対抗（や妥協）が行われるという視点である。この視点は、リベラルな規範が多様な価値規範の一つであると考える。そうすると、異なる規範が接するとき、特定の規範を優先化することなく、他の規範を取り入れるときには取り入れ、そうではないときには自己の規範を維持する。具体的には、国際的に認められている規範を自己の規範の中にダウンロードしていく、自己の規範に合うようにローカライズする、あるいは自己の規範と他の規範を折衷するような「新しい」規範を形成していく、という現象が見られることになる。このような「多様性のもとの対抗」は、2000年代前半、アミタフ・アチャリヤなどによって提起され（Acharya, 2004）、のちにアメリカの秩序後の世界秩序として、「多重回路・多重中心（マルチプレックス multiplex）の世界」を構想するもととなる（Acharya, 2018）。「多重回路・多重中心の世界」とは、アメリカが主導してきた覇権的なリベラル国際秩序（アメリカの世界秩序 AWO、American World Order）は終わったという前提に基づく秩序観である。アメリカはいまだ世界最強国ではあるが、かつてのように他の国々を指導する力はない。相互の結びつきと複雑性をますます高める世界において、アメリカを含む国々が他の国々のアイディアと絡み合いつつアイディアをめぐる競争を繰り広げる世界である（op. cit., Preface to the second edition）。このマルチプレックスの世界は、規範や価値体系が分散している世界、グローバルに一律的な規範が存在しない世界であり、その意味では相対主義的世界で

ある。

第 2 項　反ヘゲモニーと「文明的国家」

　ベティーザとルイスは、「規範対利益」、「多様性の（もとの）対抗」という二つのパースペクティブに加え、三つ目のパースペクティブとして、'ポスト構造主義'的なものを挙げている（Bittiza and Lewis, 2020）。これをわかりやすく翻案して言えば、リベラル規範をはじめとする西側の支配的な状態（ヘゲモニー）からの解放を目指す（emancipatory）ものであり、反ヘゲモニーである。また、それは、反米、反西欧的な要素をつよく持つものである。さらに、西側のヘゲモニーによって、自己のアイデンティティが失われるという「存在論的安全保障」（Mitzen, 2006）が問題とされる。この反ヘゲモニー的、解放的対抗は、欧米が圧倒的に強い冷戦後の世界においては（あるいはその前から）、常に底流に流れていた。それは様々な形で現れる。強く出現する場合と弱い場合もあり、個別の国に現れる場合と集団的に現れる場合等さまざまである。

　若干イメージを得るために、反ヘゲモニーの具体的な対抗方法の例をあげれば、2001年に作られたSCO（上海協力機構）では反ヘゲモニー（反覇権）や多極化が中心的なスローガンであった。また、アメリカ（欧米）の人権問題に対する介入を国家主権や内政不干渉の原則で防ごうとしたことの背景には反ヘゲモニー的要素があったであろう。

　反ヘゲモニーのなかで最も先鋭的で西側の規範体系を否定、拒否する言説として、2010年代に顕著になったロシアのプーチン大統領の「文明的国家 civilizational state」論が挙げられよう。プーチン大統領が初めて「文明的国家」という用語を用いたのは、2013年だという（Coker, 2019, p. xi）。ロシアの「文明的国家」は、ロシアを文化、宗教、政治体制などの面で西欧とは異なる「文明的国家」（ロシア世界）とみなし、領域的にはユーラシアを念頭に置きつつも、近代主権国家の領域とは異なり流動的である。「文明的国家」論は、欧米のイディエーショナルな要素を含むヘゲモニーと対抗（拒否）するものであった。それと同時に、文明という概念を持ち出すことによって、領域概念（境界）を曖昧化するので、領域に基づいた近代主権国家と齟齬（時にはそれを否定）

することが多く、またそれゆえ過去の歴史（文明）で失った領域を回復しようとする「失地回復主義 irredentism」を伴う。ロシアの場合には、冷戦後、ワルシャワ条約機構の崩壊、NATOの東方拡大によって失った勢力圏（緩衝地帯）、またウクライナやジョージアなどの旧ソ連の国々も失地回復主義の対象となろう。いわば、プーチンの「国恥地図」である。歴史が国家の戦略目標を決めるというゲオ・ヒストリー（地歴学）の今一つの例であろう（Hill and Stent, 2022）。また、コーカーは、「国際的なルールを破ってもそれによって罰せられることがない、というのがプーチンの独特の大国の定義であるように思える」（Coker, 2019, p. 183）と述べている。プーチン大統領は 2019 年に、リベラリズムは時代遅れであり、数十年にわたって西欧の民主主義を支えてきたこのイデオロギーは圧倒的多数の人々の利益と齟齬をきたし、役目を終えたと述べる。また、LGBT に関しても、それが人口の中核にある数多くの人々の伝統的な家族の価値などに影を落とすことになってはならないと述べている（BBC News, 2019）。

　このような特徴を持つ「文明的国家」は、ISIL（イスラム国 Islamic caliphate）や中国にもみられるという（Coker, 2019; Pabst, 2019）。中国に関して言えば、「天下」概念にしても為政者（習近平）が中国の文明的要素を強調していることからしても、「文明的国家」の要素を持っていることは確かであろう。中国にとっても、境界は明確ではなく、台湾は言うに及ばず、南シナ海についても、「国恥地図」に見られるように、失地回復的な傾向がみられる（Callahan, 2010, chapter 4; 林、2022; 譚、2021）。しかしながら、中国は、このような「文明的国家」と領域をもつ近代主権国家としての二重性を持つ。いわば、「大きな中国」と領域が明確な「小さな国家」が並行して認識されており（葛、2022）、その綱引きの中で実際の対外政策が展開されていると言えよう。「大きな中国」は、「小さな中国」に制約され（引き留められ）、「小さな中国」は「大きな中国」に引っ張られる可能性がある。しかし、「大きな中国」には、制約がかかっているのである。いずれにせよ、中国に関しても「文明的国家」という観点から反覇権的な対抗が見られるのである。また、ロシアにしても中国にしても、「文明的国家」の側面が亢進すると、欧米との文明の衝突的な国際政治の可能性

も否定できないのである (Coker, 2019, pp. 4-5, and p. 146ff)(「文明的国家」については、本書第6章第2節および第4節と第12章第4節第4項参照)。

第3項　「非リベラルな規範の投射」と非リベラルな国際秩序

　以上述べてきた三つのパースペクティブは、リベラルな国際秩序に何らかの形で抵抗するという守勢的な要素が濃いものであった（ただし、領域の拡大ということでいえば、失地回復主義は、攻勢的な役割を果たそうが）。これに対して、ベティーザとルイスが示す四つ目のパースペクティブは、「積極的な（リベラルではない）秩序形成」とでも呼べるものである。この第四の視点は、より積極的にリベラルな規範（価値）とは異なる規範を個別にあるいは集団的に外に対して投射し、その規範にもとづいた秩序を作ろうとする。その規範がリベラルな規範に対抗する規範であるならば、それは、（リベラルな規範に対する）カウンター規範となり、その投射を担う国（集団）は「カウンター規範の（規範）企業家 counter norm entrepreneurs」と呼ばれる (Bettiza and Lewis, 2020, p. 572)。

　このような「リベラルではない秩序形成」はいかなる過程と結果をもたらすのか、リベラルな秩序との関係はどうなるのか、秩序間の対抗はどのようになるのか、グローバルなものとなり得るのか、'地域的'なものとなるのか等、様々な考察が必要となろう。ただ、リベラルではない規範・価値には、リベラルを否定する非リベラル (illiberal)（反リベラル）もあろうし、リベラルではない (nonliberal) ものもあろう[3]。もしリベラルを否定する非リベラルの秩序を考えるとしたら（たとえば民主に対する専制、LGBTQ の権利の促進対その否定）、それは「リベラルな秩序のミラー・イメージの否定」(Bettiza and Lewis, 2020, p. 572)、あるいは、彼ら自身のイデオロギーはなく、リベラルなイデオロギーに対する反イデオロギー (anti-ideology) [若干語弊があるが]であり、広く言えば、リベラルな国際秩序の掌のなかの秩序であり、必ずしも代替的な秩序とは言えないかもしれない。すなわち、非リベラルな秩序は、リベラルな秩序が存在して初めて意味を持つものであり、非リベラルな秩序とリベラルな秩序は相互に構成的なものだと言えよう。

第6節　リベラル国際法秩序と権威主義的な国際法秩序
　　　──二つの「ウェストファリアを超えて」

第1項　規範破壊者の背後にある規範──二つの国際秩序の可能性

　規範の対抗と（非リベラルな規範を基にする）国際秩序形成との関係をより有機的、また厳密に考えるにあたって、とりあえずシュナイカーの「（リベラル）規範の破壊者」の議論を出発点としよう。「規範破壊者」は、（狭い）自己の利益（シュナイカーは、国内政治から決まってくる利益としている）に基づいて行動し、それ自身の規範・秩序は持たないとされる（Schneiker, 2021）。したがって、相手に対して自己の価値・規範を投射しようとしたり（積極的な規範の投射）、自己の価値・規範を相手から守ろうとしたりするわけでもない。トランプ大統領は、国益（アメリカ・ファースト）以外には、なんらの規範・秩序を示さなかったと解釈すれば、その例であるかもしれない。

　このように、シュナイカーは、既存の規範の破壊者が代替的な規範を明示せず、国内で決定された利益を追求するといっている。このことは、シュナイカーの視点が、ベティーザとルイスの「（リベラル）規範 vs 国益」（Bettiza and Lewis, 2020）に基づいていることを示唆する。実際に彼女自身が、国家の行動は常に国益を追求するリアリストの行動である可能性にふれて（Schneiker, 2021, p. 117）、「『規範破壊者』が望むような（国家単位の）個人主義的な行動基準は、将来集団的な基準になるかもしれない」（op. cit., p. 117）とも述べている。もしそうであるとすると、「（個々の国家の）個人主義的行動基準」とは何かが問われなければならない。その一つの可能性は、国家主権と国益をベースとするリアリスト的な基準、あるいはウェストファリア的な秩序・行動規範と言えるのではなかろうか。そうすると、現在の「規範破壊者」が潜在的に提示し、相手に投げかけているのは、ウェストファリア的な秩序（あるいは、国益だけで行動する国家の集合──アナキー）だと考えられる。

　そうすると、現在の状況は、既存の規範・秩序としてのリベラルな国際秩序とウェストファリア的な秩序との対抗関係ということになる。もしそうであれば、次節で述べるように、この対抗は「ライバルの間の相互投射」（ライ

バル規範企業家の関係——rival entrepreneurs、Bob, 2017; Bloomfield, 2016）であり、リベラルはリベラル秩序を、リアリストはウェストファリア的秩序を守ろうとし、それぞれが自己の規範の防衛者ということになる。

　このような視点をさらに推し進めてみると、リベラルな国際秩序に対抗・挑戦する国の中には権威主義体制をとる国がある。その中には、民主主義や人権を促進しようとするリベラルな秩序に対して、権威主義を促進し（守り）、個人の権利よりは集団に重点を置き、主権（内政不干渉）と政治的安定を主目的とする秩序を追求しようとする国が存在する。2010年代も半ばになると、権威主義的な国が増え、また力をつけてくる。いわゆる「権威主義の再興 authoritarian resurgence」という現象である（C. Walker, 2015）。権威主義の再興についての研究は、各国の国内政治の動き（権威主義的になる要因等）や権威主義諸国間の比較などを対象にする。それとともに「権威主義がグローバルになっていく authoritarianism goes global」ことによって、それが地域的また国際的な秩序にどのような影響を与えるかが考察の対象となる（Diamond, Plattner, and Walker, eds., 2016）。この文脈の中で、A. ネイサン（Nathan, 2015）は、中国は民主主義への全面的な挑戦を選択したわけではないが、どのようなタイプの政治体制を持つ国とも協力して国家主権、内政不干渉、そして"文化多元主義 cultural pluralism"という国際規範を積極的に促進する中国の行動が準権威主義国や権威主義国をグローバルに勇気づけ促進する効果を持っていると述べる（いわゆる「権威主義インターナショナル」である、Silitski, 2006）。そして、中国の国境を越えて民主主義の運命にマイナスの効果をもたらす六つの行動パターンを挙げている。一つは、経済発展などで範を示すことによって、権威主義的な国を勇気づけている。二つには、国際的なメディアなどを通して権威主義的な価値を促進することによって、自国の海外における威信を強めている。三つには、権威主義国家のサークルにおいて、監視また監視技術などの支配の技術を広めることによって、中心的な役割を果たしている。四つには、既存の民主主義国や民主主義の芽をつぶすような行動をしている。五つには、中国の経済的、戦略的パートナーである権威主義的な国家の生存を支援する行動をとる（経済援助、武器供与など）。六つには、国際制度においてリ

ベラルな価値を抑圧し、「体制のタイプに中立的な」ものにしようとしたり、また民主主義国を排除する制度やパラレルな制度を作っている。ネイサンが指摘するこのような行動パターンは以後も強化されているので、いまや権威主義的な国際秩序が形成されつつあるとも考えられる。ジョン・オーエンは、現在の国際システムには、リベラルな国際秩序（Liberal international order, LIO）と中国が作りつつあるマーケットレーニン主義を中心として、それを拡大し、国際的な秩序のなかのリベラルな要素を打ち消し、自己の安全を図ろうとする「権威主義的資本主義の秩序 authoritarian-capitalist international order, ACIO」の二つが存在し、競い合っているとする（Owen, 2021）。

このように規範の対抗は、いまや秩序の対抗という次元に及んでいる。秩序の対抗には、狭い規範だけではなく、国家の行動パターンや政治体制、国益など多くの要素が含まれるので、ナラティブの対抗や言説の対抗と考えた方がよいかもしれない。したがって、第10章第2節でナラティブの対抗を取り上げる際には、秩序の対抗も取り上げ再論する。

第2項　三つの秩序——リベラル国際秩序、ネオ・ウェストファリア秩序、権威主義的国際秩序

また、T. ギンズバーグは、国際法の立場から秩序の対抗にアプローチする。彼は、国際法秩序をリベラルな（国際法）秩序、ウェストファリア的秩序（ギンズバーグの言葉では、general（一般国際法））、権威主義的国際法秩序という三つに分けて検討している（Ginsburg, 2020, p. 233）。リベラルな秩序と権威主義的な秩序は、国内政治体制に違いがある国が、それぞれの価値・規範を投射した秩序を追求することによってつくられる。また、そのことを反映して、国際法（規範）に関しても、主権／内政不干渉の優先順位、規則と調整のどちらに重点を置くか等に違いが出てくる。ウェストファリア的秩序は、主権を基本としながら、国内の政治体制には基本的に中立的であり、民主主義と権威主義の両方を包摂する。

このような枠組みに基づくと、次のように言えるかもしれない。ウェストファリア的秩序を原点とすれば、冷戦後に展開したリベラルな秩序の促進、

民主主義の促進、人権／人道規範の拡大等は、国内の政治体制に深くかかわるという意味で「ウェストファリアを超えて beyond Westphalia」(Lyons and Mastanduno, 1995)というものであった（あるいは、脱国家のリベラリズム postnational liberalism, Börzel and Zürn (2021)）。そうであるとすると、冷戦後にアメリカ（西側）が展開した民主主義の促進、人権／人道の促進は現状変更の動きであり、それを担った国家や NGO は規範企業家であったという、本書ですでに述べてきたことと一致しよう。

しかしながら、2000 年代、このような動きに対して、内政不干渉などの原理をベースに対抗的な動きが出てきた。それは、ある意味で現状維持（あるいは、ウェストファリア秩序への原状回復）の動きであったかもしれない。たとえば、現実国際政治の場において、新興工業国が急速に台頭し、既存のリベラルな国際秩序とは異なるルールにしたがって行動しようとする国があらわれる。それらの国々は、BRICs、BRICS、SCO（上海協力機構）などの比較的にインフォーマルな国際組織を作り、そこでは、国家主権、内政不干渉が基本的な原理となり、また彼ら自身の地位の向上と独自のルールにもとづいた秩序を作ろうとする。BRICs は、ブラジル、ロシア、インド、中国（のち、南アフリカを加え、BRICS となる）が 2006 年から外相会議を開催し、2009 年からは、首脳会議を開くようになる。彼らの目標は、彼らの地位や、影響力を増大させることであり、また多国間主義や国連を重視するものであった（このあたり、Stuenkel, 2014）。BRICS の参加国は、政治体制が多様であり、国内の政治体制を表に出すことはなかった。

しかし、中国やロシアという権威主義国家は、硬い主権、国家主導の資本主義、内政不干渉などを主体とし、グローバル市民社会とか人道的軍事介入などのリベラルな国際主義を否定する。とくに、2001 年に発足した SCO はその例である。SCO は、中国、ロシア、カザフスタン、キルギス、タジキスタン、ウズベキスタンの 6 カ国によってつくられた（2017 年からは、インド、パキスタンが正式の加盟国となる）。SCO は安全保障や経済など様々な分野における協力を目指して内政不干渉などの原理を掲げ、「テロリズム、分離主義、過激主義」の三悪に協力して対処しようとするものであった（たとえば、SCO

Charter, 2002)。また、SCO の基本的な原則の一つは、反覇権(反ヘゲモニー)であった。すなわち、リベラルな国際秩序の支配に反対であり、基本的には反米(反西欧)である。

このような状態をバーマたちは (Barma et al., 2007) ネオ・ウェストファリア体制と呼び、それがリベラルな秩序と並行的な秩序を形成するに至っているとしている。1648 年のウェストファリア体制は国家の指導者に対して、彼らの領土においてどのような宗教を実践するかを決める権利を与えた。21 世紀のネオ・ウェストファリアにおいては、この宗教的自律を「国家は、他国から介入されず、経済、社会、文化の自律性をもつ」ということに置き換えたものであるという[4]。

バーマたちは、どのような(国際的な)政治秩序においてもアイディアのセットと力のセットの二つが構成要素となっているとする。そして、後者(力)に関して、新興国は大きな力を持つようになってきている。「これら二つの要素[すなわち、アイディアの要素と力の要素]は、個別には西側のシステムに対する具体的な代替的システムを作り出すわけではないが、相合わさって相乗効果を発揮し、安定的で堅固な政治経済秩序を作り出すかもしれない」と述べている (op. cit., 2007, p. 25)。

このように 2000 年代には、リベラルな国際秩序に対して、ネオ・ウェストファリア秩序が押し戻そうとしていたといえよう。前者はいまだ規範企業家(その限りでは現状変更)であり、後者は、いままでの古いウェストファリア秩序を維持しようとする反規範企業家(現状維持)であるといえよう。しかしながら、バーマたちは、ネオ・ウェストファリア秩序が堅固な秩序に転化する可能性を指摘していた。

第 3 項　権威主義的な国際秩序は可能か？
——第二の「ウェストファリア体制を超えて」？

この傾向は、2010 年代に入ってますます明らかになる (Barma et al., 2014)。ワン (H. Wang, 2020) に従えば、中国は 2000 年代、たとえば 2001 年に WTO に加入するとき、自国の国内ルールを国際的なルールに如何に適応させるか

を主要テーマとしていた（「適応パラダイム」という）。これは、比喩的に言えば、国際的なルールを国内ルールにダウンロードしていくものであった。しかしながら、2010年代、とくに習近平の時代に入ると、中国は自国の規範・ルールを国際的にアップロードするようになる。たとえば、2010年代の半ばを過ぎると、自国の価値や規範、またアジェンダを国際制度の中に組み込み、制度を通して影響力を増大するという制度的力（制度性話語権）を重視するようになる（本書第6章第3節第4項）。経済分野においてもそうである。そして、このことは、「中国の常に外の世界から影響を受けている状態から、［外の世界と内の世界の］相互作用への移行を示している」とされるのである（*China Daily*, 2015a）。

より広い国際秩序に関して、中国は自国を中心として、単に国家主権、内政不干渉、（多国間制度ではなく）国益に基づいた二国間調整などの国際的な規範だけではなく、国内体制の政治的安定を至上の価値とし、個人の権利よりも集団の権利を優越させ、さらに（結果として、また目的として）権威主義的な体制を守り、その空間を広げる目的を持って行動する（Weiss, 2019）。中国は、T. ギンズバーグの言う「権威主義的な国際法秩序」をひろく拡大しようとして、いわば国内体制に中立なウェストファリア秩序を、リベラルな国際秩序とは逆の方向で超えようとする動きを示すのである（Ginsburg, 2020, p. 233）。さらに国際政治学でも、2010年代も末になると、リベラルな国際秩序、ウェストファリア的国際秩序、それに権威主義的な価値の投射の三つがあらわれ、交差していることが指摘される（Deudney and Ikenberry, 2018）。

ここで、権威主義（専制主義）の拡大およびそれを目指す活動に関して若干の考察をしておこう。最近、権威主義的国際秩序や国際的な権威主義（専制主義）の促進（autocracy promotion——Dukalskis, 2021; Weiss, 2021）という用語をよく聞く。冷戦後には、権威主義（専制体制）国は通常、普遍的な価値や規範にもとづかず、相手の体制をひっくり返して専制体制を作ったり専制体制を他に輸出したりすることはなく、国際秩序という次元においてリベラルな国際秩序に挑戦しその代替的な秩序を提示することはできない、と考えられた（Ikenberry, 2014, 2022; Dobbins, Shatz, and Wyne, 2018, p. 11）。権威主義国は、自国の

政治体制を守ろうとする守勢的態度をとることがせいぜいであり、国家主権（内政不干渉）規範（すなわち、ウェストファリア秩序）を押し立てながらも、実は自国の政治体制（そして、為政者の権力）維持をはかろうとしていたにすぎないと理解されていた。

　行動のレベルにおいては、権威主義国は自己を守るために、相手の矛盾した行動を非難して自己の立場を優位にするとか、相手のイデオロギーの（NGO等を通しての）浸透を防ごうとしてきた。たとえば、アメリカ／西側は、平等と言いながら実は差別をしている、人権と言いながら彼ら自身に対するスタンダードと他国に対するスタンダードが異なる二重基準をとっている、と非難する（すでに述べた「whataboutism だからどうした？」である）。これらの動きは、「民主主義の阻止 democracy prevention」（von Soest, 2015）と言われる。さらに、専制体制は、リベラルな規範や価値への攻撃をも行う。シュナイカーの言う「規範破壊者」（規範のサボタージュ）やアドラーたちの言う「真実の破壊者」としての実践がその例であろう。

　しかし、このような動きは、積極的に専制体制（権威主義体制）を外に広めようとするものでは必ずしもない。もちろん、中国には統治や経済発展についての「中国モデル」があり、それを「輸出」しようとしている。しかし、専制体制（中国のそれ）が外に広がる基本的な要因は、中国の政治的な専制と資本主義の混合体制が経済成長（そして、貧困の撲滅）に大きな成果を挙げ、それがリベラルな国際秩序に対する「代替的なモデル」として、開発途上国を中心に受け入れられるようになった（本書第7章第1節で触れた「保守的なソフト・パワー」）ことだと考えられる。この「代替的なモデル」の拡散に伴って（あるいは、その内容として）、「政治的安定を人権より重視する」、「法の支配より、法による支配」などの権威主義的規範が拒否されない（あるいは、それらが受容される）空間が広がることになる。これが、権威主義的な国際法秩序である。中国は他の専制的な政治体制を持つ国々を様々な形で支援したり（他の権威主義的な国が「民主主義の阻止」を図るときに直接、間接に協力する）、また結果として、国際社会における自己の利益（共産党の安寧、経済的な便益等）を獲得したりしていくのである（Weiss, 2021; Edel and Shullman, 2021）。これらの動き

は、権威主義体制諸国間の協力であり、その結果として「権威主義インターナショナル authoritarianism international」とも呼べる現象を呈する (Silitski, 2006, 2010; von Soest, 2015)。しかし、ここでは、毛沢東時代の共産主義の輸出、あるいはソ連が行った他国の共産化というような専制主義の直接のプロモーション (autocracy promotion) というよりは、間接的な拡大が見られる。この点 E. ヴォエテンは興味ある議論を展開している。彼は、イデオロギーを薄い (thin) イデオロギーと濃い (thick) イデオロギーとに分けている (Voeten, 2021, p. 24)。濃いイデオロギーとは、国際的そして国内的な社会がどのように組織されるかについて凝集性の高い代替的なヴィジョンを持っているものである。共産主義は濃いイデオロギーの例である。しかし、いまの中国等が持っているのは薄いイデオロギーであり、それは基本的には国家主義 (statism) である。一般に国家主義は、リベラル国際秩序に反対し、とくに国内への関与・介入に反対するが、国内 (そして国際社会) が具体的にどのように組織されるべきであるかについて詳しい処方箋は持っていない。ただそれは、西側のリベラルな秩序の批判されるべき多くの問題に関してのヴィジョンは持っている (ibid.)。中国のイデオロギーがここで止まるのか、あるいは、A. ガットが言うような権威主義的資本主義の国際秩序 (Gat, 2007) や E. ゴーの言うような中国——権威主義国家——を中心とする階層的 (覇権的) 秩序 (Goh, 2013; see also Lim and Ikenberry, 2023) の形成が考えられ得るのかは、将来を見なければわからない。

このように、専制的 (権威主義的) 国際秩序が実際にあるのか、あるいは出現しつつあるのか、またどのようなものであるのかについては、必ずしも結論の出ている問題ではない。たとえば、フリーダム・ハウスの 2022 年の報告書では次のように述べられている。

「専制主義者は過去 15 年間にわたり、彼ら自身の政治的経済的な力の向上と民主主義諸国の圧力が弱まっていくことによって、彼らにとってより好ましい国際環境を作ってきた。この代替的な秩序は、統合的なイデオロギーあるいはリーダー間の個人的な密接な関係に基づいているわけではない。それは、人々の最良の利益に資そうとするものでもないし、

人々の生活を改善することを意図していない。そうではなく、専制主義者が彼らの権力の乱用に対するチェックを最小限にし、彼らの権力掌握を維持するという共有する利益にもとづいている。このような秩序に支配される世界は、実際には無秩序の一つであり、それは武力紛争、無法な暴力、腐敗、経済的な不安定に満ちたものになろう。」(Freedom House, 2022, p. 3)

　しかし、人権より国家主権、法の支配より法による支配、ルールより恣意、透明性より談合というような実践を広げていくと、「権威主義的秩序」というものを想定することができよう。この実践は、「権威主義的取引 authoritarian bargains」(Desai, Olofsgård, and Yousef, 2009) と言われるものを含もう。「権威主義的取引」とは、権力者が権力を維持するために (生き残るために)、単に被治者を抑圧するだけではなく、経済的な利得や政治的な権利を与えるということである。このような秩序の要素は国内制度 (政治) の反映であり、また体制の核心的要素である (Weiss and Wallace, 2021; Lim and Ikenberry, 2023)。このような形での「権威主義的秩序」を推し進めようとする者は、現状変更／修正主義的な「規範企業家」であり、リベラルな国際秩序を守ろうとする者は、現状維持的な「反規範企業家」であるということになる。さらに中国は、一帯一路に見られるように、「対外援助」のやり方や投資の方式など様々な分野において、既存のルールとは異なるルールを形成しようとしているし、eコマースや国際的なデータ通信などで「独自」のルールを形成しようとしている (H. Wang, 2020)。さらに、「中国スタンダード 2035」(これは、現在作成中であるとされる) に見られるように、ハイテク製品に関して独自のスタンダードを作り出そうとしている。

　以上のような状況は、繰り返して言えば、リベラルな国際秩序、ウェストファリア的秩序、権威主義的な国際秩序が相争っていることを示している。ただ、これらの秩序は、必ずしも截然と別れるのではなく、重複している。たとえば、中国も、国益の中心にあるものに関しては、内政不干渉というようなウェストファリア秩序を唱える一方で、人権より国家主権 (国内の政治的

安定)を重視する規範を唱えるときは権威主義的な国際秩序を推し進めることになる。しかし、貿易やときに環境などの分野においては、リベラルな国際秩序と重なり共生することがある。また、リベラルな国際秩序の中でのルールをめぐっての争いとともに、リベラルな国際秩序の外で(現在まだ秩序ができていない分野で)の秩序作りの対立が起きている(たとえば、インターネット・ガバナンス、この点たとえば、Weiss and Wallace, 2021)。このような複雑な事象を分析する枠組みが重要である。

権威主義的な国際秩序という観点から現実の世界を考えるとき、権威主義を超えてグローバル・サウスへ広がる秩序をとらえる必要があるかもしれない。たとえば、2022年9月、ウクライナ戦争の最中、ウズベキスタンで開催されたSCOの首脳会議のサイドラインで、プーチン大統領と習近平主席の会談が行われた。そこで、習主席はプーチン大統領に対して「ロシアとともに先導的な役割を果たして、混乱した世界を安定させていきたい」、「双方は多国間の協力を強化し、広範な途上国、新興国の共通の利益を保護するべきだ」といったという(『朝日新聞』2022年9月16日、p. 2)。『朝日新聞』は、「米欧ではなく、中ロが主導して途上国などをまとめ上げていくことに意欲を示したものだ」と論評している。

いずれにせよ、米中関係は、直接の二国間の対抗だけではなく、国際秩序の形成についての競争を展開しているのである。

第7節　競合する投射者(企業家)と反企業家——規範の対抗の現在地

以上のことをまとめると、最近目立っているのは、米中関係で国際秩序をめぐる対抗が見られること、また中国(そしてロシア)から、リベラルな規範に対する直接の妨害や破壊行為が見られることである。このような事象を前提として、規範の対抗の在り方も変化していると言えよう。これを秩序のレベルから行動のレベルに再度戻り、本書の出発点である図2(p. 48)に基づいて考察してみよう。

繰り返して言えば、現在展開している米中関係では、アメリカは中国に自

己のリベラルな価値・規範を投射しようとし（図2の(a)）（すなわち、規範企業家）、中国の投射から自己の価値・規範を守ろうとする（(b')（反規範企業家））。その一方で、中国もまた自己の権威主義的な価値・規範を対外的に投射しようとし（(a')）、それと同時にアメリカ（および、アメリカがリードする国際秩序）からの規範の投射に抵抗しようとする（(b)）。アメリカと中国は、それぞれ自己の価値を相手に投射しようとしているので、二つ合わせれば、ボブの言う「競合する規範企業家 rival entrepreneurs」だとみなせる（Bob, 2017）。また、アメリカも中国も相手の提示する価値・規範を拒否しようとするので、双方とも反規範企業家（anti-preneurrs）と言える（Bloomfield, 2016; Bloomfield and Scott, eds., 2017）。さらに少なくとも理論的にみて顕著になっているのは、中国やロシアが（アメリカ、欧米の）リベラルな規範を直接に妨害したり破壊したりする活動である。すなわち、中国やロシアは「規範破壊者」であり、アメリカは「規範防衛（防御）者」と言えよう。もちろん、中国やロシアにとってアメリカは「規範破壊者」であり、彼ら自身は「規範防衛者」であると認識しよう。反規範企業家は相手が相手の規範を投射してくることに対して抵抗し、たとえば相手の規範を拒否するなどの行動を示す。これに対して、規範防衛（防御）者は、自己の規範を破壊しようとする相手に対して自己の規範を守ろうとする。そこでは相手が相手の規範を投射してくるとは限らず、相手の破壊行動は相手の狭い利益だけに基づくケースもある（Schneiker, 2021）。もちろん、反規範企業家と規範防衛者は重なるところがある。これらを合わせて示したのが、**図6**である。

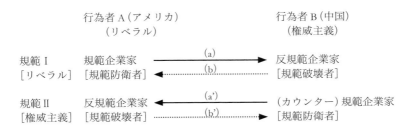

図6　規範企業家でもあり同時に反規範企業家、規範防衛者であり同時に規範破壊者でもある二者の相互作用

出典）筆者作成

この規範企業家と反規範企業家は、A. ヴィーナーの規範対抗理論（Wiener, 2014）が前提とする、「同じ規範コミュニティ」における規範の対抗、すなわちリベラルな規範内での対抗（図6の上部のみ）ではなく、異なる（規範）共同体の間のものであり（Bob, 2017; Bloomfield, 2016, p. 331）、それらの対抗は厳しいものとなる。たとえば、Bob (2012) は、銃規制とかホモセクシュアルの権利という規範が投射されるとき、それに対して銃規制反対、あるいはホモセクシュアルの権利反対というネットワークが国境を越えて形成されるという現象を考察している（現在の用語でいえば、バックラッシュの政治である（本書第13章第7節第2項、Terman, 2016; Alter and Zürn, 2020））[5]。たとえば、国際的にみると、プーチン大統領は、保守的な価値を尊重し、LGBTQ などの価値を西欧の道徳的な退廃として激しく非難する。また中国も、LGBTQ を「西側の価値観」とみて危険視し、活動家を拘束したり、活動拠点を活動停止に追い込んだりしている（共同通信、2023）。現在、アメリカにおいては、LGBTQ や人工中絶などをめぐって、国内的に分裂している。このようなことから LGBTQ に関しては、プーチンや習近平は、アメリカの反 LGBTQ 派と「共鳴」するところがある。アメリカと中ロの地政学的な対立を前提とすれば、G. ラックマンの言うように、性差別などの文化戦争と地政学的な競争が交差するようになってきているのかもしれない（Rachman, 2023）。また、A. クーリーと D. ネクソンは、次のように論じる。すなわち、リベラルな価値を奉ずる脱国家的なネットワークは、冷戦後のアメリカ（西欧）のリベラル国際秩序の支柱の一つであった。しかし、2010 年代にはリベラルな脱国家的ネットワークはロシアや中国によって排除され、また中国などによって非リベラルな国家的 NGO（Government Organized Nongovernmental Organizations——GONGOs）も作られ、非リベラルな脱国家的ネットワークも国境を越えて張り巡らされるようになっている。そして、そのことがリベラルな覇権の衰退の原因の一つとなっているという（Cooley and Nexon, 2020）。

　そして、それらの事象は、本章第4節で論じた規範研究とは異なり、リベラル・バイアス（リベラル規範に限定されたもの）を超えたものとなる。すなわち、規範対抗の理論は、ある規範が提起された場合、その規範を相手が受容

したり様々な形で抵抗したりする状況を念頭に置いていた。繰り返して言えば、規範を提起する方は規範企業家（entrepreneurs）、抵抗する方は反規範企業家（antipreneurs）と呼ばれ、取り扱う規範は一つであり、相手が異なる規範を投射してくることは考えていない。これは、図2 (p. 48) の (a) と (b) を取り扱うものであった。よって誤解を恐れずに言えば、規範対抗の理論は「一つの規範」（たとえば、リベラル規範）を取り扱うものであった。しかし、米中の現在は、図2の (a)、(b)、(a')、(b') のすべてを含むので、いままでの理論枠組みでは取り扱いきれない。いわば、二つの相容れない規範を同時に、パラレルに取り扱う状態を念頭に置かなければならない（このことについて若干触れているのは、Bloomfield, 2016, p. 331）。

そうすると、対抗する両者が規範企業家であるとともに反規範企業家でもあることになり、両者とも現状変更（修正主義）であるとともに現状維持であることを含意する。すなわち、自己の価値・規範を投射することは現在の価値・規範体系を変えようとすることであり、現状変更である。また、自己の価値・規範、さらには自己の国際秩序を相手からの投射に対して守っていくことは、現状維持である。このことは、価値・規範の問題分野で、（二つの）異なる規範が争われており、異なるアクターの間に現状維持と修正主義が交差していることを表す。

ただ、規範企業家をリベラルな規範に限定しない議論は、つとに存在していた（Larkin, 2022）。たとえば、R. ブルックスは2003年、次のように述べている。

　「人権擁護者と研究者は、ガンディ、ネルソン・マンデラ、マリア・テレサなどの人々を記述するとき『規範企業家』という用語を好んで使用する。用語の使用法として全く間違えではない。なぜならこれらすべての人は、他の人々の多くを説得し、彼らの持つもっとも深く保持する信条を変えることに成功したからである。ただ、ネルソン・マンデラが規範企業家であるとすれば、オサマ・ビンラディンも規範企業家である［若干極端な例示であるが］。……彼は、数千人の市民を殺すことはアメリカの諸悪によって正当化されるし、アメリカへの攻撃に命を懸ける価

値があることを 9.11 のハイジャッカーと広範なサポーターのネットワークに確信させたのである」(Brooks, 2003, pp. 2326-2327; Snyder, 2004, p. 54 をも参照)。

このような非リベラルな規範は、9.11 以後のイスラム過激派との紛争において、リベラルなナラティブとイスラム原理主義のナラティブの対抗という構図の中にとりいれられていく。これをより一般的に言えば、現在の世界には、複数の、ときに共約性のないナラティブが人々(聴衆)の共鳴を求めて争っているという構図である (Ministry of Defence, 2012, p. 2-11、本書第 9 章第 4 節参照)。またこの「非リベラル規範」の規範企業家論を「無法者国家 rouge states」にまで拡張し、詳細に分析しているのが、C. ヴンダーリッヒである。ヴンダーリッヒは、ルールを破る無法者国家だと通常は考えられているイランを規範企業家として取り扱っている (Wunderlich, 2020)。

国家であれ、非国家主体であれ、リベラル規範を出発点とすれば、非リベラル規範の規範企業家をカウンター規範企業家と呼んでよいであろう。以上の議論をまとめたのが図 6 (p. 229) である。

図 6 は、規範の対抗の現状をきわめて単純化して示したものである。そこでは、二人の行為者 (A と B、アメリカと中国) と二つの異なる規範 (リベラルと非リベラル(権威主義)) を想定しており、矢印は投射の方向である。アメリカ (行為者 A) がリベラル規範を中国に投射しようとするとき、アメリカは規範企業家である ((a))。そして中国がアメリカによるリベラル規範の投射から自己を守ろうとするとき、中国は反規範企業家である (アメリカのリベラルな規範を拒否する)。また中国は、権威主義の規範 (リベラル規範から言えば、カウンター規範) をアメリカへ投射しており、その観点からは (カウンター) 規範企業家である ((a'))。さらに中国はリベラル規範の破壊・妨害行動 (偽情報など) を行う「規範破壊者」でもあり、これに対してアメリカは自己を守る「規範防衛者」である ((b))。もちろん、アメリカもまた様々な手法で中国の (国内的な) 規範を揺るがそうとするので、中国にとってアメリカは (中国の) 「規範破壊者」であり、中国はそのようなアメリカの行動に対して自己の規範を防衛し

ようとする「規範防衛者」である（(b')）。

　規範をめぐる米中の対抗はかように複雑化しており、中国とアメリカはミラー・イメージの関係にある。仮に、アメリカの規範と中国の規範とが相容れなければ、このような相互作用は、冷戦期の構造に近づく。もちろん、これはイディエーショナルな次元での話であり、経済的な相互依存の深化等を考慮すれば、米中関係には冷戦期の構造とは異なる局面も多々存在するのである。

注

1　2022年2月24日からのウクライナ侵攻において、ロシアはそれを（戦争ではなく）「特別軍事作戦」と称した。これは、その目的がウクライナの「非ナチ化」などであり、西側でいう「安定化作戦 stabilization operation」を擬したものであろう。（ただ、「特別軍事作戦」という名称は、ロシア市民を安心させ、また（プーチンが）戦争はごく短期間で終わると考えたからであろうという説もある（Massicot, 2023）。）また2022年9月には東部、南部の4州においてロシアへの「併合」の賛否を問うレファレンダム（「住民投票」）を行った際には、ブルガリアなどからなる「選挙監視団」が用いられた。これも擬態の一つであろう。なお、ロシアの軍事行動の背景には、いくつかのナラティブが並行的に存在するという。たとえば、迫りくる西側の進出への対抗やドンバスの同胞への「保護する責任 'responsibility to protect'」などである。そして、9月21日に「部分動員」が発動されると「祖国防衛」というナラティブが強くなってくる（Rogov, 2022）。そして、10月19日、プーチン大統領は「併合した」4州で「戒厳令」を敷く。12月22日、プーチン大統領は、ウクライナの紛争を戦争と呼んだという。そして、2023年5月9日の対独戦勝記念日の演説では、「戦争」を使う。

2　メタ規範と通常規範の区分については、Müller（2013）。

3　ノンリベラルの例としては、リベラルの定義にもよるが、経済体制でいえば、基本的に市場経済体制をとりつつも社会的な統制が強い福祉国家などの混合経済体制が考えられよう（たとえば、Streeck and Yamamura, eds.（2001））。政治体制では、普遍的選挙制度をとりつつも、政治が深く社会構造に規定されているような体制を考えることができるかもしれない。

4　既述のように、同じ時期、イギリスやオーストラリアで活躍した国際政治学の泰斗、コーラル・ベルは、国際政治秩序（ウェストファリア体制）の基本的な規範は、内政不干渉と「合意は拘束する」の二つであると述べている（C. Bell, 2007）。

5 　ある(新しい)規範や言説が提起された場合、それに対して既存の規範をもって対抗する現象(バックラッシュ)が起きるのは必ずしも珍しいことではない。たとえば、日本でも 2000 年代、ジェンダーフリーという言説が提起されそれに則った政策が展開されるとき、それに対する既存の規範(保守的な規範)からのバックラッシュが起きた(山口、斉藤、萩上、2012；上野、宮台、斉藤、小谷、2006)。ただ、ボブ(Bob)たちの議論は、ある政治言説に対する既存の規範からの対抗を国際場裏で、また国際的なネットワークから見ていこうとする点で国内に焦点を合わせた分析とは異なっているといえよう。

第 9 章　戦略的コミュニケーション

「国防省の戦略的コミュニケーション担当の(オバマ政権の)政治的任命者として仕事を始めて以来 27 か月、その大部分において、戦略的コミュニケーションがまさに時代の必要にあったアイディアなのか、あるいはその時代が急速に去ってしかるべき取るに足りないアイディアなのか、どちらであるかを理解しようとして、多くの時間を費やした」
　——ローザ・E・ブルックス(「ある戦略的コミュニケーターの告白」、2009 年～2011 年、米国オバマ政権下の国防省広報(パブリック・アフェアーズ)担当次官付常勤顧問)(Brooks, 2012)

序節　戦略的コミュニケーションの意義と多様性

第1項　戦略的コミュニケーションとは？——本章の構成

　本書は、言説とその投射に関して、さまざまなアプローチを検討・応用してきた。戦略的コミュニケーションの一つの特徴は、本書でいままで言説の「投射」と言ってきたものをコミュニケーションとして取り扱っていることである。戦略的コミュニケーション (strategic communication, 以下 SC と略記) は論争的な概念 (contested concept) であるが、議論の出発点として、SC は「ある行為体の生存と継続的な成功に必須のすべてのコミュニケーションである。具体的には、戦略的コミュニケーションは、組織あるいは他の行為体がその目標にとって戦略的に重要な対話を行うためにとる、目的を持った(意図的な)コミュニケーション」(Hallahan et al., 2007) であると定義しておこう[1]。

本書では、いままで SC に随時言及してきたが、体系的には考察してこなかった。本章では、SC の内容とその時間的な変容を他のアプローチとの関連をも念頭に置きながら考察したい。SC は、コミュニケーション研究では広く用いられる概念であり、多様に定義される。また応用範囲も経営、環境問題など極めて幅が広い (Holtzhausen and Zerfass, eds., 2015)。本書は国際関係、外交とか安全保障 (軍事) に焦点を置いていることから、まずは軍事オペレーションにイディエーショナルな要素を組み込んだきわめて特定の内容を持つ SC から出発したい。しかしながら、それは、公共外交や戦略的ナラティブと交差し接点を広げていき、いまでは軍事オペレーションを対象の一つとしつつも、広く外交などを含む包括的なものとなっている。このことから、SC の内容とその変化を探ることは、言説とその投射についての諸アプローチを整理する一つの道筋を与えるものと言えよう。

　本章は、次のような順序で展開される。まず、第1節においては、SC の発生、定義、展開が述べられる。SC は、コミュニケーション研究で使われている概念であるが、安全保障や国際関係に関して使われるのは、2000 年代に入ってからであった。第2節は、SC の諸要素——国益と達成手段、主体、客体、言説 (ナラティブ) など——を解説する。

　第3節以下では、各国別の SC の展開を検討する。そこでは、アメリカ、イギリス、NATO という SC を促進した国 (や国家の集団) が取り上げられる。本章で取り上げる SC は主として 9.11 以後の安全保障状況 (対テロ戦争) のなかで形成され (C. Paul, 2011a)、これらの国や同盟はアフガニスタンなどでの対テロ戦争に参加した共通経験を持つ。まず第3節では、アメリカが検討される。アメリカは、SC の政策と概念の主導国であった。しかしながら、SC に関する政府内部の対立が激しく、2012 年、国防省では SC という用語が使われなくなり (禁止され)、代わって「コミュニケーション同期化 CS, communication synchronization」という概念が使われるようになった。SC は国務省の担当となるが、SC 概念が積極的、体系的に展開されることはなかった。

　アメリカでは (国防省においては) SC 概念は使われなくなったが、イギリス (国防省) では使われ続ける。また NATO では SC が盛んに使われるようにな

り、いまではEUでも使われる。その内容を検討するのが第4節である（イギリスとNATOのSCについては青井（2022）が詳しい）。NATOにおいては、ポスト9.11型のSCから2014年のロシアのクリミア併合とウクライナ東部への進出を契機として、ロシアのディスインフォメーションを対象としたSCが展開する。そして、いまやロシアに対するSCに加えて、中国のディスインフォメーションにも関心を向けるようになっている。それに伴って、SCは偽情報や偽ナラティブに対する防衛を主たるものとするようになる。ここであらかじめ注意しておいた方がよいと思われることは、SCが双方向性のもの（相手がいるもの）だということである。このことはいくつかのインプリケーションをもつ。一つは、自己の言説（ナラティブ）を相手に投射し相手に受け入れさせようとする機能である。これはSCのプロアクティブな面といえ、その成否は相手の反応に左右される。二つには、相手も自分にナラティブを投射してきて、自分に対して影響力を行使しようとする。これにいかに対応していくかは、相手のナラティブ（目的や利益）が自分のナラティブとどこまで合致しているかによろう。利害が合致する同盟国とナラティブがきわめて異なる（ときに敵対的な）国とでは、対応が大きく異なろう。とくに後者の場合には、相手が投げかけてくるナラティブやディスインフォメーションに対する防御が必要となろう。このようにみると、SCは、プロアクティブな面と防御の面の二つの機能を持っていよう。そして、状況によってどちらかの面が強く現れることがある（図2（p.48）を参照）。この点、本章第9節第4項で再論する。

　アメリカは、すでに述べたように2012年以来SCという用語を積極的には使わなくなったものの、実践的には、対テロ戦争での使用やロシアのディスインフォメーションに対する対処などを積極的に行う。その実践内容は、NATOなどのSCと類似のものであった。これを具体的に明らかにするのが第5節である。

　第6節は、ロシアに関して、協調的SC論とでも呼べるものを紹介し、それと対比する形でロシア（ソ連）が伝統的に展開する「アクティブ・メジャー（情報工作）」を検討する。

　以上の流れを見ると、2010年代の半ば以後、SCの関心の多くは、ディス

インフォメーションに向けられることがわかる。このディスインフォメーションとSCとの関係を体系的にとりあつかおうとするのが第7節である。

SCの関心がディスインフォメーションなどの対立的な次元に移行すると同時に、協調的な関係の維持や構築を含めて非軍事的な分野でSCを広く使おうとする傾向も存在する。このような異なる二つの傾向を考察し、いまでは、それら二つを取り込む広範囲なSC論が見られることを指摘するのが第8節である。

以上の議論全体を踏まえたうえで、第9節ではSCの「演繹的逆算方式」（「道具的アプローチ」）と「積み上げ方式」（「実体的アプローチ」）という二つの定義から主要な要素を再度抜き出して検討し、それらの要素間の再編成を試みる。そこでは、SCを見る場合には、国家戦略の系、コミュニケーションの系、そして行政組織の系、という三つの系を考えなければならないことが明らかにされる。

第2項　紛争の形態と戦略的コミュニケーションの位置づけ

SCは、きわめて一般的なものである。しかし、第1節以下の論述でも明らかになるように、（安全保障分野の）SCは、9.11以後の「対テロ戦争」に大きく規定されていた[2]。だが、SCはいまや「対テロ戦争」からロシア、中国という大国のディスインフォメーション対策に移行し、ウクライナ戦争を経てさらなる変化を遂げるものと考えられる。この項では、SCが情報環境の変化とともに国際的な対立の在り方によっても異なる様式を取りうることを示し、「対テロ戦争型」のSCの特徴（時代的拘束性とでもいえようか）を明らかにするとともに、SCの可鍛性（malleability）――さまざまな条件、環境によって変化し得ること――を示すことにする。

まず、9.11以後の状況を一般的に考え、それをもとにしてSCをめぐる環境条件の一般的モデルを考えてみたい。P. ヴァン・ハムは、9.11以後の世界は領土（領域）を守ることから価値を守ることにシフトしたといっている（van Ham, 2001）。ある意味で、2001年の9.11事件以来、対テロ戦争は、従来の戦争からのパラダイム・シフトをもたらしたというわけである。このパラダイ

		物質か非物質か（手段・方法）	
		物質（＞非物質） Kinetic	非質（＞物質） Non-kinetic
領域性	領域（国家）	A. 古典的な戦争 ［宣伝戦、情報戦］ （ウクライナ戦争？）	B. イデオロギー戦争 冷戦 「民主と専制」
	非領域 (transnational)	C. 内乱（とそれに対する国際的対応）	D. 対テロ戦争

「領域化」→

←「物質化」

図7　紛争タイプの分類──領域／非領域、物質／非物質

出典）筆者作成

ム・シフトを、①領域的であるか非領域的であるか、②物質的な要素（武器や物資）が強いか、非物質的な要素（情報、価値、言説の伝達等）が強いか、という二つの次元から考えてみよう。そうすると、**図7**が得られる。

図7のAは、国家間の対抗が中心であり、国家（領域）を守るための手段として軍事力を含む物質的な要素が主に動員される事象である。イメージとしては古典的な戦争である。しかし、古典的な戦争においても、第一次世界大戦、第二次世界大戦を見ても、非物質的な手段は重要な役割を果たし、そこでは宣伝戦、情報戦なども盛んであった。2022年2月から始まったウクライナ戦争は、このA型に近いものであろうか。ロシアとウクライナは軍事力を行使して激しく対立し、それと同時に非物質的な分野で厳しいサイバー戦、情報戦も展開している。

Bは、国家間の対抗が中心であり、物質的な要因も無視できないが、非物質的な要素が多く動員される事象である。たとえば、構造化された冷戦のもとでの米ソのイデオロギー戦争がその例である。そこでは、軍事力（物質的な要素）の均衡を前提にして、相手の「心」を得るために盛んに宣伝戦が行われ、ときにはヒトの交流という非物質的な手段さえ取られた。あるいは、実際の戦争が起きない中での情報戦、サイバー戦などがこのカテゴリーに属そう（グレーゾーンの紛争）。

図7のCは、非領域性の要素が多く（国家間関係の紛争ではなく）、しかし物質的な手段も多く使われるという事象である。これは、非領域の定義にもよるが、反乱軍などの国家単位でない主体が国内で武力闘争を展開し、またそれに対して国連などの非領域的な組織が対応しようとするような事象が世界的に広くみられる事態と考えることができる。

図7のDは、超領域的な集団（たとえば、テロのネットワーク）が超領域的な価値をもとにして既存の国際秩序に対抗しようとし、これに国連やNATOなどの超領域的組織が対応しようとする事象である。そこでは物質的な手段も取られるが、対抗の次元は主として価値体系である。たとえば、アルカイダなどがその典型であろう。

冷戦期をBだとすると、冷戦後はまず1990年代にCのタイプの紛争が顕著になった。それは、アフリカ、バルカン等において、国家内において政権を押さえようとする反政府軍が暴力的な（物質的な）手段を使い政府と内戦を展開したためである。タイプCへの移行である（「非領域化」(非国家化)）。内戦の理由や原因には、権力欲（政権奪取）、経済資源の支配、分離独立などいくつかのものが考えられた。宗教や民族などのイディエーショナルな理由も見られたが、それらは、いずれにせよ基本的には超領域的なものではなかった（すなわち、国内的なもの）。そのような内戦に、西側を中心とする国際社会が介入した。その理由は人道介入、平和維持、安定化政策、国家建設であり、国家単位の視点であった。介入した軍隊が「戦った戦争」の相手は国家ではなく反乱軍であり、相手をせん滅するよりも相手や民衆の行動を変化させることを目的としており、また戦争の形態も「人民の中の戦争 war among the people」(R. Smith, 2005)、あるいは「新しい戦争」であった (Kaldor, 2012)。

9.11事件は、このような戦争を引き継ぎつつ、物質的領域においても価値においても超領域的な特性を持つ紛争（極端には、グローバルな対テロ戦争 global war on terrorism, GWOT）をもたらした。タイプDである。それは、超領域的なテロリズムのネットワーク、そして超領域的なイスラム原理主義・過激主義にもとづいていた。そこで掲げられる価値体系は反西欧的なものであり、手段として武力を伴っていた。このような相手との対抗・紛争は、価値の戦

いと武力による戦いを併せ持ったが、価値の戦いの比重は大きなものであった。9.11以後、このような状況を反映して、価値やそれを伝達するコミュニケーションが重要視され、武力（kinetic）と非物質的（nonkinetic）な要素の組み合わせの再編成が求められたのである。これが、9.11以後のSCの出現と展開の背景要因であり、それは「9.11型SC」あるいは「グローバル反テロ型SC」と言ってよいものであった。

このような「9.11型SC」は、2010年代の半ばまで続く。しかしながら、2014年のロシアのクリミア併合、東部ウクライナへの侵攻は、武力行使だけではなく、サイバー攻撃、情報戦争を含むいわゆるハイブリッド戦争であった。また、2016年のロシアによるアメリカの大統領選への情報介入は、大きな転換点になった（小泉、桒原、小宮山、2023、第3章（小泉）、第4章（小泉、桒原））。これらの事象は、ヨーロッパ（NATO、EU等を含む）とアメリカにとってはロシアという国家が相手となるもので、「領域化」をもたらすと同時に、非物質的な要素とともに武力（物質的な要素）の重要性を認識させるものであった。また、対テロ戦争に関しても、NATOのもとでアフガニスタンに展開していたISAF（International Security Assistance Force 国際治安支援部隊）は、2014年任務を終了し、アフガニスタン政府に治安権限が移譲される。以後NATOは、非戦闘任務のResolute Support Mission（RSM）in Afghanistan「確固たる支援任務」を指揮することになる。さらに、2021年8月、アメリカ軍がアフガニスタンから撤退したことでRSMは9月初めに終了する。「9.11型SC」の'終焉'と言ってよい[3]。そして、2014年のロシアのクリミア併合を機にして、国家（ロシア）のディスインフォメーションや「情報対抗 informaton confrontation」（Gerasimov, 2016）に対処することがSCの中心的な課題となっていく。カテゴリーとしては、DからBへの変化である。さらに、中国は台湾に対して、武力を背景に圧力をかけるだけではなく、2016年と2020年の総統選挙への大規模な情報介入を行った。このように、SCは、テロを念頭におくものから、国家、それもロシアとか中国という大国が相手となり、ロシアと中国からのサイバー攻撃や情報戦争に対処するものに変化して行く。いわば、大国間の競争の中でのSCとなっていく。BからAへの変化である（こ

のような変化については、Laity, 2021)。

　2022年2月のロシアのウクライナ侵攻を契機としたウクライナ戦争においては、軍事力の行使が主体であり、戦争遂行のためのサイバー戦、情報戦が展開されている。すなわち紛争の「領域化」、「物質化」であり、タイプはAである（戦争の「再国家化」、山本吉宣、2011c, p. 28 参照）。戦闘に直接は関与していない欧米あるいは中国は、情報空間においてさまざまな情報を流しており、戦況に大きな影響を与えている。このようななかで、今日の紛争は国家が中心となり（領域化）、また物質的な要素と非物質的要素のバランスが前者に大きく傾くものとなったといえよう。「9.11型のSC」とはその内容が異なるものとなろう。

　さらに、中国やロシアの大きなナラティブは内容的に欧米と異なっており、それを対外的に投射しようとすることが顕著になる（イディエーショナルな次元での対抗）。たとえば、中国は「中華の夢」であり、ロシアは「大ロシア主義」である。サイバー攻撃や情報戦争とともに、このような必ずしも安全保障の分野とは言えない、しかし安全保障と密接に結びついたナラティブの投射もSCの対象となってきているのが今日の状況である。

　以上、まとめて言えば次のようになろう。冷戦後、戦争の形態はパラダイム・シフトが起き、主権国家間の大規模な戦争から必ずしも国家ではない主体が武力行使の主体となり、使われる武力も大規模で戦略的なものから小規模なものとなり、それに対して平和維持軍とか特殊部隊で戦争が行われるようになった。また、非物質的な要素が、ときに武力よりも重要な役割を果たすものになったと認識されるようになった。このような共通認識のもとに、戦争についての新しい概念、名称が現れた。「小さな戦争 small wars」(Boot, 2002)、「人民の中の戦争 war among the people」(R. Smith, 2005)、「新しい戦争 new war」(Kaldor, 2012)、「21世紀の典型的な戦争 typical of warfare in the twenty-first century」(Gerasimov, 2016, p. 24) などである。今あるSCも「ゲラシモフ・ドクトリン」(Gerasimov, 2016)[4]もこの新しい型の戦争に基づいた理論である。しかし、上で図7を基にして議論したように、この「新しい戦争」が果たして21世紀の戦争のパラダイムとして生き続けるかどうかは必ずしも明らかで

はない。現在進行中のウクライナ戦争が「新しい戦争」、「人民の中の戦争」で終わるのか、伝統的な主権国家間の大規模な戦争となるのか、あるいは他の種類の戦争になるのか。もし後者であったら、SC はどのように変化するのであろうか。また、国際政治における大きな流れは、いまやいわゆる大国間の競争に特徴づけられるものとなっている。これは「人々の中の戦争」とか「新しい戦争」とは異なる文脈や理論で語られなければならないであろう。2018 年 1 月、『国家防衛戦略 National Defense Strategy』を発出するにあたって、ジェームス・マティス国防長官は、「我々は、引き続きテロリストに対するキャンペーンを続けていくが、いまやテロリズムではなく大国間競争がアメリカの国家安全保障の焦点である」と述べた (Ali, 2018)。戦争の形態にも転換点が訪れるかもしれない (小泉、2022、3月)。ローレンス・フリードマンは、ウクライナ戦争を見て、ロシアは第二次世界大戦的な全体戦争を、ウクライナは第一次世界大戦的な戦場(塹壕戦)における勝利を求める伝統的な戦争を戦っていると述べている (Freedman, 2023)。いずれにせよ、ウクライナ戦争は国家対国家の物質的な要素の多い戦争なのである。このようなことをも念頭に置きながら、以下の論述を進めたい。

第 1 節　「戦略的コミュニケーション」の概要と展開

第 1 項　コミュニケーション研究としての戦略的コミュニケーション

本書においては、規範の対抗理論、ソフト・パワー、公共外交、戦略的ナラティブ、話語権などの概念と関連づけながら、言説（ナラティブ）とその投射について考察してきた。これらの概念と交差しつつ展開されている理論の一つが SC である。SC 論は、もともとは（出発点としては）言説、ナラティブ、政策などを内外の聴衆に投射し、相手の考え方や行動を変える目的をもって、様々なコミュニケーション手段を用いる現象を分析しようとする（まずは、一方向のコミュニケーションを考えている）。

本章では、安全保障分野での SC に焦点を合わせるが、SC という用語は他の分野でも使われる。むしろ、その方が「主流」であり、安全保障分野の

SC論は、もともとは「傍流」であった。このことを示す例が、2007年に創刊された *International Journal of Strategic Communication*（略称 *Int. J. Strat Comm*）誌である[5]。同誌の創刊号において、ハラハン（Hallahan et al., 2007）は、SCを「組織がその使命を達成するために意図的に使うコミュニケーション」(op. cit., p. 3) と定義している。これが、同誌における標準的な定義とされているが、近年そのホームページにおいて、SCを（先に引用したが）「ある行為体の生存と継続的な成功に必須のすべてのコミュニケーションである。具体的には、戦略的コミュニケーションは、組織あるいは他の行為体がその目標にとって戦略的に重要な対話を行うためにとる、目的を持った（意図的な）コミュニケーション」としている（同誌のホームページ、また、Zerfass et al., 2018）。このようなSCは、マネージメント、マーケティング、広告、そして広報 (public relations) などに広く使われるとしている（また、SCという用語は20世紀の初めから使われるようになり、1990年代から頻繁に使われるようになったという。この辺、石原、2015、p. 94）。ハラハン（Hallahan et al., 2007）は、応用分野として、安全保障は挙げていない。

第2項　安全保障（国際関係）分野における戦略的コミュニケーション

　しかし当然SCの概念は、安全保障分野へ応用できよう。事実、2000年代に入って、9.11以後の対テロ戦争に触発され、安全保障分野でもSCという用語が使われるようになる。SCは、2000年代初めには、アメリカの政策文書で使われるようになった（後述）。そして、纏まった著作としては、2008年にイギリスで、S. タサムが『戦略的コミュニケーション入門 *Strategic Communication: Premier*』(Tatham, 2008) を著す（その内容については、本章第4節第1項）。さらに2010年代に入ると、SC論の代表的な著書が続々として現れる。アメリカでのC. ポール（C. Paul, 2011a）、J. ファーウェル（Farwell, 2012）、そしてイギリスでのP. コーニッシュたち（Cornish et al., 2011a）である。彼らの定義は、ハラハン（Hallahan）たちの定義と平仄が合う。たとえば、C. ポールは、「戦略的コミュニケーションは、国家目的を支援するために、調整された行為、メッセージ、イメージそして他の形でのシグナリングあるいは関与を以って、対象とされた聴衆に国家目的を知らしめ、影響を与え、あるいは説得しようと

するものである」(C. Paul, 2011a, p. 61, 次節参照)。

ただ、*Int. J. Strat Comm* を軸に発展していた「本流」のコミュニケーション研究における SC の中で、安全保障への関連が顕在化するのはしばらくたってからであった (Hayden and Metzgar, 2019)。しかし、2015 年に発刊された *The Routledge Handbook of Strategic Communication* (Holzhausen and Zerfass, eds., 2015) には、安全保障を取り扱う事項がいくつか含まれ、さらに同年 (2015 年) には安全保障に特化した *Defence Strategic Communications* 誌が NATO 関連の学術誌として発刊される。さらに、コミュニケーションと安全保障の関係を軸にした研究も盛んに行われるようになり、2019 年には、*The Handbook of Communication and Security* (Taylor and Bean, eds., 2019) が発刊される。ここに至って、安全保障と国際関係における SC は、「本流」の一つとなる。その際念頭に置かなければならないのは、安全保障分野での SC 論を考えるとき、他の分野での SC の研究との交差や相互影響が大きいということである。さらに、SC という用語は、企業の活動 (たとえば、顧客相手の商品の販売戦略など) で、数十年前から使われてきた。安全保障の分野での SC は、そこからの「輸入品 (corporate import)」であったとされるゆえんであり、安全保障上の政策を (内外に)「売り込む」ことと商品を売り込むことの類似性が指摘される (Brooks, 2012)。

安全保障分野での SC という用語は、2000 年代初頭から使われはじめたという。一説には、ファーウェルによれば、安全保障分野で SC を最初に使用したのは、2002 年、アメリカ国防省のジャック・キャットン (Jack Catton) 准将 (当時) であったという。当時の SC の目的は、公共外交、パブリック・アフェアーズ、情報オペレーションなどに従事する人々を一つのテーブルに集め、それぞれの専門業務を追求しながらも、各々の状況を相互に周知し、共通の利益の下で活動をしようとしたことにあるという (Farwell, 2012, p. xviii)[6]。このような SC のとらえ方 (特徴づけ) は、政府の組織の中で対外的なコミュニケーションを担当する諸部局を調整することに主眼を置いており、本書で「積み上げ方式」の SC の定義と呼ぶものの源流である。

今一つの説として、すでに述べたところであるが、C. ポールによれば、SC が現在のような形式と内容で使われるようになったのは、2001 年ごろか

ら (とくに、9.11 以降) だったという (C. Paul, 2011a, pp. 72, 76)。矢野 (2011) は、アメリカ政府の政策文書において SC という用語が初めて使われたのは、Defense Science Board, *Report of the Defense Science Board Task Force on Managed Information Dissemination,* October 2001 (Defense Science Board, 2001) であると指摘している。この Defense Science Board の文書は、SC について次のように述べている。

> 「洗練された戦略的コミュニケーション (strategic communications——複数形) は、アメリカがアジェンダを設定し、政治的、経済的、軍事的目的の達成を促進する環境を作り出すことを可能にする。時間の経過にともなって、戦略的コミュニケーションはアメリカの国益を促進するように外国の認識を形作ろう。……アメリカは、情報の時代にあって、外国の公衆 (foreign publics) に対して・理・解・し (understand)、・知・ら・せ (inform)、そして・影・響・を・与・え・る (influence) ための継続的で、調整された能力を必要とする。」(傍点筆者、op. cit., p. 1)

もしこれを SC の定義と考えれば (この文書では、明示的に SC の定義は示されていないようである)、それは、機能を重視した一般的な定義であり、その機能から「逆算して」(演繹的に)、組織や手段を考えることになる。そして、この報告書では、SC に含めるべきものとして、公共外交、パブリック・アフェアーズ、国際軍事情報オペレーション (international military information) が挙げられ (ibid.)、さらに具体的な手段として映像、音響、印刷物とともにウェブ関連システムが列挙されている (op. cit., chapter 4, particularly pp. 34-35)。ただ、この報告書 (Defense Science Board, 2001) は 2001 年 10 月に出されており、基本的には 9.11 事件以前の考え方に基づくものであるといってよい。その文書では、SC の考え方や実践は継続的に存在していたとし、第一次世界大戦にまで遡及して折に触れて (多くは戦時に) とられた具体的な例を示している (op. cit., pp. 19-20)。しかし、このタスクフォースは 2004 年、9.11 事件と「テロとの戦争」を十分に取り込んだ報告書を発出する (Defense Science Board, 2004)。そこでは、反米感情への対処とイスラムとの対抗を「アイディアのコンテスト」(op. cit., p.

17）と捉えている。

　このような政府において使われる意味でのSCという概念は、このタスクフォースの委員長のV. ヴィトー（Vincent Vitto）が作り出したもの（coined）という（C. Paul, 2011b）。そして、2000年代の末から2010年代の初頭にかけて、安全保障におけるSCは概念においても政策においても、体系的に捉えられるようになる（C. Paul, 2011a; Cornish et al., 2011──後者はイギリスの文書である──本章第4節第2項）[7]。

　ただ、SCの応用対象は、国際政治状況によって変化する。かつては冷戦、対テロ戦争などであったが、2010年代の半ばになってからは対ロ関係、さらには対中関係に応用されるようになる。さらにいまでは、広く国際関係に応用されるようになってきている（たとえば、Aoi and Heng, 2021; Eto, 2021; NATO, 2017）。

第3項　安全保障分野の戦略的コミュニケーションの定義と位置づけ

　本書の基本的枠組みである図3（p. 110）に関連して述べたように、言説／ナラティブ（の内容）と投射とは密接に結びついているが、SC論では国家の具体的な目標（言説、ナラティブ、国益）を所与とし（いったん目標が決定された場合）[8]、それを他者（相手）に知らしめ（inform）、影響を与え（influence）、また説得する（persuade）活動を対象とすることが多い。その活動は、手段として「言葉 words と行為 deeds」、さらにはイメージ（映像等）や象徴を通して行われる。上述の通り、C. ポールによれば、「戦略的コミュニケーションは、国家目的を支援するために、調整された行為、メッセージ、イメージそして他の形でのシグナリングあるいは関与を以って、対象とされた聴衆に国家目的を知らしめ、影響を与え、あるいは説得しようとするものである」という（C. Paul, 2011a, p. 61）。このような定義は、C. ポール一人のものではない。同時期にSCについて一書をあらわしたJ. ファーウェルは、SCを「［国家、主体の］利益あるいは政策を促進し、あるいは目的を達成するために、言葉、行為、イメージ、あるいはシンボルを使って、対象となる聴衆の態度や意見に影響を与え、彼らの行動を形成すること」と定義している（Farwell, 2012, pp. xviii-xix）。

SC論は、その名の示すように、(国家目的、言説等そのものよりも)コミュニケーション(相手に自己の意図を伝え、相手の選好に影響を与える)に重点を置く(あるいは、そのような印象が強い。ただしSCを具体的に理解するためには、国家の目的や言説の内容をコミュニケーションと同時に見なければならない)。したがって、図3に関連づけて言えば、言説を投射する様々な手段をいかに使い組み合わせて、自己の意に沿って相手に影響をあたえるか、ということに焦点を置く。Aoi and Hengは、この点を確認するかのように、次のように述べる。

　　「戦略的コミュニケーション(複数形)は、対象となる聴衆に影響を与えたり、説得したりするために、言葉、行為、また様々な形でのシグナリングあるいはシンボルを用いるものであり、政治的な目的を達成するための調整されたメッセージングから成り立つ。」(Aoi and Heng, 2021, p. 479)

　このようなSCの一般的、抽象的な定義(それは、様々な状況や組織に応用できる)とアメリカ国防省やNATOなどの行政組織が提示する定義には、若干の違いが存在する。行政組織が提示する定義は、行政の諸組織が担う機能(たとえば、公共外交、情報オペレーションなど)を基礎として組み立てられることが多い。たとえば、NATOは2009年、「NATOの戦略的コミュニケーションは、公共外交、パブリック・アフェアーズ、軍事的パブリック・アフェアーズ、情報オペレーション、心理的オペレーションというNATOのコミュニケーション諸活動と諸能力の調整された適切な使用を意味する」と定義した(NATO, 2009a, p. 1, 第4項)。
　ここで注意しておきたいことは、以上述べてきたSCの内容は、自己の目標(ナラティブ)にそって相手を動かし、自己の利益に合うように環境を形成しようとするプロアクティブなものだという点である。しかし、SCは双方向であり、相手も自己の目的を達成すべくナラティブを投射してくる。相手のナラティブは時に自分とは相容れず(自分にとっては、偽ナラティブ)、また相手はディスインフォメーションを投げかけてこよう。この場合、相手の投

射からの防衛が必要であるし、社会的な耐性（レジリエンス）の構築が必要である。いわば、SC には、プロアクティブな面と、防衛という面の二重の機能が含まれているのである（この点、青井、2022、第 3 〜第 5 章）。ただし、この二つの面は、機能、政策、あるいは、担当部署などがきわめて異なる（本章第 9 節第 4 項）。

第 2 節　戦略的コミュニケーションの要素

　SC は、様々な要素からなる複雑なものである。したがって、本節では、次節から展開される SC の展開を理解するうえで必要な基本要素を概説しておく。全体的な議論を終えたのちに本章第 9 節で諸要素を再検討し、諸要素間の関係を再編成することを試みる。

第 1 項　国益の達成と手段

　SC は、高度の国家利益から具体的な出来事や特定の政策にまで至る様々なレベルに広く応用される（C. Paul, 2011a, pp. 48-50）。SC は、軍事オペレーション（物質的（kinetic）なもの）をコミュニケーションの一要素とみなして、物質的な軍事力というハードなものだけでは限界があると考える。しかし、「言葉より行動の方が雄弁である」とされることがあり（op. cit., p. 7）、むしろ軍事に主導されることも多い（Cornish et al., 2011, p. 39）。たとえば、軍関係者のなかには、SC を考える場合に「アクションが 80％、言葉が 20％」との見解を表するものもいたという（Murphy, 2008）。したがって、SC が取り上げられるのは、戦争や軍の活動が顕在化する時である（C. Paul, 2011a）。例えば、最近では、9.11 以後の対テロ戦争やイスラム過激派との戦争である。さらには、冷戦もそうである。冷戦においては、ソ連に対抗するために可能なすべての手段を動員し、「組織的な政治戦争」とも言えるものが展開された（op. cit., pp. 73-74; Kennan, 1948）。このころ設立された USIA（米文化情報局）（1953 年設立、1999 年国務省に統合）は、その目的の一つに「アメリカの政策を外国の文化においても信頼性のある、また意味のある形で説明し、擁護すること」を挙げていた（C.

Paul, 2011a, p. 74)。ただ、USIA は情報宣伝だけでなく文化交流や人的交流も行っていたので、通常は SC というより公共外交の担い手とされることが多い。SC と公共外交とは重なるところが極めて大きいものの、ポールは「公共外交の中で、現在の国家政策目的と一切関係ない、外国の聴衆との関係を作ったり、理解を促進したり、関与を増大したりする、焦点が定まらず無目的な活動」を SC から除外している (op. cit., p. 41)。

いずれにせよ、SC 論は軍事的手段／オペレーション（戦争）をイディエーショナルな次元でも考えなければならないとの認識に基づくため、戦争を物質的な次元のみで考えてきた人々に新しい視点を与える（たとえば、Holmqvist, 2013）。他方、言説の投射として軍事的な手段（軍事力の行使）を考えない（あるいは、それを強制的な手段の極限と考える）図 3 (p. 110) に示されたような考え方とはかなり違うものである。そのことと関連して、SC は、軍事的オペレーションを含む厳しい状況にも「政治戦争」と言われる状況にも対応できるため、中国の台頭とその攻撃的な行動やロシアのハイブリッド戦争などに直面する現在において注目される一つの理由となっている (Aoi and Heng, 2021; NATO, 2017)。

第 2 項　戦略的コミュニケーションの成功条件

SC 論によれば、目的達成のための有効なコミュニケーションとは、信頼性があること、真実に基づきうそをつかないこと、言行が一致していること (say-do gap がないこと、あるいは言行のギャップを最小にすること (C. Paul, 2011a, p. 27))、整合的であること、達成しようとする事柄（目的）が明確で矛盾がないこと、状況に応じた柔軟性（適応性）を持つこと、目的に向かって調整された行動をとること等の、時に両立の難しい条件を満たすものである (op. cit., pp. 5-6)。実際には、複数の政策を考えることがあるが、その場合でも目的間に矛盾がないことが必要である（目的は一つであることが最上── Cornish, 2011, p. 14）。

ここで、SC の有効性が問題となる。例えば、様々なケースを比較して、SC で成功のための条件とされている原則（例えば、整合性、明確な目的（達成し

ようとしている最終状態）の明示、say-do gap がない等）と実際に目的が達成されたかどうかとの関連を検討することである。この場合どのような対象（政策）を取り上げるかによって、具体的な分析の方法と結果は異なってこよう。具体的な分析例としては、COIN（counter-insurgency 対反乱作戦）の成否に関する SC の要因の影響力の分析（C. Paul et al., 2010, p. 55）、あるいは 1996 年の台湾の総統選挙への中国の対応に対するアメリカの政策、2012 年の野田政権下での日本の尖閣諸島に対する日本の政策等の分析（石原、2016）などがある。これらの研究によれば、SC 論が指摘する成功要因の実効性にはケースによってばらつきがあり、それほど明確な結果は得られていない（C. Paul et al., 2010）。また、石原は、野田政権の尖閣諸島に関する対中政策は、尖閣を守るという目的と中国との友好関係を保つという目的が並行し、望むような成果は上げられなかったという（石原、2016、ある意味で、目標の明確性と整合性の必要性を説く SC 仮説が合っていたことになる）。

　ここでの SC の成功の条件は、SC を展開する側の要件であり、相手のことは考えていない。たとえば、あるナラティブを相手に投射し、相手の行動を変化させることができる程度は、そのナラティブが相手のナラティブや文化とどのくらい共鳴するか（resonate）によるところが大きいのである（Tatham, 2008）。この点、本節第 4 項で述べる。

第 3 項　戦略的コミュニケーションの主体と客体（聴衆）

　安全保障分野における SC は、アメリカで言えば国防省が主体となっており（イギリスにおいても然りである、また NATO でも使われる）、軍事的なオペレーションを含んでいる（あるいはそれを主としている）と考えることが広くみられる。逆に、非物質的な（non-kinetic な）方法で、自己の目的を相手に知らしめ、影響を与え、説得するという活動は、通常の外交と同じ（外交の一環）であると考えられる。主な担当部署は、アメリカで言えば国務省、日本では外務省である。従って、SC の視点からは異なる組織（省庁）間の調整が必要とされる。もちろん、それら省庁内部においても、公共外交（広報）を担当する部署もあり、国防省（防衛省）の中にもパブリック・アフェアーズを担当する部署や軍

の運営（作戦、共同訓練等）を行う部署があるので、それらの部署間の調整も必要である。日本の防衛省でいえば、内局（広報等）もあり自衛隊もあり、そのなかでも海上自衛隊、陸上自衛隊などがあり、それぞれが目的を持ち、それを達成するための手段を調整・同期化する必要性が考えられよう（防衛省、自衛隊のSCの考察については、長沼 (2021a, p. 78ff)）。さらに、省庁（またその内部の部署）を越えて、政府全体が主体となることもある。たとえば、アメリカでいえば、大統領府の出すNSS（国家安全保障戦略）である。2010年オバマ政権のNSSはSCを掲げ、それを政府全体 (whole of the government) の活動と位置づけた (White House, 2010a)。そうすると、省庁間のヨコの調整、省内の部局間のタテ・ヨコの調整だけではなく、国家の最高決定機関を頂点とする階層的な調整（同期化）もなされなければならないときがある。

SCの相手は、通常は国家（政府）であるが、テロ組織などの非国家行為体や相手国の一般市民であることもある。市民等にも対象を広げれば、それは「公共外交 public diplomacy」というものとなる（金子、北野、2007, 2014）。相手が国家（政府）である場合にも様々な種類が存在しよう。国際社会一般であることも（国際社会を構成する国家、さらには一般市民）、国際組織であることもあろう。また国家を単位としても、同盟国や多くの価値観を共有する国もあろうし、逆に対抗する国もあろう。SCには、国内での合意と調整という内部のSCと外部（同盟国、対抗国）とのSCが存在するのである (Volk and Zerfass, 2018)。

第4項　言説（ナラティブ）

SCは言説や目的を所与とする、という論述が時にみられる。しかし、その一方で、SC論ではナラティブを所与とせず、積極的に形成することが重視されることがある。対テロ戦争等にSCが必要であると論じたL. フリードマンは、「ナラティブは、展開中の出来事に対する他者の反応を［自己に有利になるように］操作する意図をもって作り上げられる」という (Freedman 2006, p. 22)。さらにフリードマンは、ロンフェルドとアクイーラの議論を引照しつつ、ナラティブは単に操作のために作られたレトリックではなく、

人々の経験、利益、そして価値に深く根差していること、またナラティブはアイデンティティと所属感を表し、我々は誰であるのか、何のために一緒にいるのか、我々と彼らは何が違うのかを示し、大義、目的、使命感を伝達し、人々を結び付ける機能を持つことを指摘している (ibid.; Ronfeldt and Arquilla, 2001, p. 328)。ロンフェルドとアクイーラは、テロや市民運動のネットワークにおけるナラティブ（物語）の重要性を指摘しつつ、「物語の戦い」という概念をも提出しており、フリードマンのナラティブ論のもとになったと考えられる。

また、コーニッシュたちも、国家の目標を追求する場合、「戦略」とは、「アイディア、選好、方法の集合であり、活動（外交、経済、開発、軍事のいずれであれ）を説明し、活動に目的を与え、活動と望ましい結果ないしは公式目標とを結び付ける」[9] (Cornish et al., 2011, pp. 1, 39) と言っている。内容的には、（少なくとも一部）言説／ナラティブと重なるところがある。あるいは、自己の目的（目的と手段の系）は、国内に広く共有されるナラティブに基づいていなければならないという (op. cit., p. x)。具体的には、アメリカ、イギリスについて言えば、自由、開放、人権というようなナラティブである（例えば、アメリカに関しては、(Strategic Communication and Public Diplomacy Policy Coordinating Committee, 2007, p. 2)）[10]。また、相手のナラティブも念頭に置いて対応しなければならず、そのために相手の文化なども十分に知らなくてはならないとする。このような観点から、相手に投射する（コミュニケートする）ナラティブが相手の文化やナラティブとどのくらい共鳴 (resonate) するかが、コミュニケーションが成功するかどうかのカギの一つとなる。

第5項　対抗する相手──手段と相互作用

SC論では、SCは双方向であるとされる。まず、相手のナラティブ（例えば、ジハーディズム等のイスラム過激主義）との対抗に直面した場合には、その矛盾を衝いたり拒否したりして、有効に対抗することを考えるべきであるとする（積極的に自己を出すのではなく、相手を否定するネガティブな活動）。それと同時に、自己（アメリカやイギリス）のナラティブ（自由で開放的な社会）を十分に

活用して、積極的かつ長期的に相手のナラティブに対抗すべきだという。ただ、自己のナラティブの中で相手に対してあまりに挑発的な部分(あるいは、相手に対してあまり魅力のない部分)を修正したりして、アクティブな代替的ナラティブ(ポジティブなメッセージ)を投射すべきであると論じている(C. Paul, 2011a, pp. 58-60, chapter 5; Cornish et al., 2011, pp. 35, 37)。さらに、建設的な行為(経済援助等を含む)なくして、ナラティブだけでは有効ではないであろうとも指摘している(Cornish et al., 2011, p. 34)。

以上のSC論では、ナラティブや具体的な目標を所与として達成する手段を考えるというだけではなく、その結果を評価しつつ、手段、さらには目標やナラティブ自体を修正していくというフィードバック・プロセスが考えられている。すなわち、プロセスとしてのSCである(C. Paul, 2011, pp. 21-22, 156)。

このようにみると、SCは、図2 (p. 48) に示された全体にかかわる。しかしながら、(ポールやコーニッシュの) SC論は、すでに述べたように、多くの場合、対テロ戦争に焦点を合わせているため、軍事に主導され、(軍事的な)アクションは言葉よりも重要であるとする(Cornish et al., 2011, p. x)。また、繰り返して言えば、このタイプのSCは、実際に軍を動かす場面(戦争)での展開に焦点が合わされているようである(C. Paul, 2011a, p. 72)。例えば、国家戦略という大きなものも対象とされるが、安定化政策、対テロ戦争、反イスラム過激主義に関する軍事行動などの個別具体的な問題をふくむことが多い(とくにイギリスではそうである、Cornish et al., 2011; Mackay and Tatham, 2011)。これは、この時期のSC論が、2000年代の9.11から始まる対テロ戦争を対象として盛んになったこと、またその展開に深くかかわってきたことに理由があると考えられる。

第3節　戦略的コミュニケーション (SC) からコミュニケーション同期化 (CS) へ——アメリカ軍部での転換

第1項　戦略的コミュニケーションをめぐる葛藤

　以上、C. ポール (Paul, 2011a) とコーニッシュ (Cornish et al., 2011) を中心に SC を考察してきた。しかし、この間、アメリカにおいては、SC に対する批判が高まった (たとえば、Murphy, 2008)。 それは、一つには、概念の理解が容易でないこと、二つには、アメリカにおいて SC にかかわる部署 (軍の Public Affairs にかかわる諸部署、国務省、国家情報長官室等) が増大し、SC という概念では部署間での調整が難しくなったことによる (SC に関しては、国務省と国防省の権限争いがあったという、Lord, 2009a)。2008 年 3 月には、国防省と国務省が中心となった SC についての会議が開かれる。それを受けて、2008 年 8 月、主席国防次官補代理 (防衛パブリック・アフェアーズ担当) であった R. ヘイスティングスは、SC についての (九つの) 原理というメモを提示する。それは広く SC を取り扱っており、その冒頭では、「戦略的コミュニケーションは、望ましい結果を得るための、行為、イメージ、言葉のオーケストレーションあるいはシンクロナイゼーション (同期化) と言われてきた。しかしまだ、理解しなければならない余地が残っている」と述べている (Department of Defense, 2008)。

　さらに、オバマ政権は、2010 年 3 月に先に触れた (本書第 4 章第 3 節第 1 項)「戦略的コミュニケーションのための国家枠組み」を発出し、この中で次のように述べている。

> 「"戦略的コミュニケーション (単数、複数)"で、我々は、次のことを意味する。(a) 言葉と行為の同期化であり、それが選択された聴衆によって如何に認識されるか、(b) 意図された相手 (聴衆) とコミュニケートし関与することを目的としたプログラムと活動を指し、それは、パブリック・アフェアーズ、公共外交、情報オペレーションの専門家によって実行されたものを含む。」(White House, 2010b)

しかし、SC をめぐるコンセンサスは得られず、いくつかの対抗(立)点が存在した。C. ポールによれば、対抗点は三つ存在したという。一つは、「放送か関与か」(単に情報を発信するのか、相手に関与していくのか)、二つには、メッセージの抽象性と具体性のバランスをどうとるか、三つには、(第一の点と関連するが)、「知らせる(inform)のか、影響を与える(influence)のか」という点である。ポールは、その中でも、第三の点が対抗点の中で最も深刻であり、致命的なものでもあると論じている。すなわち、「SC の目標は影響を与えることであると考える人々と、影響を与えるのではなく単に情報を流すだけであると考える人々との緊張関係である」(C. Paul, 2011b)[11]。ただし、C. ポール自身は、このように inform と influence を分けることには反対であると述べている。そして、SC は様々に定義され、関連組織間の権限争いのもととなっているので、情報の機能の重要性、政府諸組織間での調整等が尊重される限り、SC という名称にこだわる必要はないと述べる (C. Paul, 2012; Althuis, 2021, p. 101)。

さらに、SC そのものに反対する議論も国防省内にあった。たとえば、統合参謀本部議長 M. マレン (Mike Mullen) 提督は、SC があまりに大きくなりすぎ、誰でもが参入できる流行りのビジネス (cottage industry) となってしまったと批判した。また、コミュニケーションは重要ではあろうが、最も重要なことはアクションであり、アクションこそがメッセージであると強調した。SC とか IO (information operations) という名目で国防省から契約を得た企業は大きな利益を上げたといわれるが、あまり効果はなかったという認識も強く持たれた (Vanden Brook, 2012b)。たとえば、'宣伝会社' のレンドル・グループには、2000 年から 2012 年までで、国防省から 1 億ドル支払われたという (Vanden Brook, 2012a; Tatham, 2013, p. 21)。マレン提督は、SC が戦いから資源を奪うことになれば、きわめて由々しき問題であり、SC という用語を使うことを拒否するとも述べたという (USA Today, 2012a; Mullen, 2009a, 2009b)。

このような批判を背景にしてであろう、2011 年、アメリカの下院歳出委員会は、2012 年度の国防歳出法案の中の軍事情報支援オペレーションに当

てられた予算3億ドルの3分の1をカットすると提案した（脅した）(Tatham, 2013, p. 5)。また、上院の軍事委員会（カール・レヴィン（Carl Levin、民、ミシガン）委員長、ジョン・マケイン（John McCain、共、アリゾナ）野党筆頭委員）は、2011年、会計検査院（GAO）に対して国防省のSCに関しての監査を要請する（以下、GAO, 2012）。この監査は、2011年11月から2012年5月にかけて行われた。上院軍事委員会からの調査依頼のポイントは、①国防省のSCに対するアプローチ、②このアプローチに国防省がとった初期的なアクション、そして③SCに関する省庁間の協力の役割、であった。GAOの報告書には、次のことが述べられている（GAO, 2012）。まず①に関しては、国防省のSCに関する定義は様々であり、混乱を引き起こしている。また、国防省のスタッフ全体にSCがいきわたっているとは言えない。②に関して、国防長官は、政策担当の次官およびパブリック・アフェアーズ担当の次官補にSCについての国防省の指令（directive）を検討させ、草案を作成したが、統合参謀本部議長が表現等で反対を表明した。このことから、政策担当次官、広報担当次官補、統合参謀本部議長は、指令ではなく、指示（instruction）を発することに合意した（指示は、指令よりも長文であり、より詳細なものであるという）。国防省は指示を出す予定であり（草案を検討中）、国防長官の承認を得られれば、この草案が正式な国防省全体のSCについてのガイダンス文書となる予定である。この予定文書は、国防省内部に焦点を合わせ（対戦闘司令官等）、省庁間問題（③）には触れていない。国防省の担当者は、この指示は2012年の春遅くか、夏までには完了するであろうと話していたという。

第2項　リトル国防次官補のメモランダム──戦略的コミュニケーションは使うべからず、コミュニケーション同期化をつかうべし

　このようなことからか（ただし因果関係は定かでないが）、2012年11月末[12]、アメリカ国防省は、SCは使わず、コミュニケーション同期化を使うと宣言する[13]。ジョージE. リトル国防次官補（パブリック・アフェアーズ担当 Assistant to the Secretary for Defense for Public Affairs）は「混乱を避けるために、戦略的コミュニケーションを使用することを避ける。より正確な用語は、コミュニケーショ

ン同期化であり、以後国防省の統合文書joint publicationsにはこの用語を使う」とする (Little, 2012)。これは、「リトル・メモ ('Little Memo')」と呼ばれた (Tatham, 2013, p. 5)。

そして、このリトルのメモランダムにおいては、コミュニケーションの整合性を図るために、SCと呼ばれている活動を含めて (国防省内の) 広報 (パブリック・アフェアーズ) に権限を集中し、またSC関連のスタッフを縮小していく旨が記されている。

このようなリトルのメモランダムの内容は、国防省の担当者がGAOに語った指示とはかなり違うものであったといえよう。このメモランダムについての評価とインパクトは、一様ではなかったようである。このメモに対して、2009年から2011年まで国防省の政策担当次官 (M. フロノイ Michèle Flournoy) の顧問 (counselor) を務め、SCを担当していたローザ・ブルックス (ジョージタウン大学国際法教授、またジャーナリスト／コラムニストとしても活躍) は、次のような反対論を述べる (Brooks, 2012a)。いわく、このメモは、ホワイト・ハウスは言うに及ばず、国防省の上位の高官の了解を得たものではない。また、内容的にも、パブリック・アフェアーズへの権限集中を論じているが、SCそのものを否定しているものではない。このメモは、①SCは、プレス発表や論点を示すことに限られるべきであり、したがってパブリック・アフェアーズに限定されるべきであると考える人々と、②SCは、混乱をきたすものの、複雑で重要なことに標的を当てていると考え、とくにコミュニケーションよりは戦略に重点を置く人々、という二つのグループの間で何回も行われた小競り合いの一つであり、その小競り合いの一つの結果である。ブルックス自身は、後者に属する (この点、Brooks, 2012b)[14]。また、彼女は、リトルが提案しているコミュニケーション同期化を必ずしもよい用語だとは思わず、このメモを受け取った司令官たちは、それを机の引き出しにしまい込んでしまう (無視する) ことになろう、と述べている。

このようなブルックスの批判は、その後の展開を見ると、見通しとして、あっているところとあっていないところがある。あっていないところは、国防省は実際にリトルのメモに沿って動いたところが多いということである。

国防省（軍）は、実際にSCに張り付けていた人員を削減し、パブリック・アフェアーズに権限を集中した (USA Today, 2012a)。また、翌2013年、統合参謀本部は、JDN［Joint Doctrine Note］2-13 として、Commander's Communication Synchronization［司令官のコミュニケーション同期化］を発する (Joint Chiefs of Staff, 2013)。この中で、JDN 2-13 は、「もともとは"戦略的コミュニケーション strategic communication"と言われたもの、のちにコミュニケーション同期化 communication synchronization へと発展したもの」に関する指針をしめす、としている (op. cit., Preface)。そして、コミュニケーション同期化 (commander's communication synchronization) を次のように定義する。

　「ある統合戦力 (a joint force) の司令官が戦略的コミュニケーション関連の目的を支援するために、テーマ、メッセージ、イメージ、作戦、行為を調整し同期化し、すべての関連するコミュニケーション活動の統合と同期化をはかり、最下位の戦術のレベルまでテーマとメッセージの統合性と整合性を確保するプロセスである。」（傍点筆者、op. cit., GL-4）

この文書には、いまだSCの用語が散見されるが、後年（2016年）に出された定義は、次のようになっている。

　「（コミュニケーション同期化は）ナラティブ、テーマ、メッセージ、オペレーション、アクションを調整し、シンクロナイズ（同期化）して、それらの統合性、整合性をすべての関連するコミュニケーション活動の一番低いレベルにまで確保することである。正式な略称をCCS［commander's communication synchronization］とする。」(Joint Chiefs of Staff, 2016)

SCを使わずコミュニケーション同期化 (CS) を使うというリトルの決定は、アメリカ国内からだけではなく、NATO やイギリスなどからも批判がおきた。NATO やイギリスには、SCとアメリカのとってきた積極的なSC政策を高く評価する者が存在した。たとえば、NATO の SHAPE（欧州連合軍最高司令部）

のSC責任者(Chief)であるM.レイティ（Mark Laity）は、コミュニケーション同期化を次のように特徴づけたという。「それ［コミュニケーション同期化］は、狭く、限定的で、高い目標のないフレーズであり、戦略的コミュニケーションは必要ないと言うために、戦略的コミュニケーションがやってきたことまたやっていることとを再定義し、矮小化しようとするものである」(Tatham, 2013, p. 6からの再引用)。レイティは、最近の論考で、リトル・メモに関して次のように述べている。SC (StratCom) は、内容においても組織においても対立的な点が多かった。最も顕著なものは、NATOにおいてもアメリカにおいても、StratComが「informかinfluenceか」のどちらであるのかということであった。informに限るというのがパブリック・アフェアーズであり、influenceを含むというのが心理オペレーションや情報オペレーション部門などであり、これら二つのグループ間の対抗は激しいものであった。パブリック・アフェアーズを中心にするというリトルのメモは、パブリック・アフェアーズの勝利（クーデター）であった (Laity, 2021, pp. 46-47)。リトル・メモは、NATOのStratComにも大きな影響を与えかねないものであった (Laity, 2018)。しかし、リトル・メモが発出された2012年には、NATOにおいてStratComはinfluenceを含み、それがNATOの目標達成に資するという了解が上層部まで浸透してきていたので、揺らぐことはなかった。ただ、リトル・メモによってアメリカは、StratComでの国際的な統合から外れることになった、と述べている (Laity, 2021)。またイギリスには、アメリカがホワイト・ハウスのレベルで全政府的にSCを推進していること (White House, 2010b) を高く評価し、イギリスでも国家レベルでSCを推進しようとするSCの専門家が存在した (Cornish et al., 2011)。しかし、イギリスでは、まずは国防省がSCを進めていくことになる。

このように、アメリカの軍部はSCという用語を使わなくなった（そしてコミュニケーション同期化を使う）が、このようなアメリカの動きとは対照的に、イギリスやNATOでは、SCは重要な概念として引き続き使われ発展していく。イギリスでは、2011年に国防省がSCについての文書（2012年にはその修正版）を発出するし、NATOは、2009年にSCを初めて公式に取り上げ、またSCという概念を研究し、実装化している最中（かなり進んだ状態）であった

(LePage, 2013; Laity, 2021)（本章第5節第1項）。ただ、すぐ後で述べるように、アメリカにおいてもSCという概念が完全に放棄されたわけではなかった。従来の意味でのSCは国務省に、コミュニケーション同期化は国防省に、という分業体制を作ったのである（この分業体制がうまく行っているかどうかは別である）。

第3項　戦略的コミュニケーションとコミュニケーション同期化の違い

　このように、米軍の中では、SCはコミュニケーション同期化（commanders communication synchronization, CCS）にかわった、と言えるであろう。しかし、後で述べるように、SCは国務省の機能として正式に残っている。すなわち、コミュニケーション同期化は国防省、SCは国務省がそれぞれ担うという区分である。両省間の分業を論じるまえに、調整と同期化に焦点を合わせるコミュニケーション同期化とSCとではどこが違うのかを確認しておこう。まず、2006年のQDR（4年ごとの防衛政策のレヴュー）において作成が要請された国防省のSCのロードマップから、SCの定義を取り上げてみよう。

> 「戦略的コミュニケーションは、『カギとなる聴衆を理解しそれに関与することに焦点を絞った、アメリカ政府の様々な過程と取組であり、それは国家の利益と目標を促進する良き条件を形成、強化、あるいは維持することを目的として、そのために様々な情報、テーマ、計画、プログラム、行動を調整しつつ、またそれらと国力の諸要素を同期化しつつ、活用する』と定義されてきた。」(Department of Defense, 2006, p. 3)［ただ、このSC定義は、2006年のQDRに示されたコミュニケーション同期化を具体化するロードマップの定義であり、国防省と国務省に共通するものと考えられ、現在でも国務省のSCの定義となっている。次頁の引用内のb.を見よ］

　先の国防省の統合文書に見られるコミュニケーション同期化の定義とこの国防省のQDRのロードマップにおけるSCの定義を比べてみると（もちろん、

この二つには、時間的に6年の差がある)、2006年のロードマップにおけるSCの定義は広く包括的であるのに対して、リトル・メモ以降のコミュニケーション同期化はそれより狭く、ナラティブ、テーマ、アクションなどの同期化を(国防省の)諸部署に要請することに焦点を合わせているといえよう。SCの一部分を強調したのがコミュニケーション同期化と考えてもよいといえよう。

第4項　戦略的コミュニケーションとコミュニケーション同期化
　　　——国務省と国防省の分業

　このように、R. ブルックスの言うようには、リトル・メモが机の片隅に放置されることはなかった。管見によれば、2012年以後に軍内でSCという用語を使うことはないようである。ただ、すでにふれたように、SCは、国務省においては一つの重要な機能として残っている。この点、最新の統合文書 (Joint Chiefs of Staff, 2020) を見ると、コミュニケーション同期化 (CCS) とSCが次のように整理されている。

　　　「a. CCS [commander's communication synchronization] は、国防省のナラティブ、テーマ、メッセージ、イメージ、作戦、そしてアクションを調整し同期化し、その統合性と整合性を最底辺の戦術レベルにまで確保することである。……
　　　b. アメリカ政府全体としては、国務省が対外的な戦略的コミュニケーションの第一義的な責任を持つ。国務省は、戦略的コミュニケーションを、次のように記述している。すなわち戦略的コミュニケーションとは、カギとなる聴衆を理解しそれに関与することに焦点を絞った、アメリカ政府の様々な取組であり、それはアメリカ政府の利益、政策、目的を促進する条件を形成、強化、および維持することを目的として、そのために様々なプログラム、計画、メッセージ、プロダクトを調整しつつ、またそれらと国力の全手段の作用を同期化しつつ、活用する、と。……
　　　c. アメリカ軍は、CCS、公共外交、情報環境におけるオペレーション、公共外交への防衛支援を通して、アメリカのコミュニケーション努力に

おける重要な支援的な役割を果たす。……」(Joint Chiefs of Staff, 2020, p. II-10)

このようにSCは国務省、コミュニケーション同期化は国防省という区分けができているようである。ただ、国務省がSCを表に立てた活動を積極的に行っているとは思えない。

いずれにせよ、リトル・メモは、かなりの影響を与えたといえる。ただ、リトル・メモについてのブルックスの今一つの見通し、すなわち、SCとその必要性は否定されていない、ということは当たっているようである。このことに関しては、アメリカの軍や国務省、あるいは政府全体（たとえば、情報コミュニティ）でみると、SCでカバーされる様々な活動は実際に行われている。たとえば、NATOやEUでいわれるSC (StratCom) にあたる諸活動（たとえば、対テロ、対ディスインフォメーションへの対処）は、アメリカでも組織的に行っている (SCとは言わずに──本章第6節参照)。また、SCは組織（政策）象徴として使われなくなったとはいえ、分析（認識）象徴としては、アメリカにおいても、いまだ研究者の中に生き続けていると考えられる。すなわち、我々研究者が、用語（分析概念）として、コミュニケーション同期化を含んでSCを使い続けることは全く差し支えないと考えられる。また、分析的にSCを考える場合、アメリカ政府が示したさまざまなSCの定義は、いまでもしばしば援用される（たとえば石原、2019）。

第4節　イギリスにおける戦略的コミュニケーション

以上のように、アメリカでは、2012年以後、軍部（国防省）においてSCという概念は使われなくなった。しかし、その後もイギリス（国防省）やNATOでは、SC概念は使い続けられる。本節ではイギリスを、次節ではNATOを取り上げ、彼らの言うSCを検討してみたい。

第1項　タサム『戦略的コミュニケーション入門』(2008)

イギリスは、アメリカに若干遅れを伴ってSCを発展させてきた (Cornish et

al., 2011, p. 4; Kandrík, 2015)。イギリスは、アメリカ軍部とは密なる協力関係にあり、またイラクとアフガニスタン (ISAF) に軍を展開し、対テロ戦争やイスラムとの戦争に深く関与してきた。そして、その経験をもとにして、SC概念を発展させる。これは、すでに述べたように、戦争において物質的な要素だけではなく非物質的な要素を重視するローレンス・フリードマンの議論 (Freedman, 2006) やスティーブ・タサム (Steve Tatham) のSC論に現れていた (Tatham, 2008)。

タサムは、シエラレオネ、イラク、アフガニスタン等の戦争にかかわってきた英海軍の情報将校であり、博士号を持った研究者である。タサムは、2008年に『戦略的コミュニケーション入門 Strategic Communication: Primer』を公刊する。この書 (小冊子) は、イギリスにおけるSCについて体系的に書かれた初めての書であり (あるいは、世界で初めてのSCに関する体系的な研究文書)、また管見によれば、以後のイギリスのSCの考え方と政府の政策にも大きな影響を与えたものと考えられる。彼は、今に至るまでSCの第一線で活動しており、2015年に発刊されたNATO関連の学術書である *Defence Strategic Communications* 誌の初代編集長を務めた。したがって、若干の紙幅を取って彼の『戦略的コミュニケーション入門』の内容を紹介したい。

1. 概略

タサムの議論の主要な点の一つは、情報が単に軍事活動の支援手段ではなく主要な手段であり、軍事活動を含む政策の最終的な目的は相手 (標的集団) の行動を変化させることにある (軍事力による「破壊」ではない)。その目的を達するためには、物質的な (kinetic) 手段と非物質的な (non-kinetic) 手段の最適な組み合わせが重要である。それらの手段のバランスは、様々な条件により異なり、また時間的に変化する。また、そのような過程において、相手についての研究が極めて重要であり、またSCの効果を常に評価していくことの必要性を強調している。

彼の議論の構造は、次のようなものである。まず、SCは、目的―方法―手段という図式でいえば、方法であり、その方法のなかに様々な手段が含ま

れる。その大前提である目的は、ナラティブによって与えられる。したがって、目的を所与とした場合、それを達成する方法、またより細部にわたる手段を考えるのがSCである。方法は、標的集団の行動に影響を与えることを目的とするコミュニケーションである。コミュニケーションは、単に（電話のように）メッセージを雑音なく相手に送る（彼は、これを「メッセージ影響モデル」と呼んでいる）という単純なものではない。相手に出したメッセージは、相手の持つ信条体系やナラティブによって解釈された上で、受け入れられることも、拒否されることも、修正されることもある。そのような相手の行動がもともとの発信者である自分に反射され、それをもとにして自分はメッセージを発する、という複雑性をもったシステムを考える。このようなモデルでは、相手を理解し、分析することが重要になる（彼は、これを「プラグマティックな複雑性適応モデル」と呼ぶ）。

　以上のようなナラティブ（目標設定等）とSC（目的達成の方法、様々なコミュニケーション手段）という理論的な要素に加えて、実際にそれを担う政府が存在する。戦略的ナラティブやSCは「全政府的whole-of-government」なものであり、その一部を軍が担うのである。後述するように、SCはオーケストラに例えられる。指揮者は政府であり、楽譜はSCの計画であり、それを分担して奏でる政府の各部署には文民もあれば（たとえば、公共外交）軍部もあり（たとえば、軍の情報オペレーション、軍事的な手段）、文民と軍とが混交している場合もある。そして全体として聞こえてくる音楽がナラティブである。

　以上がタサムのSCの概要である。以下では彼の議論を直接引用してその内容を確認しよう。タサムは、一人の研究者が安全保障分野でのSC論を体系的に、また哲学的な次元にまで深めて考えた結果を示しており、その研究は他に類を見ない。したがって、以下では、引用を含めて、重複をいとわず彼の考え全体を示しておきたい。SC論の理解に大いに役に立つと考えられる。

　i）タサムの問題意識

　まず問題意識について、タサムは、次のように言う。

「特定の政治的な目的達成のために特定の聴衆の行動の変化をもたらすことをねらって情報メッセージを伝えることは、ターゲットに銃弾や爆弾を見舞うよりも、将来の戦闘において、より決定的なものになるかもしれない。」(Tatham, 2008, p. 1)

彼はまた、R. スミス将軍 (*The Utility of Force* の著者、湾岸戦争、ボスニア、コソボ、北アイルランドで指揮を執り、「人々の中での戦争」をいかに戦うかを考察した軍人、Smith, 2005) の次の言を紹介している。

「国家間の総力戦争ではなく、(内戦や対テロ戦争などの)『人々の中での戦争』においては、敵は人々の中に埋め込まれており、この敵を識別して攻撃し、(より良い世界の見通しを与えることなどを通して) 人々の意志を変えることが目的である。したがって、力の行使は、決定的であることはない。力だめしに勝つことで人々の意志を変えることはない。我々の住む現代の紛争においては、人々の意志を変えることが力の行使の唯一の目的である。」(Tatham, 2008, p. 15, 原文 Smith, 2005, p. 334) [15]

ii）戦略的コミュニケーション

タサムは SC について、「比較的新しい用語としての戦略的コミュニケーション (strategic communication であり、communications ではない) は、イギリス政府横断的な標準化された定義をもつに至っていない」ことを確認しつつ、以下の定義を提案する。すなわち、SC は

「戦略的、作戦的そして戦術的なすべてのレベルにおいて行われる、継続的で整合的な活動の一連の体系である。それはターゲットとなった聴衆を理解することを可能にし、彼らへの有効な接触チャネル (conduits) を同定し、そのチャネルを通して彼らに特定のタイプの行動をとるように慫慂するアイディアや意見を作り出し、促進するものである。」(op. cit., p. 3)

第 9 章　戦略的コミュニケーション　267

　タサムは、SC をオーケストラにたとえて、次のように述べる[16]。すなわち、「オーケストラの指揮者はイギリス政府であり、楽譜は戦略的コミュニケーション計画である。オーケストラそのものは、さまざまな実践共同体および／あるいは後方連絡線であり、そこから聞こえてくる音楽がナラティブである」(op. cit., p. 3)。続けてタサムは、「目的─方法─手段」という図式を次のように表現する。

　　「戦略家は、概念を'目的、方法、そして手段 ends, ways and means' という見地からとらえる。戦略的コミュニケーションは行動の変化のための一つの'方法'であり、行動の変化が望ましい'目的'である。戦略的コミュニケーションは、この過程の中で多様な'手段'を使う。そこで使われる諸手段は、標的とされた聴衆への望ましい効果をあげるという条件に合うように工夫される。」(op. cit., p. 4)

SC は、次のような意味で「全政府的（政府横断的 cross governmental）」である。

　　「戦略的コミュニケーションは、対外的な聴衆だけではなく、対内的な聴衆にも重要である。戦略的コミュニケーションは政府横断的な戦略的活動であり、軍はその中での一つの参加者にすぎない。しかしながら、軍は、全体のキャンペーン計画の不可欠な部分である。全体的なキャンペーンは、伝統的な文民の公共外交と伝統的な軍事的な活動をともに含むことが通常である。」(ibid.) ［タサムは「キャンペーン」に政治、経済、人道開発、インテリジェンス、外交、SC という幅広い要素を含めている。］

　iii）ナラティブ
　タサムは、SC におけるナラティブの役割を次のように強調する。「［戦略的コミュニケーションの］キャンペーンにおける政府コミュニケーションの諸テーマの凝集性（coherence）を確保する一つの重要な要素がナラティブであ

る」(op. cit., p. 9)。ナラティブの定義と機能は次のようなものである（この部分は、本書第4章と重なる）。

「［ナラティブとは］テーマと時間的順序に沿った叙述であり、それは作者から参加者に向けて特定の出来事の意味を伝える。」(ibid.)

「ナラティブは、単なる言葉のセットではなく、とくに 9/11 以降は、包括的なアイディアである。それは、特定の出来事に関してのテキストやスピーチの全体的な集成[言語全集(コーパス)]だけではなく、それを支えるすべてのシンボリズムとイメージからなる。」[17](ibid.)

「ナラティブこそが全ての戦略の基盤である。ナラティブは、政策を組織化する枠組みであり、出来事が如何に記述され議論されるべきかを決める引照基準である。ナラティブの目的は、政府のすべての行動を共通の理解のもとにまとめ上げ固めることにある。そのことは、もし国家間連合を作っている場合には、政府間にも当てはまる。ナラティブは特定の状況の意味に構造と重要性を供し、メッセージは全体を覆うナラティブの流れと切り離されてはならない。ナラティブは、その本質が破壊されないよう柔軟性を心においてデザインされなければならない。」(ibid.)

「敵対する相手もカウンター・ナラティブを作り上げる。そして、(聴衆の)注視と共鳴を争う。そのようなカウンター・ナラティブが常に存在することを考えなければならない。」(ibid.)

「ゴードン・ブラウン首相は、我々のタリバンやアルカイダとの戦いは、'アイディアの戦い'であると述べ、それは広く引用されるようになっている。」[18](op. cit., p. 21)

「ナラティブは、戦略的コミュニケーションと物質的なオペレーションを結び付けるものであり、いずれも他への考慮なしに考えてはいけない。」(op. cit., p. 10)

iv) コミュニケーション――プラグマティックな複雑性適応モデル

タサムはまた、コミュニケーションのとらえ方に関して、単に自分のメッ

セージを相手に一方的に伝えるという単純な「メッセージ影響力モデル」は十分でなく、相手が自分のメッセージをいかに解釈し行動するかを理解しなければならないと述べる。後者は、相手との相互作用、またその相互作用が一つのシステムを作っていることを強調する「プラグマティック複雑性モデル」である。それは、「相手としようとする聴衆を理解することは、戦略的コミュニケーション過程の必須条件である」ことを示す (op. cit., p. 12)。

ⅴ）行動に対する影響

また、SC の目的が相手の行動を変化させること、すなわち影響力の行使であることから、影響力 (influence) は重要な概念である。タサムは影響力を、「物質的そして非物質的な手段の効果を適切にバランスさせて適用することで、標的グループの意志に、そして最終的にはその行動に、積極的な影響をもたらすこと」と定義する[19] (op. cit., p. 15)。ここでは、影響力の内容と手段の両方が述べられている。タサムはこの定義を補足して、影響力の適切な行使に必要な手段のバランスを維持するためには、(特に強制に際しての) コミュニケーションが重要だと指摘する。

> 「この [物質的な手段と非物質的な手段の効果の] バランスは、キャンペーンが展開するにつれて変化しよう。それは、引き付ける (魅了する) 力——すなわち、相手が自分の意思に基づいて行動を変化させることを促進する力であり、したがって一切のハード・パワーを必要としないもの [いわゆるソフト・パワーである]——から強制、すなわち力の行使や脅迫による説得まで広く含む。後者 [力の行使や脅迫] に関しては、脅迫という手段がとられるか否かは聴衆自身の行動如何によることを、慎重なコミュニケーションを通じてはっきりと認識させることが必要である。」[20] (op. cit., p. 15)

2．温故知新？

この文書で展開されている SC 論は、タリバンやアルカイダとの戦いにそ

の経験的ベースを置いている。したがって、タサムの議論は、特定のケースに基づいた一般化とでもいうべき傾向が存在する。ただ、タサムは、SCにおいて議論されるさまざまな概念や手段が必ずしも新しいわけではなく、過去にさまざまな紛争環境やコミュニケーション環境で考えられてきたものであり、我々は新しい環境に合わせて「再学習」しなければならないところも多いと論じている。すなわち、「現在の情報環境が［過去に比べて］非常に洗練されているにもかかわらず、逆説的ではあるがそれら［様々なメディア戦術］は何も新しいスキルではなく、我々が新しく学びなおすべきスキルである」(op. cit., p.20)。

　タサムの議論は、情報環境や紛争環境によってSCの内容が変化するというものなので、情報環境や紛争環境あるいは戦争の性格が将来に変化した場合、SCもそれに適応して変化することを示唆していよう（本章序節第2項参照）。

第2項　政府の政策への圧力——コーニッシュたちのIISSの報告書(2011年)

　タサムの『戦略的コミュニケーション入門』が公刊された2008年以後、イギリスにおいては、SCを国家戦略として如何に組み込んでいくかが政策的な問題となった。そこでの問題の一つは、タサム的に言えば、「政府全体 whole-of-government」のレベルで考えるか（あるいは政府全体として如何にSCを組み込むか）、国防省のレベル（軍は、SCの一部である）で組み込んでいくか、またそれら二つをいかに関係づけているかということにあったと考えられる。実際の展開を先取りして言えば、イギリスにおいては、「政府全体」のSCは強く唱えられたが、実際には軍（国防省）のレベルでのSCが先行した。

　まず、「政府全体」のレベルでのSCについては、2010年の政府の最高レベルでの国家戦略文書である「戦略防衛と安全保障レヴュー *Strategic Defence and Security Review*」において、次のように述べられている。

> 「戦略的コミュニケーション（複数形）は、我々の国家安全保障にとって重要である。なぜなら、それはイギリスの利益になるように（内外のアクターの）行動や態度を変えることも、危険な個人、集団、国家の影響に対

抗することもできるからである。我々は、'国家安全保障コミュニケーション戦略'を公刊するつもりである。それは、イギリスが国家安全保障の目的のためにいかに戦略的コミュニケーションを使うかを初めて明らかにすることになろう。国家安全保障会議(UK National Security Council[2010年創設])はさらに、政府全体の、また政府の外のコミュニケーション資源全体を結集し、連携するために必要なインフラストラクチャーと統治の枠組みを考えることになろう。」(HM Government, 2010, p. 68)

この文書が契機になったこともあり、イギリスにおいては、SCに関する大きな議論が起きた(Cornish et al., 2011)。ロンドンの国際戦略研究所 IISS (International Institute for Strategic Studies)は、バース大学国際安全保障の教授でありSCの専門家であるポール・コーニッシュたちの『戦略的コミュニケーションと国家戦略』(Cornish et al., 2011)を公刊する。その報告書は、「政府全体」のSCを追求しようとするものであり、当時(コーニッシュたちの報告書の公刊は、2011年9月)のSCの議論の状況を単にイギリスだけではなく、アメリカの状況をも取り込んで分析している。アメリカで展開しているSC論に関しては、C. ポールの業績等が広く検討されており、とくに2010年に大統領府が発出した『戦略的コミュニケーションのための国家的枠組み National Framework for Strategic Communication』(White House, 2010b)は彼らの議論に大きな影響を与えた(Cornish et al., 2011, p. 5)。コーニッシュたちはとくに、同文書が国家的レベルでのSCに焦点を当てていたことに注目している。

管見では、彼らの議論は基本的には上記のタサムの議論とあまり変わりないように見える。たとえば、SCの定義については、「国家の戦略的目標を追求する言葉と行為を通してのコミュニケーション」という簡略的な定義を示しているが(op. cit., p. viii)、フルの定義としては、上記タサムの定義を使っている(op. cit., p. 4)。彼らの議論とタサムの議論が重なる点を列挙すれば次のようになる。
- 今日の安全保障においては、ハード・パワーには限界があり、情報やコミュニケーションの重要さが増している。

- SC は双方向のコミュニケーションを重要視すべきである。
- ナラティブは、政府全体の方向を示すのに重要であるだけでなく、政府の各部署を統御するために重要である。
- 戦略的影響が目的であることから、SC の枠組みは戦略プランニングや政策準備と実行に必要不可欠な要素である。
- 「政府全体」のアプローチを重視し、国家戦略全体での SC に注目している（「全軍的 whole-of-miliary」ではなく「政府全体」）。
- 安定化政策、反急進化 (counter-radicalization) 政策に着目しつつ、サイバーを具体的なケースとして取り上げている。

　コーニッシュらはその一方で、タサムとは異なり、SC は、何であり 'What?'、なぜ必要か 'Why?'、どこで誰が行うのか 'Where?' 'Who?'、そして如何に行うのか 'How?' を詳細に分析している。

　彼らは、国家レベル（「政府全体」）の SC が実際にはなかなかまとまらない理由として、省庁間の権限争いが存在することをあげている。彼らは、「全軍的アプローチ」を批判する一方で「全政府的アプローチ」を支持して、2011 年 3 月に出た国防省の『戦略的コミュニケーション――軍事の貢献』(Ministry of Defence, 2011) が国防省に焦点を当て「全政府的」でないことに不満を示す (Cornish et al., 2011, p. 5)。この点に関して、彼らは、「(SC に関して) 政府横断的なアプローチが展開されてはいるが、イギリスのアプローチは、最近に至るまで国家レベルのコンセプトが確立する前に国防の貢献文書 [JDN 1/11] が出されてしまったという点で、しっぽが犬をうごかしているように見える」(Cornish et al., p. 5) と述べている。

第3項　『戦略的コミュニケーション――国防の貢献』(2012)
――「政策に駆動されたアプローチ」

1. 内容

　では、2011 年 3 月の JDN 1/11（「戦略的コミュニケーション――軍事の貢献」）には何が書かれているのであろうか。この文書に若干の修正を伴ったものが翌 2012 年 1 月に公刊された『戦略的コミュニケーション――国防の貢献』で

ある（Ministry of Defence, 2012）[21]。副題が「軍事の貢献」から「国防の貢献」と変わっている。この二つの文書を比べると概念的な部分では基本的な変化はなく、2012 年版（JDN 1/12）には、2011 年のリビアのケースを踏まえた実施面の問題に関して詳細な記述がつけ加えられている（op. cit., chapter 3）。また、2012 年版（JDN 1/12）には、2011 年版（JDN 1/11）を代置する（差し替える）と書かれているので、ここでは 2012 年版（JDN 1/12）を取り上げることにする。二つの版の比較を行ったウッティングは、2011 年版（JDN 1/11）は抽象的で理解しにくいところがあるとしている（Utting, 2014）。2012 年版は、そのことを含めて修正しており、比較的わかりやすく具体的でありながらも体系だっており、SC 論の一つの雛形といってよい。以下で詳しく説明するゆえんである。

　JDN 1/12 は、序（Preface）において、（イギリスにおける）SC の重要性の認識は、イラク、アフガニスタンでのキャンペーンにおいて首尾一貫した戦略を形成することの難しさを経験したことによって大いに高まったと指摘する。情報は、それ自体が戦略的な道具であり、SC は、「戦略に欠くべからざるものであり、［相手との］対話への関与を通して、我々のアイディアを有効かつ説得的に説明する方法を与えてくれる」としている（Ministry of Defence, 2012, p. iv, 傍点は筆者の強調）。

　つづいて JDN 1/12 は、コーニッシュたち（Cornish et al., 2011）が指摘してやまなかった「全政府的 SC」対「全軍的 SC」に関して、次のようにのべる。まず「全政府的 SC」については、NSC（国家安全保障会議）の草案を紹介している（ただし、この草案が正式の文書になったことはないと考えられる）。

　　「戦略的コミュニケーションは、*諸個人、諸集団そして諸国家の態度と行動に影響を与えることによってイギリスの安全保障上の目的を達成するために、すべてのコミュニケーション手段を体系的にまた調整され整合された形で使用することである*」（op. cit., p. 1-2、訳文のイタリックは、原文もイタリックであり、以下同様。また頁番号の 1-2 は原文にのっとって、第 1 章の第 2 頁ということであり、以下同様）。

加えて、次のように述べる。

　「NSC の草案は、コミュニケーションを『言葉、イメージそして公的な行為であり、それは公的な情報、広報、情報オペレーション、防衛外交、ソフト・パワー活動そして外交的なキャンペーンを含む』と述べている。国防省 (Defence) は、軍事作戦や儀式的活動をふくむ公的な行為と併せて、これらすべての活動に貢献する。」(ibid.)

ここで触れられている NSC の草案では、(戦略的)コミュニケーションを担うのは政府の広報活動、情報活動、外交活動を担う部局であるとされており、関連行政機構に関しては、「全政府」よりも若干限定的であるように思われる。また最後の点は、政府全体の SC のなかでの国防省の役割を述べている。そして、国防省による SC の定義に関して次のように論じている。

　「今までのところ戦略的コミュニケーション (略して STRATCOM) について、いくつかの定義が見られるが、一つの共通の定義はない。これらの諸定義や議論を念頭に、国防省は以下の定義を提案する。すなわち、
　人々の態度や行動に影響を与えるために国防省が持つすべてのコミュニケーション手段をつかい国益を促進すること。」(op. cit., p. 1-1)

この定義は、上記の NSC の草案にある全政府的な SC を国防省に適用するように簡潔にしたものであり、全政府的(あるいは政府横断的)な考え方と整合的であると考えられる。
　以上の定義は、(本章でいうところの)「逆算的(演繹的)定義」(あるいは「道具的定義」)であり、この定義をもとにしてさまざまな概念を体系化し(この中には、何を伝えるかが含まれる)、担当する行政組織・機能を体系化し、もって具体性を持たせることになる(上記の定義だけでは、極端に言えばなにもわからない)。すなわち、①コミュニケーションとは、何かを言葉、イメージ、行

為で伝えることである。そうすると、②何を伝えるか、③誰がどのように伝えるか、ということが明確にならなくてはならない。これらのことが、続く三つの章で述べられている。この JDN 1/12 自体の言い方では、第 1 章は SC を定義し、記述する。第 2 章は、SC の行われる「文脈」を提示し、コミュニケーション環境、人的次元、そしてコミュニケーションのタイプとナラティブに関して考察を加える。そして、第 3 章は、SC がいかに遂行され、調整されるかが述べられる。

　ここで、SC 全般について分析するための仮説的な枠組みを示しておこう。一般的に SC には、相互に関連する三つの系が存在すると考えられる（Volk and Zerfass, 2018）。すなわち、a. コミュニケーションの系、b. 戦略（政策、手段）の系、そして c. (担当する) 行政組織の系、である。SC は、このすべてを含む（合わせる）であろう。しかし、この三つを同時に取り扱って理解することはなかなかむずかしく、まずは分析的にわけて考えることが便利である。本章では、このような視点からイギリス国防省の SC についての文書を考察してみたい。またのちにこの三つの系の枠組みを用いて SC を総括することにしたい。

　JDN 1/12 を三つの系の仮説から見ると、次のことがいえる。すなわち、この文書の三つの章はおおむね、第 1 章がコミュニケーションの系に、第 2 章が戦略／政策の系に、そして第 3 章が (担当する) 行政組織の系に対応している。本節は、JDN 1/12 の内容を考察するにあたり、便宜的に JDN 1/12 の記述の順番を変え、まず戦略／政策体系、次いで行政組織の系、そして最後にコミュニケーションの系、という順番で考察したい。なぜなら、JDN 1/12 は、SC が「政策に駆動されるもの policy-driven」と述べており、また (コミュニケーション研究専門ではなく) 安全保障論や国際関係論の観点からは、コミュニケーション自体よりも伝達される内容 (戦略、目的、手段) とそれを実行する行政組織になじみがあるからである。また、この文書では、SC には国家の長期にわたる評判の維持・促進などの分野と、危機にあたってのものがあると述べられている。以下では、主として後者の危機時の SC を取り上げる。

2. 戦略と政策の系

　SC の前提となるのは、(特定の危機における) 政府の戦略と政策である。戦略とは目的―方法―手段の系である。そして、政策は目的を決め、戦略はその目的を達成する方法と手段 (資源の制約) の間のバランスを考えるものである。したがって、一番大切なのは政策 (目的) であり、JDN 1/12 で SC が「政策に駆動されたもの policy-driven」と捉えられるゆえんとなっている。この点を直接の引用によって確認しよう。

　　「戦略的コミュニケーションは、政策と戦略から出てくる。」(Ministry of Defence, 2012, p. 2-3)
　　「政策は望ましい目標を規定し、戦略は方法と手段 (リソース) のバランスを決める。両者 [政策と戦略] が合わさって、何が達成されるべきか、いかに達成できるか、そして何 [資源等] を使って達成できるかを示す。」(op. cit., p. 3-1)
　　「戦略的コミュニケーションは、政策に駆動される (policy-driven)。政策は戦略的な目標を指令 (支配) する。政策は、情報戦略とナラティブを含む戦略の出発点である。政策決定者と指導者は、明快な目的と目標をもつことが求められる。さらに、これらの目的と目標は時間とともに変化するかもしれないと理解しつつ、信頼性と首尾一貫性という原則の範囲内で適応する能力が求められる。」(op. cit., p. 3-5)

　このようにみると、政策と戦略の組み合わせは、上述した国防省による SC の定義 (「*人々の態度や行動に影響を与えるために国防省が持つすべてのコミュニケーション手段をつかい国益を促進すること*」) とまさに重なり合うことになる。すなわち、

　　「国防における戦略的コミュニケーションの定義は、より広範な戦略的コミュニケーション概念の核心とそれがいかに目標 (ends)、方法 (ways)、手段 (means) という枠組みに合致しているかを明確にする。すな

わち、国防（省）のコミュニケーション手段のすべてを使い（手段）、人々の態度と行動に影響を与えること（方法）によって、国益を促進する（目標）、ということである。」(op. cit., p. 3-1)

より具体的には、SC の他の次元（系）に関連付けつつ次のように述べている。

「a. *国益の促進*は、戦略的コミュニケーションの戦略的性格を確定するものである。このことは、戦略的コミュニケーションを実行するにあたって、国家の戦略的な目標を見据えてそれを実現する必要性があると国防省の人員に示している。
　b. *国防省が持つすべてのコミュニケーション手段*は、すべての言葉、イメージ、そして行為（これには、非殺傷的なものと殺傷的なものを含む）はメッセージを伝えるという考えを表している。ここに含意されているのは、メッセージを送り影響を発揮しようとする者はメッセージがそのすべての受け手によって如何に認識され理解されるかを理解しなければならないということである。それゆえ、（メッセージのターゲットか否かにかかわらず）聴衆の性質を考慮することは極めて重要である。
　c. *人々の態度と行動に影響を与える*ということは、［戦略的コミュニケーションの］認知次元における効果を強調するものである。これによって、国防省の実務者が単なる殺傷的なアプローチからより広い様々な可能性に目を向けることになる。」(op. cit., p. 3-1~3-2)

SC の文脈で政策と戦略を積極的に、説得的に（相手に）伝えようとするものがナラティブである。戦略レベルのナラティブ（NSC レベルでのナラティブ）は、一方で政府内の諸部局の役割を明確にし、他方で相手に対して投射され、相手の態度や行動を変化させようとする。そして、後者の場合、ナラティブと相手との共鳴の程度が成否のカギとなる。
　JDN 1/12 は、まずナラティブそのものとその機能について次のように述べる。これは、本書第 4 章第 2 節（戦略的ナラティブ）と重なるところが大きい。

「ナラティブは、出来事を説得的に説明し、そこから［将来の展開等の］推測が可能になるような説得力のある物語の筋である。それらは、我々のオペレーションに全体的な存在理由を与える。……ナラティブを通して、［当該の戦略や政策の］カギとなるテーマとメッセージが展開される。」(op. cit., p. 2-10)

　「軍事また文民の領域における我々の言葉、行動、行為のすべては、戦略的ナラティブの中に投射される」(op. cit., p. 2-11)。

　「NSC は、いかなる危機にも対応して、我々の特定の政策と戦略を伝えるべく、［戦略レベルの］ナラティブを展開する。ナラティブの目的は、すべての政府の部署が戦略において自らの役割を理解し、イギリス市民の、また国際社会の支持を適宜確保するような形で特定の行動指針を提示することである。」(傍点筆者、op. cit., p. 3-9)

ナラティブが対外的に発信されると、他者(国や集団)が持つ異なるナラティブと対抗することもしばしばみられる。

　「世界全体にわたって、異なる集団は、特定の分野において影響力を発揮すべく競合的なナラティブを作り出す。……したがって、我々自身のナラティブは、我々とはきわめて異なる見解をもつ集団あるいは個人からのナラティブと競合状態にある。」(op. cit., p. 2-11)

　「我々のナラティブが競合するナラティブに直面するとき、それはナラティブの戦いと呼ばれる。もちろん現実は、勝者と敗者をもたらす戦いというよりも恒常的な競争であることが通常である。」(ibid.)

　「ナラティブの力、すなわち、聴衆との共鳴(resonate)の能力は、ナラティブが誰のものか、それを誰がコントロールしているのか、またナラティブがどのように伝達されるかよりも重要なことである。」(傍点筆者、op. cit., pp. 2-11～2-12)

3. 行政組織の系——機能、階層、調整

SC は様々な機能を持っているので、機能と分担を組織の階層的な視点（レベル分け）から考察することが必要になる。このことがどのように書かれているかを国防省を中心に見てみよう。

JDN 1/12 はまず、SC を戦略的レベル、オペレーショナルな作戦レベル、そして戦術的なレベルに分けて議論している。

> 「戦略的コミュニケーションは、基本的には、国家政策が設定され、包括的なナラティブが作られる戦略レベルの仕事である。そして、調整は、異なる政府省庁の間で行われる。」(op. cit., p. 3-2)
>
> 「危機対応や軍事作戦に際して、作戦レベルでの司令官が作戦概念や変革理論［現状を変容させるための理論］の基礎として使用するのが、情報効果［情報がターゲットの行動に及ぼす影響］、ナラティブ、そしてテーマなのである。」(op. cit., p. 3-3)
>
> 「戦術的なレベルにおいては、人員は、司令官のキャンペーン計画の要請に合うように行動する。まさにこのレベルで、情報活動、射撃、作戦行動の遂行、支援活動などを通して、言葉、イメージ、そして行為が顕在化する。その際、それらの言葉、イメージ、行為は、戦略レベルで明確化されたナラティブやテーマと整合的であることが必須である。」(op. cit., p. 3-3)

このように SC に関しては、戦略、オペレーション、戦術という三つのレベルでの階層性と機能的分担が述べられている。これを国防省の行政（統治）組織に即して、また危機管理に関して見てみると次のようになる。まず国家安全保障会議があり、その直下に（全体的な）戦略的コミュニケーションチームがある。そしてその下に戦略コミュニケーション運営委員会があり、さらにその下に戦略的コミュニケーション作業部会が存在する。この作業部会が SC のかなり具体的な作業を行うとされる。すなわち、

「戦略的コミュニケーション作業部会は、戦略的コミュニケーションチームと戦略的コミュニケーション運営委員会のアウトプットをもとにして、次のことを行う(具体的な行動のみに限る):

(1) 運営委員会のために、戦略的コミュニケーションのアクション効果計画をたてる。これには、戦略的ナラティブ、目的、ターゲットとする聴衆、目標とする効果が含まれる。

(2) 危機や作戦の特定のフェーズに関連して、特に重要視する聴衆、ナラティブ、あるいは戦略的コミュニケーションの効果に関する、詳細なストーリーボード[絵コンテ:イラストとその説明]を作る。すなわち、彼らは、実践する目標(最重要な目標)、方法(ことの流れ――シナリオ)、あるいは活用する手段(諸活動)を明確にする。……

(3) 戦略的コミュニケーションの同期化マトリックスをつくり、力の三つのレバー[外交、経済、軍事]すべてに関わる諸活動――とくに、重要な戦略的効果をもつ諸活動およびイギリスがコントロールできない[同盟国や国際機関などの]関連諸活動――を追跡・監視する。……

(4) すべての部署によって伝えられるメッセージが、全体的な目標と戦略的ナラティブ……と整合的であることを確認する。」(op. cit., pp. 3-15~3-16)

以上が戦略的コミュニケーション作業部会の機能であり、その作業は極めて具体的である。そのレベルに至るまでの SC の主な作業は、上位の部署(特に国家安全保障会議)での政策立案とプラニングである。国防省に関して言えば、たとえばそのような政府全体でのプラニングの部分を国防のプラニング(軍事的戦略プラニング)から考え具申したり、想定される実際の活動に結び付けたりする活動をする(たとえば、op. cit., Figure 3-3, p. 3-14)。

このように計画に基づいて、SC に関わる実行／活動がなされる。国防省の場合、国防外交、標的の設定と情報オペレーション、国防メディア／コミュニケーション、軍事オペレーション(軍事活動)をつかさどる各部局が上位の

計画(ナラティブ、目標等)に基づいた実行を担う。そして、この実行／活動のレベルで、「イメージ、言葉、行動」というSCの核となるものが見られるようになる。実行レベルで出てくる「イメージ、言葉、行動」は、ターゲット(これには、単に「敵」だけではなく、国内の聴衆、同盟国などを含む)に有効な影響を与えるために、調整され、首尾一貫したものでなくてはならない。イメージ、言葉、行動を発出する軍事オペレーション、情報オペレーションなどの実行機関は、上位の政策とプラン(そしてそこで示されるナラティブや目標)にそって行動するので、また実際に様々な機関から出てきた言葉、イメージ、行動は、SCをつかさどる上位の機関によっても調整が行われるので、それらの首尾一貫性が確保されるようになっている。

4. コミュニケーションの系

繰り返していえば、「NSCの草案は、コミュニケーションを『言葉、イメージそして公的な行為であり、それは公的な情報、広報、情報オペレーション、防衛外交、ソフト・パワー活動そして外交的なキャンペーンを含む』」(op. cit., p. 1-2)と述べている。言葉、イメージ、行動は、それらを通して相手に何らかの影響を与えようとする、いわば相手に対するメッセージである。それらが如何に相手に伝えられ、相手に影響を与え、相手の行動を変化させるか、ということを取り扱うのがコミュニケーションの系である。

コミュニケーションの系を考える場合、まず情報(information)がある。情報には、出来事に関するものだけではなく、こちらが発することば、イメージ、行動も含まれよう。情報は、人々に伝達され、人々の「心」に入っていく。しかし、「心」はすでに(当該の情報が入る前に)事前の概念やバイアス、アジェンダを持ち、それを通して情報が解釈され、調整が行われる。JDN 1/12 では、次のように述べられている。

>「世界の出来事は、人々の心に入る前にネットワークを通じて伝達される。さらに人々の心の中に入ると、情報は先入観、解釈、バイアス、アジェンダ、修正、そしておそらく再伝達にさらされる。」(op. cit., p. 2-3)

また、情報が人々の中に入っていくとき、さまざまなドメインや次元があり、またそれらの間の関係を考えなければならない。

「情報環境は、三つのドメインから成る。すなわち、我々がいかに考えるかにかかわる認知 (cognitive) 空間、我々がいかにコミュニケートするかにかかわる仮想空間、そして我々が国家、文化、社会としていかに相互作用するかにかかわる現実世界の物理空間である。」(op. cit., p. 2-4)

「さらに情報環境は、六つの要素 (あるいは層) の相互関係から成り立つ。すなわち、①現実世界とそこでの出来事、②情報を伝達するネットワーク結合、③情報それ自体、④この情報環境に住みナラティブを展開する「人間 (persona)」、そして情報環境を解釈し利用する⑤アクターや⑥社会集団である。」(op. cit., p. 2-4) [丸数字は筆者が補った。]

「戦略的コミュニケーションの成功には、情報環境の六要素だけでなく、標的とする聴衆についても考慮した関与が求められる。聴衆は、[上述の三つのドメイン、すなわち] 物質空間 [現実世界] の文化的側面、仮想空間の作動、そして認知空間で関与がいかに認識されるを把握することを通じて理解される。」(op. cit., p. 2-4)

このような複雑な情報環境の中で言葉、イメージ、行動を発し、相手に影響を与えるのが SC である。このことに関して、次のように述べられている。

「我々の作り出そうとするコミュニケーションは、次の諸要因によって増進される。すなわち、コミュニケーションのインフラの利用可能性、信頼性そして脆弱性についての評価、メッセージの伝達に最適なコミュニケーション・チャネルについての評価、そして標的となった聴衆の分析を通して彼らに適したメッセージを作り出すことである。」(op. cit., pp. 2-4~2-5)

「認知とは、理解、推論、意味づけ、判断、学習そして記憶を達成す

第9章　戦略的コミュニケーション　283

るために、情報あるいは知識を獲得し、貯蔵し、リトリーブし（引き出し）、使用することである。」（op. cit., p. 2-5)

「影響力の行使を成功させるためには、人間の心理と認知のプロセスを理解しなければならない。」（ibid.）

「将来は、我々は、『もし彼らの立場であったら我々はどのように考えるか』ということではなく『彼らの立場であったら、彼らはどのように考えるか』という設問をしなければならず、それは戦略的コミュニケーションにそして我々がいかに作戦を計画し実行するかに大きな影響を与えよう。」（ibid.）

「ニュアンスに富んだ形で聴衆を理解することは、我々の目的を達成するために、人々の中のどのような層に我々のメッセージを送るべきかを見極めるとき重要となる。このように理解を洗練させることは、政府の諸部門や作戦司令官が、戦略レベルのコミュニケーションとナラティブを、特定の聴衆に対して採用する具体的なテーマやメッセージへと転換することに資する。」（op. cit., p. 2-9）

JDN 1/12 はさらに、コミュニケーションを三つのレベルに分けて述べている。

「コミュニケーションに関して言えば、三つの基本的なレベルがある。情報的（informational）、態度的、そして行動的なレベルである。情報的コミュニケーションは、単に「情報を与える impart」ものである。……態度的コミュニケーションとは、特定の問題に関して、人々の意見を（好都合な方向に）変化させようとするものである。……行動的コミュニケーションは、相手から特定の行動を引き出そうとするものである。……これら三つのタイプのコミュニケーションは、相互に関連付けて使うこともできるが、相互に独立であることもある。たとえば、態度的コミュニケーションと行動的コミュニケーションは、結び付けて使うことができるが、情報的コミュニケーションは、態度や行動の変化を求めないこと

もあり得るのである。」(op. cit., p. 2-9~2-10)

JDN 1/12 は、聴衆の認知を重視し、相手の認知がどのようなものであるかを理解することが重要であると言っている。もし態度的なコミュニケーションと行動的コミュニケーションが認知を変化させることを含むとしたら、SC は、相手の認知のレベルに入った活動を含むことになる。

以上をまとめれば次のようになろう。SC は、政策（目的、国家利益）と戦略に基礎を置くものであり、それを実行していくための行政組織がつくられる。国益を増進するために言葉、イメージ、行動というすべてのコミュニケーション手段を駆使する。そして、これらのコミュニケーションは、相手の認知等を通して、態度、行動を変えるようなものでなくてはならない。そして、政策・戦略の系の立案と実行にあたる行政組織は、コミュニケーションの系を常に考えて、政策のプロセスを遂行していかなければならない。このような意味で、SC においては、政策・戦略の系、行政組織の系、コミュニケーションの系が密接に、有機的に結びついているのである。

第 4 項　『国防戦略コミュニケーション──戦略の形成と遂行についてのアプローチ』(2019)──「聴衆中心のアプローチ」

7 年後の 2019 年、イギリス国防省は、2012 年の『戦略的コミュニケーション──国防の貢献』(JDN 1/12) の後継として『国防戦略コミュニケーション──戦略の形成と遂行についてのアプローチ』(JDN 2/19) を公刊する。両文書を比べると国防省の戦略的コミュニケーションに関して、変化しているところと変化していないところが存在する。

2019 年版 (JDN 2/19) の最も特徴的なことは、「聴衆中心的な audience-centric アプローチ」を取っていることであり、2012 年版 (JDN 1/12) の「政策に駆動された policy-driven アプローチ」と対比される。ある意味で、コミュニケーションの系にウエイトをシフトしたものと言える。すなわち、相手（ターゲット）の行動をコミュニケーションの諸手段を通してどの程度変化させるかという

ことに大きなウエイトがおかれている。今一つの変化は、「全政府的アプローチ」と「全軍的アプローチ」の対比とか対抗という問題はなくなったことである。すなわち、2015/2018年に「融合ドクトリン Fusion Doctrine」(「イギリスの国家安全保障、経済的そして影響の目標を守り、促進し、投射するために、安全保障、経済そして影響能力のすべてを使う」(NSCR『国家安全保障能力レヴュー』, Cabinet Office, 2018, pp. 10-11) が採用され、それが制度化されたために (たとえば、国家安全保障局実施グループ、NSSIG, National Security Secretariat Implementation Group)、国防省は、国防省に限っての SC に特化して議論して問題が無くなったと考えられる。JDN 2/19 は、あえて、全政府レベルと国防省レベルの SC には言及していない。また JDN 2/19 の名称も『国防戦略コミュニケーション』となっている。「イギリス政府は、引き続き国家安全保障活動を全政府的に調整し、それを首尾一貫して伝達するための融合ドクトリンの構造とプロセスを精緻化しようとしている。その結果、国防省は、他の政府機関と協調して行動することを継続する。[したがって] この文書 [JDN 2/19] は、国防省の戦略的コミュニケーション [略語は StratCom]、ならびにそれが国家安全保障会議の構造および出現しつつある融合ドクトリンのプロセスの中で果す役割に限定したものとなる」(Ministry of Defence, 2019, p. 23)。

2019年版 (JDN 2/19) には、2012年版 (JDN 1/12) との類似点も多い。一つには、基本的な概念装置のいくつかが共通している。たとえば、戦略、政策、影響、ナラティブ、などである (もちろん、細かい内容やニュアンスは異なる)。二つには、念頭にある主たる脅威は、いまだ主として「人民の中の戦争」であり (op. cit., p. 31、R. スミス将軍の名前が随所にみられる)、2012年版との連続性は大きい。

しかし、二つの文書には連続性とともに非連続な面もある。2019年の段階では、2014年のロシアのクリミア併合とウクライナ東部への進出が相まって、ロシアからの脅威認識が高まっていた。すなわち、対テロなどの脅威とともに、伝統的な脅威／国家からくる脅威が注目されるに至っていたし、ロシアからのディスインフォメーションなども脅威と認識されていた (May, 2018)。上で触れたように、2018年にイギリスは National Security Capability Review (NSCR) を発出する (Cabinet Office, 2018)。NSCR は、2015年の国家安全保

障戦略 (National Security Strategy and Strategic Defence and Security Review, Cabinet Office, 2015) の継続的なレヴューの一つである。このなかで、安全保障能力の一環として国家安全保障コミュニケーションが取り上げられ (op. cit., pp. 34-35)、コミュニケーションを国家安全保障への統合的なアプローチの一環とすべく国家安全保障コミュニケーション・チーム (National Security Communications Team) を増強することが謳われる。つづいて、次のように指摘される。敵も味方もコミュニケーションを戦略的な優位性を得ようと活用している。これは、イスラム国 (Daesh) もそうであるが、国家間においてもディスインフォメーションやフェイクニュースなどが出回るようになっている。このような状況に対応し、イギリスを守り、またイギリスの価値を投射していくことが必要であるという。2019年版には、ロシアという言葉は1か所のみに出てくるだけであるが、ディスインフォメーションについての言及・分析もみられるようになっている。端的に言えば、2019年版は、「人民の中の戦争」に焦点を当てており、この時期すでに明らかになっていた国家間のディスインフォメーションには十分に取り組んではいなかったように思われる。

　また、SCは2015年の国家安全保障戦略まではイギリスの能力の重要な要素と考えられていたが、十分に政府横断的に統合されていなかった (Cabinet Office, 2018, p. 34)。そこで2018年のNSCRにおいては、すでに述べたように国家安全保障コミュニケーション (national security communications) という概念のもとに、全政府的に安全保障に統合されるように国家安全保障コミュニケーション・チームが強化された。政府横断的なSCは、国家安全保障コミュニケーションと呼ばれるようになったようである（それは、NSCを頂点として、その他の関連部局を横断する）。もちろんそれは、国益増進のための一つの手段と位置づけられる。とはいえ、SCという用語が用いられなくなったわけではない。ボリス・ジョンソン政権は2021年、安全保障、防衛、開発、外交に関する「統合レヴュー」(HM Government, 2021) を発表し、その中でSCは強化すべき能力の一つとされている (op. cit., p. 97)。ただしそれはサイバー安全保障 (op. cit., p. 41) とかディスインフォメーションへの対抗 (op. cit., p. 75) の文脈である。SCは防御の側面に重点が置かれるようになった。

以上を踏まえたうえで、2019年版の注目すべき点を何点か述べてみよう。この文章は、二つの章からなっている。第1章は「聴衆中心の戦略的コミュニケーション」の内容を詳しく論述している。つづく第2章は、「聴衆中心の戦略的コミュニケーション」を中心に如何に政策を立案し、実行していくかを述べている。以下では、主として第1章を中心に考察する。

1. 定義の修正──「聴衆中心」

2019年版（JDN 2/19）の特徴は、「聴衆中心」ということである。このことに関して2019年版は、2012年版（JDN 1/12）における定義ではSCが「国防活動を説明するためのコミュニケーション」と誤解されたが、本来SCは「政府の戦略的なメッセージをコミュニケートするために国防省が持つすべてのアセットを革新的に使う戦略を計画し実行するアプローチとして理解すべきである」(Ministry of Defence, 2019, p. 4 ──頁番号は文書全体を通しての通し番号、以下同じ)として、2012年版の定義の修正を提案している。

2012年版と2019年版のSC（2019年版では、略語StratComを使っている）の定義を以下に示す。

2012年版の定義：

「人々の態度や行動に影響を与えるために国防省が持つすべてのコミュニケーション手段をつかい国益を促進すること」

2019年版の定義：

「聴衆の態度、信条および行動に影響を与えるために国防（国防省）をコミュニケーション手段としてつかい国益を促進すること」(Ministry of Defence, 2019, p. 4)

この二つの定義はほぼ同じであるが、2012年版の定義では「人々の態度や行動」となっているのが、2019年版では「聴衆の態度、信条および行動」となっている。聴衆中心のアプローチという側面が強く出ていると言えよう。また、2019年版の定義そのものには書かれていないが、SCは戦略を策定し実行す

るアプローチとして理解されなければならないということである。そして、戦略を策定し実行するとき、イギリスの意図を伝える活動に焦点を置くべきであると述べられている (ibid.)。

この意図を伝えるときに大きな役割を果たすと考えられているのが、ナラティブである。第4章でも述べた通り、ナラティブは、「一般的には、関連する出来事の語られたあるいは書かれた説明：物語と定義される。しかし、軍事的な用語としては、歴史的な文脈から、糺すべき不正義（不公平）、あるいは維持すべき現状に結びついている。ターゲットとなった聴衆の'真実'は（事実かどうかにかかわらず）彼らが真実と認識したものであり、その真実に対する信条は、事実の証明を提示しても、揺さぶるのが難しいことがある」(op. cit., p. 6)。

また、ナラティブは、政策、目標、戦略を取り込み、それを相手（聴衆）に投射し、その態度、信条、そして行動に影響を与えようとするものである。

　「戦略的ナラティブは、政策目標に感情的な正当化 (emotive justification) を与えるべく策定された物語である。それは、多くの場合その目的がいかに実現されるべきであるかを示し、またそれをなす道徳的な権威を提供する。政策とは、将来の状態を変化させる願望、あるいは現在の状態を維持する願望をあらわすものである（これらの願望が目的である）。戦略とは、（その目的を達成するための方法と手段を用いて）その状態にするための計画である。ナラティブは、'なぜ、why?' を提示して行為の正当化を与え、その正当化はきわめて主観的であり得るのである。」(op. cit., p. 6)

　「戦略的なナラティブは、戦略レベルで書かれているが[たとえば、NSC]、言語や文化が違っても、それを理解しこちらの望む方向に影響されるように広い聴衆に語りかけなければならない。したがって、国防省の活動が有効であるためには、健全な戦略とそれを支えるナラティブがなくてはならない。ナラティブは、聴衆に受け取られたとき、計画（プランニング）を先導（ガイド）し、行為に意味を与えよう。至るところに広が

る情報を考えた場合、活動そのものと同じくらい活動がいかに認識されるかが重要である。ナラティブは聴衆とつながり、生きながらえていく競争を勝ち抜かなければならない。」(op. cit., p. 7)

このように、聴衆を理解することは必須であり、そのためターゲットとなった聴衆の分析 (target audience analysis, TAA) とその聴衆 (そして自己) が置かれている情報環境の分析 (information environment analysis, IEA) がカギとなる。前者は、対象となった聴衆がナラティブを理解するか、後者は、どうすれば対象となる聴衆に接近できるか、ということを明らかにするものである。

また聴衆を「理解」する方法の一つとして、(挿入的文章であるが)「省察 (反射) 制御理論 reflexive control theory」というものが紹介されている (op. cit., pp. 9-10)。

>　「[この方法] は、相手の政策決定過程を深く理解することによって、それを真似て、彼らの選択を予測可能にする。相手の政策決定を'省察'することができれば、実際には我々の考えでありながら相手が自らの考えだと思い込んで決定するような影響力をいかにしたら行使できるかについて、戦略的に考えることができる。省察的制御は、対象となる聴衆の分析から始まり、その聴衆に対して何が、いかに可能かについてのアイディアを得ることができる。すなわち、第一に聴衆 (の分析) があり、そしてそのあと特定の目標の設定、である。これらの目標は状況に応じた柔軟なものであり、長期的な目標の範囲の中での短期的なステップである。その結果は、直接のむき出しの力の行使によってではなく、国家の力のすべての梃をコミュニケーションの手段として使い、[我々が] 予め設定した決定 [我々が望む決定] を相手 (敵) が自発的に論理的に採用する条件を作り出すことによって達成できる。」(傍点筆者、op. cit., p. 9)

この文章を見ると、2012 年版が政策 (目標) に駆動された SC としているのに対して、2019 年版は、まさに聴衆に駆動された SC を示しているといってよい。

2. 国防政策の策定と実行——フィードバック・モデルと機能の系

　このように定義された「国防戦略的コミュニケーション」を踏まえて、国防戦略を策定、実行するときにいかなる枠組みが構想できるかを検討したのが、2019年版の第2章である。単純化して言えば、一つのインプット—アウトプットを軸にしたフィードバック・モデルである。ある事態（危機）が起きた場合を考えよう。この事態（インプット）に対して、イギリス政府は、NSCという最高レベルにおいて戦略的ナラティブ（政策、戦略を包含する）を形成し、融合ドクトリンに基づいて、統合的に力を動員するシステムを作り、政府各部署の役割を明らかにする。もちろんその際、相手にする聴衆（様々な聴衆が存在するが、なかんずく敵）についての分析（TAA）と情報環境の分析（IEA）を行い、相手に如何に働きかけるべきかを評価して政策、戦略を策定する。この戦略レベルのナラティブに沿って、政府各部署（国防省を含む）は、具体的な行動を策定し、実行していく。この場合でも、それに合わせてTAA、IEAを行う。その結果がNSSIG（国家安全保障局実施グループ）に集約されて、出力（行動）を計画する。計画された行動が実行された場合、それは（客観的な）アウトカムとなる。しかし、そのアウトカムは相手にインプットされ、相手の態度に影響を与え、さらに行動の変化をもたらす。この連鎖を分析するのが、効果分析（MOE、Measures of Effectiveness）である。最終的な目的は、相手の態度を変えることであるが、それが実現した場合はどのような理由で態度が変わったか、あるいは態度の変更が見られなかった場合にはそれはなぜか、という評価をしなければならない。その場合、自己の行動のアウトカム（たとえば、軍事行動）と効果との因果関係を単なる相関関係を超えて考察しなくてはならない。このような作業を行ったうえで、その結果をもとに（これが、新たなインプットとなり）次の政策を考えることになる。効果が得られなかったとき（あるいは、新しい事態に当面したとき）には政策の変化が必要となり、その際はその変更を正当化するための戦略的ナラティブを作り出すことが必要になる。それを作り出すのは、IPSチーム（International Policy and Strategy team）である。IPSチームは、TAAの枠組みに沿って対象となった聴衆の態度や聴

衆が反応する刺激（どのような刺激に反応しやすいか）等の情報を獲得しようとする。「戦略的コミュニケーションアプローチ（聴衆中心のアプローチ）をとることによって、IPS チームは、活動そのものよりも相手の行動に焦点を当て、どのような活動が意図された行動を引き起こすかを明らかにすることを目指すようになる」(op. cit., p. 36)。TAA が対象とするのは、包括的スペクトラムターゲティング (full spectrum targeting) である。これはすべての関連する聴衆を対象とし、認知的な効果等を含む幅広い相手の態度や行動の次元を考えるものである。

　以上の、SC が政策や戦略の策定や実行とどう関わっているかの議論では、主として機能と機能を担うグループやチームが語られ、国防省等の具体的な部局が語られることはない。この文書は、全体としてみればコミュニケーションの系に中心が置かれ、政策／戦略の系はコミュニケーションの系の中に吸収され（ナラティブの中に政策／戦略が含まれる）、また行政組織の系は機能（たとえば、NSSIG、TAA、IEA など）の系が中心となっている。

3. 技法

　2019 年版においては、自己のナラティブ（したがって、政策、目標、戦略）をいかに聴衆に受容してもらうかがポイントの一つであり、そのためにいかなる技法が有効であるかが随所に述べられている。いわば、ナラティブの「販売」（広告）戦略である。この文書で記されているいくつかの例を紹介しよう。一つは、アリストテレスのレトリックの三要素であり、それはナラティブと聴衆を結び付けるときの基本的な考え方となる。三つの要素とは、一つはエトスであり、広告に引き付けて言えば、広告する人物が聴衆から見て信頼のおける人物であることが必要である（有名人に広告させる）。二つにはパトスであり、ナラティブは聴衆の感情と動機に合致したものでなくてはならない。聴衆は特定のメッセージを受け入れがちな一方で、自己の立場を否定するメッセージには敵意を持つであろう。三つにはロゴスであり、ナラティブは論理的に展開されなければならない。広告では、商品を使うことの便益とそれを証明する内容が必要である (op. cit., p. 7)。また、さまざまな産業、企業

において用いられる OASIS モデル、すなわち対象となった聴衆の行動変化を引き起こす活動を探査して実行していく方法がある。OASIS モデルは、まず目的 (objective) をはっきりさせ (具体的には聴衆の行動変化)、聴衆の分析を行い (audience insight)、戦略を形成し (strategic formulation)、実行し (implementation)、そしてその結果、効果を評価しようとする (scoring, evaluation)。以上の五機能の頭文字をとった OASIS モデルは、たとえば歯磨き粉のブランド刷新が消費者行動に変化をもたらすかを評価するときのモデルである。これを国防に応用して、何をやれば他国政府が攻撃的な軍事行動を止めるかという問題に対処しようとするのである (op. cit., pp. 40, 43)。

4. まとめと評価

ⅰ) 「聴衆中心」の功罪

以上みてきたように、2019 年版の国防省の SC は「聴衆中心」であり、聴衆に働きかけて最終的にはその行動を変化させるという目的を持つ「コミュニケーション中心」のものとなっている。このような SC の取り扱いは、SC のコミュニケーション部分 (コミュニケーションの系) を明らかにすることに貢献しよう。ただ、コミュニケーションがあまりに表面に出てきているので、戦略とか政策は背景に退くきらいがあり (「国益の増進は、戦略的コミュニケーションの戦略的性格を確定するものである」(Ministry of Defence, 2012, p. 3-2))、バランスを失しているとの印象を受ける (ただし、アメリカのマレン提督の「戦略的コミュニケーションの問題とされる多くのものは、コミュニケーションの問題ではなく、政策とその実行の問題である」という言を引用していることは (Ministry of Defence, 2019, p. 17)、この点をよく理解しているものと思われるが)。このようなアプローチでは、安全保障における戦略や政策というよりも、コミュニケーションの議論そのものが中心となることがある (たとえば、Bolt and Haiden, 2019)。そしてそれを取り扱うのは、安全保障の専門家というよりもコミュニケーションの専門家である。ただ、コミュニケーションという視点をとることによって、省察制御のように認知の分野にまで踏み込み、中国の孫子の兵法 (「我を知り、己を知れば百戦危うからず」) まで言及していることは (Ministry of Defence, 2019, p. 10)、

中国の言う「認知戦」につながるものでもある（中国の言う「認知戦」は後述）。

　また、聴衆中心ということは、しっぽが本体を動かす恐れが無きにしもあらずという印象を受ける。すなわち、聴衆のことを重視する必要性は否定できないが、自己のナラティブ（戦略、政策を反映するもの）が聴衆からの共鳴を受けることを目標とすると、ナラティブが聴衆のナラティブ、認知、信条等に振り回される危険性があろう。あるいは、商品の宣伝・広告の比喩で、自己のナラティブを消費者（聴衆）に売り込みやすくするために柔軟に変化させることは本末転倒になりかねない。このことは、次のことを含意しよう。すなわち、自己の政策（目的）、戦略、そして（それらを含み正当化する）ナラティブと相手の目的、戦略、そしてナラティブがどこまで異なるか、ということが一つの鍵となるということである。もし自分の基本的な目的を堅持し（自己のナラティブは、国内の聴衆の共鳴を得なければならない）、相手の共鳴を受けられない場合、コミュニケーションには一定の限界があるということである。聴衆の共感を得るために、自己のナラティブを柔軟にいかようにも変えることはできまい。本節第3項で引用したように、「戦略的コミュニケーションは、政策と戦略から出てくる」（JDN 1/12）のであって逆ではないとすれば、2019年版の「聴衆中心のアプローチ」は、2012年版の「政策駆動型アプローチ」との間に矛盾を孕んでいるだけではなく、（自分と聴衆の間の）主客転倒につながる危険性をも内包しているといえよう。

ⅱ）相手からの攻撃に対する防御

　「人民の中の戦争」や「9.11後の対テロ戦争」の中で盛んになったSCは、相手（聴衆）の行動を変えていく試みが主であり、その意味では「攻勢的」（プロアクティブ）なものであった。しかしながら、それと同時に相手（アルカイダなど）の攻撃からいかに自己を守っていくかという問題（「防御」）についても、SCの枠内で捉えられてきた。すなわち、相手も、言葉、イメージ、行動をセットにし、自己の目的を正当化するSCを展開した。たとえば、自国（イギリスなど）に張られたテロのネットワークから、自国の人々にテロの大義やリクルートの情報が発信される。これは、SCの中でも聴衆を取り合うナラティ

ブ（アイディア）の戦争として、分析や政策の対象となっている。

　しかしながら、相手からの政治体制などへの攻撃を受けた際の自己のナラティブの防衛、ディスインフォメーションに対する対処、SNSなどのネットワークそのものの防御などは、2014年のロシアのクリミア併合やウクライナ東部への進出、また2016年のアメリカ大統領選挙に対するロシアの介入などから著しく顕在化して明確に出てきたと考えられる（この辺りをロシアの行動から見たものとして、例えば、小泉他編、2023、第3章）。イギリスの2019年の『国防戦略コミュニケーション』においては、それらの問題が必ずしも明確に取り上げられているとは言えないが、イギリスの他の安全保障関連の文書を見れば、ディスインフォメーションや「ハイブリッド戦争」などに関する関心はきわめて高いと言えよう（たとえば、2018年の『国家安全保障能力レヴュー NSCR』）。また、先走りになるが、2020年の新型コロナの発生以来、ディスインフォメーションに如何に対処するかは、大きな問題であった。だが、ディスインフォメーションに対する政策は、イギリスにおいてはデジタル省や外務省が主となっているようである。またサイバー空間についての戦略は、2016年に National Cyber Strategy が発出されて（最初は2011年であったという）以来強化され、最新版は2022年にまとめられている（Cabinet Office, 2022）。防御の観点からは国家（国家のシステム）の強靭性（resilience）が主要なシンボルであると考えられる。以上の問題に関しては国防省も重要な役割を果たすが、少なくとも2019年の『国防戦略コミュニケーション』には反映されていないようである。ただ、次節で述べるように、一方でイギリスをメンバーとするNATOにおいては、これらの問題はSCの枠内での重要課題となっており、他方でアメリカにおいても、SCという用語を使わなくとも、ディスインフォメーションやサイバー安全保障には重大な関心が払われ、また政策が展開されている。

　このように、SC（の取り扱う内容）は大きな転換期にあると考えられる。それは、「人民の中の戦争」「9.11型」を含みつつも、それを大きく超えるものである。それは、情報環境の大きな変化に加えて、相手がテロや反乱軍ではなく国家（それもロシアや中国という大国）となったことにも由来する。さら

に 2022 年のロシアのウクライナへの侵攻から始まった「ウクライナ戦争」は、言葉とイメージの重要性を再認識させるとともに、軍事行動（武器、戦闘）の重要さを改めて示すものとなった。軍事行動からアイディアやナラティブへのウエイトの変化をもとにした SC は、軍事行動のウエイトが再度高まるという転換点を迎えているのかもしれない。

第5節　ヨーロッパ（NATO と EU）の戦略的コミュニケーション

第1項　NATO――対テロ、対イスラムから対ロシアへ

さて、以上のアメリカやイギリスにおける SC の議論を念頭に置きつつ、NATO に関して SC をみてみよう。NATO において、SC（NATO は戦略的コミュニケーションを strategic communications, StratCom という）が公式に組み入れられたのは、2000 年代末である（NATO における SC の歴史については、たとえば Boudreau, 2016; Laity, 2018, 2021）。2008 年 4 月のブカレストでの NATO 首脳会合では、アフガニスタンやコソボでの状況にかんがみて、地域の人々（聴衆）といかにコミュニケーションを取っていくかという問題が指摘され、メディア（TV）などの手段が取り上げられ、SC の必要性とその強化が提起される（ブカレスト宣言、para. 10）（NATO, 2008）。すなわち、9.11 型、あるいは「人民の中の戦争」型の SC である。そして、翌年 2009 年の首脳会合（ストラスブール／ケール）の宣言で、SC の重要性が強調される（その際、SC は、公共外交と並列して示されている――宣言 para. 16）（NATO, 2009b）。これを受けて、2009 年 9 月、ラスムッセン事務総長の名で、NATO の SC 政策についてのドラフト・ペーパーが配布される（Rasmussen, 2009）。このペーパーの中で、「NATO の戦略的コミュニケーションは、公共外交、パブリック・アフェアーズ、軍事的パブリック・アフェアーズ、情報オペレーション、心理的オペレーションという NATO のコミュニケーション諸活動と諸能力の調整された適切な使用を意味する[22]」と定義される（NATO, 2009a, p. 1, para. 4、「これは「実体的（実存的）」定義」（Althnis, 2021））。そして、同時に公共外交などの構成要素の説明がなされている。NATO における SC 概念はこのような定義を出発点として、以後、内容

の緻密化が行われ、基本的内容を維持しつつ状況に合わせた変化を示していく[23]。

2014年、ロシアはクリミアを併合し、ウクライナ東部を侵食する。ロシアの行動は、公然のまた秘密裏の軍事行動と非正規の軍事組織（民兵組織）を駆使するいわゆるハイブリッド戦争であった（Risso, 2021）。これに対してNATOは、2014年秋、北大西洋理事会（North Atlantic Council）のウェールズ・サミット宣言において、ハイブリッド戦争に対応することを宣言する（NATO, 2014）。ハイブリッド戦争・ディスインフォメーション型のSCへの転換である。同宣言（para. 13）は次のように述べる。「我々は、ハイブリッド戦争の脅威がもたらす特定の挑戦に有効に対抗できるようにする。ハイブリッド戦争の脅威は、高度に統合された形で、公然、非公然の軍事的、準軍事的、そして非軍事的な手段を幅広く活用するものである。」

現在では、情報環境（information environment, IE）の変化やロシアの活動に直面し、StratComも変容してきている。このことを2017年に出されたSHAPE（Supreme Headquarters Allied Powers Europe、欧州連合軍最高司令部）が発出した軍事的SCに見てみよう（SHAPE, 2017）。まず現状認識として、異なるイデオロギーから導出されるナラティブの対立が厳しさを増している。そして、情報技術の発達は、情報へのアクセスを容易にし、その正誤にかかわらずNATOの活動に大きな影響を与えるようになった。さらに、ハイブリッド戦争が大きな課題となった。StratComは、平和時、危機、紛争のすべてにおいてきわめて重要な役割を果たす。StatComは、「NATOの軍事的な文脈から言えば、情報環境を理解しシェープするためのNATOのコミュニケーション能力とスタッフ機能の統合であり、以ってNATOの目的を達成しようとするものである」（op. cit., para. 7）。それは、物質的（kinetic）と非物質的（non-kinetic）な要素をカバーし、軍事的なパブリック・アフェアーズ、心理的オペレーション、情報オペレーションを含む（これは、2009年のNATOのStratComの定義とほぼ同じである[24]）。そして、実行にあたって含まれるべき事項としては、以下が列挙される（op. cit., para. 8）。

- NATOの価値に基づいたすべての活動。

- NATO の政治・軍事的な指令（direction）の枠組み内で発出されたナラティブ、政策、そして戦略から導き出される目的に沿う活動。
- 信頼と信憑性は、必須の属性であり守らなければならない。
- 言葉と行為は、合致しなければならない。
- 情報環境 IE を理解することが必要である。
- 焦点は望ましい効果と結果に当てられなければならない。

　ここで注目しておいてよいと考えられるのは、「NATO の価値に基づいたすべての活動」が第一にあげられ、価値志向が顕著に表れていることである。また、IE に大きな比重が置かれていることである。その背後には、イデオロギー対立が激化していること、ハイブリッド戦争が頻繁にみられるようになったこと、情報技術の急速な発展がみられることなどが存在しよう。そして、IE のアセスメントに関しては、広く、社会科学やマーケティングなどの分野を取り入れなければならないと論じている（SHAPE, 2017, Annex D）。

　また、上述した 2014 年のウェールズ宣言において NATO の StratCom の強化が謳われたことを受けて、NATO の SC・センター・オブ・エクセレンス（NATO StratCom Center of Excellence, COE）が設立される（2014 年）。NATO Strat-Com COE は、バルト三国、ドイツ、イギリス、ポーランド、イタリアの 7 カ国によってラトビアのリガに設立された。これは NATO に認定されたものであるが、NATO からは独立性を保っている。この組織は、NATO の SC 能力に貢献することを目的として、アフガニスタンでの NATO の活動（ISAF、NATO へ指揮が移ったのは、2003 年、2014 年終了）、Daesh/ISIL（イラク・レバントのイスラム国）による宣伝工作、ロシアの情報戦争・ハイブリッド戦争、メディアなどに焦点を合わせて研究、教育活動を行っているという（Sarts, 2015; Tatham, 2015）。センターの一つの目的は、「ロシアの公的なナラティブに対する代替を供することに焦点を置く」ことであった（Boyte, 2017, p. 94）。

　また同センターは、2015 年、防衛 SC の専門誌、*Defence Strategic Communications* を発刊する。そこに掲載されている論文の内容を見ると、ロシアや中国のディスインフォメーションの研究など、NATO が直面する課題が取り上げられ

ることが多いようである。*International Journal of Strategic Communication* が広い分野を含む SC を取り扱う専門誌であるのに対して、この雑誌は防衛を主として取り扱っており、昨今の SC 研究の一つの傾向を示していよう。

では、*Defence Strategic Communications* 誌を主宰する人々にとっての SC とは何か。初代編集委員長の S. タサムの記述を取り上げてみよう。

> 「戦略的コミュニケーションが意味するものは、コミュニケーションは戦略の一部でなければならないことである。今日の情報環境においては、聴衆と彼らのとるであろう行動を理解すること（私にとっては、これがよき戦略的コミュニケーションの核心である）、そしてコミュニケーションのすべての手段——それは、最もソフトな手段であるソフト・パワーから最もハードな手段である物理的なパワーまでを含む——をいつどのような形で使うかを知ることが将来の複雑な問題を解決するカギになると言える。……戦略的コミュニケーションは、言葉、行為、イメージの存在・不存在（の組み合わせ）を示し、そして、その各要素がいつ、どのような相手に適切であるかを知ることである。」(Tatham, 2015, p. 4)

若干わかりにくい定義であるが、タサムは、次のような例を挙げている。2013 年 11 月、スーパー台風ハイエン (Haiyan) がフィリピンを襲い、人命 6000 人以上等未曾有の損害を与えた。このとき、イギリスはフィリピンにかなりの復興支援を行った。その行為に込められたメッセージは、イギリスがアジア太平洋に利益を持っていることを示すということである。これによって、ヨーロッパから見れば地の果ての小さな国に対するイギリスの行為が、イギリスがこの地域に、またグローバルに影響力を発揮する可能性を示したのである。このイギリスの行為は、中国が台風ハイエンに際してフィリピンに供したごく少ない支援に比べれば、大きな成果を挙げるものであった (ibid. pp. 4-5)。また余談であるが、イギリスは、この災害救援に駆逐艦デアリング、その交代艦として空母イラストリアスを派遣した。「イラストリアスは、マニラに寄港し、カズミン比国防相の訪問を受けた。日本に関しては、防衛省・

自衛隊が統合任務部隊を編成し、過去最大規模の国際救援活動に従事したという。しかし、派遣された護衛艦『いせ』は、もっぱらレイテ沖で活動しており、フィリピンに寄港することなく帰投した。結果として、フィリピン関係者が『いせ』を認識する機会は創出されなかったのである」（長沼、2020、pp. 1-2）。そしてこのことは、長沼によれば、防衛省・自衛隊が自衛隊のアセットをどのように運用すれば政策的な効果をえられるかというSCの重要性について認識する契機となったのである。

タサムが指摘するイギリスの支援の効果の評価はさておいて、タサムの議論においては、ある目的（イギリスのアジア太平洋での利益（存在感）を示すこと）が与えられた場合、それを達成するために言葉、行為、イメージを如何に組み合わせることが有効かを知ることがSCの目的だといえる。そうすると、アジア太平洋における利益の維持と増大を政策（目標）とすると、政策そのものとSCは少なくとも分析的には分けて考えられる。この点を踏まえると、次のタサムの次の言葉が理解できる。すなわち、

「私は、良きSCが貧弱な政策をよく見せたり、良き政策が自動的に良いSCを作り出したりするとは思っていない。ただ、貧弱なSCは良い政策にとって致命的となると信じている。」（Tatham, 2015, p. 4）

第2項　EU──対ロシアのディスインフォメーションに対する多様な対応

NATOだけではなく、EUも欧州理事会の意を得て、欧州対外行動サービス（European External Action Service、EUの対外行動庁）の一部として、ESCTF（East StratCom Task Force 東部戦略コミュニケーション・タスクフォース）を2015年に創設した[25]。ESCTFは、EU域外の東部、東欧、アルメニア、アゼルバイジャン、ベラルーシ、ジョージア、モルドバ、ウクライナ、そしてロシアを含む地域をカバーし、そこでのSCの必要性に応えようとする。すなわち、この地域において有効なコミュニケーションをはかり、EUの活動の促進を図るということである。

具体的には、ESCTFはロシアのディスインフォメーション（フェイクニュー

ス)に対抗しようとする。ESCTF は、英語とロシア語で「ディスインフォメーション・レヴュー（Disinformation Review）」を週刊で出版し、ディスインフォメーションの内容を明らかにしようとしている（これは、カウンター（アンチ）・ディスインフォメーションの一環でもある）。たとえば、移民や新型コロナに関するディスインフォメーションなどが取り扱われている。

　さらに、StratCom という概念は、民間の安全保障議論でも用いられるようになっている。たとえば、非営利団体の「安全保障政策のためのヨーロッパ価値センター European Values Center for Security Policy」（チェコに本拠地を置く、2005 年設立）は、2016 年から毎年、STRATCOM SUMMIT と言われる会議を開催している。これは、政府関係者などを含めて数百人が参加する会議のようであり、そこでの議題は、いまやロシアや中国（そして、イスラム過激派）という「敵対的レジーム」の悪意ある影響やディスインフォメーションなどにいかに対応するかである。

　さて、以上は、NATO や EU での SC に関して考察したが、SC という用語を使わずに、内容的には同じ機能を果たす公的な組織も存在する。欧州議会は、2020 年、特別委員会の一つとして、「ディスインフォメーションを含む EU のすべての民主的なプロセスに対する外国からの干渉に関する特別委員会　Special Committee on Foreign Interference in All Democratic Processes in the EU（略称 INGE）」を設立する。その任務は、EU 内における外部からの世論形成のための伝統的メディアとソーシャル・メディア上のディスインフォメーション・キャンペーン（とくに、選挙にあたっての）、重要なインフラに対するサイバー攻撃等に関する様々な脅威を評価することである。委員会の具体的な活動としては、重要問題に関する公聴会を開催したり、事実調査のための調査団を派遣したりすることなどがある。2021 年 11 月、INGE は台湾に 7 人の代表団を送る（欧州議会にとって、台湾は「カギとなるパートナーであり、民主的な同盟国」(European Parliament, 2021b) である）。その趣旨は、台湾が中国の不安定化政策に対してどのような手段を取ったかを調査し、ディスインフォメーション対策のベスト・プラクティスを見つけ出し、また台湾と協力していくことを確認することであった (European Parliament, 2021a)。INGE は ESCTF

と比べると、長期的で広い視野から問題に取り組んでいるようである。

第3項　対中国──「NATO加盟国に対するナラティブの挑戦者としての中国」（StratCom COEの一出版物）を例として

　このようにヨーロッパ（NATO、EU）は、中国のSCやディスインフォメーション活動に注意を向けるようになっている。しかし、EUのボレル外務・安全保障上級代表は、EUはいまだ中国のディスインフォメーションに対処する権限も資源も持っていないとしている (Cerulus, 2021)。

　ただ、NATO関連では、StratCom COEが中国のナラティブや影響力戦略についての本格的な研究プロジェクトなどを立ち上げ、中国関係の出版物をいくつか刊行している。たとえば、StratCom COEの出版物の一つであるŠebok and Turcsányi (2021) の「NATO加盟国に対するナラティブの挑戦者としての中国 China as a Narrative Challenge for NATO Member States」を見てみよう。この出版物は、中国の戦略的ナラティブに関する分析を行ったうえで、中国がNATO諸国への挑戦となっているとの論を展開している。彼らの論文は本書における主要概念の一つである戦略的ナラティブをヨーロッパの研究者が中国に応用した一例であるので、その内容を若干詳しく述べておきたい。

　彼らによる戦略的ナラティブの定義は、A. ミスキモンたちのものと同じである。すなわち、「戦略的ナラティブは、政治的なアクターが過去、現在そして将来の国際政治についての共有された意味を作り、国内のアクターおよび国際的なアクターの行動をシェープする手段である」(Miskimmon et al., 2017, p. 6)。中国の戦略的ナラティブは、国際システムの多極化を求め、アメリカの単極を変えようとするものである。そのなかで中国がNATOやEUをいかにとらえているかを分析しているが、NATOやEUへの言及は少ないことを明らかにしている。しかし、たとえば、EUが自律性を追求する政策は高く評価される。

　同論文はまた、具体的な政策に関するナラティブとしてBRI（一帯一路）やCAI (Comprehensive Agreement on Investment（CAI）, EU・中国包括的投資協定) を取り上げ、さらに新型コロナに関するナラティブがいかにNATO諸国に投射さ

れたかを考察している。その投射はSNSなどさまざまなメディアを通して行われ、とくに新型コロナに関しては、偽造された画像（ディスインフォメーション）や「戦狼外交」などが含まれる。このような中国の影響力行使にヨーロッパのNATO諸国がいかに反応し、また中国の影響力行使の効果があったかを、世論調査の結果などを含めて分析している。その結論の一つは、中国の影響力行使はあまり成果をあげられず（効果は限定的である）、むしろマイナスになったところが多いということである。その一つの理由として、中国のナラティブの国際的投射は中国国内の政治的な支持の調達と密接に関係しており、それら二つは相反的な関係にあることを指摘する。そして、彼らは「中国政府の海外における良いイメージを中国国内における高い信頼（政府への支持）と交換するというギャンブルを行い、それはとりあえずのところ成功した」(op. cit., p. 24) と述べている。すなわち、中国は国内の支持を調達するためにヨーロッパにおける良いイメージを犠牲にしたということである。

Šebok and Turcsányi (2021) をみると、二つのことがいえよう。一つには、ヨーロッパのNATO諸国でも、中国のナラティブ、その投射、そこに含まれるディスインフォメーションなどが関心の的となりつつある。その視点は、ロシアのディスインフォメーションに対するNATO諸国の考え方と対処の仕方とほぼ同じといってよく、それは中国に対して容易に転用されよう[26]。

二つには、Šebok and Turcsányi (2021) は、StratCom COE の出版物にもかかわらず、SCという用語を使っておらず、主概念は戦略的ナラティブである。しかしながら、戦略的ナラティブを国際的に投射するときの基本的な要素は、SCで取り扱われる外交的手法やディスインフォメーションなどである。また、戦略的ナラティブを主とした論文がStratCom COEというSCを看板にするセンターから出版されていることを考えると、戦略的ナラティブとSCとが、ある意味で一体化している部分があると考えられる。これは、イギリスのSCを論じた本章第4節で示したように、イギリスではSCと（戦略的）ナラティブを一体としてとらえる伝統を反映しているのであろう。ただ、戦略的ナラティブはナラティブ（の内容）に重点を置き、SCはコミュニケーションに重点を置くという分業が行われているようである。SCの目的には自己

の良いイメージを積極的に伝えるということもあろうが、ディスインフォメーションを含めて相手に対抗する面が重視されているようである。

第4項　戦略的コミュニケーション概念の深化と拡大
　　　──NATO のイン・ハウスの研究

　本節は、NATO（そして、EU）の StratCom に関して、当局者の側からの定義、内容、またその変遷を考察してきた（アメリカの政府レベルにおいては、繰り返して言えば、2012 年以後 SC という用語はあまり使われていない）。しかし、それと同時に NATO では、NATO 内部で研究者を集めて、StratCom についての多角的な学術研究もおこなわれてきた。たとえば、NATO の StratCom で使われる、また関連する用語（たとえば、コミュニケーションとは何か、ナラティブとは何か）に関する学際研究である。このような研究の一つの目的は、NATO という多国間組織で、様々な言語文化を持つ国々の間に共通理解を高めることである（StratCom 自体の SC ともいえようか）。

　このような研究の一つの成果が、Bolt and Haiden（2019）である。彼らは、NATO の StratCom の内容として、「NATO の戦略的コミュニケーションは、公共外交、パブリック・アフェアーズ、軍事的パブリック・アフェアーズ、情報オペレーション、心理的オペレーションという NATO のコミュニケーション諸活動と諸能力の調整された適切な使用を意味する」（NATO, 2009a）という伝統的な定義から出発する。しかし、そのような定義は、いまや StratCom 関係者（コミュニティ）の考え方（マインド・セット）を反映していないとして、政治、軍事、商業などの諸次元、そしてそれら諸次元を組み合わせた要因を考えなければならないと主張する。すなわち、政治的な次元ではソフト・パワー、公共外交、パブリック・リレーションズなどが挙げられ、軍事的次元ではハード・パワー、情報オペレーション、心理オペレーションが挙げられている。商業分野ではマーケティングやブランディングなどが挙げられ、政治と軍事が合わさったものとしてスマート・パワーやシャープ・パワーが考察の対象となっている（Bolt and Haiden, 2019, p. 21）。そして、学問的な分野として、政治学、国際関係、言語学、社会言語学、社会哲学、経営学など様々

な視点を挙げて検討している(読むものにとっては極めて難解である)。このような作業をもとにして、彼らがたどり着いた StratCom の定義は、次のようなものである。

　「戦略的コミュニケーションは、価値と利益に基づいたコミュニケーションへの包括的なアプローチである。それは、競争的な環境において行為者が目的を達成しようとして行うすべてのことにかかわる。」(op. cit., p. 46)

　これは、きわめて一般的な(一般理論的な)定義であり(若干わかりにくいところもあるが)、すでに述べた International Journal of Strategic Communication 誌、C. ポール、J. ファーウェルの定義に近い。「定義論争」の流れを繰り返していえば、SC は、(a) 一般的、抽象的な定義(ゴール設定、ゴールへ向けての逆算方式、あるいは演繹方式の道具的定義) と、(b) 政府組織が担う業務に対応する機能を統合するような、より具体的な定義(積み上げ方式、あるいは帰納法式の実体的定義)、の二つが存在する (Althuis, 2021)。もちろん、実際には、これら二つの方式は混ざり合っていることもあり、双方にフィードバック関係も存在しよう。また、SC を、一方で (α) より広い分野に適応しようとする傾向と、他方では (β) 焦点を合わせて具体的な事象を考えようとする傾向とが存在する。(α) の傾向は、上記 (a) の一般的な定義と親和性を持つ。(β) の傾向は、SC の特定分野に関心を集中し、政府組織の諸活動をいかに調整し対応していくかを重視するので、(b) と親和性を持つ。これらの流れは、SC の定義が変化したり、異なる定義(と内容)が対抗したりする要因となる。たとえば、第4章第3節で述べた、アメリカの国防省における「戦略的コミュニケーション SC」と「コミュニケーション同期化 CS」との対抗は、前者の「逆算方式」と後者の「積み上げ方式」という異なる二つの考え方の間の対立でもあったと言える。

　この二つの傾向の対立は、近年でも観察される。すなわち、一方で、ロシアや中国の活動を念頭に置いて SC を考える傾向が顕著にみられる。この場合、SC は、ディスインフォメーション(やプロパガンダ、さらにはハイブリッド

戦争)などの特定の分野に焦点を当てて考えられるようになる。そして、その目的を達するために、政府組織の再編・新設が見られ、それらの組織間の調整が追求される。いわば、逆算方式(目的に沿って政策を組織化する)と積み上げ方式(既存、新設の組織の間の調整を主とする)の混交である。他方で、現在では、広く国際関係事象を念頭に置いてSCを軸とする分析や研究が見られるようになっている(たとえば、Aoi and Heng, 2021; *Asian Perspective,* 2021)。そこでは、コミュニケーションだけではなく、ナラティブそのものの分析も含まれ、また軍事的オペレーションを含まないSC論が展開される。ここでは、SCの定義も、一般的な定義が要請される(演繹方式である)。

近年みられるこのような二つの傾向を合わせると、SCは広範な事象と様々な手段を扱うものとなる。さらに、その定義も一般的で包摂的になる傾向があり、その中で、具体的な事象にSCが応用されていくのである。これらの点に関しては、第10章で体系的に検討することにする。

第6節　アメリカの「戦略的コミュニケーション」の実践

第1項　戦略的コミュニケーションを冠しない戦略的コミュニケーションの実践──「グローバル関与センター(GEC)」

以上、NATOやEUではStratCom(という概念)が盛んに使われていることを明らかにしたが、アメリカはどうであろうか。アメリカは、(安全保障分野での)SCの発祥の地の一つであり、その概念は、国防省をはじめきわめて頻繁に使用されていた。しかし、すでに述べたように、2012年にG.リトル国防次官補が「戦略的コミュニケーション」は使わず、「コミュニケーション同期化」を使うべしとの通達を出した。それ以後、(管見の限り)国防省だけではなく国務省を含めてアメリカの政府レベルでSCという用語が積極的に使われることはなかった[27]。だが、SCに含まれる活動(実践)が終わったわけではない。当然、該当する活動は引き続き行われている。いわば、事実上の(de factの)SCである。2012年当時、SCは対イスラム・テロが主体の「9.11型」であった。しかし、2014年のロシアによるクリミア併合によって、SCの焦点はハ

イブリッド戦争となり、これはヨーロッパ、NATOにおいて顕著にみられた。アメリカにおいては、2016年の大統領選挙における選挙介入が契機となって、ロシアのディスインフォメーションへの関心が大いに高まり、SCという用語を使わなくても、ディスインフォメーションに対する事実上のSCが展開される。

　ここでは、具体的な例として、国務省の「グローバル関与センター Global Engagement Center, GEC」を見てみよう。このセンターの核となるミッションは、「アメリカ合衆国、その同盟国およびパートナー国の政策、安全保障、あるいは安定を損なうか影響を与える目的をもった外国および非国家アクターのプロパガンダやディスインフォメーションを認知、理解、公表し、明らかにし、そしてそれに対抗するための連邦政府の諸努力を指示、主導、同期化、統合、調整すること」(傍点筆者)とされている (Global Engagement Centerのホームページ、2021年11月12日アクセス——これは、法律で決められた同センターの任務である)。この使命の内容は、すでに述べたNATOやEUのStratComとほぼ同じである[28]。また、国防省でSCに代わって使われるべしとされる、同期化という用語もみられる。さらに、同センターのヴィジョンは、「データに駆動された(データをベースとする)使命センターであり、アメリカの外敵がアメリカの利益を損なおうとして使うディスインフォメーションやプロパガンダに積極的に対処する省庁間の努力をリードする」(ibid.)と述べられている。相手として考えられているのは、ロシア、中国、イランということである(Taylor, 2018)。このセンターは省庁間の調整も行っており、とくに国防省との間では情報交換だけではなく、財源も融通し合っている。

第2項　GECへの道

　このセンター（GEC）の歴史をたどると[29]、アメリカにおけるSC(の実践)の展開の一面が明らかになる。GECのもともとの組織は、2006年に国務省の国際情報プログラム局内に設立された「カウンターテロリズム・コミュニケーション・センター Counterterrorism Communication Center, CTCC」であった。それは、カウンターテロリズムに関する主として国務省と国防省間の情報交

換などを図るものであった。2008年、CTCCは「グローバル戦略関与センター Global Strategic Engagement Center（GSEC）」に代置される。GSECは、CTCCと同じような活動を行うものの、国家安全保障会議（NSC）の「公共外交と戦略的コミュニケーションについての政策調整委員会」の指導の下に置かれる。2010年には、GSECは大統領令により、「戦略的カウンターテロリズム・コミュニケーション・センター Center for Strategic Counterterrorism Communication（CSCC）」に代置される。CSCCの主たる任務は、国務省が主導（調整）する省庁間の対アルカイダの情報戦略（計画と実行）に関するものであった。エドワード・ロイス（Edward R. Royce）下院テロリズム小委員会委員長（共、カルフォルニア）は、公聴会において次のように述べている（House of Representatives, 2012, p. 1）。

> 「CSCCの使命は、きわめて直截である。それは、アルカイダを同定し（誰がアルカイダに関連しているかを明らかにし）、対抗し、そして崩壊させることである。あるいは、CSCCの責任者（調整官）である大使（Alberto Fernandez）が言うように、『彼ら（アルカイダ）の頭の中に入り込む』[30]ことである。」

CSCCには公共外交とパブリック・アフェアーズ担当の国務次官が主宰する運営委員会があり、そこに9省庁が参加していたという。すなわち、国務省、NCTC（National Counterterrorism Center, 国家情報長官の指揮下にある）、国防省、財務省、国土安全保障省、司法省、中央情報局（CIA）、国際開発庁（USAID）などである（Fernandez, 2012）。

2016年3月、オバマ大統領はCSCCを創設した大統領令を破棄し、あらたにグローバル関与センター（GEC）を創設する大統領令を発出した（Executive Order 13721）。このGECは、要は、CSCCの目的と組織をそれほど変えず、政府全体の対テロ協力を強化し、予算も増大させようとするものであった。

しかし、2016年の大統領選挙では、ロシアの選挙干渉などが大きな問題となる。2016年12月（トランプ大統領が当選した大統領選挙の翌月）、GECにも大転換が起きる。それは、議会が、GECを創設した大統領令の内容とは異

なる目的を持った GEC を作ることを国務長官に求めた条項を 2017 年度国防権限法に挿入したことに端を発する。新しい目的、権限とは、「アメリカの安全保障上の利益および同盟国とパートナー諸国の安全保障上の利益を脅かす外国や非国家のプロパガンダやディスインフォメーションに対抗すること」である (Weed, 2018)。その結果、GEC は対テロの活動から、ロシア (そして、中国、イラン) などのプロパガンダやディスインフォメーション対策を主たる目的とする組織に変わるのである。このような目的の大転換は組織としての GEC に大きなストレスを与え、カウンターテロリズムの専門家が組織を離れるなどの混乱があったという (Tucker, 2017)。

　以上からわかるように、情報をめぐる (情報空間、サイバー空間にかかわる) SC は、2000 年代、テロやイスラム過激派の活動に焦点が置かれていた。そして、軍事力の行使とともに、ナラティブや価値の投射 (また対抗) を含めて、総体的にテロと対峙するのが現実面での SC の機能であった。しかし、2014年のロシアによるクリミア併合、ウクライナ東部での紛争、また 2016 年のアメリカ大統領選挙への介入と前後して、ロシアのディスインフォメーションを使う攻撃が顕著になった。これを境にして、ヨーロッパでもアメリカでも、SC の対象が対テロと対イスラム過激派から (あるいはそれと同時に)、ロシアの情報戦争と政治戦争へと変化した (拡大した)。さらに、2020 年からは、新型コロナをめぐってのディスインフォメーションの問題が大きな問題として取り上げられることになる。

第 7 節　協力的戦略的コミュニケーションとアクティブ・メジャー——ロシアの反応

第 1 項　協力的戦略的コミュニケーション (パシェンチェフ)

　ロシアの側からも、情報分野における SC の重要性が指摘される。E.N. パシェンチェフ (Pashentsev, 2013、当時 Lomonosov Moscow State University、のちモスクワのロシア外務省の外交院教授) は、ロシアには、SC という用語は存在しないとしつつ (あえて言えば、「国家情報政策 state information policy」がそれにあたるとい

う)、そして主としてアメリカのSC[31]を引用しつつ、「戦略的コミュニケーションは、ある国家が、特定の戦略的価値、利益、そして目標を国内また国際的な聴衆の意識の中に投射しようとすることである。それは社会生活のすべての領域において、コミュニケーションの専門的な支援を受けながら、多面的な諸活動を十分にシンクロナイズ(同期化)させながら行われる」と述べている (op. cit., p. 210)。

パシェンチェフはさらに、異なる国でこのようなSCが交差するとき、SCは協力関係の構築に寄与するポジティブなものであるとしている(たとえば、可能性としてロシア―EU関係)。しかし、「協力の手段としての戦略的コミュニケーションの有効性は、両者の戦略的な利益や目標が著しく相反するとき、無視できるほど小さなものになるであろう。そして、この場合、戦略的コミュニケーションは、必然的に情報戦争になろう。その反対ではないことを心しておかなければならない」[すなわち、戦略的コミュニケーションをいくら行っても戦略的な利益や目標の大きな違いを埋めることはできない]とも述べる (op. cit., p. 215)。そして、このようなことを避けるために、対話や妥協が必要であるとする。そこでは、「他の人の心を変えることはできないかもしれないが、利益が重なり合うところを見つけることはできる、というのが基本的な理論である」というD. マーフィの言葉を引いている (Murphy, 2008)。そして、「現在の一方でのロシアと中国、他方でのアメリカとEUの間の増大する緊張のなかではSCを共同で最適化するプログラムは不可能である」と述べている。SCは情報戦争の道具とならざるを得ないのである (*Eurocontinent*, 2019)。事実、パシェンチェフは、緊張を高めるEUとロシアの関係について、その解決方策を検討し、双方ともが相手の基本的な利益を侵害しないようにすること、またそのような状態を脱するには、双方とも大きな変化が必要であるとしている (Pashentsev, ed., 2020, Introduction and pp. 259-311)。

第2項 アクティブ・メジャー

このようなパシェンチェフのSCの理解は、SCのプロアクティブな面(積極的なプラスの面)を強調するものである。しかし、彼自身も指摘するように、

基本的な利益が対立する競争的な状況になると、情報戦争になる。ロシアから言えば、ディスインフォメーションや欺瞞（騙し）などを手段として使う、いわゆる「アクティブ・メジャー active measures」である。

アクティブ・メジャーは、ロシア革命以来波はあるものの、ソ連が取ってきた手段の一つである。そして、最近でもロシアのアクティブ・メジャーが注目されるようになり (Rid, 2020)、政治の場でも議論される。たとえば、アメリカ議会で有名なのは、2016年のアメリカ大統領選挙におけるロシアのアクティブ・メジャーに関する公聴会である (Select Committee on Intelligence, United States Senate, 2020)。

繰り返して言えば、アクティブ・メジャーが取り上げられ注目されるのは、競争が激しいときである。したがって、冷戦期には、ソ連のアクティブ・メジャーは、アメリカが対処しなければならない大きな問題であった（冷戦期のアメリカのソ連のアクティブ・メジャーに対する政策の変化については、Schoen and Lamb, 2012）。たとえば、レーガン政権期、アメリカは、ソ連に対する「アクティブ・メジャー作業部会 Active Measures Working Group」を国務省内に創設した。それは、CIA、連邦捜査局 (FBI)、国防省、アメリカ文化情報局 (USIA) などが参加した省庁間の組織であった（1981年創設、1992年解散）。この作業部会はソ連のディスインフォメーションを解析し、成果を挙げたという (ibid.; Romerstein, 2009)。たとえば、ソ連の「エイズはアメリカ軍が作り生物兵器として解き放った」というディスインフォメーションを明らかにし、最終的にはソ連にそれが事実でないことを認めさせた (Schoen and Lamb, 2012, p. 6)。しかし、ソ連が崩壊すると、その組織は解体される。

アクティブ・メジャーは、内容的には NATO や EU が Stratcom の対象としているものである。さらに中国も、伝統的に世論戦や心理戦などを掲げ、また最近では「智能化戦争」（本書第10章第1節第3項）という用語を使うようになる。これも、ディスインフォメーションを含むものであろう。

第3項　協力的戦略的コミュニケーションとアクティブ・メジャーの動態

以上明らかになったように、SC は、プロアクティブな側面と対抗的な側

面とを持っている。ある時はプロアクティブな面が強調され、ある時にはプロアクティブなものと対抗的なものが並行して見られ、またある時には対抗的な側面が顕著になろう。SCによって伝達して影響を与えようとする価値や利益が相手とそれほど違わないときには（たとえば、同盟国間）、プロアクティブな側面が強いであろうし、価値や基本的な利益が異なるときには、対抗的な側面が強くなるであろう。本書の基本的な図3 (p. 110)に立ち返って考えれば、調和的な言説を穏健な手段で相手に投射することを主にしている段階、対抗的な言説を強制的な手段で投射する場合、そして、それら二つがまじりあっている場合、といういくつかの位相が存在するということである。

SCが安全保障の観点から注目されるのは、対抗的な側面が強くなったときである。たとえば冷戦期であり、また今世紀に入ってからは9.11に触発された対テロ戦争やイスラム過激派に対する活動が喫緊の課題となった時期である。さらに2010年代半ばからは、クリミアやウクライナなどでのロシアのディスインフォメーション活動、中国のシャープ・パワーへの対抗、そして新型コロナをめぐるディスインフォメーションなど、対抗的な状況が続くことになった。現在、SCは、アメリカやEUなどの西欧にとっては、価値や基本的な利益が異なる相手との対抗の中で、またSNSなどの新しい情報環境の中で行われており、NATOやEUではStratComと呼ばれる枠組みの中で展開されている。

このようなことから、SCがアンチ・ディスインフォメーションに「等値」されることがある。しかし、ここまで述べてきたことから明らかなように、そうではなく、SCにはプロアクティブな面と対抗的な面の二つが存在することを確認しておく必要がある。

第8節　ディスインフォメーションと戦略的コミュニケーション

第1項　ディスインフォメーションの内容と対応

ここで、ディスインフォメーション（disinformation）という用語／概念について若干の考察をしておこう。ディスインフォメーションは、ある主体から

発せられるメッセージ（画像等をも含む）であり、その媒体は、新聞、テレビ、ウェブサイト、ユーチューブ、そしてツイッターなどの SNS 等さまざまである。また、メッセージの発信元が受け手にわかっている場合もわかっていない場合もあり、自動的に組まれたプログラムから多数のメッセージが発せられることもある（「機械化されたプロパガンダ」、「武器化された AI」）。

さて、一般に言えば、メッセージには、真実のものもあり、偽の内容（false（事実ではない）、fake（でっちあげ）など）を持つものもある。さらに、情報を発信する意図として、正確な情報を真摯に伝え相手を説得したり交渉しようとしたりすることもあり、偽の情報を発信して、相手を騙して（欺瞞 deception）、自己の都合のよい行動をさせようとすることもある（悪意ある偽情報）。これらの次元を組み合わせると、情報についていくつかのタイプがあることがわかる。このうち悪意ある偽情報（事実でなく、また相手を騙そうとする意図を持つもの）がディスインフォメーションと呼ばれる（Wardle and Derakhsh, 2017; Bouwmeester, 2021; 長迫、2021）。ただ、欺瞞にも嘘、捏造、はぐらかしなどいくつかの型があり（Buller and Burgoon, 1996, 1994; Bouwmeester, 2021）、したがって、ミスリーディングな（誤解を招く）情報もディスインフォメーションに含まれるかもしれない。また事実ではない情報でも、相手をだますことを意図しないものもあろう。これを misinformation（誤報）という（ただし、misinformation も人によっては、ディスインフォメーションと同じ意味で使われる）。意図されたものと言っても、その動機は外国アクターによる標的を定めた影響力操作（influence operations）であることもあり、純粋に経済的な動機に基づいたものであることもあり、幅は広い。このように、ディスインフォメーションの潜在的な候補は幅が広い。

したがって、これら異なる性格を持つメッセージを判別し、それぞれに合った対応をしなければならず、広く公的な検証やそのための分析能力が必要である[32]。たとえば、新疆ウイグル自治区の問題のやり取りのなかでは、ディスインフォメーションは鍵となる問題の一つであるといえる。アメリカや西側諸国は、様々な資料に基づいて、新疆ウイグルでイスラムの弾圧、強制収容、不妊手術などが行われており、著しい人権侵害（アメリカ、カナダ、イギリス、

オランダ等は政府ないしは議会レベルでジェノサイドと認定する）が行われていると指摘して、中国に対して制裁措置を講ずる。これに対して中国は、それはフェイクニュース、ディスインフォメーションであって、実際は職業訓練であり、またテロリズムや分離主義に対抗し、政治的安定を保つものであると論ずる。西側は、このような中国の言い方を事実とは異なる（ディスインフォメーション）として、独立の調査を要求する。ディスインフォメーションや事実認定そのものが政治問題となるのである。相手から自分に都合の悪い情報（メッセージ）を提示されたとき、それはフェイクニュースだと否定することは、すでに一つの定型となっている。

　ディスインフォメーションに対する正統的な対抗策は、それが事実に反するという証拠をあげて反論することである。しかしながら、ディスインフォメーションに対するディスインフォメーションを流して相手の政治的な意図を中和したり、打ち破ろうとしたりすることもある。たとえば、「ミームの戦争 memetic warfare」と言われるものがそれである（Giesea, 2015）。第 7 章第 3 節第 3 項で論じたように、ミーム（meme）とは、社会的に伝染性のあるごく短い語句である。それらを積み重ねていけば言説となるので、ミームは言説の礎石である（Breuer and Johnston, 2019）。たとえば、2015 年、モスクワの地方ニュース局は、アメリカのジョン・テフト（John Teft）駐ロ大使が反政府集会において記者会見をする写真を流した。これは、アメリカ国務省によればフェイクであり、意図的なディスインフォメーションであった。アメリカ大使館は、「大使は昨日休暇で、終日家で過ごしたが、写真館のおかげで、彼はどこにでもいることができた」として、ロシアのさまざまなツイッター・アカウントで、モスクワの地方局が流した写真で背景だけを変える写真を流した。背景としては、月に到着するとか、自動車に取り囲まれているとか、結婚式であるとかである。そして、大使がどこにでもいるというミームを作り出し、大使が反政府の集会で記者会見を開いたというミーム（ディスインフォメーション）を打ち破るのである（Giesea, 2015, p. 73）。これは、アメリカがいわゆる「多くの真実 multiple truths」（Bolt, 2019; C. Paul and Matthews, 2016）という（ロシアがよく取る）戦術を取り、ロシアのクレームを打ち破った（少なくともうやむやに

した）ということであろう。

第2項　ディスインフォメーション戦略を採用するかどうか？

　以上、ディスインフォメーションそのものに関して若干細かいことを含めて考察した。では、SCという観点からは、ディスインフォメーションをどのようにとらえるべきなのであろうか（あるいは、とらえられるのであろうか）。その例として、ハイデンとメツガーの議論を紹介しよう（Hayden and Metzgar, 2019）。C. ポールに従って、SCとは「国家目的を支援するために、調整された行為、メッセージ、イメージそして他の形でのシグナリングあるいは関与を以って、対象とされた聴衆に国家目的を知らしめ、影響を与え、あるいは説得しようとするものである」(C. Paul, 2011a, p. 61) としよう。ハイデンとメツガーによれば、この関与は大きく二つに分けられる。一つはプロパガンダであり、もう一つは公共外交である（これは、第5章第2節で触れた）。前者は操作 (manipulation) であり、秘密で不透明な面が多いのに対して、後者は「（悪意なき）善意の影響力」であり、オープンかつ透明で、事実に基づいたものである。ハイデンとメツガーは、プロパガンダと公共外交を国家戦略の二つの要素と捉えている。だが彼らの記述を見ると、SCに双方を含めていると理解できる個所と、公共外交だけを含めていると思われる個所がある。ここでは前者がSC概念についての彼らの理解であり、後者は（アメリカのとるSCは公共外交であるべきである、という）彼らの価値判断あるいは、政策判断と考える。

　プロパガンダは、H. ラスウェルの古典的定義によれば、「相手の集団的な態度を、暴力、賄賂、あるいはボイコットではなく、言葉、絵、楽曲などの重要なシンボルを使うことによって操作しようとするものである」(Lasswell, 1935, p. 189)。また、H. ビーンは、「戦略的コミュニケーターは、半分の真実、そしてあとの半分は虚偽、偽造を含む道具箱から手段を選ぶことができ、また事実そうする」(Bean, 2016, p. 107) と述べている。ディスインフォメーションを使って相手に影響を与えようとすることはプロパガンダであり、それはインターネットの時代になり、大規模に、また機械化されて (computational propaganda) 行われるようになった。それに対抗する政策は、アメリカにおい

ては、2017年のNSS（White House, 2017, 国家安全保障戦略）に見られるように国家安全保障の一環と認識され、「情報国家戦略 information statecraft」(op. cit., p. 35) が必要になったとされる。

　アメリカは、外国から仕掛けられるプロパガンダや情報戦争をきわめて深刻に受け止めている。このことは、アメリカがいままで主として自己の価値や立場を外国に広めていくという戦略をとっていたのに対して、いまや外国がアメリカに対してとるSCに対応する戦略を考えなければならないことを意味する。アメリカは、外国からのプロパガンダやディスインフォメーションに対して、その活動を明らかにしたり（暴いたり）、情報システムの強靱性を向上させたりする政策が必要となる。ただ、アメリカ自身が対外的にとる政策は、外国と同じようなプロパガンダを展開して対抗するのではなく、アメリカの理念、価値、制度などを透明性と真実を以って外国の公衆を説得することで対抗する、という公共外交主体のものであった。「我々は、アメリカの影響力を促進し、過激なイスラム集団や競争する国からのイデオロギー的な脅威に挑戦するために統合的なコミュニケーション・キャンペーンを作り出し指揮する。これらのキャンペーンは、アメリカの価値に従い、相手の（敵の）プロパガンダやディスインフォメーションを白日の下にさらすものである」(傍点筆者, ibid.)[33]。

　ハイデンとメツガーは、結論的に次のように言う。「戦略的コミュニケーションは、概念的には、プロパガンダと公共外交の両方の実践を反映する」(Hayden and Metzgar, 2019, p. 198)。「国家戦略の手段としての戦略的コミュニケーションは、プロパガンダと透明なコミュニケーションの間の緊張に縛り付けられている。そして、これら二つの実践の概念的な区分をわからなくするようなグローバルな挑戦は続いている」(op. cit., p. 199)。

　以上のハイデンとメツガーの議論をまとめると次のようになろう。すなわち、ディスインフォメーションやプロパガンダは、SCという国家戦略の一つである。それは、透明性と真実をもとにした公共外交と合わさって、SCを構成する。現在の情報環境においては、ディスインフォメーションやプロパガンダはイデオロギー競争のなかで大きな位置を占め、国家安全保障の

一つの柱となっている。そこでは、自己がディスインフォメーションやプロパガンダの実践を行うという面（可能性）もあるが、相手のディスインフォメーションにいかに対抗していくかという「守り」が重要となる（このことから、SCは、自己のナラティブを投射していく面と、相手の攻撃にそなえる面の二面を持ち、したがって、定義においてもそのことを明確にすべきであろう——このことは、本章の最後に取り上げる）。ただ、2022年2月のロシアによるウクライナ侵攻に関して、アメリカは、ロシアのディスインフォメーションを積極的に暴いて（もちろん、正確な情報をもって）、ロシアの意図をくじこうとする一方で、関連する国に正確な情報を与えようとする。たとえば、ロシアが侵攻の意図はないと述べているとき、アメリカはロシアの侵攻の準備が整い侵攻が迫っている、とのインテリジェンス活動で得られた情報を流す（*New York Times*, 2022）[34]。また、戦争が始まって以降、ロシア軍の動きについての情報をウクライナと共有し、ウクライナ軍の活動を助けたという。いわば、積極的にインテリジェンス情報を使ったのである（ディスインフォメーションを暴くということも含めて）。「インテリジェンスの武器化」である（London, 2022）。

　SC論一般から見ると、ハイデンとメッガーによるSCのとらえ方は、焦点が合っているものの（ディスインフォメーションの位置づけを明らかにする等）、若干限定されたものである。たとえば、SCで通常考えられている手段（行動、政策）には、プロパガンダと公共外交だけではなく、ソフトな外交手段や軍事行動も含まれる（Paul, 2011a）。また、上記のラスウェルがプロパガンダから除いた「暴力、賄賂、ボイコット」もおそらく、すべてSCの手段として考えられよう。ただ、ハイデンとメッガー自身が言うように、SCは様々なものを取り込むオープンなところもあり、まさに「動くターゲット」なのである。

　また、以上のような議論に関連して、ディスインフォメーションやフェイクニュースを考えるときには、異なる視角も必要であろう。二つほど例を挙げる。いずれもディスインフォメーション／フェイクニュースの意味や価値に関するものである。

　一つは、ディスインフォメーションが自己や相手のナラティブ（なかんずく価値や規範）にどのような影響を与えるかということである。もし自国に対

する相手のディスインフォメーション戦略が自己のナラティブや価値／規範に大きなダメージを与えることになれば、由々しき問題である。そして、一般的にはそのような前提の下で、ディスインフォメーションに対する手段が講じられると考えられている。しかしながら、そのような仮説があっている場合もあるが、（ディス）インフォメーションとナラティブ（や価値・規範）との関係は複雑である。たとえば、ナラティブや信条は、（ディス）インフォメーションにはあまり左右されないという研究結果もある。とくにナラティブが社会のコンセンサスに裏打ちされ深く持たれている場合である。もしそうであるとすれば、ディスインフォメーションに直接対処することも重要であるが、確固としたナラティブを形成したり保持したりすることがディスインフォメーションに対する有効な手段となる（たとえば、V. Walker, 2017, 2022; Roselle, 2017）。その逆にナラティブが確固としたものではなく、また国内政治社会に複数のナラティブが並立・競争しているときには、ディスインフォメーションは有意な影響力を持っていると考えられる。たとえば、対象国においてナラティブの亀裂が見られるとき、自国に有利なナラティブを形成させるためにディスインフォメーションを使うであろう。

　ディスインフォメーションがナラティブに与える影響はどちらかと言えば、中・長期的なものであることが多いであろう。しかし、第二の問題として、政策決定の文脈から言えば、ディスインフォメーションやフェイクニュースについては短期的な評価もなされなければならない。たとえば、あるメッセージや情報が事実か偽かわからない場合、政策決定者は、さまざまなソースから、その情報の真偽を判断することになろう。その際、真偽が本当にはわからないとすると、四つのケースが出てくる。すなわち、①政策決定者が当該の情報を真であると判断し、またその情報が真実である場合、②政策決定者が真実であると判断した情報が実は偽、誤りである場合、③政策決定者が偽と判断し、実際に偽であった場合、④政策決定者が偽と判断した情報が実は真である場合である。①と③は政策決定者の判断が正しい場合であり、②と④はその判断が間違えていた場合である。そして政策決定上、大きな問題になるのは②と④である。②は、政策決定者が偽の情報を本当の情報だと思っ

て行動する（政策を展開する）場合である。相手が本当は悪意を持つのに善意であるとの情報に接し、それを信じて政策を展開するのがその例であり、その場合にはきわめて大きなコストを蒙ることになりかねない。逆に、相手が本当は善意であるのに悪意があるとのメッセージを本当のものと判断し、悪意ある相手として政策を展開することも考えられる。これは、相手と本来ならば良好な関係を築けるところが、関係をこじらせてしまう（以上、Jervis, 2017）。④は、論理的には、②と同じである。たとえば、ある情報が、相手が善意であることを示す場合、それを偽と判断し、敵意ある相手として取り扱うならば、そしてもし相手が本当に善意であれば、相手との関係はこじれてしまうであろう。

　ディスインフォメーションは、相手が自己の利益を高めるために、意図的に偽の情報を提示してくることを意味する。自己が本当は平和的なのに、攻撃的であるとの情報（偽情報）を流すことは、ハッタリで行うことはあってもそれほど多くはないであろう。したがって、相手が本当は攻撃的であるのに平和的であるとのディスインフォメーションを流すことが一番可能性の高いものであろう。たとえば、2022年2月24日のロシアのウクライナ侵攻の前まで、ロシアは、侵略の意図はなく外交で問題を解決すると言っていた。しかしながら、アメリカのバイデン政権は、諸般の情報からロシアは侵攻を決めたと述べた（*New York Times*, 2022）。アメリカの情報は、ロシア自身が言う侵攻しないとする情報が偽であり本当は攻撃的であることを示していたのである。このようにみると、平和的であるという情報の提示が偽であるか本当であるかを判断することが時に死活的なことがあろう。判断の過誤のコストは高いのである。

　ディスインフォメーション／フェイクニュースの重大性に関する上記の二つの類型をまとめれば、一つは自己のナラティブにどのくらいダメージがあり、二つには事実認定の過誤のコストがどのくらい大きいかということである。ディスインフォメーションやフェイクニュースは、そのすべてに対処するような措置を取るべきであるが、効率的なディスインフォメーション／フェイクニュースへの対処も考えるべきであろう。

第9節　戦略的コミュニケーションの整理とまとめ
──概念の分解と再連結の観点から

第1項　戦略的コミュニケーションの定義

　本節の目的は、前節までで述べてきた多様な側面を持つ SC を整理し、まとめることによって、その概念を再構築することである。そのアプローチは、定義に含まれる様々な要素を取り出し、それらの要素を吟味し、また再度結び付けようとするものである。SC の基本的な要素に関しては、すでに本章第2節で概観している（したがって、本節は第2節と部分的に重複する）。しかし本節では、若干体系的に、いわゆるアラインメントの枠組み（SC の諸要素を分解し、そのあと再統合していくというアプローチ）などを参考にしながら、再検討することにする。その結論を先取りして言えば、SC を考えるときには、国家戦略の系、コミュニケーションの系、そして行政組織の系、という分析的には異なる三つの系の存在を明確に意識しなければならず、それらの系の間の関係を考えていかなければならない。

　本節は、二つの方向から SC の要素を検討する。すなわち、まず、SC には一般的な定義（演繹方式）と SC の諸機能を果たす組織間の調整（積み上げ方式）とがあることに着目して、これら二つがどのような関係にあるととらえられているかを明らかにする。つづいて、SC の一般的な定義に含まれる様々な要素を取り出し、個々の要素を吟味するとともに、それらをいかに結び付けるかを考える。

　このような検討を行う前に、SC の定義を掲げておく。以下、1. には一般的、抽象的な定義がいくつか挙げられている。それらは基本的には同じであると言えるが、個々の要素に関しては微妙に異なるところがある。2. には、典型的な積み上げ方式である、NATO で最初に用いられた SC の定義が示されている。すでに述べたように、これら二つの方式は混在・併存することもあり、その例が 3. に示されている。

1. 一般的、抽象的定義

「戦略的コミュニケーションとは、組織がその使命を達成するために意図的に使うコミュニケーション」である（Hallahan et al., 2007, p. 3）。

「ある行為体の生存と継続的な成功に必須のすべてのコミュニケーションである。具体的には、戦略的コミュニケーションは、組織あるいは他の行為体がその目標にとって戦略的に重要な対話を行うためにとる、目的を持った（意図的な）コミュニケーションである。」（*Int. J. Strat Comm* のホームページ、また、Zerfass et al., 2018）

「利益あるいは政策を促進し、あるいは目的を達成するために、言葉、行為、イメージ、あるいはシンボルを使って、対象となる聴衆の態度や意見に影響を与え、彼らの行動を形成すること。」（Farwell, 2012, pp. xviii-xix）

「戦略的コミュニケーション（複数形）は、対象となる聴衆に影響を与えたり説得したりするために、言葉、行為、また様々な形でのシグナリングあるいはシンボルを用いるものであり、政治的な目的を達成するための調整されたメッセージングから成り立つ。」（Aoi and Heng, 2021, p. 479）

2. 組織の機能の積み上げ方式

「NATO の戦略的コミュニケーションは、公共外交、パブリック・アフェアーズ、軍事的パブリック・アフェアーズ、情報オペレーション、心理的オペレーションという NATO のコミュニケーション諸活動と諸能力の調整された適切な使用を意味する。」（NATO, 2009a, p. 1, para. 4）

3. 並立

「"戦略的コミュニケーション（単数、複数）"で、我々は、次のことを

意味する。(a) 言葉と行為の同期化であり、それが選択された聴衆によって如何に認識されるか、(b) 意図された聴衆とコミュニケートし、また関与することを目的としたプログラムと活動を指し、それはパブリック・アフェアーズ、公共外交、情報オペレーションの専門家によって実行されたものを含む。」(White House, 2010b)

第2項　要素の分解

この項は、すでに述べたように第2節の再論的な要素を含んでいる。まず、一般的な定義から出発しよう（上記1））。これらの定義には、簡単なものから若干複雑なものまで存在し、そこに含まれる要素は共通するものが多いが、注意深くみると意外と多岐にわたる。よって、それらの多様な要素をそれぞれ明確にするとともに、それらの間の関係（連結とも呼ばれる）を考えることが必要である[35]。まず、基本的な要素をみてみよう。

1. 主体

まず、SCを実施する主体である。上記定義では、組織とか行為体として表現されている。具体的には、企業、NGOとか国家である。本節では、基本的には国家を考えて話を進める。

2. 対象となる行為者（聴衆）

SCには、働きかける相手が存在する。上記定義では、それに「聴衆audience」という用語が用いられる。当然、聴衆には他国や（アルカイダなどの）非国家行為体ということが考えられ、他国は競争国である場合もあり、協力国である場合もある。さらに、国際組織も働きかけの対象でありうる。また、相手国のどの部分に働きかけるかも重要な選択である（政府もあれば、一般民衆もある）。

3. 外部の行為者、内部の行為者――組織（国家）の重層性

国家には、政府指導者とさまざまな行政組織が存在し、各行政組織がそれぞ

れの目標に照らして行動する、という重層的な構造となっている。よって、国家が他国に働きかけるとき、相手の内部のどの組織やグループを対象とするかを考えることになる。さらに、自国内部でも、どの組織に働きかけ、また調整するかが問題となる。このように、SC の主体(国家)には「外部」と「内部」があり、それぞれに行為者が存在する。これは、行政組織間の調整という SC の積み上げ方式の問題ともなる。

4. 政治的な目的(目的、利益、生存、使命、戦略的に重要)

SC は、当該の主体の目的を達成しようとする行為であるとされる。その主体の目的は、目的、利益、使命、生存、戦略的に重要といった用語であらわされる。SC といった場合、通常は当該の主体の生存にかかわる目的(これには、物理的な生存もあり、政治体制などの基本的な価値の充足もある)を指すことが多い。その場合に意味するところは、SC を実施する主体にとって、きわめて重大な目的(戦略的な目的)であるということである。このような意味での戦略性には(他の意味での戦略性もある——後述)、取り扱う問題自体が生存にかかわる場合(たとえば、核兵器)、競争が激しく、負ければ生死にかかわる(著しい損害を蒙る)場合、環境(たとえば、技術)が大きく変わりいままでの政策を変えないと生存にかかわる場合など、いくつかのものが考えられよう(Zerfass, 2018)。

国家にとって生存にかかわる事象は、時と場合によって変化する。たとえば、アメリカにとって生存にかかわる問題は、冷戦期にはソ連の核兵器や共産主義であり、9.11 のあとは、アルカイダなどのテロリズムであった。さらに、ISIL などのネットワークの拡大も、ロシアのディスインフォメーション攻撃も、生存(民主主義体制を脅かすもの)にかかわるものであろう。したがって、冷戦期のソ連・共産主義、9.11 のあとのテロとイスラム過激派、現在のロシアや中国のディスインフォメーションというように標的を変えて、SC が使われることになる。

もちろん、「生存」に対する脅威の性格は異なり、したがって対応の仕方も異なる。対テロ以後、情報環境も変わり、コミュニケーションの重要性が

高まる。

　この政治的目的を所与のものとして、それを達成する（最適の）手段を考える、という考えも SC 論に存在する。しかし、重要な目的そのものに関して、その目的がなぜ重要であり、またなぜ生存にかかわる所以であるかを明らかにしようとすることを含む場合も存在する。それにもいくつかの可能なアプローチが存在しようが、本書の文脈でいえば戦略的ナラティブを適用してその分析を行うことが見られるようになっている。いわば、戦略的ナラティブと SC の接続（一体化）である。

5.「目的―手段」の系としての戦略

　この生存にかかわる目的をいかに達成するかというのが手段の問題である。この目的―手段の系が戦略の今一つの意味である。そして、「目的と手段」の戦略を国家の営為の一つとして如何に作成し、実行していくかということが戦略のシステムである。これを国家戦略の系と呼ぼう。

　この国家戦略（この存在が大前提である）を実行していく時の手段の一つが、SC である。もちろん、SC は国家戦略の欠くことのできない一部だが、より正確には「戦略的コミュニケーションは政策と戦略から出てくるものである strategic communication flows from policy and strategy」（Ministry of Defence（UK）, 2012, p. 2-3）。あるいは、M. マレン提督が言うように、「戦略的コミュニケーションの問題とされる多くのものは、コミュニケーションの問題ではない。……それらは、政策とその実行の問題である」（Mullen, 2009a）。ただし、人（あるいはケース）によっては、逆に戦略よりコミュニケーションを重視することがある。

　このように戦略と政策という文脈に置かれた SC 自体は、言葉、行為、イメージ、シンボル、シグナリングを主要な要素としており、さらには軍事行動を含む行為もまたコミュニケーションの一つとされる（論者によって異なるが）。そこでは、コミュニケーションの内容は言うに及ばず、対象とする聴衆の選定、メッセージを発する（媒介する）手段（メディア）、メッセージを出す順番（出すか出さないかを含めて）、出し方、組み合わせも重要である。これ

らのコミュニケーションは目的を達成するために意図的に使われるので、その様々な手段は、選択され、組み合わされ、調整され、同期化（「一致化」、同じ方向に向いていること）されていなければならない。以上が、対外的なコミュニケーション戦略と言われるものである。

6. コミュニケーション同期化と国内の組織構造

この対外的なコミュニケーション戦略を形成するにあたっては、国内の様々な組織間の調整が必要となる。これは、国内のコミュニケーション戦略の一部であり、政府内の部署間のコミュニケーション同期化が求められる。これには、タテとヨコの関係が存在する。アメリカでいえば、大統領（ホワイト・ハウス）が頂点にあり、国防省や国務省があり、国防省の中にもいくつかの部署がある。このようなタテの関係の中でコミュニケーションが行われ、調整が行われる。同時に、国防省とのヨコの関係として国務省が存在し、両省は対外的に発するコミュニケーションの内容やメディアの選択等について調整と同期化を試みる。

ここで見られる組織構造は、国家戦略の系、コミュニケーション戦略の系とともに、第三の系とされる。

第3項　連結

1. 第一義的な連結と第二義的な連結

そうすると、目的―手段という国家の戦略の系と（対外、対内の）コミュニケーションの系（コミュニケーション戦略）、組織構造の系が一致すること（あるいは、不一致があったらそれを直す方策）が必要とされる。このうち国家戦略とコミュニケーション戦略のアラインメント（連結）が最も重要であり、第一義的なアラインメントと言われる。このアラインメントは、国家戦略とコミュニケーション戦略が全体として、国家の死活的目的とそれを達成する目的―手段の系となっていることを示す。これに対して、「内部」における調整・同期化は、第二義的なアラインメントと言われる。

2. 戦略的コミュニケーションの効果（結果）

　SCは、外部の行為者の態度と行動の変化を自己の目的に沿って変化させようとする。よって、国家戦略とコミュニケーション戦略が相手の行動（の変化）をどこまで変えられたかが問題となる。この実効性を左右するのが、三つの系それぞれの妥当性と三つの系の間のアラインメントである。たとえば、国家戦略（目的―手段の系）があまりよくなく（たとえば、戦略のなかに整合的でない目的が含まれる場合）、最良のコミュニケーション戦略をもってしてもうまく機能しないかもしれない。逆に国家戦略は妥当であったがコミュニケーション戦略がうまくいかなかったということもあろう。さらには、組織構造が国家戦略やコミュニケーション戦略にうまく合致していなかったり、うまく統制が取れていなかったりすることも、成果を挙げえない理由となろう。このような営為の中で、コミュニケーション戦略の有用性と付加価値が明らかになると考えられる。

　また、コミュニケーション戦略（言葉、メッセージ、アクションの組み合わせ等）自体でいえば、言行が一致しているかを現実のデータにもとづいて体系的に考察することも必要であろう（C. Paul et al., 2011）。また、事例やアネクドータルなものを重視し、SC（コミュニケーション戦略）がうまく行くかどうかを考察することも重要であろう。たとえば、ファーウェルは、SCの成否は、個々の政策決定者（当事者）の経験、直感、パーソナリティによる、と述べている（Farwell, 2012）。ある意味で、SCの有効性は政策決定者の「芸術的」な要素による面もあるということである。

　SCの有効性を考えるとき、相手も目的を持ち当該国からの働きかけに対する対応の手段の系を持つ、という観点も重要である。自己と相手の相互作用の中で、相手の態度や行動が変化する（変化しない場合もある）。このような相手の態度や行動をみて、当該国はコミュニケーション戦略を変化させよう。そして、時によっては国家戦略（目的）そのものを変化・修正するかもしれない。すなわち、結果は当該国の働きかけ（行動）だけでは決まらず、当該国と相手国との相互作用（それぞれの行動の組み合わせ）で決まるのである。これは、

まさにゲームの理論でいう戦略的な状況であり、これこそ SC が戦略的である今一つの理由である。

第4項　防御的戦略的コミュニケーション
——相手の戦略的コミュニケーションに対する防御と反撃

1. プロアクティブな戦略的コミュニケーションと防御的戦略的コミュニケーション

　現在、ディスインフォメーションやサイバー安全保障への対処（防御、反撃）を SC のカテゴリーの中で取り扱うことが多い（より広くは、サイバー空間のなかの SC）[36]。しかし、SC を、たとえば「国家目的を支援するために、調整された行為、メッセージ、イメージそして他の形でのシグナリングあるいは関与を以って、対象とされた聴衆に国家目的を知らしめ、影響を与え、あるいは説得しようとするもの」(C. Paul, 2011a, p. 61) と定義すれば、SC の（相手に対して自己のナラティブを積極的に働きかける）プロアクティブな側面が強調される（少なくともニュアンスでは）。しかし、SC は双方向的であり、定義はともあれ、政策次元（さらには分析次元）では、プロアクティブな面と防御（と反撃）の両面を取り扱うものであった（理論的には図 6 (p. 229) を見よ）。たとえば、アルカイダとの闘争において、アメリカは、民主主義や自由という言説を投射しようとするとともに、アルカイダによる言説（民主主義はイスラムを破壊する等）の投射に対抗し、さらにはアルカイダの人員と資金を調達するためのネットワークを切断して反撃を試みた。このような双方向性は、強弱の違いはあれあまねくみられるので、本書でもいたるところで（理論にも事例でも）言及している。したがって、以下で述べることは、本書のこの事項の整理である。すなわち、SC の双方向性、より一般的に言えば言説の投射の双方向性についての整理である。

2. 防御的戦略的コミュニケーションの構図

　ここではまず防御的 SC をディスインフォメーションとの関係を含めて、一般的に考えてみたい[37]。そこでは、相手が自分に対してとる SC を考える

ことが必要である。すなわち、「相手（Bとしておく）は、自分（A）に対して、Bの目的を達成するために、言葉、メッセージ、行為からなるコミュニケーションを使って自分（A）の認知や行動に影響を与えようとする」と考えることである。ここで問題となるのは、BはA（自分）に①どのような言説（目的）を、②どのような形で、投射しようとしてくるのか、ということである。ここでは①に関しては、Bの言説がAにとって調和的か対立的か、②に関しては、投射が真の情報と偽の情報のどちらに基づいて行われるのか（本章第8節第1項参照）、という区分をしてみたい。これら二つの次元を組み合わせると四つのタイプの可能な組み合わせができる。

　1）一つは、相手Bが自分Aと調和的な言説を真の情報（悪意なき真の情報）に基づいて投射してくるケースである。この場合、受容するかどうかどのように受容するかは、Bからの情報を前提として、自己の判断やBとの交渉を通して決めることになろう。

　2）二つには、相手Bが自分Aと調和的な言説を偽の情報を伴って投射してくるケースである。この場合、定義によって、BはAと共通のあるいは近い言説（価値、規範、目的）を持っているので（たとえば、同盟国間）、BがAを騙すために偽の情報を使う可能性は考えなくてよいであろう（必要はないであろう）。もちろん、BとAの間で局所的な対立が存在することもあり、その対立を有利にするためにBはAに対してミスリーディングな情報（これも偽情報の一つではある）を流すこともあろう。しかしAにとって、それは対応を要するものの、一定の範囲内のそれほどダメージの大きくないものであるのが普通である。もちろん、BがAに投射する調和的な言説は、もしかしたら偽であり、Bの本来の（真の）言説（目的）とは異なるかもしれない。これは、4）で述べるとおり、ディスインフォメーション・ナラティブと言われる。

　3）三つには、相手が自分と対立的な言説を、真の情報をもとに投射してくるケースである。たとえば、中国がアメリカに対して（真の情報を以って）権威主義的な価値を投射して、アメリカの選好や行動を変えようとする場合である（もちろん自己の正当化もあろう）。その内容はアメリカの基本的価値・規範を否定するため、アメリカにとっては都合の悪い、悪意情報（malinformation）

と呼ばれる (Wardle and Derakhsh, 2017; Bouwmeester, 2021)。したがって、「悪意ナラティブ」と呼んでもよいであろう。これは、偽情報ではないが、政府としては防御的 SC の対象となる。具体的には、情報の遮断から自己の言説の強靭性の向上まで幅広い対処手段がとられよう。さらに、自己の言説を投射し、相手の言説と対抗しよう（防御だけではなく反撃もある）。

4) 四つには、相手 B が自分 A と対立的な言説 (目的、規範・価値) を、偽の情報を使って投射してくるケースである。たとえば、戦争を行っている A の大統領が戦いをやめたという偽の情報を B が流し、A の士気をくじいたり混乱させたりして、B に有利な状況を作ろうとする。これは偽情報 (disinformation) である。多くの場合、このケースが防御的 SC の対象とされる。そこでは、情報が真であるか偽であるかを判断し、それを社会に周知し、正確な情報を伝達するシステムを作り出し (国際的な協力システムの構築も必要である)、A の価値・規範や利益 (自己の言説) を守ることが目的となる。そこでは、国民の情報リテラシーを涵養することも必要であり、さらに B のネットワークの中に侵入し、情報の発信源を特定したり、切断したりするアクティブ・ディフェンスも行うことがあろう。

また、断片的な偽情報ではなく、相手 B が (A、あるいは B 自身についての) 偽の言説を投射し、A の認識や選好を変えたり、B 自身の行動を弁護、防御しようとすることがある。たとえば、ロシアがウクライナのことをネオナチと呼んだり、中国が自分自身を「アメリカを凌ぐ民主主義国」(本書第 13 章を見よ) であるというナラティブを展開したりする場合である。これは、偽のナラティブであるので、「ディスインフォメーション・ナラティブ」といわれる (偽情報に含めることもある)。「ディスインフォメーション・ナラティブ」を投射された主体 (A) は、それをはね返すような自己の言説を醸成し、堅牢化し、さらにそれを B (あるいは国際社会) に逆投射していくことが図られよう。(防御的 SC の一つである。ただ、ディスインフォメーション・ナラティブは、2) でのべた B が A と対立する言説を真の情報で投射する「悪意情報」(「悪意ナラティブ」) と機能的には似ているところがある。)

5) 五つには、誰も意図せずに誤りの情報が出回ることがある。これを誤

情報（misinformation）という。誤情報は、社会不安を呼んだり、相手（あるいは当該事項）に対する誤解を生んだり、ときに偽情報と結果的に同じような機能を果たす。したがって、誤情報を同定し、訂正し、周知することが必要であり、それをSCの一環と考えても差し支えない。

以上が防御的SCの構図である。そこでは、相手が投げかけてくる偽情報（disinformation）、ディスインフォメーション・ナラティブ、（自国の価値・規範と真っ向から対立する）悪意情報（malinformation）に対処し、自国の価値、規範、利益を守ろうとするのが、防御的SCであることを示した。そしてそれらの目的を達成するための手段も例示した。いわば、上記の構図は防御的SCの目的―手段という戦略の系を示している。

3. 防御的戦略的コミュニケーションにおける政策手段と行政組織の系

もちろん、防御的SCの手段は多様であり、それらをどのように、またどこまで採用するかは、当該国の政策によろう。たとえば、中国は、外から入ってくるSNSには国民がアクセスできないようにしたり、好ましくない言説を持ち込むNGOを禁止して入れないようにしたり、公安部の厳密なコントロール下に置いたりする。専制的な政治体制をとる国と民主主義体制をとる国とでは、おのずと情報安全保障に対する基本的な哲学や政策が異なる。

反撃的な面を考えると（能動的情報／サイバー安全保障）、（内外の）相手のネットワークに入り（ハッキング）、相手を特定し、ネットを破壊したり、混乱させたり（こちらから相手に対して偽情報をばらまく）、無力化することも行われよう。そこまでやるかどうか、できるかどうか（このような作業を遂行するためには、高度の技術が求められよう）、法律的に可能かどうかも問題である。このような攻撃的な情報安全保障を対外政策（「外交」）の一部と考えると、それは「ダークサイドのデジタル外交」（Bjola, 2018）ともいわれるものとなろう（本書終章参照）。通常は、民主主義国の外交は、公開、透明性、事実を重んじる「ブライトサイドの外交」であるが、「ダークサイドのデジタル外交」は、それとは異なるであろう[38]。

もちろんこのような防御的SC（防御と反撃の両方で）は様々な機能（作業）の

セットからなっており、それを担う行政組織も、プロアクティブなSCとはそのウエイトを含めてかなり異なる。日本を例にとれば、外務省、防衛省はもとより、警察、公安、情報(インテリジェンス)関連諸部局、教育(情報リテラシー等)、技術(開発関係)、等々かなり末広がりである。

4. 戦略的コミュニケーションの再定義

以上のことから、言説の対立が激しくなり、また情報環境も大きく変化したことにより、相手のSCに対して自己の目的、ナラティブを防御し、反撃する必要性が高まったといえる。また防御・反撃に使われる方法・手段、さらにはそれを担当する組織もプロアクティブなもの(自分が自分のナラティブを投射するとき)と異なるところが多い。したがって、SCをつぎのように定義したらどうだろうか(少し長いが)。

> 「戦略的コミュニケーションは、国家目的を支援するために、調整された行為、メッセージ、イメージそして他の形でのシグナリングあるいは関与を以って、対象とされた聴衆に国家目的を知らしめ、影響を与え、あるいは説得しようとするものである」(C. Paul, 2011a, p. 61)。また、相手のとる戦略的コミュニケーション(とくに悪意のある情報投射)に対して、調整された行為、メッセージ、イメージ、装備・技術等を以って、自己の目的、ナラティブ(規範、価値)を防御し、必要とあれば反撃しようとするものである。

このように再定義(補足)すれば、SCのプロアクティブな面だけではなく、防御的な面も含めて考えることができるし、同時にディスインフォメーションだけをSCの対象と考えるようなきわめて狭い、偏った見方をも避けることができよう。

防御的SCは、プロアクティブなSCと同じように考えると、戦略の系としては国家の価値やナラティブを外部からの攻撃から守る、コミュニケーションの系としては国の内外における防御と反撃のための様々な手段を調整し同

期化する、また行政組織の系としては国家の最高決定機関から様々な機能を担う組織まで、タテ、ヨコの調整ができる体系を考えるということであろう。

5. 日本

　最後に日本の防御的 SC を考えてみよう。日本は、中国やロシアの行動に触発されたこともあり、防御的 SC 政策を明確にとるようになった。戦略の系でいえば、日本政府は 2022 年 12 月に決定した国家安全保障戦略で「偽情報の拡散も含め認知領域における情報戦への対応能力を強化する」とした。そして、『日本経済新聞』(2023 年 2 月 16 日)の記事によれば、日本政府は、外国勢力による偽情報の発信などの「情報戦」に備える専門組織を立ち上げるという。「新組織は内閣官房に設ける見通しで、外務、防衛両省や内閣情報調査室から人材を集め、各省庁を横断的に指揮する機能を持たせる」(前掲、傍点筆者)という。また、同記事は、関連省庁がすでにどのような活動を担っているかを述べている。たとえば、外務省は 2023 年度に人工知能 (AI) を使って偽情報の広がりを把握・分析するシステムを整える。防衛省は画像やデータなどの証拠ベースで偽情報を把握してきたし、2022 年 4 月には偽情報等の対策を担う「グローバル戦略情報官」を置いた。内閣情報調査室や警察庁もそれぞれ偽情報を監視している。

　以上のように、日本政府も、偽情報から普遍的価値や安全保障を守り、それに対する手段を展開するという戦略の系、そのような目的と手段を政府全体で共有して同期化し(コミュニケーションの系)、さらに具体的な機能を分担する行政組織の系を作りつつある。日本政府が初めて戦略的コミュニケーション (strategic communication) という用語を使ったのは、2015 年の英語版外交白書 (Diplomatic Bluebook) であった(本書第 4 章第 3 節第 1 項)。それは、プロアクティブな SC であり、日本語の「戦略的発信」の〈英訳〉であった。しかし、いまや発信と同時に防御にも本格的に取り組むことになる。

終節　組織象徴と認識（分析的）象徴──結論に代えて

　最後に、本書の一つのテーマである、象徴（言説）は組織象徴であると同時に認識象徴であるという観点から、SC についての一つのまとめを行っておこう。

第１項　組織象徴として

　組織象徴として考えた場合、SC は、政策決定者が国家戦略（目的、さらには戦略的ナラティブ）を実現していくための手段だと考えられる。そうすると、政策決定者は、自己の政策の目的（ナラティブ）達成のために、コミュニケーション戦略の重要性を指摘し、言葉、メッセージ、イメージ、行為などの調整と同期化を唱えることになる。

　SC を行政組織の系から見ると、国家戦略とコミュニケーション戦略（コミュニケーションの系）を遂行するにあたって、資源や人員が配置され、組織間の分業と調整が求められる。個別の組織は各々の権限を持ち、それに基づいてコミュニケーション戦略に参加する。SC は、組織でいえば、パブリック・アフェアーズ、公共外交、情報オペレーション等を担当する部局に広くかかわる。したがって、SC（コミュニケーション戦略）を構想して実行していくとき、これら異なる任務を持つ組織間の調整と分業を考えなければならない。そして、個別の組織は、自己が分担する任務と権限こそが SC である（たとえば、公共外交こそが SC の中心である）と論じて SC の定義に影響を与えようとするので、権限争いという「官僚政治」もみられるようになる。そこでは、行政組織の機能を前提とする「積み上げ方式」が擁護され、上からの指令を含意する「演繹方式」に抵抗を示すこともみられるのである。もちろん、国家指導者としては、SC という象徴は、このような組織構造を統御、制御する装置ともなるのである。組織象徴としての SC に関して、「上からのリーダーシップ leadership from the top」（Defense Science Board, 2004, p. 3）が論ぜられる所以であろうか。

第2項　認識（分析）象徴として

　SC は、政策決定者が用いる組織象徴であると同時に、（研究者が用いる）認識（分析的）象徴でもある。認識象徴としてとらえた場合（すなわち、国家の行動を分析するときとられる視点、枠組みと考えた場合）、それは国家の戦略、コミュニケーション戦略、組織構造の系からなるきわめて複雑多面的なものを分析対象とするためにどの部分に焦点を合わせるか、またそれを SC の文脈に如何に位置づけるかを明らかにしなければならないであろう。とはいえ、SC においてはコミュニケーション（コミュニケーション戦略）が必要不可欠の要素であり、それなくしては SC という概念を使う意味がない。しかしそれと同時に、国家戦略（それに伴う政策）を明確にコミュニケーション戦略と関連付けなければならない。国家戦略（政策）は、コミュニケーション戦略の意義と有効性の評価基準を与えるからである。

注

1　この定義は、「ある行為体の生存と継続的な成功」という目的を達成することから逆算して、その目的に必須のすべてのコミュニケーションを考えていくという「逆算方式」の定義である（道具的定義 intrumentalist approach, Althuis, 2021, p. 72）。これに対して、現在保有するコミュニケーション能力を調整し積み上げて目的を達成していくという「積み上げ方式」の定義もある（実体的定義 essentialist approach, op. cit., p. 73）。このことについては、本章第 5 節と第 9 節で検討する。

2　ただし、SC という概念は、1990 年代、ルワンダなどの紛争において有効な対処をとれなかった国連が、自己の使命や活動を知らしめるために使い、それがのちアメリカにおける SC につながって行ったという（Althuis, 2021, pp. 77-83）。国連の該当文書は、*Task Force on the Reorientation of United Nations Public Information Activities, Global Vision, Local Voice: A Strategic Communications Programme for the United Nations*（New York: United Nations, 1997）。

3　ある意味で、アフガニスタンの ISAF をベースとした SC は失敗したのである（Laity, 2021）。

4　ゲラシモフ・ドクトリン（Gerasimov, 2016）は、概略次のようなものである（再論的なところもある——本書第 1 章注 1 参照）。いまや戦争と平和は明確に区分できず、戦争はいつ始まるか、どのように進行するかわからない。戦争の帰趨は、武力行使が始まる前から相手国内への浸透や情報対抗で決まっており、武力行

使は最後の一押しに過ぎない。武力は平和維持軍と特殊部隊が主であり、戦略的軍の必要性は高くはない（これは、2008年のロシアの軍政改革に反映される）。また軍事力と政治、経済、情報などの非軍事的要素の重要性の比重は、非軍事力4、軍事力1である。ゲラシモフは、このような特徴を中東の諸紛争、カラー革命、とりわけアラブの春から導き出している。このような内容を持つゲラシモフ・ドクトリンは、2013年に発表され、それは翌2014年のロシアのクリミア侵略・併合時のロシアの行動をよく表したことから大いに注目された。ただ、ロシア国内での、大きな戦争は起きえない、非軍事的要素が大きな時代になっている、情報対抗が重要である、というような議論は夙にみられるものである（小泉他編、2023、第3章）。ロシアは2022年にもこのドクトリンをウクライナに適用しようとしたと思われるが、しかしそれは失敗したとも考えられるのである。しかし、それはロシアの判断ミスや運営ミス（たとえば、侵攻を内部にも秘密にしたため軍の準備が十全でなった）が重なったためであり、ドクトリン自体には修正の余地があり、まさにいまやそのような修正に基づいて作戦を進めつつあるという解釈もある（Massicot, 2023）。また、すぐ後で触れるように、ローレンス・フリードマンは、2023年初頭の段階で、ロシアとウクライナは異なる戦争を戦っていると指摘して、ロシアは核兵器に言及しつつ市民、非軍事施設を攻撃してウクライナに対する戦争の勝利（victory）を求める全体戦争を展開し、ウクライナは戦場における勝ち負けにおける勝ち（winning）を求める伝統的な戦争を展開していると述べている。ゲラシモフは、2023年1月、特別軍事作戦の総司令官に任命される。

5 Strategic communication の略語は、SC、Strat Comm、Stratcom、STRATCOM（Ministry of Defence, 2012）、StratCom（Ministry of Defence, 2019）などさまざまである。また、Strategic communication あるいは Strategic communications と単数にするか複数にするかは、若干議論のあるところである。前者（単数形）は、SCを一般的な抽象名詞として取り扱い、後者（複数形）は、SCにはいくつかの異なる方法があり、それらを全体として示す意図があるようである。ただ、米英どちらでも、単数でも複数でも用いられる。

6 安全保障分野でのSCについての当初（2000年代初め）からの歴史を追ったものとして、たとえば、Łyko (2017) をも参照。

7 C. ポール（Paul, 2011a）やコーニッシュたち（Cornish et al., 2011）を出発点としたSC論については、味﨑 (2019) をも参照。また、矢野 (2011) は、アメリカにおける安全保障分野でのSCの形成や内容について、きわめて丁寧な分析を行っている。

8 安全保障のSCにおいて、国家の目標を所与として考えるか、国家の目標の内容、形成、変化などをも取り込んで考えるかについては、異なる考え方がある――

後述。

9 「戦略的コミュニケーション」と言った場合の「戦略」は、内容的に国家レベルの重大な目的を頂点とする大きな戦略をあらわす場合と（これには、国家の最高決定者の政策／戦略も含まれる）、事の結末は自分だけではなく相手の行動によって決まるという（ゲームの理論的な）戦略状態を指している場合があると考えられる。後者については、たとえば、「戦略的コミュニケーションは、相手の選好を考慮に入れて、自分の選好（から見た結果）を最大化するためのコミュニケーション」とされる (He and Warren, 2011, p. 273、ただし、ヘとウォーレンは国内の事象に関する SC について論じている）。ただ、NATO の SC の文脈では、「戦略的とは、同定された全体的な目的と利益であり、それを包括的な手段で実現すること」とされる (Bolt and Haiden, 2019, p. 72)。「戦略的コミュニケーション」における戦略の意味は、本章第9節で詳しく論ずる。そして、コミュニケーションとは、抽象的には「意味の交換」であるとされる (ibid.)。

10 SC の（アメリカにとっての）長期的にプラスのトレンドの促進という目的としては、（アメリカの）信頼性を高め、共有の価値やアメリカの価値を促進する、アメリカの一般的なイメージを向上させる、などが想定されるという。これらは、公共外交とも重なる (C. Paul, 2011a, pp. 50-54)。

11 inform と influence の対立はイギリスや NATO でも見られた（後述）。

12 本章で中心的に取り扱ってきた C. ポールとコーニッシュたちの SC についての著作が発刊された翌年である。C. ポールは、アメリカにおける（安全保障分野の）SC の第一人者であり旗振り役であった。しかしながら、これを機に（すなわち、国防省が SC を使わない決定をしたことを機に）、（プロアクティブな）SC の研究ではなく、ディスインフォメーションの研究を行っているようである (C. Paul and Matthews, 2016)。

13 この辺の事情について詳しくは、Tatham (2013), pp. 3-7。また *USA Today* (2012b, 2012a); 石原 (2015); 味﨑 (2019, p. 116) をも参照。

14 このようにブルックス (Brooks, 2012) は、リトルのメモを SC 関係者（部局）の間のパブリック・アフェアーズ派と戦略派との対立の結果であるとしている。しかしながらマレン提督などの発言などを見ると、SC 関係者内部の対立もあるが、非物質的 (non-kinetic) 要因重視の SC 派と物質的な (kinetic) 要因重視派（アクション重視派）との対立があった可能性もある。さらに広く見れば、SC をめぐっての国務省と国防省の間の葛藤が影響していると考えられる。リトルのメモを受けて、国防省はコミュニケーション同期化、国務省は SC という分業が成立したが（後述）、SC をめぐっての国防省と国務省の対立は、国務省の「勝利」に終わったといえないこともない。

15 訳出するにあたってはSmith (2005)の原典を参照して、補足した。また、タサムのSCが対象とするのは、スミスがいう「人民の中の戦争」(図7のCとD) であり、伝統的な国家間の戦争ではない。

16 複数のアクターの間で分担して目標を達成しようとするときの一つの形態として、ある一つのアクターを中心とするオーケストレーションという概念を使うことは、いまではよく見られることである (Abbott, Snidal, Genschel, and Zangl, eds. 2015)。

17 この定義は、出来事の時系列を中心とした物語という意味でのナラティブを含みつつもそれを超えたものである。このようなシンボリズム等を含む全面的、包括的なアイディアは、言説 (discourse) と言ってよいかもしれない。事実、タサムは、のちにマッケイとの共著において、「ナラティブは言説を背景にして作られる」と言っている (Mackay and Tatham, 2011, p. 115)。本書図1 (p. 44) を参照。

18 タリバンやアルカイダとの戦いは、「アイディアの戦い」、「ナラティブの戦い」あるいは「物語の戦い」といわれる (たとえば、Dimitriu, 2012)。これはナラティブ (したがって、価値・規範) が相容れないケースを想定している。管見によれば、タサムの議論は、そのようなケースにおける対処方式の一つとしてSCを考えるが、それが成功する保証はないとしている (Tatham, 2008, p. 6)。ある意味で、ナラティブや規範が (完全に) 対立するときのSCの限界を示唆している。

19 タサムが考える最も重要なことは、相手を軍事的に打ち負かすことではなく、相手の行動を変えることである (もちろん、そのことを通して、国益を増進したり、平和や安定を達成したりするためである)。この相手の行動を変えるということを「行動に関する紛争 behavioural conflict」として分析しようとしたのが Mackay and Tatham, 2011) である。この影響を主たる目的とするオペレーションは、非物質的要素を重視し、物質的なオペレーションをその一部としてみるのである——いわば、発想の転換である (LePage, 2012)。

20 これは、物質的な手段と非物質的な手段の適切なバランスが、条件によっては、前者に偏ることがあり得ることを含意している。

21 この節で取り上げるイギリス国防省の Joint Defence Note 1/11, 1/12, 2/19 の三つのSC文書は、戦略的ナラティブを取り扱う本書第4章第2節で言及した。ただ、本章では、若干の重複はいとわないでこれら三つを取り上げることにする。

22 ここで上げられているNATOのコミュニケーション諸活動は、それらの活動の間で対立、矛盾するものも多く、NATOのStratComがスムーズに展開しない大きな理由となった (Laity, 2018, 2021)。例えば、パブリック・アフェアーズと心理的オペレーションであり、前者は情報を流すことが任務であるが、後者は相手に影響を与えることを任務とする。

第 9 章　戦略的コミュニケーション　337

23　ほぼ同じ時期、アメリカの国防省は SC を「アメリカ政府の利益、政策、目的の増進に資するための条件を作り、強化あるいは保持するため、カギとなる聴衆を理解し関与するアメリカ政府の努力に焦点を当てるものであり、国家の力のすべての手段を使った行為と調整された形でのプログラム、計画、テーマ、メッセージ、成果物などを通して行われる」としている（Department of Defense, 2010, p. 226）。

24　レイティ（Laity, 2018）は、NATO の StratCom の体系化は 2009 年の文書から始まり 2017 年の文書で完成したといっている。

25　また、EU は、2015 年に IS に対抗するために、Arab StratCom Task Force（the Task Force for Outreach and Communication in the Arab world）を設立した（Pawlak, 2016）。

26　たとえば、スウェーデンでは、スウェーデン政府（Swedish Civil Contingencies Agency, MSB）の委託をうけたルンド大学の研究報告書が 2018 年に出ている（Pamment, Nothhaft, Agardh-Twetman, and Fjällhed, 2018）。その内容をみると、主としてロシアの情報影響力活動（フェイクニュース、ディスインフォメーション等）を対象に、その実態とそれに対する対処法に関して詳細な考察が行われている。そこでは、中国の情報影響力活動も取り扱われている（主として中国国内のものであるが）。

27　ただし、SC という用語は残っており、たとえばインテリジェンスを統括する国家情報長官室（Office of Director of National Intelligence, ODNI）には、国家情報の「SC」のディレクターが存在し、その任務は、インテリジェンス・コミュニティへのコミュニケーション、インテリジェンス外のメディアやパブリックなどのオーディエンスに ODNI のカギとなるメッセージを伝えることであるという（「戦略的コミュニケーションは、インテリジェンス・コミュニティのヴィジョン、使命、そして方向を明確に伝える整合的な焦点の合ったメッセージングと関与を通してODNI とインテリジェンス・コミュニティの将来に向けての位置づけをするものである」）。

28　GEC を含んだ国務省の活動を含む公共外交を SC と呼ぶことは、よく見られることでもある（すでに述べたように、アメリカにおいては、SC は国務省の管轄である、本書第9章第3節）。たとえば、アメリカには、アメリカの公共外交を評価するために法律で定められた「公共外交に関するアメリカの諮問委員会 U.S. Advisory Commission on Public Diplomacy（ACPD）」（1948 年設立）が存在する。その目的は、「外国の公衆を理解し、知らしめ、そして影響を与えようとするアメリカ政府のすべての活動を評価する」ことである。この委員会が近年支援した研究会の報告書は大統領等にも伝達された。この報告書の伝達文の中で、「デジタル

空間における戦略的コミュニケーション」という言葉が使われている（Powers and Kounalakis, 2017, p. ii）。また、この報告書では SC という用語が随所に使われている。

29　Global Engagement Center に至る小史については、Weed（2017）。

30　今でいう「能動的サイバー防衛」の「情報空間」版にあたろう。

31　2010 年のアメリカの NSS は、SC を強調した（White House, 2010a, p. 16——そこでは、SC は複数形となっている strategic communications）。その影響がこのパシェンチェフにも影響を与えたであろう。

　　また、中国においても、2010 年のアメリカの NSS のインパクトを受け、2011 年、毕研韬、王金岭『战略传播纲要』国家行政学院出版社、中央编译出版社、2011 年 9 月（英文表記 Bi Yantao and Wang Jinling, *Essentials of Strategic Communication*, State Administration College Press, Beijing, 2011）が出版される。中国において、SC についての初めての出版物であるといわれる。ただ、百度（Baidu）の記述を見ると（原本未見）、同書は、主としてアメリカの SC についての丁寧な、体系だった記述・分析であり、中国がアメリカに対応するときの参考とすることを目的とし、中国自身の SC を論じているのではないようである。ただ、2010 年代初め中国は盛んに対外的話語権を高めようとする戦略をとり始める。これは、アメリカが国家戦略として SC を掲げたことに対する反応であったかもしれない。極論を言えば、中国は SC を中国語の話語権であらわしたのかもしれない——今のところ単なる推測ではあるが。また、中国は、相手との関係で、ある問題について大きな目的を設定し、それを協力によって成し遂げるために相互作用を続ける、という意味で、SC という用語をよく使う。たとえば、2021 年 8 月に、王毅国務委員・外相はラブロフ・ロシア外相とのアフガニスタンに関しての会談で、アフガニスタンで中ロのそれぞれの利益を守り尊重し、タリバンに責任ある行動をとらせ、対外的に柔軟な関係を作り出すことを促進し、またテロリストを抑制する、などの重要事項に関して、「中ロが戦略的コミュニケーションと協力を強化する必要がある」と述べている（Ministry of Foreign Affairs of the People's Republic of China, 2021b）。

32　ここでは、国家間関係におけるディスインフォメーションを考えているが、国内でもディスインフォメーションは大きな問題である（たとえば、Jaffer, 2021）。また、国際関係でのディスインフォメーション関連の事象を取り上げる「規範の破壊」（Schneiker, 2021）や「真実破壊」（Adler and Drieschova, 2021）も国家間だけではなく、国内のディスインフォメーションを取り上げている（本書第 8 章第 2 節参照）。ディスインフォメーションは、国際、国内を問わず現れている現象である。

33　このような立場は、ナチズム、共産主義、イスラムの過激派が投射する価値やアイディアに対して、アメリカの価値やアイディアが優れており、彼らに打ち

第 9 章　戦略的コミュニケーション　339

勝つためには、「不都合な事実の操作とか歪曲にたよる必要はない」(Lord, 2009a, p. 49) という自信に基づくものであろう。

34　ただし、後にバイデン大統領は、ゼレンスキー (Volodymyr Zelensky) ウクライナ大統領は、この事前の警告を聞こうとしなかった ('didn't want to hear it') と述べた。しかし、ウクライナ側 (ゼレンスキー大統領のスポークスマン) は、それを否定している。バイデン大統領とゼレンスキー大統領は、この時期 3、4 回電話で話しており、ウクライナ側はバイデン大統領に予防的手段や緊張緩和のための手段をとるように求めたとしている (Francis, Bisset, and Bella, 2022)。

35　連結 (alignment) という概念および本節の全体の構想と構図は、Volk and Zerfass (2018) に負うところが大きい。ただ、Volk and Zerfass (2018) は、SC を対象としつつも、外交や安全保障ではなく、主として企業経営などの他の分野の研究成果を取り上げており、(国際) 政治学ではなく、組織論やマーケティング論などの学問領域をベースとしている。SC は、すぐれて学問領域横断的で交差的なものである。

36　本書では、サイバー空間にはサイバー安全保障と情報安全保障の二つが存在していると考える。サイバー安全保障は、ネットワーク自身を切断したり (物質的サイバー安全保障 kinetic cyber security を含む)、占拠したり、使えないようにしたりして、ネットワークにつながっている事業を妨害しようとする活動に関するものである。情報安全保障は、サイバー空間 (情報空間) に偽情報や捏造情報などを流して自己の利益を図るような活動に対する安全保障である。サイバー安全保障と情報安全保障の区別については、例えば、Whyte, Thrall, and Mazanec (2021)。この中間に、インフラと言えるが物質的でないもの (たとえば、ソーシャル・メディア) が存在する (小泉他編、2023、第 5 章 (小宮山))。これら三つは関連が大きなところもあるが、本書では情報安全保障を取り扱う。

37　ここでは、ディスインフォメーション (やサイバー安全保障) を SC という観点からとらえたらどうなるかという視点をとっている。しかし、SC の観点から離れて、それらを情報安全保障やサイバー安全保障として独自の分野の問題としてとらえることも可能であろう。

38　ただ、アメリカにおいても、9.11 事件の後、国防省の中に戦略影響局 (Office of Strategic Influence, OSI) が創設され (2001 年 10 月)、その任務は「アメリカがイスラムの過激主義とテロと対抗するのに資するような偽情報、プロパガンダを生み出すこと」であり、それは外国のメディアに向けられるものであった (Althuis, 2021, p. 87)。本章第 8 節の議論も参照のこと。

第 10 章　理論統合への試論
——言説の投射と規範の対抗

　本書では、言説（ナラティブ）とその投射を分析対象として、ナラティブの投射と規範の対抗という二つの理論グループを紹介し検討してきた。戦略的ナラティブと戦略的コミュニケーション（SC）は前者であり、規範の対抗と規範の破壊は後者である。本章の目的は二つある。一つは、ナラティブの投射についての諸モデルを整理することである。規範の対抗に関しては、現在に至るまでの整理をすでに第 8 章で行っている。しかし、ナラティブの投射に関しては、ソフト・パワー、公共外交、戦略的ナラティブ、SC などさまざまな概念を紹介してきたものの、それらの間の関係を体系的に考察することはなかった。ナラティブの投射を整理する本章は、第 8 章の規範の対抗理論の整理と対をなす。

　本章の今一つの目的は、ナラティブの投射と規範の対抗という二つの理論グループをいかに関係づけるかということである。本書の立場は、言説はナラティブと規範を包摂し、またナラティブは規範を包摂するということである（図 1, p. 44）。したがって、ナラティブの投射に関して形成された理論は規範の投射や規範の対抗に適用できようし、また逆に規範の投射や対抗に関して作られた理論はナラティブの投射に応用することができよう。これを検討するのが第 2 節である。

第1節　ナラティブの投射についての様々なアプローチの整理・分類──試論

　前章までに、言説（ナラティブ）とその投射にかかわる様々なアプローチを紹介し考察してきた。この章では、それらの諸アプローチを試論的に整理・分類し、それらの間の異同を考えてみたい。ここで取り上げるのは、ソフト・パワー、パブリック・ディプロマシー（公共外交）、戦略的ナラティブ（国際的話語権）、SC などである[1]。

第1項　仮説としての類型

　これらの諸アプローチを比較検討する際に使用する枠組みは、①言説が穏健・協調的か、対抗的か、②投射する手段が穏健か、交換によるものか、強制的か、という二つの軸で分けた図 3 (p. 110) である。この図 3 を部分的に変更したのが図 8 である。図 8 は、強制のカテゴリーを非軍事的な強制（経済制裁等）と軍事力の使用の二つに分けている。言説が穏健（協調的）で強制力をもって投射しようとするカテゴリー C は、軍事力を伴わない C と軍事力を伴う C' に分けられている。穏健・調和的な言説を相手に強制する（とくに軍事力で強制する）例は考えにくいかもしれない。ただ、自由とか民主主義を強制や軍事力を以って相手に押し付けようとするのは、一つの例かもしれない。この場合、自由とか民主主義という言説は、相手にとっては、対抗的な言説と認識されているかもしれない。

　また対抗的な言説を強制力をもって受け入れさせようとするカテゴリー F は、軍事力を伴わないものを F、軍事力を伴うものを F' と分けている。ハイブリッド戦争（中国でいえば、「超限戦」（喬、王、2020））は、F と F' の二つを同時に含む。

　このような枠組みの中で、様々なアプローチを仮に分けてみると、次のようになろう。

　ア）濃い実線で囲まれた A はソフト・パワーであり、言説の内容は穏健・

		手段の強さ			
		穏健	交換	強制（ハード・パワー）	
				経済制裁、軍事的脅迫	軍事力の使用
言説の内容	穏健	A	B	C	C'
	対抗的	D	E	F	F'

ソフト・パワー　　　　　　　　　　　　　　　　　[A]
公共外交　　　　　　　　　　　　　　　　　　　 [A, B, D, E]
戦略的ナラティブ、国際的話語権　　　　　　　　　[A, B, C, D, E, F]
戦略的コミュニケーション (SC)　　　　　　　　　[A, B, C, C', D, E, F, F']

図 8　様々なアプローチの分類（仮説）

出典) 筆者作成

協調的で、手段も穏健（自己の言説を自己説明し self-explanation、相手を魅了する）。これは、政策のレベルでは広報 (public relations) に近いものであろう。

イ) 点線で囲まれた部分は、公共外交（A、B、D、E）であり、言説の内容は穏健、対抗的の両方を含み、また手段には穏健な手段だけではなく交換も含む（たとえば、経済援助によって、自己の言説を受け入れさせようとする）。対抗的な言説とは、たとえば中国の核心的利益であり、それを投射するときに相手に説明したり、経済的な便益を供したりすることによって相手に認めさせるという手段をとれば、公共外交の枠内にあるであろう。

ウ) 薄めの実線で囲まれたのが戦略的ナラティブであり、A、B、C、D、E、F、のカテゴリーを含む。ただし、戦略的ナラティブは C と F（経済制裁など）を含むが、C'、F' という軍事力の行使は含まない（これは、一つの仮説、解釈である）。中国の言う（国際的）話語権は、ナラティブ（話語）の内容に国内統治にかかわる部分もあり、その投射対象に国内の聴衆を含んで考えるものもあるが、対外的な投射に関しては、戦略的ナラティブと同じく A～F のすべてを含むと考えられる。ただ、戦略的ナラティブ（国際的話語権）は、言説の投射だけで

はなく言説そのものの内容を重視しており、その点で他のアプローチと差があるかも知れない。

　エ）すべてのカテゴリーを含むのが SC（最も薄い実線で囲まれた部分）であり、他のアプローチと比べて、ときに軍事力の行使を含むことが特徴である（もし中国の国際的話語権が投射の手段として軍事オペレーションを考えるとしたら、それは戦略的ナラティブを超えて、SC であると言えよう）。

　図 8 を見るときの一つの注意事項は、ソフト・パワー（広報）を除いて、穏健な言説と対抗的な言説の二つを含んでいることである。これは、一国が穏健な言説と対抗的な言説を同時に展開する可能性があることを意味する。たとえば、中国が平和発展という穏健な言説を展開し、それと同時に核心的利益という対抗的な言説をしめしたり、さらには相手を貶めたりするような、いわゆるネガティブ・ソフト・パワーを使用することがその例である。

　もちろん、以上の枠組みに関して、細かい点では、議論のあるところが多いであろう。たとえば、ア）のソフト・パワーには、穏健な言説を交換によって投射しようとすることが含まれるかもしれない。それでもなお図 8 は、議論の出発点として一つの全体的なイメージを得るにあたっては有用であろう。

第 2 項　類型間の関係

　図 8 に示した区分けは、構造的には極めて単純である。左上にある A のソフト・パワーから出発し、扇状にすぐそばに位置する B、D、E を取り込み（公共外交）、さらに、そのすぐ隣に属する C、F を取り込む（戦略的ナラティブ）。そして最後にはさらに軍事力の行使 C'、F' を含むものとなる（SC）。これは、穏健な言説と手段という組み合わせから、言説の内容も手段も強硬なものを徐々に含むようになり、最終的には軍事的なオペレーションを含むものになるということである。もちろん、SC もソフト・パワー（広報）、公共外交、戦略的ナラティブを含み、対抗的な言説・手段をとるとともに、穏健な言説・手段（協調的 SC）を同時に取ることが可能である。

第 3 項　アプローチ間の階層性——階数と弁別

　このように、複数のアプローチは重層的に重なっている。ここで、この重層性をもとに、下位と上位のアプローチという区分概念を導入してみよう。二つのアプローチ（αとβ）を比較した場合、一方のアプローチ（α）に含まれる要素（A、B、……）が、他方のアプローチ（β）に含まれる要素のすべてを包摂し、かつ他の要素をも含んでいる場合、前者（α）を後者（β）に対して、上位にあるアプローチと呼ぼう。たとえば、公共外交は、ソフト・パワーの上位のアプローチである。なぜなら、公共外交（A、B、C、D）はソフト・パワー（A のみ）の要素をすべて含み、かつ他の要素を含んでいるからである。さらに戦略的ナラティブ（A、B、C、D、E、F）は、公共外交（A、B、C、D）とソフト・パワー（A）の上位アプローチである（公共外交とソフト・パワーは、戦略的ナラティブの下位アプローチである）。

　この上位─下位の関係は、上位のアプローチが下位のアプローチに隣接する要素のみを含む場合と、隣接する要素のさらに隣にある要素を含む場合もある。たとえば、公共外交はソフト・パワーのすぐ隣にある要素を含むのみなので、前者は後者の一階上の上位アプローチであると言えよう。同様の論理から、戦略的ナラティブは公共外交の一階上のアプローチであり、SC は戦略的ナラティブの一階上のアプローチである。

　戦略的なナラティブは、ソフト・パワーに隣接する要素（公共外交に含まれる B、D、E）だけでなくさらにその隣にある要素（C、F）を含む。すなわち、戦略的ナラティブは、図 8 の一つの列（交換の列）を空けて、ソフト・パワーに接続している。これをもって、戦略的ナラティブはソフト・パワーの二階上の上位概念であると言える。そして、同様に、SC は、公共外交に対して二階上の上位概念である。

　さらに、SC は、二つの列を空けてソフト・パワーに接しているので、ソフト・パワーに対して三階上の上位アプローチであるということができる。図 8 では、三階の差が最大である。

　階数（の差）が大きくなればなるほどアプローチに含まれる異なる要素が多くなり、アプローチ間の区分（弁別）が明確になる。たとえば、ソフト・パワー

（広報）と SC とが異なることについては、広くコンセンサスを得ているところであろう。

　アプローチの間の階数は、領域の弁別に関して、三つの基準を示す。一つは、階数が小さいとき（階数が 1 の時）に起きる、近接性に由来する問題である。二つには、階数が大きいときに起きる、部分と全体に由来する問題である。三つには、最大の階数をもつアプローチ（もっとも包括的なアプローチ）の特性である。

　まず近接性に由来する「論争」を考えよう。異なるアプローチ間の弁別は、一階の違いがあるとき（すなわち、近接しているとき）、論争の対象となることが多い。たとえば、ソフト・パワーと公共外交との違いをめぐる論争はよく見られる。そこでは、ソフト・パワーに基づく「知らせる inform」に限った広報か、さらに一歩進めて、より積極的な公共外交（「影響を与える influence」）かが争われる (Lord, 2009; Hayden, 2017)。また、公共外交と戦略的ナラティブ（戦略的公共外交）についても、公共外交の中にさらに強い対抗的な手段（ネガティブな手段——制裁等）をとりいれ戦略的ナラティブを展開するかどうかについての論争が見られる (Lord, 2009)。さらに、（戦略的）公共外交と SC の差については、公共外交は、SC のサブセットだとしても (Cornish et al., 2011, p. 6)、透明な、事実に基づいた手段に限るのか（公共外交）、あるいは相手を操作する非公然の手段（いわゆる spin（偏ったメッセージ）やプロパガンダ）まで考えるのか、さらに軍事的なオペレーションを含む (SC) のかどうかをめぐって論争が起きる (Hayden and Metzgar, 2019; Scanlon, 2017)。このような論争は、現実認識としての領域区画の論争というだけではなく、政策としてどちらを選択するかという政策論争も背景となることがある。さらに、倫理的な次元の論争もある。たとえば、相手の意見を外から操作することが倫理的に良いかどうかということである (Scanlon, 2017)。

　二つには、このように近接性に由来する論争とともに、階数の差が大きいときの上位のアプローチと下位のアプローチの間にも、それぞれの位置づけについて議論が起きる。たとえば、ソフト・パワーとの階数の差が大きい上位のアプローチは、ソフト・パワーに加えて他のアプローチを含むことにな

る。上位のアプローチは「全体」であり、下位のアプローチは上位のアプローチの「部分」である。たとえば、SC は、ソフト・パワーに加えて、公共外交、戦略的ナラティブを含む。そこでは、下位のアプローチが上位のアプローチにとって代わることはできない。たとえば、公共外交は SC の中に含まれるが、SC は他の要素を含むため公共外交と同値であるとはいえない。しかし、上位のアプローチは下位のアプローチを含むため、下位のアプローチを自己の一つの部分として名乗ることができよう。

最後に、三つには、階数が一番高いアプローチは他のアプローチとは異なる特性を持つ。図 8 には、複数のアプローチが重層的に重なり合っていることが示されており、A から F の要素は、複数のアプローチに属している。たとえば、言説を交換によって受容させようとする行動 (B、E) は、公共外交、戦略的ナラティブ、SC の三つに属する (解釈によっては、ソフト・パワーもそれに属そう)。

しかしながら、階数が一番高いアプローチ (具体的には、SC) には、そこにしか属さない要素が存在する。それは、軍事的オペレーションを含む C'、F' であり、それらは、SC のみに属する。すなわち、SC のみがこれらの手段を用いるということである (もちろん、SC は他の要素も含む)。

たとえば、対テロ戦争において、相手に対して自己のナラティブを投射して目的を達成しようとするとき、そのための手段として軍事的オペレーションを含むことは SC 論では普通のことである。あるいは、SC は、情報オペレーションという戦時において情報ネットワークを使ったり相手をだますような情報を流したりして、相手の政策決定を攪乱しようとする活動をも含む (NATO においても、情報オペレーションは、「敵対者や潜在的敵対者などの意志、理解、能力に対して望ましい効果を作り出すための軍事的情報活動への助言や調整を供する軍事的機能」とされる (Bolt and Haiden, 2019, p. 63))。ただ、情報オペーションは、直接の軍事行動とは別のものと考える人もいるであろう。いずれにせよ、これらの活動は狭い意味での「安全保障」にかかわり、(ここで取り扱った諸アプローチの中で) SC のみが取り扱うものである[2]。

ところで、最近、中国では「智能化戦争」や「制脳権」という用語が使われ

るという（中国の認知領域の工作一般に関しては、たとえば防衛研究所、2022）。「智能化戦争」とは、飯田（2021）によれば、認知領域における作戦であり、自らの行動を隠匿することによって敵の感知能力を弱体化させたり無力化したりすること（「認知抑制」）、敵の思考・習慣や能力、目標、精神状況などを把握することを前提に、偽の情報を敵にインプットすることによって、我の思い通りに敵に行動・決定させること（「認知形成」）、敵の決定メカニズムを改変したり決定の内容を改竄さえする認知作戦（「認知コントロール」）を含むものである。これらの作戦は、AIや認知科学の発達もあって重要性を高めている。認知領域で敵を圧倒すれば（制脳権を得れば）、物理領域や情報領域（戦争の情報化）における戦いを回避するか「極限」しつつ戦争に勝利することができると論ぜられる。いわば、孫子の戦わずして勝つ、である（防衛研究所、2022、第2章）。

「智能化戦争」は中国の「三戦論」の延長であるが、イギリスのSC論も認知の分野に踏み込み、中国の孫子の兵法（「我を知り、己を知れば百戦危うからず」）にまで言及していることは注目すべきであろう（Ministry of Defence, 2019, p. 10）。このイギリス国防省の文書（JDN 2/19）においては、すでに述べたように反省的コントロール（reflexive control、RC）という概念が使われている。この反省的コントロールは、「智能化戦争」に近いアイディアであり、1960年代旧ソ連において作られ、現在のロシアにおいても研究されているという（Bjola, 2018）。反省的コントロールは、相手の認知（選好）や情報システムに介入し、相手の行動をコントロールしようとするものである。そのエッセンスは次の通りである。

　「相手が抱く現況のイメージについて、そして相手が『彼』の思い通りに問題を解決しようするとき特定の『ドクトリン（行動原理）』をどう適用するかについて、自分が正確なイメージを持っていれば、紛争で有利に立てる。とくに、相手が抱く現況の認識、相手の目標、あるいは相手のドクトリンに自分が影響を与えることができ、同時に自分が影響力を『実際に』行使していることを彼から隠すことができれば、なおさら有利に

立てる。」（Bjola, 2018, p. 15）

　このようにみると、反省的コントロールは、相手の認知（選好、目標、優先順位等）、状況認識（情報操作）、決定過程（行動原理等）等への影響力行使、自己の行動の秘匿などから成り立っており、要素としては「智能化戦争」に近いものである。そして学問領域としては、心理学、認知科学、脳科学などが使われる。ただ、実践においてどのようなことが行われるのかまたどのくらいの効果があるのかについては、必ずしも確かなことは言えない。また双方が反省的コントロールをとった場合、事態は複雑になり分析が容易でなくなろう。ビオラ（Bjola, 2018）は、SNS 上のロシアからのディスインフォメーションとプロパガンダを全体的なフローやネットワーク等から分析し、そこからロシアの反省的コントロールの在り方を明らかにしようとしている。たとえば、ロシアは、相手社会の分断の構造を踏まえてその分断を強めるような「弱点 weak link」を衝く情報を発信し、またロシアに有利になるような政治的な候補をほめるメッセージ、そうでない候補を貶めるメッセージを発出している。ビオラの分析は、ロシアの実際の行動からロシアの反省的コントロールの在り方を明らかにしていく「リバースエンジニアリング」であり、彼は、このようなリバースエンジニアリングによって、ロシアの反省的コントロールへの対抗力をつけることができるとしている。そして、ロシアの反省的コントロールに対する対抗措置は、デジタル外交のダークサイドであり、SC の一部となるとしている。

　アメリカ側が使う概念から言うと、「智能化戦争」や反省的コントロールは、「政治戦争」（ソフトな手段と物質的手段の行使の中間のあらゆる手段を取って目的を達成する）の一部であり、また情報オペレーション（情報ネットワークを使ったり、相手をだますような情報を流したりして、相手の政策決定を攪乱しようとする活動）の高度技術を組み入れた中国版、ロシア版ということができよう。

　いずれにせよ、「智能化戦争」や反省的コントロールは、このようにみると、それを採用し実行する方にとっても、また対抗策をとる方にとっても、SC の固有の要素の一つと考えられる[3]。とくに、対抗策をとる方にとってそれ

がSCの一部であることについて、さらに言えば次のようになろう（本書第9章第9節第4項）。すなわち、図8は、言説の送り手から見た類型である。しかし、相手も硬軟両様の言説を様々な方法で投射してくる。たとえば、オンラインでディスインフォメーションやプロパガンダを投射してくる。このようなデジタル空間における相手からの投射にいかに対抗して自国の体制を維持するかということも現在ではSCの重要な部分とされる（Bjola and Pamment, eds. 2018, Introduction）。たとえば、ビオラとパメント（Bjola and Pamment, 2016）は、ロシアからのディスインフォメーションやプロパガンダをいかにしてシャット・アウトするかを「デジタル封じ込め digital containment」という用語で語っている。彼らは、デジタル外交（digital diplomacy）を、デジタル技術を用いて自己の言説を積極的に投射することと捉えるのに対して、相手からのデジタル技術を用いての攻撃に対抗することを、ダークサイドのデジタル外交と呼んでいる（Bjola and Pamment, 2018; Bjola, 2019）。

第4項　多様な手段——目的達成の効率性と国家間関係の安定性

　図8（図3）には、当該国の選択肢となる様々なアプローチが示されている。そして、それらは重なり合っている。国家の政策選択としては、状況によってはソフト・パワーなど特定の手段のみが選択されることはあろうが、多くの場合、異なるアプローチに属する手段が同時に選択され、それらが組み合わされて目標の達成が試みられよう。たとえば、戦略的ナラティブ的なアプローチをとった場合、目標に応じて、A~Fのさまざまな手段が選択されよう。

　ここで、複数の手段をとった場合の問題点をいくつか指摘しておこう。まず、異なる手段間の整合性の問題がある。整合性についての一つの考え方は、相手に自分の目的を正確に伝えるためには整合性が重要であり、そのための調整が必須であるという仮説である。しかし、調整が実際に可能か否かだけでなく、実際に調整して整合的な手段をとった場合であってもどのような効果があるかを考えなければならない。この点についてはいくつかの仮説が可能であろう。この議論はすでに述べたところであるが、理論の整理のために繰り返して述べる。またここでは、相手の反応という要素を含む議論を先取

り的に展開する。

　一つは、整合的な政策こそが功を奏し、目的が達成されるという戦略的ナラティブや SC でよくみられる仮説である。ここで取り上げられる目的は、たとえば、領土（尖閣）を守るという具体的な'一つの'目的である（目的は一つであることが望ましい）。これに対して、整合的な政策が対立を激化させ、安全保障のジレンマを引き起こしてしまう可能性もあるというのが今一つの仮説である。たとえば、アメリカが中国に対して対抗的な言説を掲げ、それを踏まえた整合性のある政策を展開した場合、中国はアメリカが攻撃的であるという認識を強め、それに応じた手段を選択するようになろう。そうすると、アメリカも中国も相手が攻撃的であるという認識をもち、対抗のスパイラルを引き起こすことになる (Johnston, 2021)。

　しかしながら、もしアメリカが中国に対する協調的な言説（目的）と対抗的な言説（目的）の両方を持ち、それぞれに対応する政策をミックスして協力と対抗を並行的に展開する戦略（ヘッジング戦略、あるいは、layering 戦略（協力と対抗の二層戦略、あるいは戦略的曖昧性）をとったと考えよう。この協力と対抗を同時にとる戦略は、整合的ではなく、相手から見ると目的等が曖昧であり、したがって、目的を達成することが容易ではないであろう。たとえば、中国に対して、安全保障では対抗、経済では協力、というようなことである。しかしながら、このような手段の選択は、一方で目的の達成を困難にする可能性があると同時に、他方ではその曖昧さゆえに、相手との関係が先鋭化して対抗のスパイラル（安全保障のジレンマ）に陥ることを避ける可能性がある (Johnston, 2021)。さらに、相手との対抗の中で、何らかの妥協点を探るベースともなり得る (Eto, 2021)。いわば、（特定の）目的達成の効率性と国家間関係の安定性（複数の目的を含む）の間のジレンマである。

　ここでの調整の問題は二国間関係だけではなく、あるアイディア（ナラティブ）に基づいた共通の戦略を複数の国で形成しようとするときにもみられる。たとえば、インド太平洋戦略は、アメリカ、日本、オーストラリア、インド、さらには ASEAN やイギリス、フランス、ドイツなどのヨーロッパ諸国を巻き込んでいる。しかしながら、それぞれの国は、インド太平洋への関与や安

定を共通の目標としながらも、さまざまなイメージや利益（ナラティブ）を持っている。したがって、これらの諸国は、具体的な目的と手段を調整（オーケストレーション）[4]しながら、ことを進めなければならない (Aoi, 2021)[5]。

一般的には、あるナラティブ（たとえば、FOIP）の聴衆は、国内にもあり、外国にもある。国内の様々な集団がそのナラティブに異なる見解を持ち、またナラティブの内容も時間的に変化することがある。よって当該ナラティブについての国内での整合性と安定性 (consistency) が問題となる。また聴衆が他国である場合、ナラティブに共鳴しやすい（価値を共有する）国もあり（ナラティブの合致性 congruence, Zaffran, 2019）、それに共鳴しない（さらには、対抗する）国もある。

ただ、対中国という目的を考えた場合、あまりに調整が成功すると（一致団結すると）、中国を刺激し、システムが不安定になるかもしれない。かつて、これに関連する議論を展開したのがグレン・スナイダーである。スナイダーは『同盟の政治』のなかで、同盟内の政治と同盟と対抗する国との二つのゲームを考え、同盟国同士が協力を強化すると、意図せずに相手を刺激し、対抗を激化する可能性があるという、同盟を通しての安全保障のジレンマを指摘した (G. Snyder, 1997, pp. 192-198)。さきに指摘した「目的達成の効率性と国家間関係の安定性のジレンマ」は、スナイダーがいうジレンマに比せるものかもしれない。この効率性と安定性のトレード・オフの均衡点は、状況により変化し、時に目的達成の効率を重視すべき時期もあり、また時に安定を重視すべき時期もある点には注意が必要である。いずれにせよ、SC は、協力者（同盟国、パートナー国）の間にも、対抗するものとの間にも行われなければならないのである。もちろん、その場合、整合性や言行一致などの基準とともに、柔軟性も一つの基準であり、状況に応じて柔軟に対応し目的を達成していくのも SC の考え方である (C. Paul, 2011a, pp. 5-6)。

第 2 節　相手の反応、相互作用、国際秩序

前節では、言説とその投射に関する様々なアプローチを整理して、それぞ

れを比較した。そこでは、ある国の言説を他国に投射する場面を考えていた。本節は前節での議論を踏まえて、分析のレベルを他国との相互作用のレベル、複数国間の相互作用（同盟や地域協力体）のレベル、さらには国際システムのレベルと一段階ずつ上げて検討する。

第1項　相手の反応の明示的な取り込み

　前節では、ある国（A）の他国（B）に対する手段の選択とそれがもたらす結果について議論した。その議論の中で、相手国の反応および相手国との相互作用が暗に議論されていたとはいえ、相手の主体性（agency）は必ずしも明示的に取り込まれていなかった。相手国（B）がどのように反応するかは、当該国（A）の投射する言説の内容と手段によると考えられる（また、AとBの関係がどのようなものであるかも影響しよう）。Aの投射の手段が穏健であり、単なる自己説明的なものであるならば、Bはそれを無視したり、あるいはそれに魅了されて受け入れるかもしれない。Aが自己の言説を交換によって受け入れさせようとするときには、もしAの言説とBの言説がそれほど違わなければ、交渉によって受け入れるかもしれないし、あるいは妥協して部分的に受け入れるかもしれない（それは、Aにとっても受け入れ可能である必要がある）。しかし、双方の言説の距離が大きく、交渉が成り立たない場合には、Bは自己の言説を維持しようとし、Aと対抗しよう。ここでは、双方の言説が一定の均衡状態に入る可能性があろう。しかし、Aがさらに強制的な手段をとり（経済制裁、軍事的脅迫、さらには情報オペレーションやシャープ・パワー）、Bに自己の言説を押し付けようとすると、BはAの要求（言説）を拒否しB自身の言説を防衛しようとするであろう。この防衛の手段には、Bの言説への（国内の）支持の強化や自国内へのAの浸透の排除などがあろう。もちろん、Aの強圧に屈して、Aの言説を受け入れることもあり得る。さらに、AもBも自己の言説の投射者であり、また防衛者であるという事象もみられるのである。

第2項　相互作用のパターン——言説の投射の理論と規範の対抗理論

　以上のことを、本書で紹介してきた規範対抗の理論（本書第8章）を使って

考えてみよう。本書では、言説はナラティブと規範を包摂し、またナラティブは規範を包摂するとの立場をとった（図1 p. 44）。したがって、規範の対抗理論をナラティブ（言説）に翻案して使うことが可能である（仮説ではあるが）。以下では第8章との重複を恐れず、言説の投射についての議論を進める。

規範の対抗理論を敷衍すると、言説を投射する国を規範企業家（国）(entrepreneur) とみなして、受け手のさまざまな対応を考えることが可能である（国家を規範やナラティブの企業家として捉えることについては、Miller, 2021）。以下では、当該の言説（規範）を拒否する国を反規範企業国 (antipreneur) と措定する。ただ、受け入れない場合でも、完全に拒否する場合もあり (rejectionist)、条件付きで、修正して受け入れる場合もある (revisionist)[6]。例えば、受け手の都合に合わせてローカル化する（国内の制度に合うように修正する——移植 transplant する）こともあろう (Acharya, 2004, 2009)。これらのアクターの中には、提示された規範に部分的に沿うような行動をする「創造的な抵抗者 creative resisters」と言えるアクターも存在しよう (Campbell-Verduyn, 2016)。あるいは、相手から言説の投射を受け、逆に自己の言説を強化する場合も存在しよう。たとえば、AがBの人権状況に関してその修正を求めた場合、Bはそれを拒否するだけではなく自己の状態をさらに正当化し、むしろ自己主張を強めることがある。すなわち、Aの投射がバックラッシュ（逆行）現象を引きおこすということである。通常、Aの投射にBがどうこたえるかに関しては、Aの望む方向に向かうか、何も起きないか（現状維持）という観点から見ることが多いが、Aの望む方向とは逆の方向に行く可能性が存在する。これには、AとBとの関係（友好国であるか敵対国であるか等）、Bの国内政治の状況（分裂しているかどうか）、ナショナリズムの強さなどいくつかの要因が考えられよう。このような行動をとるBは、「反抗者 defiant」ということができよう (Terman, 2016, 2019; J. Snyder, 2020; Alter and Zürn, 2020; Strezhnev, Kellely, and Simmons, 2021; Nincic, 2007)。

さらに、この「反規範企業国」Bは彼ら自身の規範を持っており、その規範は国際社会に存在することが多い（たとえば、国家主権、内政不干渉）。この点に着目すれば、彼らは既存の規範の防衛者 (protector) でもある (Adachi, 2021)。さらに、これらの国は、単に防衛者であるだけではなく、彼らの規範と異な

る規範(やその規範に基づく秩序)に挑戦し、攻撃しようとすることがある(挑戦者)。その手段には、すでに述べた「規範のサボタージュ」や「真理破壊」などを含む。さらに、彼らは、自身の規範を相手(また広く地域や世界)に投射すべく、反規範企業家、防衛者、挑戦者だけではなく、規範企業家となることがある(もちろん、Aとは異なる規範、したがってカウンター規範企業家)。そうすると、Aは、そのようなBの活動に対処しなければならず、単に自己の規範の規範企業家だけではなく、相手(B)の投射する規範に対する、反規範企業家、防衛者となる。AはさらにBの規範に挑戦し、攻撃する活動を展開しよう。このように、AとBとの間には、複雑な相互作用が展開するのである。すなわち、図2(p. 48)に示されている相互作用βのすべてのパターン(a、b、a'、b')が同時に見られることになる。

第3項　システムと秩序——リベラル国際秩序、(ネオ)ウェストファリア、そして権威主義的国際秩序(再論)

　第2項の最後に示したAとBの複合的な相互作用は、Aの奉ずる規範とBの奉ずる規範の二つを考えていた。このような状況は、Aが言説においても物質的な力においても圧倒的に強いときに見られる一方的な投射ときわめて異なり、力においても言説の投射力においても均等化が進んだ状況を反映する。加えるに、A(アメリカ)とB(中国)の奉ずる規範は、きわめて異なる。中国のパフォーマンスが良好であれば、中国の物質的な力を増大させるとともに、そのデモンストレーション効果が中国の言説の国際的な投射力を強める。そして、AとBは、単に相互作用するだけではなく、自己の規範に基づく秩序を作り、維持し、守るという活動をする。すなわち、AもBもそれぞれ自己の奉ずる規範を支持する国々を調達して国際的な秩序を作り、維持し、拡大しようとする。このような規範を異にする大国間の相互作用は国際システムのレベルにおいて、国際秩序の在り方についての競争という結果を生む。このことに関しては、規範の対抗という観点から第8章第6節で詳しく述べたが、ここでは秩序論の観点から簡単に考察しておく。その内容は、第8章第6節と大いに重なる。

冷戦後の歴史的な展開を見ると、その初期のアメリカは物質的な力も規範・イデオロギーも強く、単極構造のもとで西欧諸国を中心に支持を強め、グローバルにいわゆるリベラルな国際秩序（LIO——Liberal International Order）を作り維持しようとした。LIO は、人権、人道、法の支配などを掲げて普遍的な秩序を目指したが、そこに加わらない国々（あるいは、それらの価値に完全には帰依しない国々）も多く存在した。LIO は、実態は部分的な秩序であったが、その拡大が期待されていた。そこでは、アメリカを中心として、リベラルな価値が様々な方法で投射され、人道介入やときにレジーム・チェンジ（体制転換）も唱えられ実行された。

　しかしながら、2000 年代の半ばにもなると、LIO の拡大は頭打ちになり、さらに、国家単位で見ても民主主義の後退を見せる国々が増え、国際的にも国家主権や内政不干渉などの規範を軸にしたいわゆるネオ・ウェストファリア的な秩序を掲げた国々の連合（たとえば、SCO、BRICS）が登場する（Barma et al., 2007）。（ネオ）ウェストファリア的な秩序は、国家の体制に中立的であった。すなわち、国家主権／内政不干渉原理の下、国家の体制には触れないものであった。実態的には、たとえば、BRICS を見ても、民主体制をとる国（インド、ブラジル、南アフリカ）と権威主義的体制をとる国（中国、ロシア）が併存していた。このようなウェストファリア体制とは対照的に、LIO は、人権とか民主主義という国内体制にかかわる規範を国際的な規範としており、その限りではウェストファリア体制を超えようとするものであった（Lyons and Mastanduno, 1995）。

　しかし、2010 年代に入ると、ロシアや中国という権威主義体制の国、特に中国は、自国の国内的な価値を対外的に投射したり、また自国の政治体制を守ったりするために、一つの国際秩序を作り出そうとする。その秩序は、国家主権・内政不干渉という原理を掲げるだけではなく（このような意味で、権威主義的秩序は、ウェストファリア秩序と重なるところが大きい）、人権よりも国家主権（政治的安定）、法の支配よりも法による支配、政策決定や規則の透明性よりも曖昧性や恣意性を基にするような秩序体系である。これを T. ギンズバーグは、権威主義的国際法秩序と呼んだ（Ginsburg, 2020）。この権威主

義的国際秩序は、権威主義体制という国内政治体制を国際的にも促進しようとするため (autocracy promotion)、ある意味で LIO とは逆方向にウェストファリア体制を超えようとするものである。

このように、いまや LIO、ウェストファリア秩序、権威主義的国際秩序の三つが併存し、かつ競争している。アメリカと中国はそれぞれが LIO あるいは権威主義的国際秩序のリーダーとして、激しい競争を展開している。この競争の中で、アメリカも中国も、それぞれの規範を投射するという意味で規範企業家であり、またそれぞれの価値を守ろうとするという意味で反規範企業家であり防衛者である。自国の価値・規範の防衛は、単に相手からの攻撃を防ぐだけではなく、自己の規範に基づく国際秩序をなるべく広げ、相手の要素を消し、その秩序を確固たるものにすることによっても成し遂げられる (この辺の整理として、たとえば、Owen, 2021)。「世界を民主主義にとって安全にする a world safe for democracy」(Ikenberry, 2021)、「世界を権威主義 (専制体制) にとって安全にする a world safe for autocracy」(Weiss, 2019; Dukalskis, 2021) という二つの真っ向から対立する言説が周流するのが現実の一端となっている。

注

1 これらと類似の概念を比較した研究として、たとえば、青井 (2022、第 1 章 8 節)。

2 たとえば、C. ポールは、SC は公共外交と情報オペレーションの二つを包摂するが、公共外交と情報オペレーションには重なるところがないという図を示している (C. Paul, 2011a, p. 41, Figure 2.1)。

3 龐 (2021) のいう「知能化戦争」は、AI や IoT などの先端技術が戦争 (武器、また作戦など) の形態をどのように変えるかに焦点を当てている。

4 SC の文脈でオーケストレーションという概念を用いたものとして、Murphy (2009)、Tatham (2008), p. 3。たとえば「戦略的コミュニケーションは、望んだ効果を得るための言葉、行為、イメージをオーケストレートすることである」(Murphy, 2009, p. 105) と述べられている。また、アメリカの政府関連の文書でもコミュニケーション同期化をオーケストレーションと特徴づけているものもある (Departement of Defense, 2008)。この定義は、国家間のオーケストレーションにも拡張できよう。国際政治におけるオーケストレーション一般については、たとえば Abbott, Snidal, Genschel, and Zangl, eds., (2015)。また、国家間のオーケス

トレーションと似た概念として、あるナラティブに基づいて国家間協力が行われる場合、それらの国の間に当該ナラティブの内容に関してどのくらいの「一致性」があるかが重要であるということを指摘したザフランの研究がある（Zaffran, 2019）。

5 複数の国が全体として発信する SC や戦略的ナラティブのケース・スタディとしては、ISAF における平和維持や国家建設のナラティブ（Zaffran, 2019）また BRICS についての研究例がある（Pashentsev, 2015; Bazarkina and Pashentsev, 2021）。

6 拒否（rejectionist）、修正（revisionist）などの区分については、Clark, Kaempf, Reus-Smit, and Tannock（2018）。

第 11 章　イデオロギーの対立
―― 「民主主義と専制」と中国の民主主義：バイデン政権

第 1 節　バイデン政権 ――「民主主義と専制」という戦略的ナラティブ

　バイデン政権の現在の対中戦略（あるいは世界戦略）は、「民主主義と専制の対抗」というイディエーショナルな次元を中軸（最高度の優先次元）として、安全保障上の競争、経済上の競争を行うというものである。このように競争が支配的な戦略であるが、経済的には、包括的なデカップリングではなく、部分的な、あるいは目的を明確にした（たとえば安全保障と人権）デカップリング（targeted decoupling）、さらにはデカップリングではなく、いまや中国へ過度の依存を防ぎ中国の経済的な強制外交を避け、サプライ・チェーンを確たるものにしようとするデリスキング（de-risking）が唱えられている（von der Leyen, 2023; Sullivan, 2023）。また、安全保障に関しては、中国に対する抑止力を増大する目的をもって、主として同盟国・パートナー国との連携を高め中国に対抗しようとしている（外生的バランシング）。その一方で、いまや自国の軍事費も増大し、軍事増強も図っている（内生的バランシング）。また、核不拡散や軍備管理など、中国と協力できるところは協力し、危機管理（信頼醸成）も進めようとしている。さらに、気候変動（バイデン政権が唯一、実存的脅威と呼んでいるものである）やパンデミックなどのグローバルな、脱国家的なイシューに関しても協力の姿勢を示している。ブリンケン国務長官の言葉を用いれば、中国と競争し、できるところは協力し、どうしようもなければ敵対するということである[1]。そうすると、アメリカの対中戦略は、競争が支配的ではあるが協力の要素も混じった戦略である。すなわち、（イデオロギーが支配的な）競争的共存である。

このようなバイデン政権の「民主主義と専制」という命題を中心とする政策体系を戦略的ナラティブという観点からどう分析できるかというのが、本章の一つの課題である。2019 年、アンドリュー・エリクソンは、中国の展開する「新しい大国関係」などの言説はアメリカの利益をそぎ中国の利益を拡大するものであり、アメリカは自国の利益を正面に押し出す自身の言説を作り出すべきであると論じた (Erickson, 2019)。そのときエリクソンが提案したのは、「競争的共存」であった。バイデンの「民主と専制」は、「競争的共存」を含みつつ、「中国の(中華民族の)夢」や一帯一路という中国の言説に対するアメリカ自身の対抗言説と言える。

第1項　三次元の競争と優先次元の変化——トランプからバイデンへ

現在、米中関係は、安全保障、経済、そしてイデオロギーの三つの次元での包括的な競争にあるといわれる (「三次元のチェス」Brands and Cooper, 2020)。しかし、これら三つの次元での競争の内容とウエイトの置き方は米中で異なり、それはアメリカでも中国でも時間的に変化しよう。そして、それは構造に由来すると同時にアメリカと中国の政権(指導者)の選択によるところがあり、ときに三つの次元の選択をめぐっての米中の相互作用(戦略的ゲーム)も見られる。たとえば、トランプ政権(トランプ大統領)は、対中政策で経済次元に大きなウエイトを置き、中国との取引により対中経済関係の是正を求めた。さらに、対中経済の包括的デカップリングさえ示唆した。もちろん、安全保障にも重きを置き、自国の軍事力を増強した。

しかしながら、トランプ大統領は、リベラルな価値やイデオロギーに言及することが少なかった。政権末の 2020 年には、ポンペイオ国務長官などの閣僚は、中国の政治体制を強く非難するようになったが、トランプ大統領自身は、中国をイデオロギー上の理由で強く非難することはなかった(もちろん、コロナの理由で強く非難することはあったが)。E．メデイロスは、トランプ政権の対中政策を、大いにぶれながら、2017 年のマール・ア・ラゴでの首脳会議に見られた良好な関係から、経済対立、そしてレジーム・チェンジ(体制転換)を追求するとも思われる方向に傾いていったと述べている。そし

て、トランプ大統領にとって唯一の優先事項は、経済関係であり貿易赤字の縮小であったとする（Medeiros, 2021）。このようなトランプ政権（大統領）の政策に対して、中国は、トランプ大統領の不確実性と不安定性に戸惑いながらも、経済次元で取引に応じ、また競争していった。

第2項　民主と専制——バイデンの戦略的ナラティブ

　トランプ政権とは対照的に、バイデン政権は、きわめてイデオロギッシュであり、民主主義と専制体制との対抗軸を強く打ち出した。それは、21世紀の国際政治は民主主義と専制の争い、競争であって、そのどちらが勝つかが問題であり、いまやアメリカ（そして世界）は「変曲点（分岐点）」に直面しているとする。バイデン大統領の対外関係に関する演説を見ると、民主主義と「権威主義」の鋭い対立を指摘していたが（たとえば、2021年2月4日の国務省での演説——この演説では専制 autocracy という言葉は使ってはおらず、権威主義 authoritarianism を使っている、Biden, 2021d）、この「民主主義 democracy と専制 autocracy」の枠組みは、2021年2月19日のミュンヘン安全保障会議（オンライン）でのバイデン大統領の発言で初めて定式化された（Biden, 2021c）。

> 「我々は、我々が直面するすべての挑戦——第四次産業革命からグローバルなパンデミックに至るまで——に関して、前進するために最も良い方法は専制体制だと論ずる人々と民主主義がこれらの挑戦に応えるのに必須であるとわかっている人々の間の変曲点にある。
> 　後世の歴史家は、今の瞬間を変曲点であったとして吟味し記述するであろう。……そして、私は、全身全霊で、民主主義が勝利するであろうし、そうでなければならないと信ずる。
> 　……我々は、我々のモデルが歴史の遺物ではなく、我々の未来の約束に再び活力を与える唯一の最も優れた道であることを証明しなければならない。」

民主党の中の多くの者にとって、バイデン大統領がこのような立場を、こ

のような早い段階で示したことは驚きであったという (Wright, 2021)。このような枠組みは、3月3日に発出された、「国家安全保障戦略の中間指針」(White House, 2021b) のバイデン大統領による導入の部分にも明確に示されている。その内容は、上記のミュンヘン安全保障会議での発言とほぼ同じであるが、それがいかに定式化され、会議での発言だけではなく大統領の公式文書に記されているかを示すために、あえて以下に引用する。

「我々は、いま世界の将来に関して歴史的なそして根源的な論争の真っただ中にあると私は信ずる。その論争においては、一方で、我々が直面するすべての問題に関して、前進するために最も良い方法は専制体制だと論ずる人々がいる。他方では、民主主義こそが、変化する世界のすべての挑戦に応えるために必須であるとわかっている人々がいる。
……我々は、我々のモデルが歴史の遺物ではなく、我々の未来の約束を実現する唯一の最も優れた道であることを証明しなければならない。」
(President Joseph R. Biden, Jr., in op. cit., p. 3)

この中間指針のなかで、バイデンは中国が「経済的、外交的、軍事的、そして技術的力を結合し、安定的で開かれた国際システムに継続的に挑戦することができる潜在力を持つ唯一の競争者である」(op. cit., p. 8) と述べている。
このようにして「民主主義と専制」は、バイデン政権の基本的な枠組みとなった。この基本的枠組みは、第4章で取り上げた戦略的ナラティブと言ってよい。戦略的なナラティブは、自己の規範・価値に基づき、あるいはそれを取り込み、国際システムの特徴を述べ、その中に自己を定位し、過去一現在一未来の道筋を示し、そのための政策課題と政策体系を示し、国内と国外の聴衆に影響を与え、説得しようとするものだからである。また、「民主と専制」を国際的に投射しようとする戦略的なナラティブと考えれば、その内容に最も共鳴すると考えられるヨーロッパ諸国に向けて投じられたのは当然と言えるかもしれない。そして「民主と専制」でメインの相手とされる中国とは、「中間指針」発出から間もない3月18日アラスカでの米中外交トップ

会議で価値とイデオロギーをめぐって火花を散らすのである（次節）。

第3項　イデオロギーが支配的な競争的共存

　ただ、このような民主主義と専制との対抗図式に関しては、その内容について、若干の注釈が必要であろう。この構図には、競争にブレーキがかからなくならないように何重ものかぎがかけられていることに留意すべきである。その一つは、体制間の競争が「レジーム・チェンジ（体制転換）」を意味しないということである。すでに述べたように、トランプ政権の末期、ポンペイオ国務長官やNSCのポティンジャー補佐官などは、中国の共産党体制批判、共産党と中国国民との離間、また習近平主席を中国国民の代表と認めないというような「レジーム・チェンジ」とも思われる言説を展開した[2]。バイデンの「民主と専制の対抗（競争）」は、このような「レジーム・チェンジ」とは異なる（「バイデン政権は、明示的な目標としてレジーム・チェンジを追求するはるか前で止まっている」(Medeiros and Tellis, 2021)）。バイデン政権の目標は、中国の体制を直接変えようとするのではなく、間接的に中国との競争を行いそれに勝つことである。バイデン大統領は、2021年3月25日の最初の記者会見で次のように述べている。

　　「私は、中国との厳しい競争を理解している。中国は、包括的な目標を持っている。私は彼らがこの目標を持つことは批判しない。彼らは、世界の指導国（the leading country in the world）になる、世界でもっとも豊かで最も強力な国になるという目標を持っている。しかしながら、私のいる限り、それは起きないであろう。なぜなら、アメリカは、引き続き成長し拡大しようからである。」(Biden, 2021b)

これは明らかに中国の「中華民族の夢」という言説に対抗するものであり、バイデンは、民主と専制という二元論的な枠組みの中で、中国との長期的な戦略的な競争を重視し、それに備えなければならないとしている。

　二つには、安全保障では、バイデン政権は自国の軍事費を高めに保ち（内

生的なバランシング)、アジア太平洋での同盟国やパートナー国との連携を強化し、またNATOなどの同盟を強化しようとしている(外生的なバランシングに重点を置いている)。さらに2023年の現在、軍事費も増強し内生的なバランシングも顕著になっている。しかしながら、安全保障を含めて米中の「激しい競争 extreme competition」が暴発しないように「ガードレール」を構築することを唱えている。2021年11月15日、習近平主席とのリモート・ミーティングで、バイデン大統領は、競争が激しくなる二つの超大国間には、競争を管理するために「コモンセンスのガードレール common-sense guardrails」を構築することが必要であると述べ (White House, 2021a)、以後折に触れガードレールの構築の必要性を論じている。

　三つには経済関係である。バイデン政権は、トランプ政権の対中経済関係の継続として、中国との2020年1月の第一次合意をもとに、厳しい経済政策を展開し、また安全保障と人権の問題ではいわゆる部分的なデカップリングをいとわない。さらに、「中間層のための外交」を旗印に、保護主義的な要素を含む対外経済政策を展開しつつ(たとえば、バイアメリカン[3])、国内経済の発展(投資の増大、インフラ整備など)を遂行すると同時に、科学技術の進展のために、研究開発費 (R&D) を大幅に増やそうとしている。しかしながら、トランプ大統領が全面的なデカップリングを示唆したのに対して、バイデン政権は、人権と安全保障に限って対中制裁、切り離しを行っている。一つの歯止めである。

　さらに、第四番目の歯止めとして、脱国家的な問題への対処がある。すなわち、安全保障にせよ経済にせよ、大国間(米中)の競争に焦点が合わされていたが、それと交差しながらも、気候変動(バイデン政権にとってこれは実存的脅威である)、新型コロナなどの国境を超えた(国家間ではない)問題の解決をめぐる政策も展開しなくてはならない。これらの問題に関しては、バイデン政権は中国との協力の可能性にも言及している。すなわち、

　　「我々は、冷戦期のすべての面における反射的な対抗や堅いブロックへ戻ることはできないし、そうすべきではない。競争は我々すべてに影

響する問題に関しての協力を排除してはならない。たとえば、新型コロナ (COVID-19) をすべてのところで打ち負かそうとしたら、我々は協力しなければならないのである。」(Biden, 2021c)

このようにみると、バイデン政権の対中戦略は、(競争が支配的である)「競争的共存」と言ってよく、イデオロギー的な次元が極めて強いものである。たとえば、バイデン周辺の論調では、バイデン政権誕生以前、中国との安全保障上、経済上の競争を重点としながらも、経済的には、包括的なデカップリングではなく部分的なデカップリングを唱え（一般的な相互依存は維持する）、また中国と協力できる分野は協力するという「競争的共存」を唱えるものが見られた（たとえば、「破滅なき競争 competition without catastrophe」(Campbell and Sullivan, 2019——キャンベルはバイデン政権のNSCのインド・太平洋調整官、サリバンは安全保障担当大統領補佐官となる)。しかし同論文でも、イデオロギー的な対立の可能性は示されていた。キャンベルとサリバンは、次のように言う。「中国は最終的には、ソ連よりも大きなイデオロギー的な挑戦者となろう。中国の超大国としての台頭は、専制への強い引力となろう。中国の権威主義的な資本主義とデジタルな監視システムは、マルクス主義よりも耐久性があり、引き付け力が大きいものとなるかもしれない」(断定的な言い方はしていない) (ibid.)。とはいえ、彼らは「民主主義と専制の対抗」とは言っておらず、「民主主義と専制の対抗」は、きわめてバイデン的なものであると考えられる。「民主と専制」というナラティブは、競争を前面に立てながら、競争が「暴走」しないように様々な制約をかけている。これらの制約は「民主と専制」を柔軟に使うことを可能にしよう。ただ、「民主と専制」の競争とこれらの制約には矛盾が起きようし、また政策的な対立も起きよう。たとえば、「民主と専制」が「レジーム・チェンジ」を意味しないとしても、はたして競争が激しくなったときにそれを避けることができるか、また中国の「レジーム・チェンジ」なくして問題が解決するのか、という政策論争は起きよう。

第4項 「民主と専制」のメリットとデメリット──内外の聴衆の視点から
1. 内なる聴衆

このような特徴（とくに「民主と専制の対抗」）を持つ「バイデン・ドクトリン」（Brands, 2021; *Economist*, 2021b）は、国際、国内のイデオロギーの分布などの客観的な構造の反映だけではなく、バイデン大統領（政権）の選択という面も強い。バイデン政権が民主と専制という対立軸を優先順位の高いものとしたのは、リベラルな価値への高い評価に由来するのはもちろんのこと（民主主義は、what we are である、あるいはアメリカの遺伝子 DNA である（White House, 2022a）──すなわち、アメリカのアイデンティティ）、内政と外交の二つの次元から説明できよう。いずれの次元から言っても、バイデン政権が民主主義に優先順位を置く趣旨は、まずは危機に瀕している民主主義を守ることであり、外に投射するというかつての「民主主義の促進 democratic promotion」とは異なるものであったといえよう（democracy protection ともいえようか（Traub, 2021; Toosi, 2021））。

内政的には、民主主義と専制という軸を立てることによって、専制的要素の強いトランプ元大統領とその支持者と対峙しようとするとともに（たとえば、Wright, 2021）、専制の中国と競争・対立することをベースとして、国内をひろくまとめる象徴として選択されたと考えられる（このように「民主と専制」ナラティブは、内政の反映としての側面を強く持つ）。単純化して言えば、中国とトランプが主たる相手である。このことを如実に表したのが、2022年1月6日の議会攻撃の一周年を記念した議会での演説である（Biden, 2022c）。この演説の中で、彼は、トランプ前大統領の行動を、嘘で固め、民主主義のルールを破壊したとして口を極めて非難する。そして、それに続いて、現在は歴史の変曲点にあり、中国とロシアの専制主義が民主主義を脅かしているとして次のように述べる。

>　「国内と国際の両方において、我々は、民主主義と専制の間の闘争に再びかかわっている……
>
>　中国からロシアそしてそれを超えて、彼らは、民主主義はもう長くは

ない、ということに賭けている。彼らは、実際に私に民主主義は（決定するのに）あまりに遅く内部分裂に足を引っ張られており、今日の急速に変化しつつありまた複雑な世界では成功できないと語った。

　そして、彼らは、アメリカはよりアメリカではなくなり彼らに近くなるであろうという賭けをしている。彼らは、アメリカは専制主義者、独裁者、ストロングマンの居所となるであろうとの賭けをしている。

　私は、それを信じることはない。」（傍点筆者、ibid.）

繰り返して言えば、「民主と専制」という枠組みは、国内的には（反トランプの）政治的な支持を調達し、また経済を「復興」し、投資を増大したりR&Dを支出したりするのは中国と競争するためであるとして支持を調達する（「中国との競争はアメリカを再興させる」（Campbell and Doshi, 2020））という機能を果たそう。

2.　外なる聴衆

同時に、「民主と専制」は、対外的に、中国（専制）と対抗するために民主主義国を糾合し、多角的なメカニズムを進めるために役に立つと考えたのであろう。そして、中国そのものに関しては、民主と専制という枠組みで対抗することが、中国の弱みを衝き（とくに人権問題——「道徳的非対称性」（Brands and Cooper, 2021））、有効であると判断したこともあろう。

もちろん、このようなバイデンの選択は、さまざまなメリットともにデメリットもあるであろう。エコノミスト誌 *The Economist* は、バイデンの政策（バイデン・ドクトリン）には以上述べてきたような（バイデン政権が考えるような）メリットは全くないと極めて批判的であった（*Economist*, 2021b）。たとえば、中国との競争を掲げて国内をまとめようとしても、トランプ共和党の反対は極めて強いであろう。また、「民主主義と専制の対抗」の図式は、中国との経済関係を維持しようとする国々が背を向ける可能性があり、また民主主義と専制体制が混在する東南アジアなどの地域には微妙な影響を与えよう。この点、シンガポールの元外交官キショール・マブバニ（Mahbubani, 2021）は、ア

ジアにおける戦略的なゲームはイデオロギーや軍事ではなく経済であり、経済で中国に依存しているアジアにおいては、アメリカの戦略——対中同盟——は成功しないと論じている。

ここで、まず一般的に「民主と専制」というナラティブが対象とする対外的な聴衆を類型的に考えてみよう。第一のカテゴリーは民主主義国であり、「民主と専制」のナラティブに強く共鳴する可能性のある聴衆である。アメリカはこれらの国々からの協力を糾合し、専制と対抗することを試みよう。第二のカテゴリーは専制主義国家(群)であり、アメリカが対抗し勝ち抜こうとする相手である。その中心は、力が強くアメリカ(欧米)に挑戦する十分な力と意志を持っている中国とロシアである。これらの国に対しては、国際秩序の基本的なルールを守らせたり、経済的なパフォーマンスで競争したりする。

第三のカテゴリーは、この二つのカテゴリーの中間に混在する集団である。まず、政治体制が専制でも民主主義でもない国が含まれる。また、メンバーが民主主義、専制あるいは中間からなる混交が見られる国家集団(世界全体や地域制度など)である。いわゆるグローバル・サウスといわれる国々、あるいはASEANやAU(アフリカ連合)がその例であろう。これらの国々(集団)は、「民主と専制」の物差しからはずれ、また「民主と専制」の競争においては、アメリカ(中国)の主たる競争相手ではなく、アメリカ(中国)が支持を求めようとする相手である。しかしながら、これらの国々(や集団)は、自己の主体性から、どちらにも属さない、競争には巻き込まれたくない、あるいは両方の側から利益を得たいなど様々な態度を示そう。このような異なる態度をもつ第三カテゴリーの国に対する、アメリカの「民主と専制」の投射の様態は、民主主義を培うように説得したり経済的な支援をしたりするという穏健な方法になる。経済的な支援は、民主主義との交換、あるいは中国に対する対抗手段でもある。これらの異なるカテゴリーの国々に関して、アメリカが「民主と専制」をいかに適用したかを考察してみよう。

i) 民主主義サミット——世界全体

バイデンは大統領になる前から「民主主義サミット」の開催を唱えていた。

2021年7月、バイデン大統領は民主主義サミットを年内に開催すると唱え、事実同年12月に「民主主義サミット Summit for Democracy」が110以上の国を招待しオンラインで開催される。そこでは、どの国が民主主義国であり、どの国はそうではないかという大きな政争を引き起こした（アメリカ内部での「民主主義サミット」に対する批判については、たとえばGoldgeier and Jentleson, 2021a）。世界の110の国が招かれたということは、極めて広い民主主義の定義がなされたということであろう。中国とロシアは招かれず、特に中国の反発は大きかった。「民主と専制」は、特定の国を民主主義ではないとして排除するメカニズムを持ち、国際政治に亀裂をもたらそう。しかしながら、「民主主義サミット」は、内容的に意見開陳や相互学習などを主とした「学会」のようなものであり、せいぜい民主主義を緩やかに再生したり支援したりしようとするものであった。

ⅱ）民主主義国（西側）

すでに述べたように、「民主主義と専制体制」は、バイデン大統領が2021年2月末のミュンヘン安全保障会議（オンライン）での発言で初めて定式化されたと考えられ、まずはヨーロッパ諸国に対する姿勢を示したものである。それは米欧関係の修復に資することになり、さらに中国の人権問題（ウイグルでの弾圧）に対して、EU、アメリカ、カナダなどが対中制裁を行う基盤となった。またイギリス、フランス、ドイツ、オランダなどが軍艦をインド太平洋に派遣するという今までにない行動をとることとも平仄の合うものであった。ヨーロッパ（EU）においては、中国の体制（人権抑圧）や攻撃的な行動をみて、中国に対する態度を硬化させ、インド太平洋への関心を高めている。ヨーロッパでは、中国を体制の異なる「システム的なライバル」とみなし（EU, 2019）、EU委員会議長（President）のフォン・デア・ライエン（Ursula von der Leyen）は、（欧州の）インド太平洋戦略は「専制的なレジーム（体制）がこの地域［インド太平洋］を彼らの影響力を増大させるために使っている」ことに触発されたものだと述べている（von der Leyen, 2021）。そして、すでに述べたようにEUのインド太平洋戦略は「開かれたルール・ベースのインド太平洋」を求め、海軍の

プレセンスを含む政策を展開することを宣している (EU Commission, 2021)。

ⅲ) ASEAN とインド太平洋戦略

ただ、バイデン政権においても、「民主と専制」は、すべての地域にそのまま適用されているわけではない。たとえば、ロイド・オースティン国防長官は、2021年7月末バイデン政権の閣僚として初めて東南アジア（フィリピン、ベトナム、シンガポール）を訪問し、シンガポールで演説した際に東南アジアの国々との広い分野での協力を訴え、中国の行動を強く非難するものの、専制という用語を使うことはなかった (Austin, 2021)。

インド太平洋戦略は、重層的、同心円的になっているように見える。中心には、アメリカ、日本、オーストラリア、インドといういわゆるクアッド (Quad) と呼ばれるものがあり、そのさらに中心には日米、米豪という同盟関係がある。さらに、いまやアメリカ、イギリス、オーストラリアの3国は、AUKUS（オーカス、Au-UK-US, Australia, United Kingdom, United States の略）と言われる安全保障協力の枠組みを作る。AUKUS は、中国を名指ししていないが、明らかに対中の動きである。中国は、AUKUS は無責任であり、地域の軍拡競争を増長すると述べている。しかし、日本はそれを支持し、またインドも賛意を表している (*South China Morning Post*, 2021a, 2021b)。インド太平洋戦略は「自由で開放的でルール・ベース」の秩序を掲げ、その意味では権威主義に対抗する。アメリカから言えば、「自由」は、民主主義体制、自由な社会を意味する (Department of Defense, 2019)。アメリカから見れば、インド太平洋戦略というナラティブは「民主と専制」というグランド・ナラティブの一部（サブ・ナラティブ）かもしれない。

しかしながら、東南アジアの国々を見ると、政治体制が必ずしも自由ではなく、また中国との関係をも良好なものにしたいと考える国々が存在する。ASEAN は、アメリカや日本のインド太平洋戦略（構想）が顕在化した2017年から2018年の状況に対応して、2019年「インド太平洋に関する ASEAN アウトルック」を発する (ASEAN, 2019)。同文書は、経済的にも地政学的にも変動が激しいインド太平洋において、経済的な発展と平和と安定を確保するた

めに、またルール・ベースの秩序を維持し発展させるために、ASEANの自律性と役割の増大を図ろうとするものである。とくにASEANの中心性、またASEANを中心に発展してきた国際制度（メカニズム）を中心に考えようとしている。このASEANのアウトルックは、インド太平洋に関するASEANのナラティブだといえる。これはアメリカの支持を得るとともに、ロシア・中国からの支持をも得ている。たとえば、バイデン政権（国務省）は、2021年8月正式にこのアウトルックを支持することを表明する（(US) Department of State, 2021）。また、2022年2月4日の中ロ共同声明は、国際秩序を論ずる項で、"ロシア―インド―中国"のフォーマットの中での協力と、東アジアにおける東アジアサミットやARF（ASEAN地域フォーラム）などの地域国際制度を重視し、ASEANに「地域アーキテクチャの一つのカギとなる要素」としての役割を認める旨を述べている（President of Russia, 2022b）。このように、アメリカの側も中国の側もASEANを分断して自分の側につけようとする政策は示していない（少なくともASEANを相手方に追いやるようなことはしない）。アメリカの側は、アメリカと中国（とロシア）という二極の中間に様々な国家や集団が存在し、それらの国々と利益とナラティブや規範の調整をしつつ、なるべく自己の立場を優位にしようとして綱引きをするということであろう。したがって、専制的な国が存在した場合、その国をより民主的にしようとすることもあるが、時と場合によっては専制的な国と協力することもあり得るのである。

　以上、「民主と専制」とインド太平洋との関係を考察した。バイデン政権の「民主と専制」については、インド太平洋でどのような政策を展開していくかだけでなく、他の地域での政策展開も注目すべきであろう。たとえば、ブリンケン国務長官は、2022年8月、サブ・サハラに対するバイデン政権の戦略（Sub-Saharan African Strategy）を発表した（Blinken, 2022）。この戦略は、アフリカを戦略的な地域とし、ロシアのワグネル（私兵集団）や中国の（軍事基地建設の噂のある）赤道アフリカなどの安全保障問題にも言及しつつ、民主主義、開かれた社会、また2021年12月の民主主義サミットなど、民主主義を優先順位の高いものとして強調している。そして、インフラ建設や新型コロナ対

策などの経済社会的協力をも強調している。さらに 2022 年 12 月にはワシントン D. C. で、アメリカとアフリカの首脳会議 (U.S.-Africa Summit) が開催される。この会議の中で、アメリカは AU（アフリカ連合）の「アジェンダ 2063」を支援するため今後 3 年間で 550 億ドル（約 7 兆円）の支援を約束する。AU の「アジェンダ 2063」は、AU が設立 50 周年（AU の前身アフリカ統一機構 OAU の設立 1963 年から数えて）を記念して、2013 年から向こう 50 年間でアフリカを「将来のパワー・ハウス」へ変貌させようとするプロジェクトである。なかんずく包括的で持続可能な社会的、経済的発展、大陸／地域の統合、民主的な統治、平和と安全を目的とし、アフリカをグローバルな舞台での主要なプレーヤーにしようとするものである。バイデン大統領は、AU の指導者を前にして、このようなアフリカの将来へ向けての動きに満腔の賛意を表し支持を与える (White House, 2022a)。さらに、AU を G20 の常任メンバーとしたいと述べたり、また IMF を通しての経済支援を提供するとも述べる。と同時に、バイデン大統領は、「我々があなた方の国に関与するとき、我々は、常に我々の価値によって方向づけられる。それらは、民主主義への支持、法の支配の尊重、人権に対するコミットメント、責任ある政府であり、これらはすべて我々の DNA の一部である」(ibid.) と述べる。そして、民主主義は常に正しいことを行うとは限らないが、常に自己改良を行う。そこに民主主義の強さがあると論じ、アフリカ諸国と信条を一にすると述べる。そして、アフリカにおける民主主義の後退を防ぐために、「アフリカの民主的、政治的移行構想 (ADAPT)」を創設して透明な説明責任を果たす統治の推進を目指すことや、安全保障に関しても能力構築のために新しく「アフリカの安全保障のための 21 世紀のパートナーシップ (21PAS)」を含め 3 年間で 1 億ドルを支出することにも言及する。

　アメリカは、アフリカに対する中国やロシアの進出を気にしながらも、それに対抗し、かなりの規模の経済援助を行い、民主主義の発展を支持し、また小規模ながら安全保障上の支援を行っている。それらの支援は多くの場合、地域機構 (AU) を通して行われる。

　いずれにせよ、バイデン大統領の「民主と専制」は、国際次元でいえば第

一の標的は中国であり、必ずしもそれ以外の専制や非民主的な国が同じウエイトをもっているわけではない。たとえば、2021年8月、バイデン政権がアフガニスタンから一方的に撤兵すると、外交・軍事的な面での不手際もあり、ガニ政権は崩壊し、タリバンが権力を掌握してアフガニスタンは専制体制に戻る。バイデン政権は、アフガニスタンからの撤兵の理由として、中国対処への集中を挙げた。アメリカの信頼性を落とし、アフガニスタンを専制に戻すなどのコストを払いつつも、主たる競争相手である中国に対抗しようとしたのである。

第5項　ウクライナ戦争とロシア

「民主と専制」をロシアに対して如何に適応するべきかは論争があるところであった。ロシアは、専制主義の国であり、中国ほどの力を持たないかもしれないが、修正主義国（専制体制）である。したがって、そのことを念頭に置いてロシアに対抗する厳しい政策を展開すべきであるという議論があった。すなわち、中国とロシアを専制主義国家として同列に取り扱うべきであるとの議論である。そして、バイデン政権が、ともに専制の中国とロシアを区分し、中国の方を重視する政策を見せるや（すなわち、中国を第一の競争国とみる）、それは原則にもとるとの意見もみられた。中ロを区別して取り扱うのはバイデンのリアリスト的性向を示すものかもしれないとも論じられた（Shifrinson and Wertheim, 2021）。

一方、もしロシアに対して中国と同じように強い態度を取れば、ロシアと中国の接近をさらに強め、アメリカは中国とロシアという二つの専制主義国と対峙しなければならない。したがって、中国とロシアの分断を図るべきであるとする議論も存在した。このようなリアリスト的な議論の中には、「民主と専制」を（ロシアとの関係においては）取り下げて、柔軟な交渉をすべきであるという議論さえみられた（その例として、Kupchan, 2021）[4]。これは、二国を相手とするとき、相手を分断する（wedge）という典型的なリアリスト的戦略であり、そのために相手の一人に選択的に妥協するという「選択的アコモデーション」といわれる（Crawford, 2021）。ただ、ここでの問題は、イデオロギー次

元の要素を考えると、このような「選択的アコモデーション」が大いに制約されることである。

このような議論が展開する中で、ロシアはウクライナに圧力をかけ続け、2022年2月24日には、ウクライナを軍事侵攻する。これによって「民主と専制」の枠組みでいかにロシアを取り扱うかという問題はなくなった。バイデン大統領は、この戦争を「民主と専制」の枠組みの中に位置づけ(「民主と専制との戦争、自由と抑圧の間の戦争、ルール・ベースの秩序とむき出しの暴力による秩序との戦争」(Biden, 2022b))、NATOを中心とする西側諸国を糾合してウクライナを支援し、ロシアに対抗するのである。ロシアのウクライナ侵攻は、「民主と専制」の枠組みを裏打ちした。すなわちロシアの侵略は、「民主と専制」というナラティブに含まれる専制体制の国は国際秩序のルールを破るという命題の明確な証になったし、ロシアの侵攻に対して主権と民主主義を掲げて戦うウクライナへの民主主義国の支援も同盟国やパートナー国との協力を重視する「民主と専制」ナラティブの証であった。そして第7章第4節第3項でも触れたように、ロシアの侵攻に対して西側諸国を糾合しリードするアメリカは、リベラルな国際秩序の覇権国を彷彿とさせた(Beckley and Brands, 2022)。その一方で、ウクライナにおける戦争は、ロシアと中国との結びつきを強めることになった。もしこの戦争が「大戦」に擬せられるとして、もしアメリカを中心とする民主主義国が勝利するとすれば、その戦後に形成されよう国際秩序は過去の大きな戦争の「勝利の後 after victory」のリベラルな国際秩序の構築の再来となるかもしれないという議論さえ見られるのである(Ikenberry, 2022; Ikenberry, 2001)。

もちろん、バイデン政権の政策は、「リアリスティック」であり、抑制されたものでもある。バイデン大統領は、早い時期からロシアがウクライナに侵攻した場合でも、アメリカ軍は介入しない、介入するとしたらアメリカを含みNATOが攻撃されたときであると繰り返し述べる。また、開戦約3か月後の5月31日、バイデン大統領は、ウクライナ戦争に関するアメリカの基本的方針を述べる(Biden, 2022a)。そこでは、アメリカの目的は「民主的で、独立し、主権をもち繁栄するウクライナであり、さらなる侵略を抑止し

自己を守る手段を持ったウクライナである」と強調した後、アメリカは「ウクライナに軍を送らないし、またロシア軍を攻撃することはない」と明言する。あわせて一方で「モスクワにおいてプーチン大統領を放逐する気もな」く、他方で「ウクライナが国境を越えて攻撃することを奨励もしないしその能力を与えることはないが、ウクライナに対して領土的な譲歩をするよう圧力をかけることもない」との立場も明確にする。また、ウクライナのゼレンスキー大統領による、この戦争は「外交を通してのみ確実に終わらせることができる」との発言を引用しつつ、「いかなる交渉も戦場における事実を反映する。したがって、ウクライナが交渉において最も強いポジションがとれるように」、武器と弾薬を送ると述べる (ibid.)。バイデン政権はまた、中国に対しては、ロシアを軍事的に支援しないよう、また西側の制裁を弱めるような行動をとらないように圧力をかけた。中国は、その圧力に反発しながらも、ロシアの支援要請に対して慎重な態度をとっている (Cadell and Nakashima, 2022)[5]。

第6項　「民主と専制」の継続と NATO への拡大

1. ブリンケン国務長官の対中政策演説 (2022年5月26日)
　　──中国を第一の標的とする「民主と専制」の継続

　ウクライナ戦争が続く5月26日、アメリカのブリンケン国務長官は、アメリカの対中政策に関する演説を行う (Blinken, 2022)。バイデン政権による初めての体系的な中国政策の提示である。歴史的にみると、アメリカが対中強硬政策をとろうとするとき、それを阻害する要因がいくつか存在してきた。そのうちの一つは、国際的にアメリカが対処しなければならない大きな出来事が起き、中国から関心とエネルギーがそがれることである。すなわち、短期的に直面する問題が対中という長期的な問題よりも重大であると認識されるときである (Edelstein, 2017)。たとえば、G. W. ブッシュ政権は対中強硬策を推進する可能性があったが、9.11事件が起き、むしろ中国との協力を選択せざるを得なくなった。このような事例から言えば、対中強硬策を掲げたバイデン政権には、ロシアのウクライナ侵攻とそれに続く戦争によって、ロシアに関心を集中し対中政策が弱まる (おろそかになる) 可能性が存在したといえ

よう。しかし、5月26日のブリンケン国務長官の演説は、「民主と専制」の枠組みに基づいて中国を主要な競争相手ととらえ、同盟国やパートナー国との協力を重視する路線を変えるものではなかった。

この演説はまず、中国は国際秩序に対する第一の脅威であると指摘する。

> 「プーチン大統領の戦争が続く最中であっても、我々は国際秩序への最も深刻で長期的な脅威に引き続き焦点を合わせる。それは、中華人民共和国によってもたらされる脅威である。
> 　中国は、国際秩序を再編する意図とそれを可能にする経済的、外交的、軍事的そして技術的な力をますますつけてきている唯一の国である。中国のもつヴィジョンは、過去75年にわたって世界の進歩の多くを支えてきた普遍的な価値から我々を引き離してしまおう。」(Blinken, 2022)

とはいえ、中国との全面的対立を望むのではなく、問題によっては協力しなければならないとも述べる。

> 「我々は対立や新しい冷戦を求めていない。むしろその逆で、その両方を避けようとしている。
> 　我々は、中国の大国としての役割を妨害しようと思わないし、中国（この件については他のいかなる国も同じであるが）が経済的に成長したり、国民の利益を増進したりすることをやめさせるつもりもない。」
> 「中国は、グローバル経済の不可欠な一部であり気候変動問題から新型コロナまでの挑戦を解決するための我々の能力に不可欠な一部でもある。簡単に言えば、アメリカと中国は見通しえる将来にかけて相互に対応していかなければならないのである。」(ibid.)

ただ、中国の国際秩序への挑戦に加えて、米中の国内の政治体制（モデル）間の競争が重要な課題として指摘される。

「いまや中国政府は、彼らのモデルの方が優れていると信じている。一党に指導された集権的なシステムは、より効率的であり、より整然としており、究極的には民主主義よりもすぐれたものであると信じている。我々は、中国の政治システムを変えようと思ってはいない。我々の任務は、民主主義には直面する挑戦に対処することも、機会を創出することも、人間の尊厳を促進することもできると再度証明することである。また、将来は自由を信ずる者に属し、すべての国が強制なく自由に彼らの道をたどるものだと証明することである。」(ibid.)

そして、民主主義の力を再確認する。

「我々の開かれた社会は、最も良い状態のときには、人材と投資を呼び込み、我々の民主主義に根づく長年実証されてきた刷新能力を持ち、我々が直面するいかなる挑戦にも対処する力を与える。」(ibid.)

つづいてブリンケンは、研究開発への投資でアメリカが中国に後れをとっていることを認めつつも、中国との競争に自信を見せる。

「人工知能、バイオテクノロジー、量子コンピューティングなどの分野で……中国政府はリードすると固く決意している。しかし、アメリカの有利さを考えると、この競争には勝てる (the competition is ours to lose)。新技術の開発においても、世界中での新技術の使われ方、すなわち権威主義的な価値ではなく民主主義的な価値に根差して使われるように形作ることにおいても、である。」(ibid.)

以上のようなブリンケン長官の演説の論旨からすると、アメリカの対中政策は、民主主義と権威主義の枠組みの中での競争を主としながらも対立ましてや「冷戦」を避け、レジーム・チェンジを求めず、また気候変動や新型コロナなどの分野で協力の可能性を探るというものである。これはバイデン大

統領が 2021 年初頭に提示した「民主主義と専制」の基本的枠組みに沿っている。ただ、ブリンケン長官は、2021 年 3 月 3 日の演説では「我々の中国との関係は、そうあるべき時には競争的であり、できる時には協力的であり、そうしなければならない時には敵対的である」と述べていた (Blinken, 2021)。しかし、2022 年 5 月 26 日の演説では、この第三の項目、「敵対的」という語句は出てこない。むしろ、融和的な要素をも示している。たとえば、アメリカは、才能のある人々を引き付けてきたと述べ、それは何百万人もの中国からの学生を含むと述べた後、「昨年、新型コロナのパンデミックにもかかわらず、たった 4 カ月の間に 10 万件以上のビザを中国人の学生に発行した——今までで最高の速さである。彼らがアメリカで勉学することを選択したことに大いに喜んでおり、彼らを迎えることを幸運であると思う[6]」と述べている (Blinken, 2022)。

　2022 年 10 月、バイデン政権は、NSS を発出する (White House, 2022a)。そこでは、民主主義と専制との競争を基本枠組みとしつつ、大国間（対中ロ）の競争の時代に入ったとし、ウクライナ戦争が進展する中で、「ロシアと中国（中華人民共和国）は異なる挑戦を突き付ける。ロシアは、ウクライナに対する暴虐な侵略が示すように、今日の国際秩序の基本的なルールを遮二無二無視し、自由で開かれた国際システムに対する現下の脅威を突き付ける。それとは対照的に、中国は国際秩序を再編成する意図を持ちその目的を促進するための経済的、外交的、軍事的そして技術的な力を増進する唯一の競争者である」(op. cit., p. 8) と述べている。バイデン政権は、長期的には中国との戦略的競争を重視し、そのなかでロシアの脅威に対処していると思われる。

2. NATO の新しい「戦略概念」——ロシアそして中国

　NATO は、2022 年 6 月、ウクライナ戦争の真っ只中で、新しい「戦略概念 strategic concept」を発出する (NATO, 2022)。同文書は「欧州―大西洋地域は平和ではない。ロシアは、安定した予測可能なヨーロッパの安全保障秩序に貢献した規範と原理を破った」(para. 6) と述べ、NATO の同盟国、また同盟国が持つ価値（民主主義）に対する権威主義からの挑戦が顕著であると指摘してい

る。「権威主義的なアクター（複数）は、我々の利益、価値そして民主主義的な生き方に挑戦している」(para. 7)。このように、NATO も民主主義と権威主義の対抗の枠組みをとるのである。そこではロシアが第一の関心事項であるが（「ロシアは、最も重要で直接の脅威である」(para. 8)）、テロリズムや中国なども具体的な脅威として挙げられている。またそれらのアクターによる軍事的な脅威とともにディスインフォメーションやサイバー空間の活動が挙げられている。

中国に関しては、次のように述べられている。

> 「中国が示す野心と強制的政策は、我々の利益、安全保障、価値への挑戦である。中国は自国のグローバルな活動の範囲を拡大して力を投射するために政治、経済、軍事の広範な手段を用いる一方で、彼らの戦略、意図そして軍備増強は不透明なままである。……中ロの戦略的パートナーシップの深化とルール・ベースの国際秩序を損なおうとする中ロの相補的な試みは、我々の価値と利益に反する。」(para. 13)
>
> 「……我々は、同盟国としての責任をもって欧州―大西洋の安全保障に対する中国のシステミックな挑戦にともに対応し、同盟国の防衛と安全を保障する NATO の能力を確たるものとする。……我々は、航行の自由を含む、我々の共有する価値とルール・ベースの国際秩序のために立ち上がるであろう。」(para. 14)

このようにいまや「民主と専制」は NATO の基本的な枠組みになった。その第一の脅威はロシアであり、さらに中国も加わった。このような 2022 年の NATO の戦略概念は、2010 年の戦略概念と全く対照的である。2010 年の戦略概念においては、「現在、欧州―大西洋地域は平和であり、NATO の領域に対する通常兵器攻撃の脅威は低い」(NATO, 2010, para. 7)、「NATO とロシアの協力は戦略的重要性を持っており……我々は NATO とロシアの間の真の戦略的パートナーシップを求めていく」(para. 33) などの現状認識と方針が示され、また中国に関する言及はない。

アメリカは、「民主と専制」の枠組みのもと、上記のブリンケン国務長官の対中政策の演説で中国を第一の競争国とし、NATOを通してロシアを第一の脅威としつつ中国にも対処する戦略をとるのである。

第2節　中国の反応──中国の民主主義

第1項　激しい反発と反応の諸相

アメリカがイデオロギーを正面に据えることは、中国のアメリカに対する対抗をさらに強めた。事実、中国は、激しく反発する。2021年3月18日のアラスカでの米中外交トップ会談では様々な問題に関して米中が火花を散らした。このころには、バイデン政権の「民主と専制」のナラティブは明らかになっていた。イデオロギーに関して、楊潔篪政治局員は、次のように論じている。

　「我々の価値観は人類共通の価値観と同じで、平和、発展、公平、正義、自由、民主だ。……米国には米国式の民主主義があり、中国には中国式の民主主義がある。」

　「世界の圧倒的多数の国々は、米国が提唱する普遍的な価値観や米国の意見が国際世論を代表すると認識していないだろう。」

　「両国間に競争があるとすれば、経済的側面に焦点を当てたものになるべきだ。経済的関係の摩擦については合理的なやり方で対応し、ウィン・ウィンの成果を求めることが重要だ。」(『日本経済新聞』2021年3月22日)

この発言を見ると、中国は、イデオロギー分野で競争することを嫌う。この分野でのアメリカと中国の議論はかみ合わず、中国は相打ち(曖昧化)を狙っているようにも見える──最終的には、中国は民主主義であると論ずる。そして、中国は、経済の分野での競争に的を絞っているように見える。一つの仮説は、安全保障、経済、イデオロギーのどの分野で競争するかは、どの分野で相手との競争が優位であるか(そして、自己の利益で得になるか)という

第 11 章　イデオロギーの対立　381

判断によるというものである。たとえば、イデオロギー（あるいは、広く話語空間）や軍事分野では、いまだアメリカの方が強く、経済の分野では中国はアメリカと十分に競争できる（あるいは、アメリカを凌駕している）、という認識をもっているのかもしれない。たとえば、閻学通は、イデオロギーや言説の次元では、リベラルな言説が比較的弱体化しているとはいえいまだ強く（Yan, 2019, p. 203）、また軍事的にもアメリカが強いので、経済的な次元でアメリカと競争すべきであると論ずる（そして、経済次元こそ「中国の夢」を実現するのに必要であるとする）。経済競争では、デジタル・エコノミーを軸にした競争を考えている（Yan, 2020a, 2021）。

　二つには、一つ目の理由と重なりつつ、イデオロギーの対立は国家間関係に持ち込むべきではないという考えが中国にあるかもしれない。閻学通は、中国がイデオロギー対立に関わったり巻き込まれたりすることに反対するもう一つの理由として、中国共産党には「他の国とイデオロギー的な論争に関与しない」という原則があることをあげている（Yan, 2020b）。中国共産党の「イデオロギー的な論争に関与しない」という原則は、1981 年 6 月に中国共産党中央委員会により発出された「中華人民共和国建国以来の若干の歴史問題に関する決定」にあるという。その文書の 30―3）項には、革命と建設は、それぞれの国の特色に見合ってそれぞれの国が探すべきであり、誰も自己の見解（意）を他に強要する権利を持ってはいない、という文章が含まれている（この文書の英訳と原文（中国語）は、Communist Party of China, 1981）。ただ、この中国の「イデオロギー的論争に関与しない」という原則は、中国自身の行動原則であり、他の国がイデオロギー的な関与をしてきた場合にどうするかについては何も言っていない。

　この第二の議論の延長上に次のような議論もある。イデオロギー（イディエーショナルな次元、国内外の秩序に関するもの）に関して、たとえば、王缉思（Wang Jisi、北京大学教授、同国際戦略研究院院長）は、次のように述べている（J. Wang, 2021、同趣旨の論文として、王缉思, 2021）。米中の間には、中国がアメリカを世界秩序の指導者、維持者だと認める代わりにアメリカは中国の国内秩序に介入しない、という了解（グランド・バーゲン）が今まで存在していた。

しかし、いまやこのグランド・バーゲンは崩れてしまった。すなわち、アメリカは中国の国内秩序に介入しようとし、中国は、アメリカの指導する秩序に対して大っぴらに挑戦している。このような認識に基づいて、王は米中が以前のグランド・バーゲンに戻る必要があると主張し、そのためにアメリカは中国の内政（共産党の支配体制）に干渉せず、中国の方もアメリカの秩序に合うように国内改革を進めなければならないと論ずる［本当にできるかどうかはなはだ疑問ではあるが］。王缉思の論文のタイトルは、「中国に対する転覆陰謀 plot against China」である。これは、G. J. アイケンベリーが 2017 年にトランプの政策はアメリカの伝統的なリベラル政策とリベラル国際秩序に対する転覆陰謀であると論じた「アメリカの外交政策に対する転覆陰謀」(Ikenberry, 2017) を念頭に置いたものとも考えられる。ただ、王缉思は中国に対する転覆陰謀と言いながら、この論文の主語は多くの場合中国共産党 (CCP) である（「共産党の物語」）。これは、この時期、習近平が中国共産党を中心に歴史を書き換える路線を取っていたことを反映しているかもしれないが（川島、2021）、中国共産党の重要性を指摘し、アメリカにその転覆をはかるなかれと求めているようにもみえる。

中国政府は、「民主と専制」の枠組みに対して、二つの面から対抗しようとしているように見える。一つは、民主主義には多様な形態があり、中国も民主主義であるという論法である。このことについては、次項で詳しく述べる。もう一つは、「民主と専制」は国際社会を分裂させてしまうものであり、中国の基本的な「人類運命共同体」や協力を主とする秩序の構築に反するという議論である。最近のものでいえば、習近平主席が 2022 年 4 月のボアオ・フォーラムで行ったスピーチ（ビデオ参加）にこのことが典型的に出ている (Xi, 2022b; Ministry of Foreign Affairs of the People's Republic of China, 2023)。このスピーチで習主席は、新型コロナへの対応、経済運営、経済発展に言及すると同時に、「グローバル安全保障イニシアティブ Global Security Initiative, GSI」を提案する。その内容は、①共通の、総合的な、協調的な、そして持続可能な安全保障というヴィジョンにコミットする、②国家主権、領土の一体性、そして内政不干渉を尊重する、③国連憲章の目的と原則に従う一方で、冷戦思考を拒

否し、単独主義、グループ政治やブロック間の対立に反対する、④安全保障は不可分のものであるという原則を維持し、すべての国の正当な安全保障上の関心を考慮し、他の国の安全保障を犠牲にして自己の安全保障を追求することに反対する［これは、ロシアのウクライナ侵略に関して中国がロシアを支持する論理である］、⑤国家間の利益の齟齬と紛争を対話と協議を通して平和的に解決する、二重基準や無茶苦茶な一方的な制裁には反対する、⑥伝統的、非伝統的の両方の分野で安全保障を維持する、テロリズム、気候変動、サイバー安全保障などに共同で対処する。そして、③に関連して、次のように述べる。「今日の世界においては、単独主義や自己利益の過剰な追求は失敗することが運命づけられている。同様に、デカップリング、供給の切断や高度の圧力［制裁など］、「小さなサークル」を作ろうとする試み、あるいはイデオロギーに沿って対立や対抗に火をつけるような実践は失敗するであろう」(傍点筆者、Xi, 2022b)。ここでいう(傍点部分)イデオロギーに沿っての対立に火をそそぐというのは、「民主と専制」のことを暗に示していると言ってよいであろう。

　このGSIを構成する六つの原則は、中国の実際の行動と矛盾する面も多く(言行不一致 say-do gap)、また原則同士での整合性にも問題がある(たとえば、②と④)。GSIについては、様々な評価がある。GSIは、グローバル発展イニシアティブ(GDI、2021年9月)、グローバル文明イニシアティブ(GCI、2023年3月)と共に習近平の人類運命共同体の一装置であるとか(Ellis, 2023)、アメリカや日本が展開している「自由で開かれたインド太平洋」に対抗する言説であるとかである(Arase, 2023)。さらに、GSIは、中国の国際的話語権を増大させる一手段であり、たとえば「ロシアを制裁で罰する西側主導のキャンペーンに飽き飽きしているかもしれない発展途上国にアピールする試み」だと言われる。王義桅(中国人民大学)は「(経済)発展が、中国が世界に供給してきた最大の公共財であるが、いまや中国は安全保障を公共財として世界に供給し始めている。……GSIは、すべての国に安全保障を提供するのである」と語っている(Wang Yiwei, cited in Heijmans, 2022)。

　ただ、このスピーチでは「人民中心の」という言葉は出てくるが、中国は

民主主義であるなどの議論は全く出てこない。

第2項　中国はアメリカより優れた民主主義の国である

　しかし、中国の議論は、中国の政治体制が民主主義であるという方向へ急速に展開していく。そのことは、中国が発する政治体制に関する一連の文書に見て取れる。

　中国は2021年6月25日『中国の政党システム——協力と協商 China's political party system: Cooperation and consultation』(中文タイトルは『中国新型政党制度』)を刊行し、自己の政治制度を「ユニークな政党制度」として、正当化しようとしている(State Council Information Office of the People's Republic of China, 2021b; 江藤、2021)。同白書は、人民民主主義、民主集中制を掲げつつ、共産党指導の下での他の政党との協力と協商が中国の新しい政党制度であると述べる。この制度は、西側の民主主義のように、一方で選挙の時にのみ民衆を振りかえるようなことも過度に(富裕層に)力が集中することもなく、他方で権力が分散して拒否集団が跋扈して有効な政策決定ができない、いわゆる「拒否集団政体 vetocracy」にも陥らないユニークなシステムであるという。それは、過去に見られた中国の制度とも異なり、欧米の民主主義制度とも異なるとして、正当化に努めている。

　さらに、中国は、バイデン政権の「民主と専制」のナラティブ、また2021年12月9日～10日に行われるバイデン政権が主宰する「民主主義サミット」に対抗するためもあろう、12月4日、いわゆる『中国の民主主義白書 China: Democracy that works』を公表する(State Council Information Office of the People's Republic of China, 2021a. この文書に関して、英語版と中国語版の比較を含めて検討したものとして、江藤、2023)。この白書は、中国の政治体制をユニークなものと評した6月の『中国の政党システム』を一歩進めて(二つの文書には重なるところが多い)、中国の政治体制は「真実の民主主義であり、それはうまく行っている」と論ずる。

　理論的にみると、この『白書』の鍵となる概念は、「全過程にわたる人民民主主義 whole-process people's democracy」(以下「全過程」と略す)というもので

ある（この用語は、2019 年に習近平が使いだしたものであるという）。この概念は、『白書』では 24 か所で使われているが、その内容は必ずしも一貫していない。しかし、意図するところは、すべての要素（民主主義の理論的諸要素、参加する人、集団等）を取り込んだ（取り込んでいくプロセスとしての）人民民主主義ということであろう[7]。そのなかで、本節で注目しておいていいのは、「全過程」は、理論的には、「プロセス志向の民主主義と結果志向の民主主義」、「手続き的な民主主義と実質的な民主主義」、「直接的な民主主義と間接的な民主主義」、「人民民主主義と国家の意思」（という二項対立的なもの）を統合するものだと述べていることである。これら四つの次元は、それぞれ異なるものと考えられる。大まかに言えば、前二者は、入力正当性と出力正当性を、後二者は、入力形態（入力正当性）を表していると考えられる。本節の文脈から言えば、「全過程」は、入力と出力の両方を同時に考えなければならないというものであろう。

　ちなみに、このような中国の議論は、欧米における民主主義についての議論を反映しているように見える。たとえば、民主主義には出力正当性（output legitimacy）とともに入力正当性（input legitimacy）があるという議論である（出力正当性と入力正当性の区分については、Scharpf, 1997, 1999）。出力正当性は、当該の体制の成果（パフォーマンス＝出力）にもとづく。これには経済的なパフォーマンスも政治的な安定など政治的なパフォーマンスもある。入力正当性とは、出力に至る過程での、人々の参加の程度、公正さ、手続、プロセスの透明性などを、その体制の参加者が正当と考えるかどうかによるものである。ただし、入力正当性は、人々の参加とそれに対する政府の応答度（responsiveness）に注目する。人々の参加が入力された場合、政策決定者のアカウンタビリティ、透明性、統治プロセスの包括性、開放性に焦点を合わせる「過程正当性 throughput legitimacy」という概念も存在する（Schmidt, 2013; Schmidt and Wood, 2019）。この分野での民主主義論では、入力正当性と出力正当性の間には、トレード・オフが存在し、それをいかに解決していくかが大きな課題とされている（その一つの鍵となるのが、「過程正当性」であるかもしれないとされる）。すなわち、入力正当性が高ければ（たとえば、政治参加が高ければ）、出力正当性（パ

フォーマンス）が低下する可能性である。ある意味で、本節で取り上げる民主主義／専制と（経済的）パフォーマンスは、入力正当性と出力正当性の間のトレード・オフの存在如何の問題であるとも考えられる。

　以上の視点から、中国は自己の評価と他国との比較を行っている。『白書』は言う。中国は歴史的にみて、民主主義への努力をしてきたが、中国共産党指導の下、人々の政治参加は確保され、法の支配は確立し、民族の自治、信教の自由は保証されるようになっている（管見によれば、はなはだ信じがたいものであるが）。また、共産党の指導を認めつつ（「中国共産党の指導は、『全過程』の保証者である」）、様々な政党や集団が「協商」する形態となっている（入力正当性――多分事実と乖離したものであろうが）。

　ただ、問題は、上記の「人民民主主義と国家の意思」の統合に関してのものであろう。たとえば、「中国は、人々が主人公であることを確保するために、民主主義と独裁の統合を奉じている」と述べ、「民主主義と独裁は、言葉としては矛盾しているように見える。しかし、両者があい合わさって、人民に国家の主人としての地位を保証する。ごく少数の者は、大多数の利益に基づいて制裁される。そして'独裁'が民主主義に仕えることになる」。また、中国人民政治協商会議（CPPCC）では非共産党の政党や参加者が意見を述べることができるが、それは社会主義、人民民主主義独裁、マルクス・レーニン主義を守るなどの四つの原則に従って行わなければならないとされる。さらに、次のようにも言う。「中国においては、反対政党（野党）は存在しない。しかし、中国の政党システムは、一党独裁体制ではない。また、複数の政党が政権を争い交互に統治を変えるシステムでもない。それは、中国共産党が国家権力を行使する中での複数政党の協力システムである。」［管見によれば、これはまさにプロレタリア独裁、レーニンの前衛党の理論を色濃く反映したものである。したがって、このような考えや装置を持つ政治体制を民主主義と呼ぶかどうかは大きな問題であると考える。］

　また、この『民主主義白書』に続き、中国外務省は、2021年12月5日、『アメリカの民主情況』というこれまた長文の文書を発表する（Ministry of Foreign Affairs of the People's Republic of China, 2021a）。この文書は、民主主義は人類の普

遍的な追求価値であるとしつつ、かなりの程度、アメリカの研究者の研究結果と論説に基づきながら、アメリカの現況を徹底的に批判している。それは、アメリカの国内については10項目、アメリカの対外行動については5項目を取り上げており、きわめて包括的なものである。たとえば、アメリカの国内に関しては、一方で政体そのものの欠陥として、アメリカの民主主義は富裕層のものである、拒否権集団政体である、アメリカ国民の政治信頼度は低く2021年1月6日の連邦議会の占拠なども起きる、大統領選挙のシステムは一般投票の票数と選挙人団の数とが乖離しているなどを列挙し、他方で実質的な欠陥として、貧富の格差が拡大している、人種差別が亢進している、言論の自由は表面的なもので実はメディアは独占体制である等を指摘している。

　さらに対外的な行動に関しては、アメリカは、カラー革命に関与し（カラー革命は失敗した）、また他国に民主主義をタテに介入するが、国際的な支持を得ることができず、アメリカは、もはや「民主主義の光 beacon of democracy」［バイデン大統領がよく使う用語］ではないと判ずる。このような内憂外患を考えれば、アメリカは、自国の立て直しに専心すべきであり、他国に介入したり、自国の判断で民主主義の基準を他に押し付けたりするべきではない。国家は互いに尊重し、違いを棚に上げて協力し、人類の共通の将来を共有する共同体［人類共同体］をつくっていくべきである。以上が同文書の主旨である。

　この文書は、アメリカが約110カ国を集めて「民主主義のサミット」を行うことを見て（そして、それに中国が招かれなかったことを見て）、アメリカに対する強烈な不満、批判を表したものであろう（その意味では、「戦狼外交」的な要素もあろう）。また、三つの文書——6月の『中国の政党政治システム』、12月4日の『民主主義白書』、12月5日の『アメリカの民主情況』——を比較すると、時を追うにつれて、中国の自己主張が強くなっていくのを見てとれる。すなわち、中国の政治体制はユニークなものであって他国の批判の対象とはならないという主張から始まり、中国の政治体制は民主主義であってうまく機能しているという議論を経て、中国の民主主義はアメリカの民主主義より優れており、アメリカは他国に口を出すのではなく自分の民主主義を何とか

すべきである、という展開である。

　以上の展開は、特に『アメリカの民主情況』は、レトリック戦略としては、アメリカの民主主義の惨状を指摘し、アメリカには「民主主義のサミット」を開催する資格はない、といういわゆる whataboutism（お前はどうなんだ）の類型に入るものであろう。

　この「お前はどうなんだ」というときの内容は、アメリカの、あるいは西側の研究者等の研究成果をふんだんに使って「論証」しようとしたものであり、「お前はどうなんだ」というレトリックに新しいバージョンを付け加えるものであろう。ただ、管見の限り、この文書で使われているアメリカの学者等の研究（成果）は、アメリカ政府の政策批判やアメリカ政治体制の欠陥を論じてはいるが、必ずしもアメリカの民主主義体制そのものを批判したり否定したりしてはいないように思われる[8]。また、中国のレトリックには、中国は民主主義であり、アメリカのそれよりも優れている、という言説も含まれる。これによって中国が民主主義の再定義を行い、それを国際的に投射し、話語権を強めようとしているようにも見える（成功するかどうかはわからないが）。中国は、以上のような公式の文書を出すだけではなく、非政府の団体（大学など）も含めて、12月上旬に民主主義についての会議をいくつか開催し、アメリカ批判を強めるのである（Ohlberg and Glaser, 2021）。中国がアメリカより優れた民主主義国であるという一見（我々の）常識にもとる言説は、中国がアメリカに対抗して国際的話語権を高めるという目的もあろうが（江藤、2023）、国内に対する説得などの目的もあろう。また、アメリカの「民主と専制」という攻勢に押されて、自分も民主主義であり、アメリカより優れたものであると言わざるを得なかったのかもしれない[9]。

　しかし、いずれにせよ『民主主義白書』では、中国の政治体制の下で、中国は経済的には全人民が絶対的貧困から完全に脱却し、さらに緩やかな小康状態を達成したと述べている。出力正当性である。この（経済）発展についての成果に加えて、『白書』は政治的な成果にも言及する。概略は次の通りである。政治的にも人々は満足し、政府への信頼度は高く、世論調査によれば国家が正しい方向にあるという割合は90％を超える［ただ、中国などの権威

主義国家における世論調査をどう考えるか問題ではあろう]。このような中国の状況に対して、西側の民主主義国は分断、緊張が高く、政府に対する信頼度は低い。このようにみると、中国の民主主義は、世界的にみても優れた成果を挙げている[この成果は中国の「民主主義体制」によるものかどうか明らかではない]。中国は、民主主義は各国の歴史や状態などを前提にして、各国が決めるものであると考える。したがって、一方で少数の国が民主主義を一義的に定義し、それをもって他国に干渉することに反対し(「民主主義に固定したモデルはない」)、他方で中国は自国の体制を海外に輸出することはない。『白書』は以上のように、西側の民主主義と中国の民主主義とを対比させ、後者の優位を説こうとするのである。

　従来、西側民主主義国は、リベラリズム(自由民主体制)は入力正当性と出力正当性の双方が高いとの仮定(たとえば、自由主義のみが経済発展を可能にするという仮説)を持っていたが、今やそれは揺らいでいる。これに対して中国はこれまで出力正当性に頼っていたが、いまや(国内、国外での)入力正当性の増大を図っているといえるかもしれない。

第3項　中国もロシアも民主主義国である──中ロ共同声明(2022年2月4日)

　政治体制をめぐって、米中の対立は亢進する。この政治体制をめぐる米中の対立は、ロシアと中国との距離を密にし、国際場裏における「民主と専制」をより顕在化させていく。2022年2月4日、北京オリンピック・パラリンピックへ出席したプーチン大統領と習近平主席が発した共同声明は、それを象徴するものであろう(President of Russia, 2022b)。この共同声明は、ロシアと中国の協力についての広範な内容を含み、序と四つの章によって成り立っている(章立てと後で述べる各章の内容のくくりは、本筆者のものである)。そのうち、第一章は本節に直接にかかわり、民主主義と人権に充てられている。要は、ロシア、中国両者とも民主主義国であり、人権が擁護されているというものである。若干の引用をしておこう。

　　「両者[中ロ]は、民主主義が特定の少数の国の特権ではなく普遍的な

人類の価値であり、その促進と保護は世界全体の共同体の共通の責任であると考える。」

「民主主義を確立するにあたって、すべての国の道しるべとなる、誰にでもあてはまる様式は存在しない。」

「ロシアと中国は、豊かな文化的歴史的な遺産を持つ世界大国として、民主主義の長い伝統を持つ。それは、千年にわたる発展の歴史、広範な民衆の支持、そして市民のニーズと利益への配慮に基づく。」

「民主主義の原理は、国家の行政だけではなく、グローバルなレベルで実行されるべきである。ある国々は、彼らの'民主主義の基準'を他の国々に押し付けようとし、民主主義の基準からみてどのレベルにあるかを評価する権利を独占し、イデオロギーにもとづいて分岐点を引き、排他的なブロックや便宜的な同盟を形成しようとしている。このような試みは、民主主義を侮蔑し、民主主義の精神と本当の価値に反する。ヘゲモニー［アメリカ］によるこのような試みは、グローバルなそして地域的な平和と安定に深刻な脅威となるであろうし、世界秩序の安定を損なう。」

同様の趣旨は、人権についても述べられている。

「両者［中ロ］は、国連憲章と世界人権宣言が普遍的人権の分野における崇高な目的と基本的な原理を設定しており、すべての国はそれを行動において遵守しなければならないことに留意する。」

「両者は、民主主義や人権の擁護は他の国々にプレッシャーをかけるために使われるべきでないと考える。両者は、民主主義の価値の乱用や民主主義や人権の擁護を装って主権国家の内政に干渉したり、また世界に分裂と対立をもたらしたりするいかなる試みにも反対する。」

このようなロシアと中国の論理は、バイデン政権の「民主と専制」の枠組みに両国が真っ向から対立しようとする意志を表明したものであろう。それ

も自分たちも民主主義であるという倒錯した論理で。

　また、この共同声明は、中ロの経済協力、環境協力（第二章）、安全保障協力（第三章）、そして国際秩序に関する協力（第四章）など広範にわたる協力関係を謳っている。安全保障協力に関しては、中国はNATOの拡大に反対し、ロシアはアメリカを中心とするインド太平洋の安全保障枠組みに反対すると明言されている。第四章の国際秩序に関しては、第二次世界大戦後の秩序を維持することを主眼としていることが述べられている。「世界大戦の悲劇の再現を防ぐためには、両者は、ナチスの侵略者や軍国主義の侵略者や彼らの共犯者による虐殺の責任を否定したり、勝者の国々の名誉に泥を塗って汚したりすることを試みる行為を強く非難する」と書かれている。そして、共同声明全体を通じて、冷戦終焉後の秩序には対抗するという意図が見られる。

　また、この第四章には、「二つの国家[中ロ]の友好に限界はなく、協力に'禁止された'分野はない」との語句が見られる。この語句は、この共同声明が出された20日後に始まったロシアのウクライナ侵攻に対して中国がロシアにどのような態度と政策をとるかという文脈で問題とされることがある。たとえば、極論として、中国はロシアを強く支援するのではないかという仮説である。もちろん、この共同声明の内容と中国がウクライナ戦争に対してとってきた態度や政策には重なるところがある。たとえば、中国は、ロシアのウクライナ侵攻に関して、その理由をNATOの拡大に求めたり、人権侵害に対して強い（対ロ）決議をすることは国際社会の分裂や対立を亢進するとして、国連人権理事会や総会の決議に反対したり棄権したりする。また、アメリカのブリンケン国務長官も、2022年5月26日の対中政策の演説の中で次のように述べている。

　　「ロシアが明確にウクライナ侵攻へ動員をかけているとき、習主席とプーチン大統領は、彼らの間の友好に『限界はない』と宣言した。今週、バイデン大統領が日本を訪問中に、中国とロシアはこの地域での戦略爆撃機のパトロールを一緒に行った[10]。」（Blinken, 2022）

しかしながら、「二つの国家の友好に限界はなく、協力に'禁止された(制約された)'分野はない」という語句は、筆者の解釈では無限定のものではない（また逆に、2023年4月に中国のEU大使の傅聡(聡) Fu Congが「『限界はない』というのはレトリック以外の何物でもない」と言ったが、本筆者は当然それ以上のものと思っている）。その語句が挿入されている文章は、「二つの国家の友好に限界はなく、協力に'禁止された'分野はない、二国間の戦略的協力は、第三国に向けられたものではないし、また国際環境の変化や第三国における状況の変化によって影響されるものでもない」というものである。また、この文章を含むパラグラフは新しい大国関係の形成を論じており、その直前の文章は「両者は、相互尊重、平和的共存、相互利益になる協力を基盤とした世界大国間の新しい種類の関係の構築を求める。両者は、ロシアと中国の新しい国家間関係は、冷戦期の政治的軍事的同盟よりもすぐれたものであることを確認する」となっている。よって、「二つの国家の友好に限界はなく、協力に'禁止された'分野はない」という語句は、主として中ロの二国関係の在り方に限定的なものと解釈したほうがよさそうである。もちろん、それはこれからの中国の態度や政策を見なければわからないものではあるが。

注

1 ブリンケン国務長官は、2021年1月下旬の国務省における最初の記者会見から、中国は競争者でも協力者でもあるが、ときに敵対的な面を持つと述べている（Kelly, 2021）。そして、同年3月3日、「我々の中国との関係は、そうあるべき時には競争的であり、できる時には協力的であり、そうしなければならない時には敵対的である」と述べる（Blinken, 2021）。

2 習近平総書記は2021年7月1日の党創立百年式典演説での、「中国共産党と国民を分割して対立させようとするいかなる企ても、絶対に思いのままにならない」と述べている。ここで「企て」を行う主体は明らかではないが、もしそれをアメリカとするならば、このポンペイオ国務長官などの言説を恐らくは念頭においているのであり、必ずしもバイデン政権ではないように思われる。

3 バイデン大統領は、（年頭教書に替わる）議会への演説で、バイアメリカンを強調している。たとえば、彼が提案している「アメリカ雇用計画」は、バイアメリカン原則にもとづいたものであり、そこで使われる税金は、アメリカで作ら

第 11 章　イデオロギーの対立　　393

れたアメリカ製品を購入するために使われると述べている（Biden, 2021a）。
4　このような議論に真っ向から反対するものとして、（McFaul, 2021）。マクフォール（2010 年代前半、駐ロ米大使）は、プーチンがアメリカの要求に従って中国から離れるにあたっては（これ自体容易ではないが）、ロシアのウクライナでの権益を認めよなどの大きな妥協をアメリカ（そしてヨーロッパ）に求めてくるかもしれないと述べている。
5　ただ、直接の武器支援ではなく、ハイテク製品などをロシア軍などに供給し続ける中国企業があり、それらの企業に対してアメリカは禁輸措置などの制裁を加えている（『日本経済新聞』2022 年 6 月 29 日）。
6　ただ、2022 年度（2021 年 10 月〜 2022 年 9 月）においては、数（ビザ発給数）でいえば、中国のアメリカへの留学生の数はインドに抜かれる（『日本経済新聞』2022 年 10 月 17 日）。
7　2022 年 10 月 16 日の第 20 回中国共産党全国大会での習近平主席の報告でも、全過程の民主主義が強調されている。その際、「協商民主 consultative democracy」、「基層民主 primary-level democracy」などの要素が強調されている（Xi, 2022a）。基層とは、村落、企業、学校等の中の「最小限の単位」と考えられる（中国共産党規約、第 5 章）。
8　2022 年 4 月 21 日、バイデン大統領と習近平主席は電話会談を行った。その際習近平主席は、民主主義はもはやうまく作動しない、民主主義はコンセンサスを必要とし、急速に展開する世界においてコンセンサスを得るにはあまりに時間がかかる、専制体制こそが現在のきわめて大きな挑戦に応えることができると述べたという。もちろん、バイデン大統領はそれを否定したが、ロサンゼルス・タイムズのコラムニストのニコラス・ゴールドバーグは、もしかしたら習近平は的を射ているのかもしれないと述べつつも、だからと言って専制体制が優れているわけではなく、民主主義は多くの欠点を持ってはいるが、我々はその欠点をただす戦いをしなければならず、それは長いプロジェクトになると論じている（Goldberg, 2022）。一つの典型的な反応であろう。また、バイデン大統領が唱えた「民主主義のサミット」に関しても、国際的な面よりもまずはアメリカの内の民主主義を考えるべきであるという批判も見られた（Goldgeier and Jentleson, 2021b）。民主主義に関して、外部からの脅威よりもまずもってアメリカ内部の問題であると強く論ずるものとして、Haass（2023）。また、クインシー研究所のように、バイデン大統領の「民主主義と専制」は、イデオロギーのゼロサム・ゲームを表すものであり、中国などの国との対立を助長するとして反対の立場を鮮明にする者もあらわれている（Swaine and Bacevich, 2023, p. 11）。
9　さらに、アメリカ（西側）の「民主と専制」という対抗軸ではなく、中国は「ア

メリカを中心とする西側先進国」対「中国が主導する開発途上国」という軸をたてアメリカに対抗しようとしているといわれる。いわゆるグローバル・サウスを中心とする行動である（川島、2022；青山、2023）。また、アメリカ側の論者の反応の一つとして、民主主義とリベラルを分けて議論する方向もあり得よう。たとえば、選挙とか「人民中心」の政策ということを民主主義とすれば、人権とか法の支配という規範をリベラリズムとして両者を区別するということである。そして、現在挑戦を受けているのはリベラリズムであるとする考え方である（Fukuyama, 2022a）。

10 5月24日午前から午後にかけ、中国軍のH6爆撃機4機（うち2機は推定）とロシア軍のツポレフTu95爆撃機2機の計6機が日本海から東シナ海、太平洋上空にかけて共同飛行を行った。中ロ両軍の爆撃機が日本周辺で共同飛行するのは、2021年11月以来4回目であるという（『朝雲』、2022）。ただ、ウクライナ戦争が始まって以来では初めてのものであった。

第12章　物質的世界との往復
―― イデオロギーの正当性の淵源、イデオロギーの距離と大国間の戦略的関係

第1節　非物質的な世界と物質的な世界――相互フィードバック

　言説力やナラティブ力は、非物質的な世界のなかで、それ自身のダイナミックスを持とう。しかしながら、言説力やナラティブ力は、他の次元と関連を持ちつつパワーを形成する。M. マンは、パワーの源泉として、①イデオロギー（我々に究極的な生の意味を与え、規範と価値を共有し、また他者とリチュアルな実践に参加すること――典型的には宗教）、②経済、③軍事力、④政治力（これは、国家の権力の在り方――分散か集中か、社会に対する浸透度）の四つを挙げ、それを IEMP (ideology, economy, military, political) モデルと呼んだ (M. Mann, 2012, Introduction)。本書で取り上げた言説は、マンの①イデオロギーと④の政治力と重なると言えよう。マンのこのモデルは主に国内を念頭に置いているが、国際関係における力の分析にも有効である。彼が言うように、これらの四つの次元はそれぞれの独自性を持っているが、時に区分が曖昧になり相互に関連する。例えば、政治的パワー（国家の在り方）が軍事力に繋がり、また経済力が軍事力に繋がる。

　また、D. ランプトンは、中国の力に関して、力（軍事力）、カネ（経済力）、に加えて、「心 minds」を取り上げ、合わせて中国の力の「三つの顔」[1]と言った。「心」は、シンボリック、知的、イデオロギー的、文化的資源を使って影響力を増大させようとするものである (Lampton, 2007, 2008)。そして、（それらの著作の執筆時点、すなわち 2000 年代半ばで）、中国の力は経済力を中心として軍事力も大きくなっているので、この二つの次元に我々の関心が集中するが、第三の顔をもっと注視すべきであると述べている[2]。以後、中国の対外

政策はこの三つの次元を複雑に織り込みながら展開し、またいまや米中関係もこれら三つの次元を含む包括的な競争になった (Brands and Cooper, 2020)。

今後の国際秩序を考えるうえでも、これら三つの各次元とそれらの相互連関がどうなっていくかに注目せざるを得ない。本書の冒頭で言及した DIME (Diplomacy, Ideology (Information), Military, Economic) という概念にあるように、外交、イデオロギー／情報、軍事、そして経済を包括的にとらえて国家の目的を達成することが不可欠になっていると言えよう (たとえば、国家の力の中で情報を重視する考えを強調するものとして、Cabinet Office (UK), 2018)。

とはいえ、イデオロギー（広くは言説とかナラティブ）と物質的世界の関係は複雑であり、複合的である。本章では、その二つの世界の相互作用の例として、前章までで議論してきた二つの重要な事象を取り上げて考察してみたい。一つは、イデオロギーと現実の世界との関係をイデオロギーの正当性という観点から考察することである。たとえば、バイデン政権の「民主と専制」（本書第 11 章）というイデオロギー的対抗の勝敗（帰趨）は、物質世界（とくに経済的分野）でのパフォーマンスによるとされることが多い（前章で述べた出力正当性である——第 2 節）。すなわち、経済的パフォーマンスが優れた政体がより高い正当性を獲得し、政治的な影響力（また軍事的な影響力）を持つという仮説である（第 3 節）。これは、物質的な世界の動きが、イディエーショナルな世界に影響を与え、アイディアの力の分布を変化させるということである（物質的な世界→イディエーショナルな世界）。

二つ目は、その逆にイディエーショナルな世界が物質的な世界に影響を与えるケースである。アメリカの関与政策の背後にあった考えは、中国を様々な国際秩序に参加させて経済的な関係を密にしていけば、中国の政治体制は民主化し自由化していく、という仮説（ナラティブ）であった。しかしそのような仮説は単に実現しなかっただけではなく、逆に中国はますます権威主義的になり、国家の経済への介入を強める傾向を見せている。このことが米中対立の理由の一つとなった。より一般的に言えば、イデオロギー、そしてそれを体現した政治・経済体制の違いは、米中の経済的、政治的対立を引き起こしてきた。また米中のイデオロギー上の距離が年を追うごとに離れてきて

おり、その距離の乖離の増幅が、米中間の厳しい対立をもたらしたと考えられよう。これは、非物質的な世界の変化が物質的な世界の変化をもたらすという因果経路を示している（イディエーショナルな世界→物質的世界）。第4節では、このようなことを念頭に置いて、イデオロギー的な距離と大国間の戦略的関係を考察したM.ハースの理論的な仮説を検討する（Haas, 2004）。

第2節　イデオロギーの出力正当性

　言説やナラティブの対外的な影響力を考えると、当該の言説に含まれる物質的な世界との関係についての命題が実際にどのくらい実現しているかということが重要である。たとえば、アメリカの言説に自由主義経済の下でのみ経済発展は可能であるという命題が含まれていれば、自由主義経済の下で経済発展がうまくいかなかったり、非自由主義的な経済の下での発展が実現したりしていけば、その言説の投射力は減衰するであろう。また、中国の権威主義的体制下での「発展モデル」は、その成功ゆえに内外ともに正当性を持ち、国際的な影響力を強めた。

　ナラティブの投射力は、このようにナラティブに関する現実世界からの証し、あるいは反証によって大きく左右される。たとえば、S. ウォルトは、バイデン政権の民主主義への信念を若干批判し、アメリカと中国のどちらが勝つかは、どちらの経済、政治体制が実際に成果をあげるかによって決まるのであり、中国の方が優位になる可能性もあると論じている（Walt, 2021）。これはいわば「証しの競争」であり、民主主義と専制の競争を、その成果（経済発展、政治的安定等）から見る観点である。その証しを十分に示した方は、国内的にも国際的にも正当性を獲得しよう。

　「証しの競争」を正当性の競争と考えれば、体制間の競争は正当性の競争であり、その正当性は物質分野でのパフォーマンスに基づく、いわゆる出力正当性である。この競争は、どちらか一方が勝つこともあり、双方がそれぞれある程度の成果をあげ、両方が相応の正当性を保つこともあり得る。バイデン大統領は、この競争はどちらかが勝つ競争であり、民主主義が勝つこと

を強く望みまたそれを予測していると考えられる。ただし、「証し」をたとえば事実に基づいたもの (evidence-based) としても、ナラティブが将来の出来事を一つの要素として含む一方で十分な認識象徴としての装置 (すなわち、ナラティブの妥当性を科学的に実証・反証する方法) を持っていないならば、完全な (あるいは広範な) 証しを示すことは難しい。ここに、ナラティブを提示する側 (そして、それに対抗する側) による操作の可能性が存在することになる (Zaffran, 2019, p. 364)。

第3節　政治体制の経済的パフォーマンス（出力正当性）
――データに基づく検証の可能性

　ここでは、まず政治体制の (経済的) パフォーマンスについての議論 (論争) の現実の場における検証への手がかりを与える最近の研究として、田中 (2021) と Narita and Sudo (2021) (また、成田、2021) を取り上げてみたい (他の研究はのちに紹介する)。田中は、国家を単位として、一人当たり国内総生産 (GDP/cap) と政治的自由度 (自由民主主義度)[3] との関係を (さらに、GDP の大きさをも含んで)、20世紀の初めから21世紀の今日までの変化を目に見える形で (可視化を通して) 分析している (田中、前掲、pp. 1096-1099)。また、Narita and Sudo (2021) は、平均経済成長率と政治的自由度との関係を分析し、その結果を1980年代、1990年代、そして2001年から2019年までの三つの時期に分けて示している (さらに、彼らは、2020年に関しては、政治的自由度と新型コロナの死亡数の関連をも分析している[4])。

第1項　政治的体制と経済的パフォーマンスに関する模式

　これらの研究の結果を紹介する前に、単純な模式図を考えておきたい (図9)。
　図9のAは、横軸に政治的自由度を取り、縦軸に一人当たり GDP を取っている。リベラルな一般仮説は、政治的自由度が高まれば高まるほど一人当たり GDP が高まるというものであり (あるいは逆に、一人当たり GDP が高まれば、政治的自由度が高まる)、図9のAでは、線aにあたる。それに対して、

A. 政治的自由度と経済発展のレベル（一人当たり GDP）

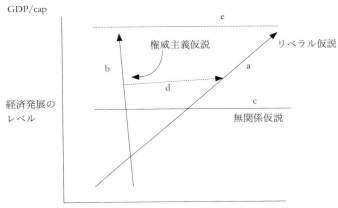

出典）田中（2021）からアイディアを得て筆者作成

B. 政治的自由度と経済成長率

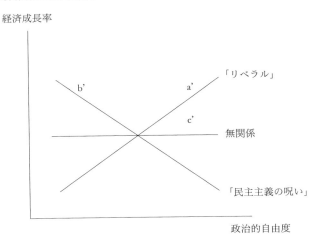

出典）Narita and Sudo（2021）からアイディアを得て筆者作成

図 9　政治体制（政治的自由度）と経済パフォーマンス——模式図

権威主義であっても一人当たりGDPは増大するという仮説も存在しよう(線b。bの先が若干左に傾いているのは、権威主義が強まれば強まるほど、一人当たりGDPが高くなるという可能性があるとの仮説を暗示している——たとえばDesai et al., 2009, p. 106)。aの方が支配的であり、bは不可能であるというのがリベラルの仮説である。その一つの変形として、権威主義体制である程度の経済発展が達成されると、非連続的に政治体制が民主主義に変わり(後に述べる「近代化の罠」)、その後はaに沿って発展を遂げるという仮説も存在しよう(線d)。

ところで、aとbが併存するというケース(仮説)も存在しよう。さらに、一人当たりGDPと政治的自由度とは無関係であり、どのような政治的自由度の程度であっても、一人当たりGDPは同じであるということもあり得る(線c)。たとえば、きわめて仮定的なことであるが、もし将来民主主義のアメリカと権威主義の中国が同じレベルの一人当たりGDPの水準になれば、それは、図9のeとなると考えられよう。リベラルと権威主義の「二つの近代」である。中国の習近平主席は今世紀半ばまでに世界トップレベルの国力(軍事力、経済力)を有する「社会主義現代化強国」を掲げ、米欧とは異なる「中国式現代化」を目指すと表明している。そして、「中国式現代化は人類の現代化に新たな選択肢をもたらした」とも論ずる。これらの発言や政策目標は、中国が西欧の近代(図9のa)ではなく今一つの近代(図9のb)を追求していることを示している。いわば、中国式の「(西欧)近代の超克」である。このような視点から言えば、習近平主席が唱えているのは「複数の近代 multiple modernities」(Eisenstadt, 2000)の可能性である。

図9のBの横軸は、Aと同じで、政治的自由度がとってある。縦軸は平均経済成長率(年率)をとっている。平均経済成長率は経済発展のレベルなど様々な要因が影響する複雑なものであるが、政治的自由度との関係を仮説的に考えると図9Bに示されたいくつかの仮説が考えられよう。一つは、政治的自由度が高まれば高まるほど経済成長率は高くなる(a')、という仮説である。これを一応「リベラル」と名付けておこう(政府の介入を極力排する「ワシントン・コンセンサス」がそれにあたろうか)。線b'は、政治的自由度が高くなれ

ばなるほど成長率は低くなる（逆に、政治的な自由度が低くなればなるほど、成長率は高くなる）。これは、成田たちが「民主主義の呪い」と言ったものである。

さて、田中は、20世紀から21世紀にかけて、ほぼ20年ごとの1913年、1935年、1950年、1973年、1995年、2018年の6時点についての政治的自由度と一人当たりGDPとの相関図を示している。そこで田中が示したのは、時期によりこの政治的自由度と一人当たりGDPの二つの関係は変わるということである（先に述べたように、田中は国家の経済規模も分析に含めているが、それはここでは言及しない）。一人当たりGDPと政治的自由度は、ある時期にはきれいに（右肩上がりの）一直線に並ぶ（図9のa）。すなわち、政治的自由度が高くなれば、一人当たりGDPも上がる、あるいは一人当たりGDPが高くなれば政治的自由度が上がる（どちらの因果関係が作動しているかは明らかではないが）。この事象が見られたのは、第一次世界大戦直前の1913年と冷戦後の1995年である[5]。したがって、冷戦後の1990年代は、まさにリベラルな仮説が現実に見られるものであった。

しかし、政治的自由度が高いところ（民主主義）と低いところの両方のグループで一人当たりGDPが高い（高くなる）時期がある（aとbの併存）。たとえば、ソ連が高度成長を遂げる（また、所得の高いドイツや日本が専制的であった）1930年代、また冷戦期の1950年、1973年である。同じく現在（田中の分析では2018年）も政治的自由度が高く一人当たりGDPが高いグループと、政治的自由度は低いが一人当たりGDPが高いグループの二つが分岐していることが示される。そして、これら二つの「分岐の時代」は、1913年、1995年という政治的自由度と一人当たりGDPがきれいに一直線に並ぶ時代から変化したものである。

第2項　二つの資本主義

以上のことは、政治的自由度（政治体制）と経済発展は必ずしも一対一に対応するわけではないこと、すなわち直線aに示されるようなものが普遍的な、時間を超えた事象ではないことを示唆する。経験的には、数十年間隔でこの関係は変化する。すなわち、①政治的な自由度の高さと経済発展が密に結び

ついた時期（時代）と、②政治的な自由度の低さと経済レベルの高さが密接に結びついたグループの国々も存在する時期の二つの時期が存在するということである。この後者の時期には、政治的自由度が低い専制体制のイデオロギー的影響力は増大する。1930年代、資本主義諸国が大恐慌で揺れる中で堅調な経済発展を遂げたソ連のイデオロギー的影響力は強いものであった。また、ナチス・ドイツの経済力と科学技術力は高く、この当時見られたアメリカにおける「アメリカ・ファースト委員会 America First Committee」のスポークスマン的存在であったチャールズ・リンドバーグ（有名な飛行家）は、ナチスを礼賛をする一人であった。また、A. ガット (Gat, 2007 (2012))[6] は、後年、この時代にはソ連型の共産主義［中央計画経済］とナチスや日本のような権威主義的資本主義の二つの異なるタイプの国が存在したと論ずる。このなかで、第二次世界大戦においては、ソ連は（勢力均衡的な理由で）民主主義諸国と同盟し、ナチスと日本を打ち破った。ソ連共産主義は、のち冷戦を経て崩壊する。

　しかし、「権威主義的資本主義」の究極的な成否は、この過程で検証されたわけではないとガットはいう。もちろん、ドイツや日本は敗れた。しかし、それはドイツや日本が資源、人口等が小さく、アメリカという例外的に強い民主主義国を相手にしたからであるという。したがって、規模が大きな国が「権威主義的資本主義」を取った場合はどうなるかはわからない。いまの中国やロシアがそれである。これらの国々は、ナチスと日本が敗れた後の、「権威主義的資本主義」大国の復帰であるとも考えられ、強力な権威主義的資本主義の国際秩序を形成するかもしれない。そこでは、政治的エリート、実業家、そして彼らと軍部とが連合し、民族主義的志向を持ち、自分自身の条件でグローバルな経済に参加しよう。これは、新しい非民主主義的な、しかし経済的には発展した「第二世界」を形成しよう。そして、この「第二世界」が成功すれば、多くの国が、それをリベラル民主主義に代わる魅力的な選択肢とみるようになるであろう。中国は、先進国との経済的なギャップを急速に縮めており、真の権威主義的な超大国になる可能性が存在する (Gat, 2007 (2012), pp. 279-280)。ただ、ガットは、中国が GDP で 2020 年代にアメリカを抜くと

しても、一人当たり GDP はいまだ低く、アメリカの存在が、リベラル民主主義が国際場裏の片隅に追いやられることがないことを保障していると論じている（op. cit., p. 282）。

いずれにせよ、現在、中国のイデオロギー（政治、経済体制）の影響力が強くなっていることは不思議ではない。さらに、最近では、たとえばブランコ・ミラノヴィッチが著書『資本主義だけ残った――世界を制するシステムの未来』（みすず書房、2021年）で、生き残るのは資本主義のみであり、そこではアメリカに代表されるリベラル能力主義的資本主義と、中国に代表される政治的資本主義という二つの資本主義が残ると言っている（ただ、ミラノヴィッチの用語には若干違和感を覚えるが）。彼は、このような国際関係次元での二つの資本主義間の対立という地政学的な問題ではなく、それぞれが、グローバル化した資本主義の下で拡大した格差の問題をいかに解決するかが重要な問題であり、それをめぐって競争していると考えているようである。

1977年出版の『政治とマーケット *Politics and Market*』において、チャールス・リンドブロムは、政治システムと経済システムそれぞれを「多元的なものか集中的なものか」という次元で組み合わせ、四つのシステムを提示した（Lindblom, 1977, p. ix）。①一つは、政治システムも経済システムも多元的なものであり、民主主義的資本主義である。アメリカ、日本、西欧民主主義国がその例である。②二つには、政治システムは集中的だが経済システムは多元的な、権威主義的資本主義である。ナチス・ドイツや冷戦期開発独裁といわれた国々、そして改革開放以後の中国、さらにプーチン体制下のロシアなどがそれにあたろう。③三つには、政治システムは多元的であるが経済的には集中的なもの（中央計画経済的なもの）であり、1980年代までのインドがその例である。また戦時下や緊急時における民主主義国の経済システムにはそれにあたるものがあろう。④四つには、政治システムも経済システムも集中的なものであり、旧ソ連、改革開放までの中国がその例である。リンドブロムは、「多元と集中」という次元で、政治と経済が整合的なものは安定的であり、非整合なものは不安定で長続きしないであろうと述べている。すなわち、民主主義的資本主義と権威主義的な中央計画経済は安定したものであり、権威

主義的資本主義と民主主義的計画経済は不安定で他のシステムへ移行しやすいということである。

ガットがいうように、第二次世界大戦は、①の民主主義的資本主義（プラス④権威主義的中央計画経済——ソ連）と②の権威主義的資本主義の戦いであり、前者の勝利に帰した。冷戦期には、この①と④の連合が分裂し、鮮烈に対立した。しかし、1978年中国が④から②へ移行し、さらにソ連が崩壊すると、政治経済システムは①と②が支配的になり、いまや戦略的にも経済パフォーマンスでも厳しい競争をするようになった。繰り返して言えば、両方とも経済では資本主義であり（二つの資本主義）、政治的には一方は多元（民主）だが他方は集中（権威主義）である。リンドブロム的には、中国の権威主義的資本主義は不安定だと言えるが、はたしてどうなるであろうか。

第3項　成長率の差（「民主主義の呪い」か「近代化の罠」か）
1．「民主主義の呪い」

もし政治的自由度と一人当たりGDPが直線的（あるいは、比例的）に結びついていた時期から、政治的自由度の高低を問わず一人当たりGDPが増大する時期に変わるときには、政治的自由度が高い国々よりも低い国々の方が経済成長率は高くなろう。すでにふれたように、成田と須藤（Narita and Sudo, 2021）は、政治的自由度と平均経済成長率との関係を、1980年代、1990年代、そして2001年から2019年までの三つの時期に分けて分析している。彼らの分析では、今世紀に入ってからは、政治的な自由度が高くなればなるほど経済成長率は低くなっている（図9Bのb'）。そして、彼らは、この現象を「民主主義の呪い」と言っている（このことは、2020年の分析で、政治的自由度が高ければ高いほど新型コロナによる死亡者数が多いという結果によっても補強される）。

彼らの分析によれば、1980年代、1990年代には政治的な自由度と経済成長率の強い関係は見られず（図9Bのc'）、「民主主義の呪い」は、21世紀的な現象である。前項でも述べたように、このような時期には、政治的な自由度が低い国の成長率が政治的自由度の高い国の経済成長率を上回る。すなわち、政治的自由度が低い方が、経済成長率が高くなる傾向が見られるわけである。

しかし図 9B の b' の「民主主義の呪い」は、なにも 21 世紀的な現象ではなく、歴史的には繰り返し現れる可能性が存在するのである。このような事象は、1930 年代にソ連やドイツ、日本などの専制的な国の一人当たり GDP が高くなって行き、アメリカや西欧の国々が経済不況に苦しむときにも見られたであろう。

このような分析を見ると、政治的な自由度と経済的なパフォーマンスとの関係は時代によって大きく変化するので、今現在の状態（経済成長率などで政治的な自由度の低い国のパフォーマンスが政治的な自由度の高い国々を上回る）を固定して考えてはならないことがわかる。たとえば、成田と須藤（Narita and Sudo, 2021）は、21 世紀に入ってからの民主主義諸国の経済パフォーマンス（成長率）の悪さの要因として、投資の少なさ、貿易拡大の失敗、付加価値の高い産業への移行の失敗などを挙げている。その逆を行ったのが、政治的自由度の低い国々である。ある意味で、彼らの議論は、スタンダードな議論であり、民主主義の不利が固定的でない（それを克服する政策の可能性がある）ことを示唆している。もちろん、政治体制と経済成長との関係は極めて複雑なものであろう。たとえば、権威主義的な国が開発途上国であったなら、他の条件が同じならば、所得水準が低い経済ほど資本の限界生産力が大きいので成長率は高くなる。

2.「近代化の罠」——フォア（Foa）の研究

さて、政治体制のパフォーマンスの研究には、上記以外にもいくつかのものがある。パフォーマンスと言っても、経済的なものも政治的なものもある。経済的なものには、上記の研究のように経済成長とか生活水準などもあり、また経済システムの透明性、契約の実効性のような経済ガバナンスと呼ばれているものもある。政治的なパフォーマンスを考えてみても、国家（政治）の安定性や腐敗の多寡など多様なものがあろう。ロベルト・フォア（Roberto Foa）は、データにもとづいて冷戦終焉後の民主主義国と権威主義国の比較を生活水準や経済ガバナンスなど多様な視点から行った。その結果は、民主主義国に比べて権威主義国家の方が、パフォーマンスがすぐれているというも

のであった (Foa, 2018)。事実としてはそうであり、このような事実は、民主主義の魅力を低下させ、権威主義への引き付け効果をつよめ、民主主義と権威主義との「二極化」をもたらした (Foa et al., 2020)。

しかし、問題はなぜ民主主義のパフォーマンスが悪いのか、あるいは権威主義国の方がよいのかということであろう。先述の成田は、それを「民主主義の呪い」として、民主主義の「欠陥」に求めた。これとは対照的に、フォアは、(権威主義国家の)「近代化の罠 modernization trap」(J. Snyder, 2017; Thompson, 2019, chapter 3) にその原因を求めることが可能であるとする (Foa, 2018)。すなわち、政治指導の正当性は民主主義であると選挙によって与えられるが、権威主義であるとそのような内在的な (intrinsic な) 正当性はない。したがって、権威主義体制においては外在的な (extrinsic な) パフォーマンスが正当性の唯一の淵源になる。そうすると権威主義体制においては、たとえば経済成長などのパフォーマンスを上げそれを示すことによって正当性を確保しようとする。それが成功すれば、さらにパフォーマンスを高めることが正当性確保に求められる。そして、パフォーマンスの向上を妨げる要因を排除する政策がとられる。経済的、政治的ガバナンスの向上が図られ、パフォーマンスを向上させようとするわけである (権威主義が高いパフォーマンスを示し続けるゆえんである)。しかし、このようなプロセスは、いずれ飽和し、限界に達する可能性がある (「近代化の罠」の帰結)。そうすると、市民の要求に耐えられず政治体制が崩壊したり、あるいは、その限界を克服するために正当性を選挙に求めたりする体制への変容が起きる (図9のAのd)。後者の場合、民主化であり、またその段階ではガバナンス・システムも進んだものとなっている可能性がある。しかし、権威主義体制が強靭性を示し、このような転換点を経ずして、体制を維持したまま経済成長を続ける可能性もある (図9のAのb)。これは、「権威主義的な近代 authoritarian modern」へ向かう動きである。このdのような転換が起きない理由としては、理論的な可能性ではあるが、たとえば現在の権威主義的な体制が高度の監視システムをもっていたり、あるいは「市民」が更なるパフォーマンスを求めなくなったりすること (たとえば、ポスト物質主義の価値の台頭) があるのかもしれない。

3. 将来に残されるパフォーマンスの優劣

　以上の研究は、民主主義と専制という政治体制と経済的なパフォーマンスとの関係を10年、20年というタイムスパンで捉えると少なくとも21世紀に入ってからは専制体制の方が優れているという議論（仮説）を踏まえつつ、より長期的にみれば専制体制と民主主義体制の一方がより優れた成果を挙げた時代が交互に現れると論じている。「民主主義の呪い」は固定されたものではなく、「（権威主義国の）近代化の罠」も常にみられるわけでもないかもしれない。また、短期的にみても新型コロナへの対応で専制体制の方が良好な効果をあげているという観察に関しては、いまだ結論を得るのは困難である。例えば、2022年11月下旬、ウルムチでのビル火災で厳しいコロナ対策のゆえに10人規模の人が亡くなったことに端を発したコロナ対策に対する抗議運動は、北京、上海、広州などに広がり、反政権、反共産党のスローガンが掲げられるようになる。これに対して、習近平政権は、経済の活性化をも狙って厳格なゼロ・コロナ政策の修正を試み、その結果新型コロナは短期的に蔓延した。翌2023年1月、強制隔離は廃止され、ゼロ・コロナ政策は終焉した。ただ、習主席によれば事実上対新型コロナと戦いには「勝利」したことになる。また、ゼロ・コロナ政策の転換は、新華社通信によれば「コスト増大」がその理由であったという（『日本経済新聞』2023年1月10日）。同年2月16日、政治局常務委員会メンバーの会議で、習近平主席はゼロ・コロナ政策を終焉した判断について「死亡率が世界最低水準を維持するなど決定的な勝利を収めた」と総括した（『朝日新聞』2023年2月17日夕刊）。しかし、急速な政策転換は混乱を招いたと言われ、このことを含めて民主体制と専制体制の優劣の判断は、将来に残されるのである。

第4節　イデオロギーの距離と戦略関係——M. ハースのモデル

第1項　M. ハースのモデル

　以上は、物質的な要因（経済的パフォーマンス）がイディエーショナルな次元（政治体制の正当性）にどのような影響を与えるかを考えたが、本節では、その逆にイディエーショナルな次元が物質的な世界にどのような関係を与えるかを考えることにする。より具体的には、イディエーショナルな関係が力関係（物質的世界）を中心とする国際政治にどのような影響を与えるかに着目し、M. ハースの議論を紹介する（M. Haas, 2004）。M. ハースは、力の要素を重視するリアリスト的な考え方を認める一方で、イディエーショナルな要素も大国関係を考えるとき大きな役割を果たすとして、一つの分析的な枠組みを提示している。

　ハースは、イディエーショナルな次元として、イデオロギーを取り上げる。彼の言うイデオロギーとは、国内の組織原理、正当化の原理であり［これは、本書でいう言説の一つの要素である］、それは政治体制（民主主義、専制、独裁など）、政治経済体制（自由主義（レッセフェール）、福祉社会、社会主義、共産主義等）、そして政治参加の程度（すべての集団に平等に政治に参加させるのか、あるいはある集団を優遇するのか、等）によって分けられる[7]。

　彼は、異なる大国の政治指導者の間のイデオロギーの距離に注目する。彼の仮説を大まかに言えば、大国間のイデオロギー的な距離が広がれば広がるほど、緊張が高まり、ゼロサム的な関係になっていく[8]。逆にイデオロギー的な距離が近ければ、また近づいていけば、協力的な関係が形成される（維持される）。この仮説は、必ずしも目新しいものではない。たとえば、古くはジャン＝ジャック・ルソーが、戦争が起きるのは相手の社会契約のありかた、憲法原理が根底的に異なるからであると述べているという（ジャン＝ジャック・ルソー「戦争法原理」（長谷部、2022 からの再引用））。

　しかし、ハースの提起するイデオロギー的な距離と大国間の緊張関係（あるいは協力的関係）を結び付ける論理と因果関係には注目すべきものがある。彼は、三つの因果関係をあげている。アイデンティティ、デモンストレーショ

ン効果、そして、コミュニケーションである。これら三つは、必ずしも明確に分離できるものではないが、次のようなものである。

　まず、イデオロギーは、国家（国家の政治指導者）のアイデンティティである。その距離が遠いということは、アイデンティティの差異が大きいということであり、相手の意図などに関して不確実性が大きく、対立的な行動（軍事的な行動を含む）をとりやすい。したがって、距離が大きいと、紛争の可能性が大きく、バランス・オブ・パワー的なシステムになる。イデオロギー的な距離が近い場合には、協力的な関係が支配的となり、戦争などが考えられない安全保障共同体が形成されたり、少なくとも相互の関係に力関係はあまり関係がない状態になったりする。このようなメカニズムから、一般に国家は、自己のイデオロギーの正当性を高めるため、また相手の自国に対する攻撃的な行動を避けるため、相手のイデオロギーをなるべく自分に近づけようとする政策を展開する。それは、関与政策であったり、あるいは相手への浸透であったりする。それに対して、相手は、アイデンティティを維持しようとして、むしろ自己のイデオロギーをより強固にしようとする可能性もある（本書第10章第2節第2項で指摘した「バックラッシュ（逆行）現象」）。その場合、イデオロギー的な距離はむしろ拡大する。また、イデオロギーがもともときわめて異なる場合もある。このような場合バランス・オブ・パワー的なシステムが展開する。しかし、対立が極めて激しくなると（たとえば、冷戦、戦争）、イデオロギー的な差異を所与としながらも、逆説的ではあるが、イデオロギーの違いの比重が軽くなってリアリスト的な計算が主となり、イデオロギーの異なる国の間での協力が見られることにもなる。

　二つには、ハースがデモンストレーション効果と呼ぶものである。イデオロギー的な違いが大きいと、他のイデオロギーを持った国のパフォーマンスが重要な役割を果たす。すなわち、自分とは異なるイデオロギーを持った国のパフォーマンスが（自分より）良好であれば、それは、自分が奉じ、国内に（そして、国際的に）提示しようとしているイデオロギーが劣位にあることを示すため、自己の正当性が損なわれる。パフォーマンスがよい相手は脅威と認識される。一方でこのように他のイデオロギーを持つ国の良好なパフォーマン

スは脅威となるが、他方では、自己のパフォーマンスを増進させることに力を注ぐことになる。このように、デモンストレーション効果は、大国間の競争の淵源となる。

三つには、イデオロギーの距離が大きいと、考え方やもののとらえ方が異なるので、相手とのコミュニケーションも容易でなく、相手に善意のメッセージを送ろうとしても、相手がそれを理解するかどうかわからない。このように相手の意図に対する不確実性が増幅されると、対立関係を増大させる可能性がある。この点は、第一にあげたアイデンティティの議論と重なるものであろう。

第2項　米中のイデオロギー的な距離

以上のような枠組みで、ハースは、18世紀末のフランス革命から冷戦の終焉までの大国間の関係を分析している。では、現在の米中関係を分析するのに、ハースの枠組みはどのようなインプリケーションを持つのであろうか。いくつかの可能性を考えてみよう。

まず、米中がいまや鋭く対立するに至ったのは、米中の力が拮抗してきたことが主要因と考えるいわばリアリスト的な仮説がある。しかしながら、もしアメリカと中国のイデオロギー的な距離が近いならば、相対的な力が変化しても必ずしも今日見られるほどの対立的な関係にならないかもしれない。これに対して、米中のイデオロギー的な距離は遠く、このイデオロギー的な距離と米中の力関係の拮抗（さらにはGDPの近未来における交代の予測）が相まって、対立を引き起こした、という仮説も成り立つ。

さらに、米中のイデオロギー的な距離がますます開いてきたことも対立激化の要因の一つと考えられる。（胡錦濤政権と比べると）習近平政権は、権力を集中させて、2018年には国家主席の二期という期限を撤廃した。また、民間企業よりも国営企業を重視するようになり、さらに国家情報法など企業から情報を収集する権力を強めた。政治参加に関しては一般選挙がなく（これは昔から）、さらに香港に統治権を拡大して大幅な政治参加の制限を行う。このようにみると、単に胡錦濤時代と習近平時代との間ではイデオロギー的な

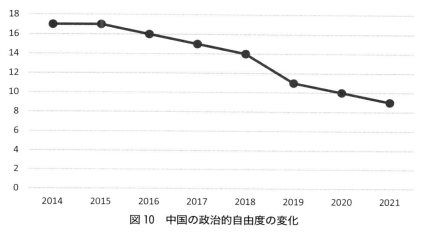

図10　中国の政治的自由度の変化

出典）Freedom House の各年度から筆者作成

距離が大きくなっているだけではなく、当然アメリカのポジションともイデオロギー的な距離は増大している。ハース的に言えば、このようなイデオロギー的な乖離が結果として米中の戦略的対立を強めることになる。

図10 は、Freedom House のデータから、中国の政治的自由度の変化を示したものである。図10 に示された数字は、Freedom House の政治的権利と市民的自由の総合点であり、満点は 100 点、低いほど政治的自由度が低い。中国は、「非自由」に分類される（10 点台、北朝鮮は、3 点、アメリカは 90 点に近い、ロシアは 19 点）。図10 は、習近平政権の下で、政治的自由度は恒常的に低下していることを示している（2022 年の中国の点数は 9 点）[9]。これは、アメリカが追求していた関与政策とは逆の方向を示している。アメリカは、中国を自由主義的な国際システムに巻き込むことによって中国の自由化と民主化は可能であると考えていた。しかしながら、「グローバリゼーションのなかで中国社会が変われば変わるほど、中国共産党体制は世論統制をより厳格化する」（Eto, 2021, p. 536）という悪循環があらわれているのかもしれない。

また、中国の顕著な経済的なパフォーマンスは、中国のイデオロギーの対極にあるアメリカのイデオロギーの中核を成す経済自由主義を脅かすことに

なり、アメリカに対する脅威と映ろう。アメリカは一方ではこのような脅威に対して、バイアメリカンなどの保護主義的手段をとるというアメリカのイデオロギーから言えば若干問題のある政策を展開し、他方では産業政策を通じてアメリカ自身のパフォーマンスを上げようとしている。また、中国のパフォーマンスの良さは、自由主義国一般に対するイデオロギー的な脅威となり得るものである。

　このようなアメリカをはじめとする自由主義諸国による対中認識のミラー・イメージを中国は持っているといえよう。すなわち、中国は自己のイデオロギー（政治体制、経済体制）のパフォーマンスがよいことを国内の正当化の理由としており、中国と比較して自由主義諸国のパフォーマンスが悪いことを、自己のイデオロギーの国際的な正当化のベースとしている。中国の経済的なパフォーマンスの良さは、このように米中のイデオロギー的な距離をますます拡大する可能性があるだけでなく、アメリカとの経済力、軍事力の格差を縮める大きな要因にもなっており、イデオロギーを超えて、安全保障（リアリスト的な世界）へ大きな影響を与えることになる。

第3項　関与政策の位置づけ──イデオロギーの距離から見た米中関係の長期の変化

　M. ハースの枠組み（仮説）においては、大国間のイデオロギー的な距離が基本的な要因であった。このイデオロギー的な距離に基づいて、若干長期的な次元を含めて考えてみよう。アメリカと中国は、大局的には片方は民主主義、自由経済であり、他方は一党独裁、社会主義（国家資本主義）というように、大きな距離があり続けた。

　1972年、ニクソン大統領は対中国交正常化を果たした。その際ニクソン政権は、関与政策とは言わなかったが、実際には、関与政策であった[10]。関与政策という用語が中国との関係で使われだしたのは、クリントン政権からである。関与政策は、米中のイデオロギー的な違いと距離を前提として、経済関係を密にし、また中国を（アメリカ主導の）国際制度に組み込むことによって、中国の対外的行動、また対内的行動（政治、経済制度）を変えようとする

ものであったとされる。すなわち、アメリカから見れば、アメリカと中国のイデオロギー的な距離を縮めようとするものであった。将来の体制の収斂の見通しを述べることは、現在の体制の違いとそれに由来する紛争を〈消す〉ものであった。

　ただ、この関与政策は、冷戦終焉以前と以後では、かなり文脈が異なったと言ってよい。冷戦期には、米ソ対立という現実政治が支配的であった。そして、アメリカはソ連というイデオロギー上の主敵との厳しい対抗上、時にイデオロギー的な要因のウエイトを低め、地政学的な要因を重視した。すなわち、冷戦期、アメリカはソ連と対抗するために独裁的な国家としばしば連携し、対中政策もその一環であったといえよう。1972年の対中接近も中国をソ連から引き離し、自己の戦略的な立場を有利にしようとするものであった。このような政策は、アメリカと中ソが対抗していたとすると、相手の一つである中国を選択し、中国に対してアコモデート（妥協）したということから、「選択的アコモデーション」と言われる行動であった（Crawford, 2021）。したがって、この時期には、関与政策で中国の行動と体制を変化させるということと、地政学的な戦略的な利益が並行していたと考えられる（Baum, 2001）。このうち、戦略的な次元が勝っていたと考えた人の中には、対中政策は関与政策（とくに中国の対外・対内行動を変化させようとしたもの——とりわけ後者）ではなく、地政学的・戦略的なものであり、それゆえそれは成功したと捉える。

　この戦略的な対ソの米中連携（「対ソ疑似同盟」）は、冷戦の終焉、ソ連の崩壊まで続いたが、中国の1978年の改革開放政策の導入以来、関与政策の比重が強まっていく。関与政策は、1989年の天安門事件後の対中制裁などにより、蹉跌したように見られた。しかし1990年代には、中国の改革開放路線の継続により、関与政策は、アメリカの対中政策の基本となった。これは、ソ連が崩壊してアメリカ単極の世界になると、中国に対しては、戦略的な関係ではなく、アメリカ自身が経済的な利益を得ようとしたためもあろう。また、将来的な中国の台頭の可能性はあるとしても、基本的には、中国の対外行動や国内体制を変化させ、アメリカとのイデオロギー的な距離を縮めようとしたといえよう。アメリカと中国とのイデオロギー的な距離は大きく、米

中の対立、対抗を招きかねないものであった。しかし、すでに述べたように、中国が経済発展することにより、ゆくゆくは中国の体制が変化していく、という予想（仮説）によって、米中のイデオロギーの距離は「消され」（緩和され）、アメリカの力が圧倒的に強かったこととあいまって、米中のイデオロギー対立は、おおいに抑制されている。

第4項　文明の衝突と「文明的国家」

　しかし、時がたつにつれて米中の力関係は二極に向かい、またとくに習近平の政治指導の下で、米中間のイデオロギー的な距離は大きくなっていった。ただ、一般的には、米中は民主主義的国家と専制的国家としての隔たりがあるものの、イデオロギーという一つの物差し上で比較可能であると考えられていた。しかし、2010年代も末になると、米中の違いは比較可能ではなく、アメリカから見れば異次元の存在、あるいは異なる文明に属するものというような発言もみられるようになる。たとえば、アメリカ国務省政策企画室長であったカイロン・スキナー（Kiron Skinner）は、2019年4月29日、A. M. スローター（Anne-Marie Slaughter、オバマ政権の国務省政策企画室長）との座談会で、「冷戦期のソ連との対立は西側のファミリー内でのものであった」、「中国は異なる文明、異なるイデオロギーをもつ」、「（アメリカの）大国の競争相手としては、初めて、白人（Caucasian）でないものである」と述べる。そして、「それはハンティントンの文明の衝突論ですか」というスローターの問いに、スキナーは「共通点はあるが、少し違う」と述べる（New America, 2019）。

　このスキナーの発言は、国務省（アメリカ）が米中関係を「文明の衝突論」からとらえているとされ、中国を含み大きな反論、反発を招くことになった。習近平主席は、「「文明の衝突」という罠に陥らないようにしなければならない」（Xi, 2020a）と反発し、のち、2023年3月、「中国共産党・世界政党上層部対話」で、異なる文明間の寛容、共存、相互学習の重要性を指摘する「グローバル文明イニシアティブ」を提案した（State Council Information Office of the People's Republic of China, 2023）。このこともあってか、スキナーは2019年8月国務省を離れ古巣のカーネギーメロン大学に戻る。スキナーの議論は、とく

に政府の当局者の一人としては極端なものであったろうが、イデオロギー次元での極端な距離が「文明の衝突」的なものとなりうることを示す例である。

しかしながら、当時、中国やロシア（そしてISISイラク・レバントのイスラム国）に関して「文明的国家 civilizational states」という概念が、分析的用語としても、また為政者の言説としても、顕著にみられることが指摘されるようになっていた（Coker, 2019; Pabst, 2019; 中国に関しては本書第6章第4節第2項で議論した）。たとえば、プーチンは、ロシアを西欧でもアジアでもないユーラシアとして‘文明的国家’と定義していたし、またそのなかで、ロシアとウクライナは一体であり、ウクライナ無くしてロシアは存立しえないと述べていた（Coker, 2019; 小泉, 2019）。中国（習近平）は、時を超えてまた地理的な国家領域を超えて価値のある文化的要素（たとえば、儒教的要素）を中国文明に注入し新しい息吹をもたらしていくと述べている[11]。「文明的な国家」とは、歴史的な文明をもとに、西欧とは異なる価値体系を持つ「国家」であると自己描写する。その価値体系は、西欧的な領域をベースとする主権国家体系を否定し、また人権とか民主主義を否定し「ソフトな権威主義 soft authoritarianism」（Pabst, 2019）を標榜する。そして、このような「文明的国家」は、時代が地政学的に「大国間の競争の時代」に突入したことによって、大国間の対抗の一つの次元となって行くのである。このような議論には、正確ではないにせよサミュエル・ハンチントンの「文明の衝突」（Huntington, 1996）を想起させるものが十分にあった。事実、アメリカの中にも、ステーブン・ウォルトのように、トランプ大統領の考え方（たとえば、白人至上主義）は、「文明の衝突論」と重なる要素を持つと指摘する議論も見られた（Walt, 2017）。さらにいえば、「文明的国家」は、歴史（文明）にもとづいて、国家の在り方とか戦略的な指針を示すという意味で、第8章第5節第2項でふれた「ゲオ・ヒストリー geo-history」の一つである。この点に関連して、キャラハンは次のように述べている。すなわち、「中国の夢」（および「アメリカン・ドリーム」）は、将来のモデルを過去に追い求め、国家アイデンティティを表すものとなる。ナショナル・ビロンギング（ナショナル・ビロンギング）は憧憬（ノスタルジア）となり野心となり、国内の空間を超える文化的領域を形成する。またそれは、危機感・不安感に基づく「憂国 patriotic worrying」の情を醸し出

し、国民と文明の「完成 perfection」に直結するとされる狭隘な道へと国家を導く。それが目指すのは、人間の普遍的解放（マルクス）ではなく国民と文明の完全性である（Callahan, 2017）。いずれにせよ「文明的国家」論は、文明（歴史）の本質化（essentialization of civilization/history、文明（歴史）こそが国家の本質である）であり、（普遍的な）リベラル国際秩序に対する対抗（拒否）の様式の一つと考えられるようになる（Bettiza and Lewis, 2020, pp. 568-569）。

　ただ、国家の行動という次元から見ると、文明や歴史は、少なくとも領域的な国家の存在を前提として、その国家のアイデンティティの淵源がどのようなものであり、それが国家の行動（領域的な国家そのものを含む）にどのような影響を与えるかという一般的な問題のなかに位置づけられなければならないであろう。この問題をたとえば、ナショナリズムとの関係で考えてみよう。ナショナリズムには様々な形態があるといわれる。アンソニー・リードに従っていえば、ナショナリズムには、国家ナショナリズム、民族ナショナリズム、反帝国主義的ナショナリズム、恥辱に駆動されたナショナリズムがある（Reid, 2010）。国家ナショナリズムは、一定の領域の中で国民の一体性が作られていくようなナショナリズムである。民族ナショナリズムは宗教、言語、歴史など一定の一体性を持った民族が中心となって領域的国家を作っていくものである。反帝国主義ナショナリズムは、外国の帝国主義的な支配に対抗し、自国を主張するナショナリズムである。そして、恥辱に駆動されたナショナリズムは、歴史的に屈辱を経験した国やその内部の人々が、その屈辱を雪ぐために、国家の改良や屈辱を与えた国に対抗しようとするナショナリズムである。これら異なるナショナリズムは、個別に純粋な形で現れることもあろうが、並行し、あるいは組み合わされて現れ、その組み合わせも時代によって異なることが見られる。まさに「錬金術 alchemy」（ibid.）である。ロシアにせよ中国にせよ、これら異なるナショナリズムの諸相が様々な形で現れる。ロシア（プーチン）の「文明的国家論」は、スラブ民族の一体性を基にした民族的ナショナリズムの面もあり、その点ではロシアという領域を基にした国家ナショナリズムと時に矛盾する。さらにロシアには、西側に対する恥辱に駆動されたナショナリズムの面もある。中国を見ると、国家を軸にして

国民の一体性を高めていこうとする国家ナショナリズムが見られるとともに、民族（中華民族）を中心とした領域国家づくりや現行の領域国家を超えた拡大を図る民族ナショナリズムもみられる。また、外国の帝国主義的な支配（西側のヘゲモニー）に対抗する反帝国主義的ナショナリズムもみられる。さらに、それと区別するのは難しいが、歴史的に経験した屈辱をもとに、国家の改良や屈辱を与えた国に対抗するという恥を駆動要因とするナショナリズム（「百年の恥辱」）もみられる。

このようにみると、文明的要素を際立たせる「文明的国家論」は、ときにデフォルメされたものとなるので、それを理解するためには、より複合的、複眼的な視点が必要であると考えられる[12]。

第5項　関与政策の放棄

いずれにせよ、トランプ政権は、政策として、関与政策の失敗とその「放棄」を宣言した。関与政策の失敗という評価は、アメリカが関与政策を展開しても、中国の対外行動と国内制度は変わらなかったし、今後も変わらないであろうという認識に基づく。関与政策によってイデオロギー的な距離が（時間をかければ）縮まるという擬制による距離の消去はなくなり、米中のイデオロギーの距離はいまある（さらに、将来も変わらない）ものと認識され、米中の対立の増大とイデオロギー次元の顕在化を来たすのである。

注

1 国家の力を一般的に、軍事力、経済力、イデオロギー／文化的資源の三つの要素としてとらえるのは珍しいことではない。たとえば、ナイのソフト・パワーも軍事力、経済力との関係・比較で考えられている（Nye, 1990）。

2 A. ネイサン（Nathan, 1994）は、1989年以後の天安門事件以来の「中国外交における人権」を考察し、中国の対外行動を見るときには、力や経済だけではなく、価値とか信条を見ること（そして、外交と内政のリンケージ）が重要であることを指摘している。

3 田中の政治的自由度のデータは、V-DEMと呼ばれるデータ・セットである。ただ、自由主義ではない政治体制と言っても多様であり、ある政治指導者がす

べてを支配する専制体制も、若干の多元主義が存在するような競争的権威主義もある（権威主義の多様性については、たとえばvon Soest, 2015）。ここで使われる政治的自由度は、言論の自由、人権の保障、競争的多党制、それに基づいた選挙などの複合的な指標から構成される一つの物差しであり、この物差しで政治的自由度が低い方が専制体制や権威主義体制とみなされる。イデオロギーをリベラル―非リベラルの一次元でとらえ、そこに様々な国を位置づけようとするとき、直接にそれらの国の属性（たとえば、言論の自由がどのくらいあるか等）で位置を決める方法だけでなく、国家の行動から間接的に一次元の物差しのどこに位置するかを測定・推定しようとする方法もある。後者の例は、国連総会の投票行動をもとにした研究（Baily, Strezhnev, and Voeten, 2017; Voeten, 2021）である。ただ、これら二つの方式の結果には（詳細な検討は必要であるが）あまり大きな隔たりが無いようである。たとえば、国連の投票行動をもとにした、国連安保理の常任理事国のイデオロギー上の位置づけとその変化は、属性で見た自由―非自由の位置とあまり変わらない（Baily et al., op. cit., p. 440）。

4　成田は、新型コロナの制御に関して、民主主義国よりも権威主義国の方が優れた効果を発揮しているというデータを示している。中国は「ゼロ・コロナ」政策をとり基本的にそれに成功したといわれる。しかし、新型コロナも時間がたつにつれて変異し、感染力が強くなっている。そうすると、経済的な活動と新型コロナの制御、とくに「ゼロ・コロナ」政策によるロック・ダウンは背反性を強める。そして、2022年11月下旬、厳しいゼロ・コロナ政策に抗議の輪が広がり、それは習近平批判を掲げるものとなった（「白紙運動」）。中国政府が12月7日以来ゼロ・コロナ政策を大幅に緩和した結果、感染者、死者とも膨大な数に上っているという。緩和政策は失敗したのである（中沢、2022）。だが12月31日習主席は、新型コロナへの対策は「新段階に入っている」と述べて「ゼロ・コロナ政策」の転換を示唆しつつ、ゼロ・コロナ政策をめぐり「未曾有の困難に打ち勝った」と宣言する。したがって、「ゼロ・コロナ」言説／政策がどこまで成功したかの判断は将来の結果を待たなければなるまい。

5　これら二つの時期（1913年、1995年）は、まさにグローバリゼーションが進んでいた時期である。前者は第一のグローバリゼーション、後者は第二のグローバリゼーションと呼ばれる（Chandy and Sidel, 2016）。

6　ガットの論文（Gat, 2007）は、Rose and Tepperman（2012）に再録されており、ここでは、再録されたものをGat（2012）として、引用している。また、ローズとテッパーマン（Rose and Tepperman, 2012）は、「イデオロギーの闘争が現代世界（modern world）を作り、また将来を形成するであろう」という問題意識のもと、そのテーマに合うフォーリン・アフェアーズ誌掲載の論文を集めている（フォーリン・ア

フェアーズが発刊されたのは、1922年である）。その基本は、民主主義と権威主義の（アイディア上の）闘争であり、今現在のアメリカと中国のイデオロギー闘争を理解するうえで、大いに参考になる。

7 国際関係においてのイデオロギーの様々な定義については、Voeten, 2021, chapter 2. ヴォエテンによれば、イデオロギーとは、「一群のイシューがいかに解決されるべきであるか、誰が解決するべきかに関する相互に関連した命題のセット」であり、それは、「何が道徳的に善であり、どのように資源が配分されるべきであり、またどこに権力が適切に存在するべきであるかに関する含意を持つものである」（op. cit., p. 5）としている。

8 このような考え方は、戦争の原因を国家の特性に求める、国際政治に関する「第二イメージ」といわれ、国家間の力の均衡などの国際システム的な要因を考える「第三イメージ」と対比される（Waltz, 1959）。

9 図10では、中国の政治的自由度が低下しているので、政治的自由度における米中間の距離が拡大していると考えられるかもしれない。しかし、トランプ政権の出現のもとで、アメリカの政治的自由度もかなり低下している。アメリカの政治的自由度は、2015年まで92であったものが、2016年以後大きく低下し、2021年には、82点台になっている。これは、すでに述べた、アドラーたちの言う「真実の破壊」（Adler and Drieschova, 2021）がトランプ大統領などによって行われたことにも現れていよう。したがって、中国の政治的自由度がアメリカと大いに乖離して来たとは必ずしも言えないかもしれない（もちろん、乖離そのものは大きいが）。

10 ニクソンは、1967年のフォーリンア・フェアーズの論文で、中国を国際社会に入れ、中国を変化させないと国際社会の安定、またアメリカの利益を確保できないと論じた（Nixon, 1967, p. 121）。また、ニクソンの米中関係の改善（国交回復）を関与政策のはじめとする見方は、たとえば2020年のポンペイオ国務長官の演説にもみられる（Pompeo, 2020a）。なお1967年の論文で、ニクソンが「中国の変化を誘発する」といったとき、具体的に何を指すかは明確ではないが、恐らくは中国の国内ではなく、対外的な政策を指していると思われる（この点、Haass, 2020）。

11 ただし、第6章第4節第2項や第8章第5節第2項でも述べたように、中国には、このような「文明的国家」という認識とともに、近代主権国家という認識もあり、この二つの認識が併存していることに特徴があろう（Grant, 2018）。

12 「文明」ではなく、かつて存在した「帝国」をもとにしてロシア、中国、イラン、トルコの行動を分析し、同様の結果（たとえば、「帝国」の領域と主権国家の領域の違いから近隣に攻撃的行動をとる）を示したものとして、Mankoff, 2022。

第 13 章　中国の人権言説の展開（国連人権理事会を中心として）、1989〜2022
——言説の国際政治学の一つのケース・スタディ

序節　目的と趣旨

第 1 項　中国の人権をめぐる諸課題——本章の問題意識と目的

　本章の目的は、人権を事例として、本書で展開してきた様々な言説についての理論や仮説を検討することである。加えて、本章では、30 年にわたる中国の人権言説を分析する（本書と若干異なる視点からの分析として、Foot (2020, chapter 6)）。したがって、長期にわたる言説の変化を説明できる仮説も提示される。たとえば、中国の人権言説の長期的な変化を見ると、個人の生まれながらの剥奪できない権利としての人権という言説から離れて行って、発展の派生物としての人権、人権より発展が先行するという言説が強まっている。このような変化を説明する二つの仮説が提示される。その一つは、「社会化と逆行」という仮説である。社会化は、相手を国際制度へ加入させて国際社会に組み込むことによって、相手が規範を受け入れ内面化していくという仮説である。これに対して、逆行とは、国際社会の圧力によって、相手がむしろ規範から離れ、逆行していくという仮説である。中国の人権言説の変化は、この「逆行仮説」によってかなりの程度説明される。しかし、言説の具体的な内容に踏み込もうとする場合、単なる「逆行仮説」では十分ではない。本章では、言説の具体的な内容を取り込んだ変化についてのダイナミックな仮説として、「国内と国際の『権力の動態（循環）と象徴の選択』」という仮説を提示する。すなわち、どのような内容の人権言説が選択されるかは、中国国内の権力の動態と国際社会での権力の動態（力の分布の変化）との相互作用の中で決まるという仮説である。このような仮説の体系的な検討は、第 7 節で

行う。

　中国にとっても国際社会にとっても、人権は大きな問題である。天安門事件、また現在の新疆ウイグル自治区の問題等、中国の人権は国際的に大きな問題となる。また、より長期的にみた場合、人権の内容、とくに個人の政治的、市民的な権利と社会的、経済的な権利との関係をいかにとらえるかは、単に中国の政治体制の正当性だけではなく、国際秩序にとっても重要な問題である。本章では、主として冷戦後（天安門事件以後）に焦点を合わせる。これは中国の人権言説が国際的な注目を集め、中国が反応して来たのは天安門事件からであることによる。

　中国の人権言説は、国家主権、経済・社会権重視であり、「西側」の個人の権利をベースとする人権言説とはかなり異なる。中国自身も天安門事件直後から「中国の人権 Chinese human rights」（今様に言えば、中国の特色のある人権）と言っている（State Council Information Office of the People's Republic of China, 1991）。したがって、もし「西側」の人権言説を「既存の規範」とすれば、中国の人権言説は「対抗言説」と考えることができ、規範の対抗（コンテステーション）の一例と考えられる（Wiener, 2014, 2017）。そうすると、この規範の対抗という分析枠組みの中で、中国はいかにして「既存の規範」に対抗し、いかにして自己の言説を形成して国際社会へ投射していったか（本項の文脈でいえば、国連の場に組み込んでいったのか）を明らかにする必要がある。そして今や中国は自己独特の人権言説を形成し、それを広く国際社会に拡大しようとしている。中国は、人権分野に関しても、国際的な（既存の）規範体系の「受け手 taker」を超えて、部分的かもしれないが、「作り手 shaper」となってきているのである[1]。

　より具体的に言えば、中国の人権言説の大まかな流れは、次のようになろう。天安門事件以後の中国の人権言説の根底には生存権、発展権の優位性があり、これが発展中心の人権論すなわち発展無くして人権無しという言説になる。さらに、発展のためには国内の治安・安定が重要なので、その確保が人権の促進につながるという言説となる。発展中心の言説は、中国（習近平）の大ナラティブ（中国の夢）と結びつき、人権言説はこの大ナラティブに吸収

されて下位ナラティブとなる。この過程で市民的、政治的権利は、さらにマージナル化していく。このような人権言説の変化は、中国の国内のナラティブを強く反映している（あるいは、中国国内で形成されたナラティブそのものであることも多い）。

　天安門事件から現在までの30年間にわたる中国の人権言説のこのような流れを踏まえて、本章は、①中国が国連人権理事会で展開する人権言説と②中国が折に触れ発出する体系的な人権文書にみられる人権言説という二つの人権言説の経年的変化を明らかにしたうえで、①と②の相互作用を踏まえた変化のメカニズムを考察する。また、これらの過程のなかで、中国の対外政策のパターンが外圧対抗型から内政投射型に変化し、また両者の混交型もみられるようになったことを明らかにしたい（外圧と内圧との関係に関しては、山本吉宣、1989; Ripsman, Taliaferro, and Lobell, 2016）[2]。A. ネイサンは、1994年においてすでに、中国の人権外交に関して「中国の人権についての国内政治は中国の対外的な人権政策に影響し、……国際的な関係は国内政治に跳ね返り、人権政策を形成することになる」と言っている（Nathan, 1994, p. 622）。本章は、このネイサンの「格言」を一歩進めて、国内政治がどのように対外政策に影響し、国際関係がいかに国内政治に影響を与えるかを言説という次元から検討し、また国内的な影響と国際的な影響の相対的な強さが時系列的にいかに変化して来たかを明らかにする試みである。

　ここで、本章でとられるアプローチに関して、若干のコメントをしておこう。本章では、国連、それも人権理事会で見られる言説（とその変化）に焦点があてられる。人権外交についての国際政治学上の研究アプローチには、いくつかの異なるものが存在する（Myrick and Weinstein, 2021）。R. マイリックとJ. ワインスタイン的に言えば、分析のレベル（主体）としては、国際制度、国家、そして非国家行為体（NGO）がある。また人権外交の実践方式としては、①規範を表示し、相手の規範侵害を指摘する表現的（expressive）なものか、あるいは、相手に正負の制裁をかけ、相手の行動を変化させようとするのか（彼らの用語でいえば、若干問題はあるが「強制外交 coercive diplomacy」）、②表立って（公に）政策を展開する（public）か、あるいは目立たぬように政策を展開するか（彼

らの用語でいえば、private——ただし、実行するのは政府の行政官)、という二つのものがあるという。簡単に言えば、人権を侵害したと認識される国に対して、言葉(のみ)で非難するか、経済や軍事的手段で制裁するか、目に見える形で行うか(public)、目につかない形で行うか、ということである。人権外交は、実際には、これら異なるレベルと実践方式の組み合わせとして考えられる。本章は、国際制度に焦点を合わせ、そのなかでの規範の開陳(expressive)に関する公に行われる行動に着目するが、人権外交の他の要素も適宜とりこむこととする。このようなアプローチをとる理由は、本章の目的が、言説(それも公にあらわされたもの)を明らかにしようとすることにあるからである。

　また、人権規範とそこから導き出される行動についてのルール(人権レジーム)を考え、それを中国がどこまで受け入れ、また実際に遵守しているかどうかを考察する研究も広く行われている (Kent, 1999; Johnston, 2008, 2019)。本章のアプローチは、このような研究と関連を持ちつつも、異なる面をもつ。本章では、人権規範を含む考察を行うが、中国がどこまで人権についての国際的な規範／ルールを受け入れ、遵守しているのかを具体的また厳密には分析しない。代わりに、人権規範を言説の一部とみなしたうえで、人権の諸要素(市民的、政治的、社会的、経済的等)の間の因果関係(また論理構成)についての言説を考察し、さらに人権言説とより広い言説(たとえば、国家戦略についての言説)との関係を検討する。このようなアプローチによって、人権規範の外包を含む言説の変化との関連で中国の人権言説の(長期的な)変化をとらえることができると考えたからである。

第2項　本章の展開の概要——中国の人権言説の変容素描

　本章の構成は、以下の通りである。第1節においては、天安門事件(1989年6月)を契機として展開された、中国の人権問題に関する国連人権委員会での政治過程を明らかにする。まず、天安門事件に関しての、中国の人権侵害に対する「西側」の言説とそれに対する中国の言説が考察される。天安門事件をめぐって「西側」が国連で示した言説のベースは、世界人権宣言であった。これに対して中国は、1991年に『中国の人権 Human Rights in China』

という長文の『人権白書』を発出する (State Council Information Office of the People's Republic of China, 1991)。この『人権白書』は、中国が初めて世界に示した人権についての体系的な文書であり、そこに示された言説は、以後の中国の人権言説のベースとなる。したがって、世界人権宣言で示された人権言説と中国の『人権白書』で示された人権言説とは、前者が「既存の規範」であり、後者がそれに対する対抗言説という関係にある。この点を明らかにし、本章の一つの分析視点としたい（表1 p. 442）。

　天安門事件以後、国連人権委員会（のちに国連人権理事会）における中国の活動はもっぱら守勢であり（外圧反応型）、その狙いはいかにして国際的な非難を回避しつつ人権委員会（理事会）のルールを自己の利益に沿うようにするかであった（たとえば、個別の国に対する問題を人権委員会が取り上げないように画策する等）（以上第2節）。

　しかし、2010年代も習近平政権になると、中国は、自国の人権言説を積極的に人権理事会の決議に組み込もうとする動きを始める。この動きを考察する第3節以下では、国連人権理事会での中国の活動を踏まえて、理念的には二つの異なる状況を取り扱う。一つは、「常態」とでもいえるものであり、中国国内にいくつかの人権侵害は常に存在しつつも、特段におおきな人権侵害が無いと認識される場合である。今一つの状況は、中国内部にきわめて深刻な人権侵害が起きたと認識され、その侵害に対して国外からつよい批判、非難が展開されるという状況である（天安門事件、チベット／ウイグル／香港問題）。

　2000年代から2010年代は基本的には「常態」であった。この「常態」において、中国は国際人権委員会を自己の利益に合うように改変することを試みた。そして、習近平の第二期目開始に前後して、中国は2017年以来、いくつかの決議案を国連人権理事会に立て続けに提出する（内政投射型外交）。たとえば、中国が過去10年来初めて提案した（Piccone, 2018）と言われる「発展の人権に対する貢献」決議　（2017年6月）においては、経済発展が他の人権に優越するという中国の言説を押し出す。それだけではなく、「人類運命共同体」、「人民中心」、「ウィン・ウィン」など中国（習近平）の用語を決議案に組み込むの

である。さらに、人権に関する「ウィン・ウィン決議」、「人民中心のアプローチ」という決議案も逐次提出する。中国は、天安門事件以来培ってきた開発途上国を中心とする「同志国」を糾合し、それらの決議(のほとんど)を採択させることに成功するのである。これを取り扱うのが第3節である。

　今一つの状況として、新疆ウイグル自治区における人権侵害の問題が2019年以来国連の場で顕在化し、つづいて香港問題についても2020年に(香港における)国家安全維持法が可決され、中国に対するつよい批判が起きる。天安門事件の再来を思わせるように、西側諸国は、中国に対する名指しの批判を展開し、2019年以来、中国批判の共同声明を発出する。2019年の共同声明は手紙(共同書簡)という形式を取り、その宛名は人権理事会とその議長であった。その共同声明への賛同者は、人権理事会(定数47)のメンバーではない国を含む20数カ国であった。このような西側諸国の動きに対して、中国は、中国の「同志国」をベースとして、中国を支持する共同声明を発する。賛同国の数は37カ国であり、西側の共同声明のそれを大きく上回った。西側が2020年、2021年と続けて中国非難の共同声明を出したのに対して、中国側は中国支持の共同声明を発出し、いずれの場合でも、賛同国の数は中国支持側が西側を圧倒した。

　これらの対立する共同声明(dueling statements)に含まれる言説をみると、西側の共同声明は、政治的、市民的自由を強調し、大規模な人権侵害・抑圧を非難するのに対して、中国を支持する共同声明では、相手はテロリストであったり、政体を転覆しようとする者であるとすると同時に、中国の政策は安定を保つための正当な政策であり、さらに「安定は人権の必要条件である」という論理が展開されていることがわかる。天安門事件のときに中国は、弾圧された人々は体制転覆をはかる反乱者であり、その取り締まりは人権とは無関係であるという言説を展開した。しかし、新疆ウイグル自治区の問題に関しては、異なる言説を展開するのである。これを取り扱うのが第4節である。

　第5節では、中国が批判者に対して頻繁に用いるwhataboutismと呼ばれるレトリックを分析する。Whataboutismは、相手が自分を非難してきたとき、相手も同じようなことをやっており、自分を非難する資格はないと反論する

ものである。このレトリックは、個別の事案に適用されるとともに、よりマクロに相手（アメリカ）の人権状況を体系的に分析して非難するときにもみられる。この相手を非難する分析枠組みは、逆にそれで自分（中国）を評価することになる。いわば比較の枠組みである。中国は、1998年から『アメリカの人権記録』という文書を発出して、「アメリカにおける人権」と「中国における人権」を比較しており、最近の文書では、中国の優れた人権状況を誇るようになっている。

第6節は、2021年の白書『中国共産党と人権の保護——百年の探求』の内容を検討したうえで、1991年の『人権白書』と比較し、30年におよぶ人権言説の変化を明らかにする。結論を先取りして言えば、二つの文書の間では基本的な構造こそ変わっていないものの、一定の変化も認められるのである。その変化とは、むしろ「既存の規範」から遠ざかり、発展権を中心とする「中国の人権」言説が強化されているということである（平野、2021）。

第7節は、以上明らかになった中国の人権言説の変化（と継続）を理論面から検討する。そこでは、リベラルな規範秩序がなぜ衰退するかということに関して近年展開されている「バックラッシュ（逆行）の政治」、「規範の妨害行為」、「真実の破壊」などの概念が検討される。中国は、一方で「既存の規範」に挑戦し、それを妨害しつつ、他方で自己の言説を投射している。そして、最後に、30年にわたる中国の人権言説の変化を説明するために、国内と国際の「権力の動態（循環）と象徴の選択」という視点が仮説として示される。

第1節　中国の人権言説の動態

本節の目的は、中国の人権言説の動態の基本的分析枠組みを示すことである。第1項は、中国と人権の国際次元におけるかかわりを素描する。そこでは、天安門事件を前後する中国の国連の場における人権問題についての動きを先行研究を含めて考察する。第2項は、中国の82年憲法などにみられる中国の国内における人権の取り扱いを概観した後（第2項1）、国連人権委員会における天安門事件に関する中国の人権の取り扱われ方とそれに対する中

国の反応を若干詳しく分析する（第2項2）。次いで、天安門事件での国際的反応に対応して中国は、1991年『人権白書』を発出する。この文書を検討したうえで（第2項3）、世界人権宣言とこの『人権白書』の対照表を提示する（表1 p. 442）。この対照表は、ある意味で、本章全体の分析枠組みとなっている。つづいて『人権白書』を世界人権宣言に対する「対抗言説」ととらえて、詳しく考察する（第3項）。世界人権宣言（1948年）と『人権白書』（1991年）の間には、いくつかの人権関連の宣言や条約が出てきていた。このうち、中国が主導国の一つであった、国際総会決議「発展の権利に関する宣言」（1986年）を取り上げて、その内容を検証する。そこでは国際社会が中国の立場に近寄ってきているが、中国の『人権白書』の立場とはかなりの距離があることが示される（第4項）。

第1項　変化と継続

　まず中国の人権言説（政策）が国連を舞台にいかに展開して来たかについての、先行する議論をみてみよう。

　ピッコーネ（Piccone, 2018）によれば、国際連合における中国の人権に関する政策・態度の変化には、三つの時期が認められるという。第一の時期は、1989年の天安門事件までであり、中国の役割は目立ったものではなかった。第二の時期は、1989年から2013年までであり、天安門事件で国連を含む国際社会から強い批判を受け、中国は人権について自己を守り、また自己だけではなく、同じような人権問題を指摘された「同志国 like-minded countries」[3]（たとえば、コンゴ民主共和国、ウガンダ、エルサルバドル等）を守るために（非難決議に反対する）積極的な役割を果たした。第三の時期は、2013年からであり、自己主張を強め、自己の人権についての規範を積極的に推進しようとする時期である（op. cit., p. 2; 若干異なる時期区分についてはFoot, 2020, chapter 6）。本章で取り上げるのは、主としてこの第二、第三の時期である。ピッコーネが言うように、人権に関する中国のパターンには、自己を外からの非難に対して守るという側面と自己の言説を対外的に投射する側面の二つがある。習近平の時代には、この第二の側面が強くなっていることは確かであろう。しかしな

がら、二つの側面が併存していることは、現在でも変わっていないであろう。たとえば、新疆ウイグル自治区の問題、香港問題等に関して、いまでも中国は国際社会（国際連合）の場で非難の標的となり、それに対する防衛という行動をとっている。ただ、本章で明らかにするように、ピッコーネの言う2013年から始まる第三の時期は、2016年（習近平政権の第一期）までと2017年からの時期（習近平政権の第二期）に分けることができる。前者は人権問題に関するNGOの影響力の排除や特定の国をターゲットにすることへの反対活動を主とするという意味で前期までの連続性が強い時期であり（Nathan, 2016）、後者は中国のナラティブを強く出していくという積極性が顕著な時期である。

　キンツェルバッハ（Kinzelbach, 2012）は、2000年から2010年にかけての国連人権理事会（2006年〜、それ以前は国連人権委員会）等の国連の場での中国の人権についてのステートメントを分析したうえで、中国の国連人権外交が比較的少数のきわめて定型化された主張に現れていることを明らかにしている。それらは、①人権は普遍的なものであるが、各国の状況は違うので、一つのグローバルな物差しやモデルはあり得ない、②各国は主権的な決定をするし、それは尊重されなければならない、③国際社会の役割は協力の促進であり、内政への干渉ではない、④国連は、市民的、政治的権利を強調しすぎてはならず、発展の権利に焦点を合わせるべきである、という四つの主張である（Kinzelbach, 2012, p. 330; 中国の『人権白書』に関する基本的に同様だが若干異なるまとめとして、毛里、2012、p. 325-326）。

　また、キンツェルバッハ（Kinzelbach, 2012）は、このような2000年から2010年の間に見られた中国の人権に対する考え方を反映する発言を、1992年1月に国連安保理首脳会議（冷戦後の国際秩序の構築を課題として、歴史的に初めて開催された安保理首脳会議）でなされた李鵬首相の発言と比較している。李鵬の発言は、次のようなものである。

「すべての人類の人権と基本的な自由は、普遍的に尊重されるべきである。人権は、多くの側面をカバーしており、市民的、政治的権利だけではなく、経済的、社会的および文化的な権利を含む。多くの開発途上

国に関して言えば、独立への権利、生存と発展の権利は、最高度の重要性を持っている。本質的に、ある国の人権の問題は、各国の主権に属する。一国の人権状況は、その国の歴史や国家の状態を完全に無視して評価されるべきではない。すべての国が、一つの、あるいは少数の国の人権基準あるいはモデルを満たすべきと要求することは、適切でも実際的でもない。［中国は、人権の価値を認めており、違いを残しつつも、他の国々との相互理解、相互尊重そして合意を求めて、人権問題に関して平等の立場で議論し協力することに関与する用意がある］」（［　］内は、キンツェルバッハが略した部分）[4]。

そして、キンツェルバッハは次のように言う。

「［1992 年の］李鵬のような政府高官の発言と 2000 年から 2010 年の間に中国の外交官たちによってなされた主たる議論を比べると、中国の国連における人権外交の実質は、20 年以上前に天安門事件のあとで中国の一党体制国家が定式化した自己防衛的なポジションとほとんど変わっていない。」(op. cit., p. 330)

キンツェルバッハはさらに、2016 年の論文（Kinzelbach, 2016）で、李鵬発言は中国が天安門事件についての国際的批判に応えるべく 1991 年に発した『人権白書』の内容を基礎としており、同白書が 2016 年（キンツェルバッハ論文の執筆時）に至るまで中国の議論の基礎をなし、その後発表される（数次にわたる）『人権白書』も基本的な路線は同じであると論じている（Kinzelbach, 2016）。

では、中国の人権外交が大きく変化したというピッコーネの論と中国の外交官の議論の内容には基本的に変化がなかったというキンツェルバッハの論との間には、どのような関係があるのであろうか。1989 年の天安門事件以降、中国の人権外交は変化したのか、していないのか。この問題に答えるのが本章の一つの目的である。結論を先取りして言えば、どちらも正しいということである。すなわち、1991 年の『人権白書』に見られた人権についての言説は、

いくつかの要素（サブ言説）によって構成されている。そして、この言説体系は以後も基本的には変化はない。しかしながら、その言説体系の中に防御的な要素と、対外的な投射をする要素が含まれており、それらの要素は内容的には基本的に変化していないが、要素間の比重が変化し、とくに 2017 年以降になると後者の対外投射的な要素が、新しい要素を付け加えつつ、強くなるのである。中国の人権外交は、その言説の構成要素に変化は見られないが、その力点が外圧反応的なものから内政投射的なものへと変化している。

第 2 項　中国の人権言説体系（対外的表出）

1. 82 年憲法と 2004 年の修正

中国においては、改革開放が始まった初期、1982 年に作られた憲法（現憲法の原型）の中に人権が明記されることはなかった[5]。ただ、その第 2 章で、「公民の基本的権利と義務」をのべ、公民（市民）の幅広い基本的権利を認めている。たとえば、第 35 条には、「中華人民共和国の公民は、言論、出版、集会、行進、示威の自由を有する」とある。ただ、この自由は第 51 条に見られるように、制限的である。第 51 条には、「中華人民共和国の公民は、自由と権利を行使するにあたって、国家、社会、集団の利益、およびその他の公民の合法的な自由と権利を損ねてはならない」とある。中国の憲法で人権が組み込まれたのは 2004 年の憲法修正であり、そのとき第 33 条の修正として、「国家は、人権を尊重し保障する」と追加された（土屋、2004, p. 65）[6]。人権は、国家が保障するものであり、また限定条件が厳しいものであった。天安門事件が起きたのは、その中間時点であった。

2. 天安門事件と国連差別防止・少数者保護小委員会

中国が人権問題で国際社会からの強い批判を受け、それに対する対処が重大な問題になったのが 1989 年 6 月の天安門事件であった[7]。アメリカをはじめとする西側諸国は、国（アメリカ、EU 等）ごとにも中国を制裁したが、国連のレベルでは、当初は人権委員会の下の「差別防止・少数者保護小委員会 the Sub-Commission on Prevention of Discrimination and Protection of Minorities」

が天安門事件を人権問題として取り上げる主たる舞台であった（国連人権委員会は、会期が3月までであり、閉会中であった。翌1990年、人権委員会は当該の問題を取り上げる――後述）。

同小委員会は、地域に割り振られ、選ばれた26人の専門家が個人の資格で国家とは独立した観点から問題を検討するものであった。同小委員会は特定の国の人権問題を取り上げてきたが、中国という国連安保理の常任理事国を取り上げるのは初めてであった[8]。だが、中国の委員、田進（Tian Jin）は、国連憲章2条7項（内政不干渉）をタテに、決議に反対したという（Foot, 2020, p. 199）。これと符丁を合わせて中国政府は、内政不干渉などにもとづき問題を小委員会で取り上げることを阻止しようとして、小委員会に大きな圧力をかけた。同小委員会は、このような政治的圧力を排し、（専門家の）独立性を図るために、特定の国を取り上げる決議に関しては、秘密投票をルールとするなどの決定を行った。

中国に対する問題は、このような政治的圧力の中で委員の間の議論が進み、NGOの見解も述べられた。また、新しいルールによって、決議を採択する前に、関連する国家は発言を許されるようになっており、中国の（国家）代表はオブザーバーとしてステートメントを開陳した。中国は、そのステートメントの中で、NGOの言っていることは"嘘"であり、また中国の行動は主権の行使であって、同小委員会など外からの介入は許されないと述べる（Maher and Weissbrodt, 1990, p. 295）。このようななかで、賛成票を確保するために決議内容を修正しつつ（弱めつつ）、1989年8月31日、「中国における状況 Situation in China」という決議が採択された。その決議は、特定の人権侵害には言及せず、①最近中国で起こっている出来事に関して、とくに人権の分野での影響を憂慮し、中国政府ならびに信頼性のある情報源からの情報を人権委員会に伝えるよう事務総長に要請する、②中国における出来事の結果、自由を奪われた人々に配慮するような措置をとるようにアピールする、というものであった――決議1989/5[9]（秘密投票により、賛成15、反対9で採択、UN Economic and Social Council, 1989, p. 101）。

また、中国の政治的圧力に直面した委員の中には、中国は同小委員会の権

限を限定するような報復をするかもしれないと述べるものもいたという (Maher and Weissbrodt, 1990, p. 306)。事実、1991 年、中国は同志国の協力を得て、小委員会の権限を縮小しようとする。そして実際に、人権委員会 (親委員会) で取り上げた問題は小委員会では取り上げることはしない等、その権限は縮小されたのである (Kent, 1999, pp. 74-75)。さらに先のことを言えば、2006 年、人権委員会が人権理事会に改組されるとき、同小委員会は廃止され、諮問委員会に代置される。諮問委員会が取り上げることのできる問題は、特定の国の問題ではなくテーマ的な課題に限定され、また自身で決議あるいは決定をすることを禁じられた (UN Human Rights Council, n.d.)。諮問委員会は、18 人の専門家からなり、いわばシンク・タンクに徹することとなった。これは、理論的に言えば、行為者 A (中国) が行為者 B (国家に縛られない行為者——専門家や NGO) の活動を制限し (あるいは排除し)、制度の中で A にとって都合の悪いことが提起されないようにする、ということである。制度的パワーの一種であり、また一定の問題を決定から制度的に排除するという「パワーの第二の顔」の一種である (Bachrach and Baratz, 1962; Barnett and Duval, 2005)。

　この小委員会の決議 1989/5 に対して、中国外務省は、同決議は重大な内政干渉であり、中国での出来事 (天安門事件) は外国に支援された国家転覆、社会主義システムの転覆を試みる反乱 rebellion であって、人権には関係ないと述べる (Maher and Weissbrodt, 1990, もちろんこれは、人権を取り扱う小委員会の権限外の問題であるということを強調したものでもあろう)。

　しかし、国連事務総長は、小委員会の決議に沿って、国連経済社会理事会の諮問資格 (consultative status) を持っている NGO に意見を求めている。それらの NGO の意見のなかで、たとえば、国際人権連盟 (International League for Human Rights) は、世界人権宣言を引用しつつ、中国の行動は大規模で深刻な人権違反であると論じている。すなわち、世界人権宣言の第 3 条 (すべて人は、生命、自由及び身体の安全に対する権利を有する)、第 9 条 (何人も、ほしいままに逮捕、拘禁、又は追放されることはない)、第 20 条 (すべて人は、平和的な集会及び結社の自由を享有する権利を有する)、第 11 条 (犯罪の訴追を受けた者は、すべて、自己の弁護に必要なすべての保障を与えられた公開の裁判において法律に従って

有罪の立証があるまでは、無罪と推定される権利を有する)、第19条(すべて人は、意見及び表現の自由を享有する権利を有する)、諸条項違反であると論ずる(UN Economic and Social Council, 1990b, pp. 31-32)。もちろん、これは一つのNGOの見解であるが、中国批判、あるいは中国に対して投射する主要な言説の具体的なものとして、世界人権宣言があることを示すものである。

西側諸国は、1990年以降、舞台を差別防止・少数者保護小委員会から人権委員会に移し、中国の人権問題を取り扱うことになる。このことについては次節で述べる。

3. 1991年の中国『人権白書』

これらの批判に対する中国からの「回答」が、1991年の『人権白書 Human Rights in China』であった(State Council Information Office of the People's Republic of China, 1991)[10]。この文書は、西側からの批判にこたえるものであり、K.キンツェルバッハによれば、西側の言説に対する対抗言説(counter-discourse)であった(Kinzelbach, 2016)[11]。この文書は、序と全10章によってなる。その言説は以下の議論のベースとなるので、該当部分を抜き書きし、当時の中国の人権に関する主要な言説を若干丁寧に整理することとしたい。とくに原理的な問題を考え、主として第Ⅰ章(生存権)、第Ⅱ章(中国の人民は広範囲の政治的権利を獲得した)、第Ⅲ章(市民[12]は、経済、文化、社会的権利を享受している)、第Ⅹ章(国際的な人権活動への積極的参加)などを見ることにする。他の章は、必要に応じて取り上げる[13]。

上述の通り、本章の目的は中国の人権についての言説分析なので、その内容が事実であるかどうか、また実践でどうなっているかはまずは問わない[14]。以下、おおよそ各章について、鍵となる概念(・で示す)を中心にまとめてある。また、[ ]内に示してあるのは、筆者の管見である。この管見では、一般的なものとともに、世界人権宣言との比較にも言及される。

ただ、鍵となる概念は多岐にわたるので、それらの内容と関係をあらかじめ簡単に述べておいたほうがよいであろう。基本的なポイントとして中国は、人権が政治的権利、社会的権利、経済的権利など広範にわたるとするが、そ

のなかでも生存権が最も重視され、このことが発展重視につながる。発展が生存権を保障するのである。市民権は、国家の政治体制の中に深く組み込まれ、人民独裁のなかでの市民権という特徴がある。人権を議論する場合には、政治体制を議論せざるを得ない。市民権と国家の関係では、市民権は国家が与えるため、きわめて制約的である。そして、中国共産党は、中国の国家体制、政治体制の核心であり、その位置は普遍的な選挙に基づくのではなく、中国人民の歴史的な選択によるとされる。したがって、人権は各国の人民が決めていくものであり、国際的に一律のスタンダードはない。このことは、人権の国際的規範の普遍性よりも各国個別の内容が重視されることを意味するので、人権問題に関して内政干渉を拒否する大きな理由となる。また、平和（国際的、国内的）と人権との関係は、平和と安定が人権を保障・促進するとされる。このような考え方を踏まえて、人権についての国際協力は協議を旨にするとの立場が表明され、また発展の権利を国際的に拡大することに主眼が置かれる。

　以上のことを念頭に置いて、1991年の『人権白書』を考察し、『世界人権宣言』との比較を可能にしていきたい。この白書が本章で取り上げる中国の人権言説の出発点となるので、以下で紙幅を使い説明する。

ｉ）中国の人権（序文）

『人権白書』の序には、次のように述べられている。

> 「中国政府は、世界人権宣言を高く評価してきた……。（しかし）歴史的背景、社会システム、文化的伝統、経済的発展における大きな違いによって、諸国の人権についての理解と実践は異なる。このような異なる状況から、諸国は、関連する国連の諸条約に対して異なる態度を取ってきた。」
>
> 「中国人民は、人権について彼ら自身の観点を引き出し、それと関連した法と政策を作ってきた。」
>
> 「中国の人権は、三つの顕著な特色を持つ。一つは、広範性である。

……それは中国市民全体が人権を享受することである。そして、中国市民が享受する人権は、単に生存、個人的、政治的な権利だけではなく、経済的、文化的、社会的権利を含む。国家は、個人と集団の権利の両方の保護を非常に重視している。二つには、公平性である。……中国人民は、金銭や財産状況および民族、人種、性別、職種、家系、宗教、教育レベル、居住期間とは関係なくすべての市民的自由を享受する。三つには、真正性 (anthenticity) である。国家は、人権の実現のためのシステム、法そして物的な手段を保証する。」

［この序では、中国は、「中国の人権」(Chinese human rights——今様に言えば、human rights with Chinese characters 中国の特色のある人権ということになろうか) を提起し、それと世界人権宣言を対比して、論じているようである。すなわち、「中国の人権」は、世界人権宣言に対する対抗言説であるということができよう（これらの点は、Kinzelbach, 2016）。］

ii) 生存権（第Ⅰ章）

この文書では、生存権[15]が極めて重視されている。

「生存権は、すべての人権で最も重要なものであり、それなくしては、他の人権は、問題外である。」

［この言説においては、生存権（そして、発展権——ただし、発展権は中国に関するものではなく他の開発途上国について使われている）は、人権そのものであり、かつそれがすべての人権のもととなっているという因果関係が含意されている。］

iii) 政治的権利、民主主義（第Ⅱ章）

- 民主主義と人権

「中国共産党は、その設立の最初の日から、民主主義と人権の旗を高

く掲げてきた。」

「人民は国の主人である、ということが中国の民主政治の本質である。」

- 中国の政治システム

「中国の選挙システムのもっとも著しい特徴は、選挙が金銭によって操作されておらず、代議員が誇張された空虚な約束に基づいてではなく、国家や社会に対する実際の貢献、人民に奉仕する姿勢、人民との密接な関係に従って選ばれることである。」

- 共産党

「中国共産党は、社会主義中国の支配政党であり、全国を通して人民の利益を代表する。中国共産党の指導的な地位は、独立と解放のための長く厳しい闘争の期間に中国の人民が下した歴史的な選択の結果である。党の指導は、主としてイデオロギー的、政治的指導である。」

「共産党の指導の下での多党協力と政治的協商のシステムは、人民民主主義を体現する基本的な政治システムである。……この協力における共産党の指導的な役割は、民主諸党によって認められており、それは長年にわたる共同闘争の中で発展したものである。」

「民主諸党は、野党でもなく対抗政党でもなく、国家運営に参加する政党である。」

- 人民民主独裁制

「憲法は、中国が人民民主独裁システムを実行することとしている。それは、人民の間の民主主義と人民の敵に対する独裁を結合したものである。」

- 市民の権利について

「市民は、言論、出版、集会、結社、行進、デモ(示威行動)の自由を享受する。」

「憲法は、市民が国家機関や役人に批判や提案をする権利……を持つと規定している。」

「中国のすべての少数民族は、漢族と平等の民主的な権利を享受する。」

［以上では、中国の政治システムの基本が述べられており、それと人権との関連が示されている。要点の一つは、中国の政治システムが民主主義（中国的特色を持つもの）であるという主張である。ただ、世界人権宣言が、普遍的な選挙に基づいた政治システムを考えている（世界人権宣言第21条3項）のに対し、中国の民主主義は、共産党の指導的な役割を中心としており、共産党の指導的役割は、普遍的選挙によるものではなく、人民によってなされた歴史的な選択の結果であるとされる。また、人民が主人であるという言い方は、後に「人民中心」という概念となり、広く使われる。このような政治システム論は以後引き続きみられ、2021年に出された『中国の政党システム』や『民主主義白書』でも同様の議論が展開される。要するに、この文書の第Ⅱ章では、中国の政治体制（人民民主主義）と人権（政治的権利——政治参加）との密接な関係が示されている。人権を論ずる場合、政治体制抜きには考えられないのである。あるいは、人権の問題は、対外的な次元と中国の国内統治という二つの次元が密接に関係する問題なのである[16]。さらに、生存権（発展権）に重点が置かれていることを見ると、人権イコール生存権（発展権）イコール政治体制（統治）というように、これらの概念が分かちがたく結びついていることがわかる。］

 ⅳ）広範な人権（第Ⅲ章）

「中国が主張する人権は、生存権、市民的、政治的権利だけでなく、文化的、社会的権利も含む。」

［この文言は、中国の人権が広範であることを示している。このことは、諸人権の間の関係（バランス）をどう考えるかという問題を引き起こす。アン・ケント的に言えば、「自由と生存の間のバランス (between freedom and subsistence)」(Kent, 1994) である。]

ⅴ）人権の制約（第Ⅳ章）

- 国家の安全の範囲での自由
  「中国には"政治的囚人（政治犯）"は存在しない。」
  「中国の刑法で規定される"反革命犯罪"は、国家の安全を危険にさらす犯罪である。すなわち、国家の権力や社会主義システムを転覆させる目的に関与する犯罪行為だけではなく、刑法……に挙げられている、政府転覆や国家分断を図る陰謀、武装反乱、スパイ活動なども指す。このような国家の安全を危うくする犯罪行為は、どの国においても懲罰の対象となる。」

［これは、中国における市民的、政治的な自由には制限があるとの憲法51条の具体的な例であると考えられる（中国の人権と法にかかわる諸問題については、毛里、2012, pp. 321-329 参照）。］

ⅵ）国際的活動（第Ⅹ章）

この章では、人権に関する国際的な活動の諸原理が述べられている。

- 国際的な生存権、発展権（開発途上国）
  「中国は、国家主権の相互尊重を主張し、開発途上国の人々の生存権ならびに発展権の保護を通じて世界のすべての人々がさまざまな人権を享受する必要条件を作り出すことを最優先する。」
  「中国は、国連人権委員会が発展の権利についての世界全体にわたる協議を行うことを熱烈に支持してきたし、国連人権委員会で発展の権利を独立のアジェンダ事項として議論する提案を支持してきた。」

- 内政不干渉
  「中国は、人権を口実にして他国の内政に干渉することに反対し、様々

な異常現象を除去して人権分野における国際協力を強化するよう絶えず努力してきた。」

「国連の人権分野での長年の活動において、中国は、いかなる国に対しても、その国の価値、イデオロギー、政治的基準そして発展モデルを他の国に売り込むために人権問題を使うことに断固反対してきた。」

「内政不干渉の原則が人権問題には適用されないという議論は、本質的には、主権国家が人権分野においては国家主権を放棄せよとの要求であり、その要求は国際法にもとる。」

「中国は常に、人権は本質的に一国の国内管轄の範囲の問題であると主張してきた。」

「人権システムは、国内立法を通じて各主権国家により批准され守られなければならない。」

- 国際協力の在り方

    「中国は、相互理解に基づいた人権分野での国際的な協力を強化し、違いを維持しつつ共通基盤を求めることに賛成である。」

- 国際社会が人権へ干渉することが許されるケース

    「国際社会は、世界平和と安全保障を脅かす行為、たとえば、植民地主義、人種主義、外国の侵略や占領、またアパルトヘイト、人種差別、ジェノサイド、奴隷貿易、そして国際テロ組織による深刻な人権の侵害などによって引き起こされる重大な人権侵害に対して干渉し、それらを阻止しなければならない。」

[中国は、国家の独立や自律そのものが（集団的）人権であると解釈しているので、植民地主義などに対抗することは人権そのものの問題となる。たとえば、1979年のソ連のアフガニスタン介入以来、1980年代、中国はアフガニスタンにおける国際的介入を強く支持したのである (Inboden and Chen, 2012, p. 48)。このように、引用部分は、中国の「国家主義的な」人権観を表す一方で、

人権問題への内政不干渉を強く打ち出す中国が重大な人権侵害にどう対処するかという問いへの回答を示してもいる。ただし、重大な人権侵害を「世界平和と安全保障を脅かす行為」に限定することにより、それを安保理が扱うべき問題とみなし、そこで拒否権をもつ中国が自己の意を通して中国の利益を損なわないようにすることを図ったと思われる。

　この人権についての中国の国際的活動の諸原理を見ると、この時点（1991年）での中国の人権に関する対外政策は、次のようになろう。

1. 生存権、発展権を開発途上国に広げ、拡大する。また、発展権を人権委員会の独立のアジェンダとする（この目的は 2017 年から度々導入された「発展の人権に対する貢献」決議によって実現されつつあると言える）。
2. 人権問題について、内政不干渉の原則を徹底する。内政干渉が人権問題に適用されるのは、国際法違反である[17]。人権は、一国の国内管轄権の範囲の問題である。
3. 相互理解と共通の基盤を求める協力を支持し、推進する。

　これら三つの対外的な機能は、守備の面と積極的な面の二面を持っている。1. は積極的に国際的に投射する要素であり、2. は自己を防御する要素である。そして、3. は両方にかかるものであり、守備にも当然使える。相互の理解と共通の基盤を求める協力は、相手の合意を得て積極的に協力するという面と、内政に干渉しないという二つのことを含意するからである。］

第 3 項　世界人権宣言と 1991 年の中国の『人権白書』の比較──言説と対抗言説

　M. スベンソンがいうように、中国の政治指導者は、天安門事件での強烈な批判に直面して、一方では外からの攻撃を防ぎ、他方では中国自身の体系的な見解を展開し、より先を見通した（proactive）なアプローチを考えなければならないと自覚した（Svensson, 2002, p. 1）。1991 年の中国の『人権白書』は、その出発点となるものであったろう。

　もし、K. キンツェルバッハのいうように、この『人権白書』が対抗言説であるとすれば、対抗の対象となる言説は、当然「既存の」人権論（「既存の規範」）であろう。その具体的な例が、『人権白書』自体が指摘するように、世界

表1　世界人権宣言と1991年の中国の『人権白書』(そして2021年『中国共産党と人権の保護』)の比較

文書 事項	世界人権宣言(1948年国連総会採択)	中国の『人権白書』(1991年)	『中国共産党と人権の保護』(2021)*
1. 人権	人類社会のすべての構成員の固有の尊厳と平等で譲ることのできない権利。 すべての人間は、生まれながらにして自由であり、かつ、尊厳と権利とについて平等である。	国家は人権を守るべし(国家は個人と集団の権利を守る)。 中国の人権(広範性、公平性、真正性)。	国家は人権を尊重し、守る義務がある。人権は、国家の統治システムによって保障され、促進される。 中国の人権は、広範に定義されるが、発展権が最優先とされる。
2. 人権の制約	すべて人は、自己の権利及び自由を行使するに当たっては、他人の権利及び自由の正当な承認及び尊重を保障すること並びに民主的社会における道徳、公の秩序及び一般の福祉の正当な要求を満たすことをもっぱら目的として法律によって定められた制限にのみ服する。	国家利益等のために制限される。 国家、社会あるいは集団の利益を損なってはならず、あるいは他の市民の合法的な自由と権利に抵触してはならない(憲法)。 したがって、中国には合法的ではない行為をした犯罪者は存在するが、政治犯は存在しない。 [天安門事件は、国家転覆を試みる反乱への対処であり、人権とは関係ない。このような規則は他のどの国にも存在する。]**	自由とか自治は合法的でなくてはならない。国家の安全、統一に反してはならない。反テロ法、国家安全保障法などの法律があり、あるいはそれらの法律は必要に応じて作られる。 [新疆ウイグル自治区の問題は、テロリズム、分離主義、宗教過激主義(三悪)に対処するものである。三悪は人権を損なうため、反テロ、脱過激主義化の対策は人権を回復し、促進するものである。「三悪」への対処は、SCOやさらには国連にもみられる国際的な規範である。]**
3. 国際的誓約と国内管轄権／内政不干渉、普遍性と特殊性	加盟国は、国際連合と協力して、人権及び基本的自由の普遍的な尊重及び遵守の促進を達成することを誓約した。	人権は、各国の国内管轄である。 人権を口実にする内政干渉は許されない。	人権には一般的なモデルはなく、中国が目指すモデルは存在しない。人権は、人民の幸福の感覚ではかられ、中国の人民のみが判断できる。 中国の人権は、普遍性に基づいているが、中国の現実に基づいたものであり、中国は己の道をたどる。

第13章　中国の人権言説の展開（国連人権理事会を中心として）、1989〜2022　443

4. 人権と平和	世界における自由、正義及び平和の基礎である。人権の無視及び軽侮が、人類の良心を踏みにじった野蛮行為をもたらし（た）	人権を国際的に守るためには、世界の平和と安全を危険にさらす行為に干渉しなければならない。	人権を発展させ守ることによって、中国共産党はそのリーダーシップを強め、長期の平和、安定そして繁栄に向けてのよりよい社会主義を発展させることができる。
5. 生存、発展	一層大きな自由のうちで社会的進歩と生活水準の向上とを促進する。 すべて人は、衣食住、医療及び必要な社会的施設等により、自己及び家族の健康及び福祉に十分な生活水準を保持する権利（をもつ）。	生存と発展は最優先事項である。発展は、すべての人権の必要条件である。	生存権と発展権は、最優先の事項である。発展があればこそ他の人権も促進される。中国は、発展に成功し、絶対貧困を脱し、ほどほどの豊かさを達成し、人権を促進し、そのことが共産党への支持を強固にしてきた。発展の推進は中国の夢の基礎であり、それは世紀の半ばまでに中国を現代化された社会主義強国とするであろう。
6. 政治体制	人民の意思は、……定期のかつ真正な選挙によって表明されなければならない。この選挙は、平等の普通選挙によるものでなければなら（ない）。	人民民主独裁制である。 共産党の指導は、人民の歴史的な選択である。人民は国家の主人である。	中国の人権は、政治システムそして様々な制度によって保障され、促進される。中国の政治システムは、民主集中制である。共産党のリーダーシップのもとで多党間の協商が行われる政党システムは、中国の土壌に育った新しいモデルである。

* State Council Information Office of the People's Republic of China（2021c）（詳細は後述）.

** この表1で使われる中国の三つの文書にはないが、中国政府の他の文書に見られるものである（本文参照）。

出典）筆者作成（世界人権宣言の日本語訳は外務省仮訳に基づく）

人権宣言であろう。これらの対比を示したものが、表1の最初の二列である。表1の第三列には、2021年の『中国共産党と人権の保護——百年の探求』の内容が他の文書と比較して示してある。2021年の文書は、1991年の『人権白書』以降の30年間の中国の対外的な人権言説（の変化）の到達点であると考えられる。この文書については、本章第6節で考察、分析を行う。

　世界人権宣言と1991年の中国の『人権白書』には、40年以上の時間差があり、直接比較することはできないかもしれない。また、世界人権宣言を「既存の規範」と考えても、世界人権宣言に加えて、人権についての国際ルールがその後にいくつか作られてきた。世界人権宣言の内容を展開した多国間条約として、1966年に「市民的、政治的権利についての国際規約」(中国は署名したが批准していない、アメリカは五つの留保をつけて1992年批准) および「経済、社会、文化的権利についての国際規約」(中国は労働権で留保をつけ、2001年批准、アメリカは署名したが批准していない) が国連総会で採択された。前者では、いわゆる「ネガティブな権利」としての市民的、政治的権利の詳細が述べられ、後者では、「ポジティブな権利」としての経済的権利、社会的権利、文化的な権利が述べられている。ある意味での、人権の拡大である。後者においては、「漸進的な進歩」や「権利は、民主的社会のおける一般的な福祉のためにのみとられる方法によってのみ制約される」などの条項がある。さらに、1986年の「発展の権利に関する宣言」や1993年のウィーン宣言 (以上二つには次項で触れる) など、人権についての国際規範がいくつか存在する。

　しかしながら、世界人権宣言と1991年の中国の『人権白書』をそれぞれ「既存の言説 (規範)」、「対抗言説 (規範)」と考え、中国の行動を考察するのは、意義あることであろう。すでにふれたところも多いが、表1をもとに、六つの項目について、世界人権宣言と1991年の中国の『人権白書』を簡単に比較してみよう。そのあとで1986年の「発展の権利に関する宣言」と1993年の「ウィーン宣言」に言及することとする。

　第一に、人権そのものについて、世界人権宣言では、人権は生まれながらに与えられた自由と尊厳であるとしているのに対して、中国は、国家が人権を守るべきものとしている[18]。また、「中国の人権」は、社会や経済を含んだ

広範なものである。

　第二に人権の制約に関しては、世界人権宣言では、他人の権利の尊重や民主社会の公序良俗を満たし、それもその目的のために作られた法律によって定められた制限のみに服するとしている。それに対して、中国は、国家、社会あるいは集団の利益を損なってはならないとして、国家主義、集団主義的な色彩が強い。

　第三に、世界人権宣言は、人権や基本的自由の尊重と促進の達成を国際的に誓約した（国際的な約束、国際的な関心事項）とするのに対して、中国は、人権は各国の国内管轄の範囲であるとして、人権に関する外部からの非難を内政干渉としてそれを国際法違反であるとする。

　第四に、世界人権宣言は、人権の軽視こそが野蛮行為（戦争等）をもたらしたとしているのに対して、中国の『人権白書』は、人権を守るためには、平和と安全が必要であるとの含意をもつ文章を入れている。この点は、人権と平和の間の因果関係について、両者が対照的な捉え方をしていることを示唆している。

　第五に、生存と発展については、世界人権宣言は、衣食住などの必須の生活水準を保持する権利を認めているが、より大きな自由のもとで生活水準を向上することをうたっている。これに対して、中国の『人権白書』は、生存と発展はすべての人権の必要条件であるとして、自由などの人権よりも上位に置いている。

　第六に、政治体制に関しては、世界人権宣言が平等な普遍選挙を求めているのに対して、中国は、人民民主独裁制であるといい、共産党の指導は人民の歴史的な選択であるとしている。

　以上の違いは、自明で言うまでもないかもしれないが、人権をめぐる言説の対抗（規範のコンテステーション）という観点から、中国がいかに、どの次元で対抗し、他の言説を排除し、さらに自己の言説のいかなる要素を対外的に如何に投射していったかを明らかにしようとするときの一つの分析枠組みとなろう。

第 4 項　国連総会決議「発展の権利に関する宣言」(1986 年)

　1948 年の世界人権宣言と 1991 年の中国の『人権白書』を比較した場合、一つの大きな違いは、中国が生存権／発展権を最優先の事項としていることである。ただ、中国の立場は、発展権の強調という点では、1986 年の国連の「発展の権利に関する宣言」(総会決議、41/128) と通ずるところがある (UN General Assembly, 1986)。中国は、この「発展の権利に関する宣言」の主導国の一つであった。この宣言の内容を見ると、1991 年の『人権白書』、さらに、のち 2017 年、中国が国連人権理事会に導入する「発展の人権に対する貢献」決議 (本章第 3 節) とも通ずるものがある。以下では、「発展の権利に関する宣言」の内容を簡単に述べ、それと『人権白書』との異同を考えてみよう。

　これら二つの文書は同趣旨の内容を持つ。まず「発展の権利に関する宣言」では、「発展の権利は、奪うことのできない人権である」(「宣言」第 1 条) と謳っている。また、「人間は発展の中心的な主体である」(同第 2 条第 1 項) としており、中国の生存権／発展権重視、人民主体論と類似している。さらに、発展において国家を主体として考え (「国家は、適切な国家発展政策を形成する権利と義務を有する」(同第 2 条第 3 項))、発展のために国家間の協力を要請している。すなわち、「諸国は、発展の権利の十全な実現を促進する観点から、個別にまた集団として、国際的な発展政策を形成する措置をとる義務を有する」(同第 4 条第 1 項)。もちろん、この宣言 (発展の権利) の主たる対象は開発途上国である (「開発途上国のより急速な発展を促進する継続的な行動が求められる」(第 4 条第 2 項))。また、中国が生存権に含めることがある独立や重大な人権侵害であるとする植民地主義などに関しては、「宣言」第 5 条に「諸国は、アパルトヘイト、すべての人種主義および人種差別、植民地主義……などの状況によって引き起こされる人民および人間の大規模で甚大な侵害を排除する断固たる措置をとるべきである」とある。これも中国の『人権白書』に含まれている内容である。このように、1986 年の「発展の権利に関する宣言」と中国の 1991 年の『人権白書』との間には重なるところが多い。

　しかしながら、両者には異なるところもある。双方とも発展を人権と認め、それを重視する姿勢を示すものの、「宣言」は市民的、政治的権利も同等に

取り扱って、その実現を求めている。すなわち、「すべての人権および基本的自由は不可分であり相互依存的である。市民的、政治的、経済的、社会的および文化的な権利の実行、促進および保護に対して同等の注意と緊急の考慮が払われるべきである」（第6条第2項）。

さらにいえば、1991年の中国の『人権白書』の後で出された1993年の世界人権会議による「ウィーン宣言および行動計画」（Vienna Declaration and Programme of Action, 1993）は、個人の政治的、市民的な権利とより集団的な経済的、社会的な権利（発展の権利）を同等な地位と認めるコンセンサスを表している。より詳しくは、「すべての人権の促進と保護は、国際社会の正当な関心事項である」（para. 4）、「すべての人権と基本的自由の普遍的尊重と遵守へ向けた国連システムの努力は、諸国間の平和的で友好的な関係に必須な安定と幸福（well-being）に貢献する」（para. 6）とそれぞれ述べられている。さらに、「民主主義、発展および人権と基本的自由の尊重は、相互に依存し相互に強化するものである。民主主義は、自らの政治的、経済的、社会的および文化的システムならびにその生活のすべての側面に十全に参加することを決める人民の自由に表現された意思に基づく」（para. 8）とされている。さらに、次のように述べている。

>「発展の権利に関する宣言で確立されたように、発展の権利は、普遍的で奪うことのできない権利であり基本的人権の不可分の一部であることを再確認する。
>　発展の権利に関する宣言に示されたように、人間は、発展の中心的な主体である。
>　発展は、すべての人権の享受を促進するが、発展の欠如を、国際的に承認された人権の制限を正当化するのに使ってはならない。」（傍点筆者、para. 10）

このように、1986年の「発展の権利に関する宣言」と1993年のウィーン宣言は、発展権や社会的、経済的権利を認め、また重視することを明示して

いるという意味で、世界人権宣言とは(少なくともニュアンスは)異なるものとなっているが、市民的、政治的権利も同等に重視されるべきであるとしており、発展優先の中国の立場とは異なる。

第2節　国連の人権理事会における中国の活動——外圧への反応／対抗

　本節では、天安門事件をめぐっての、国連人権委員会／理事会(2006年、人権委員会は人権理事会となる)での中国と西側の「攻防」を分析する。天安門事件以降、西側諸国はほぼ毎年、「中国の状況 Situation in China」という決議案を導入する。それに対して、中国側はノーアクション動議(当該決議案の審議をしない)を導入し、西側の決議を「封殺」しようとする。そしてこの試みは、1995年を除いて成功する。ノーアクション動議が採択されたことは、中国支持の国が数的に西側諸国を支持する国をうわまわったことを意味する。これは中国と志を同じくする「同志国」の大きさを示す(第1項)。しかし、2000年代の半ばとなると、EUは対中人権問題で「静かな外交」をとるようになり、またアメリカも9.11事件の後、中国との協力が必要となったので、中国の人権問題は、国連人権委員会／理事会では、静かなものになっていく(第2項)。その間中国は人権委員会／理事会の制度改革を試み、2010年代の半ばを過ぎると、人権理事会で積極的な活動をするようになる(第3節)。

第1項　対中決議案——ノーアクション動議と中国支持の同志国

　天安門事件後、初となる人権委員会(第46会期)は、1990年1月末に開催された(前会期は、1989年3月までであった。特別会合を開催する手続は当時存在しなかった、Foot, 2020, p. 195)。西側諸国は、2月28日、人権委員会に「中国の状況」という決議案(E/CN.4/1990/L.47)を導入した。これにより、問題は、専門家の独立の判断を尊重する小委員会から国家レベルに移った。人権委員会は、地域別に割り振られた全53カ国がメンバーであった。

　決議案の内容は、先述した1989年8月の差別防止・少数者保護小委員会で採択された決議を支持し、1990年1月に中国が戒厳令を廃したことを評

価しつつ、中国に世界人権宣言の示した人権を実現していくように求めるものであった。また、事務総長に中国に対してこの旨を伝え委員会に報告するよう求めた（よって「非難」とはいえ言葉遣いは穏やかと言ってよい）。3月6日、中国とパキスタンの代表がこの決議案についてのステートメントを述べた。そのとき、パキスタンの代表は経済社会理事会のルールの中にある、いわゆる「ノーアクション動議」を提案した。すなわち、委員会は当該決議案に対して何らの決定もしない、という動議である。この動議は記名投票にかけられ、賛成17、反対15、棄権11で採択された（人権委員会の53カ国のうち、10カ国は出席しなかったのであろう）。ここに、同決議案は、実質的な審議・投票が行われなくなったのである。ある意味で、中国側の「勝利」であった。賛成17票は、開発途上国が圧倒的であり、ソ連、ウクライナというソ連圏（まだ、ソ連は存在していた）などであった。反対票は、アメリカ、西欧諸国を主体とし、それに日本、パナマ、スワジランドが加わった。そして、棄権は、アルゼンチンなどのラテンアメリカ諸国が多く、それにフィリピンやさらにガンビアなどのアフリカ諸国も散見される（UN Economic and Social Council, 1990a, pp. 239-240）。

　西側諸国は、人権委員会において、同様の趣旨の「中国の状況」（時によってチベットが含まれることもある）と名付けられた決議案を以後1990年から1997年まで、1991年を除いて毎年導入する（ただし、1991年には、差別防止・少数者保護小委員会において、「チベットの状況」という決議が秘密投票で、賛成9、反対7、棄権4により採択されている——Resolution 1991/10, Geneva, 23 August, 1991）。ただ、西側の足並みは乱れだし、1997年には、カナダ、ドイツ、フランス、イタリア、ギリシア、スペインという西側諸国の常連は、決議の共同提案国にならなかった。1998年には、アメリカもEUも決議案を導入することを放棄した（Wheeler, 1999, p. 90）。西側と中国側で決議案を提出しないという取引が成り立ったのであろうか（Human Rights Watch, 1997）。しかし、決議案はその後も、1999年、2000年、2001年に導入されている（Johnston, 2008, p. 143）。

　これらいずれの決議案も、1995年を除いて、「ノーアクション動議」が採択され、決議案が実質的な審議には至ることはなかった（Johnston, 2008, pp. 143-

144)。ただし、1995年には、「ノーアクション動議」が賛否同数で否決される（票数：賛成22、反対22、棄権9）が、決議案そのものは、票決で反対票が賛成票を上回り否決される（賛成20、反対21、棄権12）。この逆転の原因は、ロシアの行動である。ロシアは「ノーアクション動議」には反対した。「ノーアクション動議」に反対するということは、当然、決議案そのものには賛成するという含意を持つが、ロシアは、実際には決議案そのものには反対した。中国がロシアに大いに感謝したことは言うまでもない。

　いずれにせよ、天安門事件以後、中国の人権に関する決議案が採択されたのは、1989年8月の差別防止・少数者保護小委員会におけるもの（および同小委員会における1991年のチベット決議）だけであり、親委員会である人権委員会においては、1990年以来、決議案はすべて否決された（ほとんどが、「ノーアクション動議」によるものである）[19]。決議案は、もし採択されても拘束力を持たず、ましてや制裁を伴うものではない。しかし、決議案が提起され、ましてや採択されれば、人権上問題ありということで、中国にとっては大きな問題であった。とは言え中国側からみれば、基本的には「中国の勝利」ではあった（Wheeler, 1999, p. 90; Human Rights Watch, 1997）。

　以上のような天安門事件以来の国際人権委員会における中国の行動（そして国際社会の動き）には、現在みられる状況につながっていく事象が見られる。ここでは、そのなかでもとくに、中国の人権に関する決議案にみられる「投票パターン」（「投票ブロック」）に着目したい。それは、中国を批判する決議に、賛成するグループ（A）、反対するグループ（B）、そしてその中間で、ある時は賛成したり、ある時は棄権したり、またある時には反対したりする国々である（C）（Human Rights Watch, 1997; Piccone, 2018）。グループAは、アメリカ、EU、日本を含む西側諸国であり、硬いグループである。グループBは、中国を中心とする開発途上国であり、冷戦期にはソ連圏の国々を含んでいた。このグループはパキスタンやキューバなどの権威主義的な国を含み、比較的安定した「集団」である。グループCは、時代によって変化するが、冷戦後には、いわゆる移行期経済の国々や、アジアではフィリピンが含まれたり、ラテンアメリカの国々もここに含まれるものが多い。いわゆる浮動票の国々である。

そして、グループＡとグループＢは、数的には、ほとんど常に後者が前者を上回り[20]、Ａが提出する決議案は「否決」された。

　これら三つのグループは、ＡとＢの競争の場を提供する。もちろん、ＡとＢは、人権規範の内容や侵害等をめぐって論戦を展開する。しかし、これを政治過程としてみると、中国からみれば、自国への支持を増大し（Ｂのサイズを保ち、大きくする）、Ａからの批判から自己を守ったり、Ａからの規範の投射を阻止、あるいは弱めようとしたりするのが重要になる。そのために、Ｂのグループを確保し、Ｃからの支持の調達を図ろうとする。その対象の多くは開発途上国であることから、中国は経済援助などの手段を使って支持の確保と調達を図った。また、中国は、西側諸国（グループＡ）との間でも、人権委員会（2006年から理事会）への決議を西側が提出するかしないか（またその内容）をめぐって、直接取引をした。しかし、このような取引をＡがすることは、人権擁護派からみれば、偽善である（Human Rights Watch, 1997）。

第２項　9.11事件と静かな外交

　このような①西側諸国と中国双方の自国グループへの支持の調達行動（競争）、および②中国を支持するグループの数的優勢は、現在でも見られる（Piccone, 2018）。

　すぐ後で述べるように、中国は、国連人権理事会において、とくに2010年代半ばから（習近平政権下）積極的な行動をとる。ただ、2000年代の大部分は、チベット問題、法輪功などの人権問題（宗教の自由を含む）が存在し、中国の人権問題は折に触れ、国際的なリアクションを引き起こした。しかし、2001年の同時多発テロ（9.11事件）後、アメリカの国際的な優先事項は対テロ戦争になり、中国は対テロ戦争の協力国であった。さらに、アメリカは、2001年５月人権委員会の選挙に敗れ、委員会創設以来の議席を失った[21]。したがって、アメリカは、対中国人権非難の決議案を提出するような強い態度をとることはなくなった。また、オバマ政権（2009年～2017年）になっても、中国の人権問題を強いて表に出すことはなかった。たとえば、ヒラリー・クリントン国務長官は、2009年、対中国では経済問題、安全保障問題など様々な

問題があり、これらの問題にアメリカが対中関与していく際に人権問題が障害になることを避けなければならないと述べていた (Clinton, 2014, p. 68)。また、EU も 2005 年以来、中国の人権問題に関しては、表立って中国を非難するよりも、裏で定期的に協議をする「静かな外交」を展開するに至った (Kinzelbach, 2015)[22]。

　この間、中国は、自国を西側からの非難にさらされないようにするために、たとえば人権委員会の様々な面についての制度改革の工夫を凝らしていた。その動きが「結晶化」したのが、2006 年の国連人権理事会の改組の問題である[23]。中国の行動は、個別国家指定の決議案の反対、国連人権委員会のメンバー資格として人権へのコミットメントを条件とする案に反対、非国家的要素（NGO など）の排除などを軸に展開した (Piccone, 2018)。個別国家指定の決議案に関しては、それを排除することに必ずしも成功しなかったが、加盟国が差別なく審査を受ける Universal Periodic Review（普遍的・定期的レヴュー）制度が取り入れられ、また理事会のメンバーシップも特段の制限を設けず（もちろん、細かく言えば、理事国は人権を促進するという誓約をしなくてはならず、人権を尊重する国が選ばれるとした）、地域ごとに配分するという制度が確立された（ただし、地域ごとの配分は従前と同じである）。また、本章第 1 節第 2 項で述べたように、専門家が独立性を持って判断することを基本とする「差別防止・少数者保護小委員会」（1999 年、人権促進・保護小委員会 Sub-Commission on the Promotion and Protection of Human Rights と改名）は、諮問委員会となり、個別国家を指定した議論をしてはならず、また決議や決定をする権限を失った。

　ピッコーネは、2016 年から 2018 年にかけての人権理事会における中国の活動について、中国が主導的にかかわった七つの決議案（二つの決議案、五つの（既存の決議の）修正案）を取り上げて分析している (Piccone, 2018)。そのうちの決議案二つは採択され、五つの既存の決議に対する修正案は否決された。二つの決議案は次節で詳細に取り上げることとして、ここでは五つの修正案について付言しておく。修正案の多くは、NGO（市民社会 civil society）の影響力を弱めようとするものであった（国連人権理事会の中で中国の都合の悪いアジェンダが提示される可能性のある制度を変えようとする動きの一環である——今一

つは、個別国家指定の決議案の提出を禁止する条項を入れようとすることである[24]）。たとえば、中国がかかわった修正案を通観すると、国連総会決議で保護されている「人権擁護者 human rights defenders」の名称を変え、NGO の正当性を弱めようとしたもの、市民社会は資源を「合法的で透明な方法で受け取り利用しなければならない」という文言を入れ、NGO に対する監視を強めようとするもの、さらに NGO に領土的主権を尊重するように求めるものも含まれていた（これは、「一つの中国」に従わない NGO を排除しようとするものであった）。これらの修正案は、すべて採択されなかった。このことは、国際社会において、市民社会の役割を尊重するという態度がいまだ強いことを示すものであろう（あるいは、既存のルールを変更することは容易ではないことをあらわすのかもしれない）。

第 3 節　人類の未来を共有する共同体（人類運命共同体）、ウィン・ウィン、人民中心のアプローチ：人権の「再定義」へ──内政投射型へ

　中国は、2017 年以来、国連人権理事会にいくつかの決議（案）を導入する。それらの中には、究極的には、人権の「再定義」にもつながる可能性のあるものがあった。また、中国（習近平）のさまざまなスローガンを決議案に入れ込む動きが目立った。本節では、中国が 2017 年以来国連人権理事会に導入した一連の決議（案）を詳しく考察し、その内容、意味合い、支持国、反対国、反対の論理、さらに中国の内政の反映などを明らかにする。第 1 項は「発展の人権に対する貢献」決議（2017 年 6 月）、第 2 項は、「ウィン・ウィン」決議（2018 年 3 月）、第 3 項は「人民中心のアプローチ」決議（2020 年 10 月）を取り扱う。

　中国の国連人権理事会における活動において、2017 年が一つの区画をなす一因は、後に述べるように、中国国内で 2016 年に『発展の権利──中国の理念、実践、貢献』が発出され、その中国国内の言説が国際場裏に投影される準備がなされたことである。さらに 2017 年に発出された『人権白書』の中の一つの章（「法の支配のもとでのグローバルな人権の発展を積極的に促進する」[25]）

において、中国は、人権の保護に関連する国際的ルール作りに積極的に参加していく意思を示しつつ、習近平が提唱する「人類運命共同体」が「国際人権保護の視野を広げ、グローバルな人権ガバナンスを公正で合理的な方法で促進するのに大きな役割を果たそう」(傍点筆者)と論じている。

ここに、中国は「ルールの受容者」から「ルールの形成者」へ、さらに自己の規範的枠組みを国際化していくという「規範の形成者」への変化の可能性を示すのである (Potter, 2021, chapter 2)。

第1項 「発展の人権に対する貢献」決議 (2017年6月)——習近平の言説の組み込み (「人類の未来を共有する共同体 [人類運命共同体]」、「人民中心の発展」、「ウィン・ウィン」) と発展重視の言説

1. 人権理事会の決議

2017年6月、中国は、アルジェリアやベラルーシなど25カ国[26]とともに、中国にとっては10年ぶりに提出する決議案と言われる「すべての人権を享受することへの発展の貢献」(The contribution of development to the enjoyment of all human rights) (以下、「発展の人権に対する貢献」と略す) を提出する (Pioccone, 2018)。同6月、決議案は採択される (A/HRC/RES/35/21)。採決の結果は、賛成30、反対13、棄権3であった (人権理事会は構成国47——パラグアイは投票しなかった)。賛成した国はすべて開発途上国である。反対した国はEU加盟国とアメリカ、日本、スイス、アルバニアなどであり、基本的に西側先進国であった。

この決議の前文は、発展の権利 (the right to development) や「持続可能な開発のための2030アジェンダ the 2030 Aganda for Sustainable Development」等を想起したうえで、発展と人権および基本的な自由は相互依存関係にあり、相互に強化し合うことを認識する (発展も開発もともに development の訳語であり、ここでは慣例にしたがって両者を使い分ける)。とくに2030アジェンダ (SDGs) は、極めて広範であり、各国の異なる現実、能力、発展を考慮に入れ、各国の政策や優先順位を尊重する点を高く評価している。前文はまた、極端な貧困の存在は人権の享受を妨げ、その根絶は最優先事項でなくてはならず、そのた

めに国際的な協力を促進すべきであると再確認した後に、「人類の未来を共有する共同体を建設する共通の希求を認識する」と前文を締めくくる(傍点筆者)。

　以上が前文の概要であり、主文は以下の五項目からなる。

1. 発展は、すべての人によるすべての人権の享受に重要な貢献をすることを確認する、
2. 人民の、人民による、人民のための人民中心の発展を実現することをすべての国に呼び掛ける、
3. とくに持続可能な開発のための2030アジェンダを実行するにあたって、それが人権の包括的な享受を促進するので、すべての国は、持続可能な開発を促進するための労を惜しんではならないと呼び掛ける、
4. パートナーシップ、ウィン・ウィンの結果そして共通の発展(共同発展)を促進することを目的として、発展イニシアティブを促進するさらなる努力を歓迎する、
5. 持続可能で包摂的な開発を実現するにあたって、国連システムのすべての関連機関が、諸国家を支援するために資源を動員することを要請する、

　以上が内容に関する主文であり(傍点筆者)、今後の課題・手続きについては次のように述べる。

6. 人権理事会の諮問委員会に、いかにして発展がすべての人によるすべての人権の享受に貢献するか、とくに最良の経験と実践例について研究を行い、その報告書を人権理事会の第41会期[2019年]の前に提出することを求める。

　この決議は簡潔ではあるが、四つの特徴が挙げられる。
　一つは、中国(習近平政権)の政策シンボルが入れ込まれていることである。

すなわち、人類運命共同体[27]、人民中心(の発展)[28]、ウィン・ウィン、共通の発展である(傍点で示したもの)。そして、中国は以後、これらの基本的なシンボルに基づいた個別の提案(決議案)を順次提出していく。

二つには、人権についての言説の内容である。この決議は、「すべての人権」というように、人権概念を拡大して考える。それとともに、発展がすべての人権を促進する(「重要な貢献をする」)という因果関係をつよく押し出している(第1条)。極端に言えば、人権のためには、発展が前提条件となるという言説である。ただし、前文においては、「発展と人権および基本的な自由は相互依存関係にあり、相互に強化し合う」と述べており、1986年の国連総会の「発展の権利に関する宣言」を踏襲している。

以上の二つの特徴は、中国が自己のシンボルや言説(因果関係を含む)を国際制度に埋め込み、それを通して影響力・投射力を増大していくという国際制度的話語権を表している。もちろん、それらの言説が国際制度に組み込まれることは、中国国内でのそれらの言説(またそれを示す指導者)の正当性を高めることになる(この点、本章第7節第2項)。

三つ目の特徴は、この決議に関して、西側先進国から反対が13あったことである。その反対の理由は、決議に示されている発展が人権の基本的要因となるという言説に対するものである。すなわち、世界人権宣言を踏まえれば、人権は個人が生まれながらにして持つ固有の権利である(「人類社会のすべての構成員の固有の尊厳と平等」)。人権／自由が前提となって社会進歩と生活水準の向上の促進をはかるということである(「基本的人権、人間の尊厳及び価値並びに男女の同権についての信念を再確認し、かつ、一層大きな自由のうちで社会的進歩と生活水準の向上とを促進する」)。このような規範から言えば、人権は、発展の程度にかかわらず保証されなければならず、また人権と自由が保障されるなかで、発展(社会的進歩と生活水準の向上)がはかられなければならない。これは、発展が人権を向上させるという因果関係とは逆の因果関係である。このような観点から言えば、発展を人権の前提条件とするような言説は受け入れられない。たとえば、ドイツは、次のような議論を展開している。すなわち、「人権は、発展の最初からあり、最後にあるのではない。……人

権は、平和、発展と結びついており、相互に依存している。しかし、それらの間に階層性はない。発展は、人権が達成される前提条件ではない。人権は、さらなる発展のための手段なのである」(Germam Submisson, circa 2018)[29]。「発展の人権に対する貢献」決議に見られる言説(規範)と世界人権宣言(さらに、「発展の権利に関する宣言」等)にあらわされた既存の規範は、対立するところが大きい。ある意味で、西側は既存の規範の維持者、防衛者であるのに対して、中国(とそれを支持する開発途上国)は既存の規範に対する挑戦者であり、ときに「規範の破壊者」(この点、本章第7節第1項)である。さらに言えば、「発展ベースの人権」という規範を人権についての新しい規範としようとしているとするならば、中国(やそれを支持する開発途上国)は、規範企業家とも言える。ただ、人権をめぐる規範的な対立は、双方ともに人権規範(人権の妥当性 validity)を認めながら、しかしそれを実現する手続き(順番、優先順位等)において異なる、との解釈も可能であるかもしれない。

この対立は、南北問題、すなわち西側諸国と開発途上国との対立と重なり、賛否もきれいに分かれる。すでに述べたように、ピコーネ(Piccone, 2018)は、この時期(とくに2016年から2018年)の国連人権理事会における中国がイニシアティブをとった提案に関して、中国を支持するグループ(中国の「同志国 like-minded group」)、中国に反対するグループ、そして決議によって反対の方向に行ったり棄権したりするグループという三つのグループが存在することを指摘している。

四つ目の特徴は、本決議の内容を実践として具現化しようとする志向が見られることである。決議の第6項は、発展と人権との関係について研究を行い、より具体的な内容、政策、実践等を明らかにしようとする。これは、研究報告と「発展の人権に対する貢献」の決議(もちろん、その具体的な内容は、時々の問題を取り込み、加筆、修正がある)が2年ごとに繰り返し提案されることを含意し、事実そのようになった。

2．中国の国内言説の反映──『発展の権利──中国の理念、実践、貢献』(2016年)

すでにふれたように、この決議案に含まれるシンボルや言説は、中国の国

内政治(の動き)に密接にかかわっている。たとえば、「発展の人権に対する貢献」決議が国連人権理事会に導入される前年の 2016 年には、国連総会の「発展の権利に関する宣言」(1986 年) の 30 周年を記念して、中国国務院が『発展の権利——中国の理念、実践、貢献』という白書を発出する (State Council Informaion Office of the People's Republic of China, 2016)。この白書は、発展の権利、中国(共産党)が行ってきた政策と成果を謳うものである。以下、本章の文脈に即してその内容を箇条書きする。

①発展と人権。発展権を重視し、発展の結果、人権が実現していくという認識を示す。前文では、「発展を通じてのみ人民の基本的な市民的権利を守ることができる」と述べられている (ただし、同文書の中国語版では「人民的基本権利」であり、「市民的」は含まれていない)。

②国家、共産党(習近平)の主導。前文はまた、「2012 年の共産党全国大会以来、習近平を核心とする共産党中央委員会は、人民中心の発展に光を当ててきた。『二つの百年』の目標と中華民族の偉大なる復興という『中国の夢』の実現の過程で、中国は民生の保障と改善を重視し、すべての社会事業を促進し、人民の平等の参加および発展の権利を守った」と述べている。さらに、「中国は、人権の普遍適用原則と国家の現実を統合する」とも述べている。

③ウィン・ウィン、国際協力。第 8 章においては「中国は、相互尊重、平等の待遇、ウィン・ウィンの協力、共通の発展という原則を堅守し、中国の人民と他の諸人民の共通の利益を促進する」としている。

④共同体の建設。そして、結論においては、「共有の発展を促進し、未来を共有する共同体(人類共同体)を建設するために、中国は不断の努力を行い、重要な役割を果たしてきた」と述べる。

⑤政治体制。また、第 4 章では、中国の国内について、民主的な選挙は市民の政治的権利の重要な要素だとして、中国では選挙が行われ代表 (deputies) が選ばれており[文書に書いてあるままである]、また政治協商会議では、「協商的民主主義 consultative democracy」が行われているとしている[30]。さらに、中国内では民族の自治も行われて、司法制度も整備され、環境問題でも進展が見られるとしている。

第 13 章　中国の人権言説の展開（国連人権理事会を中心として）、1989～2022　　459

　この『発展の権利——中国の理念、実践、貢献』(2016 年) と「発展の人権に対する貢献」決議 (2017 年) の内容を比較すると、中国の国内で出された言説が対外的に投射されるという傾向が読み取れる。天安門事件の時には、外圧にいかに対応するか (外圧反応・対抗) という行動であったものが、内圧 (内政) 投射型の行動が示されているのである (山本吉宣、1989, pp. 85-93; Ripsman, Taliaferro, and Lobell, 2016, Introduction)。また、この内圧 (内政) 投射型の行動は、中国国内で形成 (変形) された人権概念 (価値、善) を輸出する「善の輸出」という側面を持つことになる (Potter, 2021)。

第 2 項　「ウィン・ウィン」決議 (2018 年 3 月)

1．決議案の導入

　2018 年 3 月、中国はキューバ、パキスタンなど 19 カ国で (その中にはベラルーシなど国連人権理事会の理事国ではない国も多数含まれる)、「人権分野における互恵的協力 (mutually beneficial cooperation, MBC と略される) の促進について」[31]という決議案を提出する。この決議案は、人権に関して、国家間の多国間主義を重視し、相互に利益になる協力を促進しようとする一方で、人権の実質 (人権は、個人の固有の権利である等) には触れていない。また、その決議には、人権がすべてに享受できるような「人類の未来を共有する共同体」[人類共同体]を達成する目的をもって、という項目が挿入されていた。この決議案は、人権分野におけるウィン・ウィンの協力の決議案と言われた。それは、決議案のオリジナルの題名 (導入される前の案の題名——オリジナルな案は未見) がウィン・ウィンであったり (ISHR (The International Service for Human Rights), 2020)、またこの決議案にあたっての中国代表部の演説の題名が、「人権という共通の大義のためのウィン・ウィンの協力」であったりしたからである (Chinese Mission to the United Nations Office at Geneva, 2018)。

2．中国代表部の文書 (2018 年 3 月 1 日)

　この中国代表部の文書 (上記演説の文書化されたもの) は、中国の人権に対する基本的な立場を明らかにしている興味深いものである。若干、寄り道にな

るが、この文書の内容を検討しておこう。

　まず、この中国代表部の文書では、習近平主席の名前を正面にたて、「人類の未来を共有する共同体」の建設とそのためのゼロサムを超えたウィン・ウィンの協力の必要性を説き、その文脈で人権を考えることを基礎にする。国際的な人権ガバナンスを公正で、偏りなく、開かれた包摂的なものにするためには、四つの道があるとする。

　一つは、経済発展であり、発展はすべての挑戦に対するカギを握る。発展の権利は、我々の最高の優先順位を持つものである。

　二つには、安全保障、紛争などであり、国家レベルにおける人権の進歩は、国内的な治安と安定にかかっている。［これは、「国内的な治安と安定→人権の進歩」という因果関係を示していると解釈できよう。］

　三つには、協力である。人権に普遍的なスタンダードはなく、またすべての国に適用できる人権への道は存在しない。我々がしなければならないのは、相互尊重、平等、相互利益に基づいた対話である。そして、公正で、客観的で、非選択的な方法がとられなければならず、ダブル・スタンダード、人権アジェンダの政治化、「名指しし、恥辱を与えること (naming and shaming)」をしないことである。ホスト国の同意を得て、ホスト国の人権能力を構築するための技術支援を強化しなければならない。

　四つ目は、公平である。開発途上国は世界の人口で80％を占めており、彼らは国際的な人権ガバナンスにおいて、より大きな代表権と発言権を持つべきである。発展の権利、経済、社会、文化の権利にはより大きな関心が払われるべきであり、これらを含む人権のすべてのカテゴリーは、バランスをとって進められるべきである。

　そして、最後に次のように言う。「人民中心のアプローチ "people-centered approach"（以人為本的方法）は、習近平主席のガバナンス思想の重要な部分である」[32]。［この「人民中心のアプローチ」は、人権問題に対する中国の中心的なテーマとなって行く（この点は、次節で詳述）］。

　この中国代表部の文書は、人権問題に対する中国の対外的な基本政策、戦略を明確に描いている。それは、①開発が人権の前提条件である（人権より開

発が優先する）、②国内の治安、安定が優先される、③人権についての国際的な行動は、国家間の同意に基づく対話が中心であり（ウィン・ウィン）、政治化やダブル・スタンダードは排除すべきである、④人権を考える上では、発展、経済、社会、文化の諸分野にわたってバランスの取れた促進を図るべきである（人民中心のアプローチ）。もちろん、これらの諸項目間に矛盾があり（たとえば、①と④）、またこれらすべての項目が、中国が導入した「ウィン・ウィン」決議に含まれているわけではない。たとえば、②国内の治安、安定が人権促進の条件であるという項目は含まれていない。この項目は、本章第4節で述べる新疆ウイグル自治区や香港の深刻な人権侵害を正当化する理由として明示的に出てくるのである。

3. 採択への過程

このような考えを反映して提案された「人権分野における互恵的協力の促進について」という決議案は、人権理事会で大きな波紋を引き起こした。同案に対しては、基本的な人権原理を弱める、内政不干渉原理への回帰である等の疑念が呈せられたが（Burnand, 2018）、賛成28、反対1、棄権17で採択される（2018年3月）。反対したのは、アメリカだけであった。アメリカが反対したのは、特定の国を相手にして人権問題を提起することができなくなることを危惧したからであるという（Piccone, 2018, p. 11）——もちろん、これが中国の狙いの一つではあったが。

ただ、本来ならば疑義、反対を唱えるはずの西側先進国が棄権に回ったのは、中国をあまり挑発しない方がよいと思ったからかもしれない（ibid.）。また、決議案に含まれている用語が、「口触りの良い、害のないもの innocuous」であり、表立って反対するのがはばかられるようなものであったからかもしれない。ジャーナリストのM. マニエは、一般的に「中国は、協力とか共有の価値とかいう一見無害なフレーズを国連の文書に導入し、人権の伝統的な諸定義をシフトさせ、曖昧にし、あるいは取って代えようとすることにますます熱心になってきている、と批判する人がいる」（Magnier, 2021）[33]と述べている。マニエが、批判者が指摘するとしているこのような中国の行動は、まさ

にシュナイカーがいう「規範の妨害／破壊」行為である（Schneiker, 2021, 本章第 7 節第 1 項）。また、マニエは、人権 NGO の次のような言葉を引用している。「中国は、彼らのプロパガンダに呼応する様々な語句を使い、彼ら自身の前例を作るのに長けている。……（すでに採択された）国連の決議の文言に反対するのは困難である」（Magnier, 2021）。より一般化して言えば、中国のやり方は、「既成事実化 fait accompli 戦略」あるいは「サラミ戦略」と言えるかもしれない。

　この「互恵的協力」の決議案は、内容を少し変えつつ、2020 年と 2021 年にも提案され、採択される。2020 年には、人権 NGO（ヒューマン・ライツ・ウォッチなど）の明確な反対もあり、西側諸国は警戒感を示して反対に回った。票決は賛成 23、反対 16、棄権 8 であり（2020 年 6 月、A/HRC/RES/43/21）、この種の決議では票差が極めて少ないといわれた。

　2021 年の決議案は、基本的な内容が変わらないものの、新型コロナに関する項目が付け加えられた。この決議案の第 6 項では、新型コロナに対処するのは国家と国家間の協力であることを強調しつつ、すべての国家が医療機器、医薬品、ワクチンへの公正なアクセスを保証されるべきであるとし、特に開発途上国へのワクチンのアクセスと入手可能性（手ごろな価格など）を保証すべきであるとしている。この決議案は、2021 年 3 月に、賛成 26、反対 15、棄権 6 で可決される（A/HRC/RES/46/13）。2020 年の決議と比較すると、賛成が 3 増加し、反対が 1 減少している。この時、新華社は、「中国は、グローバルな人権の大義を促進するウィン・ウィンの協力のチャンピオンである」と報ずる。そして、その記事で第一にあげたのが、決議が多国間主義を掲げたということであった（Xinhua, 2021c）。決議の第 1 項には、多国間主義と MBC（mutually beneficial cooperation）の促進が謳われている。

第 3 項　「人民中心のアプローチ」決議（2020 年 10 月――取り下げ）

　2020 年 10 月、中国は、「人権を促進し、守るための人民中心のアプローチ people-centred approaches」（以後、「人民中心のアプローチ」）という決議案を国連人権理事会に提案する[34]。

1. 「人民中心のアプローチ」という概念・シンボル

まずは「人民中心のアプローチ」という概念について考えてみる。なぜなら、「人民中心のアプローチ」といういい方は、すでにふれたように、まさに中国の国内政治の(習近平の)中心的な政治的シンボルの一つであるからである。

「人民中心のアプローチ」という言い方は、比較的最近のものであり、2015年の18期中国共産党中央委員会第五回全体会議で、発展についての考え方として出されたものという(*China Daily*, 2015b; Z. He, 2020)。この全体会議のコミュニケを見ると、「人民中心のアプローチ」という文言そのものは見られないが、考え方として、都市部だけでなく農村部をも包摂し、ベーシックなサービスの平等や環境問題をも含むものとして、発展を包括的にとらえる「人民中心のアプローチ」の要諦となる内容が述べられている(Communist Party of China, 2015)。「人民中心のアプローチ」は、2017年の第19回中国共産党全国大会における習近平主席の報告に見られ、その報告では、「人民中心のアプローチ」という一項を設けている(*Xinhua*, 2017)。胡鞍鋼(清華大学国情研究院院長)らは、人民中心の包括的現代化という章を設けて、この概念を詳しく説明している(Hu et al., 2021, chapter 2)。それは、生産力の向上という現代化から、より包括的な現代化を目指すものである。すなわち、①社会主義の現代化は、包括的なバランスの取れた人間の発達(人間開発、human development)を目指す、②それは、経済的な次元を超えて、全体的な(holistic)人間の発達へと展開される、③社会主義現代化においては、人民が主役を果たす、④その駆動要因は、熱意と創造性である、⑤社会主義現代化は、全面的な社会的前進を促進し、多方面の均衡の取れた人間の発達を保証する、という内容を持つものである(op. cit., pp. 24-26)。このようにみると、2015年あたりから出てきて、2017年の習近平報告で本格化した「人民中心」という概念は、優れて発展にかかわるものであり、中国の今後の発展の指針を示すものであった。そこでは、人権は主題ではない。2017年の習近平の報告、また、胡ら(Hu et al., 2021)の「人民中心の包括的現代化」の章でも、人権には全く触れられていない。ただし、もし、発展が人権の前提である、あるいは発展イコール人権と考えるならば、それはまさに人権の問題ではあるが。

2018 年 10 月、習近平主席は、北京で行われた世界人権宣言の 70 周年を記念するシンポジウムに手紙（ステートメント）を送る。その中で、中国人民は他国人民と協力して、人類共通の価値（平和、発展、平等、正義、民主主義、自由）を支持し、より公正で、より健全で、より包摂的なグローバル人権ガバナンスを促進し、人類運命共同体を共同で建設すると明言する。また、「中国は、人権の普遍性という原則と現代の現実とを結びつけ、国情に応じた人権発展の道を歩み続けてきた」と述べたうえで、「中国は、人権の人民中心のヴィジョンを掲げ、最低限の生活（生存権）と発展（発展権）を主要かつ基本的な人権と考える」と主張している（*Xinhua*, 2018; Lu, 2021）。このような見解は、習近平主席の人権に対する考え方の基本を示していよう。そして、その考え方は、国連人権理事会における中国の言動に反映しているとともに、本章第 6 節で検討する 2021 年 6 月の『中国共産党の人権保護――百年の探求』（人権白書）[35]につながる。

2. 決議の導入とその後の過程

　すでに述べたように、2020 年の 10 月、中国は「人民中心のアプローチ」決議案を国連人権理事会に提案する[36]。この決議は、人権を守り、促進しようとする努力や国家の戦略において、すべての国が「人民中心のアプローチ」を追求すべきである（第 1 項）としている。この決議の中で「人民中心のアプローチ」は定義されていないが、決議の文脈から言えば、貧困を撲滅し、持続的な発展をはかることを内容としているようである。この決議は、SDGs に強く影響されており[37]、人権問題というよりも、経済発展の問題を取り扱っている印象さえ受ける。

　しかし、この頃、新疆ウイグル自治区の問題をめぐって、国際社会の中国批判は高まっていた。次節で述べるように、ウイグルをめぐる対立は、2019 年 7 月、西側の中国非難の声明と、それに対抗する中国支持の声明が出され、顕在化していた。そのとき、西側の声明を支持する国の数は、22 カ国であった（対して、中国支持は 37 カ国――正式に人権委員会に残っている記録では、50 カ国――次節で詳述）。しかし、2020 年の夏ごろには、ウイグル問題だけではな

く、香港問題が大きな問題になり、中国に対する批判がさらに強まっていた。香港の国家安全維持法が成立したのは、2020年6月30日であった。したがって、中国に対する批判はつよく、また広範に及び、北京冬季オリンピック・パラリンピックに対するボイコット論もみられた（様々な形が考えられていたが、外交ボイコットも案として含まれていた）。さらに、2019年には22カ国であった対中非難声明への賛同国が、30を超えるとの情報も流れていた（実際には、39カ国――後述）。また、中国はこの年、次期の国連人権理事会理事国の選挙を迎えており、得票数は130票と極めて低かった（もちろん、当選するには充分であったが）。このような中で、中国は「人民中心のアプローチ」案を静かに取り下げるのである。

3. 中国の粘り腰と強弁――「発展の人権に対する貢献」決議の再導入と採択

しかし、翌2021年7月、中国はもともと2017年6月に採択され、2019年にも導入・採択された「発展の人権に対する貢献」決議を、内容を変えて提出する。決議案は、2030年アジェンダが包括的で広範におよぶ、人民中心の普遍的、変革的、持続的な発展の目標とターゲットを含んだものであると歓迎する。またその第4項は、「すべての国に、人民の、人民による、人民のための人民中心の発展を実現するように呼び掛ける」となっている。この決議案は、賛成31、反対14、棄権2で採択される[38]。

この決議は、前年に取り下げられた「人民中心のアプローチ」案とは異なり、人民中心のアプローチが表題には入っていない。しかし中国（*Global Times*）は、この決議の採択を「国連の人権理事会は、中国の人権のための人民中心の発展を呼び掛ける決議を通過させた」（*Global Times*, 2021c）と報ずるのである。

ただ、決議案への賛成の論理と反対の論理は、2017年に「発展の人権に対する貢献」決議が提案、採択されて以来変わっていない。すなわち、中国側の論理は、「人間社会の永遠のテーマとして、発展は全ての問題を解決するカギである」ということである（在ジュネーブ国連機関代表部中国政府常駐代表 Chen Xu（陳旭）大使）(ibid.)。これに対して、反対論は、人権の前提条件として発展を設定するのには反対であり、人権は無条件の個人の権利である、とい

うことである。

4. 発展と人権の関係に関する人権理事会の報告書をめぐって

　本節第1項で見たように、2017年の「発展の人権に対する貢献」決議(第6項)では、諮問委員会が2019年6月までに諸国家、国際組織、NGOなどから意見を聴取し、「発展の人権に対する貢献」についてのレポートを提出することを求めている。これを踏まえて、諮問委員会は関係諸国家、国際組織、NGOその他に質問状を配布して意見を求める (UN Human Rights Council, 2018)。その回答のなかで、中国は当然ながら「発展の人権に対する貢献」に強い賛意を表し、「生存と発展の権利は、第一義的な、基礎的な人権である」等の回答をしている (Permanent Mission of the People's Republic of China, 2017)。これに対して、本節第1項で確認したように、たとえばドイツは次のような反対論を展開している。「人権は、発展の最初からあり、最後にあるのではない。……人権は、平和、発展と結びついており、相互に依存している。しかし、それらの間に階層性はない。発展は、人権が達成される前提条件ではない。人権は、さらなる発展のための手段なのである」(German Submission, circa May 2018)[39]。このような賛否両論を含む諮問委員会の報告書は、期限通り2019年5月に提出される。この報告書は多くの意見に基づいたものであり、発展と人権との関係をテーマとしているが、重点は、発展に置かれている印象を受ける。また、上記ドイツの意見は、そのまま書かれているが (op. cit., p. 4)、それを評価・判定するものではないようである。

　2019年7月に採択された「発展の人権に対する貢献」決議(A/HRC/RES/41/19)は、国連人権高等弁務官に対して、(2021年の)第47会期の前に1日間の(会期間の)セミナー (intersessional seminar) を開催すること、および第47会期にそのセミナーについて報告することを要請した。この要請にこたえて、2021年5月にセミナーが開催され、その報告書が提出される (OHCHR, 2021)。同決議はまた、国連人権高等弁務官事務所 (OHCHR) に「すべての人権の享受における発展の役割」に関する研究を含む、持続可能な発展に関連する活動を強化するように要請する(第13項)。この要請に沿って、OHCHRは、二

つの研究を委託した。一つは汪習根（Wang Xigen）教授（華中科技大学法学院院長、発展と人権についての専門家）に委託されたものであり、その報告書はすでに公開されている（X. Wang, 2021）。今一つは、「デジタル人権」についてであり、こちらの報告書は準備中である[40]。

　汪教授による報告書の要旨は、以下のとおりである。発展と人権の間の関係については、四つの考え方がある。一つは、人権ベースの発展であり、人権は、どの発展段階であっても必須であり、人権があってこそ発展できる、という考えである。そしてこの第一の考え方として、上記のドイツの意見が挙げられている。二つ目は、発展が様々な人権のベースになるものであり、発展を図ることによって人権が促進されるという見解である（発展ベースの人権）。国家の役割について言えば、前者（人権ベースの発展）は国家の役割が小さく（ただし、彼は、あとで、人権についても国家の役割が重要であるとする）、「コスト・フリー」だが[41]、後者（発展ベースの人権）は、発展のために国家が重要な役割を果たす。三つ目は、これら二つの対照的な考えが分野を異にして成り立つという考え方である。すなわち、人権ベースの発展は、政治的な自由などの人権であり、社会的、経済的な人権は発展ベースで考えられる、というものである。四つ目の考えは、発展そのものが人権である、という考え方である。

　ただ、汪教授自身は、一方でこれらいずれにも与せずに「人権無くして発展無し、発展無くして人権無し」という考えを示し、発展と人権の間の様々な関係やフィードバックを考え、適切な政策を考えるべきであるとする[42]。しかし他方で、発展をベースにする人権を最優先に考えるべきであるとする。そして、発展でも良い発展と悪い発展があり、良い発展のためには良い統治が必要であり、それは参加、透明性、平等、無差別、法の支配にもとづいていなければならないとする。また、発展には強いリーダーシップが必要であるとも主張する。これがすなわち、人民中心のアプローチ（発展）であると論ずる。報告書の結論部分においては、発展ベースの人権、人民中心のアプローチが強く打ち出されている。そして、「人類の未来を共有する共同体［人類共同体］を建設することは、発展を通しての人権を促進するための基本的な

条件 (の一つ) である」(op. cit., p. 48) とも述べている。

　2017 年 6 月に採択された「発展の人権に対する貢献」決議においては、すでに述べたように、「人類共同体」、「人民中心のアプローチ」、「ウィン・ウィンの結果」等、中国のシンボルが挿入されている[43]。汪教授は、人権理事会 (OHCHR をとおして) の委託により報告書を作成するという立場にあるが、中国が推進する言説を最終的には表面に立てている。中国の言説が国際組織の中で浸透していく過程 (あるいは、中国のプッシュ) の一コマであろう。そして、2019 年 7 月の決議により、2021 年に会期間のセミナーが開催され、2021 年の会期では、「発展の人権に対する貢献」決議が採択される。そして、この 2021 年の決議は、2023 年の会期前に地域的なセミナーを開催し (第 13 項)[44]、人権高等弁務官がそのレポートを 2024 年の第 54 会期に準備することを要請している (第 14 項)。半永久的に続く発展と人権のテーマの継続であり、この継続により中国的な人権観を実践・慣行 (practice) として定着させようとしていると言えよう。1991 年の中国の『人権白書』において、中国の人権外交の主たる課題の一つとして、発展を人権委員会での独立のアジェンダとすることをあげていた。その目標が達成されたように見える。

第 4 節　新疆ウイグル自治区をめぐって

　新疆ウイグル自治区の人権問題は、2017 年末にはひろく報道されるようになっていた。国連で初めて同問題が取り上げられたのは、2018 年 8 月、人種差別撤廃委員会 (Committee on the Elimination of Racial Discrimination, CERD) が中国に対して新疆ウイグル自治区で何が起こっているかを説明するよう求めたときであった (CERD は、18 人の自律性を持つ専門家から成り立つ)。すなわち、中国が提出した (2 年に一回の) 定期報告に対する「総括所見 Concluding Observations」において、同委員会はいくつかの懸念を表明した。その中には、新疆ウイグル自治区のウイグルや他のムスリム少数派に対する多くの人権侵害 (たとえば、再教育センターや強制拘留) が含まれていた (CERD, 2018, pp. 7-8; OHCHR, 2022a)。これに対して、その 2 日後、中国のスポークスマンは、伝

えられているような再教育センターは存在しないと述べた(Millward, 2023)。

この「総括所見」は、2019年7月に西側22カ国が示した新疆ウイグル自治区の人権侵害問題についての共同声明(手紙)のベース(の一つ)となった。すなわち、共同声明は「総括所見」で述べられている勧告を実行するように中国に求めているのである(A/HRC/41/G/11)。

本節では、2019年以来新疆ウイグル自治区の人権問題をめぐって、西側と中国との間でどのような言説が展開されたかを明らかにする。第1項では、双方が提出した書簡と共同声明を基にして、双方の言説の内容、なかんずく中国の言説の構造を明らかにする。そして、第2項では、双方の言説を対比させる。そこで明らかになる中国の言説内容の一つは、中国は新疆ウイグル自治区の問題で三悪(テロリズム、分離主義、過激化)への対策を取っているのであり、それは人権を守り、促進するというものである。この言説は、天安門事件の際に展開された、中国の行動は(外国に支援された)国家転覆の試みへの対抗であり、人権とは関係がないという言説とはきわめて異なるものであった。

第1項　「決闘書簡」

前節で述べた、中国が提出した諸決議は、中国の人権についての言説を国連人権理事会の諸決議に組み込み、それを通して影響力を増大させることを意図していた。もちろん、これは同時に中国国内における言説を国際的に投射して習近平主席の威信、正当性を高めることも意図していた。しかし、国際場裏における中国の人権の位置は、一方でこのような中国の影響力の増大をはかる側面と、他方で西側からの非難や攻撃を排除する側面の二面性を持つ。この後者の面があらわれたのが、新疆ウイグル自治区の問題、また香港の問題であった。

新疆ウイグル自治区の問題に関して、中国と西側の「決闘書簡 dueling letters」(Putz, 2020)と呼ばれるものが、2019年に初めて国連人権理事会に提出されて以来毎年提出されている[45]。2019年、西側は、中国の新疆ウイグルの人権問題に関しての非難書簡(宛先は、国連人権理事会議長と国連人権高等弁務官

UN High Commissioner for Human Rights、7月8日付) を提出し、西側の国を中心に22カ国の支持を得た。アメリカは、トランプ政権のもと[46]、2018年国連人権理事会を脱退しており、この声明には署名していない。これに対して、中国支持の書簡が提出され (7月12日付)、その署名国の数は、37カ国であった (Putz, 2019)。その中に中国は入っておらず、他の国々が中国を支持するという体裁をとっている (ただ、中国はつづいて提出される中国支持の共同声明については、署名国となる)。

翌2020年には、ドイツのC. ホイスゲン (Christoph Heusgen) 国連大使が国連総会第3委員会 (社会開発、人道問題) で中国非難 (とくに新疆とチベット、そして香港問題) の共同声明を読み上げ、39カ国の支持を得た (この声明にはアメリカも署名する)。これに対して、キューバのアバスカル国連大使 (Ana Silvia Rodoríguez Abascal) が読み上げた中国支持の共同声明に対する支持国の数は、45カ国であった。

2021年6月、カナダが提案したウイグル問題についての声明 (同声明は、独立の調査を強く求める) は、カナダ、アメリカ、日本など44カ国が支持した。もともとは45カ国であったが、ウクライナが中国のワクチン外交により (中国が、ワクチンを引き上げると脅した) 支持を取り下げたという (*Economist*, 2022; *Xinhua*, 2021b)。これに対して、中国支持の声明がいくつか提出される。6月22日に発出された中国支持の共同声明には、中国側の文書によれば、中国を含む69カ国が支持していた (支持国の数は時々刻々変化するようである) (Permanent Mission of the People's Republic of China to the United Nations Office at Geneva and other International Organizations, 2021; Feng, 2021)。この共同声明においては、香港、新疆、チベット関連の問題は中国の内政問題であり、他の国々は干渉すべきではない旨が示されていた。さらに、9月には、パキスタンが同趣旨の65カ国共同声明を国連人権理事会に伝達する。そして、この時期になると、アラブ湾岸協力会議 (Gulf Cooperation Council) の6カ国は共同書簡で中国を支持し、また20カ国以上が個別の書簡で中国を支持したという。そして、中国は合わせて100カ国近くが中国を支持するか、理解を示したとするのである (CGTN, 2021a)。

さらに、2021年10月21日、フランスは国連総会第3委員会で、43カ国を代表して新疆への懸念を表する共同声明を発表する（Cross-Regional Joint Statement on the Human Rights Situation in Xinjiang, 21 October, 2021）。その内容は、以下の通りである。まず信頼筋によると、百万人以上の人々が恣意的に拘束されているという「政治的な再教育」についてのネットワークが存在する。また、拷問や強制的不妊化等の広範で組織的な人権侵害についての報告がますます増えている。よって我々は広範な監視システムがウイグルや他の少数民族に向けられていることを憂慮し、中国が独立のオブザーバーに即時かつ制限のない新疆へのアクセスを許すよう求める。これに対して、中国支持の共同声明が同日キューバの代表によって読まれ、それには62カ国が賛同した。同共同声明は、次のように述べていた。国家の主権、独立、領土的保全（一体性）、内政不干渉を尊重することは、主権国家の関係においては基本的な規範である。香港、チベット、新疆に関連する諸問題は中国の内政であり、他の国はそれに介入することはできない。各国人民は、彼らの国家の条件に沿って人権の発展への道を独立に決める権利を持ち、すべての国はその権利を尊重すべきである。人権の政治化、ダブル・スタンダード、政治的な動機によるディスインフォメーションにもとづいた根拠のない非難に反対する。この共同声明の特徴の一つとして、中国の以前の反論と比べて国家主権や内政不干渉原則が強く表れていることが挙げられるかもしれない[47]。

第2項　共同声明から見た言説の対抗──外圧対抗・内政投射のミックス

以上の書簡や共同声明の中身はそれぞれ若干異なるが、基本的には同じである。そこで2019年の書簡に関して、人権理事会に正式に記録されている文章（共同書簡）をもとにして内容を簡単にみておこう。記録によると、西側の（中国非難の）共同書簡（A/HRC/41/G/11、宛先は人権理事会議長）の署名国数は22カ国、中国支持の共同書簡（A/HRC/41/G/17、宛先は議長と人権高等弁務官）の署名国数は50である[48]。

西側の共同書簡の要諦は、①新疆における人権侵害には信頼性のある情報がある、②中国には、人権（信教の自由、移動の自由など）を守る義務がある、

③中国は、独立のオブザーバーを受け入れ、意味のあるアクセス(調査)を受け入れるべきである、ということになろう[49]。

これに対して、中国支持の共同書簡の内容の要諦は、次のようになろう。①国連人権理事会の活動は、特定の国を取り上げて圧力をかけることではない、②中国は、人民中心の発展の哲学に基づいて人権を促進し、大きな成果を挙げてきた、③(新疆における)テロリズム、分離主義、宗教的過激主義は、発展の権利を含む人権に深刻な侵害をもたらした、④安全と安全保障のもとで人権が守られ、また発展する、⑤新疆にはもはや問題はなく、中国は国際社会に開かれ、多くの国際機関、外交官、ジャーナリストを新疆に招いて現地を見てもらった結果は、不確認情報に基づく根拠なき対中非難とは異なるものであった[50]。この中国支持の共同書簡の署名国に中国は入っていないが、内容的には中国の言説そのものであると言ってよい。①と②は、中国がいつも唱えている一般論である。⑤は、中国が新疆に関して十分な観察の機会を提供しており、何ら問題はないという結論を得ているということである(西側の言うことは、嘘やディスインフォメーションである)。ここで、中国の人権についての言説で重要視しなければならないのは、③と④であろう。③は、新疆における中国の行動を正当化して、新疆におけるウイグル族の行動をテロリズム、分離主義、宗教的過激主義と定義し、それは人権を侵害すると反論している。そして、④において、安全と安全保障のもとでこそ人権が守られ、発展するとしている。これらの主張は、安全／安全保障(国内の治安と安定)が人権の促進にとっての条件となり、そのような安全／安全保障を作り出すことが人権の促進につながるという因果関係を示している[51]。これは、世界人権宣言で措定されている、人権こそが平和と安定をもたらすという言説と真逆の言説(倒錯した議論)である。

すでに述べたように、2018年3月1日、中国の代表部は、人権理事会で、中国の人権に対する基本的な立場を明らかにしている。そのなかで、経済発展が人権のための最高の優先順位を持つと同時に、国家レベルにおける人権の進歩は、国内的な治安と安定にかかっていると述べている(Chinese Mission to the United Nations Office at Geneva, 2018)。まさに、この言説が、2019年にウイ

グル問題に関して、正面に現れたということができよう。さらに振り返って考えれば、1989 年の天安門事件の際に国連人権委員会で国際的に非難された中国は、天安門での弾圧を（外国に示唆された）反乱と位置づけて、国家転覆、社会主義システムの転覆をはかろうとした者に対する正当な行動であり、人権とは関係ないと述べていた[52]。いまや新疆ウイグル自治区の問題は、テロリズム、分離主義、宗教的過激主義の問題であり、それに対処するためにつくられた教育センターや訓練センターは人権を侵害するどころか促進するのであり（中国によれば、テロや過激主義の根源的な原因に対処しており人権侵害はない——この点に関する中国側の体系的な文書として、State Council Information Office of the People's Republic of China, 2019b）、またその成功による安定は人権をさらに促進する、というのが中国の言い分である。

　国連での人権を広く位置づけようとする場合、三つの柱として、平和、発展、人権の促進が謳われる。中国の言説では、（経済）発展と平和（ここでは、国内治安・安定も含むと考える）が人権へ至る道とされ、人権、とくに市民的、政治的権利は、片隅に追いやられる[53]。また、国際的にみてこのような言説を含む共同書簡が 50 カ国（あるいはそれ以上）の署名を得たことは、各国の賛同理由が何であれ、国際的な人権秩序に大きな影響を与えうると考えられる。さらに、この共同書簡で提起されている「テロリズム、分離主義、宗教的過激主義（急進主義）」は、まさに、上海協力機構（SCO）のいう「三悪 three evils, three evil forces」であり、国内の反対派を「テロリズム、分離主義、宗教的過激主義（急進主義）」と（恣意的に）認定し、それを各国が個別に、あるいは国際的な協力を通じて鎮圧するという大義にも使えよう[54]。

　本節第 1 項でふれたように、このような内容を持つ中国支持は、2020 年と 2021 年にもみられる。このことを確認するため、2020 年、ドイツが国連総会第 3 委員会で読み上げた共同声明に対して、キューバのアバスカル代表が中国支持として読み上げた声明を見てみよう。その内容は、次のようなものである（Putz, 2020）。

「我々は、人権問題の政治化やダブル・スタンダードに反対する。中

国が経済的社会的な持続的発展を進め、貧困を撲滅し、人権を促進し守ることにおいて、『人民中心』の哲学を追求することを称賛する。我々は、中国が新疆におけるすべての民族の人権を守るという法に従って、テロリズムと過激主義の脅威に一連の措置をとってきたことを評価する。ここ3年、新疆には一人のテロリストもあらわれていない。人々は、平和で安定した環境で幸福な生活を楽しんでいる。中国は、開放性と透明性を維持しており、1000人以上の外交官、ジャーナリスト等が新疆をおとずれ、新疆の驚くべき成果を目撃した。中国は、UNHCHR（人権高等弁務官）に新疆への訪問招待状を出し［ただし、交換 (exchange) であり、調査目的ではない――この点が変わることはなかった］、この問題についての双方間のコンタクトを維持している。新疆問題に関しては、中国に対する根拠のないクレームをつけるのではなく基本的な事実を尊重することが必要不可欠であり、政治的動機やバイアスから中国に介入すべきではない。」（Putz が会議のセッションのビデオから起こした Putz (2020) の該当箇所の筆者（山本）によるサマリーである[55]）。

　以上見たように、中国支持の共同声明の内容は、基本的にほとんど変わっていない（2021年のベラルーシが読み上げた共同声明も内容的には同じである）。中国の王毅外相は、2021年2月、国連人権理事会で演説を行う（CGTN, 2021b）。その演説は、中国は人権について人民中心のアプローチをとっている、新疆ウイグル自治区の問題はテロであり、それは人権を侵すものである、いまや新疆ウイグル自治区には平和がもどり社会は安定し経済も安定しているなど、それまで中国が人権理事会で展開してきた議論を再確認する内容であった。この演説の中で、王毅外相は人権の諸要素を挙げるにあたって「(国内) 平和、(経済) 発展、平等、正義、民主主義、自由」という順番を示した。平和と発展がトップにあり、民主主義と自由は最後に挙げられている。S. ティエッツィによれば、これは、中国が人権の定義を市民的政治的人権から発展を重視する方向にシフトさせようとしていることを意味する。そして、このような再定義は、アメリカやヨーロッパにとっては驚くべきものであるが、他の多く

の国、とくに権威主義的な国々にとっては受け入れられるものであろう。ティエッツィは、人権のこのような再定義は国連の人権理事会が将来どのように機能していくかという疑問を投げかけると述べている (Tiezzi, 2021)。

　要するにここで明らかなのは、新疆におけるテロリズム、分離主義、過激主義は、それ自体が人権を侵害するので、それに対する中国の行動は正当であり、人権を再興することにつながるという言説である。中国は、新疆（そして香港）の問題で守勢に立ち、非難をかいくぐらなければならなかったが、そこでは単に守るだけではなく、人権についての中国自身の言説を作り出し（あるいは、テロ対策（「三悪」論）を借用し）、広く国際社会の支持の調達を図り、その言説を投射しようとするのである。中国の対外政策の行動パターンとしては、外圧反応（対抗）と内圧（内政）投射のミックスと言えるであろう。

第3項　「三悪」、特にテロリズムと新疆ウイグル問題
　中国の新疆ウイグル自治区に対する強硬な政策は、テロリズムと結び付けて行われる。この項では、議論、時間の経緯が若干前後するが、この問題を考察しておくことにする。

　新疆ウイグル自治区の問題に関して、中国はいくつかのナラティブ（そしてその組み合わせ）を展開する。たとえば、冷戦が終焉し、ソ連が崩壊・分裂した後、新疆ウイグル自治区の中国政府に対するデモや反対運動は「分離主義」とされた。さらに、この対抗運動の中で、1996年グルジャにおいてデモが発生し翌年大規模なものになっていく（グルジャ事件）。その時、ウルムチで3台のバスが爆破され多くの市民が巻き添えになる。これを契機としてテロ（「恐怖」）という概念が急速に普及するようになる。「それ以前は、新疆の「分離主義」を「テロ」ないし「テロリズム」という言葉で形容することは、公式にはほとんど行われていなかった」（熊倉、2022、p. 138）。このような中国の動きは、中央アジア諸国の動きと連動するようになる。中央アジア諸国は、ムスリムが大多数を占めるが政治体制は世俗であり、イスラム原理主義勢力の拡大に懸念を強めていた。イスラム原理主義の組織は、1990年代末、爆弾事件（ウズベキスタン）や人質事件（キルギス）を起こす。グルジャ事件後、新

疆から国外に逃れた活動家もイスラム原理主義の国際的なネットワークの中に入っていく。中国はこれらの勢力を総称し「テロ組織」として非難する（詳細は、熊倉、2022、第4章）。中国は、「テロ」の脅威を受けているロシア、中央アジア諸国と協力する。中国、ロシア、カザフスタン、キルギス、タジキスタンからなる上海ファイブ（SCOの前身）は、1999年、「分離主義、イスラーム原理主義と並んで、『テロリズム』を共通の敵とみなすようになった」（前掲書、p. 140）。そして、2001年6月上海ファイブにウズベキスタンが加わってSCOが成立すると、テロ、分離主義、宗教過激主義が共同に対処されるべきものとされる（「テロリズム、分離主義、過激主義との闘いについての上海協定」（2001年6月）（SCO, 2001））。

そして、2001年9月の9.11事件後は、テロリズムという用語が国際的な流れに沿うものとなり、広く使われるようになる（Li, 2019, p. 317）。このようにしてウイグル問題はテロリズムと結び付けられ、強硬な手段がとられるナラティブとなった。加えて、中国は、ウイグル問題をテロリズムと結び付けるとき、国連の2006年の「国連グローバル反テロ戦略 The UN Global Counter-Terrorism Strategy」（A/RES/60/288）や2016年の「暴力的な過激主義の防止への行動計画 Plan of Action to Prevent Violent Extremism」に言及する。たとえば、テロリズムに対する根源的な政策の必要性などである。中国（やロシア）は、西側の規範を擬制（mimicry）することがある。すなわち、西側の規範（ルール）を受け入れるが、その際に意味内容を（自国の有利なように）変えて用いるということである。テロへの対処もそうであるし、SCOなどによる選挙監視団も然りである。これは、リベラルな秩序に対する対抗の一形態とされる（Bettiza and Lewis, 2020）。

また、「三悪」（テロリズム、（宗教的）過激主義、分離主義）を、ウイグル問題との関連で中国は盛んに使う（例として、Permanent Mission of the People's Republic of China to the United Nations Office at Geneva and Other International Organizations in Switzerland, 2020）。「三悪」は、何も中国だけのことではない。すでに述べたように、SCOは設立当初から（中国が主導的な役割を果たし）、「三悪」を対象としていた（SCO, 2001）。以後SCOにおける「三悪」に対する対処法は体系化されていった。

たとえば、テロの定義は SCO の各国で違うが、いずれの加盟国での定義をも認め（相互承認、SCO（2005））、また「犯罪人引き渡し」の締結も謳われている（SCO, 2009）。そうすると、中国がテロリストと定義すれば、その人物は SCO のどこの国においても中国に引き渡されることになる。

　中国国内に話をもどそう。習近平主席は、2014 年 4 月下旬にウルムチなど新疆ウイグル自治区を訪問する。4 月 30 日、ウルムチ訪問が終わった直後ウルムチ駅の周辺で大きな爆発テロがおき、多数の死傷者がでた。習近平主席は「暴力やテロとの戦いには一瞬のゆるみも許されない。テロリストのすさまじい勢いを決然とした態度で抑え込むため、断固たる行動が必要だ」と述べる（Bloomberg News（日本語版）, 2014）。2016 年には新疆の責任者が陳全国氏に代わり、2017 年から大弾圧が始まった。そこでは、監視網の設定や強制収容所等を含めて過酷な手段がとられた。陳全国氏は、収容所に関して「数歩でも逃げれば射殺しろ」との発言をしたという記録がのちに流出する（Zenz, 2022）。このような弾圧にあたって、テロリズムというナラティブは決定的な役割を果たしたという。S. ロバーツは、中国がウイグルに対して反テロのナラティブを武器化した、新疆問題は「グローバルなテロとの戦争 Global War on Terror GWOT」なかりせば、これほどまでにならなかったであろうと述べている（Roberts, 2020, 2019）[56]。

　ただ、2017 年と 2018 年にウイグルでの強制労働などの問題が提起された当初は、中国はそのような問題（事実）は存在しないと主張していたという（Ramzy, 2022）。しかし、2019 年、国連人権委員会で問題に取り上げられると、一方で西側諸国や NGO の言う事実はフェイクであり、他方では安定こそが大事であり、安定が人権を保障し、また安定の下での経済発展が人権を促進するというナラティブを展開するのである。

第 4 項　バチェレ（Michelle Bachelet）国連人権高等弁務官の訪中（2022 年 5 月）と『OHCHR 評価』（2022 年 8 月 31 日）

　2022 年は、2 月 24 日にロシアのウクライナ侵攻があり、ロシアのウクライナにおける人権侵害が大きな問題となった。国連人権理事会は、このよう

な中で中国の新疆ウイグル自治区における人権侵害を取り扱うこととなった。後者に関しては、二つの大きな出来事があった。一つは、バチェレ国連人権高等弁務官の中国訪問であり、5月23日から28日まで行われた。もう一つは、8月31日に、国連人権高等弁務官事務所の『新疆ウイグル自治区における人権の評価』報告書が発出されたことである。

　新疆ウイグル自治区の人権問題をめぐる西側と中国のやり取りは、2022年5月のバチェレ国連人権高等弁務官の訪中にも如実にみられた（バチェレ氏は、元チリ大統領、2018年9月からグテーレス国連事務総長のもとで国連人権高等弁務官、2022年は任期最終年）。国連人権高等弁務官の訪中は17年ぶりであった。バチェレ氏は、2018年の就任当初から訪中をもとめていたという（Ramzy, 2022；『朝日新聞』2022年5月29日）。

　2022年2月5日、北京冬季オリンピック・パラリンピックに際してグテーレス国連事務総長と習近平主席が会った際、グテーレス事務総長は、新疆ウイグル自治区の人権状態をめぐり、「大会後に調整されているバチェレ国連人権高等弁務官の現地視察が（形式的なものにとどまらない）信頼できるものになるよう期待を示した」という。しかし、習近平主席の方からどのような言及があったかについては、中国外務省は触れていないという（NHK NEWS WEB, 2022年2月6日）。ただ、2022年4月末、中国政府は、バチェレ国連人権高等弁務官が新疆を訪問することを確認した（4月末には、国連人権高等弁務官事務所は中国に「先遣隊」を派遣したという――この辺の経過は、OHCHR, 2022b）。そして、消息筋は、バチェレ氏が5月末には出立するであろうと述べる。ただし、彼女が新型コロナを理由にして行動の範囲を制限されたり（これは、彼女の訪中が「バブル方式」でなされたことにつながる）、彼女が中国にとって都合の良いところだけ見させられたりしたら意味がない等の不安を示す西側の外交官も存在した（Lau, 2022）。

　バチェレ氏は、実際5月23日から28日まで中国を訪問し、新疆ウイグル自治区を訪れる（ウルムチとカシュガルを訪れたという、自治区に滞在したのは2日間）。この訪問は「バブル方式」で外部とは遮断され、記者の同行もなかったという。「バブル方式」は、新型コロナ対応様式であり、自由な報道はな

く、訪問が「密室的な」性格の濃いものであったといわれる。中国の王毅国務委員・外相は、5月23日、中国（広東）にあったバチェレ氏と会談し、「相互尊重を堅持し、人権を政治問題化すべきではない」、「多国間の人権機関は協力と対話の舞台となるべきで、分裂や対立の新たな戦場ではない」と述べたという（『日本経済新聞』2022年5月24日夕刊、『朝日新聞』2022年5月24日夕刊；Lau, 2022）。また、中国外務省によれば、今回の訪問は、「交流と協力推進が目的」であり、「中国政府の招待」という形がとられているという（『朝日新聞』2022年5月24日朝刊）。最初から独立の有意の調査とは程遠かったようである。さらに、習近平主席は、5月25日、オンラインでバチェレ氏と会談した。その際、習主席は、「人権問題で『理想の国』などなく、他国に『教師づら』すべきではない」と語ったという。また中国外務省によると、習氏は「国によって歴史や文化、社会制度や経済発展の水準は異なる。自国に適した人権発展の道を模索しなければならない」と指摘したという。これに対して、国連人権高等弁務官事務所は、25日、バチェレ氏の「習氏との会談では、中国や世界の人権問題や懸念を直接話し合うことができた。発展、平和、安全が持続可能であるためには、人権や正義が例外なく重要である」とするコメントをツイッターに投稿した（傍点筆者、『朝日新聞』2022年5月26日）。このような報道からすると、中国は人権に対する中国の立場をそのまま述べたのに対して、バチェレ氏の発言内容は「既存の規範」（「正統な」人権規範）に近いものである。

　5月28日、バチェレ氏は、中国訪問を終わるにあたり、オンラインの記者会見を行った。そこで、バチェレ氏は、新疆ウイグル自治区で行方不明になっている人々について、家族に情報提供を行うように要請したという。また、同訪問は中国の人権政策に関する「調査」ではないと表明し（中国の人権問題にかかわる要路の人との対話が主な目的である）、そのうえで、毎年中国政府と戦略対話を行い、実務の作業部会を開催すると表明した（共同、5月28日）。また、同日、OHCHRは、バチェレ氏の声明文（記者会見で読み上げたもの）を発表する（OHCHR, 2022d）。この声明文の中で、新疆ウイグル自治区に関してバチェレ氏は次のように述べる。

「新疆ウイグル自治区への訪問中に、私は、反テロリズムと非過激化のための諸措置とその広範な適用について、とくにウイグル人とその他の主にイスラム教徒の少数派の権利への影響について質問と憂慮を提起した。私は、職業教育・訓練センター（Vocational Education and Training Centre（VETC））についてその全体を評価することはできないが、このプログラム運用に対する独立した司法監督の欠如、暴力的な過激主義の傾向について判断する際に法執行官が 15 の指標に依存している点[57]、施設内での暴力の行使および不当な取り扱いについての疑惑、正当な宗教の実践に対する過度に厳しい制約が報告されていること等に関して中国政府に問題提起をした。私が訪中している間、中国政府は、VETC システムは既に取りはらわれたことを保証した。私は、反テロリズムと非過激化のすべての政策が国際的な人権基準に完全に合致するように、とくにそれらの基準が恣意的にまた差別的に適用されることがないように、それらの政策の精査を中国政府に勧めた。」（中国は、8 月 31 日付の口上書（Note Verbale）において、次のように述べる。すなわち、バチェレ氏は、中国訪問の最終日のジャーナリストたちとの会合において公式の声明文を発出した（OHCHR, 2022d）。しかし、8 月 31 日の『OHCHR の新疆ウイグル自治区における人権の評価』報告書は、その声明の内容と完全に矛盾すると非難している――同報告書については後述。しかし、この二つの文書は、むしろ整合性がきわめて高いように見える。）

5 月 23 日、バチェレ氏の訪中の時期に、新疆ウイグル自治区についての 2017 年と 2018 年を中心とする、「強制収容所」内の虐待などを示す内部資料、当時の中国高官の発言、中国当局の拘束下にある多数のウイグル人の名簿が載ったデータが流出し広く報じられた（いわゆる「新疆ポリス・ファイル」、Zenz, 2022）。中国政府は、これらの情報は、いつもながらの反中国の中傷であり、偽情報であると論ずる。しかしこのファイルの流出は、バチェレ氏の訪中、またその成果に関する評価に大いに影響を与えたようである。バチェレ氏は、上記 28 日の声明文の中で現在外国に住んでいる家族と連絡できないウイグ

ルの家族に対し、中国当局が「家族に情報を伝えることを優先的な事項として有効な手段をとるようにとアピールした」と述べている。しかし、「ファイル」の内容は単に情報を家族に伝える以上の対処を要請しているように見える。また、「ファイル」の発表後、アメリカはバチェレ氏の訪問は間違え (mistake) であったとし、フランス、ドイツは憂慮を示したという (France24.com, 2022)。

習近平主席は、2022年6月、共産党 (中央委員会) の理論誌『求是』に人権に関する論文を寄稿する (「中国の人権発展の道をゆるぎなく歩み、中国の人権事業の発展をよりよく推進する」。この論文は、2月の共産党指導部に対する演説であるという) (『朝日新聞』2022年6月17日 a；Y. Zhang, 2022)。この論文は、中国共産党が人権について大きな成果を上げてきたこと、人権は各国の国情に沿って発展させるべきであり、人権を他国への干渉の理由にしてはならないことなどと述べる。基本的には、2021年6月の『中国共産党の人権保護——百年の探求』(人権白書) と同じ内容である。しかし、異なるところは、「中国は、グローバルな人権ガバナンスを積極的に推進」し、「国際的な人権闘争を積極的に遂行していく」というくだりであろうか。そのなかで、「中国の人権観の吸引力、感染力、影響力を高めなくてはいけない」として、海外に展開する中国企業も利用して国際社会の支持を集め、人権問題で中国を批判する西側に対抗する必要があると主張する。これは、中国の人権言説を対外的に投射する強い意志と具体的な方策を示しており、ラーキンのいう「規範戦争」(Larkin, 2022) のベースにあるものであろう。

第50期国連人権理事会は、2022年6月13日から7月8日まで開催される。バチェレ高等弁務官は、6月14日に口頭報告を行った (OHCHR, 2022c)。この口頭報告は、ウクライナでのロシアによる人権侵害の問題、新型コロナの問題、SDGs、様々な国の人権問題など多くの問題を取り上げている。中国に関しては、バチェレ氏自身の中国訪問について、次のように報告した。すなわち、国家最高位の高官や新疆などの代表者との対話を行い、中国の反テロリズムや国家安全保障を守るための政策という文脈においての人権侵害、民族的宗教的少数者の権利保護の問題などを話し合った。また新疆の VETC

や他の拘束施設におけるウイグルやムスリムの少数派に関しての広範にわたる恣意的な拘束や濫用のパターンに対する懸念を示した。そして、OHCHRは新疆における人権状況の評価をアップデートし、事実関係のコメントを得るために、公表前に中国政府と共有されるであろうと述べる。

　国連人権理事会での新疆ウイグル自治区の問題が議論される間、6月14日、オランダは47カ国を代表して、中国政府が有意義な、制約を受けない、独立した調査団のアクセスを認めるよう要請する。また海外へ出たムスリムなどの中国への送還が問題であることを念頭にノン・ルフールマン（non-refoulement）の原則を尊重するよう諸国に喚起する（生命や自由が脅かされかねない人々の入国拒否やそれらの場所に追放、送還されることを禁止する原則。追放及び送還の禁止）。そして、EU、EU諸国、アメリカなど多くの国は、OHCHRが新疆ウイグル自治区に関する評価レポートを早急に発表するように要請するのである（ISHR (International Sevice for Human Rights), 2022）。

　オランダの共同声明に対して、中国はその報告書は反中国的であると激しく反発し、キューバは68カ国を代表して（キューバを含めば69カ国）、共同声明を提出する。その内容は、基本的には、新疆やチベット、香港の問題は中国の内政であり、干渉すべきではない、人権は各国の事情によって判断されるべきであり、とくに発展の権利が重要であるというものであった（ibid.）。

　習近平主席は、2022年7月中旬、新疆ウイグル自治区を訪問する。2014年の訪問（その時にはウルムチで「爆発テロ」が起きた）以来、約8年ぶりであった。それによって新疆ウイグルの安定と発展を誇示し、ウルムチでは中国から欧州へ輸送する貨物列車「中欧班列」を視察した（『日本経済新聞』2022年7月15日）。新疆は一帯一路の陸のシルクロード（シルクロード経済ベルト）の核心区である。

　しかしながら、2022年8月31日、バチェレ氏の退任当日、OHCHRは、『OHCHR中華人民共和国新疆ウイグル自治区における人権問題についての評価 OHCHR Assessment of human rights concern in the Xinjiang Uyghur Autonomous Region, People's Republic of China』を発表する（OHCHR, 2022b）。この報告書は、問題の経緯、基本的な問題、さまざまな個別の問題、法律的な問題、中国の実践の問題等詳細に述べたものであり、全体で48頁に及ぶ。

基本的な立場は、上記、2022 年 5 月の OHCHR の声明文 (OHCHR, 2022d) と同じである。すなわち、中国は新疆ウイグル自治区の問題を反テロと脱過激化の視点からとらえ、様々な法律を作り、反テロと脱過激化を図ってきた。国際人権法は、反テロに関しては、その対処法が人権を侵害してはならないというのが基本である。しかし中国の制定した反テロ、脱過激化についての法律は定義が曖昧なところが多く、恣意的な判断が可能でありまた恣意的に用いられてきた。そこでは、実際に様々な人権侵害が行われてきた。とくに VETC に関して、報告書では詳細な分析がなされており、強制、自由の剥奪、拷問などの人権侵害があった。宗教の自由が侵害され、エスニックな差別が存在した。生殖に関する権利も侵され、労働の自由も侵害された (VETC に関する評価は、OHCHR, 2022b, 第 V 章)。

　その他にもいくつかの問題があり、OHCHR が最終的に確認できないところもあるが、結論として次のようなことが示されている。第一に「中国政府の反テロ・反『過激主義』戦略の適用の文脈で、新疆ウイグル自治区において深刻な人権侵害が行われた」(op. cit., para. 143——結論部分の第 1 パラ)、「これらの人権侵害は、国際人権の規範と基準からみると深刻な問題を孕む国内『反テロリズム法体系』に由来する。この法体系は、不明確で幅広く解釈に制約がない概念を含んでおり、それは広範な調査・予防・強制の権力の解釈、適用の裁量を行政官に与える」(para. 144)、「いわゆる VETC 施設のシステムに置かれた人々の扱いにも同等の懸念がある。拷問あるいは虐待の申し立ては、……性的な暴力の申し立てとおなじように信頼性のあるものである」(para. 145)。そして「新疆ウイグル自治区において、恣意的に自由を奪われている人々を解放するように早急な手段をとること」など 13 の項目にわたっての勧告をするのである。

　この評価報告書の内容は、中国の議論 (言説) を否定するところが大きいものであった。とくに反テロと脱過激化に対してとった中国の法律、政策、行動は、人権の立場から大方のところ否定されたのである。また、反テロのなかでも人権は維持されなければならないという原則も示された。この評価報告書の内容は、中国側にあらかじめ伝えられていたと考えられる。中国が

発出したこの報告書に対する口上書 (note verbale) において、2022 年 7 月 26 日に OHCHR から受け取った口上書に言及している (その内容は未見)。そして、中国は、OHCHR の評価報告書に自己の口上書を添付させている。この中国の口上書において、評価報告書は OHCHR の権限を越えており、反中の虚偽に満ちた情報と中国の法体系の曲解に基づいているので、中国はその公表に強く反対すると述べている (中国は、公表を阻止しようとして強い圧力をかけたという。たとえば、中国を支持する 60 カ国の国々が報告書を公表しないように要請したという)。そして、新疆ウイグル自治区において、テロと過激主義に法に基づいて対処し、社会的安定、経済的発展におおきな成功を収めたとしている (Note Verbale of Permanent Mission of the People's Republic of China to the United Nations Office at Geneva and Other International Organizations in Switzerland, 31 August 2022)。そして付属文書として、長大な (131 頁に及ぶ) 中国から見た事実 (中国は何も違法なことをやっていない) を述べている (『新疆におけるテロリズムと過激主義に対する戦い――真実と事実 Fight against Terrorism and Extremism in XinJiang: Truth and Facts』)。

　この OHCHR の評価報告書に対して、アメリカなどの西側諸国は高く評価する (Farge, 2022b)。しかし、中国は強烈に反発する。中国外務省の汪文斌副報道局長は、この報告書について「反中勢力の政治的陰謀に基づくずさんな報告」、「内容は完全に虚偽情報のごった混ぜだ」、「国連人権高等弁務官事務所が米国と西側の手下に成り下がった」などと痛烈に批判するのである (『日本経済新聞』2022 年 9 月 1 日)。さらに 9 月 9 日、在ジュネーブ国際機関中国代表部の陳旭大使は、次のように述べる。すなわち、いわゆる「評価」報告書の発表は、中国と国連人権高等弁務官事務所との協力の窓を閉ざしてしまった。報告書は「不法 illegal であり無効 invalid である」。報告書に基づく議論は国連人権理事会でなされる予定だが、中国は人権理事会が中国に対していかなる措置をとることにも反対する (Farge, 2022a;『日本経済新聞』2022 年 9 月 10 日)。これに対して 10 月 6 日、アメリカなど西側 10 カ国からなるコア・グループと呼ばれる国々は、次期の人権理事会 (2023 年 2 月開始) でのアジェンダに中国の新疆ウイグル自治区の問題についての OHCHR の評価報告書について討論 (debate) することを決定するというドラフト決定案 (Draft Decision)

を上程する (A/HRC/51/L.6, Debate on the situation of human rights in the Xinjiang Uyghur Autonomous Region, China)。多くの場合、「決定 (decision)」は手続き的なものでありコンセンサスによって採択される。また、「討論 (debate)」は、調査の要求とか特定の行動を求めるものではなく、対話 (dialogue) というよりも自由な討論の場を設けるというものである[59]。新疆ウイグル自治区の問題で（さらには、2006年人権理事会発足以後）、人権理事会の決議や決定で中国が取り上げられるのは初めてであった。これに対して、中国の陳旭大使は、このドラフト決定案は手続きの問題ではなく実質的な問題であるとして、票決を要請する。また OHCHR の評価報告書は人権理事会によって義務付けられたものでも中国が認めたものでもなく、それは不法であり無効であるので中国は反対である、と強く論ずる (Permanent Mission of the People's Republic of China to the United Nations Office at Geneva and other International Organizations, 2022)。票決の結果は、賛成 17、反対 19、棄権 11 であり、ドラフト決定案は否決された。中国の勝利であり、アメリカ、西側の敗北であった。華春瑩報道局長は、「これは発展途上国と真理と正義の勝利である。……人権は虚偽を作り出したり他の国に干渉したり、封じ込めようとしたり、強制したり恥をかかせるための口実として使われてはならない」と述べる (*Global Times*, 2022a)。これに対して「決定案」を推進したアメリカの、M. テイラー大使は、「決定案」を支持した国々をねぎらい、残念な結果になったが「アメリカは今後ともパートナーと密接に協力し、新疆のウイグル族を含めて、人権侵害の犠牲者に対する正義と責任を追及し続ける」(U.S. Mission Geneva, 2022) と述べる。しかし、票数は 17 対 19 という僅差であり、評決を前にして習近平主席自身が何カ国 (several) かに中国の意向に沿って投票するよう依頼の電話をしたと言われ、中国も必死であり、全般的には、中国の影響力に陰りが見えているという評価もなされたのである (*Economist*, 2023)。

とはいえ、J. ミルウォド（ジョージタウン大学教授）は、国連人権理事会の場においては、新疆ウイグル自治区の人権問題は終わったとする (Millward, 2023)。しかし、国連人種差別撤廃委員会 (CERD) は、2022年11月24日、中国に対して新疆ウイグル自治区の提起されている（申し立てられている）すべ

ての人権侵害に対して速やかな調査を要請する。委員会は「早期警戒と緊急行動の手続き」(「緊急条項」) の下で、新疆ウイグル自治区において自由を剥奪されている人々を即時解放することなどを求めた。たとえば、2022年8月のOHCHRの評価報告書にある勧告の実行である (OHCHR, 2022a)。繰り返して言えば、人種差別撤廃委員会は、18人の自律性を持つ専門家の委員会であり (選挙で選ばれる)、国家単位の人権理事会とは異なる性格を持つ。当然のことに中国はこのCERDの動きに反発する (要請を拒否する)。中国の劉玉印 (Liu Yuyin) 報道官は、「新疆関係の問題は、人権問題ではなく、反テロ、非過激化、反分離主義の問題である」と述べる (これは、新疆ウイグル自治区の問題は三悪に対する対処であり、それは人権を守るための政策であるという今までの議論とは若干異なるものである)。さらに、劉報道官は、中国は人民中心の哲学で人権、発展問題に取り組んでおり、新疆は今や今までにないくらい安定している、西側の国々は中国を封じ込めるために新疆問題を使おうとしているが、国連の人権理事会や国連総会第3委員会を見ても明らかなように、国際社会は中国を支持していると述べる (Permanent Mission of the People's Republic Of China to the United Nations Office at Geneva and Other International Organizations in Switzerland, 2022a)。

　新疆ウイグル自治区の人権問題は、いまだ解決されていないと言ってよい。人権擁護派のミルウォードは、解決のためには、中国の実際の行為をさらに明らかにし、正確な評価をして中国共産党や指導者の声価 (正当性) に (マイナスの) 影響を与え、そしてアメリカやヨーロッパ諸国のように人権に焦点を当てた経済制裁 (アメリカについて言えば、マグニツキー法やウイグル強制労働防止法) を続け、中国の経済に損害を与えていく必要があり、そのような動きが相合わさって、最終的に中国 (習近平) の行動が変わるかもしれないと主張する (Millward, 2023)。ミルウォードは、中国政府が反習近平の示威行動 (白紙運動) と経済的な損害を見てゼロ・コロナ政策を大転換させたことを踏まえて、新疆ウイグル自治区の政策の大転換の可能性もあり得ないことではないとしている。いかがであろうか。

第5節　Whataboutism（「お前はどうだ、言う資格はあるのか」）
—— 一つのレトリカル・ストラテジー

　本節では、中国が自国の人権状況を外から批判された際に頻繁に使うレトリック、すなわち「whataboutism ワットアバウティズム」と呼ばれるものを取り上げる[60]。これは、一般に、アクターAとBを想定した場合、AがBの現在行っている行動Xを非難すると、Bは、Aの現在あるいは過去の該当する行動Yを取り上げ、AはBを非難する資格はない、と論じて論点をはぐらかし（自己の現在行っている行動を素通りし）、相手の非難を封じて自己の立場を守ろうとする論法である[61]。本節では、まず第1項で、中国が人権問題に関して展開するwhataboutismについて概説し、第2項においては、具体的な例として、2021年カナダのカムループスの先住民寄宿舎で多数の墓標なき遺体が発見されたことに対して、中国がいかに反応したかを若干詳しく考察する。すなわち、ウイグル問題に対する急先鋒であったカナダに対して、中国はカムループスの件をフルに使い、カナダに中国を非難する資格はないと論ずるのである。この際、中国は、国内でも国際的にもSNSなどを大いに活用した。whataboutismは、時に極めて厄介な論法だが、それに対する反論の仕方にもパターンがある。たとえばAは、「自分は自己の過去の行為を認め、またそれを是正する措置もとっている、Bはどうなんだ」と迫ってBに反論するとともに、Bの行動の是正を迫るというものである。

　Whataboutismは様々な形態をとろう。whataboutismは、通常AのBに対する特定の行動についての非難行動に対するBの反論なので、いわばミクロの問題である。しかし、Aの批判対象がBの政治体制（たとえば、非民主的である）というマクロの問題である場合もある。この場合、BはAの政治体制も民主的でない、という論を展開する。本章はこれをマクロのwhataboutismと定義し、第3項でその考察を行う。

第1項　Whataboutism

　中国は人権問題に関して、「whataboutism」の論法（レトリカル・ストラテジー、

人によってはナラティブという）を頻繁に用いる。whataboutism は日本語には訳しにくいが、「お前はどうだ」、「だからどうした」というような意味内容である（英語でいえば、what about it?「それが何だっていうの？」である）。これは、相手が何か言ったとき、言われた側がその相手に対して、お前も同じことをやっており、言う資格はないと反論することである。たとえば、アメリカが中国に対して人権規範に反した行動をとっているから直せと要求した時、中国がアメリカも人種差別をしており、中国の人権について注文を付ける資格はない（偽善的である）、と反論することである。このような論法は、当該の問題をすりかえ、問題の解決にはつながらないが、相手を攻撃するものであり（「人身攻撃 ad hominem」）、アリストテレスが指摘したといわれる古い論法である。この論法を中国はしばしば用いる。たとえば、本章第 1 節でふれたように、キンツェルバッハ（Kinzelbach, 2012）は、2000 年から 2010 年の 10 年間に中国が国連で展開した人権に関する議論の詳細な分析を通じて、中国は、中国の人権を取り上げようとする国々（アメリカ、イギリス、ドイツ、日本、スウェーデンなど）に対してこの論法を使っていることを明らかにしている（また、Kinzelbach, 2015 をも参照）。そして、この whataboutism は、中国が頻繁に言うアメリカや西側の人権についての「ダブル・スタンダード」論につながる（アメリカや西側は、中国に対する場合と自分に対する場合とで異なる人権基準を使うという論理）。

第 2 項　カナダのカムループス（先住民寄宿舎の墓標なき遺体）と中国の新疆ウイグル自治区──新しい情報環境のなかでの whataboutism

1. 先住民宿舎の墓標なき遺体と中国の whataboutism

　この whataboutism という論法の最近の例を挙げよう。2021 年 5 月 27 日、カナダ、ブリティッシュ・コロンビア州のカムループス（Kamloops）市で、かつての先住民の寄宿学校の近くから 215 の墓標のない（子供の）遺体が見つかった（これは、2021 年では最初の発見であり、以後 1100 の遺体が見つかったという）。カナダ社会では大騒ぎになり、7 月 1 日の「カナダの日 Canada Day」（153 年の伝統を持つカナダの独立と統合を祝う日、独立記念日）を中止すべきであると

の意見も強かった (Hanley, 2021)。結局この年の「カナダの日」は開催されるが、カナダ政府は、「カナダの日 2021: 自分と向かい合う時」というステートメントを発する (Government of Canda, 2021)。そこでは、「墓標のない子供の遺体が発見されたことは、カナダの植民地制度が先住民に対して行った抑圧と暴力を思い出させるものであり、このことを認め、意識を高めることは和解への道に必要不可欠である」と述べ、先住民一般、また寄宿学校の生存者、家族が連絡を取るシステムがあることを紹介している。

　ちなみに、キリスト教会が運営し、のちカナダ政府が資金を出していた寄宿舎は、1880 年代から 1990 年代に至るまで存在し、15 万人の先住民の子供が同化の対象となった。子供を家族から引き離し、言語、文化など同化するのが目的であった。2000 年代に入り、生存者からの訴訟が相次いだことから、カナダ政府は、問題を調査し、2006 年には政府、教会、生存者などとの間に、和解合意書 (Indian Residential Schools Settlement Agreement) を作る (2006 年)。その和解の内容には多くの事項が含まれていた。そのうち補償金 (Common Experience Payment（CEP）) については、2014 年までに 3 万人以上に計約 27 億カナダドルが補償されたという (Truth and Reconciliation Commission of Canada, 2015, p. 106)。「カナダの真理と和解委員会」は、先住民の寄宿舎の問題に関して、2015 年に 500 頁以上の膨大な調査報告書を提出する。その中で、この問題を「文化的なジェノサイド」と規定する (op. cit., p. 1)。

　先に述べたように、カナダは、国連人権理事会において 2021 年 6 月、ウイグル問題に関して、自由で制約されないアクセスを独立のオブザーバーに認めるべきであるとする考えを支持する諸国家の連合を先導していると報じられる (Zimonjic and Ling, 2021)。そして、6 月 22 日、カナダ国連大使の L. ノートンは、「即時、有意味、そして無条件の独立したオブザーバーのアクセスを求める」という内容の 44 カ国の署名を得た共同声明を国連人権委員会で発表する (Norton, 2021)。

　5 月末のカナダにおける先住民寄宿舎における多数の墓標のない遺体の発見は、中国にカナダに対する絶好の攻撃材料を与える (Hanley, 2021)。中国は墓標のない遺体の発見に素早く反応し、*China Daily* は、5 月 31 日、「カナダ

を含む西側のいくつかの国は、他の国に人権問題で説教をすることを好むが、他国に指を向けるのではなく、自分自身の過去を顧み、彼らの過ちをただすべきである」（これが、中国がカナダの先住民寄宿舎の墓標のない遺体に関する初の言及であったという、Hanley, 2021）と述べる。

　このようなナラティブは、中国からのツイッター（リツイートを含んで）を通して増幅されていく。たとえば、中国外務省報道官（副報道局長）の趙立堅は、6月2日、「いくつかの西側諸国は、新疆に関するフェイクニュースに焦点を当てるが、カナダにおける本当のジェノサイドには沈黙を保っている」とツイートする。この中国の攻勢は、先述したように、カナダが新疆問題に対する独立の調査団を派遣することを目指した支持連合をリードすると報じられ、さらに実際6月22日のカナダがリードした新疆に関する調査団の派遣要請を含む共同声明が発出されたあと激化する。6月17日、趙立堅は、カナダの行動を偽善であると非難する。H. ハンリーによれば、これらのメッセージの要点は、「カナダは、新疆についての調査を要求する能力と道徳的な権威を持っていない」ということである (ibid.)。これは、まさに「whataboutism」の論法であった (ibid.; Magnier, 2021)。

　このようなナラティブ（ミーム）は、まずは中国政府に近い報道機関（たとえば、*China Daily* とか *Global Times*）から発せられ、ついで中国外務省や在外公館によって引用され繰り返し発せられる。それは、「ナラティブ促進の自己増殖的サイクル」を作り出すものであった (Hanley, 2021)。インターネット時代のナラティブの対立の一側面である[62]。

　カナダのノートン大使が声明を発表した6月22日、趙立堅報道官は、中国外交部の定例記者会見において次のように述べた。

　　「カナダ、米国、英国などの一部西側諸国は『人権の裁判官』を自負し、『人権の先生』を偉そうに気取っているが、自分のところの深刻な人権問題には見て見ぬふりをし、避けている。それぞれの国の人権の記録は痛ましい限りで、先住民の児童は迫害され、警察の暴力は日常茶飯事、レイシズムは根強く残り、銃が濫用され、ユダヤ、ムスリム、アジ

ア系、アフリカ系移民に対するヘイトが頻繁に発生し、他国への軍事干渉は深刻な人道危機を招き、一方的な強制で他国の基本的人権を侵害する。このようなたくさんの汚点と罪を前に、彼らはどのような資格で他国の人権状況にあれこれ口出しするのか？自分自身を鏡でよく見て深刻に反省し、自国の深刻な人権問題を解決する措置をとるようご忠告申し上げる。」(熊倉、2022、p. 216)

2. アメリカのインディアン寄宿舎の問題

カナダのカムループスの件が契機となり、同種の問題を持つアメリカは、2021 年 6 月、「連邦インディアン寄宿舎イニシアティブ Federal Indian Boarding School Initiative」を発動する。それは、連邦政府のインディアン寄宿舎という困難な遺産に立ち向かう包括的な政策を示すものであった。翌年 5 月 11 日、その一環としての調査の暫定的な報告書（第一巻目の報告書）が発出される (Newland, 2022)。この調査は、アメリカ本土内のインディアンだけではなくアラスカの原住民、ハワイの原住民を含むものであった。この寄宿舎システムは、インディアンを同化しまた土地の収用を進めることを目的としていた。この暫定的な報告書によれば、1819 年から 1969 年まで、連邦インディアン寄宿舎システムは、37 の州・準州 (当時) にわたる 408 の連邦学校から成り、そのうち 21 校はアラスカに、7 校はハワイにあったという。そして、この調査は、同システム全体で、53 の異なる学校に埋葬場があったことを確認した (U.S. Department of the Interior, 2022)。さらに、暫定的な分析は約 19 の寄宿舎で、500 人のアメリカ・インディアン、アラスカ原住民、ハワイ先住民の子供の死を確認した。そして、調査がさらに進めばこの数字は増大すると予測されるとしている (Newland, 2022, p. 9)。以上は、暫定的な調査結果であり、さらに大規模な調査が継続され、また和解 (healing) を求めての活動が行われるという (Department of the Interior, 2022)。

中国のこの件に対する反応は、5 月 12 日付の *Global Times* が AFP を転載し、報告書の内容を伝えているのが目立つ程度である (*Global Times*, 2022b; *China Daily*, 2022)。しかし、中国は、国連人権委員会の 48 会期 (2021 年)、49 会期 (2022 年)

において、サイドラインの会合を他国と共催し、アメリカ、カナダ、オーストラリアの原住民への取り扱いを非難し、その是正を求めるキャンペーンを行っている (Global Times, 2021a; Global Times, 2022c)。共催国は、2021 年が中国、ベラルーシ、北朝鮮、ベネズエラであり、2022 年は中国とベネズエラである。この活動もまた、whataboutism の一環であろう。アメリカの先住民に対する調査の結果が中国によってどのように取り扱われるか、未定と考えたほうがよいであろう。

　すなわち、中国はたびたびアメリカにおける先住民の虐殺を引き合いに出して、アメリカの対中批判に対抗・反発してきた。たとえば、2019 年 11 月、ニューヨーク・タイムズは新疆ウイグル自治区についての流出した内部情報を報道した。それは、職業訓練センターについてのものであり、中国が新疆のムスリムを弾圧し、人権侵害を行っているとの証とみなされた。それを受けて、アメリカではすでに上院で通過していた「2019 年ウイグル人権法案」が下院でも圧倒的多数で可決された。これに対して中国は猛反発し、華春瑩報道官は、アメリカにも先住民虐殺の歴史があることを引き合いに出して、真っ向から反論した (熊倉、2022、p. 206)。

第 3 項　Whataboutism 論法への「切り返し」論法

　では、相手が whataboutism の論法を取ってきたとき、どのような対応が考えられるのであろうか。ハンリーは、中国が、「カナダが先住民の寄宿舎の子供にしたことを考えると、カナダには中国の人権（ウイグル問題）を取り上げる資格はない」というとき、中国は大きな違いを無視しているとする。すなわち、「カナダは、その醜い過去に向き合い、改めようとしているのに対して、中国は、新疆における現在の醜さという現実を認めることを拒否し、新疆でウイグル族を抑圧している現在進行中の罪を認めることを拒否していることである」(Hanley, 2021)。あるいは、もっとひらたく言えば、「我々は、それを認め、調査しており、そのような人権侵害をもはや行っていない。あなた方はどうなんだ？」と言うことであろう (Magnier, 2021)。

　より一般的に言えば、「whataboutism おまえはどうだ、資格はない」という

論法を相手がとった時、それに対して、その論法の対象となった国は、指摘された自分の過去、あるいは現在の問題を認め、自分はそのような行為をやめている、あるいは是正しようとしていると論じ、それをもとに相手に対してあなたはどうだ、と切り返すということである（「切り返し論法」とでもいえようか）。

　このような「whataboutism」－「切り返し論法」の連鎖は、他のケースでも見られる。たとえば、このような連鎖の観点から 2021 年 3 月 18 日のアラスカでの米中外交トップ会談をみれば、次のようになろう（『日本経済新聞』2021 年 3 月 22 日、3 月 23 日）。まず、ブリンケン国務長官は、「新疆ウイグル自治区、香港、台湾、米国へのサイバー攻撃、同盟国への経済的な強制行為など中国の行動に対する我々の深い懸念についても提議する」と述べ、新疆ウイグル、香港に関する強い懸念を示す。これに関連して、楊潔篪共産党政治局員は、「中国は人権の面で着実な進歩を遂げているし、実際のところ米国内で人権に関して多くの問題があり、このことは米国自身が認めている」と指摘した上で、「米国が直面する人権問題は根深い。『ブラック・ライブズ・マター』（黒人の命も大事だ）運動のように、直近 4 年間に出てきたものばかりではない。最近になって急に出てきたものではないのだ。（米中）両国が抱える様々な問題の責任を誰かに転嫁するのではなく、自身でうまく管理することが重要だ」と述べる。

　このような中国の論法に対してであろう、ブリンケン長官は、「［我々のやり方は］不完全さを認め、誤りをおかすことを認め、失敗や後退を認めることだ。しかし、我々が歴史を通じてなし得たことは課題にオープンかつ透明性を持って立ち向かうことであり、課題を無視したり課題が存在しないかのように偽ったり、カーペットの下に隠したりすることではない。時には痛みを伴い、時には醜いかもしれない。しかし毎回、我々は国としてより強固で、より良く、より結束する結果となった」と論ずる。また、サリバン安全保障担当大統領補佐官は、「自信を持った国は自身の欠点をよく見て絶えず改善することができる。それが米国の（成功の）秘訣だ」とも述べる。このような「切り返し論法」がどこまで有効かはわからない。ただ、whataboutism に対す

る一つの対応方法ではあろう。
　ここでは、whataboutism を相手の非難に対抗するレトリックとして考察した。しかし、それは、人権（や民主主義）などの規範に関しては重大な規範的な意味を持っているかもしれない。すなわち、人権などの規範は、西欧諸国によって作られ、それが普遍的規範と認められた。しかし、西欧諸国の多くはかつて植民地を持っており、その統治において人権は認められなかった。そして、それらの植民地が独立したあと、人権が普遍的な規範であるから遵守せよと言っても容易に納得しないであろう。小和田恆元国際司法裁判所所長は、次のように述べている。

　「今日の国際社会の基本的な枠組みをなしているものの中で足りない部分を考えるに当たって、実は西欧諸国が帝国主義の時代に国際秩序の規範的枠組みを作ったという点を忘れてはいけません。これらの国が非植民地化した新しい国々に今さら『基本的人権だ』なんて言っても、『どこを見てそんなことが言えるのか』という反論が当然出てくることになります。だから『過去の過ち』を反省した上で、『これからの社会はそうではないのだ』ということを説得しなければならないことになります。」
（「今も学生と共に歩み続ける駒場の日々◇小和田恆先生インタビュー（聞き手　金城亜紀）◇」、山本、上川、田中、金城、赤松編所収、2022, p. 244）

第4項　『アメリカの人権記録』——マクロの whataboutism

　中国の whataboutism は、具体、個別の人権問題への批判に対するものだけではなく、他国の人権問題をより一般的・体系的に評価する活動、たとえばアメリカの人権状況を総体的に批判する文書を発出することにもあらわれる。アメリカ国務省は、1994 年以降毎年『国別人権の実践についての年次報告 Country Reports on Human Rights Practices』（またの名を『世界の人権報告 Human Rights Reports』）という報告書を発出する（三船、2011, p. 206）。その中で、中国の人権状況は主要なテーマであった。これに対して、中国も『アメリカの人権記録 Human Rights Record of the United States』（いわゆる『中国版人権報告』）と

いう文書を発出する。最初の『アメリカの人権記録』は、1998年のアメリカの『世界の人権報告』に対し1999年に出されたものであり、のち毎年発出される。ここに、毎年、三船がいう人権に関する「相互監視」「双方による批判」（三船、前掲）のプロセスが始まる。このプロセスは、「相互監視」や「双方による批判」を越えて米中間でそれぞれの相手の国の人権に関する相互主義的な応酬（非難合戦）と言えるものの始まりでもあった。また、『アメリカの人権記録』は中国政府がアメリカに対抗している、という姿勢を中国内部の聴衆に示す意図もあったと考えられる。また、『アメリカの人権記録』は、2020年版からは、名称をストレートに『アメリカにおける人権侵害報告 The Report on Human Rights Violations in the United States』と変える。そして、『アメリカにおける人権侵害報告』は、アメリカの『世界人権報告』を受けて、という形態をとらなくなる。中国の対米批判は極限に達していくのである。

　以下では、長期にわたるアメリカの『世界人権報告』と中国の『アメリカの人権記録』の内容を2001年と2021年の二時点で見てみよう。

　中国の人権に関するアメリカの年次報告は、まずは中国の政治体制が権威主義的であり、共産党に権力が集中しているという記述から始まる。そして、当該年度における中国の人権侵害についての顕著な事象を指摘する（時にチベット、時に法輪功、いまは新疆ウイグル自治区の問題）。そのあとで、言論の自由、アカデミック・フリーダム、刑事手続き、（手続きを経ない、不透明な）拘束等、多くの項目にわたって、事実や法制度の欠陥などが述べられ、全体で90頁ぐらいの長文のものである。これに対する返答が『アメリカの人権記録』という文書であり、内容は毎年ほぼ似たようなものである。その中身を2001年版（State Council Information Office of the People's Republic of China, 2002）で見てみよう。

　2001年版の文書においては、まずアメリカの2001年版の『世界人権報告』について、「再度アメリカは、人権についての世界の裁判官の役割を果たそうとし、中国を含む多くの国の人権状況を歪曲し、非難している」とする。そして、内容として、アメリカにおいては暴力が日常的であり、人々の生命が脅かされていること、銃が規制されていないこと、司法が公正でないこ

と（警察官の差別的取り扱い）、貧富の差が大きいこと、ホームレスなど基本的な生存条件が脅かされていること、女性や子供が虐げられていること、性差別や人種差別があることなど国内問題をひろく取り上げている。また、アメリカは外国に武力を用いて主権、人権を侵していることなどを非難している。そして、最後に、アメリカが2001年国連人権委員会の選挙で敗れ、委員会での籍を失ったことに言及し、アメリカが人権に関して、ダブル・スタンダードを使い、一方主義（単独主義）であり、それに対するネガティブな国際的評価の証左であるとしている。

　同文書は、アメリカが人権について覇権的な行動や内政干渉をやめ、協力と対話という異なる方法をとるように強く要請する。それは、18頁ほどの文書であり、アメリカの中国についての『国別人権報告』に書かれている事項に個々に対応してはいない。要は、アメリカの人権状況はひどいものであり、アメリカ自身の人権状況を見ずに他国の人権を非難するというダブル・スタンダードをとり、アメリカが「世界の裁判官」になる資格はない、と言っているようである。すなわち、whataboutism である。

　アメリカは、2021年版『中国の人権報告』（2022年4月12日）（Bureau of Democracy, Human Rights, and Labor, U.S. Department of State, 2022）において、例によって、中国の政治体制は権威主義的であり、最終的な権威は中国共産党にあると述べる。そして、当該年度に新疆ウイグル自治区においてジェノサイドと人道に対する犯罪が行われたと論ずる。そして個別事項として、人としてのインテグリティと不可侵性（恣意的な拘束、移動の制限等）、市民的自由（言論の自由、検閲、インターネットの自由、アカデミック・フリーダム、平和的集会の自由等）、政治過程への参加の自由、腐敗、政府における透明性の欠如などについて、事実と法制（実践）をもとに詳しく問題を指摘する。例年通り、約90頁に及ぶものである。

　中国は、同年（2022年）2月、アメリカの『世界人権報告』に先立って2021年版『アメリカにおける人権侵害報告』を発出して、以下のような指摘を行う（State Council Information Office of the People's Republic of China, 2022）。アメリカは新型コロナの感染数、死者数が世界一であり、それは疫病の防止やコントロー

ルが高度に政治化し、共和党と民主党の交渉材料となっているからであり、アメリカの政治家にとっては人々の生命や健康よりも政治的な利得が重要だからである。加えて、アメリカには暴力的な思考が蔓延しており、銃規制が行われず、銃乱射事件が多発している。アメリカの司法制度は信頼度が低く、多くの人々が誤って有罪とされる。アメリカの民主主義は偽の民主主義（fake democracy）であり、アメリカ・スタイルの民主主義は利益の交換に堕落し、金権政治である。ゲリマンダー（選挙区の政治的な区割り）がみられ、投票を制限する法律や試みが見られる。アメリカの民主主義は完全に失敗し、グローバルなイメージが著しく損なわれているにもかかわらず、「民主主義へのリーダーのサミット」（「民主主義サミット」）を大々的に行った。茶番である。アメリカは人種差別が激しく、社会的な不公正を増幅している。たとえば警官による黒人差別やアジア人に対する暴力が見られること、不法難民の拘束が多く行われたこと、グアンタナモ基地ではいまだ39人の拘束者が存在すること等を挙げている。またアメリカは武力を持って他の国を攻撃し、無辜の民を殺害するという人権侵害を行っている。

　この2021年版『アメリカにおける人権侵害報告』文書は、2021年の『アメリカの民主情況』（Ministry of Foreign Affairs of the People's Republic of China, 2021a）という文書に内容的に繋がっている。後者では、まず民主主義は人類の普遍的な追求価値であるとしつつ、アメリカの研究者の研究結果や論説にかなりの程度基づきながら、アメリカの現況を徹底的に批判している。それは、10項目以上にわたり、アメリカの国内については10項目、アメリカの対外行動については5項目を取り上げ、きわめて包括的なものとなっている。アメリカの国内に関しては、アメリカの民主主義は富裕層のものであり拒否権集団政体vetocracyである（アメリカの政治では、拒否権集団が存在し、ゆえに重要な政策決定ができない体制であるとの意）、アメリカ国民の政治信頼度は低く1月6日には連邦議会の占拠さえ起きた、大統領選挙のシステムは一般投票の票数と選挙人団の数とが乖離しているなど政体そのものに欠陥がある、貧富の格差が拡大し人種差別が亢進している、言論の自由は表面的なもので実はメディアは独占体制である等、実質的な面での欠陥を指摘している。

もちろん、人権についての文書と民主主義についての文書でおのずと違いは存在する。しかし、後者にもまさに人権と呼んでよいものが多く含まれている。人権と政体は密に結びついているというのが中国の考え方であり、またアメリカの考え方でもある。そして、このような観点から中国はアメリカを見るし、自己をも見るのである。

　以上のようなアメリカの『世界人権報告』と中国の『アメリカの人権記録報告』(2020 年からは『アメリカにおける人権侵害報告』) の相互作用を見ると、中国の側には、アメリカには人権侵害があり、したがって世界の裁判官になったり、「民主主義サミット」を開催したり、他国に干渉したりする資格はないという whataboutism のレトリックが垣間見られる。

　このように、whataboutism のレトリックは、個別の案件について使われるだけでなく、マクロに相手の政治体制、人権状況全体を取り上げ、いくつかの項目に関して全体的に批判を行う際にも用いられる。この場合、相手の体制全体を見るときの視角 (枠組み) は、己の人権体系や政治体制を見るときの枠組みとなり、自分と相手を比較する枠組みにもなる (ただ、議論が交わり、相互に学習するということはみられない、言いっぱなしともいえるものであった)。この枠組みで見て、相手より自分の方が優れていると認識すると、批判してくる側に対して「自分の方が優れている、君には俺を批判する資格がない」という論理の逆転が起きる[63]。

第 6 節　強硬化する中国の人権言説──シェーパー (形成者、shaper) へ

　本節の目的は、2021 年に出された『中国共産党と人権──百年の探求』の内容を詳細に検討し、2021 年時点における中国の人権言説を明らかにすることである (第 1 項)。そこでは、発展を前提とする中国の人権言説が、中国の発展の成功により、さらなる発展を通して「中国の夢」を実現するという「大ナラティブ」に統合されてきていることが明らかになる。また、中国の人権は、中国人のみが評価できると述べられる。このような特徴を明らかにした後、第 2 項において、本章第 1 節で示された表 1 (p. 442) にもとづいて、1991

年の『人権白書』との比較を行う。そこでは、中国の人権言説が強硬になり、また「既存の規範」からますます遠くなっていっていることを明らかにする。

第1項　大ナラティブ（中国の夢）への統合
——『中国共産党と人権——百年の探求』文書（2021年）

2021年6月中国は、『中国共産党と人権——百年の探求』(State Council Information Office of the People's Republic of China, 2021c)という文書を発表する。この文書は、中国共産党創設百周年を記念して、中国共産党の人権についての成果と業績を考察、検討したものである。中国の現実の政治体制を考えた場合、共産党の文書は極めて重い。本項では、適宜引用を交えながら、本章の趣旨と関連する部分を要約する（特に注目すべきステートメントには傍点を付けた）。

「中国は、アヘン戦争以前には世界の指導的国家（国力では、ナンバー・ワン）であったが、アヘン戦争以来、西欧列強の侵略と植民地政策は中国人民の尊厳を踏みにじり、その生命を危険にさらした。その抑圧下で、中国人民は飢餓と貧困に苦しんだ。

中国共産党は、当初から人権を追求していた。基本的な考え方は、国家の主人は人民であるということであり、人民中心のアプローチがとられてきた。人権は、生存権を実現することが第一であった。

中国共産党は、1949年の建国以来、段階を追って人権政策を展開してきた。まず、社会主義の基本的なシステムを作り、そのもとでの人権が追求された。1978年の改革開放からは、中国的特色を持つ社会主義を作り出し、経済発展により、生存権と発展権、その他の人権が享受できるようになった。いまは、2012年の第18回共産党全国大会以来第三のステージにある。そこでは、人民中心の発展を掲げ、高品質の発展を遂げることになる。一帯一路がモメンタムを作り出し、人類運命共同体の概念が広く認識されるに至った。

憲法は、広い分野において権利と自由を認めた。2004年の憲法修正で、『国家は、人権を尊重し保障する』とされた[64]。政治的なシステムと国家・行政・

法律の制度を通して、広範な人権を保障・促進しようとしてきた。国家の統治 (governance) の基礎には、人民中心の発展という理念がある。統治においては、人権を尊重し保障するという原理が基本である。2002年の第16期全国共産党大会で、すべての分野において、『ほどほどに豊かな (「小康」) 社会』を追求するという文言が採用された。2012年以来、中国は、人権を促進するために、統治システムと能力の強化、改善に努めている。2020年から2035年まで、『ほどほどに豊かな社会』をベースに、人々が平等に参加し、平等に発展する権利が保障されるようにする。2035年から世紀半ばまでに、今まで達成した現代化をもとにして、中国を富強で民主的、文明的で、調和的で美しい社会主義現代化強国へと発展させる。そして、そこではすべての人にとっての共同富裕が、おおむね達成されていよう。

中国の人権は、基本的な政治システムによって保障される。この基本的な政治システムは全人代に現れる。人民の政治参加は、様々なレベルの人民代表会議、また草の根の選挙、さらに全国人民代表大会 (全人代) 全国協商会議という制度を通して保証されている。全人代およびその常務委員会は、立法を担う。この基本的な政治システムは、民主集中制であり社会主義的民主主義である。また、人権は、政党システムを通しても保障される。中国の政党システムは、共産党を中心とした人民民主主義 (民主集中制) であるが、多党間の協商システムであり、他の政党は野党ではなく、(共産党の) 協商の相手である (協商的民主主義 consultative democracy)。『このような共産党のリーダーシップと統治のもとでの多党間の協力と参加の枠組みは、中国の政党システムの基本的特徴であり、中国の土壌から育った新しいモデルである。』

中国の人権は、民族区域自治制度によっても保障される。ただ、『民族区域自治の実施は領土保全と国家統一に基づく』。

中国は、人権の包括的な発展を目指している。その基本は、生存権と発展権であり、中国は絶対的貧困を撲滅するのに成功した。また、生命と健康の権利も重要視され、中国は新型コロナに対処するため、最大限の努力をした。また、社会的、経済的な権利に関しても、雇用、社会保障などの制度を整えている。教育の権利に関しても、義務教育だけではなく、中等教育、大学教

育も進展している。環境対策も進んでおり、GDP の単位当たり CO_2 排出量も少なくなってきている。

　個人的な権利は守られなくてはならず、それを保証する制度も確立してきている。たとえば、個人の権利を守るために、労働や拘束的な教育を通しての再教育は禁止している。宗教の自由も保障されており、政教分離の政策をとっている。政府は、通常の宗教活動を認めるが、公共的、国家的な利益に関連する場合には、それを管理する。しかし、内部には干渉しない。中国は、宗教活動を支持するが、中国においては、『信者、非信者ともに、中華民族の偉大な再興という中国の夢の実現のために、中国の改革開放と社会主義的現代化に向けて協力する』。

　中国は、平和五原則を掲げて活動するなど、世界の平和に貢献してきた。また、中国は、国連の人権委員会、人権理事会で活発な活動をしてきた。いまや中国は、将来を共有するグローバルな共同体を作ろうとしており、一帯一路はその主要なプラットフォームである。一帯一路は、共通の発展と人権保護のための取り組みなのである。中国は、人権概念に多様性を付け加えてきた。『中国にとって、人権を尊重し、保護しそして促進するにあたってコピーする既存のモデルは存在せず、中国は、中国の実情から出発し、我が道を行くしかない。中国共産党は、人権の普遍性という原理を中国の国情に応用して、人権保護の新しい道を開拓し、自身の実践をもって人権概念に多様性を付け加えた。』その第一は、人々は主人であるという人権の基本原則であり、それは民主主義、自由、平等そして他の権利によって体現され、またそのことは共産党の指導力を高めうる。第二には、発展を通しての人権の促進である。発展は人権を含み、中国のすべての問題を解決するカギである。中国共産党は生存権と発展権をまず考え、次いで他の権利の促進をはかることが、人権の保護という人民の期待に沿うための唯一の方法であると考える。第三に、人権に関して人民中心のアプローチをとることである。習近平主席は、幸福な生活を送ることは基本的な人権だという人権概念を提唱し、それは新時代における中国の人権の進歩に新しい意味を与えた。中国における人権は、中国の人民のみによって判断され、そして彼らの利益、幸福そして安

全感によって測られるべきものである。

　第四に、中国の人権の特徴は全人民の全面的発展であり、それには人格、能力、知識、権利の発展が含まれる。中国共産党は、いくつかの対照的な事項に同等に注目する。一つは、集団的権利と個人的な権利である。二つには、生存と発展の権利に優先的な位置を与えることと、市民的権利、政治的権利、経済的、社会的、文化的権利の調整の取れた発展をはかることである。三つには、経済、社会、資源そして環境保護の間の調整と、人民の現在また将来の厚生のために持続的な発展をはかる、ということである。

　第五に、共通の将来というグローバルな共同体（人類運命共同体）の建設である。習近平主席は、人民を第一に考え、人民の発展を優先する共通の将来を共有したグローバルな共同体の建設を提案した。『この概念は、国連の諸文書に含まれ、今日の世界に大きな影響を持つ概念となった。』

　中国共産党は、建党以来成功をおさめ、いまや中国の人民に幸福をもたらし、中国という国家に国家の再興をもたらした。中国共産党は、ほどほどの豊かさという第一の百年目標を達成し、いまや国家の再興の夢と第二の百年目標、すなわち、中華民族の偉大な復興へと導いている。2049年の建国百周年を過ぎて間もない今世紀半ばまでには、中国は、富強で、民主的で、文明的で、調和的で、美しい社会主義現代化強国を建設していよう。」

第2項　変化と継続——1991年の『人権白書』と2021年の『中国共産党と人権の保護』の比較から

　本章第1節第3項で示した表1 (p. 442) は、世界人権宣言、1991年の中国の『人権白書』（以下、1991年文書）、そして2021年の『中国共産党と人権の保護』（以下、2021年文書）の三つを比較対照させている。まず、中国の、30年の間をおいて発出された二つの文書を比較してみよう。両者には、継続と変化の両面がある。変化は、人権に関して、より強硬になり、また少なくとも'洗練された'言説を示すようになった点である。また、2021年文書においては、人権が、中国（習近平）の大ナラティブ（中国の夢、人類運命共同体）の構成要素として統合（下位化）されているのが見て取れる。

人権そのものについては、国家は人権を守るべきであり、また人権は広くとらえなければならないという継続が見られる。ただ、時がたつにつれて、人権は、国家の統治システムによって保障され促進されるというガバナンスの問題であるという認識が明示化されてくる。

人権の制約については、自由、言論、民族の自治、信教の自由等の人権は保障されているが、それらは合法的でなくてはならないということは変わっていない。さらに、2021年には、国家の安全、統一などに反してはならず、それぞれに関しては法律があり、それに従わなければならないという姿勢を明確にする。それらの法律は適宜形成され、「法による支配」の傾向を強める。

1991年文書は天安門事件、2021年文書は新疆ウイグル自治区の問題を背景にしている。両文書ともこれらに触れていないが、中国政府の他の文書から判断すると、それらについての政府見解には大きな違いがある。天安門事件は国家転覆を試みる反乱とみなされ、人権とは関係がないとされた。また、国家転覆に対する規則はどの国にもみられると述べていた。これは、現在でも中国政府の正統的な見解とみなされている。たとえば、習近平主席は、2021年11月に行った演説の中で、天安門事件のときの中国政府の対策（武力弾圧）は、共産党と国家を守るための歴史的な英断であったと称賛した（『産経新聞』2022年1月2日）。これに対して、新疆ウイグル自治区の問題に関する中国の政策は、テロリズム、分離主義、宗教過激主義という三悪への対処とされる。三悪は人権を損なうとみなされ、反テロ、脱過激化の手段をとり安定を回復することは、人権を保障し、促進することになる。三悪への対処は、上海協力機構（SCO）、さらには国連の対テロ戦略にもみられる国際的なものであると論じられる。

人権は各国の国内管轄権の問題であり、人権を口実にする内政干渉は許されない、というのが1991年文書の立場である。2021年文書は、この立場を保ちつつ、さらに一歩進めて人権の内容に踏み込んでいる。すなわち、人権には一般的なモデルはなく、中国には従うべきモデルはない。中国の人権は、人民の幸福感によって測られ、それは中国の人民のみが判断できる。中国の人権は普遍性にもとづいているが、実践的には中国の現実に基づいており、

中国は自分の道をたどる。つまり、中国の人権は、国内の管轄権であるという「形式論」を超えて（もちろんそれと整合的ではあるが）、実質的には、中国人民のみが判断するものであり、他からの判断や口出しは無意味だということである。唯我独尊とでも言えようか。

人権と平和に関しては、1991年文書には、人権を国際的に守るためには、世界の平和と安全を危険にさらす行為に干渉しなければならないと述べられていた。2021年文書には、中国は世界平和に大いに貢献してきたと述べられているが、力点は人権と国内の平和との関連に移っている。すなわち、中国共産党は、中国の人権を発展させることによって支持を高め、リーダーシップを強め、長期の平和、安定そして繁栄に向けてのよりよい社会主義を発展させることができたと主張する。人権が国内政治の一要素だというとらえ方は、中国の内向化の一面を示しているのかも知れない。とはいえ、このような内政面の次元と同時に、中国は自己の人権言説を対外的に投射しようとしている。

生存権と発展権が人権の最優先事項であり、発展があればこそ他の人権も促進されるという考えは、1991年と2021年のいずれにも共通する。ただ、2021年文書には、この30年間に中国が経験した発展についての認識が加わっている。すなわち、中国は発展に成功し、絶対貧困を撲滅し、ほどほどの豊かさ（「小康」）を達成した。この発展は人権を促進し、共産党への支持を強固にした。発展の推進は、「中国の夢」の基礎である。中国は、世紀半ばまでに近代化された社会主義強国となるであろう。

以上が、2021年文書の新たな認識である。ここに見られるように、中国は発展（発展権は人権の一つである）を他の人権の促進の前提条件とすることで、人権問題を発展に集中させた。また、経済発展は、総合国力のもととなり、「中国の再興」、「中国の夢」という大きなナラティブのもととなる。人権は、大きなナラティブの一部分となり、それに統合されるのである。

中国の人権は、政治システムによって保障され、促進される。1991年文書では、中国の政治システムの特徴は人民民主独裁制であり、人民は国家の主人であり、共産党の指導は人民の歴史的選択であるとされる。2021年文

書はこの認識を基本的に引き継いでいるが、より洗練された議論が展開されている。すなわち中国の政治(政党)システムは、共産党のリーダーシップのもとで多党間の協商が行われる「協商的(協議)民主主義 consultative democracy」であり(ただ、すでに述べたように、この概念は、2016年の中国国務院の『発展の権利――中国の理念、実践、貢献』のなかで使われている[65])、これは中国の土壌に育った新しいモデルである。人民民主主義、民主集中制に加えて、あらたに協商的民主主義という概念を付け加えたのである[66]。とはいえ、世界人権宣言がいうような普通選挙を基にする政治制度は考えていないであろう。

　以上の考察は、以下のようにまとめられる。①市民的、政治的自由に関する中国政府の姿勢がますます強硬になっている、②中国の人権は、中国人民のみが判断できるとして、実質的な人権の内容に関して他国による判断を拒否する、③発展が人権の前提となる言説のもと、テロリズム(と中国政府が判断したもの)を弾圧し、また、そのことが人権を促進するという言説を展開する、④発展(権)を他の人権の前提条件とすることによって、人権の中での発展を突出させ、発展中心の中国の戦略的ナラティブを強化し、また人権が大戦略的ナラティブの下位ナラティブとされる、⑤表1の世界人権宣言を含めて考えれば、中国の人権言説は、世界人権宣言の内容からますます離れていっている。とはいっても、⑥人権(そして民主主義)という概念(規範)を捨てることなく(統治の正当性のベースとして)、その中身を修正し(「中国的特色を持つ」)、実質的には異なる内容にしていくということになろうか。

第7節　理論的な検討

　前節まで、中国の人権についての言説の継続と変化を天安門事件から最近(2021年あたり)までの30年にわたって考察してきた。その考察の中で、さまざまな理論的な検討をも行ってきた。本節では、この30年の展開とその結果を全体として見通せる理論仮説を二つの観点から考察してみたい。一つは、本書の分析枠組みの一つが中国の人権言説を既存の言説(規範)に対する対抗

言説(規範)ととらえることであったので、中国の行動や実践が既存の規範に対してどのようなインパクトを持ったかを理論面から明らかにする。そこで第1項では、「規範の妨害」という行動、挑戦を受けた規範がどこまで強靭であるか、また対抗言説がどこまで新しい秩序を作りえるのか、等が考察される。

今一つの観点は、中国の人権言説の30年間の推移における最大の特徴、すなわち「既存の言説」からの中国の人権言説の乖離がますます進んでいることである。この現象を理論的に説明しようとするのが第2項であり、そこでは二つの理論仮説が提示される。一つは、「逆行の政治(バックラッシュ・ポリティックス)」である。A国が「既存の規範」の受け入れを迫る場合、B国がそれを受け入れることもあるが、その逆に「既存の規範」から離れていく現象もみられる。この後者を取り扱うのが「逆行の政治」である。この場合、A国による「名指しと恥辱」に対抗して、B国において過去の恥辱という記憶が掘り起こされ、同時にB国はA国との差異を強調することで自国の主体性を示すことから、既存規範から距離を置く「逆行現象」が生じる。

二つ目の仮説は、「権力の動態と象徴の選択」と呼べる現象に関わり、これは「逆行の政治」とは矛盾しない。すなわち、長期的にみて、社会・経済が変化すると政治的権力のあり方(課題等)も変化し、為政者は政治指導と権力闘争のために象徴(言説)を選択する。国内だけではなく国際的にも、社会・経済の変動によって、国家間の(権)力の分布が変化し、それぞれの国が持つ言説(規範)、またその相対的な影響力も変化する。その中で、国際的な言説の競争も起きる。国際場裏での「権力の動態と象徴の選択」である。この国内と国際場裏での「権力の動態と象徴の選択」が相合わさって一つのダイナミックスを形作っているというのが、第2項で示される今一つの理論仮説である。

第1項　規範の妨害と規範の強靭性

西側(アメリカと西欧)と中国との人権をめぐる相互作用は、規範の対抗(コンテステーション)という観点から分析できる。冷戦後から出発すると、西側

の市民的、政治的自由をもとにした人権は、支配的な言説であり（中国的に言えば話語覇権）、またそれは制度に組み込まれた言説でもあった。天安門事件において、西側は中国に自己の言説を投射し、中国はそれに対抗・拒否することになった。西側は、既存の規範の防衛者であり、投射主体であり、中国に市民的、政治的自由を回復し、守ることを求めた。非難の対象となった中国は、天安門事件での自己の行動を正当化し、共産党をカギとする政治体制を守ろうとし、内政不干渉の原則をタテにして西側の投射を拒否した。中国もまた、自己の政治体制と国家主権の規範を守ろうとする防衛者であった。中国はさらに、1986年の国連総会の「発展の権利に関する宣言」等にも基づいて、生存権／発展権を優先させる人権言説を展開し、西側の重視する個人の市民的権利、政治的権利に対抗する[67]。さらに2010年代の後半になると、中国は自己の人権言説を対外投射するようになり、自己を守るとともに、国連などの国際制度を自己に有利に変化させようとする。そして、自己の言説を国際制度（国連人権理事会）へ組み込もうとする一方で、「既存の人権規範」に対する攻撃も強めていく。近年の研究は、このような過程をリベラルな規範が突き崩されていく現象としてとらえて、そのメカニズムを検討し始めている。この項では、このような研究から中国が「既存の人権規範」を崩していく有様を考えてみたい[68]。

　中国の行動を考察する際に用いるいくつかの概念、仮説の多くは、すでに本書で紹介、考察している。以下では、それらを組み合わせながら、理論仮説を示す。

1. 規範の妨害者

　中国の行動は、既存の人権秩序（より広くはリベラル秩序）を妨害したり、破壊したりしようとする規範妨害／破壊（Schneiker, 2021）という観点から説明できる（本書第8章第2節第2項）。A. シュナイカーによれば、「規範妨害者」は、いくつかの戦略を持つ。その一つは、他の国に対して規範を破壊するよう説得したり、規範破壊を正当化したりする議論を展開することである。中国は、人権に関して、他の国（とくに権威主義的な国家）に人権規範の破壊や妨害行為

を積極的に説得することはないかもしれないが、中国が他の国の内政に干渉しないという原則で、他の国の人権侵害に文句を言わず、安定を旨として「放置」することは、人権規範の妨害に当たるであろう。また、中国自身の人権侵害への西側からの非難に対して、内政不干渉をタテにして中国の拒否に対する支持を他国に求めることも、人権規範の妨害行為であろう。

二つ目の戦略は、ブロッキング（阻止）であり、他国が人権規範を守り維持しようとするのを妨害することである。たとえば、2021年、ウクライナが中国の新疆ウイグルの問題に批判的な共同決議の共同提案国になろうとしたとき、中国は新型コロナのワクチンを提供しないと脅したため、ウクライナは共同提案国にはならなかった。

三つ目の戦略として、「曖昧化 obfuscation」がある。たとえば、市民的、政治的自由を柱としていた人権規範に社会的権利、経済的権利を並行させ、さらに発展権を中心とする言説を展開させることは、市民的、政治的自由権としての人権を希釈化し（dilution）、曖昧にする（Pils, 2009）。それは、自己の行動が既存の確立したルールに明確に違反したかどうかの判断を難しくすることにもつながる。

シュナイカーは、このような「規範の妨害者」は、自己の利益を得ようとすることに主眼があり、またその利益は国内的な要因によって決まるのであり、自身の規範を持っているわけではないと論じている。ただし、人権についての中国の行動を見ると、中国自身の言説（規範）を持っており、それを投射していくこともみられるのである。

既述（本書第8章第2節第2項）のように、シュナイカーの「規範妨害者」という概念と関連して、E. アドラーたちが提起する「真実（真理）の破壊」という概念がある（Adler and Drieschova, 2021）。一般に、民主主義やリベラルな国際秩序（人権を含もう）は、真実にもとづいた合理的な議論を前提にして成り立っている。「真実の破壊」は、事実そのものについての正確な情報を出さないだけではなく、事実を明かそうとする手続きをも拒否したり、ないがしろにしたりすることである。「真実の破壊」は、様々な行為・実践（practices）を含む。既述箇所との一部重複を恐れずに、人権に関連すると思われるものをいくつ

か挙げてみよう（シュナイカーの「規範妨害行為」とも若干重なるが）。

　一つは、虚偽やディスインフォメーションと言われるもの（false speak）であり、自己の目的を達するために意図的に事実でないことを発言し、流すことである。たとえば、人権侵害があったとのクレームがあった場合、そのような侵害はなく事態に全く問題はないと主張する。そして、逆に、クレームをつける方が虚偽（フェイクニュース）やディスインフォメーションを流していると非難する。さらにそれが事実であるかどうかを確かめる手続き（独立した調査など）を拒否し、事実をわからなくすることがある。

　二つ目は二枚舌（double speak）であり、矛盾した発言・行為を行い、リベラルが必要とする合理的な、道理に基づいた議論を不可能にすることである。たとえば、人権を至高の価値と言いつつ、それを制約し、制約の条件の恣意的な適用をして、人権の侵害をすることである。

　三つ目は、相手（一般人を含めて）を激高させるような扇動的な（通常は使われない）用語を使うことである（inflammatory speak「戦狼外交」のようなものか）。これは、理性よりも感情に訴えるものとなり、議論が真実の追求から乖離する可能性を含む。たとえば、SNSなどを含めて、相手の非をつのり、事実また虚偽の情報を大量に流して、聴衆を混乱させ、真実は何かがわからないようにすることである。

　四つ目は、whataboutismであり、自分の人権侵害を他国から非難された場合、相手も同じように人権侵害をしており、自分を非難する資格はないという議論である。この議論（レトリック）は、相手に対する「人身攻撃」であると同時に、自分の人権侵害から目をそらし、事実を曖昧にすることにつながる。

　このような「規範の破壊・妨害」や「真実の破壊」行為は、中国が国際的に人権外交を展開するときによく見られる。

2．規範の堅牢性あるいは強靭性

　以上見てきたような、既存の人権規範に対する中国のこのような挑戦は、既存の規範体系にどのような影響を与えているのであろうか。一般に、ある規範に対する妨害行為があった場合、規範そのものは変わらないのか、弱体

化するのかという問題がある。それは、規範の堅牢性 (robustness) とか強靱性 (resilience) と呼ばれる (Sandholtz, 2019; Deitelhoff and Zimmermann, 2019, 2020)。規範の堅牢性とか強靱性で取り上げられる規範は、リベラルな規範であることが多い。ただ第8章第4節と第7節で述べたように、この議論は規範一般に応用できる。

規範の堅牢性は、(ある) 規範が言説的に広い支持を得ているかどうか、実際に規範に沿った行動がどこまで見られるかによってはかられる。一般的な仮説は、挑戦や対抗が多く、また強いほど (たとえば、大国が挑戦しているなど) 規範の堅牢性は低くなり、極端には減衰・消滅する、というものである。実証的な分析も行われているが (拷問の禁止、戦闘への女性の参加、R2Pなどについて)、結果は必ずしも明らかではない。ただ、人権規範が広い支持を得ているかどうか、実際に規範に沿った行動がとられているか、という観点から見れば、権威主義的な政治体制を持つ国が増加傾向にあり、中国やロシアという強国が人権規範 (市民的、政治的権利) に従わないことが多く、さらに新疆ウイグル自治区の問題などに関する中国支持の共同声明に対する支持国が多い (多くなっている) 点に鑑みて、人権規範体系は弱体化しているように見える。

また、規範に対する対抗が、規範自体の妥当性 (validity)・正当性という本質的な次元をめぐる対抗であるのか、規範は正当性をもっていても、それをいかに適用するかという手続きをめぐる対抗であるのかも規範の堅牢性に影響があるという (この辺、Newman and Zala, 2018)。前者に関する挑戦の方が規範の堅牢性を脅かす、というのが基本的な仮説である。本質的なレベルでの対抗と適用についての対抗とは、区分が若干難しいところがあるが、この分類を念頭に置いて、人権規範体系と中国の行動の関係を考えてみよう。中国は、(リベラルな市民的、政治的自由を中心とした) 既存の人権規範から見れば、「規範破壊者・妨害者」であり、「真実の破壊」行動をとっている。これは、既存の規範から見れば、適用の問題であるかも知れない。すなわち、常に市民的、政治的権利を保障することを考えるのか、発展をまず考えて、次いで市民的、政治的権利を考えるかということである。

しかしながら、より大きな問題は、この諸人権の優先順位に関する中国の

対抗は、実際には伝統的な人権概念に対する本質的な対抗だという点であろう。「既存の人権規範」は、市民的、政治的人権である。しかし、中国は、発展権が市民的権利、政治的権利に優先し、発展が進めば他の人権（市民的、政治的権利を含む）が増進されるという路線を突き進む。そして、いまや市民権、政治的権利は、発展、また発展のための治安・安定の下位に置かれている。

第2項　長期の変動についての理論仮説
──国内と国際の権力の循環（動態）と象徴の選択

1. 長期の変容──バックラッシュの政治？

中国の提示する人権規範は、時を経るにしたがって既存の人権規範から離れていき、また開発途上国を中心とする支持国を増加させているように見える。それはなぜであろうか。

このような中国の人権言説の変化は、一般にバックラッシュ（逆行）の現象と呼ばれるものなのかもしれない。バックラッシュ現象あるいはバックファイア効果（backfire effect、日本語で言えば逆効果か）と呼ばれるものは、心理学（政治心理学）では夙に知られている現象である。心理学なので、対象は個人である。たとえば、ある人が、事実に基づかない認識（ミスパーセプション）や信条を持っているとしよう。そのとき他の人が、事実にもとづいて当該の人の認識を変えようとする（是正の働きかけ、説得しようとする）場合、当該の人は、（事実に基づかない）認識を変えるよりもむしろより強固なものにしてしまうという現象が見られる（Nyhan and Reifler, 2010; Redlawask, 2002; Peffley and Hurwitz, 2007）。たとえば、2003年のイラク戦争において、アメリカはイラクが大量破壊兵器を開発しているということを侵攻の一つの理由とした。しかし、のちにこれは事実ではないことが判明した。このとき、アメリカには、イラクは大量破壊兵器を開発していたが、事前に破壊したか他の地に移したという言説（認識）が出回った。この言説を奉ずる人に事実に基づく説得を行った場合、それらの人々の中には、ますます当該の言説（イラクは大量破壊兵器を開発していたが、それを壊すか、他の場所に移動させた）を信ずる人が見られたという。これがバックファイア効果である。なぜバックファイア効果が

起きるかについては諸説あるようだが、当該個人のイデオロギーが大きな役割を果たすという。すなわち、当人のもっているイデオロギー（基本的な信条）を変えようとすれば、それによって当人がアイデンティティを失う可能性があり、したがって強い反発が起きる。また、事実をもとに説得しようとする方のイデオロギーが当該の個人のイデオロギーと異なる場合には、当人の持つ認識を逆に強めてしまう効果が出てくるという。一般化して言えば、説得はイデオロギーが近いときには効果があり、遠いときには、むしろ逆効果になる可能性があるということである。このようなバックファイア効果は、「世界観バックファイア効果」と言われる（Ecker, Sze, and Andreotta, 2021）

　2000年代には、このように事実に基づいた説得とミスパーセプションとの関係を中心としたバックファイア効果の分析が行われたが（今でも行われている）、2010年代の後半から2020年代にかけて、社会また国家に関して、国内、国際場裏における規範を対象とするバックファイア効果（今では、主としてバックラッシュという用語が使われる）が注目されるようになる（Terman, 2016; Alter and Zürn, 2020）。中国の人権言説に即していえば、バックラッシュ現象は、既存の規範の違反（人権侵害）に対して、西側の国々が違反者（中国）を「名指しし、恥辱を与える」ことによって人権侵害の是正を求めようとした結果、相手（中国）は既存の規範に近づいてくるよりもむしろ遠ざかっていくという現象である[69]。

　バックラッシュ現象が起きる原因には、個人レベルでも国家レベルでもいくつか考えられる。すでに触れたことも含めて整理すれば、たとえば、相手の圧力に対して、ナショナリズムが触発され、頑なになり、既存の規範から遠ざかってしまうこともあろう（Snyder, 2020）。また、A. ザラコールは、相手からの規範の投射に対してそれを受け入れるか拒否するかについてのメカニズムとして、社会化と「恥辱化 stigmatization」という二つのメカニズム（考え方）が存在するとする（Zarakol, 2014）。社会化は、その対象国が説得によって規範を受容する、あるいは拒否するということを考えている。これは、リベラルな規範拡散論のもとにある仮説である（Johnston, 2008; Kent, 1999）。しかし、投射してくる相手（またその行為）に対して対象国が（過去の経験から）「屈

辱感 stigma」を持っている場合には（たとえば、植民地化）、規範の内容にかかわらずそれを拒否する。そして、投射されてくる規範（「よい規範」としておこう）に対して「悪い規範」を取ること（バックラッシュである）が対象国の主体性を示すことになる。社会化の場合には、説得に失敗しても投射者と受け手の間の距離は変化しないが（現状維持）、バックラッシュの場合にはその距離が遠くなる。また上述の「世界観バックファイア効果」の比喩から言えば、中国と西側とはイデオロギー的な距離が遠く、西側の説得は逆効果になる可能性があり、またそうすると中国のイデオロギーはますます西側から遠くなり、したがって西側の説得はさらに逆効果を高めていくという悪循環に陥る、という仮説も成り立つであろう。

「バックラッシュの政治」が人権分野に応用された場合、個別・具体的な出来事が取り上げられることが多い (Terman, 2016)。しかしながら、本章で取り扱うような中国の人権言説の 30 年にわたる長期的な変化を説明するときには、諸要因の複合的なメカニズムを考える必要があろう。もちろん、中国は「（半）植民地化」の恥辱もあり（「百年の恥辱」）、西側の度重なる「名指しと恥辱」に対してナショナリズムが刺激され、西側の投射する既存の規範を拒否するだけではなく、主体性を示すために異なった規範言説を作り出し（中国的特色を持つ人権、同化拒否）、以上のプロセスが既存の規範から遠ざかる現象を引き起こした、という仮説も考えられよう。しかし、理由はそれだけではないように思われるし、具体的なプロセス（言説内容の変化）を追うには（説明するには）十分でないように思われる。以下では、中国の国内的な要因と国際的な要因、そしてそれら二つの要因の相互関連という視角、それも権力の動態と言説の選択という視点から、一つの仮説を提示してみたい。

2. 国内の政治的ダイナミックスと象徴の選択

まず考えられるのは、中国の国内体制と指導者の政治指導（課題の設定と政策の展開）である。中国の政治体制は、中国自身が言っているように、民主主義と独裁の並行的存在であり、多数の利益のためには強圧的な行動をとるというものである（したがって、既存の人権規範とはもともと異なる規範を持つ政

治体制である)。また、中国共産党の指導は、(選挙ではなく)歴史的に中国人民が選択した結果と自称する。中国の為政者は、自らが課したこのような制約条件の中で、人民(と共産党内)の支持を調達し、権力を維持しなければならない。すなわち、為政者は、そのための課題を設定・提示し、それを達成し(よいパフォーマンスをあげ)、支持を維持・調達しなければならない(このようなリーダーシップについては京極、1968を参照)。

　その課題、それを表すシンボル、言説は、そのパフォーマンスと支持の程度によって評価され、また変化する。さらに、課題は、為政者が交代すると、前任者との継続がはかられつつも、変化と修正を伴う。もちろん、課題が達成された場合には、それに代わる、あるいはそれに重ねて、他の課題が提示される(たとえば、生存権が「小康社会」を達した後、生存権を維持しつつも発展(権)の方が重視される)[70]。課題とそれに伴う言説・象徴は、ポジティブ・フィードバックとネガティブ・フィードバックをもち、それが織りなすダイナミックスを示す。すなわち、ある課題／象徴は、パフォーマンスがよく人民(そして、共産党の中核)の支持を得れば、ますます強化される(ポジティブ・フィードバック)。これに対して、パフォーマンスがよくなく支持が高まらない場合には、優先順位が下げられたり言い換えられたりしよう。また、この課題の選択に関しては、為政者の間で競争が起きるのが普通である。発展のシンボルとその政策的な実行、さらにそのパフォーマンスの良さは、国内の様々な集団(B. ブエノ・デ・メスキータらの用語を用いれば、政権維持に影響を与えうる実質的支持基盤)に利益を分配することを可能にし(「分配の政治」)、共産党の支配・指導を支えることになる。また、発展の成果は、経済的権利、社会的権利を充足する方向に働き、中国の定義する広い人権(また、それを享受する「人民」——名目的支持基盤かも知れないが)に貢献する。ただし、このメカニズムにおいては、市民的、政治的権利を促進する契機は必ずしも見当たらない。このようなメカニズムは、複数の要素の間のポジティブ・フィードバックを作り出し、亢進する。このような中国国内のメカニズムは、中国が市民的、政治的権利を重視する既存の人権規範を離れていくという(マクロの)バックラッシュ現象をもたらす可能性が高い。

もちろん、ネガティブ・フィードバックが働く余地もあろう。たとえば、発展（経済成長）という中心的課題が滞り、分配の政治がうまくいかず、実質的な支持基盤に亀裂が入ることもあろう。すなわち、実質的な支持基盤のすべての集団に分配する十分な資源がえられず、分配の方式・内容を変える「再配分の政治」の要素を取り入れることになる。「共同富裕」というシンボルはそれにあたるのかもしれない。ただ、その場合でも、発展と共同富裕は合わせて使われ、共同富裕は共産党の昔からの理念であったとして正当化される。ただし、発展と共同富裕は矛盾を含むので、この二つをいかに管理するかが課題となる。さらに、人権を下位言説としている中国の夢という大ナラティブにも修正が起きるかもしれない。あるいは逆に、発展の停滞が市民的、政治的権利、社会的、経済的権利、発展権の体系の再編成をもたらし、市民的、政治的権利の優先順位が高くなるような可能性も皆無ではない（ただし、それは、中国の政治体制の革命的変化を伴おう）。

　以上の現象を中国国内の「権力の循環（動態）と象徴の選択」（岡、1953）[71] と呼ぼう。

3. 国際的な環境の変化との相関──規範の投射者へ

　この国内の「権力の循環と象徴の選択」のプロセスは、国際的な「権力の循環と象徴の選択」と密接にかかわる。後者のプロセスは、国家（国際機関やNGOなどの非国家主体を含んで考えてもよいであろう）の間の力の分布とその変化とそこで周流する象徴（価値・規範など）の分布と変化との関係のダイナミックスを示すと考えられる。主体間の相対的力も変化する。これに伴って国際的に周流する象徴（言説）の分布もまた変化して行く。力が大きな国（たとえば、覇権国）あるいは集団的に大きな力を持っているグループは、彼らの言説一般を広く世界に広げようとするインセンティブを持つことがあり、事実広げようとする。この場合、彼らの言説は、「普遍的」なものとされることがある。「普遍的」なものであるがゆえに、外に投射される。そして、彼らの力が増大し、また「普遍的」な言説が成果を挙げれば、言説はますます強くなり、ポジティブ・フィードバックがかかることになる。冷戦後は、西側の力が強く、それ

が提示、投射する人権規範(そしてより広くリベラルな規範)は、圧倒的であり、いわゆる支配的な言説(話語覇権)を形成した。

このような状況に対して、中国は、ナショナリズム、あるいは屈辱感からか、内政不干渉の原則をもって抵抗し、生存権／発展権を中心とする独自の人権言説を作っていく。中国の発展のパフォーマンスは、冷戦終焉後おおむねきわめて良好であった。そのことは、国内の権威主義的な政治体制と共産党の独裁体制の正当性を強め、政権維持のために、ますます発展に固執するようになる。この発展言説のパフォーマンスの良さ(発展言説にふくまれる発展の実現)そのものは、中国自身の自信となり(Foot, 2020)、また中国の力の伸長のもとともなり、その言説への他国(とくに開発途上国)からの支持を増大させたのである。また、グローバルにみて、開発途上国の経済力は向上した。さらに政治体制の分布においても、2000年代の半ば以来、民主主義体制をとる国の数が頭打ちになり、権威主義体制をとる国の数が増大している(Freedom House, 2022; Fukuyama, 2022b)。このような国際環境の変化が、中国の言説への支持を増大させる要因となっていよう。このような、いわば既存の国際秩序の実質的支持基盤の変化は、中国の総体的な力の向上(また西側の力の相対的な低下)と、中国が西側の圧力(制裁を含む)から蒙るダメージの減少につながる。いわば、外からの圧力に対する(力という観点からの)センシティビティが小さくなったということである(Keohane and Nye, 1977)[72]。

このような変化の中で、とくに習近平政権下の中国は、国際制度を通して(すなわち、制度的話語)、自己の人権言説(さらに自己の戦略的ナラティブ)を国際社会に投射しようとする。2017年に中国が国連人権理事会に提案し採択された「発展の人権に対する貢献」決議は、一つのメルクマールであった。その決議には、人類運命共同体、人民中心のアプローチという習近平の主要言説が組み込まれ、発展優先の人権言説とあいまって国連人権理事会の言説(決議という形で)としたのである。このような中国の言説の国連人権理事会への投射は、中国国内の政策を反映するとともに(中国が人権理事会に組み込んだ言説は、もともとは中国の国内の言説である)、それが再び国内に持ち帰られ、国内における習近平の威信と正当性を高めるのである。

さらに、新疆ウイグル自治区をめぐる中国の言説がある。すなわち、中国は、新疆ウイグル自治区の問題を「三悪（テロリズム、分離主義、宗教過激主義）」の問題として、「三悪」は人権を脅かすので中国が取った反テロリズム、脱過激主義の政策（教育施設、訓練施設など）は正当な手段であり、その結果としての治安と安全の回復と維持は、人権の促進に大いに貢献したというものである。この中国の言説は、国連人権理事会および国連総会第3委員会での中国支持の共同声明の骨子となっている。中国は、自己を防御しつつも、自己の言説を対外的に投射して行くのである。

　グローバルな人権秩序という観点から見れば、中国の力が強くなり、西側の個人をベースとした市民的、政治的人権を主とした「既存の言説」は、他の人権（社会的、経済的権利、さらには発展の権利）が導入されることによって希釈化され、さらに発展権が中心の人権となり、単に手続き／順番だけではなく、実質が大きく変わってきたと言えるであろう。また、平和、発展、人権という三角形を考えれば、「既存の言説」は、これら三つを同時に達成すること、さらには人権が平和をもたらし、また発展をもたらすという仮定に基づいていた。しかしながら、中国的人権言説では平和（国内の治安と安定）が発展をもたらし、発展が人権をもたらすという逆の順番になり、それに沿った政策が実践される。平和、発展、人権という既存の言説の三角形に対して、中国の三角形は、発展主義、強い国家、社会的安定である（Foot, 2020）。また、そこで見られる、国家（主導）主義、恣意性などの特徴は、ギンズバーグが「権威主義的な国際法秩序」と言ったものを構成する要素である（Ginsburg, 2020; Y. Chen, 2021; Larkin, 2022）。中国は、国際規範をダウンロードし国内に取り込んでいくことよりも、自己の言説・規範を国際場裏にアップロードしていくことが多くなっている（H. Wang, 2020）。すなわち、山本的に言えば、外圧反応型から内政投射型へ変化しているのである（山本吉宣、1989）。さらに、E．エコノミーが言うように、いまや中国は、単に自己の言説を他国が認めるだけではなく、それに沿って動くような世界を求めているということになる（Economy, 2022）。

注

1 天安門事件以後、1990年代、2000年代の中国の人権外交についての研究では、中国は人権規範の「受け手」であり、「作り手」ではないという解釈が通常であったといってよかろう（Nathan, 1994; Kent, 1999）。しかし、本章では、中国が人権でも「受け手」から「作り手」（shaper）へ変容している過程を明らかにしようとする。ネイサンも最近では、中国の秩序への作り手への変化（あるいは、その意欲）に注目しているようである（Nathan and Zhang, 2022; see also Foot, 2020）。

2 一国の対外政策を見るとき、国際システムによって決まるのか（外の圧力）、国内政治で決まるのか、さらにはそれら二つの混交で決まるのかという三つのパターンがあり、とくに二つの混交で決まる事象を重視するものを今では、ネオ・クラシカル・リアリズムという（Ripsman et al., 2016）。

3 中国から見ての「同志国 like-minded countries」は、古くは1996年、1997年に中国が国連において「西側」からの攻撃に対抗するために形成した非同盟の開発途上国を中心とする連合体を指す。その時期には、LMC（Like-Minded-Countries）と大文字で表示された。メンバーは、以下の18カ国であった（中国に加えて）。アルジェリア、バングラデシュ、ベラルーシ、ブータン、キューバ、エジプト、インド、インドネシア、イラン、マレーシア、ミャンマー、ネパール、パキスタン、フィリピン、スリランカ、スーダン、ベトナム、ジンバブエ（Inboden and Chen, 2012, p. 52）。ただ、その「メンバー」は、時期により変化し流動的である（Piccone, 2018）。また、最近の「同志国」についての分析としては、Y. Chen, 2021。このような中国の行動は、現在みられる中国のグローバル・サウスへの対応（川島、2022；青山、2023）につながっていくと考えられる。

4 この李鵬の発言は、この安保理首脳会議のテーマである新しい国際秩序のもとになる諸要素（他の要素は、国際経済秩序、軍縮などである）の一つとして述べられたものである（UN Security Council, 1992, pp. 92-93）。中国は人権を論ずるとき、普遍的という言葉をよく用いる。この李鵬の演説をみると、普遍的には二つの相互に関連する意味があるように見える。一つは人権の内容についてである。この点、中国の論理は、人権はすべての国が尊重しなければならないが、その内容は各国ごとに異なるというものである。二つには、（李鵬の［ ］内の発言にかかわるが）各国は平等に取り扱われなくてはならないというものである。これは、特定の国がターゲットにされてはいけない、あるいはより積極的には、すべての国が平等にレヴューを受けるという universal periodic review（人権の普遍的・定期的レヴュー）という制度や各自が人権についてのアクション・プ

第 13 章　中国の人権言説の展開（国連人権理事会を中心として）、1989〜2022　　519

ランを提出するようなシステムを推進するという行動に現れる（Nathan, 2016, p. 184）。ただ、普遍的・定期的レヴューにせよ、アクション・プランにせよ、当事国の意向が強く反映される可能性が高い。

5　1954年に採択された中華人民共和国憲法は、国家のすべての権力が人民に属し、また、市民の政治的、経済的、社会的、文化的、個人的、そして他の領域における広範囲の権利と自由を提供していたという。そして、1982年の現行憲法では、基本的原則を述べた第1章の次に、「市民の基本的権利と義務」が置かれ、これは、市民の権利の重要さを示すものであったという（State Council Information Office of the People's Rrepublic of China, 2021c）。1982年の憲法でなぜ「人権」が使われず、「公民の基本的権利」にとどまったかの理由についての考察は、たとえば、土岐、1995。

6　中華人民共和国憲法の邦訳は、土屋（2005）にならった。

7　中国（中華人民共和国）が1971年国連に議席を得て以来、人権に対する中国の態度は消極的であり、人権委員会にオブザーバーとして出席したのは、1979年にカンボジア問題が俎上に上がった時であった（フル・メンバーになるのは、1982年）。1980年代の中国は、国連人権委員会に徐々に慣れ、社会化する過程であった（Johnston, 2008）。この過程で中国は、中国の政治システムが国際人権レジームのなかでの集団的な要素（集団的な、国家によって供給された権利の肯定、保護、促進）と整合的であると認識し、1988年には、社会主義中国は共産党の下で人権の成功物語であるという議論も出てきたという（Inboden and Chen, 2012, p. 49）。他方で、中国の人権に対する国連の姿勢は、中国を国際秩序に取り込もうとする傾向も強く、チベット問題はありながらもそれほど厳しいものではなかった（Kent, 1999）。

8　中国の人権問題を取り上げた1989年の第41会期の差別防止・少数者保護小委員会の活動に関して、政治的なプロセスを含めて分析したものとして、Maher and Weissbrodt（1990）；Kent（1999, chapter 2）。

9　この決議の内容、またそれについて国連でどのような動きがあったかについての国連の文書は、UN Economic and Social Council（1990b）。

10　この文書の作成を主に担ったのは中国の宣伝部だと言われるが、詳細は明らかではない（その一端は、Kinzelbach, 2016）。また、キンツェルバッハによれば、この文書は対外的なものであり、中国国内の人権についての論争は反映していないとしている。そうであるかも知れないが、内容を見ると、人権についての言説として、国内への投射も当然考えていると言えよう（1991年の『人権白書』に関する国内プロセスについては Foot（2020, chapter 6, particularly pp. 200-201）。国内では人権についてのさまざまなセミナーが行われたという。以後、中国は、人権に関

して、何年かに一回『人権白書』を発行しており、1991年の次は、1995年である（White Paper—The Progress of Human Rights in China）。そして、その流れは、2021年6月の『人権白書』（本章第6節）にまで繋がっていく。ただ、対抗言説（counter-discourse）という用語はキンツェルバッハの用語であり、適切な用語であるかどうかはわからない。すなわち、相手がある言説を掲げて自分を攻撃してきたとき、相手の言説を完全に否定する言説を提起して反撃するのか、あるいは完全には否定せずとも自分の方がすぐれていると説得できる言説を示し競争をするのか（対抗）という違いはあろう。長沼（2021b）は、前者を counter-narrative、後者を competitive narrative と呼んでいる。中国の人権言説は、反撃と競争の両面を持っていると考えられる（ここでは、言説とナラティブを同じものとして考える）。

11　毛里は、1991年の中国『人権白書』にはいろいろな問題はあるが、「この種の文書が出るようになったこと自体意味がある。中国政府が人権概念や人権が国際的普遍性をもつことを認めたと言えるからである」（毛里、2012、p. 325）と述べ、積極的に評価する面もあるとしている。

12　日本語として、people には人民を、citizen には市民をあてた（後者は、公民でもよい）。

13　他の章は具体的な問題（分野）を取り上げており、それぞれの問題についての中国の政策等の内容と中国が成し遂げた成果を詳しく述べている。具体的に言うと、IV. 司法、V. 労働、VI. 宗教的信条の自由、VIII. 産児制限と人権の保護、IX. 身体障碍者（the disabled）である。そして、この項目立ては、中国の事情もあるが（たとえば、司法の項は天安門事件での国際的な批判への応答であり、産児制限は一人っ子政策への批判に対するものである）、「世界人権宣言」に含まれる項目と重複するものも多い。

14　言説やナラティブに含まれる構成要素には、事実でないことが含まれたり、あるいは事実を適当に端折ったりされる。これは、言説（ナラティブ）が組織象徴であることによるものであろう。その場合、言説の信憑性が問題とされることもあろうし、分析象徴（事実の分析）とみた場合には、大きな問題を引き起こそう。中国の憲法、（中国が加盟する）人権条約、国内法制（人権と矛盾するものも多い）と実際の人権状況がきわめて異なることは、周知の通りである（たとえば、Pils, 2018）。また、「正統」な人権規範体系（人権レジーム）の研究は、中国が加盟している人権についての国際ルールをどのくらい受け入れ、また遵守しているかを問題にしている（Kent, 1999; Johnston, 2008, 2019）。

15　生存権（the right to subsistence）の内容はこの文書で明確に定義されていないが、生存に必要な食料などの、いわゆる衣食住を指しているように見える。ただ、生存権という概念は、中国の人権言説において古い言葉であり、もともとは、政治

的機会（権利）や文化的な機会（権利）を含むものであった。しかし、中国共産党の統治下、生存権は主に衣食住的なものとなり、市民的、政治的自由と対抗するものと捉えられるようになったという（Angle and Svensson, 2001, pp. xix-xx）。また、このような内容を持った生存権は、中国が経済的に豊かになるにつれて、発展権に重点が移っていくようである。ちなみに、生存（subsistence）という用語は、「市民的及び政治的権利に関する国際規約 International Covenant on Civil and Political Rights」（1966年国連総会で採択、1976年発効）にも用いられている（第1条第2項）。

16 中国の人権は多次元的であるため、対外的に自己を守ることを主体とするときもあり、自己の言説を対外的に広めようとするときもあり、また対外的な面よりも（国内）統治に重点が置かれるときもある（Chen and Hsu, 2018）。

17 これは、中国一国の論理ではない。あとでも述べるように、人権は国際社会の正当な関心事項であると考えることが通常である。1940年代末の当初から国連人権委員会は「人権に関するいかなる問題提起について何らのアクションをとる権限はない」との立場をとっていたが、1967年、その立場を変え特定の国（等）を取り上げることを可能にした（国連経済社会理事会（ECOSOC）決議1235によって）。以来、時を経ていわゆる標的をもつ決議が提出されるようになり、南アフリカのアパルトヘイトやパレスチナ問題を皮切りとして、特定の国を対象とするようになる。そうすると、対象となった国は、国連憲章の第2条第7項でそれに対抗しようとする。すなわち、同条項は、「この憲章のいかなる規定も、本質上いずれかの国の国内管轄権内にある事項に干渉する権限を国際連合に与えるものではなく、また、その事項をこの憲章に基く解決に付託することを加盟国に要求するものでもない。但し、この原則は、第7章に基く強制措置の適用を妨げるものではない。」とある。この条項は、人権について「ローグ・ステート（無法者国家）のシェルターとなる」のである（Wheeler, 1999, p. 76）。

18 中国の人権は、国家と共産党（英語でいえば、party state）によって正当性を与えられたものであり、中国の人権、また内容の正統性（orthodoxy, 正統概念）は、国家のレジームに与えられ、またそれは国家の正統性を高めるものである（Potter, 2021, chapter 1）。このような捉え方は、この1991年の『人権白書』に見られ、以後変わらない。しかし、中国の人権に関して、国家／共産党がそれをどこまで顕在化し、どのように発現するかは、時代状況や指導者によって変化しよう。

19 ただ、「決議案が通らない（否決された）」というとき、ウィーラー（Wheeler, 1999）は、「ノーアクション動議」が採択されたために決議案に対するアクションが何らとられないときは含まれないとしている。そうすると対中決議案が否決されたのは、（1990年から1997年までの間で）1995年の1回だけになる（Wheeler, 1999, p. 90）。しかし、「ノーアクション動議」で審議が止まったものを含めて決議

案の否決を考えることが普通であるように思われる。たとえば、ピーレンブーム（Peerenboom）は、2005 年の論文で「1990 年以来、ジュネーブの国連人権委員会で、中国を非難する 11 の試みが行われたが、すべて失敗した」（Peernboom, 2005, p. 72）と述べている。

20　グループ A、B、C の票数は、たとえば、90 年代の「ノーアクション動議」への賛否から見ると、A が 15 票から 20 票の間、B が 20 票以上から 30 票以内である（Johnston, 2008, p. 143（Figure 3.9））。

21　アメリカは 2001 年の 5 月に、1947 年以来維持してきた国連人権委員会のメンバーに再選されなかった。人権委員会のメンバーは（総数 53）、地域ごとに決められた定数があり（アメリカは「西ヨーロッパ並びに他のグループ」（基本的には西欧）——定数 10）、任期は 3 年（再選可）である。その 1/3 ずつが毎年選挙により変わる。2001 年の選挙では、アメリカの属するグループについては、三つの席をめぐって選挙が行われた（選挙は、53 カ国の経済社会理事会の理事国間で行われる）。アメリカは再選をかけて選挙を争ったが、フランス、オーストリア、スウェーデンが当選し、アメリカは落選した。その理由は必ずしも明らかではない。アメリカの中東政策、人権委員会での中国やキューバなどへの強い態度などで中国や中東また開発途上国からの反発を買った、G.W. ブッシュ政権の京都議定書からの脱退、ミサイル防衛政策の推進、国際刑事裁判所に対する消極的な政策などによって西側同盟国間にも忌避の雰囲気が広がった、単に EU が多くの候補を出した、などの理由が挙げられる（CNN.com, 2001; McMahon, 2001; ABC News, 2001）。

22　キンツェルバッハは、中国の人権に対する EU の静かな外交は、2010 年代半ばには破綻したと述べている。静かな外交を通して中国の人権状況は変わらなかったからである（Kinzelbach, 2015）。

23　国連人権委員会の改組の問題に関しては、たとえば、Alston（2006）; Foot（2020, chapter 6）。

24　これは、制度的に自己に都合の悪い特定のアジェンダを排除するという制度的パワーの発現の一形態であり、「ネガティブな制度的パワー」と呼べるだろう（Backrach and Baratz, 1962; Barnett and Duval, 2005）。

25　2017 年 12 月、中国は人権白書を発出する（State Council Information Office of the People's Republic of China, 2017）。この白書は、序と全 6 章、それに結論という構成を取っているが、ほとんどが国内の法的な人権保護の諸問題に充てられており、第 6 章のみが対外的な関係について論じている。第 6 章は、Actively Promoting the Development of Global Human Rights Under the Rule of Law と題されている。

26　ただ、共同提案国であるエジプトは、アラブ国家のグループ（アラブグルー

第 13 章　中国の人権言説の展開（国連人権理事会を中心として）、1989～2022　　523

プ）を代表すると書かれている。アラブグループのメンバー数は 22 であるが、アルジェリアやスーダン、シリアなどが共同提案国に含まれており、正確に何カ国が共同提案国になっていたのか明らかではない。また、汪習根（Wang Xigen, 2021, pp. 6-7）は、この決議の共同提案国が 70 以上であったと言っているが、根拠はわからない。

27　「発展の人権に対する貢献」決議案が採択されたのは 2017 年 6 月であり、人類運命共同体というシンボルは、この頃いくつかの国連関係の決議に組み込まれていく。たとえば、2017 年 3 月 17 日、UNAMA の延長を決める国連安保理の決議に人類運命共同体というフレーズが入っており（国連安保理決議 2344）、2017 年の 11 月には、国連総会第 1 委員会で「宇宙空間に最初に武器は配備しない」、「宇宙空間における軍拡競争を防ぐための実践的な手段を講ずる」という二つの決議が採択された際、そこにも人類運命共同体を共有するという文言が含まれていた（Gao, 2017）。ただ、C. ガオ（Charlotte Gao）の評価は、人類運命共同体というフレーズは一般に注目されなかったが、中国にとっては「大勝利」とされたということである。

28　「人民中心」というシンボルは、2015 年ごろから言い出され、2017 年 10 月の第 19 期中国共産党全国大会での習近平総書記の報告によって本格化したと言われる（後述）。したがって、2017 年 6 月に国連人権理事会に導入された「発展の人権に対する貢献」決議に見られる「人民中心（の発展）」という文言は、同シンボルがかなり早い段階で、国際場裏に提示されたということになる。

29　この「発展の人権に対する貢献」決議は、本節第 3 項で触れるように、2017 年、2019 年、2021 年の 3 回導入された。江藤によれば、3 回とも反対票を投じた日本代表は、「個人の人権ではなく、発展、貧困の根絶と国際的な発展協力に重きを置きすぎている」と指摘していたという（江藤, 2022; The Permanent Mission of Japan to the International Organizations in Geneva, 2021）。

30　「協商的民主主義 consultative democracy」は中国が自己の政治体制を民主主義であると特徴づける一つの理由である。この点、政治学理論上は、権威主義的な政治体制における決定やコミュニケーションのあり方に、上からの指令だけではなく、政策決定者が、様々な構成要員の選好を考慮に入れた決定をする「協議的権威主義」、さらには、様々な要員との間のコミュニケーション（説得を含む）を通して、それに対応し、またそこで得られた理由に基づいて決定をするという「熟議の権威主義 deliberative authoritarianism」などを類型として考察するものもある（He and Warren, 2011）。中国に関しては、政治的権力が集中している権威主義体制において、たとえば「熟議の権威主義」が部分的にみられたとしても、それが権威主義体制を民主主義に変えていく端緒となるのか、あるいは権威主義体制を強化す

ることになるのかわからないとされる (ibid.; see also Truex, 2017)。

31 Promoting mutually beneficial cooperation in the field to human rights, A/HRC/RES/37/23.

32 People-centered approach は、中国（習近平）の主要概念の一つである（2017年10月の第19期共産党全国大会への習近平報告以来）。「人民の利益は、中国共産党と中国にとって圧倒的に重要なものである。我々人民のすべての基本的な権利は、尊重され、保障されなければならない」というのがその核心である（たとえば、Hu, Yan, Tang, and Liu, 2021, particularly chapter 2. この Hu たちの書は、習近平の「宣伝」的な色彩が濃いものである）。

　ただ、人権に応用され、"people-centered human rights" というとき、それは、1990年代に言われた、国家ではなくローカルな人々の集団行為によって（草の根レベルで）、地域にあった人権のスタンダードを設定し、モニターし、また国家の足らざるところを補うという内容を持つ people-centered human rights とは異なる。簡単に言えば、90年代の people-centered human rights は、それを作る主体が非国家であり、中国の言う people-centered approach では、人民は客体である。90年代の people-centered human rights については、Dias (1997)。

33 また、中国のやり方の一つは、人権という概念を曖昧化、希釈化することであると述べたのは、エヴァ・ピルスである (Pils, 2009)。

34 People-centred approaches in promoting and protecting human rights, draft resolution, 1 October 2020. A/HRC/45/L.49.

35 The Communist Party of China and Human Rights Protection — A 100-Year Quest（後述）.

36 People-centred approaches in promoting and protecting human rights, draft resolution, 1 October 2020, A/HRC/45/L.49.

37 「人民中心のアプローチ」（また「発展の人権に対する貢献」）決議では、SDGs が高く評価されている。しかし、中国が、一帯一路のプロジェクトのなかで、SDGs と関連付けてプロジェクトを正当化することもまま見られ（SDGs と関連が無くても）、その点に関する危惧が表明されることもある (Cordell, 2021)。また、2021年9月21日、中国の習近平主席は第76回国連総会の一般討論演説で「グローバル開発構想 (Global Development Initiative GDI)」を提起した。GDI は「持続可能な開発のための2030アジェンダの実施を加速し、より力強く、より環境に配慮した、より健全なグローバル開発を実現する」構想とされる（北野、2022）。ただ SDGs と人権との関連についていえば、中国は SDGs の目標16（人権）の挿入には不本意であったという (Foot, 2020, p. 3)。

38 A/HRC/RES/47/11.

39　ただ、このような人権理事会での議論ではなく、一般的な議論でいえば、西側でも、人権が政府の「厚生を増大する活動」にマイナスのインパクトを与える可能性を考え、「厚生を増大する活動」に優先順位を与えるべきとの議論もみられる。これは、人権を推し進めることによって他の価値を損なう可能性があるという「トレード・オフ」の議論である（Strezhnev, Kelley, and Simmons, 2021）。

40　このような 2019 年 7 月の決議 41/19 採択以後の活動については、OHCHR（n.d.）。

41　「消極的自由」が costless（cost-free）だという議論は、ジョン・ロールズ等が展開している。要するに、市民的自由とか言論の自由という消極的な自由は、単にそれらを保障する法律を通すことによって保証することができる。それは、積極的自由がコストのかかる資源の再配分等を必要としているのに対比される（たとえば、Evans, 2002, p. 200）。ただ、消極的自由を法律化してその実行を保障することは、結果として政権の安定などを損なう可能性があるなど政治的コストはゼロとはいえないであろう。

42　中国の人権研究者は、汪習根教授らの議論を参照しつつ、このような考えを「生存権と発展権の間の好循環」と表現している。（Ma and Chang, 2021）。

43　2017 年、2019 年、そして 2021 年の三つの「発展の人権に対する貢献」決議に含まれるこれらのシンボルを見ると、「人民中心の」は、三つのすべてにみられ、「ウィン・ウィン」は 2017 年の決議にのみ見られる（「ウィン・ウィン」の決議は既に採択されていた）。「人類運命共同体 a community of shared future for human beings」は、2017 年の決議にみられるが、2019 年、2021 年には、「我々の共有された将来（our）shared future」という「簡略化した」言い方になっている。単に簡略化したのか、中国の言葉が強く出すぎて反発が強くなるのを避けようとしたのか定かではない。たとえば、2021 年 7 月に中国代表部が組織したインフォーマルな会合において、日本の岡庭健大使は、「発展の人権に対する貢献」の草案（A/HRC/47/L.24）は、①個人の人権というよりは、発展や貧困削減などに偏っている、②「共有された将来 shared future」は人権の文脈では通常使われるものではないし、概念そのものが不明確であるという理由で決議案には反対すると論じている（Permanent Mission of Japan to the International Organizations in Geneva, 2021）。

44　実際に 2022 年 9 月から 2023 年の 3 月にかけて、五つの地域的なセミナーが行われる。ヨーロッパと中央アジア、アラブ諸国（Arabic-speaking countries）、アフリカ、アメリカ・カリブ、そしてアジア太平洋である（OHCHR ウェブページ、The Contribution of development to the enjoyment of all human rights, 2023 年 7 月 3 日アクセス）。中国がアフリカなどで中国的人権の社会化に努めていることを考えると（Larkin, 2022）、地域的なセミナーは中国にとって極めて戦略的なものと考えられる。

45　天安門事件のときと違って、西側が人権理事会(天安門事件当時は人権委員会であったが)で決議案を提出するのではなく、共同声明という形をとったのには、いくつかの理由が考えられよう。推測の域を出ないが、一番考えられるのは、人権理事会で中国非難の決議案を出しても、それは票数から言って採択されないであろうと言うことである。決議案を出して否定されることになれば、それはむしろ政治的に大きなマイナスになる。西側は、数を気にせざるを得ないのである (*Economist*, 2022)。国連の人権理事会における中国支持のグループは中国の「同志国 like-minded countries」といわれ、権威主義国、開発途上国で形成される。その最近の分析はたとえば、Y. Chen (2021)。事実、あとで述べるように、2022年10月6日、西側諸国は、人権理事会で新疆ウイグル自治区の人権問題をアジェンダとして取り上げる提案をしたが、それは票決によって否定された (詳しくは、本章第4節)。ただ、アメリカや EU は、ウイグル問題に関して、それぞれの「国内法」(マグニツキー法など)によって、経済制裁を課するのである。

46　トランプ政権は、この時期、人権問題より対中貿易関係を優先した (Putz, 2019; Millward, 2023)。なお'悪いことに'、トランプ大統領は、2019年6月、習近平主席に対面で「強制収容所はまさにやるべき正しいことである exactly the right thing to do」と述べたという (Millward, 2023)。

47　2021年10月21日のキューバによって読まれた中国支持の共同声明の原文は未読である (国連総会の video-link で読まれたという)。ここで述べた中国支持の共同声明の内容は、中国側の資料に基づく (*Xinhua*, 2021a)。ただ、推測ではあるが、中国支持の共同声明は、「中国が書いたものを発表者が読む」というようなものであり、内容は正確であると考える。また、中国支持の共同声明の支持国の数は62カ国であるが、例によって62カ国以外にも支持する国があるとし、全体として80カ国以上が中国を支持したとしている (ibid.)。

48　2019年10月30日、ベラルーシが同内容を持つ共同声明を国連総会第3委員会に提示した際には、賛同国は54カ国となっている (Joint Statement on Xinjiang at Third Committee Made by Belarus on Behalf of 54 Countries)。

49　より詳しく言えば、西側の共同書簡には次のことが述べられている。新疆ウイグル人や他の少数民族を標的にした大規模な拘留施設における恣意的な拘留、広範な監視と制約についての信頼性のある報告があり、そのことに憂慮を示す。また、人権理事会のメンバーとしての中国に、「人権の促進と保護に最高度のスタンダードを守ること、そして、人権理事会とフルに協力すること」、さらに国内法と国際的な義務を守り、新疆と中国全土にわたって信教および信条の自由を含めて、人権と基本的な自由を尊重することを求める。加えて、新疆におけるウイグル人、そして他のムスリムや少数民族の移動の自由を制限せず、恣意的な拘

第 13 章　中国の人権言説の展開（国連人権理事会を中心として）、1989〜2022　　527

留もしないことを求める。共同書簡は、中国が普遍的・定期的レヴュー（universal periodical review）においての、信教・信条の自由に関する国連の特別報告者による国家（中国）訪問に積極的に反応するべきであるという勧告を受け入れたことを歓迎しつつ、中国が国連人権高等弁務官を含む独立の国際的なオブザーバーに対して新疆への有意義な（意味のある）アクセスを与えることを強く勧告する。

50　より詳しく言えば、中国を支持する声明の内容は、以下のようなものである。国連人権理事会の活動は、客観的で、透明性があり、選択的ではなく、建設的で、非対立的で、政治化しない方法で行われるべきである。我々（中国支持の共同書簡の署名国）は、他の国に対して人権を政治化し、名指しや恥辱を与え、公に圧力をかける国々に断固たる反対を表明する。我々は、人民中心の発展の哲学に基づく発展を通して人権を守り促進することによる、このような中国の人権分野での特筆すべき成果を賞賛する。テロリズム、分離主義、宗教的過激主義が新疆のすべての民族に甚大な損害を与え、それは生命、衛生および発展の権利を含む人権に深刻な侵害をもたらした。中国は、テロリズムと過激主義の深刻な挑戦に対して、新疆において職業教育や訓練センターを設置するなど一連の反テロリズムと脱過激主義の手段を講じた。いまや、安全と安全保障が新疆に戻り、すべての民族的集団の人々の人権が守られることになった。過去3年間、新疆には一つのテロリストの攻撃もなく、人々は、より大きな幸福、満足感そして安全を享受している。我々は、開放性と透明性への中国のコミットメントを評価する。中国は、新疆での人権（の大義）の発展と反テロリズムと脱過激化の結果を検証するために、多くの外交官、国際組織の行政官、そしてジャーナリストを新疆に招いた。我々が新疆で見たり聞いたりしたものは、メディアで伝えられるものとは完全に矛盾するものであった。我々は、関連諸国に、彼らが、新疆を訪問する前に中国についての確認されていない情報に基づいて中国を批判することをやめるべきであると考える。

51　ここでは、国連人権委員会というグローバルなレベルを考えていた。しかし、中国は「南南人権フォーラム」（第1回は、2017年）を開催し、中国の人権についての「再定義」（人権と国家主権や政治的安定とバランスをとる等）を浸透させようとしていたという（Y.E. Yang, 2021, pp. 11-12; Rolland, 2020, p. 47）。

52　ただ、香港問題に関しては、内政問題であり、人権問題ではなく、人権理事会の議に付すべきものではないとしているようである。Joint Statement delivered by Permanent Mission of Cuba at the 44th session of Human Rights Council, June 30, 2020.

53　ただ、中国（習近平）は、2021年9月の国連総会での演説で、「グローバルな発展イニシアティブ Global Development Initiative（GDI）」を提案し、発展の優先を唱え、発展を通して人権を守り促進しなければならないとしつつ、「（国連は）平

和（安全保障）、発展、人権の三つの分野すべてで、バランスの取れた形で、作業を促進しなければならない」と述べている（Xi, 2021）。習近平は、この GDI は 100 カ国近い国々の支持を受けていると述べている（Xi, 2022b）。

54 国連の場で「三悪」をウイグル問題との関連で中国が使う例として、Permanent Mission of the People's Republic of China to the United Nations Office at Geneva and Other International Organizations in Switzerland (2020).

55 アバスカル代表の発言は、いまでもユーチューブで見ることができる（YouTube, 2020）。

56 このような評価については議論の余地があるであろう。しかし、テロリズムを含む「三つの勢力（三悪）」は少なくとも 2000 年代の前半、当時の「『対テロ戦争』にうまく乗った格好」となり、「暴力、人権侵害をめぐっても、中国は『反テロ』というお墨付きを得て、国際社会からの非難をのがれた」（熊倉、2022、p. 145）ということはできるであろう。

57 これは、2017 年の新疆ウイグル自治区の非過激化規制に示されている過激化の 15 の基本的な形態であり、2014 年からさまざまな地域の当局や警察によって周流されている 75 の過激化の兆候（signs）を標準化したものであるという。その中には過激化とは全く言えず基本的人権に関連するものも存在する。たとえば、テレビをみたり放送をきいたりすることを拒否する、若者が大きなひげをたくわえる、などである（OHCHR, 2022b, para. 25）。

58 ちなみに、バチェレ氏の後任の国連人権高等弁務官として、9 月 8 日にオーストリアのフォルカー・トゥルク（ターク）（Volker Türk）氏が選任された。

59 決定（decision）、討論（debate）は、人権理事会の運営において特定の意味を持った用語である（Permanent Mission of Switzerland to the United Nations Office and to the other international organisations in Geneva, 2014）

60 Whataboutism を一つのナラティブとする考え方もある（Gorenburg, 2021）。

61 もちろん、A の非難に対する B の反論は、whataboutism だけではない。たとえば、中国がアメリカ（西欧）から人権状況を非難された場合、中国は人権を十分に守っており、中国の当該の行動は、人権を守り促進するためのものであるという言説を展開し（この場合、人権の内容なり、他の要因との関係を中国なりに変えてしまう）、アメリカの非難は当たらないという反論を行うこともある。

62 この点、Breuer and Johnston (2019) も参照のこと。

63 ここでは、中国の人権言説に関して whataboutism について考察した。しかし whataboutism は、中国に特殊なものではなく、より広く使われる。たとえば、ロシアである。ドミトリー・ゴレンバーグは、2018 年 9 月から 2019 年 6 月まで、ロシアの当局者がロシアの外交を論ずる場合どのようなナラティブを使っている

かを雑誌、インタヴュー等を通して詳細に分析した。そこで彼は、よく使われるナラティブは、「ユーラシアとヨーロッパ」、「ロシアは伝統的価値の基盤である」等10個存在することを発見した。その10の中に、whataboutism が存在する（彼は、whataboutism をナラティブとして取り扱っている）。すなわち、西側も人権に関して侵害する行動をとっており、言論の自由も制限しているので、ロシアの行動を非難することはできない、という内容である。そしてこの whatabotism のナラティブは、頻度としては二番目に多い (Gorenburg, 2021)。最近の例を考えれば、2022年2月24日のウクライナ侵攻に関して、安保理の決議を経ない軍事力の行使（攻撃）は、2003年のイラク戦争でアメリカも行っている、と議論される。また2023年3月下旬のベラルーシへの戦術核兵器配備に関して、プーチン大統領は「アメリカは同盟国に戦術核を配備している。我々はベラルーシとの間で同様の合意に達した」と述べている。まさに、whataboutism である。

64　2004年の改正は、第33条に、第3項として「国家は、人権を尊重し保障する（追加）。」と修正した（土屋, 2004, pp. 60-84)、第33条の改正に関しては、同論文、p. 65。

65　さらに言えば、「中国の社会主義的協商的な民主主義 Chinese socialist consultative democracy」という概念は、2014年9月の CPPCC の第65回記念の講演で使われたという (Lee, 2016)。

66　民主主義論では、協商的民主主義を権威主義体制に当てはめた場合、「熟議的権威主義」や「協商的権威主義」などと呼ばれる (He and Warren, 2011; Teets, 2013)。「協商的権威主義」の限界については、Truex (2017)。

67　人権における規範の対抗が発生する理由は、市民的、政治的、社会的、経済的、文化的諸人権、また発展権などいくつかの異なる人権が並立し、体系的なまとまりがない（それらを統合するような折衷的な規範もない）ところにあると考えられる。ヴィーナー的に言えば、メタレベルでの規範の対抗であり、それが続いているということである (Wiener, 2014, 2017)。

68　ただし、以下で紹介する規範の妨害者や真実の破壊者という概念や行動は、なにも中国（や権威主義諸国）に限られるものではなく、民主主義国の内部などにも時に顕著にみられる事象である。

69　中国の人権に関しては、恥辱 (shaming) がナショナリスティックな感情を作り出し、非生産的（逆効果）であるとの論は、以前から存在していた (Wachman, 2001)。ただ、ワックマン (Wachman) の議論は、恥辱の外交を展開しても、中国の人権は促進されない可能性を指摘しているものであり、「逆行」までは言っていない。「逆行」という概念は、比較的最近のものであるからであろう。

70　1991年の中国の「人権白書」においては、中国自身に関しては、生存権が使われ、

発展権は使われていなかった。同文書では発展権も使われているが、それが明示的に使われるのは (他の) 開発途上国についてであった。

71 岡のモデルは基本的には国内を対象としている。

72 たとえば、1990年代には、アメリカが中国の人権問題を批判すると、中国は逮捕されたり拘束されたりしている人を解放したりすることが通常のパターンであった (飛鳥田、2007)。

終章　いまなぜ言説(ナラティブ)か？

　国際政治は物質的な要因のみでは説明しきれずイディエーショナルな要因が重要であるということは、長く指摘されてきた。イディエーショナルな要素としては、アイディアや言説(ナラティブ)という「実質的」なものと、それを含んだ情報を相手に伝えるコミュニケーションという二つの柱があると考えられる。本書では、言説(ナラティブ)とその投射という形で、その二本の柱を考えてきた。そうすると、いまイディエーショナルな要因が注目されるようになったとすれば(これは、仮説でもある)、言説やナラティブがなぜ注目されるのか、そして(情報の)投射やコミュニケーションがなぜ注目されるのか、この二つの問題にこたえなければならない。そこで、本章第1節においては、一般に言説が注目されるのはどのような条件下であるのかを考察し、次いで、現下の国際政治の状況を検討する。そこでは、国際政治の構造が流動化して不確実性が高まったことと、対立的なナラティブが拮抗するようになったことが大きな原因として検討される。第2節においては、ナラティブの投射が問題となるのは、情報の伝達の技術やネットワークが大いに変化し(情報環境の変化)、相手への情報の伝え方、対抗の仕方が変化したことに理由があると指摘する。第一の柱と第二の柱は、密接にかかわることもあり、独立のこともある(たとえば、国際政治の構造が安定していても、情報環境の変化は、イディエーショナルな次元の顕在化をもたらすかもしれない)[1]。

第1節　言説（ナラティブ）の顕在化

　言説（ナラティブ）が顕在化するのは、不確実性／流動性が高まったときと、複数の対抗的なナラティブが存在／競合するときであり、またこれらの要因が同時に起きるときである。以下これらの要因を検討して、現在の状況ではこれらの要因が併存し、したがってナラティブが顕在化していることを示してみたい（第1項の内容については、本章第3節第3項で再度論じることとする）。

第1項　不確実性、流動性（構造の変化と秩序トランジション（order transition））

　一般に、秩序（規範やルール）が物質的な構造（力の配分や経済的な格差）を反映し、その秩序と構造を正当化する支配的なナラティブが存在している状態（settled situation）では、その秩序が自明視され（自然で当然のものとみなされて安定しているので）、ナラティブが問題とされることはない。そこでは既存のナラティブに沿った「政策パラダイム」が形成され、それに基づいた政策が展開される。そして、そこにおける論争は、既存のナラティブの下での因果関係や損得勘定などの合理的な判断に基づいた「議論 argument」が主体となる（Krebs, 2015a, 2015b）。いわゆる「伝統的合理性」である（Fisher, 1984）。

　しかしながら、構造が変化し、それに伴って秩序が不安定になったりすると、「新しい現実」が認識され、既存のナラティブ（そして「政策パラダイム」）では説明や対応ができない事態が出現し、また将来の見通しが困難になることがある。このような流動的で不確実な状態（unsettled situation）では、将来のヴィジョンを示す「物語の語り（story telling）」が要請され、それが政治の重要な流れとなる（Krebs, 2015a, 2015b; Legro, 2000, p. 430）。不確実性の下での将来予測、また対応の一つは、いわゆるシナリオである。物語はシナリオの一つといえるであろう。この「物語」（ナラティブ）は、既存のナラティブとは異なる過去―現在―未来を語るものであり、過去の新しい解釈、現在の状況や自己の位置づけ、そして将来の見通し（予測）を示す。このようにして、新たなナラティブは既存のナラティブでは把握や対処のできない現実を克服し、その

ための新たな政策課題を示す。それが既存のナラティブとは異なる価値や規範に基づいていれば、価値や規範の再編、ひいては因果関係（たとえば、何を結果として考えるかについて）の再編も含み、そこでの因果関係は将来の見通し（すなわち予測）を含むので、不確実である。したがって、そこでは、「伝統的合理性」ではなく「ナラティブ合理性」（Fisher, 1984）ともいわれるものが作動する。すなわち、そこでは、一般に共有されている知識や知覚やエモーションをもとにしてナラティブがつくられ、また人々は一般的に共有されている知識やエモーションによってナラティブを判断して行動する。たとえば、歴史の記憶（選択的なものであろうが）とか信念という因果関係や損得計算では尽くせない要因によって左右されることになる。たとえば、ダニエル・カーネマン（ノーベル経済学賞受賞者）は、意思決定を行うときには誰もが数字（確率）でもって行うわけではなく、物語（ストーリー）を必要とすると言っている（Kahneman, 2011; Kahneman and Tversky, 1973; Laity, 2018, p. 72; またこの辺、Shiller, 2019, pp. 66-67参照）。ただ、カーネマンたちはストーリーに基づく判断や行動（予測）は、ときに深刻で体系的な過ちをおかすとも述べているが（Kahneman and Tversky, 1973, p. 237）。

　このようなことから、不確実で流動的な状態においては、さまざまな言説やナラティブが提出され、支持を調達しようとして相互に競争する。この新しいナラティブの淵源は、既存のナラティブの修正であることも、既存のナラティブと対抗する諸要素を持つこともある。既存のナラティブは粘着性があり、自己修正しつつ他のナラティブと競争することになろう。このような競争の中で、（変化した）構造に合致し、新しい規範やルールを提示することができ、広く支持を獲得するナラティブが出現してくれば、そのナラティブに基づいた新しい「政策パラダイム」が形成され、伝統的な合理性に基づいた議論が行われるようになる。

第2項　異なるナラティブの対抗

　第1項では、不確実性や流動性が高まったときに言説やナラティブが顕在化することを述べた。それとは別に、あるいは重なり合いながら、ナラティ

ブが顕在化する今一つの要因は、対抗的なナラティブが競争し、それが激しくなるときである。国際的にも国内的にも、一つのナラティブで完全に統一されていることはない（稀である）。ナラティブは複数存在する。それは、おおよそのコンセンサスが成り立っている大きなナラティブの中の分派であることもあろう。あるいは、既存のナラティブとは大きく異なり共通部分が少ないナラティブも存在しよう。すなわち、歴史の解釈も異なり、因果関係も異なり、将来像も異なり、なかんずく価値や規範が異なるものである。もちろん、複数のナラティブの関係は、共通度の高いものから低いものまで存在しよう。ナラティブ間の競争を考えるとき、一般的な傾向としては、共通度が大きければ何らかの妥協や折り合いがつけられる可能性があろう。しかし、ナラティブ間の共通度が低い場合には、妥協や折り合いをつけることが難しく競争は激しくなろう。そして、ナラティブ間の力関係（投射力、支持集団の大きさ）が拮抗してくると、ナラティブ間の競争・対立が激しくなり、ナラティブが顕在化して政治の表面を覆うことになろう。このような現象は、国内においても国際的（国家間）にもみられよう。国内においては、異なるナラティブ（そしてそれに由来する政策）を奉ずる政党間の激しい対立を招来させよう。また国際的には、世界観の異なるナラティブが対抗し、競争的な秩序形成の政治が展開しよう。

　冷戦終焉後の世界においては、リベラリズムというナラティブが支配的なものであった。しかしながら、徐々にリベラルなナラティブと競合するナラティブが登場する（影響力を発揮する）ようになる。まず、2001年の9.11事件を端緒としたテロとの戦争において、イスラム原理主義のナラティブが西側のリベラルなナラティブと共通部分のないものと認識され、テロとの戦争を遂行するにあたって、ナラティブ間の戦争という概念が出てくることになる（そしてそれは、戦略的コミュニケーションの根底をなすものとなる）。さらに、いまや西側のリベラルな言説／ナラティブ（民主主義、人権、ルール・ベースの秩序）との共通度が低い権威主義的なナラティブ（専制、国家主権、恣意的な決定／談合）が力を振るうようになっており、ナラティブ間の対立が激しくなる。そしてナラティブから出てくる「政策パラダイム」またそれに基づいた政策が

終章　いまなぜ言説（ナラティブ）か？　535

ナラティブを異にする国に経済や安全保障などの分野でマイナスの効果を与えるとの認識が強まると、物質の世界（安全保障、経済分野）での対立につながることになる。

　「ナラティブ合理性」におけるナラティブは、一般に共有されている知識をもとにし、言説や行為を評価するにあたっての知覚やエモーションを与える。それをもとにして人々は行動するとされるので、人々の知覚やエモーションに訴える要因が大きな役割を果たすことになる。そのような要因のなかで重要なのは、たとえば宗教や歴史である。これらは、いわゆるアイデンティティ・ナラティブの基礎となる。

　宗教に関しては、国際政治学のスタンダードから言えば、ウェストファリア体制は、宗教と国家（戦争）の分離を大前提としており、政治を世俗化したものであった（「世俗主義 secularism」）。しかしながら、イスラム原理主義が国際政治において大きな影響力を持つようになったことは、国際政治において「ポスト世俗主義 post-secularism」という現象をもたらした[2]。ロシアにおいても、プーチン大統領の「ロシア世界」の主要な要素の一つはロシア正教会であり、それを統べるキリル総主教は、ウクライナはロシアの一部であるという言説を周流させ、ウクライナとの戦争を「内戦」と呼んでいる（V. Walker, 2022）。また、アメリカにおいては、福音派の政治的影響力が強く、それがアメリカの対外政策（たとえばイスラエル政策）に有意な影響を与えている。さらに、中国においても、儒教（宗教と言えるかどうかわからないが）が、ナラティブを形成するにあたって一定の役割を果している。たとえば、和諧社会であるとか、王道などである。そして、中国は、孔子学院を 2004 年から世界に広げようとしている[3]。

　さらに、ナラティブは、過去―現在―未来に関する物語であり、したがって歴史の記憶、解釈が大きな役割を果たすことがある。イスラム原理主義のナラティブも過去の記憶と解釈が大きな役割を果たすし（西側＝キリスト教のイスラムに対する攻撃の歴史、民主主義は西側のイスラムの教義を崩す陰謀等）、また中国やロシアの自己についてのナラティブは、歴史の記憶に由来する要素が存在する。たとえば、中国の「中華の夢」（アヘン戦争前の中国の地位の回復）

とか「一帯一路」（シルクロード）であり、ロシアに関しては「大スラブ主義」などである。歴史の記憶は、当該の歴史を共有していると認識している人々には大きな共鳴を呼び起こし、それを提示する政治指導者の権力を強めるであろう。しかし、歴史的記憶を要素とするナラティブは、とくにその要素が大きな部分を占める場合（すなわち、自己を「文明的国家」(Coker, 2019)と描くとき[4]）には、歴史を共有しない人々との共通の部分を狭める機能を果たし、ナラティブ間の競争、対立を深めるであろう。歴史認識（記憶）を基にした異なるナラティブは、戦争の遠因となるとされることがある。たとえば、ロシアは、大ロシア主義を掲げてウクライナはロシアの一部であるとのナラティブをもつのに対して、ウクライナはロシアからは別個の主権国家であるとのナラティブを展開し、その衝突がロシアのウクライナへの侵攻の遠因の一つとなった（Coker, 2019; V. Walker, 2022）。

第3項　不確実性の亢進とナラティブの対立の激化

　以上、ナラティブや言説が顕在化することでその（政治上の）重要性を高める要因として、不確実性／流動性とナラティブ間の対立の激化という二つを挙げた。この二つの要因を組み合わせると図11を得る。

　図11は、タテに構造が安定しているか不確実で流動的であるかを示し、ヨコにはナラティブ（複数の存在を想定している）の共通性が高いか低いかを示している（図11では、これら二つの要因は独立であると仮定する——この仮定については後で再検討する）。そうすると、四つの類型が得られる（A~D）。A～Dを比較して、ナラティブの顕在性（顕在化）の高低が仮説として示されている（ここでは、まず国内の状態を念頭に置く）。

　まず、ナラティブ間の共通性と構造の安定性とを別々に考えてみよう。一般的に言えば、ナラティブ間の差が大きいときには、小さいときよりもナラティブの顕在性が高い（A＜B、C＜D, 不等号はナラティブの顕在性に関する仮説）。また、構造が安定している場合と流動的／不確実な場合を比較すると、（他の条件が同じならば）構造が流動的で不確実なときのほうがナラティブの顕在性が高い（A＜C、B＜D）。構造が流動的で不確実性が高い場合には、それを

		ナラティブ間の共通性	
		高い	低い
構造／秩序	安定	A. 最も低い	B. 高い
	不確実／流動的	C. 低い	D. 極めて高い

図11　ナラティブの顕在化

出典）筆者作成

克服するための「物語」が（政治指導者たちに）要請されるが、いくつかの「物語」が提出された場合、それらの間の共通性が高い場合と低い場合があろう。そして、それらの「物語」がかなり異なっていると、ナラティブ間の違いが目立つだけではなく、対立が激しくなり、ナラティブそのものが顕在化する可能性が高くなろう。また、構造や秩序の変動が大きい場合に生じる複数のナラティブの差異は、構造や秩序の変動が小さい場合より大きいかもしれない。もしそうならば、図11の二つの要因は、必ずしも相互に独立ではない場合があると言える。

　以上のことから、ナラティブの顕在性が最も高いのは、構造が流動的で不確実性が高くかつ共通性の低い複数のナラティブが併存する場合である（D）。それに次いで高いのは、構造は安定しているが複数のナラティブが存在し、それらの間の乖離が大きい場合であろう（B）。たとえば、冷戦期の日本の左右の対立がその例であるかもしれない（もちろん、国際的にも、冷戦期には構造は安定し、ナラティブ間の乖離は大きかった）。それに次いでナラティブが顕在化するのは、構造が不確実な状態で、複数のナラティブが存在するが、それらの間の共通性が高い場合である（C）。ナラティブの顕在性が最も低いのは、構造が安定し不確実性が低く安定した支配的なナラティブが存在するか、複数のナラティブが存在しても差異が小さい場合である（A）。

　以上は国内政治を念頭に考えてきたが、このような仮説は、国際政治についてもいえる。たとえば、国際的に支配的なナラティブがあり構造が安定しているときにはナラティブの顕在性は低いであろうが（A）、構造が流動的で

不確実性が高く競合的なナラティブが存在する場合にはナラティブの顕在性が極めて高いであろう (D)。国内政治の状態と国際政治の状態は相互作用し、時に同時に考えなければならないであろう。たとえば、国内的にも国際的にもDの状態であるケースを考えよう。すなわち、国内で構造や秩序の変動が激しく、かつ国際的にも構造や秩序の変動が大きい場合である。自国の国内に関するナラティブは、自国の経済・政治構造の変化が激しいときには新しいものが求められ、その要請に対して様々なナラティブが周流することになろう。また、それと同時に国際社会の構造や秩序が流動的であれば、その国で国際社会についての新しいナラティブも出てくるかもしれない。その際には、自国についてのナラティブと国際社会についてのナラティブが密接に結びついているかもしれない。

　以上の議論を現在の米中関係に仮に当てはめてみよう。アメリカに関しては、次のことがいえるであろう。アメリカにおいては、国内の構造変動に対処すべく、リベラルな言説の修正や再編成のナラティブとトランプ的な非リベラルともいえるナラティブなどいくつかのナラティブが競争している。また、国際次元におけるアメリカの地位の変動から、国際的なナラティブにも多様なものがある。国際的には主権と介入、関与と非関与、狭い民主主義国間のクラブを重視するか、あるいは広く成果を取り込んだ普遍的な国際制度を重視するかなどの矛盾が先鋭になる (Ikenberry, 2020, pp. 294-307)。第11章で述べたバイデン政権の政策をフランクリン・ルーズベルト主義と捉えることもあるが、それは、アメリカが過去を振り返り、前を向こうとしているときの国内のそして国際的なナラティブ（物語）（の一つ）であるのかもしれない (Deudney and Ikenberry, 2021b)。デュードニーとアイケンベリーは、「特に国家の政策の優先順位が不確かな時期においては、イデオロギー的なまた知的な諸潮流、すなわち様々な思考のグループが、アメリカの対外政策に重要な役割を果たすことを歴史家は繰り返し指摘している」と述べている (Deudney and Ikenberry, 2021a, p. 7)。

　中国においては、国内的には変動があり、ナラティブにも多様なところもある。しかし、中国は国内の構造変動（経済の成長）に伴って国内の政治

終章　いまなぜ言説（ナラティブ）か？　539

的、経済的なナラティブを刷新しつつ（国内政治的には、習近平の核心化、経済分野での双循環、共同富裕など）、ナラティブの安定性を保っているようである。ナラティブの競合がないということは、中国自身が言う人民の利益を取り込んだ結果なのか、政治的コントロール（外からの情報の遮断を含む）の結果なのか定かではないが。それと並行して、中国の台頭という国際社会の構造変動の中で、中国は「人類運命共同体」、「平和的発展」、「中華の夢」、「社会主義強国」、「新しい発展の哲学」、「新しい発展のパラダイム」（最後の二つについては、たとえば、Xi, 2022b）などの国際次元でのナラティブを展開している。「国家がより強くなれば、その国はより大きな発言力と影響力を持つ」（Zeng, 2020, p. 3）という考え方があるとすれば、中国の言説（ナラティブ）の影響力が増大することは当然であった。パワー・トランジションとともに国際秩序の正当性を巡ってのコンテスト──秩序トランジション（order transition）（Terhalle, 2015, chapter 2）──が進行することになる[5]。したがって、ナラティブの重要性は極めて大きくなっている（東アジアに関しては、たとえば、Weissmann, 2019）。

　このようなパワー・トランジション的なナラティブは、2030年代にはGDPで中国がアメリカを抜くであろうというゴールドマン・サックス的な予測に基づいていた（Jaccques, 2009; Wilson and Stupnystka, 2007）。しかし、いまやこの前提は、揺らいでいるところがある。すなわち、現在、中国のGDPの将来予測に関していくつかの異なった予測がある。たとえば、中国のポジションは、2030年を前後してGDPでアメリカを抜くが、2050年前後にアメリカに再度抜かれる（『日本経済新聞』2021年12月16日）、さらにはゼロ・コロナ政策による経済成長の低下や人口の減少等によって中国の長期的な成長は抑制され、ついにはアメリカを抜くことができないという予測さえなされる（滝田、2022；『日本経済新聞』2022年12月14日）。また、一帯一路に関しても、不良債権が増大し、中国の成長が鈍るなかで、投資資金の量が大幅に減少しているという（『日本経済新聞』2022年9月18日）。中国のナラティブのいくつかは、物質的な世界での証しを失う可能性が存在するのである。

　しかしながら、中国は2022年年末から2023年初頭、ゼロ・コロナ政策を廃した。経済は成長軌道に戻るかもしれない。2022年12月に出版された

ゴールドマン・サックスの報告書「2075 年におけるグローバル経済」(Goldman Sachs, 2022) は、『日本経済新聞』とはきわめて異なる予測をしている。すなわち、中国は GDP で 2030 年代の半ばまでにアメリカを追い抜き、2075 年 (報告書のカバーする最終年度) までアメリカに再度追い抜かれることはないという。

このように、国際社会の将来の構造は不確実で不安定である。ある構造を前提としたナラティブは、構造が変化すると維持が困難になり、他のナラティブと対立する場合もあろう。また、中国のナラティブの中で、一方での平和発展と他方での核心的利益 (とか社会主義強国) という、時に対立するナラティブ間の不整合性が耐えられないものとなるかもしれない。さらに、不整合性の管理に失敗すれば、時に力が行使されることにもなろう (Bially Mattern, 2004, pp. 76-77)。例えば、中国が平和発展という言説で物事を処理しようとしても、それが限界に達すれば、核心的利益を達成するために軍事力が行使されざるを得なくなるであろう (例として、台湾)。

一般に、対外的には、将来が不安定で不確実なときには、各国は自己の (戦略的) ナラティブを投射しようとするという (Miskimmon, O'Loughlin, and Roselle, 2013, p. 69)。もしそうならば、各国 (アメリカと中国、あるいは西側とロシア) のナラティブが直接対峙することになり、時にナラティブの対立が激しくなる。アメリカと中国のナラティブは極めて対抗的である (リベラルと権威主義)。将来の不確実性と対抗的なナラティブの併存の中で、将来ともナラティブの重要性は変わらない可能性が高いのである。

もちろん、このようなナラティブの対立を超越して「共通のナラティブ」が形成され、コンセンサスに基づく、より協力的な原理が形成される可能性はゼロではないかもしれないが (Miskimmon, O'Loughlin, and Roselle, eds., 2017, p. viii)。

いずれにせよ、ナラティブは、物質面 (経済、安全保障) との連動が密な面があり、戦略的ナラティブでも戦略的コミュニケーションでも、様々な形で物質面の動きを考慮したりあるいは取り込んだりして、その意味で「厚い」ものにしていかなければならないのである (Archetti, 2018)。

第2節　情報環境の変化

　本書は、国際政治における非物質的な次元、なかんずく言説やナラティブの重要性を指摘してきた。言説やナラティブについては、その内容とともに、それをいかに相手（国内外の政府や公衆）に伝え、説得し、影響力を与えるかということも考えなければならない。この相手へのナラティブの投射は、「言葉と行為」によるものであり、広くはコミュニケーションである。細分化して言えばメッセージ、イメージ（画像、映像）、音響（音楽、例えば軍歌）、印刷物であり、行為には経済的な手段（援助、制裁）等があり、時に軍事力の行使を含むものである。このようなコミュニケーションをとる手段（とくにメッセージやイメージ）には、伝統的には会議、演説、政府の声明などがあり、また広く公衆のレベルを含めれば新聞、雑誌、放送、テレビなどがあった。

第1項　サイバー（デジタル）空間とナラティブ空間

　しかし今では、これらの伝統的な手段に加えて、情報通信技術が発展し、インターネット上ではツイッター、フェイスブック、ユーチューブ、ラインなどでメッセージや映像が伝達される（Web 2.0）。またグーグル検索などを通して、情報の獲得が行われる。さらに、Zoom などのオンラインの会議も行われるようになっている。このように、コンピューターとネットワークを結び付けたサイバー空間の中でナラティブをめぐってのやり取りが行われることが多くなる（必須の要素となる）。いわばナラティブの空間は、新聞や放送などの伝統的な手段に加えて、新しい情報空間やサイバー空間の中に置かれることになる。もちろん、情報技術の変化とそれに由来するネットワークの進化は、相手のサイトを乗っ取ったり、相手のネットワークを破壊したりするサイバー攻撃の危険性を増大したし、実際にそれを生起している。しかしここでは、本書の取り上げる対象から、サイバー空間でやり取りされる情報、またその一つであるナラティブに焦点を合わせて考えることにする。

　情報をある物事や出来事に関することを知らしめることであるとすれば、新しい情報空間は、情報伝達のスピードと（送り手と受け手の）範囲を著しく

増大させる。ナラティブの空間は情報空間の変化に適応していくことになる。もちろん情報は物事や出来事に関して知らしめることなので、必ずしも本書で取り上げてきた政治的な言説とかナラティブと関係のないものもある（もちろん、言説やナラティブも情報である）。ただ、ナラティブと関係のないと思われる情報であっても、ある評価基準から見れば極めて価値の高い情報もある。たとえば、戦場における軍の配備についての情報は、戦争の勝敗という基準から見れば、きわめて重要であり、また政府の政策決定を占う上でも重要な要素となるであろう（これは、情報の価値に関するものである）。もちろん、政治的なナラティブに一見関係ないと考えられる情報も、ナラティブの部品（たとえば、ミーム）として重要な役割を果たすこともある。

　情報環境の変化は、様々な結果と影響をもたらした。繰り返して言えば、特に新しい情報（伝達）手段は、送り手と受け手の間の距離を短縮し（ゼロにし）、また瞬時に情報を伝達する。時空の短縮化である。また、それは、送り手と受け手の範囲を大きく拡大した。誰でも送り手になれるし、サイバー空間にいるひとは誰でも受け手となりえる。このような変化は、光と影、プラスの面（ブライトサイド）とマイナス面（ダークサイド）をもたらした（Bjola, 2019）。プラスの面は、数えきれないであろう。経済を効率化し、行政を効率化する。また個人のレベルでも自己の意見等を発信し、また様々な情報を獲得することができる手段を与える。政府の公共外交も、もしそれを外国の公衆を相手とし、自国の政策を知らしめ、説得し、影響を与えることとするならば、新しいコミュニケーション手段は、相手の公衆にアクセスする様々な手段を与えるであろう。

第2項　ダークサイドのデジタル外交
──ディスインフォメーションへの対抗政策

　しかしながら、ダークサイドも顕著である。ダークサイドには、二つの側面があると考えられる。一つは、対立するナラティブが存在する場合、自己のナラティブの投射また相互の投射がサイバー空間をとおして行われるということである（ナラティブの対抗を亢進させよう）。これが明確に現れたのは、

2000年代前半、イスラム原理主義の集団が、ネットワークを通して、自己のナラティブを広く周流させ、また人のリクルートや資金の獲得をはかったことである。このことは、強い相手に対する非対称の手段としてのサイバー空間の利用という現象をもたらした。また、そのような手段を使う「戦争」においては、軍事的な手段 (kinetic なもの) だけではなく、非物質的な (non-kinetic) 手段の重要性が指摘される。ときには、むしろ非物質的な手段の方が軍事的な手段より重要であるとする認識もみられるようになる。すなわち、情報空間でのナラティブまた情報の「戦争」の重要性の認識が高まったのである。国際政治におけるイディエーショナルな次元 (非物質的次元) の顕在化の一つの要因であった。

　もう一つは、偽情報、フェイクニュース (捏造情報)、ヘイトスピーチや貶めの情報が情報空間に急速に広がる現象が見られるようになったことである。ディスインフォメーション (悪意ある偽情報) に関してはすでに第9章第8節で考察したが、ここでは、より詳細に、とくにディスインフォメーションに対抗する国家の対外政策としての「ダークサイドのデジタル外交」(Bjola, 2018, 2019) という観点から再論したい。もちろん、この問題は国内にもみられるが、国家間を含めて国際的に広くみられるようになる。偽情報や捏造情報じたいは昔から見られ、相手を惑わせ混乱させることによって自己を有利にしようとする手段であった (ここでは政治的利益とか戦略的利益を考える)。たとえば、冷戦期の1980年代、ソ連はHIV (エイズ) は米軍が作り出したという偽情報を流し (小泉他、2023、p. 123)、アメリカはそれを打ち消すのに苦労した (Schoen and Lamb, 2012)。当時ソ連が使ったメディアは、基本的には雑誌であった。しかし、新しい情報環境においては、偽情報はインターネット空間を駆け巡る。インターネット空間で流れる情報は、ボット (ウェッブ・ロボット)、自動化されたプログラム (computational programs) などの技術を使って、コストゼロで大量にばらまける。また、AI (人工知能) は、一方で情報の真偽を判定するなどプラスの面もあるが、偽の物語や精巧な偽の映像を作り出すことにも使われる (story making、deep fake)。そして、このような問題は生成AIによって加速される。このような技術は偽情報の作成や周流に使われることになり、

その受け手はそれに有効に対処しなければならなくなる。

　インターネット空間での偽情報が国際政治的に注目されたのは、2010年代の半ばであった。2014年、ロシアはウクライナをめぐって頻繁に偽情報を流した。ロシアがソーシャル・メディアを通しての情報戦を強化し始めたのは2010年だと言われているが、それが明確に、大量に使われたのは、2014年のクリミア併合、ウクライナ東部への進出に際してであった。ウクライナでの情報戦は、「世界で最初の認知戦争 first cognitive war」と呼ばれた (Boyte, 2017)。これをナラティブという観点から見てみよう (これは、以下の第3項のディスインフォメーション・ナラティブの議論につながる)。ロシアの流したナラティブは、たとえばウクライナはロシアの一部 (ロシアとウクライナは一つの国) である、ウクライナの反ロ政権はナチスである、ロシアの勢力圏への西側の拡大は深刻である、ロシアのクリミアに対する行動は正当であるなどである (V. Walker, 2017; Boyte, 2017, p. 95)。この最初の認知戦争において、ロシアは、政府(軍)だけではなく、多くのブロッガー (トロール) を使うのである。

　このようなロシアの動きに対して、ロシアに後れを取ったと認識したアメリカやNATOそしてウクライナも情報戦争能力を高め、ロシアに対抗するようになる。これらの側が周流させたナラティブは、ロシアの行為は軍事侵略である、ロシアは専制 (despotism) である (プーチン批判)、ウクライナとロシアでは違うところが多くウクライナは西ヨーロッパとの近親性が高い、ロシアは「冷戦スタイルのプロパガンダ戦争」を行っているなどであった (Boyte, 2017, pp. 96-97)。このようなナラティブの投げ合いは、2022年2月24日からのロシアのウクライナ侵攻とその後の戦争において内容、形態ともに再現されているようである。ロシアは、侵攻の前日から (これは、第三波目であるという) ウクライナに対する大規模なサイバー攻撃を仕掛けたという (藤井、2022；土屋、2022)。ウクライナは、ロシアに対してサイバー攻撃戦と情報戦を積極的、効率的に展開する (NHK、2022年6月27日a)。また軍だけではなく民間の人々からなるIT Armyを作り上げ、またウクライナ国民だけではなく世界にも広く呼び掛けて、対ロ情報戦争を展開するのである (NHK、2022年6月27日b)。

　ロシアは、2016年のアメリカの大統領選挙をめぐって、トランプ候補が

終章　いまなぜ言説(ナラティブ)か？　545

有利になるように相手候補に関する偽情報を流したりした。またアメリカ大統領選挙の投票や得票数の計算は詐欺的なものであり、アメリカの投票は外(外国)に対して秘密であり、外からの選挙監視は受け入れない等、アメリカの政治体制(ナラティブ)の正当性を損なうような偽情報を流したと言われる。このような偽情報の出所(送り手)は不明なことが多い。これに対して、アメリカは、たとえば実際に行われた外国からの選挙監視団の映像をインターネット上に載せて対抗した(Henick, 2017)。また、ここでは詳しくは述べないが、中国も台湾の総統選挙において、多数の偽情報を投射した(清原、2019)。さらに台湾は、外からの(中国からの)ディスインフォメーションにもっともさらされているところだといわれる(J. Wang, 2022; 唐鳳(タン・フォン)、2022; 山口他、2022)。

　ディスインフォメーションに対処する方法は、いくつかあるとされる。特に政府がとる(外国からの)ディスインフォメーションに対する政策は、「'ダークサイド'のデジタル外交」と呼ばれ、「他国や非国家アクターによるディスインフォメーションやプロパガンダに対抗してデジタル技術を戦略的に使用すること」と定義される(Bjola, 2019)。ビオラ(Bjola, 2019)は、ディスインフォメーション対策として五つを挙げる。一つは無視すること、二つにはファクト・チェック(debunk)、三つには相手のディスインフォメーションを逆手に取ることである(turning the tables)。たとえば、ロシアのテレビが、アメリカの駐露大使が反政府の会合に出席したという偽画像を流したとき、アメリカ大使館は当該大使が様々な場所にいるような画像を流した(本書第9章第8節第1項)。四つには、メッセージそのものよりもメッセージを発出した者や機関の信用を落とすことである。五つには、偽情報のネットワークを特定しそれを切断することである。

　これらの対処方法には、それぞれ問題がある。たとえば、ファクト・チェック(メッセージが本当であるか偽であるかを判定すること)を考えてみよう。ディスインフォメーション問題に関しては、まずはメッセージが本当であるか偽であるかを判定することが必要である。いわゆるファクト・チェックである。大量に出回るインターネット上のメッセージをとらえ、その真偽を判断する

のは容易ではなく、様々な技術を応用することが必要である。またそれを素早くとらえ、また事実を以って素早く反応することが必要である。いわば、ファクト・チェックと対応システムともいうべきものが必要とされる。また、現今の情報環境においては、情報の受け手は極めて広範であり、一人一人が情報の真偽を吟味する能力ややり方を持たなければならない。すなわち、情報リテラシーである。たとえば、当該の情報に関して他のソースと比較考量したりすることが必要との認識である。また社会全体を含めていわゆる偽情報に対する認知的警戒 (epistemic vigilance) が必要となる。ただ問題は、事実かどうかの基準であり、社会的ネットワーク（集団）によって「事実の基準」が異なる場合には、ファクト・チェックは難しい問題を抱える (Archetti, 2018)。

　さらに、ディスインフォメーションの流れそのものをコントロールしようとする試みも行われる。これは、上記のビオラの言う「切断」である。たとえば、ツイッターがトランプ元大統領のアカウントを永久停止して使えないようにするという「民間」の動きがあり、EU のように偽情報に対するさまざまな対策を公的に講ずることもある。EU は、偽情報に関する行動規範を作り強化している（『朝日新聞』2022 年 6 月 17 日 b）。また、国家権力が、ディスインフォメーション・ナラティブを完全に抑えようとして犯罪化したり、外からの情報そのものを遮断したりすることもある（中国やロシアがその例である）。

　このように 2010 年代の半ば以来、サイバー空間における偽情報の遍在と政治的な重要性が認識されるようになった。これが国際政治次元における非物質的な次元が顕在化した今一つの理由である。

第 3 項　ディスインフォメーション・ナラティブ

　以上、情報環境の変化が非物質的な次元やイディエーショナルな次元の顕在化をもたらした二つの理由を考えた。一つは、テロとの戦い、イスラム原理主義との対抗に見られたように、異なるナラティブの対抗がサイバー空間で展開されるに至ったことである。二つには、ロシア（と中国）がサイバー空間を駆使してディスインフォメーションを流すことによって、政治的な目的を達成しようとする動きを強めたことである。この二つを合わせたような現

象が、V. ウォーカーが「偽（嘘）のナラティブ disinformation narrative」と呼んだものである（V. Walker, 2017）。すでにのべたように、情報には個別の出来事についてのものもあるし、またナラティブそのものに関するものもある。さらにナラティブはその中に、ミーム、サブナラティブ、マスター・ナラティブ、グランド・ナラティブという階層性を持っている（Breuer and Johnston, 2019）。したがって、ナラティブについての情報と言っても様々なレベルのものがあろう。

　情報の価値は、受け手によって変わる。もちろん受け手にとって価値が高い事項についての情報は価値が高いし、また意思決定において相手との対抗関係が高ければ高いほど正確な情報の価値は高いであろう。国家ナラティブ（national narrative）と言われるものは、国際社会、国家のアイデンティティ、政策に関するものなど多様な要素を持つ（Roselle, 2017）。国家ナラティブの中には、国家の在り方、政治体制、規範体系などをあらわす要素もあり、当該国家の正当性の根源にかかわる要素もある。したがって、国内のコンセンサスの強弱はあろうが、国家ナラティブを守ることは国家の存亡にかかわることと認識されよう。

　ある国が、自国の国家ナラティブと異なるナラティブを持つ国と競争関係にあるとしよう。そうすると、そこにはパフォーマンスをめぐる競争だけでなく（本書第 12 章）、サイバー空間の中で相手のナラティブを突き崩し、国際的に自己に有利なポジションを獲得し、また自己の国内での正当化を強めようとする競争も存在する。たとえば、相手の正当性を損なうようなナラティブをサイバー空間のなかで相手に投射することである。たとえば、ロシアはアメリカの選挙の在り方に関して嘘の情報を流してアメリカの民主制度の正当性を貶めたり、また在京中国大使館がアメリカという「死に神」が多くの部屋（国）をノックして民主主義を推奨し、その結果それぞれの部屋が血の海になるという映像を SNS で配信したりしている（2021 年 4 月）。あるいは、上述したウクライナの政権はナチであり非ナチ化が必要であるというのもディスインフォメーション・ナラティブであろう。ディスインフォメーション・ナラティブは、直接の対象国にとっては事実にもとづかないナラティブであ

り、自分を貶め、自己の正当性の正当性に対する挑戦である。そして、当事国は事実に基づいた自己の正当性を持つナラティブを発信し、それをもって相手と対抗しつつ国際社会へもそれを周流することで、自己の国民からの支持を確かにしようとする。

　また、ディスインフォメーション・ナラティブは、それを受けた国が自国の政体や正当性が脅かされると認識されたときに問題となる。しかし、そのナラティブは送り手にとっては、国内的には真実のナラティブとされ、自国の正当性と政府への支持の調達を果たすことが多い。双方のナラティブが正面から対立するのである。もしこのような状態に陥った場合には、たとえば「相手に伝え、影響を与え、説得する」ということは極めて重要だが同時に極めて困難になろう。

　ディスインフォメーション・ナラティブの発信国はさらに、直接の相手ではない国々に対しても働きかけて世界の聴衆の共鳴を得ようとする。かつてW. キャラハンは、ソフト・パワーが自己のイメージを向上させるのに対して、自己の評判を高めるために相手を貶めようとするものを負のソフト・パワーと呼んだ。そのときキャラハンは、メディアとして大使などの要路の人の演説などを取り上げていた (Callahan, 2015)。たとえば、中国の駐英大使が、自国の評判を挙げるために日本を貶めるような発言をする (たとえば、歴史問題)。もちろん歴史問題が事実である場合には、それは事実でないことをベースとするディスインフォメーション・ナラティブではない。しかしそれは、事実に基づいてはいるが相手にとっては悪意あるナラティブであり、マルナラティブ (malnarrtive) と呼ぶべきものである (cf. Wardle and Derakhshan, 2017; 本書第9章第9節第4項)。ディスインフォメーション・ナラティブやマルナラティブの投射は、まさに負のソフト・パワーと言えるであろう。いまやそれはサイバー空間の中で行われている。サイバー空間がナラティブの国際政治学で注目される今一つの理由である。

第3節　残された課題

第1項　言説／ナラティブの顕在性は将来も続くのか

　以上、言説／ナラティブが現在顕在化しているいくつかの要因を検討してきた。それには、主として三つの要因があると考えられる。一つは国際政治の構造の流動化／不確実性の増大であり、二つにはナラティブ間の競争／対抗の激化であり、三つには情報環境の変化である。もし現在の言説／ナラティブの顕在化、イディエーショナルな次元の重要性の増大がこれらの要因に帰せられるとするならば、言説／ナラティブの顕在性が今後も続くかどうかは、これら三つの要因が将来どのように変化するかに左右されよう。たとえば、国際政治の構造が安定化し、ナラティブ間の対立が緩んでくれば（すなわち状況が現在の図11のDからAへ変化していけば）、もしかしたら言説／ナラティブの顕在性は低下し、あるいは異なる文脈で語られるようになるかもしれない。

　またサイバー空間は、激しいナラティブの対抗の中で、ディスインフォメーション・ナラティブを広く投射する空間となるなど、ナラティブの対抗を加速する機能を果たしている。しかし、もしナラティブの対抗が弱まっていけば、サイバー空間そのもののダークサイドの重要性は低くなっていくかもしれない。また、技術的、社会的に偽情報や捏造情報に十分に対処できるシステムが構築されていけば（たとえば、オープン・ソース・インテリジェンス）、サイバー空間のダークサイドの要素は減っていくであろう。もちろん、ディスインフォメーション・ナラティブが支配的になり、ジョージ・オーウェルの「新語法Newspeak」の世界となり、「1984年の世界」が出現するかもしれない（Owell, 1949）。しかし、公共外交でよく言われるように、良い政策は公共外交によってさらに効果を高めるが、悪い政策は公共外交によってよくなったり受け入れられたりするようになることは少ないという。また、真実と真実の検証の手続きは、民主主義の基本であり、国際的な信頼を向上させて安定した国際秩序を作る基礎となる。短期的には悲観的にならざるを得ないこともあるが、長期的には楽観的であり得るのである。

クリストファー・ホワイトたち (Whyte et al., 2020, Introduction) によれば、偽情報や偽ナラティブを含む情報戦争のインパクトについては、三つの考え方があるという。一つは、新しい技術が人々に情報を提示するやり方（'媒体効果'）を大きく変えているので、今日では人心掌握の手段に質的な変化をもたらしているという考え方である。二つには、人の心をつかむプロセス（方法）は変わっていないが、新しい技術によってボットなど新しい技法(タクティックス)が生み出され情報戦争の頻度が増大し、その量がインパクトを高めているという考え方である。質ではなく量の問題である。三つ目の考え方は、デジタルな公共空間は情報戦争に適した環境であると同時に雑音の多い、断片化した公共空間であり、現代の新しい技法(タクティックス)のインパクトはほとんどの場合相殺されてしまうので、量的にもインパクトが増大したわけではないという考え方である。ホワイトたちは、これら議論のどれが正しいかわからないが、適切な概念、設問、分析的なフレームワーク、証拠を以って研究を進めれば、正しい回答へ貢献できるであろうとしている。彼らの見方は、情報戦争の重要性をあらかじめ前提とすべきではなく、研究や政策展開の結果と考えるべきだということであろう。以上は、情報安全保障に関するものであるが、サイバー安全保障についても同様にその重要性を認めつつも、世の中をひっくり返す (cyber doom discourse) ほど極端なことは起こっていないし、またそのようなことを前提にするのはむしろ危険であるとする議論も存在する (Lawson, 2020)。

第2項　イディエーショナルな次元とノン・イディエーショナルな次元の複雑な関係

本書の出発点は、国際政治における言説とかナラティブといわれるイディエーショナルな次元の重要性が高まったとの認識であった。しかし、そこでの認識は、イディエーショナルな次元、安全保障次元、経済次元という三次元空間 (Brands and Cooper, 2020) を考えた場合、イディエーショナルな次元の相対的な重要性が高まったというものであった。いわば、軍事力を中心とする安全保障、また経済力とか相互依存という経済次元という物質的次元だけか

らでは説明しきれない国際政治現象が多々現れてきていることに対する反省であった。したがって、イディエーショナルな次元は、それ自身重要であるが、国際政治全体としてみれば、安全保障次元と経済次元という物質的な次元を合わせて考えなければならない。言説やナラティブで、国際政治のすべてが決定されるわけではない。むしろ時には、軍事力という物質的な次元が決定的な役割を果たすことがあろう。また長期的にみれば、経済的な次元の動きが軍事力という安全保障分野の状況に決定的な影響を与え、またナラティブの優劣を決めるかもしれない。このように、これら三つの次元の関係は複雑でまた時間、状況によって変化するのである。

　このように考えると、本書で残された課題の中で一番大きなものは、イディエーショナルな次元とノン・イディエーショナルな次元との複雑で変転する関係を理論的に、またケース・スタディを通して明らかにしていくことであろう。より具体的な例を挙げれば、ナラティブはどのような条件の下で実際の行動に結びつくのであろうか。ナラティブには国際秩序（システム）に関するもの、自己のアイデンティティに関するもの、そして政策に関するものがあるといわれる。たとえば、ある国のナラティブが国際システムは自由主義的な秩序であり、自己のアイデンティティがその秩序における主導国であり、政策については人道介入を掲げていたとしよう。そうだとしても、ある特定の状況でその国が実際に人道介入をするかどうかはわからない。中国が「国辱の地図」を持っているとしても、それが政策ナラティブに転化するかどうか、さらには実際に失地回復の行動（武力の行使）をとるかどうか、そしていつそのような行動をとるかはまた別の問題である。ナラティブは極めて重要だが、それは傾向／気質（disposition）を表すにとどまり、そのまま実際の行動（action）になることはない。頭にあることをそのまま実行することはあまりないことである。ロシアが「大ロシア」というナラティブにもとづいてウクライナを侵攻したとしても、それは侵攻の正当化の論理であり、他にも様々な要因が重なって実際の行動がとられたと考えなければならない。

　実際にとられる行動（政策）は、ナラティブの他にも様々な要因が作用する。そこでは、安全保障環境（たとえば、力の均衡状態）や経済状態が実際の行動（政

策決定）に作用することもあろうし、内政も重要な影響を果たそう。一般に、傾向／気質（disposition）と行動／行為（action）がどのような関係にあるかを明らかにすることは国際政治学における難題の一つである。このような研究を積み重ねることによって、国際政治の地平が広がっていくと考えられる。

第3項　人間の行動、方法論、国際政治——結論に替えて

　最後に、本書を終わるにあたって（1）人間や国家の行動、（2）方法論、そして（3）国際政治の理論的大枠、という三つの視点を相互に関連づけつつ、「言説の国際政治学」の位置づけを明らかにしたい。そしてそのことをもとに将来の課題を考えてみたい（本章第1節第1項、また第3節第2項と若干重複する）。

1．人間の行動——「伝統的合理性」と「ナラティブ合理性」

　言説やナラティブが重要視される一つの理由は、人間の行動には「伝統的合理性」に基づいたものと「ナラティブ合理性」に基づいたものの二つがあるということであった（以下、本章第1節第1項の繰り返しである）。すなわち、あるナラティブに沿った「政策パラダイム」が安定しそのもとで政策が展開されるとき、そこにおける論争は、既存のナラティブの下での因果関係や損得勘定などの合理的な判断に基づいた「議論 argument」が主体となる（Krebs, 2015a）。いわゆる「伝統的合理性」である（Fisher, 1984）。しかしながら現実が変化し「新しい現実」が出現していると認識され、既存のナラティブ（そして「政策パラダイム」）では説明も対応もできない事態が出現し、さらに将来の見通しが困難になることがある。このような流動的で不確実な状態（unsettled situation）では、ヴィジョンを示す「物語の語り（story telling）」が要請され、それが政治の重要な流れとなる（Krebs, 2015a, 2015b; Legro, 2000, p. 430）。不確実性の下での将来予測、また対応の一つは、いわゆるシナリオであり、物語はシナリオの一つといえるであろう。この新しい「物語」（ナラティブ）は、既存のナラティブとは異なる過去—現在—未来を語ることにより、過去の新しい解釈を伴いつつ、あらたに現在の状況や自己の位置づけを行い、将来の見通し

（予測）を示す。このようにして新しい物語（あるいは、古い物語の復活）は、既存のナラティブでは把握も対処もできない現実を克服するための新たな政策課題を示す。新しい物語が既存のナラティブとは異なる価値や規範に基づいている場合には、価値や規範の再編、したがって因果関係の再編も含む（たとえば、何を結果＝目標として考えるかについて）。この因果関係は、実証も確立もされているわけではなく、また将来の見通しは予測であることから不確実である。したがって、そこでは、「伝統的合理性」ではなく「ナラティブ合理性」(Fisher, 1984) ともいわれるものが作動する。すなわち、そこでは、人々は一般に共有されている知識や記憶、知覚やエモーションをもとにしてナラティブをつくり、判断しまた行動する。たとえば、歴史の記憶（選択的なものであろうが）、信念、信条という因果関係や損得計算では尽くせない要因によって左右されることになる。たとえば、ダニエル・カーネマンは、決定を行うときには誰でもが、数字（確率）でもって行うことはなく、物語（ストーリー）を必要とすると言っている（Kahneman, 2011; Kahneman and Tversky, 1973; Laity, 2018, p. 72; またこの辺、Shiller, 2019, pp. 66-67 参照）[6]。

　ここで、「伝統的な合理性」と「ナラティブ合理性」を区分した W.R. フィッシャーの議論を確認しておこう (Fisher, 1984)。「伝統的合理性」では、意思決定は高度に意識的であり、また専門的な知識と学習を要し、そのうえで議論が行われ、最適性（解）が求められる。「ナラティブ合理性」においては、一般に共有されている知識をもとにしつつ、言説や行為を評価するにあたっての知覚やエモーションを与える物語をもとにして、人々は行動するものである。「伝統的合理性」は安定した状態に対応し、「ナラティブ合理性」は流動的で不確実な状況に対応する。また、「ナラティブ合理性」と「伝統的な合理性」の区分は、心理学でいう「システム 1」と「システム 2」の区別に親和性を持つ (J. Evans, 2008; Kahneman, 2011)。すなわち、人間が認知や判断をする場合、直観とか感情に素早く訴える「システム 1」と、時間をかけ意識的かつ体系的に判断しようとする「システム 2」の二つが存在する（「二重過程モデルという」）。「システム 1」は「ナラティブ合理性」に、「システム 2」は「伝統的合理性」に類似する。ただ、心理学においては「システム 1」と「システム

2」の間には様々な関係があると想定される。たとえば、同時に作動したり（時に矛盾を引き起こす）、「システム1」が先行し（例えば、重要な事かどうかの判断をする）、次いで「システム2」が体系的な考察を加えたりするなどである。あるいは、「システム1」が作動する中で「システム2」が作動し、「システム1」が示した課題に対して、体系的に処方箋を示したり、あるいは「システム1」の誤謬を修正したりしようとするという。したがって、「システム1」がunsettled situationに「システム2」がsettled situationに截然と対応するわけではないようである。とはいえ、「二重過程モデル」については、研究も進んでいるようであり、「ナラティブ合理性」と「伝統的合理性」を深めていく場合、大いに参考になると考えられる。

2. 方法論―実証主義的説明と了解的方法

「伝統的合理性」と「ナラティブ合理性」の区分は、社会を分析したり説明、了解したりするときの方法論にも関係する。かつて京極純一は、政治（社会）にアプローチする方法として、手続き的方法と了解的方法の二つを区別した（京極、1968；似たような方法論区分を国際政治について論じたものとして、Hollis and Smith, 1990）。手続き的方法とは、あらかじめ一定の手続きを設定し、その手続きに沿って仮説なり因果関係を証明しようとするものである（実証主義的説明と言ってよいであろう）。了解的方法は、聴衆（読者）との共通の引照基準の存在を前提として、例示を持って相手の了解を求めていくというものである。手続き的方法と伝統的合理性、了解的方法とナラティブ合理性との対応（親和性）は明らかであろう。また、W. キャラハンは、言説を取り扱う場合、言説は事実そのものではなく、したがって、分析方法は経験的説明（empiricist explanation）ではなく了解的（解釈的）アプローチ（interpretative approach）となる。言説（それに関連する中国の夢など）を取り上げる理由は、言説がどのような価値を取り上げ、どのような願望を表しているかを示すからである。方法としては、行動や出来事を記述するだけではなく、文脈を明らかにし、どのような意味があるのかを含めて記述する厚い記述（thick description）であり、それはコンストラクティビスト的アプローチであるとする（Callahan, 2017）。

このように言説やナラティブを分析するときには、主として了解的な方法がとられるが、手続き的な方法（実証主議的な説明）がとられることもある。それにはいくつかのケースが考えられよう。一つは、言説そのものについてである。たとえば、言説の内容をそこにみられる単語やフレーズ（ミーム等）に着目し、一定の手続きを設定し、ミームの配置状況、出現頻度などを明らかにする。内容分析であり（Krebs, 2015b, 2015c）、今日ではビッグ・データを基にした内容分析である。これに基づいて言説の比較、時系列的な変化を明らかにし、あるいは仮説を検証し（たとえば、Krebs, 2015c; Takikawa and Sakamoto, 2020; Breuer and Johnston, 2019; Johnston, 2021）、さらに数理的なモデルを使って動態メカニズムを明らかにすることが行われている（Shiller, 2019）。

　二つには、言説と物質的世界との関係に関して実証主義的なアプローチがとられることがある（本書第12章参照）。言説の中に物質世界についての因果関係を示す要素があれば、それをデータに基づいて検討するという作業もあろう。また、組織象徴としての言説は、物質世界からの「証し」を求められることから、言説に対応する物質世界の分析が必要になり、その際に実証主義的なアプローチがとられることもあろう。それと関連して、異なる言説のパフォーマンスの違いや優劣などは、データに基づいた実証主義的な検証が可能なことがあろう（ただ、これは一定の時間が経過して経験的データが揃っていることを必要としよう）。

　三つには、言説の内容なり（支持の広さなどの）分布に変化があった場合、それを物質世界の変化（たとえば、富や力の変化）と結び付けて考える仮説も可能であろう。たとえば、物質的世界でのパフォーマンスの優劣がはっきりすれば、言説間の影響力の分布が変わってこようし、また言説の内容の変化や盛衰を説明する一つの要因となろう。このように考えると、了解的な方法と手続き的な方法とは、必ずしも対立するわけではなく、何を明らかにしようとしているかによって選択されるべきだと考えられるし、適切な組み合わせも必要とされよう（京極, 1968；Henderson, 1993）。

3. 国際政治の三つの理論

このように、了解的な方法は、イディエーショナルな世界を分析しようとするときによくとられるアプローチである。それは分析の対象（イディエーショナルな世界）としても、また方法論（了解的方法）としても国際政治学の「大分類」でいえば主としてコンストラクティビズム（構成主義）といわれる理論に対応する。ここでそのことを前提に、本書の展開した「言説の国際政治学」を国際政治（学）全体の中に位置づけて、これからの研究の方向性を考察してみたい。

ジャック・スナイダーは、国際政治においては、三つの理論（大きな分類）があると論じた（彼の議論は若干古いが、便宜のため出発点としてそのまま紹介する。三つの理論に限らない国際政治の理論の検討については、山本吉宣、2011a）。すなわち、彼は、国際政治学の大きな理論として、リアリズム、リベラリズム、アイディアリズム（idealism）の三つを挙げた。本書の文脈を踏まえて、まずは彼の言うアイディアリズムを取り上げてみよう。スナイダーは分析対象に重点をおき方法論には触れることが少ないが、以下の論述では方法論を補った。

アイディアリズムは、アイディアを中心に置く（アイディア中心主義——したがって、よく言われる国家間の利益の調和を考える理想主義とは異なる）。すなわち、アイディアリズムは、「国際政治は、説得的なアイディア、集団的な価値、文化、社会的アイデンティティによって形成される」のであり、その「主たる手段」は「アイディアと価値」だと考える（Snyder, 2004, p. 59）。そして、鍵となる主体は、新しいアイディアの促進者（プロモーター）である。スナイダーは、このような視角を「コンストラクティビズム constructivism」とも呼んでいる。コンストラクティビズムは通常、方法論的には実証主義に批判的であり、間主観性などを重視する了解的方法がとられる。

これに対して、リアリズムは力に着目し、国家はすべからく強制力とか外交を中心として自己利益（力と安全保障）を追求すると考える。リアリズムは力をベースとし、国家は自己利益を達成するために行動すると仮定されるから、方法論としては実証主義的なアプローチが主たるものとなろう。すなわち、軍事力や力の均衡という物質的な側面を取り扱い、また利益の達成とい

う「伝統的合理性」に基づくアプローチをとる。ただ、国家は力と安全保障を追求するといっても、当該の国家にとっての文脈、意味、意図があり、それらを明らかにしつつ実際の対外政策を考え分析することになる。これは方法論的に言えば、むしろ了解的方法でありコンストラクティビズムである。したがって、リアリズムとコンストラクティビズムは交差するところがあり、サミュエル・バーキンはこれをリアリスト・コンストラクティビズムと呼んでいる（Barkin, 2010, particularly chapter 10）。

　リベラリズムは、民主主義や人権などのリベラルな規範に焦点を当てる流れ、経済的な結びつきを考える流れ、また国際組織（制度）を重要視する（平和の達成のため）流れというように多様な流派を含む。国家行動の中心はそれぞれ、リベラルな規範の創生と拡大、経済的な利益の促進と安定、また平和維持のための国際制度の形成・維持である。方法論としては、リベラルな規範を中心として考えるリベラリズムは、了解的手法を使うことが多く、コンストラクティビズムとの重複が顕著である。これに対して、経済的な利益を中心とする経済的なリベラリズムは、合理的な行動をベースとする実証主義的なアプローチと親和性が高い。また、平和の創設、維持のための国際制度を志向するリベラリズムは、規範やルールの形成ということではコンストラクティビズムと交差し、制度・規範の遵守ということでは強制力がかかわってくることがあるので、リアリズムとの重複が起きる。

　このように国際政治をリアリズム、リベラリズム、アイディアリズム（コンストラクティビズム）という三つで捉えることは、「力―利益―価値」という三つの柱で国際政治を考えることに対応しようし、それはまた「安全保障―経済―価値・規範」という三つの主要分野で考えることにも対応しよう。本書は、冒頭で、いまや国際政治を理解する上では、安全保障と経済という二つの次元だけでなくイディエーショナルな次元を含めて「三つの次元 three dimensional」から成る空間を考えることが必要となっている（Brands and Cooper, 2020）と指摘した。本書は、言説を中心に据えて、第三の次元であるイディエーショナルな次元のダイナミックスを、理論と現実の展開を追うことによって明らかにしようとした。今日展開している複雑な国際政治の一端を明らかに

することができたと考えられるが、今後ともイディエーショナルな分野での現実と理論の展開を追い、またそれと安全保障や経済がどのように関連しているかを明らかにしていくことによって、国際政治の展開をより正確に理解し、予測することができると考えられる。

注

1 「戦略的コミュニケーション」がなぜ今注目されるのかを考察した青井も、本章での分析と近い理由を挙げている（青井、2022、pp. 12-15）。
2 ポスト世俗主義は、2008年のJ. ハーバーマスの「ポスト世俗的社会についての覚書」で有名になったが、ハーバーマスの議論においても政治的イスラムはその現象の典型的な例として挙げられている（Habermas, 2008）。ポスト世俗主義は、国内の社会・政治の文脈で議論されることが多いが、ここでは国際関係に関連する次元に限定して考察する。
3 孔子学院は、中国の宣伝機関であるとして、アメリカ等の国々では批判の対象となり近年では縮小されているが、現在でもとくに開発途上国との関係で中国は孔子学院を拡張しようとしている。たとえば、2022年5月（中国と国交のある）南太平洋島嶼国10カ国に対して提示された協定案文の中では孔子学院の設立を支援するとしている（同協定案第21項）。ただ、この協定案が採択されることはなかった（Booth, 2022）。協定案（"China-Pacific Island Countries Common Development Vision"）はBooth（2022）の付属資料。また、アフリカにおける中国のソフト・パワーを研究したM. レプニコヴァによれば、アフリカ（例としてエチオピア）における中国の孔子学院の「売り」は、卒業後中国の企業に就職し高い賃金を得るとか、中国に有利な形で留学できるという実利であるという。中国の文化を学ぶというのは、優先順位から言うと低いほうに位置づけられている（Repnikova, 2022, p. 48）。
4 Coker（2019）は、ロシア、中国、イスラム国を「文明的国家」と自己規定している国として挙げている。
5 ただ、この「秩序トランジション」は米中間のダイナミックスだけに限られるものではない。かつて、S. ハンティントンは、1970年代の半ばから、冷戦終焉後、急速に民主主義国が増大したことを指して、民主主義の第三の波と呼んだ（Huntington, 1991）。しかし、2000年代の半ばでその上昇の波は打ち止めになり、いまや民主主義から離脱する国の方が民主主義に移行する国より多くなり、「第三の逆転の波 third reverse wave」という現象がみられる（Diamond, 2021）。「秩序トランジション」の今一つの現象である。

6 ただ、カーネマンの〈数字ではなくストーリー〉ということは学問的には複雑な基礎があり、ストーリーとは何か、数字とは何か、またストーリーの成否などについて多くの議論を要するところである（Kahneman, Slovic, and Tversky, 1982）。

文　献

英語文献

Abbott, Kenneth W., Philipp Genschel, Duncan Snidal, and Bernhard Zangl, eds. (2015), *International Organizations as Orchestrators,* Cambridge: Cambridge University Press.

ABC News (2001), "Why Did U.S. Lose U.N. Human Rights Seat?" May 14.

Acharya, Amitav (2018), *The End of American World Order* (2nd ed.), Cambridge: Polity（邦訳（芦澤久仁子訳）『アメリカ世界秩序の終焉』ミネルヴァ書房、2022 年）.

Acharya, Amitav (2009), *Whose Ideas Matter? Agency and Power in Asian Regionalism,* Ithaca: Cornell University Press.

Acharya, Amitav (2004), "How Ideas Spread: Whose Ideas Matter? Norm Localization and Institutional Change in Asian Regionalism," *International Organization*, 58:2, pp. 239-275.

Adachi, Kenki (2021), *Changing Arms Control Norms in International Society,* New York: Routledge.

Adler, Emanuel, and Alena Drieschova (2021), "The Epistemological Challenge of Truth Subversion to the Liberal International Order," *International Organization* 75:2, pp. 359-86.

Adler-Nissen, Rebecca (2014), *Opting Out of the European Union: Diplomacy, Sovereignty and European Integration,* Cambridge: Cambridge University Press.

Agnew, John (2012), "Looking Back to Look Forward: Chinese Geopolitical Narratives and China's Past," *Eurasian Geography and Economics*, 53:3, pp. 301-314.

Ali, Idrees (2018), "U.S. Military Puts 'Great Power Competition' at Heart of Strategy: Mattis," *Reuters*, January 20.

Allison, Graham (2018), "The Myth of the Liberal Order: From Historical Accident to Conventional Wisdom," *Foreign Affairs*, 97:4, pp. 10-19.

Allison, Graham (2017), *Destined for War: Can America and China Escape Thucydides's Trap?* Melbourne: Scribe.

Allison, Graham (2012), "Thucydides' Trap Has Been Sprung in the Pacific: China and America Are the Athens and Sparta of Today, Says Graham Allison," *Financial Times*, August 22.

Alston, Philip (2006), "Reconceiving the UN Human Rights Regime: Challenges Confronting the New UN Human Rights Council," *Melbourne Journal of International Law*, 7:1, pp. 185-224.

Alter, Karen J., and Michael Zürn (2020), "Conceptualising Backlash Politics: Introduction to a Special Issue on Backlash Politics in Comparison," *The British Journal of Politics and International Relations,* 22:4, pp. 563-584.

Alter, Karen J., and Michael Zürn (2020), "Theorising Backlash Politics: Conclusion to a Special Issue on Backlash Politics in Comparison," *The British Journal of Politics and International Relations*, 22:4, pp. 739-752.

Althuis, Jente (2021), "How U.S. Government Fell in and out of Love with Strategic Communications," *Defence Strategic Communications*, 10:10, pp. 71-109.

Angle, Stephen C., and Marina Svensson, eds. (2001), *The Chinese Human Rights Reader: Documents and Commentary, 1900-2000,* New York: Routledge.

Aoi, Chiyuki (2021), "The Significance of Strategic Communications: Implications for the Free and Open Indo-Pacific Initiative," Policy Brief, Robert Schuman Centre, EU-Asia Project, Issue 2021/31.

Aoi, Chiyuki (2017), "Japanese Strategic Communication: Its Significance as a Political Tool," *Defence Strategic Communications*, 3:3, pp. 71-101.

Aoi, Chiyuki, and Yee-Kuang Heng (2021), "Regional Communicative Dynamics and International Relations in the Asia-Pacific," *Asian Perspective*, 45:3, pp. 479-501.

Arase, David (2023), "China's Global Security Initiative: Narratives, Origins and Implications," *Southeast Asian Affairs*, 2023, pp. 34-50.

Archetti, Cristina (2018), "The Unbearable Thinness of Strategic Communication," in Colneliu Biola and James Pamment, eds., *Countering Online Propaganda and Violent Extremism: The Dark Side of Digital Diplomacy,* London: Routledge, chapter 5.

Arquilla, John, and David Ronfeldt, eds., (2001), *Networks and Netwars: The Future of Terror, Crime, and Militancy,* Santa Monica: RAND.

Arquilla, John, and David Ronfeldt (1999), *The Emergence of Noopolitik: Toward an American Information Strategy,* Santa Monica: RAND.

ASEAN (2019), ASEAN Outlook on the Indo-Pacific, June 23.

Ashford, Emma, and Joshua R. Itzkowitz Shifrinson (2018), "Trump's National Security Strategy: A Critics Dream," *Texas National Security Review*, 1:2, pp. 139-144.

Asian Perspective (2021), Special Section on Strategic Communications, 45:3.

Austin, Lloyd J. (2021), Transcript: Secretary of Defense Lloyd J. Austin III Participates in Fullerton Lecture Series in Singapore, July 27, U.S. Department of Defense.

Axelrod, Robert (1984), *Evolution of Cooperation,* New York: Basic Books.

Bacevich, Andrew J. (2023), "The Reckoning That Wasn't: Why America Remains Trapped by False Dreams of Hegemony," *Foreign Affairs*, 100:2, pp. 6-21.

Bachrach, Peter, and Morton S. Baratz (1962), "Two Faces of Power," *American Political Science Review*, 56:4, pp. 947-952.

Bachrach, Peter, and Morton S. Baratz (1963), "Decisions and Nondecisions: An Analytic Framework," *American Political Science Review*, 57:3, pp. 632-42.

Bagge, Daniel P. (2019), *Unmasking Maskirovka: Russia's Cyber Influence Operations*, New York:

Defense Press.

Bailey, Michael A., Anton Strezhnev, and Erik Voeten (2017), "Estimating Dynamic State Preferences from United Nations Voting Data," *The Journal of Conflict Resolution*, 61:2, pp. 430-456.

Barkin, J. Samuel (2010), *Realist Constructivism: Rethinking International Relations Theory*, Cambridge: Cambridge University Press.

Barma, Naazneen, Ely Ratner, and Steve Weber (2014), "Welcome to the World Without the West," *The National Interest*, November 12.

Barma, Naazneen, Ely Ratner, and Steve Weber (2007), "A World without the West," *The National Interest*, 90, pp. 23-30.

Barnett, Michael, and Raymond Duval (2005), "Power in Global Governance," in Michael Barnett and Raymond Duval, eds., *Power in Global Governance*, Cambridge: Cambridge University Press, chapter 1.

Baum, Richard (2001), "From 'Strategic Partners' to 'Strategic Competitors': George W. Bush and the Politics of U.S. China Policy," *Journal of East Asian Studies*, 1:2, pp. 191-220.

Bayles, Martha (2020), "Hard Truths about China's 'Soft Power': Is China's Brand of Coercive 'Soft Power' a Contradiction in Terms?" *The American Interest*, 15:5.

Bazarkina, Darya Yu., and Evgeny N. Pashentsev (2021), "BRICS Strategic Communication: The Present and the Future," *Russia in Global Affairs*, 19:3, pp. 65-93.

BBC News (2019), "Putin: Russian President Says Liberalism 'Obsolete'," June 28.

Bean, Hamilton (2017), "Strategic Communication and U.S. National Security Affairs: Critical-cultural and Rhetorical Perspectives," in Anthony Dudo and LeeAnn Kahlor, eds., *Strategic Communication: New Agendas in Communication*, London: Routledge, chapter 6.

Beckley, Michael, and Hal Brands (2023), "China's Threat to Global Democracy," *Journal of Democracy*, 34:1, pp. 65-79.

Beckley, Michael, and Hal Brands (2022), "The Return of Pax Americana? Putin's War Is Fortifying the Democratic Alliance," *Foreign Affairs*, March 14.

Bell, Coral (2007), "The End of the Vasco da Gama Era: The Next Landscape of World Politics," Lowy Institute Paper 21, Double Bay, New South Wales, Australia: Lowy Institute for International Policy.

Bell, Daniel A. (2017), "Realizing Tianxia: Traditional Values and China's Foreign Policy" in Ban Wang, ed., *Chinese Visions of World Order: Tianxia, Culture, and World Politics,* Durham and London, Duke University Press, chapter 6.

Bell, Daniel A. (2015), *The China Model: Political Meritocracy and the Limits of Democracy*, Princeton: Princeton University Press.

Bell, Daniel A. (2000), *East Meets West: Human Rights and Democracy in East Asia*, Princeton: Princeton University Press.

Benabdallah, Lina (2019), "Contesting the International Order by Integrating It: the Case of China's Belt and Road Initiative," *Third World Quarterly*, 40:1, pp. 92-108.

Benner, Thorsten (2013), "Brazil as a Norm Entrepreneur: the 'Responsibility While Protecting' Initiative," GPPi (Global Public Policy Institute, Berlin) Working Paper, March.

Bermingham, Finbarr (2022), "EU to Discuss Deepening Rivalry with China at Top-level Meetings: Diplomats," *South China Morning Post,* 15 October.

Bettiza, Gregorio and David Lewis (2020), "Authoritarian Powers and Norm Contestation in the Liberal International Order: Theorizing the Power Politics of Ideas and Identity," *Journal of Global Security Studies*, 5:4, pp. 559-577.

Bially Mattern, Janice (2007), "Representational Force Meets 'Real'-ist Force: Thoughts on the Relationship between Linguistic and Material Forms of Coercion," Prepared for the 9ème Congrès de l'AFSP Toulouse/5-7 Septembre.

Bially Mattern, Janice (2005), "Why 'Soft Power' Isn't So Soft: Representational Force and the Sociolinguistic Construction of Attraction in World Politics." *Millennium* 33:3, pp. 582-612.

Bially Mattern, Janice (2004), *Ordering International Politics: Identity, Crisis, and Representational Force*, London: Routledge.

Bially Mattern, Janice (2001), "The Power Politics of Identity," *European Journal of International Relations,* 7:3, pp. 349-397.

Biden, Joe (2022a), "President Biden: What America Will and Will Not Do in Ukraine, Guest Essay," *New York Times*, May 31, 2022.

Biden, Joe (2022b), Remarks by President Biden on the United Efforts of the Free World to Support the People of Ukraine, The Royal Castle in Warsaw, Warsaw, Poland.

Biden, Joe (2022c), Remarks by President Biden to Mark One Year Since the January 6th Deadly Assault on the U.S. Capitol, January 6.

Biden, Joe (2021a), Remarks by President Biden in Address to a Joint Session of Congress, April 29.

Biden, Joe (2021b), Remarks by President Biden in Press Conference, March 25.

Biden, Joseph R. (2021c), Remarks by President Biden at the 2021 Virtual Munich Security Conference, February 19.

Biden, Joseph R. (2021d), Remarks by President Biden on America's Place in the World, February 4.

Biden, Joe (2020), "Transcript of President-elect Joe Biden's Victory Speech," *Mainichi Japan*, November 8.

Bishop, Donald (2018), "DIME, not DiME: Time to Align the Instruments of U.S. Informational Power," *Strategy Bridge*, June 20.

Bjola, Corneliu (2019), "The 'Dark Side' of Digital Diplomacy: Countering Disinformation and Propaganda," ARI 5/2019, January 15, The Elcano Royal Institute.

Bjola, Corneliu (2018), "Propaganda as Reflexive Control: the Digital Dimension," in Bjola and Pammnet, eds. (2018), chapter 1.

Bjola, Corneliu, and James Pamment, eds. (2018), *Countering Online Propaganda and Extremism: The Dark Side of Digital Diplomacy,* London: Routledge.

Bjola, Corneliu, and James Pamment (2016), "Digital Containment: Revisiting Containment Strategy in the Digital Age," *Global Affairs*, 2:2, pp. 131-142.

Björkdahl, Annika (2002), *From Idea to Norm: Promoting Conflict Prevention*. Department of Political Science, Lund University (Ph.D. dissertation).

Blake, Aaron (2020), "Donald Trump Jr. Attacked People Who Praise China's Coronavirus Response. Then President Trump Praised It—Again," *Washington Post*, March 28.

Blanchette, Jude (2022), "Xi Jinping's Faltering Policy: The War in Ukraine and the Perils of Strongman Rule," *Foreign Affairs,* March 16.

Blinken, Antony J. (2022), Secretary of State, The Administration's Approach to the People's Republic of China, The George Washington University, Washington, D.C., May 26.

Blinken, Antony J. (2021), Secretary of State, "A Foreign Policy for the American People," Ben Franklin Room, Washington, D.C. March 3.

Blinken, Antony J. (2002), "Winning the War of Ideas," *Washington Quarterly*, 25:2, pp. 101-114.

Bloomberg News (2021), "Xi Seeks 'Lovable' Image for China in Sign of Diplomatic Rethink."

Bloomfield, Alan (2016), "Norm Antipreneurs and Theorising Resistance to Norm Change," *Review of International Studies,* 42:2, pp. 310-333.

Bloomfield, Alan, and Shirley V. Scott, eds., (2017), *Norm Antipreneurs and the Politics of Resistance to Global Normative Change*, London: Routledge.

Bob, Clifford (2019), *Rights as Weapons: Instruments of Conflict, Tools of Power*, Princeton: Princeton University Press.

Bob, Clifford (2017), "Rival Networks and the Conflict over Assassination/Targeted Killing," in Bloomfield and Scott, eds. (2017), chapter 5.

Bob, Clifford (2012), *The Global Right Wing and the Clash of World Politics*, Cambridge: Cambridge University Press.

Bolt, Neville (2019), "The Salisbury Poisoning and the Competitive System of Meaning," in Ministry of Defence (2019), pp. 40-41.

Bolt, Neville, and Leonie Haiden (2019), Improving NATO Strategic Communications Terminology, Riga: NATO Strategic Communications Centre of Excellence.

Boon, Hoo Tiang (2017), "Hardening the Hard, Softening the Soft: Assertiveness and China's Regional Strategy," *Journal of Strategic Studies*, 40:5, pp. 639-662.

Boot, Max (2002), *The Savage Wars of Peace: Small Wars and the Rise of American Power,* New York: Basic Books.
Booth, Miranda (2022), "Competing with China in the Pacific Will Backfire," *The Interpreter,* The Lowy Institute, June 1.
Börzel Tanja A., and Michael Zürn (2021), "Contestations of the Liberal International Order: From Liberal Multilateralism to Postnational Liberalism," *International Organization*, 75:2, pp. 282-305.
Boudreau, Brett (2016), "We Have Met the Enemy and He is Us": An Analysis of NATO Strategic Communications: The International Security Assistance Force (ISAF) in Afghanistan, 2003-2014, Riga: NATO Strategic Communications Centre of Excellence.
Boulding, Kenneth E. (1989), *Three Faces of Power,* London: Sage.
Boulding, Kenneth E. (1956), *The Image,* Ann Arbor: The University of Michigan Press (邦訳 (大川信明訳)『ザ・イメージ』誠信書房、1984年).
Bouwmeester, Han (2021), "The Art of Deception Revisited (part 1): Current Insights," *Militaire Spector*, 190:9, pp. 421-434.
Boyte, Kenneth J. (2017), "An Analysis of the Social-Media Technology, Tactics, and Narratives used to Control Perception in the Propaganda War over Ukraine," *Journal of Information Warfare,* 16:1, pp. 88-111.
Brands, Hal (2022), "The Overstretched Superpower: Does America Have More Rivals Than It Can Handle?" *Foreign Affairs*, 18 January.
Brands, Hal (2021), "The Emerging Biden Doctrine: Democracy, Autocracy, and the Defining Clash of Our Time," *Foreign Affairs,* June 29.
Brands, Hal, and Zack Cooper (2021), "U.S.-Chinese Rivalry Is a Battle Over Values: Great-Power Competition Can't Be Won on Interests Alone," *Foreign Affairs*, March 16.
Brands, Hal, and Zack Cooper (2020), "The Great Game with China Is 3D Chess: Washington's New Rivalry with Beijing Isn't a Reprise of the Cold War. It's Much More Complicated," *Foreign Policy*, December 30.
Brands, Hal, and Jake Sullivan (2020), "China Has Two Paths to Global Domination," *Foreign Policy,* May 22.
Breuer, Adam, and Alastair Iain Johnston (2019), "Memes, Narratives and the Emergent US-China Security Dilemma," *Cambridge Review of International Affairs*, 32:4, pp. 429-455.
Brooks, Rosa E. (2012a), "Confessions of a Strategic Communicator: Tales from inside the Pentagon's Message Machine," *Foreign Policy,* December 6.
Brooks, Rosa E. (2012b), "National Security in the Information Age," Georgetown Public Law and Legal Theory Research Paper, No. 13-044.
Brooks, Rosa E. (2003), "The New Imperialism: Violence, Norms, and the 'Rule of Law'," *Michigan Law Review*, 101:7, pp. 2275-2340.

Brubaker, Rogers, and Frederick Cooper (2000), "Beyond 'Identity'," *Theory and Society*, 29:1, pp. 1-47.

Brzezinski, Zbigniew (2004), "Hostility to America Has Never Been So Great," *New Perspective Quarterly*, 21:3, pp. 5-8.

Buckley, Chris (2013), "China Takes Aim at Western Ideas," *New York Times,* August 19.

Bueno de Mesquita, Bruce, Alastair Smith, Randolph M. Siverson, and James D. Morrow (2003), *The Logic of Political Survival*, Cambridge: The MIT Press.

Buller, David B., and Judee K. Burgoon (1996), "Interpersonal Deception Theory," *Communication Theory*, 6:3, pp. 203-242.

Buller, David B., and Judee K. Burgoon (1994), "Deception: Strategic and Nonstrategic Communication," in John A. Daly and John M. Wiemann, eds., *Strategic Interpersonal Communication*, New York: Psychology Press, chapter 7.

Bureau of Democracy, Human Rights, and Labor, U.S. Department of State (2022), 2021 Country Reports on Human Rights Practices: China (Includes Hong Kong, Macau, and Tibet), April 12.

Burnand, Frédéric (2018), "China's 'Win-Win' Rights Initiative Makes Waves in Geneva," SWI swissinfo.ch, March 26.

Cabinet Office (UK) (2022), National Cyber Strategy: Pioneering a Cyber Future with the Whole of the UK.

Cabinet Office (UK) (2018), National Security Capability Review, March.

Cabinet Office (UK) (2015), National Security Strategy and Strategic Defence and Security Review 2015: A Secure and Prosperous United Kingdom, November 23.

Cadel, Cate, and Ellen Nakashima (2022), "Beijing Chafes at Moscow's Requests for Support, Chinese Officials Say," *Washington Post,* June 2.

Cai Xia (蔡霞) (2021), China-US Relations in the Eyes of the Chinese Communist Party: An Insider's Perspective, CGSP Occasional Paper Series No. 1, Hoover Institution.

Callahan, William A. (2017), "Dreaming as a Critical Discourse of National Belonging: China Dream, American Dream and World Dream," *Nations and Nationalism*, 23:2, pp. 248-270.

Callahan, William A. (2016a), "China's Asia Dream: The Belt Road Initiative and the New Regional Order," *Asian Journal of Comparative Politics*, 1:3, pp. 226-43.

Callahan, William A. (2016b), "China 2035: From the China Dream to the World Dream," *Global Affairs*, 2:3, pp. 247-258.

Callahan, William A. (2016c), "China's Belt and Road Initiative and the New Eurasian Order," Policy Brief, 22/2016, Norwegian Institute of International Affairs.

Callahan, William A. (2015), "Identity and Security in China: The Negative Soft Power of the China Dream," *Politics*, 35:3-4, pp. 216-229.

Callahan, William A. (2013), *China Dreams: 20 Visons of the Future*, Oxford: Oxford University

Press.

Callahan, William A. (2012), "Sino-speak: Chinese Exceptionalism and the Politics of History," *The Journal of Asian Studies*, 71:1, pp. 33-55.

Callahan, William A. (2010), *China: The Pessoptimist Nation,* Oxford: Oxford University Press.

Callahan, Willam A. (2009), "The Cartography of National Humiliation and the Emergence of China's Geobody," *Public Culture*, 21:1, pp. 141-173.

Callahan, William A. (2008), "Chinese Visions of World Order: Post-Hegemonic or a New Hegemony?" *International Studies Review,* 10:4, pp. 749-761.

Callahan, William A. (2006), "History, Identity, and Security: Producing and Consuming in China?" *Critical Asian Studies*, 38:2, pp. 179-208.

Campbell, Kurt M., and Rush Doshi (2021), "How America Can Shore Up Asian Order: A Strategy for Restoring Balance and Legitimacy," *Foreign Affairs,* January 12.

Campbell, Kurt M., and Rush Doshi (2020), "The China Challenge Can Help America Avert Decline: Why Competition Could Prove Declinists Wrong Again," *Foreign Affairs*, December 3.

Campbell, Kurt M., and Jake Sullivan (2019), "Competition without Catastrophe: How America Can Both Challenge and Coexist with China," *Foreign Affairs*, 98:5, pp. 96-110.

Campbell-Verduyn, Malcolm (2016), "Additional Categories of Agency: 'Creative Resistors' to Normative Change in Post-Crisis Global Financial Governance," in Bloomfield and Scott, eds. (2016), chapter 9.

Cao, Qing (2014), "China's Soft Power: Formulations, Contestations and Communication," in Cao, Tian, and Chilton, eds. (2014), chapter 7.

Cao, Qing, Hailong Tian, and Paul A. Chilton, eds. (2014), *Discourse, Politics and Media in Contemporary China,* Amsterdam: John Benjamins.

Cao, Siqi, Fan Anqi, and Zhao Yusha (2020), "CPC Vows to Grasp Opportunities amid Major Strategic Devt Period," *Global Times*, October 30.

Carden, James (2018), "Why Liberal Hegemony? Three New Books Make the Case against a Failed Grand Strategy," *Nation*, November 12.

Carpenter, Charli (2021), "Weaponized Interdependence and Human Rights," in Daniel W. Drezner, Henry Farrell, and Abraham L. Newman, eds., *The Uses and Abuses of Weaponized Interdependence,* Washington, D.C.: Brookins Institution Press, chapter 15.

Carstensen, Marin B., and Vivien A. Schmidt (2018), "Power and Changing Modes of Governance in the Euro Crisis," *Governance*, 31:4, pp. 609-624.

Carstensen, Marin B., and Vivien A. Schmidt (2016), "Power through, over and in Ideas: Conceptualizing Ideational Power in Discursive Institutionalism," *Journal of European Public Policy*, 23:3, pp. 318-337.

CBER (Center for Economics and Business Research) (2020), World Economic League

Table 2021: A World Economic League Table with Forecasts for 193 Countries to 2035, December 2020, 12th edition.

CERD (United Nations Committee on the Elimination of Racial Discrimination) (2018), Concluding observations on the combined fourteenth to seventeenth periodic reports of China (including Hong Kong, China and Macao, China), September 19.

Cerulus, Laurens (2021), "Borrell: EU Doesn't Have Resources to Fight Disinformation from China: 'We Don't Have the Capacity' to Counter Multiple Disinformation Campaigns, EU Foreign Policy Chief Says," *Politico*, March 1.

CGTN (2021a), "65 Countries Oppose Interference in China's Internal Affairs under Pretext of Human Rights," *Global Times*, September 25.

CGTN (2021b), "Wang Yi Addresses 46th Session of UN Human Rights Council," YouTube, February 23, https://www.youtube.com/watch?v=WvzgtjsZtCI

Chandy, Laurence, and Brina Seidel (2016), Is Globalization's Second Wave about to Break? *Global Views*, no. 4, The Brookings Institution.

Chang, Yung-Yung (2020), "The Post-Pandemic World: Between Constitutionalized and Authoritarian Orders-China's Narrative-Power Play in the Pandemic Era," *Journal of Chinese Political Science*, 26:1, pp. 27-65.

Chen, Titus C., and Chia-hao Hsu (2018), "Double-Speaking Human Rights: Analyzing Human Rights Conception in Chinese Politics (1989-2015)," *Journal of Contemporary China*, 27:112, pp. 534-553.

Chen, Yu-Jie (2021), "'Authoritarian International Law' in Action? Tribal Politics in the Human Rights Council," *Vanderbilt Journal of International Law*, 54:5, pp. 1203-1255.

China Daily (2022), "Report Finds 500 Native American Boarding School Deaths in 'Terrible System'," May 13.

China Daily (2015a), "制度性话语权 (*zhiduxing huayuquan*): Greater Say in Global Governance," November 23.

China Daily (2015b), "Fifth Plenary Session of 18th CPC Central Committee," October 23.

Chinese Mission to the United Nations Office at Geneva (2018), From Chinese Mission to the United Nations Office at Geneva, "Win-Win Cooperation for the Common Cause of Human Rights," March 1.

Chong, Ja Ian (2014), "Popular Narratives versus Chinese History: Implications for Understanding an Emergent China," *European Journal of International Relations*, 20:4, pp. 939-964.

Chubb, Andrew (2021), "PRC Overseas Political Activities: Risk, Reaction and the Case of Australia," *Whitehall Papers*, 98:1, pp. 1-97.

Clark, Ian, Sebastian Kaempf, Christian Reus-Smit, and Emily Tannock, (2018), "Crisis in the Laws of War? Beyond Compliance and Effectiveness," *European Journal of International*

Relations, 24:2, pp. 319-343.

Clinton, Hillary Rodham (2014), *Hard Choices,* New York: Simon & Schuster.

CNN.com (2001), "U.S. Ousted from U.N. Human Rights Commission," May 3.

Coker, Christopher (2019), *The Rise of the Civilizational State,* Cambridge: Polity Press.

Colby, Elbridge, and Robert D. Kaplan (2020), "The Ideology Delusion: America's Competition with China is not about Doctrine," *Foreign Affairs,* September 4.

Collier, Paul (2016), "The Cultural Foundations of Economic Failure: A Conceptual Toolkit," *Journal of Economic Behavior and Organization,* 126:B, pp. 5-24.

Communist Party of China (2015), Communiqué of the Fifth Plenary Meeting of the 18th Central Committee of the Chinese Communist Party, Passed by the Fifth Plenary Meeting of the 18th Central Committee of the Chinese Communist Party on 29 October.

Communist Party of China (1981), Resolution on Certain Questions in the History of Our Party since the Founding of the People's Republic of China (Adopted by the Sixth Plenary Session of the Eleventh Central Committee of the Communist Party of China on June 27, 1981), https://digitalarchive.wilsoncenter.org/document/resolution-certain-questions-history-our-party-founding-peoples-republic-china.

Cooley, Alexander, and Daniel H. Nexon (2020), *Exit from Hegemony: The Unravelling of the American Global Order,* New York: Oxford University Press.

Cordell, Kristen A. (2021), "Chinese Influence Threatens the Neutrality of the SDGs," *World Politics Review,* September 27.

Corman, Steven R., Angela Trethewey, and Bud Goodall (2007), A 21st Century Model for Communication in the Global War of Ideas: From Simplistic Influence to Pragmatic Complexity, Report #0701, Consortium for Strategic Communication, Arizona State University.

Cornish, Paul (2009), "The US and Counterinsurgency," *International Affairs,* 85:1, pp. 61-79.

Cornish, Paul, Julian Lindley-French, and Claire Yorke (2011), Strategic Communications and National Strategy, London: Chatham House.

Crawford, Timothy W. (2021), *The Power to Divide: Wedge Strategies in Great Power Competition,* Ithaca: Cornell University Press.

Crenson, Matthew A. (1972), *Unpolitics of Air Pollution: Study of Non-decision Making in the Cities,* Baltimore: Johns Hopkins University Press.

Cunningham-Cross, Linsay, and William A. Callahan (2011), "Ancient Chinese Power, Modern Chinese Thought," *The Chinese Journal of International Politics,* 4:4, pp. 349-374.

Defense Science Board (2004), Report of the Defense Science Board Task Force on Strategic Communication, Office of the Under Secretary of Defense for Acquisition, Technology, and Logistics.

Defense Science Board (2001), Report of the Defense Science Board Task Force on Managed

Information Dissemination, Office of the Under Secretary of Defense for Acquisition, Technology, and Logistics.

Deitelhoff, Nicole, and Lisbeth Zimmermann (2020), "Things We Lost in the Fire: How Different Types of Contestation Affect the Robustness of International Norms," *International Studies Review*, 22:1, pp. 51-76.

Deitelhoff, Nicole, and Lisbeth Zimmermann (2019), "Norms under Challenge: Unpacking the Dynamics of Norm Robustness," *Journal of Global Security Studies*, 4:1, pp. 2-17.

De Graaf, Beatrice, George Mimitriu, and Jens Ringsmore, eds. (2015), *Strategic Narratives, Public Opinion and War: Winning Domestic Support for the Afghan War*, New York: Routledge.

deLisle, Jacques (2020), "Editor's Corner: Political Warfare, Sharp Power, the U.S., and East Asia," *Orbis*, 64:2, pp. 167-173.

deLisle, Jacques and Avery Goldstein, eds. (2021), *After Engagement: Dilemmas in U.S.-China Security Relations*, Washington D.C.: Brookings Institution Press.

deLisle, Jacques and Avery Goldstein (2021), "Rivalry and Security in a New Era for US-China Relations," in deLisle and Goldstein, eds. (2021), chapter 1.

Department of Defense (2019), Indo-Pacific Strategic Report: Preparedness, Partnerships, and Promoting a Networked Region, June 1.

Department of Defense (2010), Department of Defense Dictionary of Military and Associated Terms, Joint Publication JP 1-02, November 8.

Department of Defense (2008), Principles of Strategic Communication Guide, August 15.

Department of Defense (2006), QDR Execution Roadmap for Strategic Communication, September 25.

Department of State (2021), U.S. Support for the ASEAN Outlook on the Indo-Pacific, August 4.

Desai, Raj M., Anders Olofsgård, and Tarik Yousef (2009), "The Logic of Authoritarian Bargains," *Economics and Politics*, 21:1, pp. 93-125.

Deudney, Daniel, and G. John Ikenberry (2021a), "Misplaced Restraint: The Quincy Coalition Versus Liberal Internationalism," *Survival*, 63:4, pp. 7-32.

Deudney, Daniel, and G. John Ikenberry (2021b), "The Intellectual Foundations of the Biden Revolution," *Foreign Policy*, July 2.

Deudney, Daniel, and G. John Ikenberry (2018), "Liberal World: The Resilient Order," *Foreign Affairs*, 97:4, pp. 16-24.

d'Hooghe, Ingrid (2021), "China's Public Diplomacy Goes Political," *The Hague Journal of Diplomacy*, 16:2-3, pp. 299-322.

Diamond, Larry (2021), "A World without American Democracy? The Global Consequences of the United States' Democratic Backsliding," *Foreign Affairs*, July 2.

Diamond, Larry, Marc F. Plattner, and Christopher Walker, eds. (2016), *Authoritarianism Goes*

Global: The Challenge to Democracy, Baltimore: Johns Hopkins University Press.
Dias, Clarence (1997), "A People-Centered Approach to Human Rights," *Human Rights Dialogue*, 1:9, Carnegie Council for Ethics in International Affairs.
Dimitriu, George R. (2012), "Winning the Story War: Strategic Communication and the Conflict in Afghanistan," *Public Relations Review*, 38:2, pp. 195-207.
Dobbins, James, Howard J. Shatz, and Ali Wyne (2018), "Russia Is a Rogue, Not a Peer; China Is a Peer, Not a Rogue: Different Challenges, Different Responses," *Perspective: Expert Insights on a Timely Policy Issue* (RAND).
Doshi, Rush (2021), *The Long Game: China's Grand Strategy to Displace American Order,* New York: Oxford University Press.
Duchâtel, Mathieu (2019), "Triple Win? China and Third-Market Cooperation," Expressions by Montaigne, July 10, Institut Montaigne.
Dufournet, Hélène, (2015), "The Rhetorical Trap: A Moral Coercion: Reflections on the Influence of 'Moral Arguments' on the Process of Public Action," *Revue française de science politique*, 65:2, pp. 261-278.
Dukalskis, Alexander (2021), *Making the World Safe for Dictatorship*, Oxford: Oxford University Press.
Ecker, Ullrich K. H., Brandon K. N. Sze, and Matthew Andreotta (2021), "Corrections of Political Misinformation: No Evidence for an Effect of Partisan Worldview in a US Convenience Sample," *Philosophical Transactions of the Royal Society B*, 376:1822, 20200145.
Economic Times (2021), "China Aims to a 'Dominant' World Power: US Defence Secy-designate; Cites Its 'Coercive' Behaviour," September 2.
Economist (2023), "China, the UN and Human Rights: Freedoms and Failures, Geneva—China May Face More Embarrassment over its Human-rights Record," March 25.
Economist (2022), "China and America Prepare for a Human-rights Showdown at the UN: It Is Not Clear Which Side Will Win," January 8.
Economist (2021a), "Joe Biden Is Determined That China Should Not Displace America," July 7.
Economist (2021b), "Biden's New China Doctrine," July 17.
Economist (2020), "The New Scold War: The Pandemic Is Driving America and China Further Apart — A Relationship Long Burdened by Rivalry and Suspicion Has Fallen into Outright Hostility," May 9.
Economy, Elizabeth (2022), *The World According to China*, Medford: Polity Press.
Economy, Elizabeth (2021), "Xi Jinping's New World Order: Can China Remake the International System?" *Foreign Affairs*, 101:1, pp. 51-67.
Edel, Charles, and David O. Shullman (2021), "How China Exports Authoritarianism: Beijing's Money and Technology Is Fueling Repression Worldwide," *Foreign Affairs,* September 16.
Edelstein, David M. (2017), *Over the Horizon: Time, Uncertainty, and the Rise of Great Powers,*

Ithaca: Cornell University Press.

Edney, Kingsley, Stanley Rose, and Ying Zhu, eds. (2019), *Soft Power with Chinese Characteristics: China's Campaign for Hearts and Minds,* London: Routledge.

Eisenstadt, Shmuel N. (2000), "Multiple Modernities," *Daedalus,* 129:1, pp. 1-29.

Ellis, R. Evan (2023), "The Trouble with China's Global Civilization Initiative: The GCI Is an Attempt to Win Global Buy-in for China's Principle of Non-interference by Conflating Modern-day Regimes with Traditional Culture," *The Diplomat,* June 1.

Epstein, Charlotte (2012), "Stop Telling Us How to Behave: Socialization or Infantilization?" *International Studies Perspectives,* 13:2, pp. 135-145.

Erickson, Andrew S. (2019), "Competitive Coexistence: An American Concept for Managing U.S.-China Relations," *The National Interest,* January 30.

Eto, Naoko (2021), "Japan-China Strategic Communications Dynamics under the Belt and Road Initiative: The Case of 'Third Country Business Cooperation'," *Asian Perspective,* 45:3, pp. 533-558.

Eto, Naoko (2017), "China's Quest for Huayu Quan: Can Xi Jinping Change the Terms of International Discourse?" The Tokyo Foundation for Policy Research, October 4.

EU Commission (2021), Joint Communication to the European Parliament and the Council, The EU Strategy for Cooperation in the Indo-Pacific, September 16.

EU Commission (2019), EU-China—A Strategic Outlook, March 12.

Eurocontinent (2019), "Experts from Six Countries Discussed the Strategic Communication Issues in Russian Presidential Academy," Publié par Pierre-Emmanuel Thomann, May 3.

European Parliament (2021a), "European Parliament delegation ends visit to Taiwan," November 5.

European Parliament (2021b), EU-Taiwan political relations and cooperation, European Parliament recommendation of 21 October 2021 to the Vice-President of the Commission/High Representative of the Union for Foreign Affairs and Security Policy on EU-Taiwan political relations and cooperation (2021/2041 (INI)), P9_TA (2021) 0431.

Evans, Gareth (2008), "Russia and the 'Responsibility to Protect'," *Los Angeles Times,* August 31.

Evans, Jonathan St. B. T. (2008), "Dual-Processing Accounts of Reasoning, Judgment, and Social Cognition," *Annual Review of Psychology,* 59, pp. 255-278.

Evans, Tony (2002), "A Human Right to Health?" *Third World Quarterly,* 23:2, pp. 197-215.

Farge, Emma (2022a), "China Ambassador: U.N. Report on Xinjiang Has 'Closed Door of Cooperation'," *Reuters,* September 9.

Farge, Emma (2022b), "U.N. Says China May Have Committed Crimes against Humanity in Xinjiang," *Reiters,* September 1.

Farwell, James P. (2012), *Persuasion and Power: The Art of Strategic Communication,* Washington, D.C:

Georgetown University Press.

Feigenbaum, Evan A. (2018), "Reluctant Stakeholder: Why China's Highly Strategic Brand of Revisionism is More Challenging than Washington Thinks," *MacroPolo*, April 27.

Feigenbaum, Evan A. (2017), "China and the World: Dealing with a Reluctant Power," *Foreign Affairs*, 96:1, pp. 33-40.

Feltman, Jeffrey (2021), "China's Expanding Influence at the United Nations—And How the United States Should React," in Tarun Chuhabra, Rush Doshi, Ryan Haas, and Emilie Kimball, eds., *Global China: Assessing China's Growing Role in the World*, Washington, D.C.: Brookings Institution, chapter 35.

Feng, John (2021), "China Backed by 65 Nations on Human Rights Despite Xinjang Concerns," *News Week*, June 23.

Fernandez, Alberto (2012), Statement of the Honorable Alberto Fernandez, Coordinator, Center for Strategic Counterterrorism Communications, U.S. Department of State, in House of Representatives, (2012), pp. 6-8.

Finnemore, Martha (1996), *National Interests in International Society*, Ithaca: Cornell University Press.

Finnemore, Martha, and Kathryn Sikkink (1998), "International Norm Dynamics and Political Change," *International Organization*, 52:4, pp. 887-917.

Fisher, Walter R. (1984), "Narration as a Human Communication Paradigm: The Case of Public Moral Argument," *Communication Monographs*, 58:1, pp. 1-20.

Foa, Roberto Stefan (2018), "Modernization and Authoritarianism," *Journal of Democracy*, 29:3, pp. 129-140.

Foa, Roberto Stefan, Margot Mollat, Han Isha, Xavier Romero-Vidal, David Evans, and Andrew J. Klassen (2022), "A World Divided: Russia, China and the West." Cambridge, United Kingdom: Centre for the Future of Democracy.

Foot, Rosemary (2020), *China, the UN, and Human Protection: Beliefs, Power, Image,* Oxford: Oxford University Press.

France24.com (2022), "UN's Bachelet Defends Visit to China's Xinjiang amid Criticism from Rights Groups," May 28.

Francis, Ellen, Victoria Bisset, and Timothy Bella (2022), "Biden Says Zelensky 'Didn't Want to Hear' U.S. Warnings of Invasion," *Washington Post,* June 11.

Fravel, M. Taylor, J. Stapleton Roy, Michael D. Swaine, Susan A. Thornton, and Ezra Vogel (2019), "China Is Not an Enemy," *Washington Post*, July 3.

Freedman, Lawrence (2023), "Kyiv and Moscow Are Fighting Two Different Wars: What the War in Ukraine Has Revealed About Contemporary Conflict," *Foreign Affairs*, February 17.

Freedman, Lawrence (2015), "Possibilities and Limits of Strategic Narratives," in De Graaf et al. (2015), chapter 2.

Freedman, Lawrence (2013), *Strategy: A History*, Oxford: Oxford University Press.

Freedman, Lawrence (2006), The Transformation of Strategic Affairs, *The Adelphi Papers*, 45:379, London: Routledge.

Freedom House, *Freedom in the World 2022: The Global Expansion of Authoritarian Rule*, February 2022.

French, Howard W. (2022), "Xi Sees the Ukraine War Through the Lens of the U.S.-China Rivalry," *World Politics Review*, March 23.

Freymann, Eyck (2020), *One Belt One Road: Chinese Power Meets the World*, Cambridge: Harvard University Asia Center.

Friedberg, Aaron L. (2018), "Competing with China," *Survival*, 60:3, pp. 7-64.

Friedberg, Aaron L. (2017), The Authoritarian Challenge: China, Russia and the Threat to the Liberal International Order, The Sasakawa Peace Foundation.

Friedrich, Carl J. (1937), *Constitutional Government and Politics*, New York: Harper.

Fukuyama, Francis (2022a), *Liberalism and Its Discontents*, London: Profile Books.

Fukuyama, Francis (2022b), "Putin's War on the Liberal Order," *Financial Times*, March 4.

Fullerton, Jami, and Alice Kendrick (2006), *Advertising's War on Terrorism: The Story of the United States Department's Shared Values Initiative*, Spokane: Marquette Books.

Ganesh, Janan (2022), "This was the year liberal democracy fought back," *Financial Times*, November 15.

Gao, Charlotte (2017), "'A Community of Shared Future': One Short Phrase for UN, One Big Victory for China? United Nations Security Resolutions Adopted Chinese President Xi Jinping's Signature Foreign Policy Slogan," *The Diplomat*, November 5.

GAO (Government Accountability Office) (2012), Subject: DOD Strategic Communication: Integrating Foreign Audience Perceptions into Policy Making, Plans, and Operations, May 24.

Garwood-Gowers, Andrew (2015), "China's 'Responsible Protection' Concept: Re-interpreting the Responsibility to Protect (R2P) and Military Intervention for Humanitarian Purposes," *Asian Journal of International Law*, 6:1, pp. 1-30.

Gat, Azar (2007), "The Return of Authoritarian Great Powers," *Foreign Affairs*, 86:4, pp. 59-69, reprinted in Gideon Rose and Jonathan Tepperman, eds. (2012), *The Clash of Ideas: The Ideological Battles that Made the Modern Word—And Will Shape the Future*, New York: Council on Foreign Relations, pp. 271-282.

Gawthorpe, Andrew (2023), "Biden's 'New Washington Consensus' Is Weaponizing Trade," *World Politics Review*, May 15.

Gerasimov, Valery (2016), "The Value of Science in the Foresight: New Challenges Demand Rethinking the Forms and Methods of Carrying out Combat Operations," *Military Review*,

96:1, pp. 23-29.

German Submission (n.d.), Questionnaire for States, Contribution of development to the enjoyment of all human rights, the Human Rights Council Advisory Committee, https://www.ohchr.org/sites/default/files/Documents/HRBodies/HRCouncil/AdvisoryCom/Development/Germany.docx

Giesea, Jeff (2015), "It's Time to Embrace Memetic Warfare,' *Defence Strategic Communications*, 1:1, pp. 68-76.

Gill, Stephen (1990), *American Hegemony and the Trilateral Commission,* Cambridge: Cambridge University Press.

Ginsburg, Tom (2020), "Authoritarian International Law?" *The American Journal of International Law*, 114:2, pp. 221-260.

Glaser, Bonnie S. and Melissa E. Murphy (2009), "Soft Power with Chinese Characteristics: The Ongoing Debate," in Carola McGiffert, ed., Chinese Soft Power and Its Implications for the United States: Competition and Cooperation in the Developing World, Washington, D.C.: CSIS, chapter 2.

Glaser, Bonnie S. and Evan S. Medeiros (2007), "The Changing Ecology of Foreign Policy-Making in China: The Ascension and Demise of the Theory of Peaceful Rise?" *China Quarterly*, 190, pp. 291-310.

Global Times (2022a), "UN Human Rights Body Rejects Xinjiang-related Bid, 'A Victory for Justice and Truth'," October 7.

Global Times (2022b), "Report: At Least 500 Native American Kids Died in Schools," by AFP, May 12.

Global Times (2022c), "US, Canada, Australia Advised to Reflect on Wrongdoings, Violations of Indigenous People's Rights at Side Event of UN Human Rights Council," March 19.

Global Times (2021a) "China and Other Countries Jointly Condemn US, Canada, Australia for Serious Human Rights Violations against Indigenous People," September 28.

Global Times (2021b), "65 Countries Express Opposition to Interference in China's Internal Affairs at UN Human Rights Council," September 25.

Global Times, (2021c), "UN Human Rights Council Passes China's Resolution Calling for People-centered Development for Human Rights," July 13.

Goddard, Stacie E. (2018). Embedded Revisionism: Networks, Institutions, and Challenges to World Order. *International Organization*, 72:4, pp. 763-797.

Goh, Evelyn (2013), *The Struggle for Order: Hegemony, Hierarchy, and Transition in Post-Cold War East Asia,* Oxford: Oxford University Press.

Goldberg, Nicholas (2022), "Column: Is Democracy Failing? Xi Jinping Says It Is, and He's Not Entirely Wrong," *Los Angeles Times*, April 28.

Goldgeier, James M., and Bruce W. Jentleson (2021a), "Biden's Democracy Summit Was Never a Good Idea. But Here's How to Make It Work," *Politico,* December 5.

Goldgeier, James M., and Bruce W. Jentleson (2021b), "The United States Needs a Democracy Summit at Home: Biden's Foreign Policy Agenda Will Depend on Democratic Renewal," *Foreign Affairs,* January 9.

Goldman Sachs (2022), The Global Economy in 2075: Growth Slows as Asia Rises, December 8.

Goldstein, Avery (2005), *Rising to the Challenge. China's Grand Strategy and International Security,* Stanford: Stanford University Press.

Goldstein, Judith, and Robert O. Keohane, eds. (1993), *Ideas and Foreign Policy: Beliefs, Institutions, and Political Change,* Princeton: Princeton University Press.

Goldstein, Lyle J. (2015), *Meeting China Half Way: How to Defuse the Emerging US-China Rivalry,* Washington, D.C.: Georgetown University Press.

Gorenburg, Dmitry (2021), "Strategic Messaging: Propaganda and Disinformation Efforts: Russian Messaging Twists Reality to Justify Foreign Policy Goals," in Graeme P. Herd, ed., *Russia's Global Reach: A Security and Statecraft Assessment,* George C. Marshall European Center for Security Studies, chapter 15.

Government of Canada (2021), Canada Day 2021: A Time to Reflect, June 30.

Grachikov, Yevgeny N. (2019), "Chinese School of International Relations: How Theory Creates Diplomatic Strategy and Vice Versa," *Russia in Global Affairs,* 17:2, pp. 154-173.

Grant, Andrew (2018), "China's Double Body: Infrastructure Routes and the Mapping of China's Nation-state and Civilization-state," *Eurasian Geography and Economics,* 59:3-4, pp. 378-407.

Green, Michael, and Paul Haenle (2023), "What the Bush-Obama China Memos Reveal: Newly Declassified Documents Contain Important Lessons for U.S. China Policy," *Foreign Policy,* April 29.

Gries, Peter, and Yiming Jing (2019), "Are the US and China Fated to Fight? How Narratives of 'Power Transition' May Shape Great Power War or Peace," *Cambridge Review of International Affairs,* 32:4, pp. 456-482.

Guterres, António (2019), Remarks at the Opening Ceremony of the Belt and Road Forum for International Cooperation, April 26.

Haas, Mark L. (2004), *The Ideological Origins of Great Power Politics, 1789-1989,* Ithaca: Cornell University Press.

Haass, Richard N. (2023), *The Bill of Obligations: The Ten Habits of Good Citizens,* New York: Penguin.

Haass, Richard N. (2020), "What Mike Pompeo Doesn't Understand about China, Richard Nixon and U.S. Foreign Policy," *Washington Post,* July 26.

Habermas, Jürgen (2008), "Notes on Post-Secular Society," *New Perspective Quarterly,* 25:4, pp.

17-29.

Hagström, Linus, and Astrid Nordin (2020), "China's 'Politics of Harmony' and the Quest for Soft Power in International Politics," *International Studies Review*, 22:3, pp. 507-525.

Hagström, Linus, and Karl Gustafsson (2019), "Narrative Power: How Storytelling Shapes East Asian ,International Politics," *Cambridge Review of International Affairs*, 32:4, pp. 387-406.

Hall, Todd (2010), "An Unclear Attraction: A Critical Examination of Soft Power as an Analytical Category," *The Chinese Journal of International Politics*, 3:2, pp. 189-211.

Hallahan, Kirk, Derina Holtzhausen, Betteke van Ruler, Dejan Verčič, and Krishnamurthy Sriramesh (2007), "Defining Strategic Communication," *International Journal of Strategic Communication,* 1:1, pp. 3-35.

Halper, Stefan (prepared by) (2013), China: The Three Warfares, [Report prepared by Stefan Halper for Andy Marshall, Director, Office of Net Assessment, Office of the Secretary of Defense], Washington, D.C., May.

Halper, Stefan (2010), *The Beijing Consensus: How China's Authoritarian Model Will Dominate the Twenty-First Century*, New York: Basic Books(邦訳(園田茂人・加茂具樹訳)『北京コンセンサス――中国流が世界を動かす?』岩波書店).

Hanley, Hans (2021), "China Weaponizes Discovery of Graves at Canadian Residential Schools to Avoid Xinjiang Criticism," Digital Forensic Research Lab (DFRLab), July 21.

Hatherell, Michael, Katherine Mansted, and Jade Guan (2020), "National Security, Information and Ideas: Time to Think," *Australian Journal of Defence and Strategic Studies*, 2:1, pp. 125-137.

Hayden, Craig (2017). "Scope, Mechanism, and Outcome: Arguing Soft Power in the Context of Public Diplomacy," *Journal of International Relations and Development*, 20:2, pp. 331-357.

Hayden, Craig, and Emily T. Metzgar (2019), "Strategic Communication and Security," in Bryan C. Taylor and Hamilton Bean, eds., *The Handbook of Communication and Security*, New York: Routledge, chapter 11.

He, Baogang, and Mark E. Warren (2011), "Authoritarian Deliberation: The Deliberative Turn in Chinese Political Development," *Perspectives on Politics*, 9:2, pp. 269-289.

He, Kai, ed. (2020), *Contested Multilateralism 2.0 and Asian Security Dynamics,* New York: Routledge.

He, Zhipeng (2020), "A 'People-centered' Approach: The Chinese Deciphering of the Human Rights Theory," *Journal of Human Rights*, 19:2, pp. 153-170.

Heijmans, Philip (2022), "China Diplomatic Blitz Counters US as Blinken Visits Asia," *Bloomberg*, July 7.

Henderson, David K. (1993), *Interpretation and Explanation in Human Sciences*, Albany: State University of New York Press.

Henick, Jonathan (2017), "U.S. 2016 Elections: A Case Study in 'Inoculating' Public Opinion against Disinformation," in Powers and Kounalakis, eds. (2017), pp. 65-69.

Hill, Fiona, and Angela Stent (2022), "The World Putin Wants—How Distortions About the Past Feed Delusions About the Future," *Foreign Affairs*, 101:5, pp. 108-122.

Hillman, Jennifer, and David Sacks (2021), China's Belt and Road: Implications for the United States, Independent Task Force Report No. 79, Council on Foreign Relations, March.

Hirschman, Albert O. (1970), *Exit, Voice, and Loyalty: Responses to Decline in Firms, Organizations, and States,* Cambridge: Harvard University Press.

HM Government (2021), Global Britain in a Competitive Age: The Integrated Review of Security, Defence, Development and Foreign Policy, March.

HM Government (2010), Securing Britain in an Age of Uncertainty: The Strategic Defence and Security Review, October.

Hollis, Martin, and Steve Smith (1990), *Explaining and Understanding International Relations*, Oxford: Clarendon Press.

Holmqvist, Caroline (2013), "War, 'Strategic Communication' and the Violence of Non-recognition," *Cambridge Review of International Affairs*, 26:4, pp. 631-650.

Holslag, Jonathan (2021), "On Biden's China Policy," *EUobserver,* January 27.

Holtzhausen, Derina, and Ansgar Zerfass, eds. (2015), *The Routledge Handbook of Strategic Communication*, New York: Routledge.

House of Representatives (2012), The State Department's Center for Strategic Counterterrorism Communications: Mission, Operations and Impact. Hearing before the Subcommittee on Terrorism, Nonproliferation, and Trade of the Committee on Foreign Affairs, House of Representatives. One Hundred Twelfth Congress, Second Session, August 2, 2012, Serial No. 112-164.

Hu, Angang, Yilong Yan, Xiao Tang, and Shenglong Liu (2021), *2050 China: Becoming a Great Modern Socialist Country,* Singapore: Springer.

Human Rights Watch (1997), "Chinese Diplomacy, Western Hypocrisy and the U.N. Human Rights Commission," *Human Rights Watch/Asia*, March, Vol. 9, No. 3 (C).

Huminski, Joshua (2021), "Asia Book Review: China's Grand Strategy to Displace American Order," *Diplomatic Courier,* July 17.

Huntington, Samuel P. (1996), *The Clash of Civilizations and the Remaking of World Order*, New York: Simon & Schuster（邦訳（鈴木主悦訳）『文明の衝突』集英社、1998 年）.

Huntington, Samuel P. (1991), *The Third Wave: Democratization in the Late Twentieth Century,* Norman and London: University of Oklahoma Press.

Ikenberry, G. John (2022), "Why American Power Endures: The U.S.-Led Order Isn't in Decline," *Foreign Affairs*, 101:6, pp. 56-73.

Ikenberry, G. John (2020), *A World Safe for Democracy: Liberal Internationalism and the Crises of*

Global Order, New Haven: Yale University Press.

Ikenberry, G. John (2017), "The Plot Against American Foreign Policy. Can the Liberal Order Survive?" *Foreign Affairs*, 96:3, pp. 2-9.

Ikenberry, G. John (2014), "The Illusion of Geopolitics: The Enduring Power of the Liberal Order," *Foreign Affairs*, 93:3, pp. 80-90.

Ikenberry, G. John (2009), "Liberal Internationalism 3.0: America and the Dilemmas of Liberal World Order," *Perspectives on Politics*, 7:1, pp. 71-87.

Ikenberry, G. John (2003), "Strategic Reactions to American Preeminence: Great Power Politics in the Age of Unipolarity," Discussion Paper, National Intelligence Council, July 28.

Ikenberry, G. John (2001), *After Victory: Institutions, Strategic Restraint, and the Rebuilding of Oder After Major Wars,* Princeton: Princeton University Press.

Ikenberry, G. John, and Charles A. Kupchan (1990), "Socialization and Hegemonic Power," *International Organization*, 44: 3, pp. 283-315.

Ikenberry, G. John, and Darren J. Lim (2017), China's Emerging Institutional Statecraft: The Asian Infrastructure Investment Bank and the Prospects for Counter-hegemony, Brookings Institution, April.

Ikenberry, G. John, and Michael Mastanduno, eds. (2003), *International Relations Theory and the Asia-Pacific,* New York: Columbia University Press.

Inboden, Rana Siu, and Titus C. Chen (2012), "China's Response to International Normative Pressure: The Case of Human Rights," *The International Spectator*, 47:2, June, pp. 45-57.

Ingber, Stanley (1984), "The Marketplace of Ideas: A Legitimizing Myth," *Duke Law Journal,* 1984:1, pp. 1-91.

ISHR (The International Service for Human Rights) (2022), "Before Ending Term, UN High Commissioner Urged to Set the Record Straight on China's Human Rights Crisis," July 11.

ISHR (The International Service for Human Rights) (2020), "Déjà vu all over again at the Human Rights Council," October 5.

Jackson, Van (2022), "Left of Liberal Internationalism: Grand Strategies within Progressive Foreign Policy Thought," *Security Studies,* 31:4, pp. 553-592.

Jacques, Martin (2009), *When China Rules the World: The End of the Western World and the Birth of a New Global Order.* New York: Penguin.

Jaffer, Jameel (2021), "[Review Essay] Liars in High Places: Who's to Blame for Misinformation?" *Foreign Affairs*, 100:6, pp. 190-194.

Jaworsky, Bernadette Nadya, and Runya Qiaoan (2021), "The Politics of Blaming: the Narrative Battle between China and the US over COVID-19," *Journal of Chinese Political Science*, 26:2, pp. 295-315.

Jervis, Robert (2017), *Perception and Misperception in International Politics* (new edition), Princeton:

Princeton University Press.

Johnston, Alastair Iain (2021), "China's Contribution to the US-China Security Dilemma," in deLisle and Goldstein, eds. (2021), chapter 3.

Johnston, Alastair Iain (2019), "China in a World of Orders: Rethinking Compliance and Challenge in Beijing's International Relations," *International Security*, 44:2, pp. 9-60.

Johnston, Alastair Iain (2008), *Social States: China in International Institutions, 1980-2000*, Princeton: Princeton University Press.

Johnston, Alastair Iain (2003), "Socialization in International Institutions: The ASEAN Way and International Relations Theory," in Ikenberry and Mastanduno, eds. (2003), chapter 3.

Joint Chiefs of Staff (2020), Joint Publication 5-0, Joint Planning, 01 December, 2020.

Joint Chiefs of Staff (2016), Joint Publication 3-61, Public Affairs, 17 November 2015 Incorporating Change 1, 19 August 2016.

Joint Cheifs of Staff (2013), Joint Doctrine Note 2-13, Commander's Communication Synchronization, 16 December.

Joint Chiefs of Staff (2007), Joint Publication 1-02, Department of Defense Dictionary of Military and Associated Terms, 12 April 2001 (As Amended Through 17 October 2007).

Kahneman, Daniel (2011), *Thinking, Fast and Slow*, New York: Farrar Strauss & Giroux.

Kahneman, Daniel, Paul Slovic, and Amos Tversky, eds. (1982), *Judgment under Uncertainty: Heuristics and Biases*, Cambridge: Cambridge University Press.

Kahneman, Daniel, and Amos Tversky (1973), "On the Psychology of Prediction," *Psychological Review*, 80:4, pp. 237-251.

Kaldor, Mary (2012), *New and Old Wars: Organized Violence in a Global Era*, Cambridge: Polity.

Kallio, Jyrki (2016), Towards China's Strategic Narrative: On the Construction of the Historico-cultural Roots of China's National Identity in the Light of the Chinese Debate Relating to the Rise of Traditional Schools of Thought, Academic Dissertation, the Faculty of Law at the University of Lapland (Finland), November.

Kandrík, Matej (2015), Comparison of strategic communications in United States of America and United Kingdom, 27 May, Masaryk University, Faculty of Social Studies Department of Political Science (MA thesis).

Kang, David C. (2007), *China Rising: Peace, Power, and Order in East Asia*, New York: Columbia University Press.

Kania, Elsa (2018), The Right to Speak: Discourse and Chinese Power, Center for Advanced China Research, November 27.

Katzenstein, Peter J., and Lucia A. Seybert (2018), *Protean Power: Exploring the Uncertain and Unexpected in World Politics*, Cambridge: Cambridge University Press.

Katzenstein, Peter J. (1996), "Introduction: Alternative Perspectives on National Security," in

Peter J. Katzenstein ed., *The Culture of National Security: Norms and Identity in World Politics*, New York: Columbia University Press, chapter 1.

Kaya, Ayse (2015), *Power and Global Economic Institutions,* Cambridge: Cambridge University Press.

Keating, Vincent Charles, and Katarzyna Kaczmarska (2019), "Conservative Soft Power: Liberal Soft Power Bias and the 'Hidden' Attraction of Russia," *Journal of International Relations and Development*, 22:1, pp. 1-27.

Kelly, Laura (2021), "Blinken Vows to Confront, Cooperate with China in First Remarks at the State Department," *The Hill*, January 27.

Kennan, George. (1948). The Inauguration of Organized Political Warfare, Policy Analysis Paper, State Department Policy Planning Staff/Council, April 30.

Kent, Ann (1999), *China, the United Nations, and Human Rights*, Philadelphia: University of Pennsylvania Press.

Kent, Ann (1994), *Between Freedom and Subsistence: China and Human Rights*, Oxford: Oxford University Press.

Keohane, Robert O., and Joseph S. Nye, Jr. (1977), *Power and Interdependence: World Politics in Transition*, Boston: Little Brown (邦訳 (滝田賢治監訳/訳)『パワーと相互依存』ミネルヴァ書房、2012 年).

Kinzelbach, Karin (2016), "China's White Paper on Human Rights," Global Public Policy Institute, April 5.

Kinzelbach, Katrin (2015), *The EU's Human Rights Dialogue with China: Quiet Diplomacy and Its Limits,* London: Routledge.

Kinzelbach, Katrin (2012), "Will China's Rise Lead to a New Normative Order? An Analysis of China's Statements on Human Rights at the United Nations (2000-2010)," *Netherlands Quarterly of Human Rights*, 30:3, pp. 299-332.

Kissinger, Henry (2011), *On China*, New York: Penguin.

Koh, Harold Hongju (1997), "Why Do Nations Obey International Law?" *Yale Law Journal*, Vol. 106:8, pp. 2599-2659.

Kornprobst, Markus, and T.V. Paul (2021), "Globalization, Deglobalization and the Liberal International Order," *International Affairs,* 97:5, pp. 1305-1316.

Krebs, Ronald R. (2015a), "Tell Me a Story: FDR, Narrative, and the Making of the Second World War," *Security Studies*, 24:1, pp. 131-170.

Krebs, Ronald R. (2015b), *Narrative and the Making of U.S. National Security,* Cambridge: Cambridge University Press.

Krebs, Ronald R. (2015c), "How Dominant Narratives Rise and Fall: Military Conflict, Politics, and the Cold War Consensus," *International Organization,* 69:4, pp. 808-845.

Krugman, Paul (2022), "Another Dictator Is Having a Bad Year," *New York Times,* March 17.

Kupchan, Charles A. (2020), *Isolationism: A History of America's Efforts to Shield Itself from the World*, Oxford: Oxford University Press.

Kurusu, Kaoru (2018), "Japan as a Norm Entrepreneur for Human Security." in Mary McCarthy, ed., *The Handbook of Japanese Foreign Policy*, Abingdon: Routledge, chapter 20.

Laity, Mark (2021), "The Birth and Coming of Age of NATO StratCom: A Personal History, " *Defence Strategic Communications*, 10, pp. 21-70.

Laity, Mark (2018), "NATO and Strategic Communications: The Story So Far, " *The Three Swords Magazine*, 33, pp. 65-72.

Lampton, David M. (2008), *The Three Faces of Chinese Power: Might, Money, and Minds*, Berkeley: University of California Press.

Lampton, David M. (2007), "The Faces of Chinese Power, " *Foreign Affairs*, 86:1, pp. 115-127.

Langendonk, Steven (2020), "Discourse Power as a Means to 'Struggle for Position': a Critical Case Study of the Belt and Road Narrative's Effects on Foreign Policy Formulation in the Netherlands, " *Journal of Chinese Political Science*, 25:2, pp. 241-260

Larkin, Tanner (2022), "China's Normfare and the Threat to Human Rights, " *Columbia Law Review*, 122:8, pp. 2285-2321.

Larson, Deborah Welch, and Alexei Shevchenko (2010), "Status Seekers: Chinese and Russian Responses to U.S. Primacy, " *International Security*, 34:4, pp. 63-95.

Larson, Deborah Welch (1985), *Origin of Containment: A Psychological Explanation*, Princeton: Princeton University Press.

Lasswell, Harold D. (1935). "The Person: Subject and Object of Propaganda, " *The ANNALS of the American Academy of Political and Social Science*, 179:1, pp. 187-193.

Lau, Stuart (2022), "UN's Bachelet Wraps up Xinjiang Trips without Seeing Where China Locks up Uyghur Activists, " *Politico*, May 28.

Lawson, Sean T. (2020), *Cybersecurity Discourse in the United States: Cyber-Doom Rhetoric and Beyond*, New York: Routledge.

Lee, Paul SN (2016), "The Rise of China and Its Contest for Discursive Power, " *Global Media and China*, 1:1-2, pp. 102-120

Legro, Jeffrey W. (2000), "The Transformation of Policy Ideas, " *American Journal of Political Science*, 44:3, pp. 419-432.

LePage, Rita (2012), "Andrew Mackay and Steve Tatham. Behavioural Conflict: Why Understanding People and Their Motivations Will Prove Decisive to Future Conflict. With a Foreword by Stanley McChrystal and contributions from Lee Rowland. Saffron Walden, UK: Military Studies Press, 2011, " *Journal of Military and Strategic Studies*, 14:3&4.

Levinger, Matthew, and Laura Roselle, eds. (2017), Special issue, Narratives of Global Order, *Politics and Governance*, 5:3.

Li, Enshen (2019), "Fighting the 'Three Evils': A Structural Analysis of Counter-Terrorism

Legal Architecture in China," *Emory International Law Review*, 33:3, pp. 311-365.
Lieven, Anatol (2021), "Vindicating Realist Internationalism," *Survival*, 63:5, pp. 7-35.
Lim, Darren J., and G. John Ikenberry (2023), "China and the Logic of Illiberal Hegemony," *Security Studies*, 32:1, pp. 1-31.
Lipscy, Phillip Y. (2017), *Renegotiating the World Order: Institutional Change in International Relations*, Cambridge: Cambridge University Press.
Little, George E. (2012), Memorandum for Commanders of the Combatant Commands, Subject: Communication Synchronization—A Local Coordination Process, Office of the Assistant Secretary of Defense, November 28.
Liu, Mingfu (2015), *The China Dream: Great Power Thinking and Strategic Posture in the Post American Era*, CN Times Books (中国語版、劉明福、2010).
Löffelholz, Martin, Claudia Auer, and Alice Srugies (2014), "Strategic Dimensions of Public Diplomacy," in Derina Holtzhausen and Ansgar Zerfass, eds., *The Routledge Handbook of Strategic Communication*, New York: Routledge, chapter 29.
London, Douglas (2022), "To Reveal, Or Not to Reveal: The Calculus Behind U.S. Intelligence Disclosures," *Foreign Affairs*, February 15.
Lopez, German (2023), "The Morning: Democracy Fights Back," *New York Times*, January 3.
Lord, Carnes (2009a), "What 'Strategic' Public Diplomacy Is," in Waller, ed. (2009), chapter 2.
Lord, Carnes (2009b), "Public Diplomacy and Soft Power," in Waller, ed. (2009), chapter 3.
Lowi, Theodore J. (1966), "Distribution, Regulation, Redistribution: The Functions of Government," in Randall Ripley, ed., *Public Policies and Their Politics*, New York: Norton, 1966, pp. 27-40.
Lu Guangjin (2021), "China Takes forward the Human Rights Cause," *China Daily*, July 3.
Lukes, Steven (2005), *Power: A Radical View* (2nd edition), New York: Palgrave.
Łyko, Grezegorz (2017), "Strategic Communication in a Changing Security Environment," *Zagannienia Społeszne*, 1:7, pp. 95-110.
Lyons, Gene Martin, and Michael Mastanduno, eds. (1995), *Beyond Westphalia?: State Sovereignty and International Intervention*, Baltimore: Johns Hopkins University Press.
Ma, Yuan, & Chang, Jian (2021). "Research on the Virtuous Cycle between the Right to Subsistence and the Right to Development," *The Journal of Human Rights*, 20:3, pp. 374-390.
Mackay, Andrew, and Steve Tatham (2011), *Behavioural Conflict: Why Understanding People and Their Motivations Will Prove Decisive to Future Conflict* (With a Foreword by Stanley McChrystal and contributions from Lee Rowland), Saffron Walden, UK: Military Studies Press.
Madokoro, Daisuke, and Sho Akahoshi (2021), "Reconciliation as a Mechanism of Norm Diffusion: Japan and Human Security," A paper to be presented at the 2021 Japan Association of International Relations Annual Convention, online, 30 October 2021.

Magnier, Mark (2021), "As US returns to the UN Human Rights Council, it confronts an increasingly forceful China," *South China Morning Post*, October 10.

Mahbubani, Kishore (2021), "Why Attempts to Build a New Anti-China Alliance Will Fail: The big strategic game in Asia isn't military but economic," *Foreign Policy*, January 27.

Maher, Robin M., and David Weissbrodt (1990), "The 41st Session of The UN Sub-Commission on Prevention of Discrimination and Protection of Minorities," *Human Rights Quarterly*, 12:2, pp. 290-327.

Mahnken, Thomas G., Ross Babbage, and Toshi Yoshihara (2018), Countering Comprehensive Coercion: Competitive Strategies Against Authoritarian Political Warfare, Washington, D.C.: Center for Strategic and Budgetary Assessments.

Mankoff, Jeffrey (2022), *Empires of Eurasia: How Imperial Legacies Shape International Security*, New Haven: Yale University Press.

Mann, James (2007), *The China Fantasy: Why Capitalism Will Not Bring Democracy to China*, New York: Penguin.

Mann, James (1998), *About Face: A History of America's Curious Relationship with China, from Nixon to Clinton*, New York: Alfred A. Knopf.

Mann, Michael (2012), *The Sources of Social Power, volume 3: Global Empires and Revolution, 1890-1945*, Cambridge: Cambridge University Press.

Martin, Peter (2021), *China's Civilian Army: The Making of Wolf Warrior*, Oxford: Oxford University Press.

Massicot, Dara (2023), "What Russia Got Wrong: Can Moscow Learn From Its Failures in Ukraine?" *Foreign Affairs,* 102:2, pp.78-93.

Mattis, Peter (2018), "China's 'Three Warfares' in Perspective," *War on the Rocks*, January 30.

Mattis, Peter (2012), "China's International Right to Speak," The Jamestown Foundation, October 19.

May, Theresa (2018), Forward by the Prime Minster, in Cabinet Office (UK) (2018), p. 2.

McFaul, Michael (2021), "Trying to Pry Russia from China Is a Fool's Errand," *Washington Post*, July 21.

McMahon, Robert (2001), "UN: U.S. Loses Seat on Rights Commission in Surprise Vote," RadioFreeEurope RadioLiberty, May 4.

Mead, Walter Russell (2020), "China Is the Real Sick Man of Asia," *Wall Street Journal*, February 3.

Mearsheimer, John J. (2018), *The Great Delusion: Liberal Dreams and International Realities*, New Haven: Yale University Press.

Medeiros, Evan S. (2021), "How to Craft a Durable China Strategy: Washington Must Reconcile Interdependence and Conflict," *Foreign Affairs*, March 17.

Medeiros, Evan S., and Ashley J. Tellis (2021), "Regime Change Is Not an Option in China:

Focus on Beijing's Behavior, Not Its Leadership," *Foreign Affairs*, July 8.

Michaels, Jeffrey H. (2013), *The Discourse Trap and the US Military: From the War on Terror to the Surge*. New York: Palgrave.

Miller, Manjari Chatterjee (2021). *Why Nations Rise: Narratives and the Path to Great Power*. Oxford University Press.

Millward, James (2023), "China's New Anti-Uyghur Campaign: How the World Can Stop Beijing's Brutal Oppression," *Foreign Affairs,* January 23.

Milner, Helen V., et al. (2018), "Why We Should Preserve International Institutions and Order," [Advertisement], *New York Times*, July 28.

Ministry of Defence (UK) (2019), Joint Doctrine Note 2/19, Defence Strategic Communication: an Approach to Formulating and Executing Strategy, April.

Ministry of Defence (UK) (2012), Joint Doctrine Note 1/12, Strategic Communication: The Defence Contribution, January.

Ministry of Defence (UK) (2011), Joint Doctrine Note 1/11, Strategic Communication: The Military Contribution, March.

Ministry of Foreign Affairs (Japan) (2015), Diplomatic Bluebook 2015: Japanese Diplomacy and International Situation in 2014.

Ministry of Foreign Affairs of the People's Republic of China (2023), "The Global Security Initiative Concept Paper," February 21.

Ministry of Foreign Affairs of the People's Republic of China (2021a), The State of Democracy in the United States.

Ministry of Foreign Affairs of the People's Republic of China (2021b), "Wang Yi: China and Russia Should Strengthen Strategic Communication on Afghanistan," August 17.

Miskimmon, Alister, and Ben O'Loughlin (2017a), "Russia's Narratives of Global Order: Great Power Legacies in a Polycentric World," *Politics and Governance*, 5:3, pp. 111-120.

Miskimmon, Alister, and Ben O'Loughlin (2017b), "Understanding International Order and Power Transition: A Strategic Narrative Approach," in Miskimmon, O'Loughlin, and Roselle, eds. (2017), chapter 11.

Miskimmon, Alister, Ben O'Loughlin, and Laura Roselle, eds. (2017), *Forging the World: Strategic Narratives and International Relations*, Ann Arbor: The University of Michigan Press.

Miskimmon, Alister, Ben O'Loughlin, and Laura Roselle (2013), *Strategic Narratives: Communication Power and the New World Order*, London: Routledge.

Mitzen, Jennifer (2006), "Ontological Security in World Politics: State Identity and the Security Dilemma," *European Journal of International Relations*, 12:3, pp. 341-370.

Mullen, Michael G. (2009a), "Strategic Communication: Getting Back to Basics: Writing in Joint Force Quarterly, Adm. Michael G. Mullen Critiques the U.S. Government's Approach to Winning Hearts and Minds," *Foreign Policy,* August 28.

Mullen, Michael G. (2009b), "From the Chairman: Strategic Communication: Getting Back to Basics," *JFQ (Joint Force Quarterly)*, 55:4.

Müller, Harald (2013), "Introduction. Where It All Began," in Harald Muller and Carmen Wunderlich, eds., *Norm Dynamics in Multilateral Arms Control: Interests, Conflicts, and Justice,* Athens: University of Georgia Press.

Murphy, Dennis M. (2009), "In Search of the Art and Science of Strategic Communication." The US Army War College Quarterly: *Parameters*, 39:4, pp. 105-116.

Murphy, Dennis M. (2008), "The Trouble with Strategic Communication (s)," *Issue Paper U.S. Army War College,* Vol. 2-8, January.

Myrick, Rachel, and Jeremy M. Weinstein (2022), "Making Sense of Human Rights Diplomacy: Evidence from a US Campaign to Free Political Prisoners," *International Organization,* 76:2, pp. 379-413.

Nadelmann, Ethan (1990), "Global Prohibition Regimes: The Evolution of Norms in International Society," *International Organization,* 44:4, pp. 479-526.

Nakamura, Kennon H., and Matthew C. Weed (2009), U.S. Public Diplomacy: Background and Current Issues, Congressional Research Service, December.

Nakano, Ryoko (2021), "Introduction: Mobilizing Nostalgia in Asia," *International Journal of Asian Studies*, 18:1, pp. 1-5.

Narita, Yusuke, and Sudo, Ayumi (2021), "Curse of Democracy: Evidence from the 21st Century," Cowles Foundation Discussion Papers. 2632, April and Revised August.

Narlikar, Amrita (2020), *Poverty Narratives and Power Paradoxes in International Trade Negotiations and Beyond,* Cambridge: Cambridge University Press.

Nathan, Andrew J. (2016), "China's Rise and International Regimes: Does China Seek to Overthrow Global Norms?" in Robert S. Ross and Jo Inge Bekkevold, eds. (2016), *China in the Era of Xi Jinping: Domestic and Foreign Policy Challenges,* Washington, D.C.: Georgetown University Press, chapter 7.

Nathan, Andrew J. (2015), "Authoritarian Resurgence: China's Challenge," *Journal of Democracy,* 26:1, pp. 156-170.

Nathan, Andrew J. (1994), "Human Rights in Chinese Foreign Policy," *The China Quarterly*, 139, pp. 622-643.

Nathan, Andrew J., and Boshu Zhang (2022), "'A Shared Future for Mankind': Rhetoric and Reality in Chinese Foreign Policy under Xi Jinping," *Journal of Contemporary China,* 31:133, pp. 57-71.

National Security Council (2021), U.S. Strategic Framework for the Indo-Pacific, January 12.

NATO (2022), NATO 2022 Strategic Concept, Adopted by Heads of State and Government at the NATO Summit in Madrid, 29 June 2022.

NATO (2017), NATO Military Policy on Strategic Communications, MC 0628, July 26.

NATO (2014), Wales Summit Declaration, Issued by the Heads of State and Government participating in the meeting of the North Atlantic Council in Wales, September 5.
NATO (2010), Active Engagement, Modern Defence, Strategic Concept for the Defence and Security of the Members of the North Atlantic Treaty Organization, Adopted by the Heads of State and Government at the NATO Summitt in Lisbon, 19-20 November 2010.
NATO (2009a), NATO Strategic Communications Policy, September 14.
NATO (2009b), Strasbourg / Kehl Summit Declaration, Issued by the Heads of State and Government participating in the meeting of the North Atlantic Council in Strasbourg / Kehl, April 4.
NATO (2008), Bucharest Summit Declaration, Issued by the Heads of State and Government participating in the meeting of the North Atlantic Council in Bucharest on 3 April 2008.
Nau, Henry R., and Deepa M. Ollapally, eds. (2012), *Worldviews of Aspiring Powers: Domestic Foreign Policy Debates in China, India, Iran, Japan and Russia*, Oxford: Oxford University Press.
Neumeister, Larry and Eric Tucker (2023), "Secret Chinese Police Station in New York Leads to Arrest," *AP*, April 18.
New America (2019), FSF 2019: What Does the State Department Think Will be the Challenges of 2030? https://www.youtube.com/watch?v=dZJL0NfJtaQ
New China TV (2020), Cuba makes joint statement at UN in support of China's measures in Xinjiang, October 7, https://www.youtube.com/watch?v=jFd9JGFodaQ
New York Times (2022), "Citing Intelligence Biden Says Putin Has Decided to Invade Ukraine," February 18.
Newland, Bryan (2022), Assistant Secretary (Indian Affairs), Federal Indian Bording School Initiative Investigative Report, May.
Newman, E., and Benjamin Zala (2018), "Rising Powers and Order Contestation: Disaggregating the Normative from the Representational," *Third World Quarterly*, 39:5, pp. 871-888.
Nexon, Daniel H. (2009), "Balance of Power in the Balance," *World Politics*, 61:2, pp. 330-359.
Niemann, Arne, Zoe Lefkofridi, and Phillipe C. Schmitter (2019), "Neofunctionalism," in Antje Wiener, Tanja A.Börzel, and Thomas Risse, eds., *European Integration Theory*, 3rd ed., Oxford: Oxford University Press, chapter 3.
Nincic, Miroslav (2007), *Renegade Regimes: Confronting Deviant Behavior in World Politics*, New York: Columbia University Press.
Nixon, Richard M. (1967), "Asia after Viet Nam," *Foreign Affairs*, 46:1, pp. 111-125.
Nordin, Astrid H.M., and Mikael Weissmann (2018), "Will Trump Make China Great Again? The Belt and Road Initiative and International Order," *International Affairs*, 94:2, pp. 231-249.

Norrlöf, Carla (2020), "Is Covid-19 a Liberal Democratic Curse? Risks for Liberal International Order," *Cambridge Review of International Affairs*, 33:5, pp. 799-813.

Norton, Leslie E. (2021), Joint Statement on the Human Rights Situation in Xinjiang Delivered by Leslie E. Norton, Ambassador and Permanent Representative of Canada to the United Nations in Geneva on behalf of 44 countries including the United States 47th Session of the United Nations, Geneva, Switzerland, June 22.

Nye, Joseph S., Jr. (2018a) "Time Will Tell," *Foreign Affairs*, 97:4, pp. 190-192.

Nye, Joseph S., Jr (2018b), "How Sharp Power Threatens Soft Power: The Right and Wrong Ways to Respond to Authoritarian Influence," *Foreign Affairs*, January 24.

Nye, Joseph S., Jr (2012), "China's Soft Power Deficit," *Wall Street Journal*, May 8.

Nye, Joseph S., Jr (2009), "Get Smart: Combining Hard and Soft Power," *Foreign Affairs*, 88:4, pp. 160-163.

Nye, Joseph S., Jr. (2008), "Public Diplomacy and Soft Power," *The Annals of the American Academy of Political and Social Science*, 616:1, pp. 94-109.

Nye, Joseph S., Jr. (2004), *Soft Power: The Means to Success in World Politics,* New York: Public Affairs.

Nye, Joseph S., Jr (1990), *Bound to Lead: The Changing Nature of American Power*, New York: Basic Books.

Nyhan, Brendan, and Jason Reifler (2010), "When Corrections Fail: The Persistence of Political Misperceptions," *Political Behavior*, 32:2, pp. 303-330.

O'Brien, Robert C. (2020), "How China Threatens American Democracy: Beijing's Ideological Agenda Has Gone Global," *Foreign Affairs*, October 21.

Office of the Leading Group for Promoting the Belt and Road Initiative (2019), The Belt and Road Initiative: Progress, Contributions and Prospects, April 22.

Office of the Under Secretary of Defense (2022), Pacific Deterrence Initiative, Department of Defense Budget Fiscal Year (FY) 2023, April.

OHCHR (2022a), China: UN Committee on the Elimination of Racial Discrimination Calls for Probe into Xinjiang Rights Violations, November 24.

OHCHR (2022b), OHCHR Assessment of Human Rights Concerns in the Xinjiang Uyghur Autonomous Region, People's Republic of China, August 31.

OHCHR (2022c), Oral Update on Global Human Rights Developments and the Activities of the UN Human Rights Office, June 13.

OHCHR (2022d), Statement by UN High Commissioner for Human Rights Michelle Bachelet after Official Visit to China May 28.

OHCHR (2021), One-day Intersessional Seminar of the Human Rights Council on the Contribution of Development to the Enjoyment of All Human Rights Report of the United Nations High Commissioner for Human Rights, A/HRC/48/25.

OHCHR（n.d.）, The contribution of development to the enjoyment of all human rights: OHCHR and the right to development, at https://www.ohchr.org/en/development/contribution-development-enjoyment-all-human-rights（アクセス 2022 年 2 月 5 日）.

O'Loughlin, Ben, with Alister Miskimmon and Laura Roselle（2017）, "Strategic Narratives: Methods and Ethics," in Miskimmon et al., eds.（2017）, chapter 2.

Ong, Russell（2007）, "'Peaceful Evolution', 'Regime Change' and China's Political Security," *Journal of Contemporary China*, 16:53, pp. 717-727.

Orwell, George（1949）, *Nineteen Eighty-Four*, London: Secker and Warburg（邦訳（新庄哲夫）『1984 年』早川書房、1972 年）.

Owen, John M.（2021）, "Two Emerging International Orders? China and the United States," *International Affairs*, 97:5, pp. 1415-1431.

Pabst, Adrian（2019）, "China, Russia and the Return of Civilizational State: Such states define themselves not as nations but civilizations—in opposition to the liberalism and global market ideology of the west," *The New Statesman*, May 8.

Palmer, Glenn, and T. Clifton Morgan（2006）, *A Theory of Foreign Policy*, Princeton: Princeton University Press.

Pamment, James, Howard Nothhaft, Henrik Agardh-Twetman, and Alicia Fjällhed（2018）, Countering Information Influence Activities: The State of the Art, version 1.4, Department of Strategic Communication, Lund University.

Parsons, Craig（2016）, "Ideas and Power: Four Intersections and How to Show Them," *Journal of European Public Policy*, 23:3, pp. 446-463.

Pashentsev, Evgeny（2020）, "Global Shifts and Their Impact on Russia-EU Strategic Communication," in Pashentsev, ed.（2020）, chapter 8.

Pashentsev, Evgeny, ed.（2020）, *Strategic Communication in EU-Russia Relations: Tensions, Challenges and Opportunities*, Cham: Palgrave Macmillan, 2020.

Pashentsev, Evgeny（2015）, "Strategic Communication of BRICS: Myth or reality?" *L'Eurispes*, Luglio（July）31.

Pashentsev, Evgeny N.（2013）, "The Strategic Communication of Russia, China and the USA in Latin America: War or Peace?" in Rauno Kuusisto and Erkki Kurkinen, eds., *Proceedings of the 12th European Conference on Information Warfare and Security*, Reading, UK: Academic Conferences and Publishing International Limited, 2013, pp. 210-216.

Paul, Christopher（2012）, "Challenges Facing U.S. Government and Department of Defense Efforts in Strategic Communication," *Public Relations Review*, 38:2, pp. 188-194.

Paul, Christopher（2011a）, *Strategic Communication: Origins, Concepts, and Current Debates*, Santa Barbara: Praeger.

Paul, Christopher（2011b）, "Statement of Dr. Christopher Paul, Social Scientist, RAND Corporation," in Ten Years on: The Evolution of Strategic Communication and

Information Operations since 9/11, Hearing before the Subcommittee on Emerging Threats and Capabilities of the Committee on Armed Services, House of Representatives on One Hundred Twelfth Congress, First Session, Hearing Held July 12, 2011.

Paul, Christopher (2009), Whither Strategic Communication? A Survey of Current Proposals and Recommendations, RAND Occasional Paper, Santa Monica: RAND.

Paul, Christopher, Colin P. Clarke, and Beth Grill (2010), Victory Has a Thousand Fathers: Sources of Success in Counterinsurgency, Santa Monica: RAND.

Paul, Christopher, and Miriam Matthews (2016), The Russian "Firehose of Falsehood" Propaganda Model: Why It Might Work and Options to Counter It. *Perspectives,* Rand.

Paul, T.V., Deborah Welch Larson, and William C. Wohlforth (2014), *Status in World Politics,* Cambridge: Cambridge University Press.

Pawlak, Patryk (European Parliamentary Research Service) (2016), "EU strategic communication with the Arab world, " Briefing, May.

Peerenboom, Randall (2005), "Assessing Human Rights in China: Why the Double Standard, " *Cornell International Law Journal,* 38:1, pp. 71-172.

Peffley, Mark, and Jon Hurwitz, (2007), "Persuasion and Resistance: Race and the Death Penalty in America, " *American Journal of Political Science,* 51:4, pp. 996-1012.

Permanent Mission of the People's Republic of China to the United Nations Office at Geneva and Other International Organizations in Switzerland (2022a), Remarks of the Chinese Mission Spokesperson Liu Yuyin on the So-called Decision of the Committee on the Elimination of Racial Discrimination, November 24.

Permanent Mission of the People's Republic of China to the United Nations Office at Geneva and Other International Organizations in Switzerland (2022b), Statement of H.E. Ambassador CHEN Xu at the 51st Session of the Human Rights Council Opposing Xinjiang-related Draft Decision (A/A/51/L.6) Tabled by the U.S. and Some Other Countries, October 6.

Permanent Mission of the People's Republic of China to the United Nations Office at Geneva and Other International Organizations in Switzerland (2021), Joint Statement of 69 Countries at the Interactive Dialogue on High Commissioner's Annual Report at the 47th Session of the Human Rights Council, June 22.

Permanent Mission of the People's Republic of China to the United Nations Office at Geneva and Other International Organizations in Switzerland (2020), Statement at the International Webinar: "Counter-Terrorism, De-radicalization, and Human Rights Protection, " September 17.

Permanent Mission of the People's Republic of China to the United Nations Office at Geneva and Other International Organizations in Switzerland (2017), The Chinese Government's Reply to the Advisory Committee of the Human Rights Council Questionaire [sic] titled

"Contribution of Development to the Enjoyment of all Human Rights," November 28, in OHCHR Advisory Committee (2018).

Permanent Mission of Japan to the International Organizations in Geneva (2021), The 47th Session of the Human Rights Council Item 3: EOV on the Draft Resolution The Contribution of Development to the Enjoyment of All Human Rights by Ambassador OKANIWA Ken, July 12.

Permanent Mission of Switzerland to the United Nations Office and to the Other International Organisations in Geneva (2014), The Human Rights Council: A Practical Guide.

Pernin, Christopher G., Brian Nichiporuk, Dale Stahl, Justin Beck, and Ricky Radaelli-Sanchez (2008), *Unfolding the Future of the Long War: Motivations, Prospects, and Implications for the U.S. Army*, Santa Monica: RAND.

Phillips, Andrew (2011), *War, Religion and Empire: The Transformation of International Orders*, Cambridge: Cambridge University Press.

Piccone, Ted (2018), China's Long Game on Human Rights at the United Nations, The Brookings Institution, September.

Pils, Eva (2018), *Human Rights in China: A Social Practice in the Shadows of Authoritarianism*, Polity Press.

Pils, Eva (2009), "The Dislocation of the Chinese Human Rights Movement," in Mosher and Patrick Poon, ed., *A Sword and a Shield: China's Human Rights Lawyers*, China Human Rights Lawyers Concern Group, pp. 141-159.

Pomfret, John (2021), "Xi Is Leading China's Aggressive New Strategy, but He Didn't Invent It," *Washington Post*, September 17.

Pompeo, Michael (2020a), "Communist China and the Free World's Future," Speech, Michael R. Pompeo, Secretary of State, Yorba Linda, California, July 23.

Pompeo, Michael (2020b), "U.S. Position on Maritime Claims in the South China Sea," Press Statement, Michael R. Pompeo, Secretary of State, July 13, 2020, Department of State.

Pompeo, Michael (2020c), Statement by Secretary Michael R. Pompeo, For Immediate Release, Additional U.S. Foreign Assistance Builds Upon U.S. Leadership in the Global COVID-19 Response, USAID, May 6.

Porter, Patrick (2018), "Why American Grand Strategy Has Not Changed: Power, Habit and Foreign Policy Establishment," *International Security*, 42:4, pp. 9-46.

Posen, Barry R. (2018), "The Rise of Illiberal Hegemony: Trump's Surprising Grand Strategy," *Foreign Affairs*, 98:2, pp. 28-38.

Posen, Barry R. (2014), *Restraint: A New Foundation for U.S. Grand Strategy*, Ithaca: Cornell University Press.

Posen, Barry R., and Andrew Ross (1996/1997), "Competing Visions of U.S. Grand Strategy," *International Security*, 21:3, pp. 5-53.

Potter, Pitman B. (2021), *Exporting Virue? China's International Human Rights Activism in the Age of Xi Jinping*, Vancouver: University of British Columbia Press.

Pouliot, Vincent, and Jean-Phillipe Thérien (2023), *Global Policymaking: The Patchwork of Global Governance*, Cambridge: Cambridge University Press.

Powers, Shawn, and Markos Kounalakis, eds. (2017), Can Public Diplomacy Survive the Internet? Bots, Echochambers, and Disinformation, U.S. Advisory Commission on Public Diplomacy, May.

President of Russia (2022), Joint Statement of the Russian Federation and the People's Republic of China on the International Relations Entering a New Era and the Global Sustainable Development February 4.

Pu, Xiaoyu (2019), *Rebranding China: Contested Status Signaling in the Changing Global Order*, Stanford: Stanford University Press.

Pu, Xiaoyu (2017), "Controversial Identity of a Rising China," *The Chinese Journal of International Politics*, 10:2, pp. 131-149.

Pu, Xiaoyu (2012), "Socialisation as a Two-way Process: Emerging Powers and Diffusion of International Norms," *The Chinese Journal of International Politics*, 5:4, pp. 341-367.

Pupcenoks, Juris, and Eric James Seltzer (2021), "Russian Strategic Narratives on R2P in the 'Near Abroad'," *Nationalities Papers*, 49:4, pp. 757-775.

Putz, Catherine (2020), "2020 Edition: Which Countries Are for or against China's Xinjiang Policies? Another Year, Another Set of Dueling Statements about Xinjiang to the U.N. This Time, There Are Some Interesting Differences in Who Is Backing China—and Who Isn't," *The Diplomat*, October 9.

Putz, Catherine (2019), "Which Countries Are for or against China's Xinjiang Policies? Last week, Two Coalitions Sent Competing Letters to the UN Human Rights Council Criticizing or Backing China's Xinjiang Policies," *The Diplomat*, July 15.

Qin, Yaqing (2018), *A Relational Theory of World Politics*, Cambridge: Cambridge University Press.

Qin, Yaqing (2014), "Continuity through Change: Background Knowledge and China's International Strategy," *The Chinese Journal of International Politics*, 7:3, pp. 285-314.

Rachman, Gideon (2023), "How the War in Ukraine Met the Culture Wars: Vladimir Putin Has Found Friends in the West by Posing as a Defender of Traditional Values," *Financial Times*, January 30.

Ramo, Joshua Cooper (2004), *The Beijing Consensus*, Foreign Policy Centre, May.

Ramzy, Austin (2022), "U.N. Human Rights Chief Tempers Criticism at End of China Trip," *New York Times*, May 28.

Rasmussen, Anders Fogh (2009), NATO Strategic Communications Policy, From Secretary General (Anders Fogh Rasmussen) to Permanent Representatives, September 14.

Redlowski, D.P. (2002), "Hot Cognition or Cool Consideration? Testing the Effects of Motivated Reasoning on Political Decision Making," *The Journal of Politics*, 64:4, pp. 1021-1044.

Reid, Anthony (2010), *Imperial Alchemy: Nationalism and Political Identity in Southeast Asia*, Cambridge: Cambridge University Press.

Repnikova, Maria (2022), "The Balance of Soft Power: The American and Chinese Quests to Win Hearts and Minds," *Foreign Affairs*, 101:4, pp. 44-51.

Rid, Thomas (2020), *Active Measures: The Secret History of Disinformation and Political Warfare*, New York: Farrar Straus & Giroux.

Rimland, Benjamin, and Patrick Buchan (2020), "Getting the Pacific Deterrence Initiative Right," *The Diplomat*, May 2.

Ripsman, Norrin M., Jeffrey W. Taliaferro, and Steven E. Lobell (2016), *Neoclassical Realist Theory of International Politics*, Oxford: Oxford University Press.

Risse, Thomas, and Kathryn Skikkink (1999), "The Socialization of International Human Rights Norms into Domestic Practices: Introduction," in Thomas Risse, Stephen C. Ropp, and Kathryn Sikkink, eds., *The Power of Human Rights: International Norms and Domestic Change*, Cambridge: Cambridge University Press, chapter 1.

Risso, Linda (2021), "Squaring the Circle: The Evolution of NATO's Strategic Communication Since the 1990s," *Journal of Peace and War Studies*, ISOMA Special Edition, October, pp. 157-171.

Roberts, Sean R. (2019), "The Narrative of Uyghur Terrorism and the Self-fulfilling Prophecy of Uyghur Militancy," in Michael Clarke, ed., *Terrorism and Counter-Terrorism in China: Domestic and Foreign Policy Dimensions*, Oxford: Oxford University Press, chapter 4.

Roberts, Sean R. (2020), *The War on the Uyghurs: China's Internal Campaign against a Muslim Minority*, Princeton: Princeton University Press.

Rogov, Kirill (2022), "Kirill Rogov on What Russians Really Think of the War in Ukraine: The Russian Political Scientist Says It Is Too Early to Declare Mobilization a Failure," *Economist*, October 5.

Rolland, Nadège (2022), "China's Southern Strategy: Beijing Is Using the Global South to Constrain America," *Foreign Affairs*, June 9.

Rolland, Nadège (2020), China's Vision for a New World Order, NBR Special Report #83, January, Seattle: The National Bureau of Asian Research.

Rolland, Nadège (2017), China's Eurasian Century? Political and Strategic Implications of the Belt and Road Initiative, June, Seattle: The National Bureau of Asian Research.

Romerstein, Herbert (2009), "The Interagency Active Measures Working Group: Successful Template for Strategic Influence," in Waller, ed. (2009), chapter 9.

Ronfeldt, David, and John Arquilla (2020), *Whose Story Wins: Rise of the Noosphere, Noopolitik, and Information-Age Statecraft,* Santa Monica: RAND.

Ronfeldt, David, and John Arquilla (2001), "What Next for Networks and Netwars?" in Arquilla and Ronfeldt, eds. (2001), chapter 10.

Rose, Gideon, and Jonathan Tepperman, eds. (2012), *The Clash of Ideas: The Ideological Battles that Made the Modern World—And Will Shape the Future,* New York: Council on Foreign Relations.

Roselle, Laura J. (2017), "Public Diplomacy and Strategic Narratives," in Powers and Kounalakis, eds. (2017), pp. 77-81.

Roselle, Laura, Alister Miskimmon, and Ben O'Loughlin (2014), "Strategic Narrative: A New Means to Understand Soft Power," *Media, War & Conflict,* 7:1, pp. 70-84.

Rudd, Kevin (2022), "Xi Jinping, the Rise of Ideological Man, and the Acceleration of Radical Change in China. An Analysis of the 20th Party Congress and 'Winner Takes All' in Politics, Policy, and Politburo Appointments," Address to the Stockholm China Forum at the German Marshall Fund, Washington DC, October 24, Asia Society Policy Institute (ASPI).

Sandholtz, Wayne (2019), "Norm Contestation, Robustness, and Replacement," *Journal of Global Security Studies,* 4:1, pp. 139-146.

Sarts, Janis (2015), "Introduction," *Defence Strategic Communications,* 1:1, p. 3.

Scanlon, J. D. (2017), "Strategic Communication: A Caution to Military Commanders," *Military Review Online Exclusive,* November 3.

Schimmelfennig, Frank (2001), "The Community Trap: Liberal Norms, Rhetorical Action, and the Eastern Enlargement of the European Union," *International Organization,* 55:1, pp. 47-80.

Schneider, Florian (2014), "It's a Small World After All? Simulating the Future World Order at the Shanghai Expo," in Cao, Tian, and Chilton, eds., (2014), chapter 4.

Schneiker, Andera (2021), "Norm Sabotage: Conceptual Reflection on a Phenomenon that Challenges Well-Established Norms," *International Studies Perspectives,* 22:1, pp. 106-123.

Schoen, Fletcher, and Christopher J. Lamb (2012), *Deception, Disinformation, and Strategic Communications: How One Interagency Group Made a Major Difference,* Institute for National Strategic Studies Strategic Perspectives, No. 11, Washington, D.C.: National Defense University Press.

Schultz, Kenneth A. (2012), "Why We Needed Audience Costs and What We Need Now," *Security Studies,* 21:3, pp. 369-375.

Schweller, Randall K., and Xiaoyu Pu (2011), "After Unipolarity: China's Vision of International Order in an Era of US Decline," *International Security,* 36:1, pp. 41-72.

SCO (2009), The Convention Against Terrorism of the Shanghai Cooperation Organization.

SCO (2005), Concept of Cooperation between SCO Member States in Combating Terrorism, Separatism, and Extremism.

SCO (2001), The Shanghai Convention on Combating Terrorism, Separatism and Extremism.

Šebok, Filip, and Richard Q. Turcsányi (2021), China as a Narrative Challenge for NATO Member States, Riga: NATO StratCom COE, November.

Select Committee on Intelligence, United States Senate (2020), Russian Active Measures Campaigns and Interference in the 2016 U.S. Election: Report Volume I-V, Together with Additional Views, Washington, D.C.: U.S. Government Publishing Office.

Sell, Susan K. (1998), *Power and Ideas North-South Politics of Intellectual Property and Antitrust*, Albany: State University of New York Press.

Shambaugh, David (2011), "Coping with a Conflicted China," *Washington Quarterly*, 34:1, pp. 7-27.

Shambaugh, David (1996), "Containment or Engagement of China? — Calculating Beijing's Responses," *International Security*, 21:2, pp. 180-209.

SHAPE (Supreme Headquarters Allied Powers Europe) (2017), NATO Military Policy on Strategic Communications (MC 0628), 14 August 2017.

Shiao, Vivien (2018), "Singapore, China sign MOU on Third-Party Markets along Belt and Road," *The Business Times*, April 8.

Shifrinson, Joshua R. Itzkowitz (2020), "Neo-Primacy and the Pitfalls of US Strategy toward China," *Washington Quarterly*, 43:4, pp. 79-104.

Shifrinson, Joshua, and Stephen Wertheim (2021), "Biden the Realist: The President's Foreign Policy Doctrine Has Been Hiding in Plain Sight," *Foreign Affairs*, September 9.

Shiller, Robert J. (2019), *Narrative Economics: How Stories Go Viral and Drive Major Economic Events*, Princeton: Princeton University Press（邦訳（山形浩生訳）『ナラティブ経済学——物語が左右する人々の判断』東洋経済新報社、2021年）.

Shiller, Robert J. (2017), "Narrative Economics," *American Economic Review*, 107:4, pp. 967-1004.

Shirk, Susan L. (2022), *Overreach: How China Derailed Its Peaceful Rise*, Oxford: Oxford University Press.

Silitski, Vitali (2006), Contagion Deterred: Preemptive Authoritarianism in the Former Soviet Union (the Case of Belarus), CDDRL Working Papers, No. 66, June, Center on Democracy, Development, and the Rule of Law, Freeman Spogli Institute for International Studies, Stanford University.

Silitski, Vitali (2005), "Preempting Democracy: The Case of Belarus," *Journal of Democracy*, 16:4, pp. 83-97.

Smith, Hannah, and Katherine Mansted (2020), Weaponized Deep Fakes, Policy Brief, Report No. 28/2020, International Cyber Policy Centre (Australian Strategic Policy Institute).

Smith, Rupert (2005), *The Utility of Force: The Art of War in the Modern World*, London: Penguin.

Snyder, Glenn H. (1997), *Alliance Politics*, Ithaca: Cornell University Press.

Snyder, Jack (2020), "Backlash Against Human Rights Shaming: Emotions in Groups," *International Theory*, 12:1, pp. 109-132.

Snyder, Jack (2017), "The Modernization Trap," *Journal of Democracy*, 28:2, pp. 77-91.

Snyder, Jack (2004), "One World, Rival Theories," *Foreign Policy*, 145, pp. 52-62.

South China Morning Post (2021a), "US, UK, Australia Announce 'Historic' Military Partnership in Move Likely to Anger China," September 16.

South China Morning Post (2021b), "France Warns New Aukus Alliance Threatens Security Partnership in Indo-Pacific," September 16.

Spence, Michael (2011), *The Next Convergence: The Future of Economic Growth in a Multispeed World*, New York: Farr Straus & Giroux（邦訳（土方奈美訳）『マルチスピード化する世界の中で』早川書房、2011 年）.

Stasavage, David (2020), "Democracy, Autocracy, and Emergency Threats: Lessons for COVID-19 From the Last Thousand Years," *International Organization*, 74:S1, pp. E1 - E17.

State Council Information Office of the People's Republic of China (2023), Global Civilization Initiative Injects Fresh Energy into Human Development, March 19.

State Council Information Office of the People's Republic of China (2022), The Report on Human Rights Violations in the United States in 2021, February 28.

State Council Information Office of the People's Republic of China (2021a), China: Democracy That Works, December 4.

State Council Information Office of the People's Republic of China (2021b), China's Political Party System: Cooperation and Consultation, June 25.

State Council Information Office of the People's Republic of China (2021c), The Communist Party of China and Human Rights Protection—A 100-Year Quest, June 24.

State Council Information Office of the People's Republic of China (2019a), China and the World in the New Era, September 27.

State Council Information Office of the People's Republic of China (2019b), Vocational Education and Training in Xinjiang, August 16.

State Council Infomation Office of the People's Republic of China (2017), New Progress in the Legal Protection of Human Rights in China, December 15.

State Council Information Office of the People's Republic of China (2016), The Right to Development: China's Philosophy, Practice and Contribution, December 1.

State Council Information Office of the People's Republic of China (2002), Human Rights Record of the United States in 2001, March 11.

State Council Information Office of the People's Republic of China (1991), Human Rights in China, November 1.

Steindl, Christina, Eva Jonas, Sandra Sittenthaler, Eva Traut-Mattausch, and Jeff Greenberg

(2015), "Understanding Psychological Reactance: New Developments and Findings," *Zeitschrift für Psychologie,* 223:4, pp. 205–214.

Storey, Ian James (2010), "China's Missteps in Southeast Asia: Less Charm, More Offensive," *China Brief,* 10:25, pp. 4-7.

Strategic Communication and Public Diplomacy Policy Coordinating Committee (2007), U.S. National Strategy for Public Diplomacy and Strategic Communication, June.

Streeck, Wolfgang, and Kozo Yamamura, eds. (2001), *The Origins of Nonliberal Capitalism: Germany and Japan in Comparison,* Ithaca: Cornell University Press.

Strezhnev, Anton, Judith G. Kelley, and Beth A. Simmons (2021), "Testing for Negative Spillovers: Is Promoting Human Rights Really Part of the 'Problem'?" *International Organization,* 75:1, pp. 71-102.

Stuenkel, Oliver (2014), "Emerging Powers and Status: The Case of the First BRICs Summit," *Asian Perspective,* 38:1, pp. 89-109.

Suettinger, Robert Lee (2000), "The United States and China: Tough Engagement," in Richard N. Haass and Meghan L. O'Sullivan, eds. (2000), *Honey and Vinegar: Incentives, Sanctions, and Foreign Policy,* Washington, D.C.: Brookings Institution Press, chapter 2.

Sullivan, Jake (2023), Remarks by National Security Advisor Jake Sullivan on Renewing American Economic Leadership at the Brookings Institution, April 27.

Sun, Jisheng (2021), "China's Efforts to Shape and Improve Its International Discursive Power: Diplomatic Practice," *The Hague Journal of Diplomacy,* 16:2-3, pp. 334-347.

Svensson, Marina (2002), *Debating Human Rights in China: A Conceptual and Political History,* New York: Rowman and Littlefield.

Swaine, Michael, and Andrew Bacevich (2023), A Restraint Approach to U.S.-China Relations: Reversing the Slide toward Crisis and Conflict, Quincy Papers No. 11, April.

Swan, Johnathan, and Bethany Allen-Erbrahimian (2020), "Top Chinese Official Disowns U.S. Military Lab Coronavirus Conspiracy," *Axios,* March 22.

Takikawa, Hiroko, and Takuto Sakamoto (2020), "The Moral-Emotional Foundations of Political Discourse: A Comparative Analysis of the Speech Records of the U. S. and the Japanese Legislatures," *Quality and Quantity,* 54:2, pp. 547-566.

Tammen, Ronald L., Jacek Kugler, Douglas Lemke, Allan C. Stam, Mark Abdollahian, Carole Alsharabati, Brian Efird, and A.F.K. Organski (2000), *Power Transitions: Strategies for the 21st Century,* Washington, D.C.: CQ Press.

Tang, Shiping (2009), "The Security Dilemma: A Conceptual Analysis," *Security Studies,* 18:3, pp. 587-623.

Tatham, Steve A. (2015), "Foreword," *Defence Strategic Communications,* 1:1, pp. 4-5.

Tatham, Steve A. (2013), U.S. Governmental Information Operations and Strategic Communications: A Discredited Tool or User Failure? Implications for Future Conflict,

Monographs, Books, and Publications. 508, US Army War College, USAWC Press.

Tatham, Steve A. (2008), Strategic Communication: A Primer, Advanced Research and Assessment Group, Special Series 08/28, Defence Academy of the United Kingdom, December.

Taylor, Guy (2018), "State Department Global Engagement Center Targets Russian Propaganda, 'Deep Fakes'," *Washington Times*, December 12.

Teets, J. C. (2013). "Let Many Civil Societies Bloom: The Rise of Consultative Authoritarianism in China," *The China Quarterly*, 213, pp. 19-38.

Terhalle, Maximilian (2015), *The Transition of Global Order: Legitimacy and Contestation*, New York: Palgrave Macmillan.

Terhalle, Maximilian (2011), "Reciprocal Socialization: Rising Powers and the West," *International Studies Perspectives*, 12:4, pp. 341-361.

Terman, Rochelle (2019), Rewarding Resistance: Theorizing Defiance to International Shaming, working paper, University of Chicago.

Terman, Rochelle (2016), Backlash: Defiance, Human Rights, and the Politics of Shame, PhD dissertation, University of California, Berkeley.

Thomann, Pierre-Emmanuel (2019), "Experts from Six Countries Discussed the Strategic Communication Issues in Russian Presidential Academy," Eurocontinent, May 3.

Thompson, Mark R. (2019), *Authoritarian Modernism in East Asia*, New York: Palgrave Pivot.

Tiezzi, Shannon (2021), "Can China Change the Definition of Human Rights? In a Speech to the U.N. Human Rights Council, China's Foreign Minister Gave China's Preferred Spin to the Concept," *The Diplomat*, February 23.

Toosi, Nahal (2021), "Blinken to Diplomats: It's OK to Admit U.S. Flaws When Promoting Rights: The Secretary of State Shared Details of His Human Rights and Democracy Priorities in a Cable Sent to U.S. Embassies around the World," *Politico*, July 16.

Traub, James (2021), "What Biden Really Thinks about Democracy Promotion: The New U.S President Has Crafted a Novel Approach to Human Rights That's Marked Both by Idealism and Humility," *Foreign Policy*, July 31.

Truex, Rory (2017), "Consultative Authoritarianism and Its Limits," *Comparative Political Studies*, 50:3, pp. 329-361.

Truth and Reconciliation Commission of Canada (2015), Honouring the Truth, Reconciling for the Future: Summary of the Final Report of the Truth and Reconciliation Commission of Canada.

Tucker, Patrick (2017), "Analysts Are Quitting the State Department's Anti-Propaganda Team: The Global Engagement Center is Struggling to Keep up with Its Missions: Countering ISIS Recruitment and Russian Disinformation," *Defense One*, September 12.

UN Economic and Social Council (1990a), Commission on Human Rights Report on the

Forty-Sixth Session (29 January-9 March 1990), Supplement No. 2, E/1990/22 and E/CN.4/1990/94.

UN Economic and Social Council (1990b), Commission on Human Rights, Forty-sixth Session, Question of the Violation of Human Rights and Fundamental Freedoms in Any Part of the World, with Particular Reference to Colonial and Other Dependent Countries and Territories, Situation in China, Note by the Secretary-General Submitted Pursuant to Sub-Commission on Prevention of Discrimination and Protection of Minorities Resolution 1989/5, E/CN.4/1990/52, January 30.

UN Economic and Social Council (1989), Commission on Human Rights, Sub-Commission on Prevention of Discrimination and Protection of Minorities, Report of the Sub-Commission on Prevention of Discrimination and Protection of Minorities on Its Forty-First Session, E/CN.4/1990/2, November 13.

UN General Assembly (1986), Declaration on the Right to Development: Resolution, A/RES/41/128.

UN Human Rights Council (n.d.), Advisory Committee, at https://www.ohchr.org/en/hr-bodies/hrc/advisory-committee/hrcac-index (アクセス 2022 年 8 月 2 日).

UN Human Rights Council (2018), Contribution of development to the enjoyment of all human rights, at https://www.ohchr.org/en/hr-bodies/hrc/advisory-committee/development-enjoyment-all-hr, circa June 2018.

UN Security Council (1992), Provisional Verbatim Record of the Three Thousand and Forty-sixth Meeting, S/PV.3046.

USA Today (2012a), "Navy Pares Back Strategic Communication Units," December 7.

USA Today (2012b), "Pentagon Drops 'Strategic Communication,'" December 3.

U.S. Department of the Interior (2022), Department of the Interior Releases Investigative Report, Oulines Next Steps in Federal Indian Boarding School Initiative, May 11.

U.S. Department of State (1987), Dictionary of International Relations Terms, Department of State Library.

U.S. Mission Geneva (2022), Statement by Ambassador Michèle Taylor on Vote of Draft Decision L.9 "Debate on the Situation of Human Rights in the Xinjiang Uyghur Autonomous Region, China," October 6.

Utting, Kate (2014), "Strategy, Influence, Strategic Communication and British Military Doctrine," in David Welch, ed., *Propaganda, Power and Persuasion: From World War I to Wikileaks,* London: I.B. Tauris, chapter 10.

Vanden Brook, Tom (2012a), "Pentagon Overseas Propaganda Plan Raises Concerns," *USA Today*, November 19.

Vanden Brook, Tom (2012b), "U.S. 'Info Ops' Programs Dubious, Costly," *USA Today*, February 29.

van de Ven, Johan (2021), "Searching for China's International Discourse Power," *China Trends,* Institut Montaigne, August.

Van Dijk, Teun A. (1993), "Principles of Critical Discourse Analysis." *Discourse & Society* 4:2, pp. 249-283.

Van Dyke, Mark A., and Dejan Verčič (2009), "Public Relations, Public Diplomacy, and Strategic Communication: An International Model of Conceptual Convergence," in Krishnamurthy Sriramesh and Dejan Verčič, eds., *The Global Public Relations Handbook, Revised and Extended Edition,* London: Routledge, chapter 39.

van Ham, Peter (2001), "The Rise of the Brand State: The Postmodern Politics of Image and Reputation," *Foreign Affairs,* 80:5, pp. 2-6.

Vasara, Antti (2020), Theory of Reflexive Control: Origins, Evolution and Application in the Framework of Contemporary Russian Military Strategy, Finnish Defence Studies 22, National Defence University, Helsinki, Finland.

Vienna Declaration and Programme of Action (1993), Adopted by the World Conference on Human Rights in Vienna on 25 June.

Viola, Lora Anne (2020), *The Closure of the International System: How Institutions Create Political Equalities and Hierarchies,* Cambridge: Cambridge University Press.

Voeten, Erik (2021), *Ideology and International Institutions,* Princeton: Princeton University Press.

Volk, Sophia Charlotte, and Ansgar Zerfass, "Alignment: Explicating a Key Concept in Strategic Communication," *International Journal of Strategic Communication,* 12:4, pp. 433-451.

von der Leyen, Ursula (2023), Speech by President von der Leyen on EU-China relations to the Mercator Institute for China Studies and the European Policy Centre, March 30.

von der Leyen, Ursula (2021), 2021 State of the Union Address by President von der Leyen, Strasbourg, September 15.

von Soest, Christian (2015), "Democracy Prevention: The International Collaboration of Authoritarian Regimes," *European Journal of Political Research,* 54:4, pp. 623-638.

Wachman, Alan M. (2001), "Does the Diplomacy of Shame Promote Human Rights in China?" *Third World Quarterly,* 22:2, pp 257-281.

Walker, Christopher (2018), "What Is 'Sharp Power'?" *Journal of Democracy,* 29:3, pp. 9-23.

Walker, Christopher (2016), "The Hijacking of 'Soft Power'," *Journal of Democracy,* 27:1, pp. 49-63.

Walker, Christopher (2015), "The Authoritarian Resurgence," *Journal of Democracy,* 26:2, p. 21.

Walker, Christopher, and Jessica Ludwig (2017), "The Meaning of Sharp Power: How Authoritarian States Project Influence," *Foreign Affairs,* November 16.

Walker, Vivian S. (2022), "Analysis | 'Glory to the Heroes': Ukraine's War for Narrative Credibility," *The Diplomatic Pouch,* Institute for the Study of Diplomacy (Georgetown University), March 18.

Walker, Vivian S. (2017), "Crafting Resilient State Narratives in Post Truth Environments: Ukraine and Georgia," in Powers and Kounalakis, eds. (2017), pp. 83-89.

Walker, Vivian S. (2015), "Case 331 State Narratives in Complex Media Environments: The Case of Ukraine," Case Study Program, Institute for the Study of Diplomacy, Edmund A. Walsh School of Foreign Service, Georgetown University.

Wall Street Journal (2017), "WSJ Trump Interview Excerpts: China, North Korea, Ex-Im Bank, Obamacare, Bannon, More," April 13.

Wallace, Corey (2021), "Australia and Aotearoa New Zealand's Layering of Strategic Communications (2016-2020)," *Asian Perspective,* 45:3, pp. 587-620.

Waller, J. Michael, ed. (2009), *Strategic Influence: Public Diplomacy, Counterpropaganda and Political Warfare,* Washington, DC: Crossbow Press.

Waller, J. Michael, ed., (2007), *Public Diplomacy Reader,* Washington, D.C.: The Institute of World Politics Press.

Wallerstein, Immanuel (1984), *The Politics of the World-Economy: The States, the Movements, and the Civilizations,* Cambridge: Cambridge University Press（邦訳（田中治男等訳）『世界経済の政治学——国家・運動・文明』同文館出版、1991年）.

Walt, Stephen M. (2022), "An International Relations Theory Guide to the War in Ukraine: A Consideration of Which Theories Have Been Vindicated—and Which Have Fallen Flat," *Foreign Policy,* March 8.

Walt, Stephen M. (2021), "The World Might Want China's Rules: Washington Shouldn't Assume Its Values Are More Attractive to Others Than Beijing's," *Foreign Policy,* May 4.

Walt, Stephen M. (2020), "There's No Such Thing as Good Liberal Hegemony," *Foreign Policy,* April 21.

Walt, Stephen M. (2018), *The Hell of Good Intentions: America's Foreign Policy Elite and the Decline of U.S. Primacy,* New York: Farrar, Straus and Giroux.

Walt, Stephen M. (2017), "America's New President is Not a Rational Actor," *Foreign Policy,* January 25.

Waltz, Kenneth (1979), *Theory of International Politics,* Reading: Addison-Wesley（邦訳（河野勝、岡垣知子訳）『国際政治の理論』勁草書房、2010年）.

Waltz, Kenneth (1959), *Man, the State, and War,* New York: Columbia University Press（邦訳（渡邉昭夫、岡垣知子訳）『人間・国家・戦争——国際政治の3つのイメージ』勁草書房、2013年）.

Wang, Ban (2017), "Introduction," in Ban Wang, ed., *Chinese Visions of World Order: Tianxia, Culture, and World Politics,* Durham and London: Duke University Press.

Wang, Dong (2015), "Is China Trying to Push the U.S. out of East Asia?" *China Quarterly of International Strategic Studies,* 1:1, pp. 59-84.

Wang, Heng (2020), "Selective Reshaping: China's Paradigm Shift in International Economic

Governance," *Journal of International Economic Law*, 23:3, pp. 583-606.

Wang, Jisi (2021), "The Plot against China? How Beijing Sees the New Washington Consensus" *Foreign Affairs*, 100:4, pp. 48-57.

Wang, Joyu (2022), "Taiwan Is Ground Zero for Disinformation—Here's How It's Fighting Back," *Wall Street Journal*, August 26.

Wang, William Ziyuan (2019), "Destined for Misperception? Status Dilemma and the Early Origin of US-China Antagonism," *Journal of Chinese Political Science*, 24:1, pp. 49-65.

Wang, Xigen, with assistance of Gui Xiaowei and Peng Yixuan (2021), The United Nations Consultation Report, Contribution of Development to the Enjoyment of all Human Rights, April.

Ward, Jonathan D.T. (2019), *China's Vision of Victory*, Fayetteville, N.C.: Atlas Publishing and Media Company.

Ward, Steven (2020), "Status, Stratified Rights, and Accommodation in International Relations," *Journal of Global Security Studies*, 5:1, pp. 160-178.

Ward, Steven (2017), *Status and the Challenge of Rising Powers*, Cambridge: Cambridge University Press.

Wardle, Claire, and Hossein Derakhshan, with research support from Anne Burns and Nic Dias (2017), Information Disorder: Toward an Interdisciplinary Framework for Research and Policymaking, Council of Europe report DGI (2017)09, September 27.

Weed, Matthew C. (2017), "Global Engagement Center: Background and Issues," CRS INSIGHT, August 4 (IN10744).

Weinhardt, Clara, and Tobias ten Brink (2020), "Varieties of Contestation: China's Rise and the Liberal Trade Order," *Review of International Political Economy*, 27:2, pp. 258-280.

Weiss, Jessica Chen (2021), "An Ideological Contest in US-China Relations? Assessing China's Defense of Autocracy," in deLisle and Goldstein, eds. (2021), chapter 4.

Weiss, Jessica Chen (2019), "A World Safe for Autocracy? China's Rise and the Future of Global Politics," *Foreign Affairs*, 98:4, pp. 92-102.

Weiss, Jessica Chen, and Jeremy L. Wallace (2021), "Domestic Politics, China's Rise, and the Future of the Liberal International Order," *International Organization*, 75:2, pp. 635-64.

Weissmann, Mikael (2019), "Understanding Power (Shift) in East Asia: The Sino-US Narrative Battle about Leadership in the South China Sea," *Asian Perspective*, 43:2, pp. 223-248.

Wetoszka, Adam (2016), "An Attempt to Identify Hybrid Conflict," *Sojateadlane* (*Estonian Journal of Military Studies*), 2, pp. 54-65.

Wheeler, Ron (1999), "The United Nations Commission on Human Rights, 1982-1997: A Study of 'Targeted' Resolutions," *Canadian Journal of Political Science*, 32:1, pp. 75-101.

White House (2022a), National Security Strategy, October 12.

White House (2022b), Indo-Pacific Strategy of the United States, February.

White House (2021a), Readout of President Biden's Virtual Meeting wi President Xi Jinping of the People's Republic of China, November 16.

White House (2021b), Interim National Security Strategic Guidance, March.

White House (2020a), United States Strategic Approach to the People's Republic of China, May 21.

White House (2020b), Remarks by President Trump, Vice President Pence, and Members of the Coronavirus Task Force in Press Briefing, March 14.

White House (2020c), Remarks by President Trump in Address to the Nation, March 11.

White House (2017), National Security Strategy of the United States, December 18.

White House (2010a), National Security Strategy, May 27.

White House (2010b), National Framework for Strategic Communication, March 16.

Whyte, Christopher, A. Trevor Thrall, and Brian M. Mazanec, eds. (2020), *Information Warfare in the Age of Cyber Conflict*, London: Routledge.

Wiener, Antje (2017), "A Theory of Contestation—A Concise Summary of Its Argument and Concepts," *Polity*, 49:1, pp. 109-125.

Wiener, Antje (2014), *A Theory of Contestation*, Heidelberg: Springer.

Wilson, Dominic, and Anna Stupnystka (2007), "The N-11: More Than an Acronym," *Goldman Sachs Global Economic Papers,* 153, March 28.

Wright, Thomas (2021), "Joe Biden Worries That Chia Might Win: The President Has Put His Finger on an Important Geopolitical Development," *The Atlantic*, June 9.

Wunderlich, Carmen (2020), *Rogue States as Norm Entrepreneurs: Black Sheep or Sheep in Wolves' Clothing?* Cham, Switzerland: Springer.

Xi, Jinping (2022a), Hold High the Great Banner of Socialism with Chinese Characteristics and Strive in Unity to Build a Modern Socialist Country in All Respects, Report to the 20th National Congress of the Communist Party of China, October 16, 2022.

Xi, Jinping (2022b), "Rising to Challenges and Building a Bright Future Through Cooperation," Keynote Speech by H.E. Xi Jinping, President of the People's Republic of China at the Opening Ceremony of the Boao Forum for Asia Annual Conference 2022, April 21.

Xi Jinping (2021), "Bolstering Confidence and Jointly Overcoming Difficulties to Build a Better World," Statement by H.E. Xi Jinping, President of the People's Republic of China at the General Debate of the 76th Session of the United Nations General Assembly, September 21.

Xi, Jinping (2020a), Statement by H.E. Xi Jinping, President of the People's Republic of China at the General Debate of the 75th Session of the United Nations General Assembly, September 22.

Xi, Jinping (2020b), "Fighting COVID-19 Through Solidarity and Cooperation: Building a Global Community of Health for All," Statement by H.E. Xi Jinping, President of the People's Republic of China at Virtual Event of Opening of the 73rd World Health Assembly, May 18.

Xi, Jinping (2017), "Secure a Decisive Victory in Building a Moderately Prosperous Society in All Respects and Strive for the Great Success of Socialism with Chinese Characteristics for a New Era," Delivered at the 19th National Congress of the Communist Party of China, October 18.

Xinhua (2021a), "Majority of Countries Oppose Interference in China's Internal Affairs in Name of Human Rights," October 22.

Xinhua (2021b), "Ukraine Withdraws from Xinjiang-related Anti-China Joint Statement," June 26.

Xinhua (2021c), "Xinhua Headlines: China Champions Win-win Cooperation in Advancing Human Rights Cause," March 24.

Xinhua (2018), "Xi Stresses Human Rights Development in Chinese Context," December 10.

Yan, Xuetong (2022), "China's Ukraine Conundrum: Why the War Necessitates a Balancing Act," *Foreign Affairs*, May 2.

Yan, Xuetong (2021), "Becoming Strong: The New Chinese Foreign Policy," *Foreign Affairs*, 100:4, pp. 40-47.

Yan, Xuetong (2020a), "Bipolar Rivalry in the Early Digital Age," *The Chinese Journal of International Politics*, 13:3, pp. 313-341.

Yan, Xuetong (2020b), "Why and How to Prevent the Intensification of Ideological Disputes between China and the US," Introduction and Translation by David Ownby, at Reading the China Dream (原文阎学通,"为何及如何防范中美意识形态之争加剧,") published online on October 7, 2020 and available at http://m.aisixiang.com/data/123110.html).

Yan, Xuetong (2019), *Leadership and the Rise of Great Powers,* Princeton: Princeton University Press.

Yan, Xuetong (2014), "From Keeping a Low Profile to Striving for Achievement," *The Chinese Journal of International Politics*, 7:2, pp. 153-184.

Yan, Xuetong (2011) [Edited by Daniel A. Bell and Sun Zhe, Translated by Edmund Ryden], *Ancient Chinese Thought, Modern Chinese Power,* Princeton: Princeton University Press.

Yang, Xiangfeng (2017), "The Anachronism of a China Socialized: Why Engagement is not all It's up to be," *The Chinese Journal of International Politics*, 10:1, pp. 67-94.

Yang, Yi Edward (2021), "China's Strategic Narratives in Global Governance Reform under Xi Jinping," *Journal of Contemporary China*, 30:128, pp. 299-313.

Zaffran, Raphaël (2019), "Strategic Narrative and Security," in Bryan C. Taylor and Hamilton Bean, eds., *The Handbook of Communication and Security*, New York: Routledge, chapter 20.

Zaharna, R.S. (2010), *Battles to Bridges: US Strategic Communication and Public Diplomacy after 9/11*, New York: Palgrave Macmillan.

Zarakol, Ayşe (2014), "What Made the Modern World Hang Together: Socialisation or Stigmatisation?" *International Theory*, 6:2, pp. 311-332.

Zarakol, Ayşe (2010), *After Defeat: How the East Learned to Live with the West*, Cambridge: Cambridge University Press.

Zeng, Jinghan (2020), *Slogan Politics: Understanding Chinese Foreign Policy Concepts*, London: Palgrave Macmillan.

Zeng, Jinghan (2019a), "Narrating China's Belt and Road Initiative," *Global Policy* 10:2, pp. 207-216.

Zeng, Jinghan (2019b), "Chinese Views of Global Economic Governance," *Third World Quarterly*, 40:3, pp. 578-594.

Zeng, Jinghan (2017), "Is China Committed to Peaceful Rise? Debating How to Secure Core Interests in China," *International Politics*, 54:5, pp. 618-636.

Zeng, Jinghan, and Shaun Breslin (2016), "China's 'New Type of Great Power Relations': A G2 with Chinese Characteristics?" *International Affairs*, 92:4, pp. 773-794.

Zenz, Adrian (2022), "The Xinjiang Police Files: Re-Education Camp Security and Political Paranoia in the Xinjiang Uyghur Autonomous Region," *Journal of the European Association for Chinese Studies*, 3, pp. 263-311.

Zenz, Adrian (2020), Sterilizations, IUDs, and Mandatory Birth Control: The CCP's Campaign to Suppress Uyghur Birthrates in Xinjiang, Washington D. C.: The Jamestown Foundation, June.

Zerfass, Ansgar, et al. (2018), "Strategic Communication: Defining the Field and its Contribution to Research and Practice," *International Journal of Strategic Communication*, 12:4, pp. 487-505.

Zhang, Yunbi (2022), "Xi: Judge Human Rights based on Country's Reality," *China Daily* (Hong Kong), June 16.

Zhang, Yunhan, and Jan Orbie (2019), "Strategic Narratives in China's Climate Policy: Analysing Three Phases in China's Discourse Coalition," *The Pacific Review*, 34:1, pp. 1-28.

Zhao, Kejin (2016), "China's Rise and Its Discursive Power Strategy," *The Chinese Political Science Review*, 1:3, pp. 539-564.

Zhao, Kejin (2015), "The Motivation Behind China's Public Diplomacy," *The Chinese Journal of International Politics*, 8:2, pp. 167-196.

Zhao, Minghao (2019), "Is a New Cold War Inevitable? Chinese Perspectives on US-China Strategic Competition," *The Chinese Journal of International Politics*, 12:3, pp. 371-394.

Zhao, Suisheng (2020), "Rhetoric and Reality of China's Global Leadership in the Context of COVID-19: Implications for the US-led World Order and Liberal Globalization," *Journal

of Contemporary China, 30:128, pp. 233-248.
Zheng, Bijian (2005), "China's 'Peaceful Rise' to Great-Power Status," *Foreign Affairs*, 84:5, pp. 18-24.
Zhou, Weifeng, and Mario Esteban (2018), "Beyond Balancing: China's Approach towards the Belt and Road Initiative," *Journal of Contemporary China*, 27:112, pp. 487-501.
Zimonjic, Peter, and Philip Ling (2021), "Canada Leads International Coalition Calling on China to Allow Investigators Free Access to Xinjiang: Separate Alliance of 60 Elected Officials from 18 Countries Calls for Probe into 'Indications of Genocide'," CBC News (Posted: June 18).
Zweig, David (2019), "Familiarity Breeds Contempt: China's Growing 'Soft Power Deficit' in Hong Kong," in Edney, Rosen, and Zhu, eds. (2019), chapter 13.

日本語文献

AFP（2017）「『朝鮮は中国の一部だった』習氏が言ったとトランプ氏　韓国激怒」4月22日。

Bloomberg News（2014）「新疆ウイグルで襲撃、約80人死傷——習主席が訪問終えた数時間後」5月1日。

CRI（China Radio International）Online（2022）「習近平総書記、人権をテーマに機関誌『求是』に寄稿」6月16日。

NHK News Web（2022年6月27日a）「サイバー戦　見えてきたサイバー戦　ハイブリッド戦　ウクライナで激しい攻防」k10013690111000.html　（アクセス、2022/6/28）。

NHK News Web（2022年6月27日b）「サイバー市民戦争　世界に飛び火"サイバー市民戦争"パンドラの箱は開かれた」。

NHK News Web（2022年2月6日）「国連事務総長　習主席と会談"ウイグル視察　信頼できるものに"」。

青井千由紀（2022）『戦略的コミュニケーションと国際政治——新しい安全保障政策の論理』日本経済新聞出版。

青井千由紀（2021）「戦略的コミュニケーションと防衛外交」渡部恒雄、西田一平太編『防衛外交とは何か——平時における軍事力の役割』勁草書房、第3章。

青井千由紀（2020）「日本の価値観主導型戦略と日EU関係」ラベア・ブラウアー他（編）『日EU関係——SPAの具体化に向けて』コンラート・アデナウアー財団日本事務所、23-30頁。

青井千由紀（2019）インタヴュー　「英国に学ぶ戦略的コミュニケーションの要諦」『日経ビジネス』2019年11月28日。

青山瑠妙（2023）「『陣営化』する世界と中国のグローバル・サウス政策」『国際問題』No. 711、37-48頁。

文献　607

青山瑠妙 (2014)「防御的、積極的、そして攻撃的パブリック・ディプロマシー──中国における 3 つの要素」『国際問題』No. 635、15-25 頁。

『朝雲』(2022 年)「中ロ爆撃機が共同飛行」6 月 2 日。

『朝日新聞』(2023 年 2 月 17 日夕刊)「政策転換は『決定的な勝利』　習氏『ゼロコロナ』終了を総括」。

『朝日新聞』(2022 年 9 月 16 日)「習氏『ともに混乱した世界の安定を』　中国、軍事支援には慎重」。

『朝日新聞』(2022 年 6 月 17 日 a)「習氏『国際人権闘争　展開を』　米欧優位の価値観へ対抗」。

『朝日新聞』(2022 年 6 月 17 日 b)「EU 偽情報対策を強化　巨大 IT 逸脱続けば巨額制裁金も」。

『朝日新聞』(2022 年 5 月 29 日)「ウイグル人権　国連遠い解明」。

『朝日新聞』(2022 年 5 月 26 日)「習氏『教師づらすべきでない』　国連人権トップに反論姿勢強調」。

『朝日新聞』(2022 年 5 月 24 日夕刊)「ウイグル視察、中国が牽制　王毅外相、国連人権トップと会談」。

『朝日新聞』(2022 年 5 月 24 日)「バチェレ氏中国到着、滞在中にウイグルへ　国連人権高等弁務官」。

『朝日新聞』(2022 年 5 月 4 日)「『中華の復興』波立つアジア」。

『朝日新聞』(2021 年 9 月 7 日)「(インタビュー)向かい風の自民党　選挙・政治アドバイザー、久米晃さん」。

『朝日新聞』(2021 年 7 月 3 日)「遠い『愛される中国』への道」。

『朝日新聞』(2021 年 2 月 5 日)「ウイグルで急増する不妊手術」。

『朝日新聞』(2021 年 1 月 20 日夕刊)「『中国、ウイグル族に消滅政策』　ポンペオ米長官が声明」。

『朝日新聞』(2020 年 12 月 8 日)「『自由で開かれたインド太平洋』：米次期政権どうする」。

味﨑利光 (2019)「我が国の戦略的コミュニケーション (SC) の現状と今後とるべき方策について──防衛省・自衛隊を中心に」『エア・パワー研究』第 6 号、108-139 頁。

飛鳥田麻生 (2007)「米中関係における『人権』問題──中国の視点から」髙木誠一郎(編)『米中関係──冷戦後の構造と展開』日本国際問題研究所、第 6 章。

天児慧 (2010)「中国の台頭と対外戦略」天児慧、三船恵美(編著)『膨張する中国の対外関係──パックス・シニカと周辺国』、勁草書房、第 1 章。

飯田将史 (2021)「中国が目指す認知領域における戦いの姿」NIDS コメンタリー、第 177 号、6 月 29 日。

石田雄 (1961)『現代組織論』岩波書店。

石原敬浩 (2019)「戦略的コミュニケーションと朝鮮半島危機 2017-8──抑止・強制

のための軍事力の使用」『海幹校戦略研究』第 9 巻第 1 号、35-50 頁。
石原敬浩 (2016)「戦略的コミュニケーションと FDO──対外コミュニケーションにおける整合性と課題」『海幹校戦略研究』第 6 巻第 1 号、2-26 頁。
石原敬浩 (2015)「米軍における"戦略的コミュニケーション"を巡る葛藤」『海幹校戦略研究』第 5 巻第 1 号、92-96 頁。
上野千鶴子、宮台真司、斎藤環、小谷真理 (2006)『バックラッシュ！ なぜジェンダーフリーは叩かれたのか？』双風舎。
江藤名保子 (2023)「『中国式民主』の現在地──政治体制の競争か、共存か」『国際問題』No. 711、18-25 頁。
江藤名保子 (2022)「中国の民主主義と人権の『認知戦』に要警戒なワケ──習近平政権による『話語権』と価値の相克」地経学ブリーフィング、No. 98、3 月 28 日。
江藤名保子 (2021)「習近平が語る新型政党制度の優位性」SPF China Observer、第 36 回、10 月 22 日。
江藤名保子 (2020)「新型コロナウイルスをめぐる中国の対外宣伝──人類運命共同体を促進する統一戦線工作」SPF China Observer、第 31 回、5 月 20 日。
江藤名保子 (2017a)「習近平政権の『話語体系建設』が目指すもの──普遍的価値への挑戦となるか」東京財団　Views on China、7 月 25 日。
江藤名保子 (2017b)「普遍的価値をめぐる中国の葛藤」『アジ研ワールド・トレンド』No. 266、26-33 頁。
江藤名保子 (2016)「習近平政権の世論対策に内在するジレンマ」国際問題研究所『国際秩序動揺期における米中の動勢と米中関係──中国の国内情勢と対外政策』第 4 章。
王緝思 (2021)「中国と米国、二つの秩序」『朝日新聞』10 月 9 日。
王緝思 (2020)「新型コロナウイルス流行下の米中関係」笹川日中友好基金、4 月 30 日。
岡義達 (1953)「権力の循環と象徴の選択」『國家學會雑誌』66 (11・12)、611-636 頁。
何清漣 (福島香織訳) (2019)『中国の大プロパガンダ──恐るべき「大外宣」の実態』扶桑社。
カクタニ　ミチコ (岡崎玲子訳) (2019)『真実の終わり』集英社。
金子将史 (2014)「転換期を迎える日本のパブリック・ディプロマシー」『国際問題』No. 635、38-48 頁。
金子将史、北野充 (編著) (2014)『パブリック・ディプロマシー戦略』PHP 研究所。
金子将史 (2012)「新段階の日中関係に適合した多面的なパブリック・ディプロマシーの展開を」PHP Policy Review, Vo.6-No.52、10 月 24 日。
金子将史、北野充 (編著) (2007)『パブリック・ディプロマシー──世論の時代の外交戦略』PHP 研究所。
加茂具樹 (2020)「制度性話語権と新しい五カ年規劃」『中国政観』(霞山会)、8 月 20 日。
河合正弘 (2019)「『一帯一路』構想と『インド太平洋』構想」『反グローバリズム再考

──国際経済秩序を揺るがす危機要因の研究「世界経済研究会」報告書』日本国際問題研究所、第 5 章。
河上康博 (2022)「戦略的コミュニケーションとしての令和 4 年版防衛白書──インド太平洋地域に示す抑止力と対処力の強化」笹川平和財団　国際情報ネットワーク分析 IINA、8 月 23 日。
川島真 (2022)「グローバルサウスに働きかける中国──中国の描く世界と米中「対立」像─」『Security Studies 安全保障研究』第 4 巻第 3 号、97-110 頁。
川島真 (2021)「夢は一つか──中国共産党の百周年　習近平の演説を読む」『UP』Number 587、21-27 頁。
川島真 (2014)「中国における国際政治研究の展開──『中国モデルという課題』」『国際政治』第 175 号、100-114 頁。
カンバ、アルビン (2022)「フィリピン『親中派』拡大も」『日本経済新聞』4 月 17 日。
菊池努 (1995)『APEC──アジア太平洋新秩序の模索』日本国際問題研究所。
北野尚宏 (2022)「中国の『グローバル開発』構想 (GDI)」日本国際問題研究所　研究レポート、3 月 31 日。
清原聖子 (編著) (2019)『フェイクニュースに震撼する民主主義──日米韓の国際比較研究』大学教育出版。
京極純一 (1968)『政治意識の分析』東京大学出版会。
共同通信 (2023)「北京 LGBT 団体の活動停止　習指導部が危険視、圧力強化」5 月 17 日。
喬良、王湘穂 (坂井 臣之助 (監修)、Liu Ki (訳)) (2020)『超限戦──21 世紀の「新しい戦争」』角川新書。
熊倉潤 (2022)『新疆ウイグル自治区──中国共産党支配の 70 年』中公新書。
栗栖薫子 (2005)「人間の安全保障『規範』の形成とグローバル・ガバナンス──規範複合化の視点から」『国際政治』143 号、76-91 頁。
小泉悠 (2022)「新テクノロジーと安全保障の将来像──技術革新が秩序に及ぼすインパクトとその限界」ROLES REVIEW、Vol.1、3-27 頁．
小泉悠 (2019)『「帝国」ロシアの地政学──「勢力圏」で読むユーラシア戦略』東京堂出版。
小泉悠、桒原響子、小宮山功一朗 (2023)『偽情報戦争──あなたの頭の中で起こる戦い』ウェッジ。
葛兆光 (コーチャオコワン) (2020)「よみがえる帝国の記憶」『朝日新聞』3 月 25 日 (インタビュー)。
小嶋華津子 (2022)「中国共産党の社会統治──実態と展望」『習近平の中国──政治・経済・社会・外交』『Security Studies 安全保障研究』第 4 巻第 3 号、30-39 頁。
阪本拓人、保城広至、山影進 (2012)『ホワイトハウスのキューバ危機──マルチエージェント・シミュレーションで探る核戦争回避の分水嶺』書籍工房早山。

佐藤俊樹、友枝敏雄（編）（2006）『言説分析の可能性』東信堂。
佐橋亮（編）（2020）『冷戦後の東アジア秩序 ―― 秩序形成をめぐる各国の構想』勁草書房。
『産経新聞』（2022 年 1 月 2 日）「習氏、天安門弾圧を称賛 『国家を守った英断』と演説」。
関山健（2023）「習近平の中国 ―― 気候変動対策の展望」『Security Studies 安全保障研究』第 4 巻第 3 号、40-50 頁。
趙啓正（王敏編集、監訳）（2011）『中国の公共外交 ―― 「総・外交官」時代』三和書籍。
高木誠一郎（2011）「中国外交の新局面 ―― 国際『話語権』の追求」『青山国際政経論集』第 85 号、3-19 頁。
高木誠一郎（2003）「中国の『新安全保障観』」『防衛研究所紀要』第 5 巻第 2 号、68-89 頁。
滝田洋一（2022）「米中経済、幻と化す逆転劇」『日本経済新聞』9 月 19 日。
田中明彦（2021）「世界システムの構造変容 ―― データ可視化による探求」岩沢雄司、岡野正敬（編）、『国際関係と法の支配 ―― 小和田恆国際司法裁判所裁判官退任記念』信山社、1079-1101 頁。
田中明彦（2000）『ワード・ポリティクス ―― グローバリゼーションの中の日本外交』筑摩書房。
唐鳳（タン　フォン）（2022）「サイバー情報戦　闘う台湾」『朝日新聞』9 月 1 日。
譚璐美（タン　ロミ）（2021）『中国「国恥地図」の謎を解く』新潮新書。
張雪斌（ちょう・せつひん）（2019）『日本と中国のパブリック・ディプロマシー ―― 概念変容に伴う新たな競争』ミネルヴァ書房。
土屋英雄（2004）「中国の憲法改正（1）―― 2004 年改正の過程、内容、意義」『レファレンス』No.644、60-84 頁。
土屋英雄（2005）『現代中国の憲法集 ―― 解説と全訳、関係法令一覧、年表』尚学社。
土屋大洋（2022）「データの安全な保管場所」『日本経済新聞』7 月 27 日。
土岐茂（1995）「今日の中国における人権概念」『比較法学』28 巻 2 号、31-58 頁。
中居良文（編著）（2020）『中国の南向政策』お茶の水書房。
中沢克二（2022）「『北京コロナ感染 70％』の深刻度、習政権に 2 つの司令部」『日本経済新聞』12 月 21 日（電子版）。
長迫智子（2021）「今日の世界における「ディスインフォメーション」の動向 ――"Fake News"から"Disinformation"へ」笹川平和財団　国際情報ネットワーク分析 IINA、2 月 15 日。
長沼加寿巳（2021a）「［研究ノート］シーパワーの政策的活用に関する一試論 ―― 1970 年代のケーブル、ルトワック及びブースによる事績を辿って」『海幹校戦略研究』第 11 巻第 1 号、61-85 頁。
長沼加寿巳（2021b）「認知領域における戦い ―― 物語（ナラティブ）、感情、時間性」NIDS コメンタリー、第 163 号、3 月 14 日。
長沼加寿巳（2021c）「安全保障や防衛におけるナラティブ」NIDS コメンタリー、第

155号、1月15日。

長沼加寿巳 (2020)「8年ぶりの英空母によるインド太平洋展開——知られざる日英防衛協力の一場面を辿って」NIDS コメンタリー、第146号、12月8日。

成田悠輔 (2021)「民主主義の未来(上) 優位性後退、崩壊の瀬戸際に」『日本経済新聞』8月18日。

『日本経済新聞』(2023年2月16日)「偽情報への備え 内閣官房に専門組織 政府方針、各省庁運用を統一 24年度にも」。

『日本経済新聞』(2023年1月11日)「中国、日韓にビザ発給停止 政策転換の正当性強調 入国規制『政治的操作』と批判」。

『日本経済新聞』(2022年12月14日)「米中のGDP逆転せず 日経センター22年時点予測 ゼロコロナ余波・米規制も重荷」。

『日本経済新聞』(2022年10月17日)「米留学、インドが中国逆転 22年度のビザ発給首位 米中の緊張映す」。

『日本経済新聞』(2022年9月18日)「一帯一路 『問題債権』3倍、20〜21年7.4兆円 コロナ直撃 融資6割減少、新興国の重荷」。

『日本経済新聞』(2022年9月10日)「中国大使、国連『協力の道閉ざした』ウイグル問題めぐり」。

『日本経済新聞』(2022年9月1日)「中国、国連の新疆報告書を批判 『反中勢力の陰謀』 対抗措置には言及せず、党大会前に安定優先」。

『日本経済新聞』(2022年7月15日)「習近平氏、8年ぶり新疆ウイグル訪問、治安安定を誇示」。

『日本経済新聞』(2022年6月29日)「米、中国企業5社に禁輸 『ロシア軍を支援』で制裁」。

『日本経済新聞』(2022年5月24日夕刊)「中国外相、人権の政治問題化に反対」。

『日本経済新聞』(2021年12月16日)「米中GDP、33年に逆転、日経センター試算、昨年予測から後退、中国の民間統制響く、50年には米が再逆転」。

『日本経済新聞』(2021年3月22日)「米中外交トップ会談、異例の応酬 冒頭発言全文(上)」。

『日本経済新聞』(2021年3月23日)「『聞いた話と違う』米中外交トップ会談、冒頭発言全文(下)」。

長谷部恭男 (2022)「戦争と憲法」『朝日新聞』4月30日。

林望 (2022)「『国辱地図』に秘められた帝国の記憶 世界秩序揺さぶる中国の歴史観」『朝日デジタル』4月21日。

平野聡 (2021)「中国と人権——人権問題の国際化と『発展権』」『国際問題』No. 704、14-21頁。

藤井彰夫 (2022)「デジタルと戦争と改革と 危機が促すIT実装」『日本経済新聞』7月4日。

龐(ホウ)宏亮(安田淳監訳、上野正弥、金牧功大、御器谷裕樹訳)(2021)『知能化戦争――中国軍人が観る「人に優しい」新たな戦争』五月書房新社。

防衛省(2022)『防衛白書　令和4年版』防衛省。

益尾知佐子(2022)「権威主義との闘い(下)　体制間対立より現実主義」『日本経済新聞』7月19日。

光辻克馬、山影進(2016)「相互作用する認知構造(ICS)モデルから捉える討論と合議――EXCOMMモデルの再定義と再吟味」『青山国際政経論集』97号、109-144頁。

莫邦富(モー・バンフ)(2007)『二十一世紀の大国中国を読む「新語」』日本放送出版協会。

毛里和子(2021)『現代中国――内政と外交』名古屋大学出版会。

毛里和子(2012)『現代中国政治――グローバル・パワーの肖像』(第3版)名古屋大学出版会。

矢野哲也(2011)「米国のストラテジック・コミュニケーション(SC)政策の動向について」『防衛研究所紀要』第13巻第3号、1-23頁。

山口信治(2020)「中国の戦う外交官の台頭?」NIDSコメンタリー、第116号、5月6日。

山口信治、八塚正晃、門間理良(2022)『中国安全保障レポート2023――認知領域とグレーゾーン事態の掌握を目指す中国』防衛研究所。

山口智美、斉藤正美、荻上チキ(2012)『社会運動の戸惑い――フェミニズムの「失われた時代」と草の根保守運動』勁草書房。

山本秀也(2017)『習近平と永楽帝――中華帝国皇帝の野望』新潮新書。

山本吉宣(出版予定)『冷戦後の国際政治――関与から戦略的競争へ』。

山本吉宣(2021a)「パワー・トランジションから見た米中関係と国際システムの将来」岩沢雄司、岡野正敬編『国際関係と法の支配――小和田恆国際司法裁判所裁判官退任記念』信山社、1103-1138頁。

山本吉宣(2021b)「言説の対抗と米中関係」PHP総研特別レポート。

山本吉宣(2016)「インド太平洋と海のシルクロード――政策シンボルの競争と国際秩序の形成」PHP特別レポート。

山本吉宣(2015a)「中国の台頭と国際秩序の観点から見た『一帯一路』」PHP Policy Review, Vol.9-No.70。

山本吉宣(2015b)「競争的相互浸透秩序の可能性――北東アジアの安全保障環境をめぐって」PHP Policy Review Vol.9-No.69。

山本吉宣(2011a)「『国際政治の理論――過去、現在、未来:国際政治のパラダイムを通して』『青山国際政経論集』84号、3-53頁。

山本吉宣(2011b)「アジア太平洋の安全保障アーキテクチャー――2030年へのシナリオ」日本国際問題研究所『アジア太平洋地域における各種統合の長期的な展望と日本の外交』第6章。

山本吉宣(2011c)「国際システムの変容と安全保障――モダン、ポストモダン、ポス

山本吉宣 (2006)『「帝国」の国際政治学』東信堂。
山本吉宣 (2000)「東アジアの将来に関する一つの考察——ネオ・ウェストファリア・システムへ向けて」平和安全保障研究所『日米中 3 国会議の実践と観察』第 3 章。
山本吉宣 (1989)『国際的相互依存』東京大学出版会。
山本吉宣、上川陽子、田中明彦、金城亜紀、赤松秀一編 (2022)『「学ぶこと」と「思うこと」—— 学び舎の小和田恆先生』信山社。
李信愛 (2022)「令和 4 年度インド太平洋方面派遣——自由で開かれたインド太平洋に対する日本の戦略的コミュニケーション」笹川平和財団　国際情報ネットワーク分析 IINA、9 月 27 日。
渡辺靖 (2014)「米国のパブリック・ディプロマシーの新潮流」『国際問題』No. 635、5-14 頁。

あとがき

　2023年7月7日、夫・山本吉宣は突然旅立ってしまいました。
　悲嘆に暮れる中でも、研究が生きがいであった山本が残した、完成目前の本書が気がかりでありました。データを確認すると、亡くなる二日前まで校正作業をしていたことが分かりました。
　そこで、本書の初期段階から貴重なアドバイスをいただき、推敲まで携わってくださっていた三浦聡先生（名古屋大学）にご相談申し上げ、出版までの編集をお引き受けいただくこととなりました。著者本人の不在、激しく変化する世界情勢、そして門外漢の遺族、と三浦先生にどれだけご負担をおかけしてしまったか計り知れませんが、三浦先生なくして本書の出版はありませんでした。ご自身のお仕事でご多忙にも関わらずご尽力いただき、心からの敬意と感謝を申し上げます。
　また、奥様にも中国語文献の理解についてご協力いただいており、山本は生前、あとがきに謝辞を述べたいと申しておりました。夫に代わり御礼申し上げます。
　長年に渡り山本の著作へご理解をいただきました、東信堂の下田勝司様と下田勝一郎様にも厚くお礼申し上げます。厳しい出版事情の中、お二人の存在がどれだけ山本の励みになっていたか想像に難くありません。
　お一人おひとりのお名前を挙げることは叶いませんが、山本の研究人生の様々な局面でお世話になった恩師、同僚の皆様、各大学のゼミの皆様、大切な友人の皆様、そして長年私たち家族を支えてくれた山本の妹・美代に改めて感謝申し上げます。

　皆様の今後のご活躍とご多幸を心よりお祈り申し上げ、あとがきとさせていただきます。

山本成実

事項索引

数字

3つの系（国家戦略の系・コミュニケーションの系・行政組織の系）……………………… 15
82年憲法……………………………… 427, 431
9.11………………… 62, 72, 80, 205, 238, 451

英字

AU（アフリカ連合）………………… 368, 372
AUKUS……………………………… 185, 370
BRICS（BRICs）…………… 4, 60, 151, 222, 356
CICA（アジア信頼醸成措置会議）………… 148
DIME（Diplomacy, Ideology (Information), Military, Economic）……………………… 22, 396
EU ………………… 179, 208, 299, 369, 546
FOIP（Free and Open Indo-Pacific: 自由で開かれたインド太平洋）………………… 92, 351
GSI（グローバル安全保障イニシアティブ）
　………………………………… 16, 382, 383
ISIL ……………………………… 217, 297, 322
ISIS………………………………………… 62, 415
JDN 1/12 ………………… 72, 273, 275, 279, 284
JDN 2/19 ………………… 75, 78, 285, 287, 291
SCO（上海協力機構）…… 148, 205, 216, 222, 473, 476
SDGs ……………………………… 454, 464, 481
TPP ………………………………………… 175
whataboutism（ホワットアバウティズム）…… 89, 203-206, 426, 487, 492-494, 509

あ行

アイディア
　——世界観………………………………… 47
　——そのものの力…………… 10, 23, 24, 27, 30
　——に対する力……………… 10, 23, 24, 28
　——を通しての力…………… 10, 22, 24, 28
アイデンティティ…… 22, 32, 38, 46, 89, 157, 409
アクティブ・メジャー……………………… 310
アジア太平洋……………………… 91, 298, 364
アセアン地域フォーラム（ARF）……… 114, 371
アフガニスタン……………… 94, 241, 373, 440
アメリカ
　——国防省………………………… 245, 248, 257
　——国家安全保障戦略（NSS）…… 38, 83, 183, 252, 315
アメリカ・ファースト………… 91, 109, 192, 219
アルカイダ…………… 62, 115, 240, 269, 307, 326
安全保障共同体…………………… 192, 194, 409
安全保障のジレンマ……………… 169, 180-182, 351
イギリス
　——国防省………………………… 72, 75, 284, 348
　——の戦略的ナラティブ………………… 77
イスラム
　——原理主義………… 62, 72, 232, 240, 476, 535
一帯一路（BRI）……………… 50, 149, 170, 501
イディエーショナル
　——パワー………………………………… 3
イデオロギー…… 3, 16, 30, 178, 194, 226, 380, 395, 408-415, 512
イラク……………………………… 38, 73, 263, 512
イラン……………………………… 196, 232, 306
インド……………………………………… 36, 222, 370
インド太平洋……………………… 92, 176, 369-371
インドネシア……………………………… 115
ウィン・ウィン（双贏）…… 138, 142, 426, 453, 455, 459
ウィーン宣言……………………… 444, 447
ウェストファリア（的）秩序（体制）…… 14, 157,

202, 215, 219-225, 356
ウクライナ侵攻………… 3, 316, 374, 391, 478, 544
埋め込まれたリベラリズム…………………… 90
エスカレーション………………… 14, 56, 169
オーストラリア………… 122, 173, 176, 370, 492

か行

核心的利益………… 6, 91, 108, 143, 177, 540
価値……………………… 3, 44, 138, 224, 547
カナダ………… 141, 179, 369, 449, 470, 487-492
カムループス………………… 487, 488, 491
関与政策……………… 4, 6, 53-55, 412, 413, 417
気候変動………………………… 92, 359, 383
擬態 (mimicry) ……………………………… 204
北大西洋条約機構 (NATO) …… 8, 237, 241, 260, 295-303, 378-380
規範
　カウンター────…………………… 58, 63, 218
　────企業家………… 11, 49, 57, 63, 69, 229-232
　────サボタージュ……………………… 127
　────戦争……………………………… 50, 481
　────の強靱性………… 202, 212, 507, 510
　────の堅牢性………… 202, 212-214, 510
　────の対抗 (コンテステーション) …… 9, 15, 59, 75, 214, 341, 422, 507
　────の破壊………………… 14, 201, 341
　────のライフ・サイクル……………… 57
　────破壊者………… 206, 210, 219, 229, 232
　────防衛者……………………… 229, 232
逆社会化………………………… 50, 170, 178
逆行の政治………………………………… 18, 506
協調的民主主義…………………………… 500, 505
強制外交………………………… 119, 359, 423
競争的共存………… 5, 14, 170, 186, 359, 365
共同富裕………………………………… 500, 515
近代化の罠……………………………………… 406
クアッド…………………………………… 185, 370
グランド・ナラティブ……… 45, 90, 182, 192, 547
クリミア併合……………… 15, 207, 241, 285, 306

グローバル・ガバナンス………………… 92, 114
グローバル関与センター………………… 306, 307
グローバル・サウス…… 13, 39, 114, 171, 228, 368
軍事オペレーション……………… 236, 249, 281
経済制裁………………… 79, 110, 123, 180, 486
ゲオ・ヒストリー (地歴学) ………… 217, 415
決定にみられる力………………………………… 33
権威主義 (専制)
　────的な秩序………………… 14, 202, 221
　────の促進……………………………… 50
言説
　カウンター────………………………………… 4
　対抗的な────…………… 7, 12, 110, 342, 351
　調和的な────…………… 13, 152, 311, 327, 342
　────の逆投射………………………………… 170
　────の浸透……………………………………… 13
　────力…………………………………………… 3
公共外交 (パブリック・ディプロマシー) … 83, 111, 342
孔子学院……………………………… 175, 535
構造的な力…………………………………………… 10
胡錦濤政権……………………… 5, 64, 132, 137
心の地政学………………………………………… 21
国際制度……… 11, 36, 57, 146-152, 193, 210, 456
国際通貨基金 (IMF) ……………… 148, 150, 372
国防戦略コミュニケーション……… 75, 284, 285, 294
国連安全保障理事会……………………………… 60
国連人権理事会…… 17, 141, 148, 425, 453, 469, 472, 517
国家安全保障会議 (NSC) ……… 74, 186, 273
国家資本主義………………………… 7, 178, 412
国家主権………………… 4, 54, 57, 140, 227, 356
コミュニケーション同期化 (CS) …… 236, 257-263, 305, 324
コンストラクティビズム (構成主義) …… 556, 557

さ行

サイバー安全保障……………286, 294, 326, 383
サイバー戦…………………………………239, 242
差別防止・少数者保護小委員会………431, 434, 448, 450, 452
三悪………………222, 469, 473, 477, 503, 517
三戦…………………………………………123, 124
自衛隊……………………………………86, 252, 299
ジェノサイド…………177, 205, 313, 440, 490, 496
持続可能な発展………………………………………466
失地回復主義…………………145, 152, 155, 217
社会化
　　一方的な――……………4, 11, 49, 56, 170
　　双方向の――………………5, 49, 50, 61, 62
社会主義強国……39, 50, 108, 111, 138, 152, 504, 539
シャープ・パワー……123, 173, 209, 303, 311
自由経済………………………………4, 178, 412
修正主義………………………6, 169, 180-184, 231
出力正当性……………………………385, 388, 397
小康社会……………………………………144, 514
象徴（シンボル）
　　組織――………10, 46, 47, 70, 90, 331, 332, 555
　　認識――…………46, 90, 115, 116, 332, 398
情報オペレーション………82, 124, 245, 260, 280, 303, 347
新型コロナ（COVID-19）………7, 94-98, 302, 407
シンガポール……………………………114, 367, 370
新疆ウイグル自治区………38, 205, 426, 468, 475, 478, 482-487, 517
新機能主義……………………………………………170
人権……………………………………………………
　　――委員会　→　国連人権理事会
　　――白書…425, 428, 430, 434, 441, 444-447, 502
人種差別撤廃委員会………………………468, 486
信条体系……………………………22, 47, 115, 265
人民の中の戦争…………240, 241, 285, 293-295
人類運命共同体………6, 50, 108, 138, 158, 454, 502

スマート・パワー……………………81, 83, 303
政策パラダイム……………47, 53, 532-534, 552
生産的な力………………………………………………10
政治的な戦争……………………………………………123
生存権………………………422, 436, 438, 446, 499
制度的な力………………………10, 22, 26, 115, 147
制度的話語………………………………………146, 517
世界人権宣言……17, 424, 433-436, 441, 444-446, 505
世界貿易機関（WHO）……………………97, 192, 208
専制……………………7, 16, 50, 189, 224, 361, 366
全政府的（whole-of-government）……………265
制脳権………………………………………………347
戦略的競争………………………16, 180, 186, 378
戦略的公共外交……………………80, 119, 346
戦略的コミュニケーション（SC）……14, 72, 82-87, 124, 235, 244, 266, 298, 320
戦略的ナラティブ………12, 45, 69-72, 88-94, 105, 343-347
戦狼外交………………97, 208, 302, 308, 509
双循環…………………………………………………7
ソフト・パワー………79, 106, 110-120, 125, 155, 172, 341-347

た行

大国関係の新しいモデル（新型大国関係）……5, 51, 64, 138, 142, 143, 163, 174, 198
台湾………………………………152, 241, 300, 545
多国間主義………………………81, 192, 206, 459, 462
タリバン……………………………62, 115, 268, 373
地位（status）………………………………………143
恥辱化………………………………………………513
秩序トランジション……………………………539
智能化戦争……………………………124, 310, 348
チベット……………………………106, 133, 449, 470
中国……………………………………………………
　　――の再興………………………………135, 504
中国共産党
　　――全国大会………………………………133, 463

——中央委員会·················· 381, 463
『中国共産党と人権の保擭』········ 427, 444, 502
中国語法（Sino-speak）················ 135-137
中国の夢················ 18, 132, 135, 189, 415, 499
中ロ共同声明······················ 16, 185, 204, 371
聴衆中心のアプローチ············ 77, 287, 291, 293
帝国主義··························· 56, 195, 416, 494
ディスインフォメーション····15, 208, 237, 300-303, 310-319, 543, 546
デジタル外交·································· 350, 543
天安門事件············ 422-428, 431, 448, 503, 507
天下（tianxia）····················· 136, 156, 217
トゥキディデスの罠····················· 174, 186
韜光養晦················ 108, 131, 137, 154, 188

な行

内政不干渉················ 11, 17, 215, 222, 516
ナラティブ
　——合理性···················· 533, 552-554
　——力···············10, 45, 53, 79, 107, 395
日本
　——外務省···················· 85, 251, 331
入力正当性································ 385, 389
ネオ・ウェストファリア体制··········· 223, 356
ネオリベラリズム······························ 90
野田政権····································· 251

は行

ハイブリッド戦争············· 125, 241, 294, 296
覇権主義······································ 169, 184
パックス・アメリカーナ······················ 8, 195
バックファイア効果························ 511, 512
バックラッシュ
　——の政治······················· 230, 513
発展権（発展中心の人権）········ 17, 422, 439, 441, 446, 458, 504, 517
「発展の権利に関する宣言」··· 428, 444, 446, 456, 507
「発展の人権に対する貢献」決議 ·····425, 454,

457, 465, 466
ハード・パワー······· 81, 110-113, 155, 174, 271
パブリック・アフェアーズ···· 245, 258, 295, 332
パワー（力）
　強制的——···························27-29
　言説——······5, 10, 45, 53, 79, 107, 132, 395
　構造的——························ 27, 31, 35-37
　三次元の——······························ 33
　生産的——························ 27, 32, 35, 37
　制度的——······················· 27, 29, 34, 146
　表象的——·································115, 116
　ナラティブ——　→　ナラティブ力
パワー・トランジション（力の移行）······7, 25, 142-145, 539
反規範企業家························· 49, 57, 229-232
反省的コントロール（反射統制）···· 78, 100, 348
非決定（non-decision）の力················· 35
非ナチ化···································· 7, 547
「百年の恥辱」······· 96, 145, 152, 156, 417, 513
富国強兵······························ 6, 91, 108, 152
負のソフト・パワー······················· 84, 155, 548
ブラジル··················· 11, 60, 61, 196, 222, 356
プラス（正）のソフト・パワー··········· 83, 155
プロパガンダ·················· 12, 35, 120, 314-316
奮発有為····························· 111, 137, 154, 187
文明的国家···············135, 156, 216, 415, 536
文明の衝突······························· 414, 415
米中関係·················· 10, 25, 49, 182, 228, 538
平和台頭······································· 12, 63, 65
平和発展······················ 5, 80, 142, 151, 344, 540
北京オリンピック（夏季）············ 106, 133, 389
北京コンセンサス·························· 12, 63, 65
ヘゲモニー（覇権）············ 23, 31, 202, 216, 417
ベラルーシ···························· 141, 299, 454, 492
防衛計画の大綱······························· 86
防衛省···························· 87, 252, 299, 331
保護する責任（R2P）·······5, 11, 58, 60, 61, 205, 207
香港············ 6, 141, 179, 189, 410, 426, 461, 465

ま行

マスター・ナラティヴ………… 45, 182, 183, 547
南アフリカ…………………………… 4, 222, 356
南シナ海……114, 143, 173, 177, 181, 189, 206, 217
ミーム……………… 45, 182-184, 313, 490, 547, 555
ミュンヘン安全保障会議………… 7, 361, 362, 369
民主主義サミット………………… 369, 384, 498
民主主義の呪い…………………… 401, 404-407
民主と専制………………… 16, 362, 365-376, 382

ら行

リアリズム………………………… 47, 556, 557
リビア………………………………… 60, 73, 273
リベラリズム…… 47, 90, 194, 217, 222, 389, 534, 557
リベラル国際秩序……… 8, 14, 194-196, 202, 209, 226, 416
リベラルな言説………………… 4, 7, 49, 53, 69, 534
リベラル・パフォーマンス…………… 203, 206

リーマン・ショック……………… 5, 7, 132, 188
領土主権…………………… 5, 108, 111, 177, 195
ルール・ベース（の国際秩序）…… 45, 176, 182, 183, 370, 379
冷戦……………………… 239, 249, 311, 404, 413
レジーム・チェンジ…… 14, 60, 109, 177, 356, 360, 363, 377
レトリック
　──の罠……………………… 152, 153, 159,
ロシア………205, 229, 308, 349, 373, 389, 535, 544

わ行

和諧社会………………… 5, 91, 119, 138, 535
和諧世界………………… 5, 108, 110, 134, 138
話語……………………… 5, 43, 105-111, 139, 146
話語権………… 5, 45, 50, 69, 105-107, 131-134, 137
　国際的（対外的）──……………… 6, 106, 343
ワシントン・コンセンサス………………… 23, 90
和平演変…………………… 54, 55, 133, 140, 184

人名索引

あ行

アイケンベリー（Ikenberry, G. J.）……… 192-196, 210, 211, 382, 538
青井千由紀………………………………… 87
アクィーラ（Arquilla, J.）…………… 252, 253
アグニュー（Agnew, J.）………………… 136
アチャリヤ（Acharya, A.）……………… 215
アドラー（Adler, E.）……… 208, 209, 225, 509
石田雄……………………………………… 46
ヴァン・ハム（van Ham, P.）…………… 238
ヴィトー（Vitto, V.）…………………… 247
ヴィーナー（Wiener, A.）………… 59, 62, 230
ウィルソン（Wilson, T. W.）…………… 196
ウォーカー（Walker, C.）……………… 172
ウォルト（Walt, S. M.）………… 195, 397, 415
ヴンダーリッヒ（Wunderlich, C.）…… 232
エコノミー（Economy, E.）…………… 172, 518
江藤名保子……………………… 69, 106, 120, 138
エリクソン（Erickson, A. S.）……… 174, 360
閻学通………………………… 136, 152, 153, 381
オーウェル（Orwell, G.）…………… 137, 549
王毅……………………………………… 474, 479
王義桅…………………………………… 383
汪習根…………………………………… 467, 468
オーエン（Owen, J. M.）……………… 221
オースティン（Austin, L.）…………… 370
オバマ（Obama, B. H.）…… 82, 175, 184, 235, 252, 255, 307, 414, 451
小和田恆………………………………… 494

か行

カダフィ（Gaddafi, M.）………………… 60, 73
金子将史………………………………… 84
カーネマン（Kahneman, D.）………… 533, 553
華春瑩…………………………………… 485, 492
ガット（Gat, A.）………………… 226, 402, 404
カプチャン（Kupchan, C. A.）………… 192
カルステンセン（Carstensen, M. B.）… 10, 22-30
カン（Kang, D. C.）…………………… 136, 137
カンバ（Camba, A.）…………………… 172
キッシンジャー（Kissinger, H.）……… 64
キーティング（Keating, V. C.）……… 172
キャットン（Catton, J.）……………… 245
キャラハン（Callaghan, W. A.）…… 6, 83, 84, 135, 136, 142, 152, 155, 171, 415, 548, 554
キャンベル（Campbell, K. M.）……… 189, 365
京極純一………………………………… 554
ギンズバーグ（Ginsburg, T.）… 221, 224, 356, 518
キンツェルバッハ（Kinzelbach, K.）… 429, 430, 434, 441, 488
グテーレス（Guterres, A.）………… 148, 478
クーパー（Cooper, F.）………………… 46
クーパー（Cooper, Z.）………………… 3
グラント（Grant, A.）………………… 155, 156
クーリー（Cooley, A.）……………… 230
ケント（Kent, A.）…………………… 438
ゴー（Goh, E.）……………………… 226
胡鞍鋼………………………………… 463
コーカー（Coker, C.）……………… 217
ゴッダード（Goddard, S. E.）……… 151, 211
コーニッシュ（Cornish, P.）……… 244, 253-255, 271-273
コヘイン（Keohane, R. O.）………… 47
コリアー（Collier, P.）……………… 47
ゴールドスタイン（Goldstein, J.）…… 47
ゴールドスタイン（Goldstein, L. J.）… 181

さ行

崔天凱 …………………………………… 96
ザフラン（Zaffran, R.）………………… 93, 94
ザラコール（Zarakol, A.）……………… 145, 513
サリバン（Sullivan, J.）………………… 365, 494
ジャックス（Jacques, M.）……………… 64, 135
ジャービス（Jervis, R.）………………………… 193
シュウェラー（Schweller, R. K.）……………… 210
習近平………50, 96-98, 132-134, 137-139, 188, 224, 382, 400, 410, 428, 463, 477, 517
シュナイカー（Schneiker, A.）……… 203, 206, 208-211, 219, 225, 461, 508
シュミット（Schmidt, V. A.）…… 10, 22, 25-30, 47
ジョンストン（Johnston, A. I.）… 54, 180-184, 191
シラー（Shiller, R. J.）……………………… 44
秦亜青 ………………………………… 154
スキナー（Skinner, K. K.）……………… 414, 415
須藤亜佑美 ……………………………… 404, 405
スナイダー（Snyder, G. H.）………………… 352
スナイダー（Snyder, J.）…………………… 556
スベンソン（Svensson, M.）………………… 441
孫吉勝 ………………………………… 151

た行

タサム（Tatham, S. A.）…… 116, 244, 264-267, 269-272, 298, 299
田進 ……………………………………… 432
田中明彦 ………………………………… 398, 401
ダライ・ラマ（Dalai Lama）……………… 110
ダレス（Dulles, J. F.）……………………… 54
チャブ（Chubb, A.）……………………… 122
趙可金 …………………………………… 131, 132
趙啓正 …………………………………… 121
趙明昊 …………………………………… 186, 188, 189
趙立堅 …………………………………… 96, 490
ティエッツイ（Tiezzi, S.）……………… 474, 475
デグラーフ（De Graaf, B.）……………………… 94
デュードニィー（Deudney, D.）……………… 538

デュバル（Duval, R.）……… 10, 27-33, 35-37, 146
鄧小平………………………………………………4
ドシ（Doshi, R.）……………… 4, 14, 170, 186-189
トランプ（Trump, D. J.）……… 38, 95, 174, 187, 192-194, 206, 360, 366

な行

ナイ（Nye, J. S. J.）……… 79, 81, 112, 114, 115, 117, 118, 193
ナーリカー（Narlikar, A.）……………………… 45
成田悠輔 …………………………………… 401, 404-406
ネイサン（Nathan, A. J.）……………… 220, 221, 423
ネクソン（Nexon, D. H.）……………………… 230

は行

ハイデン（Hayden, C.）………………… 118, 314-316
バイデン（Biden, J.）……… 7, 16, 175, 189, 195, 359-375, 378, 380, 384, 396, 397
パウエル（Powell, C. L.）…………………… 81
バーキン（Barkin, J. S.）………………………… 557
パシェンチェフ（Pashentev, E. N.）……… 308, 309
ハーシュマン（Hirschman, A. O.）…………… 211
ハース（Haas, M. L.）…………………… 397, 408-412
バチェレ（Bachelet, M.）……………………… 478-482
バーネット（Barnett, M.）…… 10, 27-33, 35-37, 146
バックラック（Bachrach, P.）………………… 35, 147
バーマ（Barma, N.）……………………………… 223
パメント（Pamment, J.）……………………… 350
バラツ（Baratz, M. S.）………………………… 35, 147
ハラハン（Hallahan, K.）……………………… 244
ハンリー（Hanley, H.）………………………… 490, 492
ビアーズ（Beers, C.）…………………………… 81, 82
ビアリィ＝マタン（Bially Mattern, J.）……… 121
ビオラ（Viola, L. A.）………………………… 157
ピコーネ（Piccone, T.）……………………… 457
ビーン（Bean, H.）……………………………… 314
プ（Pu, X.）……………………………………… 210
ファイゲンバウム（Feigenbaum, E. A.）……… 150
ファーウェル（Farwell, J. P.）… 244, 245, 247, 304,

フィッシャー（Fisher, W. R.）・・・・・・・・・・325, 553
フォア（Foa, R. S.）・・・・・・・・・・・・・・・・・・・405, 406
フォン・デア・ライエン（von der Leyen, U.）
・・369
ブッシュ（Bush, G. W.）・・・・・・・82, 114, 115, 375
フット（Foot, R.）・・・・・・・・・・・・・・・・・・・192, 210
ブランズ（Brands, H.）・・・・・・・・・・・・・・・・・・・・・3
フリードバーグ（Friedberg, A. L.）・・・・・・・・174
フリードマン（Freedman, L.）・・・・・71-73, 243, 252, 253, 264
フリードリッヒ（Friedrich, C. J.）・・・・・・・・・・33
ブリンケン（Blinken, A. J.）・・・・・・・81, 83, 177, 359, 371, 375-378, 380, 391, 493
ブルアー（Breuer, A.）・・・・・・・・・・・・・・・・・・・182
ブルックス（Brooks, R. E.）231, 235, 258, 262, 263
ブルーベーカー（Brubaker, R.）・・・・・・・・・・・46
ブレジンスキー（Brzezinski, Z.）・・・・・・・・・・81
ヘイスティングス（Hastings, R. T. J.）・・・・・・・255
ベースヴィッチ（Bacevich, A. J.）・・・・・・・・・197
ベティーザ（Bettiza, G.）・・・203, 204, 216, 218, 219
ベル（Bell, C.）・・・・・・・・・・・・・・・・・・・・・・・・215
ベル（Bell, D. A.）・・・・・・・・・・・・・・・・・・・64, 157
ベンアブダラ（Benabdallah, L.）・・・・・・・・・171
ポーゼン（Posen, B. R.）・・・・・・・・・・・・・・・・・192
ポーター（Porter, P.）・・・・・・・・・・・・・・・・・・・・24
ボブ（Bob, C.）・・・・・・・・・・・・・・・・・・・・・・・・229
ホール（Hall, T.）・・・・・・・・・・・・・・・46, 114-116
ポール（Paul, C.）・・・・・・124, 244, 246, 247, 250, 255, 256, 271, 304, 314
ボルト（Bolt, N.）・・・・・・・・・・・・・・・・・・・・・・207
ボールディング（Boulding, K. E.）・・・・・・・・110
ホワイト（Whyte, C.）・・・・・・・・・・・・・・・・・・550
ポンペイオ（Pompeo, M.）・・・97, 177, 179, 360, 363

ま行

マイリック（Myrick, R.）・・・・・・・・・・・・・・・423
益尾知佐子・・・・・・・・・・・・・・・・・・・・・・・・184, 185
マタン（Matin, J. B.）・・・・・・・・・・・・・・・・・・・125

マティス（Mattis, J. N.）・・・・・・・・・・・・・・・・243
マニエ（Magnier, M.）・・・・・・・・・・・・・・461, 462
マブバニ（Mahbubani, K.）・・・・・・・・・・・・・367
マレン（Mullen, M.）・・・・・・・・256, 292, 323, 335
マン（Mann, M.）・・・・・・・・・・・・・・・・・・・・・395
ミスキモン（Miskimmon, A.）・・・12, 71, 74, 79, 301
ミード（Mead, W. R.）・・・・・・・・・・・・・・・・・・95
三船恵美・・・・・・・・・・・・・・・・・・・・・・・・・・・・495
ミラー（Miller, M. C.）・・・・・・・・・・・・・・64, 136
ミラノヴィッチ（Milanovic, B.）・・・・・・・・・403
ミルウォード（Millward, J.）・・・・・・・・・・・・486
ミルナー（Milner, H. V.）・・・・・・・・・・・・・・・193
メスキータ（Mesquita, B. B.）・・・・・・・・・・・514
メデイロス（Medeiros, E. S.）・・・・・・・・・・・360
メツガー（Metzgar, E. T.）・・・・・・・・・・314-316
毛沢東・・・・・・・・・・・・・・・・・・・・・・・・・・・145, 226

や行

ヤン（Yang, Y. E.）・・・・・・・・・・・・・・・・133, 139
楊潔篪・・・・・・・・・・・・・・・・・・・・114, 121, 380, 493

ら行

ラーキン（Larkin, T.）・・・・・・・・・・・・・・172, 481
ラスウェル（Lasswell, H. D.）・・・・・・・・314, 316
ラーソン（Larson, D. W.）・・・・・・・・・・・・・・181
ラックマン（Rachman, G.）・・・・・・・・・・・・・230
ランプトン（Lampton, D. M.）・・・・・・・・・・・395
リグロ（Legro, J. W.）・・・・・・・・・・・・・・・47, 53
李長春・・・・・・・・・・・・・・・・・・・・・・・・・・・・・・106
リード（Reid, A.）・・・・・・・・・・・・・・・・・・・・416
リトル（Little, G. E.）・・・・・・・・・・・257-260, 305
李鵬・・・・・・・・・・・・・・・・・・・・・・・・・・・・429, 430
リム（Lim, S. J.）・・・・・・・・・・・・・・・・・・210, 211
劉明福・・・・・・・・・・・・・・・・・・・・・・・・・・・135-137
リンドブロム（Lindblom, C. E.）・・・・・・・403, 404
ルイス（Lewis, D.）・・・・・・203, 204, 216, 218, 219
ルークス（Lukes, S.）・・・・・・・・・・・10, 27, 33, 115
ルーズベルト（Roosevelt, F. D.）・・・・・・196, 539
ルソー（Rousseau, J. J.）・・・・・・・・・・・・・・・408

レイティ（Laity, M.）············· 259, 260
レプニコヴァ（Repnikova, M.）········· 173
ロラン（Rolland, N.）···69, 106, 107, 133, 134, 136, 138, 150, 170
ロンフェルド（Ronfeldt, D.）········ 252, 253

わ行

ワイス（Weiss, J. C.）················· 190
ワインスタイン（Weinstein, J. M.）······ 423
ワン（Wang, H.）···················· 223

著者略歴

山本　吉宣（やまもと よしのぶ）

1943年神奈川県生まれ。1966年東京大学教養学部（国際関係論）卒業。1968〜74年フルブライト留学生として米国ミシガン大学政治学部大学院留学（Ph.D.取得）。埼玉大学教養学部教授、東京大学教養学部教授、青山学院大学国際政治経済学部教授を経て、PHP総研研究顧問・東京大学名誉教授。2023年7月7日逝去。

主要著書

『「帝国」の国際政治学―冷戦後の国際システムとアメリカ』（東信堂, 2006）（吉野作造賞受賞）
『アクセス安全保障論』（共編, 日本経済評論社, 2005）
「アジア太平洋の安全保障とアメリカ』（編, 彩流社, 2005）
Globalism, Regionalism and Nationalism（編, Blackwell, 1999）
『国際的相互依存』（東京大学出版会, 1989）
『講座 国際政治』（共編, 東京大学出版会, 1989）
『相互依存の理論と現実』（共編, 有信堂高文社, 1988）他がある。

言説の国際政治学──理論、歴史と「心の地政学」──

2024年10月30日　　初　版第1刷発行　　　　　　　　〔検印省略〕
　　　　　　　　　　　　　　　　　　　　　定価はカバーに表示してあります。

著者Ⓒ山本吉宣／三浦聡（編集協力）／発行者 下田勝司　　印刷・製本／中央精版印刷

東京都文京区向丘 1-20-6　　郵便振替 00110-6-37828
〒113-0023　TEL (03) 3818-5521　FAX (03) 3818-5514
Published by TOSHINDO PUBLISHING CO., LTD.
1-20-6, Mukougaoka, Bunkyo-ku, Tokyo, 113-0023, Japan
E-mail : tk203444@fsinet.or.jp　http://www.toshindo-pub.com

発行所 株式会社 東信堂

ISBN978-4-7989-1838-9 C3031　Ⓒ YAMAMOTO Yoshinobu

東信堂

言説の国際政治学 ——「心」の地政学と「帝国」の国際政治学	山本吉宣	六八〇〇円
冷戦後の国際システムとアメリカ アメリカ政党システムのダイナミズム ——仕組みと変化の原動力	山本吉宣	四七〇〇円
危機のアメリカ「選挙デモクラシー」 ——社会経済変化からトランプ現象へ	吉野孝	二八〇〇円
オバマ後のアメリカ政治 ——二〇一二年大統領選挙と分断された政治の行方	吉野孝・前嶋和弘編著	二七〇〇円
オバマ政権と過渡期のアメリカ社会 ——選挙、政党、制度、メディア、対外援助	吉野孝・前嶋和弘編著	二五〇〇円
オバマ政権はアメリカをどのように変えたのか ——支持連合・政策成果・中間選挙	吉野孝・前嶋和弘編著	二四〇〇円
2008年アメリカ大統領選挙 ——オバマの当選は何を意味するのか	吉野孝・前嶋和弘編著	二六〇〇円
米中対立と国際秩序の行方 ——交叉する世界と地域	吉野孝編著	二〇〇〇円
ホワイトハウスの広報戦略 ——大統領のメッセージを国民に伝えるために	五十嵐隆幸編著	二七〇〇円
蔑まれし者たちの時代 ——現代国際関係の病理	大澤傑編著	二七〇〇円
サステナビリティ変革への加速	M・J・クマー著 吉牟田剛訳	二八〇〇円
緊迫化する台湾海峡情勢 ——台湾の動向二〇一九〜二〇二一年	ベルトランド・バディ著 福富満久訳	二四〇〇円
ウクライナ戦争の教訓と日本の安全保障	上智大学グローバル・コンサーン研究所編	三六〇〇円
「ソ連社会主義」からロシア資本主義へ ——ロシア社会と経済の一〇〇年	門間理良	三六〇〇円
パンデミック対応の国際比較	岡田進	三六〇〇円
リーダーシップの政治学	松村五郎著	一八〇〇円
現代アメリカのガン・ポリティクス	神余隆博・川上髙司・石井貫太郎編著	二〇〇〇円
暴走するアメリカ大学スポーツの経済学	石井貫太郎	一六〇〇円
	鵜浦裕	二〇〇〇円
	宮田由紀夫	二六〇〇円

※定価：表示価格（本体）＋税

〒113-0023 東京都文京区向丘1-20-6　TEL 03-3818-5521　FAX03-3818-5514
Email:tk203444@fsinet.or.jp　URL:http://www.toshindo-pub.com/